에듀윌과 함께 시작하면,
당신도 합격할 수 있습니다!

자소서와 면접, NCS와 직무적성검사의 차이점이 궁금한
취준을 처음 접하는 취린이

대학 졸업을 앞두고 취업을 위해 바쁜 시간을 쪼개며
채용시험을 준비하는 취준생

내가 하고 싶은 일을 다시 찾기 위해
회사생활과 병행하며 재취업을 준비하는 이직러

누구나 합격할 수 있습니다.
이루겠다는 '목표' 하나면 충분합니다.

마지막 페이지를 덮으면,

**에듀윌과 함께
취업 합격이 시작됩니다.**

KB211324

eduwill

누적 판매량 242만 부 돌파
베스트셀러 1위 3,615회 달성

공기업 NCS | 100% 찐기출 수록!

NCS 통합 기본서/실전모의고사
피듈형 | 행과연형 | 휴노형 봉투모의고사

매1N
매1N Ver.2

한국철도공사 | 부산교통공사
서울교통공사 | 국민건강보험공단
한국수력원자력+5대 발전회사

한국전력공사 | 한국가스공사
한국수자원공사 | 한국수력원자력
한국토지주택공사 | 한국도로공사

NCS 10개 영역 기출 600제
NCS 6대 출제사 찐기출문제집

대기업 인적성 | 온라인 시험도 완벽 대비!

20대기업 인적성 통합 기본서

GSAT 삼성직무적성검사
통합 기본서 | 실전모의고사

LG그룹 온라인 인적성검사

SKCT SK그룹 종합역량검사
포스코 | 현대자동차/기아

농협은행
지역농협

영역별 & 전공

취업상식 1위!

공기업 사무직 통합전공 800제
전기끝장 시리즈 ❶ ❷

이해황 독해력 강화의 기술
PSAT형 NCS 수문끝

공기업기출 일반상식

기출 금융경제 상식

다통하는 일반상식

* 에듀윌 취업 교재 누적 판매량 합산 기준(2012.05.14~2024.10.31)
* 온라인 4대 서점(YES24, 교보문고, 알라딘, 인터파크) 일간/주간/월간 13개 베스트셀러 합산 기준(2016.01.01~2024.11.05 공기업 NCS/
  직무적성/일반상식/시사상식/ROTC/군간부 교재, e-book 포함)
* YES24 각 카테고리별 일간/주간/월간 베스트셀러 기록

더 많은
에듀윌 취업 교재

취업 대세 에듀윌!
Why 에듀윌 취업 교재

기출맛집 에듀윌!
100% 찐기출복원 수록

주요 공·대기업 기출복원 문제 수록
과목별 최신 기출부터 기출변형 문제 연습으로 단기 취업 성공!

공·대기업 온라인모의고사
+ 성적분석 서비스

실제 온라인 시험과 동일한 환경 구성
대기업 교재 기준 전 회차 온라인 시험 제공으로 실전 완벽 대비

무료 강의 + 부가 자료

합격을 위한
부가 자료

교재 연계 무료 특강
+ 교재 맞춤형 부가학습자료 특별 제공!

eduwill

취업 교육 1위
에듀윌 취업 무료 혜택

교재 연계 강의

- 교재 연계 기출복원풀이 무료특강(2강)
- 반도체 취업 무료특강(23강)
- 수포자 부활 무료특강(4강)

※ 2025년 1월 31일에 오픈될 예정이며, 강의 명과 강의 오픈 일자는 변경될 수 있습니다.
※ 무료 특강 이벤트는 예고 없이 변동 또는 종료될 수 있습니다.

교재 연계 강의 바로가기

교재 연계 부가학습자료

다운로드 방법

STEP 1	STEP 2	STEP 3
에듀윌 도서몰 (book.eduwill.net) 로그인	도서자료실 → 부가학습자료 클릭	[2025 최신판 SKCT 통합 기본서] 검색

· SKCT 대표유형 모음집 40제(PDF)
· 수열추리 모음집 40제(PDF)
· 수포자 부활 노트(PDF)

온라인모의고사
& 성적분석 서비스

온라인 응시 서비스 응시코드

응시방법

PC 접속 https://eduwill.kr/1tVe
모바일 접속 하기 QR 코드 연결

※ 온라인모의고사 응시 및 성적분석 서비스는 2026년 03월 31일까지 유효합니다.
※ 본 응시코드는 1인 1회만 사용 가능하며, 중복 사용은 불가합니다.

온라인 모의고사 신청

모바일 OMR
자동채점 & 성적분석 서비스

실시간 성적분석 방법

STEP 1	STEP 2	STEP 3
QR 코드 스캔	모바일 OMR 입력	자동채점 & 성적분석표 확인

※ 혜택 대상 교재는 본문 내 QR 코드를 제공하고 있으며, 교재별 서비스 유무는 다를 수 있습니다.
※ 응시내역 통합조회
에듀윌 문풀훈련소 → 상단 '교재풀이' 클릭 → 메뉴에서 응시확인

• 2023, 2022, 2021 대한민국 브랜드만족도 취업 교육 1위 (한경비즈니스)/2020, 2019 한국브랜드만족지수 취업 교육 1위 (주간동아, G밸리뉴스)

에듀윌이
너를
지지할게

ENERGY

시작하는 방법은
말을 멈추고
즉시 행동하는 것이다.

– 월트 디즈니(Walt Disney)

최신판

에듀윌 취업
온라인 SKCT
통합 기본서

온라인 SKCT의 모든 것!

합격을 위한! 알짜!
정보만 모았다

SKCT 시험 구성

● P. 6

SKCT는 인지검사(언어이해/자료해석/창의수리/언어추리/수열추리)와 심층역량검사로 이루어져 있습니다. 자세한 내용은 'SKCT 시험 구성'을 통해 확인할 수 있습니다.

SKCT 시험 필수 확인사항

● P. 7

온라인 SKCT를 시행함에 따라 프로그램 '모니터'가 원활하게 작동하여 시험 응시에 차질이 없는지 시험 전 화상회의방에 입장, 관련 검사에 대한 안내사항을 잘 숙지해야 합니다. 자세한 내용은 '온라인 SKCT 시험 필수 확인사항'을 통해 확인할 수 있습니다.

SK그룹 채용 정보

P. 8

SK그룹 채용의 모든 과정을 한눈에 쉽게 파악할 수 있도록 정리하였습니다. 자세한 내용은 'SK그룹 채용 정보'를 통해 확인할 수 있습니다.

SK그룹 기업 소개

P. 10

모두가 들어가고 싶어 하는 SK그룹의 기업 정보를 제공합니다. 자세한 내용은 'SK그룹 기업 소개'를 통해 확인할 수 있습니다.

SKCT 시험 구성

01 구성 및 시간표

구분	영역	문항	검사시간	비고
인지역량	언어이해	20문항	15분	※ 각 영역시험 사이에 쉬는 시간 있음
	자료해석	20문항	15분	
	창의수리	20문항	15분	
	언어추리	20문항	15분	
	수열추리	20문항	15분	
심층역량	Part1	240문항	45분	※ 5점 척도로 구성된 3가지 문제가 한 묶음으로 구성(80묶음)
	Part2	150문항	25분	※ 상세문항 없이 5점 척도로 구성

※ 사전점검은 기간 내 자율응시가 가능하며, PC에 신분증 이미지를 업로드하여 신분을 확인하는 과정을 거칩니다.
※ 본 검사 전에는 사전점검을 필수로 완료해야 하며 기간연장이나 예외적으로 처리가 불가능 합니다.
※ SKCT는 지정된 일자에 맞춰 응시해야하며, 웹캠으로 신분증을 촬영하여 응시자의 신분을 확인합니다.
※ 2024년 심층역량검사는 2가지로 유형을 구분하여 각각 240문항, 150문항으로 진행되었습니다.

02 검사 일정

1 [AI역량검사]가 있는 경우(이틀 소요)
① SKCT 응시 일주일 전 AI역량검사 응시(약 90분 소요) → ② SKCT 인지검사 응시
→ ③ SKCT 심층검사 응시

2 [AI역량검사]가 없는 경우(하루 소요)
① SKCT 인지검사 응시 → ② SKCT 심층검사 응시

온라인 SKCT 시험 필수 확인사항

01 시험 영역

언어이해	자료해석	창의수리	언어추리	수열추리
주제 및 제목 찾기, 일치·불일치, 추론, 반응과 비판, 문단 배열, 문장 삽입, 사례 선택	자료해석, 자료계산	사칙연산, 거리·속력·시간, 비용(할인가·정가), 농도와 비율, 작업량, 경우의 수와 확률	명제추리(삼단논법), 명제추리 (벤다이어그램), 명제추리 (전제&결론 제시형), 조건추리(진실게임), 조건추리(매칭), 조건추리(순서 나열), 조건추리(경우의 수)	수열추리(숫자), 수열추리(그림)

02 준비물

- 신분증: 주민등록증, 운전면허증, 기간 만료 전의 여권
- 검사 응시용 PC(Mac OS는 불가) 또는 스마트폰 및 스마트폰 거치대
- 웹캠(노트북/PC에 내장되어 있는 경우 내장카메라 사용)

03 유의사항 및 부정행위 유형

[유의사항]
- 온라인 환경에 특화되어 개발된 검사로 필기구 사용 불가
- 책상 위에는 PC, 스마트폰 및 거치대만 비치
- 듀얼모니터 사용 및 손목시계 착용 및 불가
- 검사 응시용 PC와 스마트폰 외 전자기기 사용 불가(이어폰, 헤드셋, 스마트 워치, 태블릿 PC 등)
- 네트워크 문제 발생 시 검사창 종료 후 재접속(시간 손실 발생하지 않도록 검사 응시창 즉각 종료)
- 재접속 시 풀던 문제부터 이어서 응시 가능

[부정행위 유형]
- 감독솔루션 접속 외 휴대전화 사용 및 자리 이탈
- 검사 응시 사이트 외 타 브라우저 및 PC프로그램 실행
- 필기구 사용(종이, 펜 등) 및 타인과 함께 문제를 푸는 행위
- 이어폰 및 헤드셋 착용(스피커 없는 경우, 감독관 안내 시에만 착용)
- 기타 문항 유출을 시도하는 행위 및 감독관의 정당한 지시에 불응하는 행위

SK그룹 채용 정보

01 채용 시기

2022년부터 SK그룹 정기 채용은 종료되고, 관계사별 완전 수시 채용 체제로 전환되었습니다. 채용 시점에 관계없이 채용 공고가 발표될 예정이므로 본인이 희망하는 회사, 직무에 대해서 관심 있게 사전에 준비하며 SK채용 홈페이지(www.skcareers.com)또는 카카오톡 채널(SK Careers)을 추가하여 최신 공고를 빠르게 확인해야 합니다.

구분		원서접수	필기시험
2024년	상반기	(SK하이닉스) 2024.03.18.~2024.03.29. (SK이노베이션) 2024.04.08.~2024.04.22.	(SK하이닉스) 2024.08.04. (SK이노베이션) 2024.05.11.
	하반기	(SK하이닉스) 2024.09.10.~2024.09.23. (SK이노베이션) 2024.11.11.~2024.11.22.	(SK하이닉스) 2024.10.20. (SK이노베이션) 2024.12.14
2023년	2023년	(SK하이닉스) 2023.03.20.~2023.03.28. (SK이노베이션) 2023.03.06.~2023.03.26.	(SK하이닉스) 2023.04.23. (SK이노베이션) 2023.04.15
	하반기	(SK하이닉스) 2023.09.18.~2023.09.26. (SK이노베이션) 2023.09.07.~2023.09.24	(SK하이닉스) 2023.10.29. (SK이노베이션) 2023.10.21.
2022년	상반기	(SK하이닉스) 2022. 02. 17.~2022. 02. 28. (SK이노베이션) 2022. 03. 28.~2022. 04. 10.	(SK하이닉스) 2022. 03. 19. (SK이노베이션) 2022. 04. 30.
	하반기	(SK하이닉스) 2022. 08. 22.~2022. 08. 30. (SK이노베이션) 2022. 09. 08.~2022. 09. 25. (SK온) 2022. 09. 13.~2022. 10 .04. (SK텔레콤) 2022. 09. 22.~2022. 09. 30.	(SK하이닉스) 2022. 09. 25. (SK이노베이션) 2022. 10. 15. (SK온) 2022. 10. 15.~2022. 10. 16. (SK텔레콤) 2022. 10. 07.

02 채용 프로세스

SK는 지원자가 보유하고 있는 자질과 역량을 정확히 파악하기 위해 다양한 선발 도구를 개발하여 인재 선발 시 활용하고 있습니다. 일반적인 채용 절차는 서류심사 – 필기전형 – 면접전형의 순서로 이루어지며, 채용 대상에 따라 전형 단계별 적용 방식 및 기준이 달라질 수 있습니다.

서류심사 → 필기전형 → 면접전형

03 채용 상세 정보

1 서류심사

- 지원자의 경력/활동과 모집 직무와의 연관성을 검토하고 결격 사유 유무를 확인합니다.
- 자기소개서는 HR 부서와 지원 부서가 함께 검토합니다. 이 과정에서 지원자가 보유한 역량과 가치관이 선발 중인 직무와 잘 맞는지를 검증합니다.

2 필기전형(SKCT)

객관적이고 공정한 인재영입을 위해 SK는 1978년부터 국내 최초로 인 · 적성 검사를 도입하였으며, 2013년부터 '일 잘하는 사람'의 요건을 분석하여 SKCT를 선발 도구로 개발 · 활용하고 있습니다.

3 면접전형

- 지원자의 가치관, 성격 특성, 역량을 종합적으로 검증하기 위해 다양한 면접 방식을 활용합니다.
- 프레젠테이션, 그룹 토론, 심층 면접 등 1~3회 이상의 심도 있는 과정으로 지원자의 역량을 철저히 검증하고 있습니다.
- 직무 역량에 필요할 경우, 글로벌 커뮤니케이션 능력을 검증하기 위해 외국어 구술 면접을 진행합니다.
※ 면접전형은 관계사별, 직무별로 상이합니다.

SK그룹 기업 소개

01 SK가 바라는 인재상

스스로가 더 행복해질 수 있도록 자발적이고 의욕적으로 도전하는 패기 있는 인재입니다.

경영철학에 대한 믿음·실천

경영철학에 대한 확신과 VWBE를 통한
SUPEX 추구 문화로 이해관계자 행복 구현

VWBE	SUPEX
자발적이고(Voluntarily) 의욕적으로(Willingly) 두뇌활용(Brain Engagement)	인간의 능력으로 도달할 수 있는 최고의 수준인 Super Excellent 수준

패기

스스로 동기부여 하여 문제를 제기하고 높은 목표에 도전하며 기존의 틀을 깨는 과감한 실행을 하는 인재
기존의 틀을 깨는 발상의 전환으로 새롭게 도전, 문제해결 역량을 지속적으로 개발, 함께 일하는 구성원들과 소통하고 협업하며 더 큰성과를 만들어 냄

02 인재 경영 철학

인재 경영 철학의 핵심은 "기업경영의 주체는 구성원이며, 구성원 스스로 기업의 경영철학에 확신과 열정을 가지고 이를 실천해 나가야 한다."는 것입니다.

인재의 숲

수인백년(樹人百年), 수목오십년(樹木五十年)

인재를 키우는 것은 나무를 심고 가꾸는 일과 같다. 나무는 50년을 보고 심지만, 인재는 100년을 내다보고 키워야 한다. 내가 '인재의 숲'을 만들고자 했을 때 투자 기간이 너무 길다고 반대가 많았다. 하지만, 숲을 보는 사람만이 나무를 심을 수 있다. 인재의 숲을 거닐며 기업의 뿌리는 사람에 있음을 기억하라.

— '선대 최종현 회장'의 인재의 숲, 충주 인등산

---

03 SK그룹 사업 영역 및 계열사

사업 영역	계열사		
에너지·화학 계열	SK이노베이션 SK에너지 SK지오센트릭 SK온	SK엔무브 SK E&S SK 디스커버리	SK케미칼 SK가스 SKC
ICT 계열	SK텔레콤 SK브로드밴드	SK플래닛 SK스퀘어	SK C&C 11번가
반도체·소재 계열	SK하이닉스 SK머티리얼즈	SK실트론 SK아이이테크놀로지	SK스페셜티
물류·서비스·바이오 계열	SK네트웍스 SK에코플랜트	SK바이오팜 SK pharmteco	SK 바이오사이언스 SK디스커버리

※ 관계사별 회사 소개, 인재상 등 자세한 사항은 각 관계사 홈페이지를 통해 확인하시기 바랍니다.

04 SK의 경영철학이자 기업문화의 기반, SKMS

SK는 구성원과 이해관계자의 지속 가능한 행복을 추구합니다.

1979년 처음 제정된 SKMS는 SK의 경영철학과 이를 현실 경영에 구현하는 방법론으로 구성되어 있으며, SK 구성원 모두의 합의와 공유를 통해 SK 기업문화를 구축하는 기반이 되어 왔습니다. SK가 지금까지 지속적인 성장과 발전을 거듭해 온 데에는 SKMS를 토대로 한 경영활동과 기업문화의 정착이 매우 큰 역할을 했습니다. SK의 모든 구성원은 SKMS에 대한 확신과 열정을 가지고 자발적·의욕적으로 이를 실천하고 있습니다. 이를 통해 스스로의 행복과 이해관계자의 행복을 동시에 추구해 나갑니다.

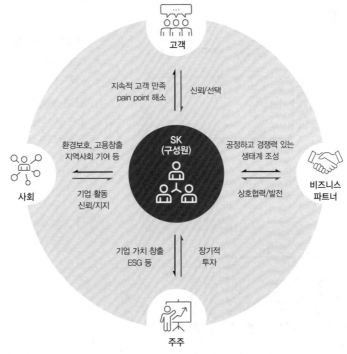

2024년 상·하반기
최신기출 복원 100제

최신기출 복원으로 유형·난이도 미리보기

2024년 상·하반기 채용을 통해 시행된 온라인 SKCT에서 출제된 인적성 문제를 100문항 복원하여 구성하였습니다.

본격적인 학습에 앞서 실력을 가늠해 보고 온라인 SKCT의 전체적인 출제경향을 살펴볼 수 있습니다.

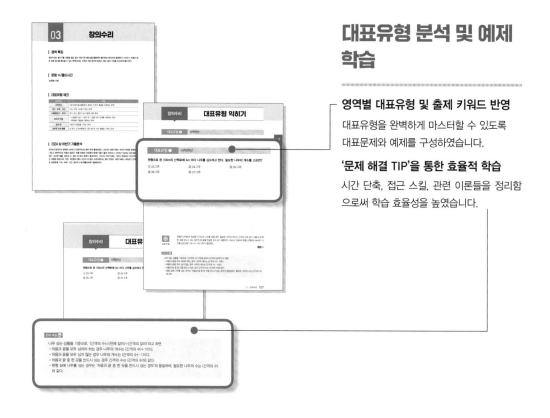

대표유형 분석 및 예제 학습

영역별 대표유형 및 출제 키워드 반영

대표유형을 완벽하게 마스터할 수 있도록 대표문제와 예제를 구성하였습니다.

'문제 해결 TIP'을 통한 효율적 학습

시간 단축, 접근 스킬, 관련 이론들을 정리함으로써 학습 효율성을 높였습니다.

온라인으로 실전처럼 연습하는
실전모의고사 4회분

실제 시험을 반영한 4회 구성

2024년 온라인 SKCT 출제경향에 맞춰 총 100문항으로 모의고사 4회를 구성하여 시험에 대비할 수 있도록 하였습니다.

➕ **전 회차 온라인 응시 서비스**

실전과 동일한 환경에서 연습할 수 있도록 4회 모두 온라인 응시 서비스와 성적분석 서비스를 제공하여 완벽하게 실전 연습을 할 수 있도록 하였습니다.

인성검사까지 완벽 대비하는
심층역량검사

크게 2가지 유형으로 구분된 SK만의 인성검사 유형을 1회분 수록하여 충분히 연습 후 실전에 임할 수 있도록 하였습니다.

차례

PART 1

최신기출 복원 100제

01	언어이해	18
02	자료해석	40
03	창의수리	52
04	언어추리	62
05	수열추리	67

PART 2

대표유형 분석

01 | 언어이해   78
- 대표유형 ① 주제 및 제목 찾기
- 대표유형 ② 일치 · 불일치
- 대표유형 ③ 추론
- 대표유형 ④ 문단 배열
- 대표유형 ⑤ 문장 삽입
- 대표유형 ⑥ 사례 선택
- 대표유형 ⑦ 반응과 비판

02 | 자료해석   96

03 | 창의수리   106
- 대표유형 ① 사칙연산
- 대표유형 ② 거리 · 속력 · 시간
- 대표유형 ③ 비용(할인가 · 정가)
- 대표유형 ④ 농도와 비율
- 대표유형 ⑤ 작업량
- 대표유형 ⑥ 경우의 수와 확률

04 | 언어추리   120
- 대표유형 ①-1 명제추리(삼단논법)
- 대표유형 ①-2 명제추리(벤다이어그램)
- 대표유형 ①-3 명제추리(전제 3개 또는 4개 & 결론 2개 제시형)
- 대표유형 ②-1 조건추리(진실게임)
- 대표유형 ②-2 조건추리(매칭)
- 대표유형 ②-3 조건추리(순서 나열)
- 대표유형 ②-4 조건추리(경우의 수)

05 | 수열추리   138
- 대표유형 ① 수열추리(숫자)
- 대표유형 ② 수열추리(그림)

PART 3

실전모의고사

01	실전모의고사 1회	146
02	실전모의고사 2회	206
03	실전모의고사 3회	262
04	실전모의고사 4회	318

PART 4

심층역량검사

01	심층역량검사 소개	376
02	심층역량검사 예제	377

별책

정답과 해설

PART 1	최신기출 복원 100제	02
PART 3	실전모의고사	27

1

PART

최신기출 복원
100제

2024년 수시 채용 온라인 SKCT 필기시험의 실제 시험의 기출을 복원한 문항으로 구성하였습니다.

01 언어이해   18

02 자료해석   40

03 창의수리   52

04 언어추리   62

05 수열추리   67

01 다음 글을 읽고 밑줄 친 ㉠과 ㉡에 대한 추론으로 가장 적절한 것을 고르면?

> 프리드리히 니체의 『㉠차라투스트라는 이렇게 말했다』와 페르시아의 ㉡차라투스트라는 그 의미와 배경은 다르다. 니체는 기존의 도덕적, 종교적 가치 체계를 비판하고, 새로운 가치 체계를 제시하기 위해 차라투스트라를 선택했다. 이는 차라투스트라가 구시대의 가치와 신념을 넘어서는 인물로서 니체의 철학적 비전을 구현하기 위한 전략이었다. 니체의 차라투스트라는 1883년에 출판된 철학적 소설의 주인공으로, 니체는 문학적이고 상징적인 형식으로 철학적 사상을 표현하며, 인간이 스스로의 가치를 창조하고 기존의 도덕에 도전하라고 주장한다.
>
> 페르시아의 차라투스트라는 기원전 6세기경의 종교적 사상가로, 조로아스터교를 창시하며 선과 악의 이원론을 강조했다. 그는 선의 신과 악의 신 사이의 대립을 중심으로 한 종교적 체계를 발전시켰으며, 인간이 도덕적 선택을 통해 선을 지지해야 한다고 주장했다. 니체의 차라투스트라는 철학적이고 문학적인 목적을 가지고 인간 존재의 의미와 도덕적 가치에 대한 새로운 접근을 제시한다. 결국 페르시아의 차라투스트라는 종교적 교리를 통해 도덕적 삶을 강조한 인물이며, 니체의 차라투스트라는 그의 역사적 배경을 활용해 철학적 탐구를 위한 상징이다.

① ㉡은 인간이 스스로의 가치를 창조하는 것을 최우선의 목표로 종교 체계를 발전시켰다.
② 니체는 종교적 교리를 통해 도덕적 삶을 강조하기 위하여 ㉡의 사상을 그의 책에 소개했다.
③ 니체는 선과 악의 이원론에 대한 근거로 ㉠을 활용해 문학적으로 자신의 주장을 뒷받침한다.
④ ㉠과 ㉡는 모두 종교적 교리를 실천하는 도덕적 삶을 추구하기 위해 활용된 인물이다.
⑤ 니체는 ㉡의 역사적 배경을 활용해 작품의 주인공으로 내세워 기존의 도덕을 비판한다.

02 다음 중 ⓛ의 입장에서 ⓘ을 비판한 내용으로 가장 적절한 것을 고르면?

> ⓘ 자유의지론자와 ⓛ 문화결정론자는 인간 행동의 원인에 대해 상반된 입장을 취한다. 자유
> 의지론자는 인간이 스스로 선택하고 결정할 수 있는 능력을 가지고 있다고 믿는다. 이들은 개
> 인이 자신의 의지와 내적 요인(개인의 목표, 신념, 성격)에 따라 삶의 방향을 설정하며, 외부 환
> 경이나 사회적 요인에 의해 완전히 규정되지 않는다고 본다. 자유의지론자는 도덕적 책임과 개
> 인의 선택이 중요하다고 강조하며, 인간이 자신의 행동에 책임을 져야 한다고 주장한다.
> 반면, 문화결정론자는 인간의 행동이 주로 문화적, 사회적 환경에 의해 결정된다고 본다. 이
> 들은 인간이 특정 문화적 맥락 안에서 자라며, 그 문화의 규범, 가치관, 전통 등에 영향을 받아
> 행동한다고 주장한다. 즉, 개인의 선택은 사회적 구조나 역사적 배경, 그리고 문화적 영향에 의
> 해 크게 제한된다는 것이다. 이러한 관점에서는 개인보다는 집단적 요인과 구조적 요소가 인간
> 행동을 더 크게 좌우한다고 본다. 결국, 자유의지론자는 개인의 자율성을 강조하는 반면, 문화
> 결정론자는 환경과 사회의 영향을 중시하며, 두 입장은 인간 행동의 본질을 해석하는 데 있어
> 중요한 이론적 대립을 형성한다.

① 개인은 문화적 배경을 넘어서 스스로의 가치관과 신념을 바탕으로 행동할 수 있다.

② 개인의 선택과 행동이 문화적 요인 외에도 다양한 내적 요인에 의해 영향을 받는다.

③ 문화적 요인만을 강조하는 것은 개인의 자율성과 자유로운 선택 능력을 간과하는 것이다.

④ 개인의 자유와 선택이 실제로는 그들이 속한 사회적, 문화적 배경에 의해 결정된다.

⑤ 개인은 문화적 제약을 넘어 새로운 방향으로 나아갈 수 있으며, 이는 개인의 자유로운 선택과
  의지에 기반한다.

03 다음 글을 읽고 '대상포진'에 대한 설명으로 옳지 <u>않은</u> 것을 고르면?

대상포진은 수두─대상포진 바이러스에 의해 발생하는 질환이다. 어린 시절 수두에 걸린 후 바이러스가 신경절에 잠복해 있다가 면역력이 약해질 때 활성화되면서 발생한다. 주로 노인이나 면역력이 저하된 사람에게서 발생하며, 스트레스나 과로도 촉발 요인이 될 수 있다. 초기 증상은 발열, 피로감, 통증 등이며, 이후 몸의 한쪽에 작은 물집과 발진이 나타난다. 통증은 매우 심할 수 있으며, 신경통이 동반되기도 한다. 보통 몇 주 내에 증상이 사라지지만, 신경통은 치료 후에도 수개월, 심지어 수년간 지속될 수 있다. 대상포진은 직접적으로 치료하는 치료제는 없지만 백신을 통해 예방할 수 있으며, 발병 초기에 항바이러스제를 통해 효과적인 증상 완화를 기대할 수 있다.

① 특별한 치료약이나 예방할 수 있는 백신이 없다.
② 적극적으로 치료하면 상태가 호전된다.
③ 면역력이 저하된 사람에게서 주로 발생한다.
④ 신경통은 치료 후에도 길게 지속될 수 있다.
⑤ 어렸을 때 수두에 걸리면 대상포진이 발병할 수 있다.

04 다음 글의 전개 방식으로 가장 적절한 것을 고르면?

2차 전지는 여러 번 충전과 방전을 반복할 수 있는 배터리로, 리튬이온 배터리와 납축전지가 대표적이다. 2차 전지의 충전 방식은 크게 두 가지로 나뉜다. 첫 번째는 일정 전압을 유지하면서 배터리에 전류를 공급하는 부동 충전 방식이다. 이 방식은 배터리가 완전히 충전된 상태에서도 일정한 전압을 유지하여 자가 방전을 보완하며, 주로 비상 전원이나 장기적인 에너지 저장에 사용된다. 두 번째는 정전류 충전 방식으로, 일정한 전류를 유지하며 배터리를 충전하는 방식이다. 충전 시간이 짧고, 대규모 전력 소비가 예상되는 장치에서 주로 활용된다.

① 하나의 개념을 다양한 맥락에서 분석한다.
② 개념을 정의하고 사례를 들어 설명한다.
③ 원인과 결과를 비교하며 새로운 결론을 도출한다.
④ 대상을 나열하고 공통된 특성을 분석한다.
⑤ 각각의 특성을 나열하며 상호 연관성을 설명한다.

05 다음 글을 읽고 밑줄 친 ㉠에 대한 설명으로 옳지 **않은** 것을 고르면?

> ㉠그레이네상스는 고령화 사회의 도래와 함께 60대 이상의 은퇴 세대가 경제, 문화, 사회 전반에서 다시 활력을 얻으며 중요한 역할을 하는 현상을 의미한다. 이 용어는 '그레이(Gray)'와 '르네상스(Renaissance)'의 합성어로, 고령화 인구가 단순히 연령의 증가를 의미하는 것이 아니라, 새로운 경제적·사회적 가치를 창출하는 중요한 주체로 부상하고 있음을 강조한다. 과거 은퇴 후 소극적인 삶을 사는 것으로 여겨졌던 고령 세대는 이제 더욱 활동적이고 창의적인 역할을 담당하며, 은퇴 후에도 소비 시장과 노동 시장에서 영향력을 발휘하고 있다. 특히 그레이네상스는 건강관리, 여가, 교육, 기술 등 다양한 산업에서 고령층의 수요가 증가하면서 새로운 경제적 기회를 만들어내고 있다. 고령층은 과거보다 더 건강하고, 기술에 대한 접근성도 높아져 새로운 기술을 배우고 활용하는 데도 적극적이다. 이처럼 그레이네상스는 고령화 사회의 긍정적인 변화를 상징하며, 고령층이 단순히 수혜자가 아닌 적극적인 경제·문화의 주체로 자리매김하는 현상을 반영한다.

① 고령층이 적극적인 경제의 주체로 활동하는 현상이다.
② 교육, 기술 등의 산업에서 고령층의 수요가 증가하는 현상이다.
③ 고령층은 과거보다 새로운 기술을 배우고 활용하는데 적극적이다.
④ 은퇴 후 소극적인 삶을 사는 고령층의 변화를 설명하는 개념이다.
⑤ 은퇴하지 못한 고령층이 노동 시장에 적극적으로 개입하는 현상이다.

06 다음 글을 읽고 코페르니쿠스에 대한 설명으로 가장 적절하지 **않은** 것을 고르면?

> 니콜라우스 코페르니쿠스는 폴란드 출신의 천문학자로, 근대 천문학의 혁명을 이끈 인물이다. 그는 지구를 중심으로 우주가 돌아간다는 당시의 지배적인 천동설을 반박하고, 태양을 중심으로 행성들이 공전한다는 지동설을 주장하였다. 코페르니쿠스의 이론은 중세의 세계관을 무너뜨리고 근대 과학의 초석을 다지는 중요한 역할을 하였다. 코페르니쿠스의 지동설은 과학적 사고에 큰 변화를 불러일으켰다. 비록 그의 생전에 큰 주목을 받지는 못하였지만, 이후 갈릴레오 갈릴레이와 요하네스 케플러 등의 과학자들이 그의 이론을 확장하고 입증하면서 천문학과 물리학 발전에 큰 영향을 미쳤다. 코페르니쿠스의 이론은 인류가 우주에서 차지하는 위치를 새롭게 정의하고, 인간 중심적 사고에서 벗어나는 과학적 혁신의 시발점이 되었다.

① 코페르니쿠스의 이론은 그의 생전에는 주목받지 못하였다.
② 코페르니쿠스의 이론은 중세의 인간 중심적 사고를 강화하였다.
③ 코페르니쿠스의 이론은 천문학과 물리학의 발전에 큰 역할을 하였다.
④ 코페르니쿠스의 이론은 중세의 세계관을 반박하며 새롭게 정의하였다.
⑤ 코페르니쿠스는 태양을 중심으로 행성들이 공전하고 있음을 주장하였다.

07 다음 글을 읽고 '그린 라운드'에 대한 설명으로 적절하지 <u>않은</u> 것을 고르면?

그린 라운드(Green Round)는 환경 보호와 지속 가능한 개발을 목표로 하는 국제 협상으로, 주로 기후 변화와 환경 문제를 해결하기 위해 다양한 국가와 국제기구가 참여하는 다자간 회의이다. 환경 보호 문제를 협상에 올려 국제적으로 합의된 환경 기준을 만든 후 이에 미달하는 무역상품에 대해서는 관세 부과 등 각종 제재 조치를 가하도록 하자는 것으로 선진국에서 필요성을 제안해 시작되었다.

그린 라운드는 국제 사회가 협력하여 온실가스 감축, 자원 관리, 생물 다양성 보호 등 환경 문제에 대한 글로벌 대응을 도모한다. 협상 과정에서 각국은 기후 변화 완화를 위한 목표를 설정하고, 자원의 효율적 사용을 논의하며, 생태계와 생물 종의 보호를 위한 정책을 마련한다. 특히 2015년 파리 협정과 같은 주요 협정은 지구 평균 온도 상승을 $1.5°$ 이하로 제한하고, 온실가스 배출을 감축하기 위한 구체적인 목표와 규제를 설정하여 그린 라운드 이행을 구체화하였다.

이 과정에서는 개발도상국을 지원하기 위해 기술적 지원과 재정적 지원이 제공된다. 이는 환경 보호 조치를 실천하는 데 필요한 자원을 확보할 수 있도록 돕기 위한 노력이다. 또한, 그린 라운드는 각국의 이해관계와 책임을 조정하는 것이 핵심이므로 선진국과 개발도상국 간의 공정한 책임 분담과 재정적 부담 분담 문제는 협상의 중요한 쟁점이다. 그린 라운드는 환경규제를 이유로 무역을 규제하고 있기 때문에 신흥 개발도상국들에게는 무역장벽으로 작용할 우려가 있다.

그린 라운드는 정기적인 모니터링과 보고를 통해 협정의 이행 상태를 점검하고, 목표 달성을 위해 지속적으로 노력을 기울인다. 그러나 정치적 갈등, 재정적 부담, 책임 분담 문제 등 여러 도전 과제가 존재하며, 이를 해결하기 위한 국제 사회의 협력이 필수적이다.

① 그린 라운드는 개발도상국들의 제안으로 시작된 협상으로 책임 분담 문제를 주로 다룬다.
② 그린 라운드는 정기적인 모니터링과 보고를 통해 협정의 이행 상태를 점검한다.
③ 그린 라운드의 일환으로 파리 협정을 들 수 있으며 이는 온실가스 배출을 감축하기 위한 것이다.
④ 그린 라운드는 신흥 개발도상국들에게 무역 장벽이 될 수 있으므로 각 국의 책임 소재를 면밀히 검토해야 한다.
⑤ 그린 라운드는 규제만 하는 것이 아니라 개발도상국에게 기술적 지원과 재정적 지원이 주어진다.

08 다음 글을 읽고 밑줄 친 ㉠과 ㉡에 대한 설명으로 가장 적절한 것을 고르면?

> 이성적 ㉠의식과 잠재 ㉡의식은 인간의 정신 활동을 이해하는 데 중요한 두 가지 개념이다.
> 이성적 의식은 우리가 일상적으로 자각하고 있는 생각과 판단을 의미하며, 논리적이고 분석적인 사고 과정과 관련이 깊다. 이를 통해 우리는 문제를 해결하고, 결정을 내리며, 환경에 적응하는 능력을 발휘한다. 이성적 의식은 주로 현재의 상황과 관련된 정보를 처리하며, 인간의 자아를 형성하는 중요한 요소이다.
> 잠재 의식은 우리가 의식적으로 인식하지 못하지만, 행동과 감정에 영향을 미치는 심층적인 정신 활동을 뜻한다. 이 영역은 억압된 감정, 무의식적인 욕망, 과거의 기억 등을 포함하며, 우리가 인식하지 못하는 사이에 행동이나 사고 패턴을 형성한다. 잠재 의식은 특히 꿈, 직감, 그리고 자동적인 반응과 밀접하게 연결된다. 프로이트는 잠재 의식이 인간 행동의 많은 부분을 지배한다고 주장하였으며, 이를 탐구하는 과정에서 정신분석이 중요한 도구로 활용되었다.
> 이성적 의식과 잠재 의식은 서로 상호작용하며, 우리의 인지적, 감정적 경험을 복합적으로 구성한다.

① 프로이트는 ㉠이 인간 행동의 많은 부분을 지배한다고 주장하였다.
② ㉠은 인간의 자동적인 반응과 밀접하게 연결되어 있다.
③ ㉡은 인간이 일상적으로 자각하고 있는 생각과 판단을 뜻한다.
④ ㉠과 ㉡은 모두 현재의 상황과 관련된 정보를 처리한다.
⑤ ㉡ 없이 ㉠만으로 인간의 정신을 이해하는 것은 불완전하다.

09 다음 글의 제목으로 알맞은 것을 고르면?

> 문화 전유와 도용은 한 문화가 다른 문화의 요소를 무분별하게 차용하는 행위를 가리키며, 특히 권력의 불균형 속에서 자주 발생한다. 문화 전유는 다른 문화의 상징, 전통, 패션, 언어나 예술적 요소 등을 가져와 사용하는 것을 의미한다. 이는 상호 교류를 통한 문화 발전의 자연스러운 과정으로 긍정적인 측면도 있을 수 있다. 그러나 이 전유가 부적절하거나 맥락을 무시한 채 이루어질 경우, 특정 문화에 속한 사람들에게 상처를 주거나 그들의 문화를 왜곡할 수 있다. 예를 들어, 아메리카 원주민의 전통 의상을 할로윈 코스튬이나 패션 아이템으로 사용하는 행위는 그들의 역사적, 종교적 의미를 훼손하는 대표적인 문화 전유 사례다.
>
> 문화 도용은 한 문화가 다른 문화를 무분별하게 차용하고 상업적 또는 개인적 이익을 위해 사용하는 행위를 가리킨다. 문화 도용은 특정 문화의 자산을 불법적이거나 비윤리적으로 차용하거나 착취하는 경우를 말한다. 문화 도용은 지적 재산권 침해나 도덕적 문제를 포함할 수 있다. 흑인 문화에서 비롯된 힙합, 재즈, 블루스 등은 종종 백인 예술가들에 의해 상업적으로 성공을 거두었지만, 원래의 문화적 의미나 기여는 무시되는 경우가 많다. 엘비스 프레슬리의 로큰롤 성공은 흑인 음악의 전통을 차용한 사례로, 이러한 도용은 역사적으로 억압 받아온 문화의 고유한 상징을 상업화하고, 그 문화적 가치를 하찮게 만드는 문제를 야기한다. 문화 전유와 도용은 단순한 차용이 아니라, 문화적 불평등과 무지를 드러내는 행위로 비판받고 있다.

① 바람직한 문화 전유의 예시
② 문화 도용과 문화 전유의 공통점
③ 문화 도용을 막기 위해 노력할 점
④ 문화 전유의 위험성을 알리는 방법
⑤ 문화 전유와 도용의 개념과 사례

10 다음 중 필자의 주장으로 가장 적절한 것을 고르면?

> 서양 미술사와 서양 미술 이론은 세계 미술의 발전을 이해하는 데 중요한 기초를 제공한다. 그러나 현대 미술 교육에서는 이러한 서양 중심 미술 이론에만 의존하는 경향이 있다. 실질적인 우리 미술 교육은 이러한 한계를 넘어, 한국의 전통 미술과 현대 미술을 포괄적으로 다루어야 한다. 우리 미술 교육이 서양 미술사와 이론에만 치중하는 것은 학생들에게 세계 미술에 대한 폭넓은 이해를 제공할 수 있지만, 동시에 한국 미술의 고유성과 중요성을 간과할 위험이 있다. 한국의 전통 미술, 즉 조선 시대의 문인화, 민화, 도자기와 현대 미술의 동향을 깊이 배우는 것은 우리의 문화적 정체성을 강화하고, 창의적인 표현을 발전시키는 데 도움이 된다.
>
> 한국 미술의 교육은 단순히 역사적 사실을 넘어, 미술 작품의 기법과 철학, 그리고 현대 미술과의 연계성을 포함해야 한다. 학생들이 한국 미술의 독창성과 가치에 대한 깊은 이해를 갖추도록 하는 것은, 그들이 세계 미술과 한국 미술을 비교하고 조화롭게 발전시킬 수 있는 능력을 길러줄 것이다.

① 서양 미술사와 서양 미술 이론은 현대 미술과 동떨어져 있으므로 교육에서 배제해야 한다.

② 서양 미술과 한국 미술을 비교하며 작품성이 높은 작품을 선정하는 안목을 기르는 수업이 필요하다.

③ 조선 시대의 문인화, 민화, 도자기와 현대 미술은 연계성이 없으므로 이에 유의하여 교육해야 한다.

④ 한국 미술의 고유성과 중요성을 강조하는 미술 교육은 세계 미술에 대한 이해를 방해하므로 줄여야 한다.

⑤ 한국 미술 교육에서 미술 작품의 기법과 철학, 현대 미술과의 연관성에 대한 교육을 병행해야 한다.

11 다음 글의 주제로 가장 적절한 것을 고르면?

> 모방소비는 특정 계층이나 집단의 소비 방식을 따라 하는 행위로, 구매효과와 파노플리 효과가 주요 동기로 작용한다. 구매효과는 특정 제품을 소유함으로써 자신의 사회적 위치를 확인하고 강화하려는 심리를 말한다. 예를 들어, 고급 스키 장비를 구매한 소비자는 이를 통해 자신이 상류층에 속한다고 느낄 수 있다.
>
> 반면, 파노플리 효과는 특정 제품을 통해 자신이 특정 집단에 속한다고 느끼는 심리다. 유명 스키 선수들이 사용하는 장비를 구매하는 소비자는 자신도 그들과 비슷하다는 소속감을 얻으려 한다. 이러한 소비 심리는 때로는 가품 구매로 이어질 수 있다. 명품 브랜드의 가품을 선택하는 소비자는 경제적 부담을 줄이면서도 특정 집단의 일원이 되고자 하는 욕구를 충족하려 한다.
>
> 모방소비는 긍정적인 소속감을 제공하는 동시에 부정적인 영향을 미치기도 한다. 과소비와 허영심으로 인해 경제적 판단력을 약화시키고 스트레스를 유발할 가능성이 높아 양면성을 가진 소비 행태로 평가된다.

① 구매효과와 파노플리 효과의 사회적 역할
② 소비 심리와 가품 구매의 원인 분석
③ 모방소비의 원인과 긍정적·부정적 영향
④ 스키 장비 시장에서의 소비자 행동 연구
⑤ 소비자의 사회적 기대와 경제적 부담 간의 관계

12 다음 글을 읽고 밑줄 친 ㉠와 ㉡에 대한 설명으로 가장 적절한 것을 고르면?

> 조선시대 선비들에게 음악은 단순한 ㉠여흥의 수단이 아니라 심성 수양과 도덕적 품성을 기르기 위한 중요한 도구로 여겨졌다. 특히 ㉡정악(正樂)은 선비들의 이상적인 삶을 반영하며, 조화와 절제의 가치를 상징하는 음악으로 자리 잡았다. 정악은 가곡, 가사, 시조와 같은 성악곡과 아악(雅樂), 향악(鄉樂) 등의 기악곡으로 구성되었으며, 단순한 선율과 정제된 형태로 인간의 욕망을 억제하고 평온한 마음을 유지하게 한다고 믿었다. 선비들은 정악을 통해 자신의 내면을 반성하며 세속적 욕망에서 벗어나고자 하였다. 예컨대, 가곡은 한시(漢詩)와 결합하여 철학적 메시지를 전달하며, 그 가사와 운율은 심오한 사유를 유도하는 역할을 하였다. 선비들은 정악을 통해 자연과 인간의 조화를 탐구하며, 천지인(天地人)의 조화를 추구하는 유학(儒學)의 가치를 실천하고자 하였다.

① ㉠은 조선시대 선비들이 도덕적 품성과 더불어 즐거움을 추구하기 위해 활용한 활동이다.
② ㉠은 선비들이 삶의 이상을 구현하기 위해 추구한 활동으로, ㉡을 포함한 다양한 방식으로 실현되었다.
③ ㉡은 인간의 욕망을 자극하고 즐거움을 극대화하기 위한 선비들의 음악이었다.
④ ㉡은 성악곡과 기악곡으로 구성되며, 인간의 욕망을 억제하고 심성 수양을 돕는 역할을 하였다.
⑤ ㉠과 ㉡은 모두 선비들이 자연과 인간의 조화를 탐구하기 위해 활용하였던 유학적 사유의 방식이다.

13 다음 글을 읽은 독자의 반응으로 가장 적절한 것을 고르면?

공공재는 모든 사람이 자유롭게 이용할 수 있는 재화로, 사용자의 소비가 다른 사람의 이용 가능성을 감소시키지 않는 비경합성과 특정 개인을 배제하기 어려운 비배제성의 특성이 있다. 국방 서비스는 누구나 자유롭게 이용할 수 있는 공공재의 대표적인 사례이다. 한편 시장의 사과나 개인 소유의 자동차는 누군가 소비하면 다른 사람이 소비할 수 없는 특성을 가진 사유재로 분류된다.

하지만 공공재와 사유재의 구분이 항상 명확한 것은 아니다. 도로의 경우, 초기에는 공공재로 제공되지만 차량의 수가 늘어나 혼잡이 심해질 경우 경합성이 발생한다. 또한, 유료 도로는 통행료를 부과하여 특정 사용자만 이용하도록 제한할 수 있어 비배제성을 잃게 된다.

공공재와 사유재는 상황과 조건에 따라 경합성과 배제성이 변할 수 있다. 이를 통해 재화의 성격은 고정된 것이 아니라, 이용 방식이나 정책에 따라 달라질 수 있다는 점을 알 수 있다.

① 공공재는 항상 비배제적 특성을 유지하므로, 도로의 혼잡도와는 상관이 없을 것이다.
② 유료 도로와 같은 사례는 공공재가 정책적 개입에 의해 사유재적 성격을 띨 가능성이 있다.
③ 강이나 호수와 같은 자연자원은 공공재로 간주되기 때문에 경합성이나 배제성이 발생할 가능성이 없다.
④ 공공재와 사유재는 상황에 따라 성격이 변하기 때문에, 분류 자체가 무의미하다.
⑤ 혼잡한 도로가 사유재로 변했다면, 공공재의 성격을 영구히 상실했다고 판단할 수 있다.

14 다음 [가]~[마] 문단을 논리적 순서대로 맞게 배열한 것을 고르면?

[가] 마약성 진통제는 통증 신호가 척수와 대뇌를 통해 전달되는 과정을 차단해 감각 정보를 둔
화시킨다. 이로 인해 사용자는 통증을 덜 느끼게 된다. 항우울제는 특정 신경 전달 물질의
농도를 조정하여 대뇌 피질의 민감성을 변화시키고 장기적인 신경 가소성을 촉진한다.

[나] 동일한 약물이라도 사람마다 효과가 달라질 수 있다. 이 차이는 대뇌 피질의 구조적 특성,
신경 전달 물질의 농도, 수용체의 민감성 차이에서 비롯된다. 예를 들어, 어떤 사람에게는
진통제가 더 효과적이고, 다른 사람에게는 효과가 약할 수 있다.

[다] 마약성 진통제와 항우울제는 신경 전달 물질의 균형을 조정하여 각각 통증 완화와 감정 안
정화를 돕는다. 마약성 진통제는 통증 신호 전달을 억제하고, 항우울제는 세로토닌과 도파
민 등 특정 물질의 농도를 변화시켜 감정을 조절한다. 두 약물 모두 대뇌 피질에서 신경 활
동을 조정하며, 약물이 작용하는 경로에 따라 효과가 달라진다.

[라] 약물의 효과는 개인의 신경 구조와 화학적 환경에 따라 결정된다. 예컨대, 동일한 약물이
더라도 신경 전달 물질의 농도와 수용체 민감도 차이에 따라 효과가 극명히 달라질 수 있
다. 이러한 이유로 약물 치료는 단순히 약물의 작용 기전만을 고려해서는 안 되며, 환자의
생리적 특성과 신경학적 상태를 면밀히 분석해야 한다. 이를 통해 치료의 효과를 극대화하
고 부작용을 최소화할 수 있는 환자 맞춤형 접근이 필수적이다.

[마] 연구에 따르면, 대뇌 피질의 물질적 차이가 약물의 효과에 영향을 미칠 수 있다. 마약성 진
통제는 감각적 통증을 억제하고, 항우울제는 정서적 스트레스를 조정하는 데 초점을 맞춘
다. 이는 각 약물이 목표로 삼는 신경 전달 경로의 차이에 기인한다.

① [가]—[다]—[라]—[마]—[나]
② [나]—[다]—[가]—[마]—[라]
③ [다]—[가]—[마]—[나]—[라]
④ [라]—[가]—[다]—[나]—[마]
⑤ [마]—[라]—[다]—[가]—[나]

15 다음 중 밑줄 친 ㉠이 주장한 내용으로 가장 적절한 것을 고르면?

> 철학은 인간의 이성과 세계를 이해하려는 학문으로, 철학자의 본질은 개념을 정의하고 논증을 통해 주장을 증명하며 진리를 탐구하는 데 있다. 이러한 과정은 단순히 사실을 나열하는 것이 아니라, 철저히 정당화된 결론을 도출하려는 논리적 추론을 포함한다.
>
> ㉠임마누엘 칸트(Immanuel Kant)는 철학에서 증명의 중요성을 강조한 대표적 인물로, 인간 인식의 한계를 탐구한 것으로 유명하다. 그는 『순수이성비판』에서 인간의 인식이 단순히 대상의 속성(데이터)을 받아들이는 것이 아니라, 우리의 이성이 능동적으로 작용하여 대상(지식)을 구성한다고 주장했다. 칸트는 이성과 경험의 관계를 논하며, 우리가 세계를 이해할 때 경험은 필수적이지만, 순수한 이성의 개입 없이는 지식의 체계가 성립하지 않는다고 보았다. 이를 통해 그는 인간이 경험을 넘어서는 초월적 원리를 이해하려고 노력해야 한다고 역설했다. 칸트의 이러한 관점은 철학이 단순한 사실의 집합이 아니라, 증명과 논증을 통해 깊이 있는 이해를 추구해야 함을 보여준다.

① 인간의 인식은 오직 감각 경험을 통해서만 이루어진다.
② 이성은 경험적 데이터를 단순히 수집하고 저장하는 역할을 한다.
③ 인간의 이성은 능동적으로 작용하여 세계를 이해하는 체계를 구성한다.
④ 모든 지식은 경험에서 비롯되며, 초월적 원리는 존재하지 않는다.
⑤ 인간의 인식은 대상을 있는 그대로 받아들이는 수동적 과정이다.

16 다음 중 [보기]의 문장이 들어갈 위치로 가장 적절한 것을 고르면?

긍정적인 마음가짐과 유머는 우리의 삶에 깊은 영향을 미친다. (㉠) 첫째, 긍정적인 마음가짐은 스트레스를 줄이고 전반적인 건강을 향상시킨다. 어려운 상황에서도 긍정적으로 생각하면 문제를 해결하는 데 필요한 창의성과 에너지를 얻을 수 있다. (㉡) 긍정적인 태도는 자신감을 높여 주며, 도전적인 상황에서도 적극적으로 대처하게 한다. 둘째, 유머는 사회적 관계를 강화하는 데 필수적이다. 웃음과 유머는 사람들 간의 거리감을 좁히고, 소통을 원활하게 만든다. 또한, 유머는 갈등을 완화시키고, 긴장된 분위기를 부드럽게 하는 데 도움을 준다. (㉢) 셋째, 유머와 긍정적인 태도는 정신적인 회복력을 높인다. 삶의 불확실성과 도전에 맞서기 위해서는 정신적으로 강해져야 한다. (㉣) 웃음은 감정을 안정시키고, 힘든 시기에도 더 나은 방법으로 문제를 대처할 수 있게 한다. 결국, 긍정적인 마음가짐과 유머는 건강과 인간관계를 증진시키고, 삶의 질을 높이는 데 중요한 역할을 한다. (㉤) 이 두 가지 요소는 우리가 더 행복하고, 성취감 있는 삶을 살아가는 데 중요한 도구이다.

> 보기
> 유쾌한 대화는 신뢰를 쌓고, 팀워크를 향상시키는 데 중요한 역할을 한다.

① ㉠   ② ㉡   ③ ㉢
④ ㉣   ⑤ ㉤

17 다음 글을 읽고 빈칸에 들어갈 내용으로 가장 적절한 것을 고르면?

OTT(Over-The-Top) 서비스는 인터넷을 통해 동영상 콘텐츠를 제공하는 플랫폼으로, 사용자가 원하는 콘텐츠를 원하는 시간에 시청할 수 있는 특징을 가진다. 초기에는 젊은 층이 주요 이용자였으나, 최근 중장년층의 사용률도 증가하고 있다. 특히 중장년층은 TV 같은 기존 디바이스에서 OTT 앱을 활용하는 경우가 많으며, 이는 (   )
OTT 서비스의 확산과 함께 저작권 및 유명인의 초상권 침해 문제가 제기되고 있다. 일부 플랫폼이 저작권이 불분명한 콘텐츠를 제공하거나, 유명인의 이미지를 무단으로 사용하는 사례가 보고되고 있다. 이에 따라 여러 국가에서는 초상권을 보호하고 플랫폼의 책임을 강화하려는 법적 움직임을 보이고 있다.

① OTT 플랫폼에서 제공하는 독점 콘텐츠에 대한 관심이 증가했기 때문이다.
② 디지털 플랫폼으로 전환되며 콘텐츠 접근성이 제한되었기 때문이다.
③ OTT 서비스의 광고 기반 모델이 소비자들에게 인기를 얻었기 때문이다.
④ 중장년층이 OTT 서비스를 통해 맞춤형 콘텐츠를 선호하게 되었기 때문이다.
⑤ 전통적 방송에서 제공하지 않던 콘텐츠를 소비하려는 수요에서 비롯된다.

18 다음 글을 읽고 추론한 내용으로 가장 적절하지 <u>않은</u> 것을 고르면?

> 고양이는 후각이 매우 예민한 동물로, 특정 향이 건강에 해를 끼칠 수 있다. 특히 디퓨저나 방향제에 포함된 일부 성분은 고양이의 간에서 해독이 잘 이루어지지 않아 독성이 축적될 위험이 있다. 예를 들어, 에센셜 오일 중 일부는 고양이에게 심각한 중독 증상을 유발하며, 장기간 노출 시 간 손상을 초래할 수 있다. 이런 문제를 예방하려면, 디퓨저를 사용하는 공간과 고양이가 머무는 공간을 분리하거나, 동물에게 안전한 성분으로 만들어진 제품을 사용하는 것이 필요하다. 둥글레차와 같은 특정 차 종류도 주의가 필요하다. 사람에 무해한 성분이라도 고양이에게는 신체 대사 과정에서 독성을 유발할 가능성이 있다. 둥글레차에 함유된 다량의 탄닌은 고양이의 소화기관과 간에 부담을 줄 수 있어, 고양이가 섭취하지 않도록 해야 한다. 고양이를 키우는 보호자는 생활용품이나 음식물 관리에 세심한 주의가 필요하며, 고양이에게 적합한 환경을 조성하는 것이 중요하다.

① 디퓨저 사용은 고양이의 건강에 악영향을 줄 수 있으므로 적절한 관리가 필요하다.
② 둥글레차는 고양이에게 해로울 수 있으므로 고양이가 섭취하지 않도록 해야 한다.
③ 고양이의 건강 보호를 위해 보호자의 향기 제품 사용은 철저히 제한하여야 한다.
④ 고양이가 있는 환경에서 독성이 우려되는 물질은 철저히 관리해야 한다.
⑤ 특정 향기 제품은 고양이에게 독성을 유발할 가능성이 있으므로 구매 시 성분을 확인하는 것이 바람직하다.

19 다음 글을 읽고 추론한 내용으로 가장 적절하지 <u>않은</u> 것을 고르면?

> 펫테크는 반려동물 관리와 첨단 기술을 결합하여 보호자의 편의성과 반려동물의 복지를 향상시키는 데 중점을 둔다. GPS 기능이 탑재된 스마트 목걸이는 실시간 위치 추적과 더불어 심박수 등 건강 데이터를 모니터링 할 수 있기 때문에, 반려동물이 실종되거나 건강에 이상 징후를 보일 때 빠르게 대처할 수 있도록 돕는다. AI 기술을 활용한 자동 급식기는 반려동물의 식사 습관을 분석해 과식이나 부족한 영양 섭취를 예방한다. 또한 카메라 기능이 있는 스마트 기기를 통해 보호자는 외출 중에도 반려동물의 상황을 실시간으로 볼 수 있다.
>
> 이처럼 첨단기술은 반려동물을 돌볼 시간이 부족한 보호자들에게 유용하게 활용될 수 있다. 그러나 산업 초기 단계이므로 고가의 제품은 소비자 접근성을 제한하고, 일부 제품은 기술적 결함으로 소비자 기대에 미치지 못할 가능성이 있으며, 안전성 이슈를 야기할 수 있다. 따라서 펫테크 시장의 지속적 성장을 위해서는 제품의 신뢰성과 경제성을 모두 개선하는 노력이 필요하다.

① 스마트 목걸이는 반려동물의 위치 추적 기능을 제공하며, 반려동물의 건강 데이터를 수집하여 활용할 수 있다.

② AI 기반 자동 급식기는 반려동물의 식습관을 분석하여 영양 균형을 맞추는 데 도움을 줄 수 있다.

③ 카메라가 탑재된 펫테크 기기를 통해 보호자는 반려동물과 떨어져 있어도 상호작용을 할 수 있다.

④ 펫테크 제품의 기술적 결함은 반려동물의 안전에 위협이 될 가능성이 있다.

⑤ 펫테크 산업은 관련 상품의 신뢰성보다 가격 경쟁력에 집중할 때 시장 확대를 이룰 수 있다.

20 다음 글의 논지 전개 방식에 대한 설명으로 가장 적절하지 <u>않은</u> 것을 고르면?

> GPS(Global Positioning System)는 위성을 통해 위치 및 항법, 시각 정보를 제공해주는 위성항법 시스템이다. GPS는 전 세계 모든 지역의 모든 기후 조건에서 매일 24시간 동안 작동하며 구독료나 설치 요금을 요구하지 않는다. 미국 국방부는 원래 군용으로 사용하기 위하여 위성을 궤도에 올려 놓았지만 1980년대부터 민간에 GPS를 개방하였다.
> 현재 31개의 GPS 위성들이 정밀한 궤도를 통해 하루에 두 번 지구 주위를 공전한다. 각각의 위성은 고유의 신호와 궤도 파라미터를 전송하며 이를 통하여 GPS 장비는 위성의 정밀한 위치를 디코딩하고 계산할 수 있다. GPS 수신기는 이러한 정보와 삼변측량을 사용하여 사용자의 정확한 위치를 계산한다. 본질적으로 GPS 수신기는 전송된 신호를 수신하기까지 걸리는 시간을 사용하여 각 위성까지의 거리를 측정한다. 위성항법 시스템은 군사적 목적은 물론 스마트폰에 탑재될 정도로 작은 수신기만 있으면 사용자의 지리적 위치와 상관없이 신호를 이용할 수 있다. 또한 이동 중에도 실시간 사용이 가능하여 자동차, 선박 등의 길 안내뿐만 아니라 응급구조, 재해 예측 등 국민 생활의 필수적인 인프라로 활용범위가 무궁무진하다.

① 대상의 장단점을 분석하여 그 속성을 규명하고 있다.
② 구체적인 사례를 들어 보이면서 설명하고 있다.
③ 대상에 대한 변천 과정을 설명하고 있다.
④ 작동 원리를 설명하여 독자의 이해를 돕고 있다.
⑤ 대상을 정의하며 부연 설명을 통해 구체화하고 있다.

21 다음 중 [보기]의 문장이 들어갈 위치로 가장 적절한 것을 고르면?

농촌진흥청 해외농업기술개발사업(KOPIA, 코피아) 파라과이 센터는 최근 수도 아순시온에서 센터 개소 15주년 기념행사를 열었다. 행사에는 윤찬식 주파라과이 한국대사, 에드가르 에스테체 파라과이 농업연구기관(IPTA) 대표 등이 참석했다. (㉠) 2009년 8월 IPTA 내 연구소에 설치된 코피아 파라과이 센터는 케냐·우즈베키스탄·베트남과 함께 코피아 센터 1호 테이프를 끊은 곳이다.

남아메리카 곡창지대에 위치한, 인구 610만 명의 곡창국가 파라과이는 우리나라 농업이민 역사로 볼 때 뜻깊은 곳이다. 파라과이는 1965년 남미 농업이민국이었다. (㉡) 농업이민은 브라질을 시작으로, 파라과이, 아르헨티나로 이어졌다. (㉢) 코피아 파라과이 센터는 IPTA와 협력해 참깨, 감자, 벼, 고구마, 양파 등의 재배기술을 개발했다. (㉣) 2015년 육성한 참깨 품종은 파라과이 기후에 적합한 특성을 지닌 첫 품종으로서 1ha당 생산량이 912kg에 달하는 등 기존 재배품종(651kg) 대비 40% 증가하는 성과를 내기도 했다. 2018년 내놓은 벼 품종은 최초의 파라과이 벼 품종이다. (㉤) 이 품종은 다른 외래 벼 품종 대비 생산성이 66.5% 높다.

┌ 보기 ─────────────────────────────────
이후 양국 경제력이 역전되면서 현재는 한국이 농업기술을 전수해주는 단계가 되었다.
└──────────────────────────────────────

① ㉠　　　　　　　　　② ㉡　　　　　　　　　③ ㉢

④ ㉣　　　　　　　　　⑤ ㉤

22 다음 글의 내용과 일치하는 것을 고르면?

> 진경산수화의 화풍은 종래의 산수화 전통에다 18세기에 이르러 새롭게 유행하기 시작한 남종화법을 가미하여 형성되었으며, 정선에 의하여 개척되었다. 남종화법이란 문인화를 뜻하는데, 그림을 통해 마음속의 사상을 표현하는 화법이었다. 그의 진경화풍은 기존 화법과 남종화법을 우리 산천의 형상에 어울리는 필법으로 소화해낸 것으로, 실경의 단순한 재현이 아니라 회화적 재구성을 통하여 경관에서 받은 가흥과 정취를 감동적으로 구현했다는 데 그 특색이 있다. 정선은 대표작인 인왕제색도와 금강전도에서 바위산은 선으로 묘사하고, 흙산은 묵으로 묘사하는 기법을 사용하여 산수화의 새로운 경지를 이룩하였다. 정선의 이러한 화풍은 주로 중인층 문인화가들과 화원들에게 파급되어 정선파라는 유파를 형성하면서 조선 후기 진경산수화풍의 주류를 이루었다. 정선의 뒤를 이어 산수화와 풍속화에 새 경지를 열어 놓은 화가는 김홍도였다. 그는 산수화, 기록화, 신선도 등을 많이 그렸지만, 정감어린 풍속화를 그린 것으로 유명하다. 그러나 18세기 중·후반을 풍미하였던 정선파의 화풍은 화원들에 의하여 형식화의 경향을 나타내면서 18세기 말엽에 이르러 비판의 대상이 되었다.

① 18세기부터 조선시대 문인들은 산수화를 그리기 시작하였다.
② 정선은 산천의 특색을 남종화법을 토대로 표현하여 진경산수화풍의 정형을 수립하였다.
③ 우리나라의 바위산은 선으로, 흙산은 묵으로 묘사하는 기법을 남종화법이라고 한다.
④ 김홍도는 정선의 제자로 중인 계급이었으며, 문인화가 중에서 가장 뛰어난 사람이었다.
⑤ 18세기 말에는 진경산수화의 화풍이 형식화 되면서 풍속화가 크게 유행하기 시작하였다.

23 다음 [가]~[라] 문단을 논리적 순서대로 맞게 배열한 것을 고르면?

[가] 실제로 일찌감치 원전 핵심 기술을 국산화한 우리나라는 원전 수출에도 적극적으로 나서고 있다. 한국의 첫 원전 수출 사례인 UAE 바라카 원전은 지난해와 올해 1,2기 가동을 시작하였고 3기는 올해 완공되었다. 4기는 현재 건설 중이다.

[나] 우리나라는 새 정부 출범 후 탈원전 정책을 폐기하고, 올해를 '원전 산업 재도약 원년'으로 규정하였다. 첫 삽을 뜬 지 12년 만에 가동을 시작한 신한울 1호기에 이어 원자로 격납건물 결함으로 가동을 멈췄던 한빛 4호기(100만 kW급)가 5년 7개월 만에 재가동을 시작하면서 원전 비중은 늘어날 예정이다.

[다] 신한울 3·4호기 건설 일감이 내년 상반기에 본격 공급되고, 여기에 가동 원전 일감과 수출 일감 등을 합하면 내년에 2조 원 이상의 일감이 공급될 것으로 보인다.

[라] 정부는 이를 계기로 국내 원전 산업 생태계 복원과 경쟁력 강화에 힘을 쏟을 계획이다. 우선 신한울 3·4호기의 환경영향평가를 포함한 인허가 절차를 효율화하여 내년 중에 전원개발실시계획 승인을 완료하는 등 2024년 착공을 목표로 신속한 건설 재개를 추진 중이다.

① [가]—[나]—[라]—[다]
② [나]—[다]—[가]—[라]
③ [나]—[라]—[다]—[가]
④ [다]—[가]—[라]—[나]
⑤ [라]—[나]—[가]—[다]

24 다음 글을 읽고 추론한 내용으로 옳은 것을 고르면?

> 비후성 심근증은 대동맥판 협착증, 고혈압 등 특별한 원인 없이 좌심실 벽이 두꺼워지는 심장 질환이다. 이로 인해 심장 이완기에 좌심실로 혈액이 채워지는 과정에 지장을 받아 심부전이 발생할 수 있다. 심방세동이 동반될 수 있고 이에 따른 뇌졸중 발생 위험이 증가한다. 치명적인 부정맥인 심실빈맥 혹은 심실세동의 위험이 있으며 젊은 연령에서 발생하는 심장돌연사의 가장 흔한 원인 중 하나다. 과체중, 경도비만, 중등도비만 이상에 해당하면 표준 체중인 사람에 비해 비후성 심근증 발생위험이 각각 약 1.5배, 2.2배, 2.9배 높았다. 또한 당뇨, 이상지질혈증, 고혈압으로 대표되는 대사이상도 비후성 심근증 발현 위험을 높이는 것으로 밝혀졌다. 동일한 체질량지수 그룹이더라도 대사이상이 동반된 사람들은 비후성 심근증 발현 위험이 더 높았다. 단순히 심근이 두꺼워지는 심근비후는 고혈압이나 대동맥판막 협착증 환자에게서도 종종 관찰된다. 해당 원인을 잘 관리하거나 치료하면 심근비후는 호전되기도 하지만 비후성 심근증은 다르다. 비후성 심근증 발병에 유전적 이상이 중요한 역할을 하지만, 유전적 요인 외에도 비후성 심근증 발현을 유발하는 요소가 밝혀진 것이다.

① 표준 체중인 사람의 경우 비후성 심근증이 발생하지 않을 것이다.
② 심근비후 발현 과정에 결정적인 영향을 미치는 원인은 유전적 이상이 절대적이다.
③ 비만일 경우 돌연사의 원인인 비후성 심근증이 발생할 위험이 높다.
④ 고혈압, 당뇨, 이상지질혈증과 같은 대사이상은 심근비후 발생의 합병증이다.
⑤ 비후성 심근증은 유전적 요인으로 좌심실 벽이 얇아지는 질환이다.

25 다음 중 ㉠의 견해에 대해 ㉡이 보일 수 있는 반응으로 가장 적절한 것을 고르면?

> ㉠소크라테스는 인간은 영혼과 육체로 이루어져 있다고 생각했다. 그는 어떤 대상의 본질을 이해하려면, 즉 진리에 도달하려면 대화를 통해 자기의 무지를 깨달아야 한다고 말했다. 그리고 인간이 죽을 때 영혼은 육체로부터 분리되고, 육체는 죽을지라도 영혼은 영원히 사라지지 않는다고 믿었다. 그래서 그는 죽음을 두려워하지 않았고, 오히려 철학적 생각을 깊이 하는 데 있어 육체가 방해되며, 죽음이 육체적 감각으로부터 영혼을 해방하는 것이라고 확신했다.
>
> ㉡데카르트도 인간이 감각으로 받아들이는 정보는 신뢰할 수 없다고 생각했다. 데카르트는 오직 진리 탐구에 전념하려고 했다. 여기서 말하는 진리 탐구란 참된 이치, 변하지 않는 원리, 확고부동한 근거가 되는 출발점을 찾으려고 하는 것이다. 이러한 영원불멸한 출발점을 찾기 위해 데카르트는 모든 것들을 의심했다. 모든 것을 의심하는 확고한 출발점을 찾기 위해 의도적으로 부정하는 '방법적 회의'의 과정을 통해서 데카르트는 모든 것을 의심한다고 해도 의심하고 있는 자신의 생각 자체는 의심할 수 없는 최종점에 도달한다. 이를 통해 서양에서는 데카르트에 의해 비로소 인간 개인으로 '나'를 바라보는 생각이 분명하게 만들어졌다.

① 물질적으로 만질 수 있는 우리 몸이라는 대상이 있으므로 인간은 존재한다.
② 알고 있다는 생각에 대한 의심은 다른 모든 것들을 알게 해 주는 출발점이다.
③ 기분은 때에 따라 좋았다 나빴다 하지만 물질은 변하지 않는다.
④ 신체감각에 의해 달라지는 신체가 소멸하면 정신 또한 사라진다.
⑤ 생각하는 인간의 정신 즉, 영혼이 곧 인간의 자아이고 진정한 '나'이다.

정답과 해설 P. 08

01 다음 [표]는 근로자 1인당 연간 월평균 임금에 관한 자료이다. 이에 대한 설명으로 옳지 <u>않은</u> 것을 고르면?

[표1] 2021~2023년 사업장 규모별 월평균 명목임금 　　　　　　　　　　　　　(단위: 천 원, %)

구분	2021년		2022년		2023년	
전체	3,689	(4.6)	3,869	(4.9)	3,966	(2.5)
300인 미만	3,316	(3.8)	3,462	(4.4)	3,537	(2.2)
300인 이상	5,582	(6.5)	5,922	(6.1)	6,071	(2.5)

[표2] 2018~2023년 월평균 명목 · 실질임금 및 소비자 물가지수 　　　　　　　(단위: 천 원, %)

구분	2018년		2019년		2020년	
명목임금	3,376	(5.3)	3,490	(3.4)	3,527	(1.1)
실질임금	3,407	(3.7)	3,509	(3.0)	3,527	(0.5)
소비자 물가지수	99.09	(1.5)	99.47	(0.4)	100.00	(0.5)

구분	2021년		2022년		2023년	
명목임금	3,689	(4.6)	3,869	(4.9)	3,966	(2.5)
실질임금	3,599	(2.0)	3,592	(−0.2)	3,554	(−1.1)
소비자 물가지수	102.50	(2.5)	107.72	(5.1)	111.59	(3.6)

※ 실질임금＝(명목임금÷소비자물가지수)×100
※ 당해 연도 소비자물가지수는 2020년의 값을 기준으로 하여 나타낸 지수임
※ 괄호 안의 값은 전년 대비 증감률임

① 2023년 규모 300인 이상 사업장의 월평균 명목임금은 규모 300인 미만 사업장의 월평균 명목임금 대비 1.5배 이상 많다.

② 2021~2023년 동안 규모 300인 이상 사업장과 300인 미만 사업장의 월평균 명목임금의 차이는 증가한다.

③ 2023년 소비자물가지수는 3년 전 대비 11.59% 증가하였다.

④ 2024년 월평균 명목임금의 증감률이 2023년과 같다면 2024년 월평균 명목임금은 4,000천 원 이상이다.

⑤ 2024년 월평균 명목임금과 소비자물가지수가 전년 대비 모두 상승한다면 실질임금도 상승한다.

02 다음 [그래프]와 [표]는 2019~2023년 반도체 산업 동향과 2019~2022년 반도체 산업 생산액 및 매출액에 대한 자료이다. 이에 대한 설명으로 옳은 것을 고르면?

[그래프] 2019~2023년 반도체 산업 동향   (단위: 억 달러, %)

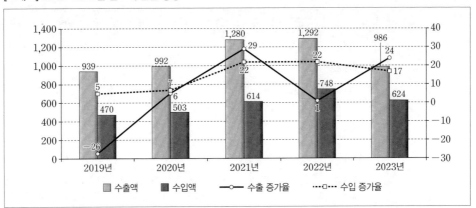

[표] 2019~2022년 반도체 산업 생산액 및 매출액   (단위: 조 원)

구분	2019년	2020년	2021년	2022년
생산액	134	159	201	224
매출액	1,124	1,193	1,422	1,413

① 2019~2022년 동안 반도체 수출액은 전년 대비 증가하였다.

② 2019~2022년 동안 반도체 수출 증가율 변화폭이 가장 큰 해에 반도체 매출액도 가장 높다.

③ 2019~2022년 동안 반도체 산업 매출액이 높을수록 생산액도 많다.

④ 2019~2022년 동안 반도체 산업 매출액이 높을수록 (반도체 수출액－반도체 수입액)의 값도 많다.

⑤ 2020~2022년 동안 반도체 산업 수출 증가율이 전년 대비 감소한 해에 반도체 산업 생산액도 감소하였다.

다음 [표]는 연도별 신재생에너지 발전량에 관한 자료이다. 2016년 대비 2020년에 발전량이 감소한 에너지의 개수를 고르면?

[표] 연도별 신재생에너지 발전량 (단위: MWh)

구분		2016년	2017년	2018년	2019년	2020년
재생에너지	합계	39,545,095	44,549,931	50,198,169	48,972,670	37,161,788
	태양광	5,515,816	7,737,852	10,154,964	14,163,040	19,297,854
	풍력	1,683,142	2,169,014	2,464,878	2,679,158	3,149,798
	수력	2,858,714	2,819,882	3,374,375	2,791,076	3,879,383
	해양	495,556	489,466	485,353	474,321	457,263
	바이오	6,237,564	7,466,664	9,363,229	10,415,632	9,938,353
	폐기물	22,754,303	23,867,053	24,355,370	18,449,443	439,137
신에너지	합계	1,504,083	2,755,022	3,466,954	3,316,436	5,899,723
	연료전지	1,143,402	1,469,289	1,764,948	2,285,164	3,522,350
	IGCC	360,681	1,285,733	1,702,006	1,031,272	2,377,373

① 1개　　　　　　　② 2개　　　　　　　③ 3개
④ 4개　　　　　　　⑤ 5개

04 다음 [표]는 P·Q시 고등학교별 학생 수에 대한 자료이다. P시와 Q시의 학생 수 차이를 고르면?

[표] P·Q시 고등학교별 학생 수 (단위: 명)

구분		교원 1인당 학생 수	교원 수
P시	A고등학교	14	89,000
	B고등학교	14	29,000
	C고등학교	14	14,100
Q시	D고등학교	15	33,800
	E고등학교	13	26,500
	F고등학교	15	19,600

① 403,900명   ② 503,900명   ③ 603,900명
④ 703,900명   ⑤ 803,900명

05 다음 [표]는 주요 업종의 학력별 전문 인력 보유 현황 자료이다. 이에 대한 설명으로 옳지 <u>않은</u> 것을 고르면?(단, 제시되지 않은 업종은 고려하지 않는다.)

[표] 학력별 전문 인력 보유 현황 (단위: 개, 명)

구분	2021년					
	기업체 수	전문 인력 수				
		박사	석사	학사	전문학사	고졸 이하
제조업	37,590	0.1	0.5	2.3	0.2	0.1
건설업	3,754	0.0	0.1	1.8	0.2	0.0
도매 및 소매업	7,680	0.1	0.3	1.8	0.2	0.0
정보통신업	4,652	0.4	1.0	4.8	0.7	0.0
전문, 과학 및 기술서비스업	3,558	0.3	1.1	3.8	0.4	0.0

구분	2022년					
	기업체 수	전문 인력 수				
		박사	석사	학사	전문학사	고졸 이하
제조업	43,143	0.1	0.5	1.9	0.4	0.1
건설업	5,186	0.1	0.4	1.6	0.5	0.0
도매 및 소매업	10,583	0.1	0.2	1.7	0.3	0.1
정보통신업	7,484	0.2	0.7	5.4	0.4	0.0
전문, 과학 및 기술서비스업	5,212	0.3	0.8	3.7	0.9	0.0

※ 전문 인력 수 1개 기업체당 평균적으로 보유한 인력을 말함

① 2022년 박사 전문 인력을 가장 많이 보유하고 있는 업종은 정보통신업이다.
② 2021~2022년 고졸 이하 전문 인력은 제조업에 가장 많이 종사한다.
③ 2021~2022년 전문 인력은 주요 업종 모두 학사 전문 인력의 비중이 가장 높다.
④ 2022년 전문, 과학 및 기술서비스업의 전체 박사 전문 인력은 전년 대비 증가하였다.
⑤ 2022년 정보통신업의 전체 박사 전문 인력은 전년 대비 감소하였다.

06 다음은 국세에 대한 설명과 연도별 세금 징수 실적 자료이다. 이를 바탕으로 2018~2022년 중 세금이 가장 많은 연도를 고르면?

세금은 국가가 행정 서비스 등 국가 업무를 수행하는 경비에 충당하기 위하여 국민에게 부과·징수하는 것이다. 세금의 종류는 내국세, 관세 그리고 목적세로 대별된다.

내국세는 직접세와 간접세로 다시 구분되는데, 내국세 중 직접세는 소득세·법인세·상속세·증여세가 있으며, 간접세는 부가가치세·특별소비세·주세·인지세·증권거래세 등이 있다.

관세는 통상적으로 국경을 통과하는 수출입 물품에 대하여 부과되는 조세이다. 관세의 종류는 주로 재정 수입의 증가를 목적으로 하는 재정 관세와 국내 산업의 보호·육성을 목적으로 하는 보호 관세가 있다.

목적세는 당해 조세의 용도를 세법에 명시하여 당해 목적에만 지출할 수 있도록 제한하고 있는 조세로 국세인 교육세·교통세·농어촌특별세가 있고, 지방세인 도시계획세·공동시설세·지역개발세와 사업 소득세 등이 있다.

[표] 2018~2022년 세금 징수실적 (단위: 억 원)

구분			2018년	2019년	2020년	2021년	2022년
내국세			2,527,100	2,525,500	2,448,500	2,930,000	3,479,300
	직접세		1,627,100	1,640,300	1,589,800	1,995,000	2,469,200
		소득세	844,600	835,000	931,000	1,141,000	1,287,500
		법인세	709,000	722,000	555,100	704,000	1,035,700
	상속·증여세		73,500	83,300	103,700	150,000	146,000
	간접세		900,000	885,200	858,700	935,000	1,010,100
		부가가치세	700,100	708,300	648,800	712,000	816,300
		주세	32,600	35,000	30,100	26,700	37,700
		인지세	8,800	8,500	9,700	9,600	8,000
관세			88,100	78,800	70,600	82,200	103,200
목적세			248,500	236,000	249,000	306,000	227,700
	교육세		51,000	51,100	47,000	51,000	46,400
	농어촌특별세		44,200	39,200	63,000	89,000	70,100
	도시계획세		−400	−10	−10	−10	−10
	공동시설세		16,551,000	17,000	18,000	18,700	195,000

① 2018년   ② 2019년   ③ 2020년
④ 2021년   ⑤ 2022년

07 다음 [표]는 2024년 7~8월 S시 일별 기상관측 자료이다. 이에 대한 설명으로 옳지 <u>않은</u> 것을 고르면?(단, 공란은 관측된 값이 없는 경우이다.)

[표] 2024년 7~8월 S시 일별 기상관측 (단위: ℃, mm)

구분	7월					8월				
	평균기온	최저기온	최고기온	강우량	불쾌지수	평균기온	최저기온	최고기온	강우량	불쾌지수
1	26.3	22.0	31.3		75	29.9	27.3	33.2	0.3	82
2	23.2	21.9	25.2	65.1	73	29.6	28.2	32.5		82
3	24.7	23.6	25.9	0.8	74	30.2	27.2	34.2		82
4	26.8	23.2	30.6	3.6	77	31.8	27.3	36.2		84
5	23.4	21.3	26.1	4.1	72	30.0	26.9	33.7	1.3	82
6	25.1	22.1	30.0	2.8	76	29.5	25.6	33.5	0.0	81
7	24.4	21.5	28.2	28.7	74	29.6	27.2	33.4	3.4	81
8	23.8	23.1	24.5	21.1	74	28.5	26.9	31.6	0.0	80
9	24.5	22.7	26.7	0.3	75	29.3	25.6	33.6		81
10	26.6	22.7	31.1	1.4	77	30.0	26.4	33.6		82
11	25.7	23.3	28.9		76	30.8	27.8	34.4		82
12	25.6	21.8	30.2		76	31.1	28.2	34.1		83
13	28.1	23.5	33.3	0.0	79	31.3	28.1	36.4	0.0	83
14	28.4	24.9	32.1	0.4	78	30.0	27.3	34.9	3.0	82
15	28.4	24.5	31.3	0.0	78	29.2	26.7	34.6	6.4	81
16	27.0	24.6	30.7	17.0	78	29.8	26.8	34.3	0.0	81
17	25.4	24.1	28.1	98.8	77	29.8	27.2	34.0	11.0	81
18	24.3	23.1	25.6	128.8	75	29.5	27.0	33.9	0.0	81
19	27.0	24.2	30.8	0.1	78	29.7	26.3	35.3	2.3	81
20	27.2	25.1	30.6	14.9	78	31.4	27.0	35.4	0.0	83
21	26.5	22.5	29.8	8.5	78	28.4	26.9	30.8	42.2	81
22	26.5	24.3	27.9	79.9	78	28.6	27.1	30.3	0.6	81
23	26.4	25.8	27.3	2.0	78	28.4	26.4	31.8	0.0	79
24	28.1	26.0	30.9	14.7	81	27.6	25.1	30.9	2.0	79
25	28.8	25.4	32.2	25.3	81	28.5	24.9	32.7	0.0	80
26	28.7	25.2	32.7	5.5	81	28.1	25.6	30.6	0.3	80
27	28.9	27.5	31.7	33.5	82	26.5	24.6	30.3		76
28	29.2	27.3	32.2	0.0	81	28.2	23.0	33.2		78
29	27.4	26.8	27.8	0.0	79	28.4	23.4	33.5		78
30	28.6	26.3	31.9		81	28.0	23.7	32.9		78
31	29.4	27.0	33.3		81	27.6	22.6	33.0		77
평균	26.6	24.1	29.6	—	77.5	29.3	26.3	33.3	—	72.8

- 호우주의보: 6시간 강우량이 70mm 이상 예상되거나, 12시간 강우량이 110mm 이상 예상될 때 발령함
- 호우경보: 6시간 강우량이 110mm 이상 예상되거나, 12시간 강우량이 180mm 이상 예상될 때 발령함
- 불쾌지수 해석
  - 68 미만: 쾌적
  - 68 이상 75 미만: 약간 불쾌
  - 75 이상 80 미만: 상당히 불쾌
  - 80 이상: 매우 불쾌

---

① 전월 동일 대비 8월에 평균기온이 높은 날은 기온이 낮은 날보다 더 많다.

② 7월에 일 평균기온이 월 평균기온보다 높은 날은 10일 이상이다.

③ 사전에 호우주의보를 발령한 날에 실제로 강우량이 70mm 이상이었다면, 호우주의보는 8월에 7월보다 많이 발효되었다.

④ 7월과 8월은 불쾌지수가 '쾌적'인 날이 없다.

⑤ 7월에 '매우 불쾌'인 날은 8월에 '상당히 불쾌'인 날과 같다.

08 다음 [표]는 T그룹의 2022~2023년 1분기 누적 실적 현황과 동종 업계 타 11개 기업의 누적 실적 현황에 관한 자료이다. 이에 대한 설명으로 옳지 <u>않은</u> 것을 고르면?

[표1] T그룹 누적 실적 현황 (단위: 백만 원)

구분	2022년 1분기	2023년 1분기
매출액	732,000	1,180,000
영업이익	258,000	539,000
당기순이익	199,000	424,000

[표2] 동종 업계 타 11개 기업 누적 실적 현황 (단위: 백만 원)

구분	2022년 1분기	2023년 1분기
매출액	7,200,000	8,100,000
영업이익	678,000	1,234,000
당기순이익	400,000	1,200,000

① T그룹의 2023년 1분기 누적 매출액은 전년 동기 대비 50% 이상 증가했다.

② T그룹의 2023년 1분기 누적 당기순이익과 영업이익은 모두 전년 동기 대비 100% 이상 증가했다.

③ 전년 동기 대비 동종 업계 타 11개 기업의 2023년 1분기 누적 당기순이익 증가율은 200%이다.

④ 2022년 1분기 대비 2023년 1분기 T그룹의 누적 당기순이익 증가량은 225,000백만 원이다.

⑤ 2022년 1분기 대비 2023년 1분기 동종 업계 타 11개 기업의 누적 매출액 증가율은 10%를 넘지 않는다.

09 다음 [표]는 S사의 손익계산서이다. 이에 대한 설명으로 옳지 <u>않은</u> 것을 고르면?

[표] S사 손익계산서 (단위: 억 원)

구분	2020년	2021년	2022년	2023년
매출액	500	300	550	650
매출원가	( )	( )	( )	( )
매출총이익	200	−50	150	200
판매 · 관리비	95	90	100	30
영업이익	105	−140	50	120
당기순이익	100	100	−10	−10

- 매출원가는 해마다 50억 원씩 증가한다.
- 매출총이익＝매출액−매출원가
- 영업이익＝매출총이익−판매 · 관리비
- 영업이익률$(\%) = \dfrac{영업이익}{매출액} \times 100$
- 당기순이익＝영업이익＋(영업외수익−영업외비용)

① 2020년 매출원가는 300억 원이다.
② 2020년 (영업외수익−영업외비용)은 −5억 원이다.
③ 2021~2023년 당기순이익은 해마다 꾸준히 감소하고 있다.
④ 2022년 영업이익률은 10% 미만이다.
⑤ 2021년 이후 영업 외의 부분에서 손실이 커지고 있다.

10 다음 [표]는 유종별 유류비에 대한 자료이다. 이를 바탕으로 작성한 [보고서]의 밑줄 친 ㉠~㉤ 중 옳지 <u>않은</u> 것을 고르면?

[표] 유종별 유류비

(단위: 원)

구분	휘발유	경유	LPG
복합연비(km/L)	11.3	12.2	8.6
전국 평균 연료 단가(원/L)	1,861.6	1,710.0	1,083.2
연간유류비 (15,000km 기준)	2,407,293	2,102,434	1,889,267
차량 단가	34,400,000	39,800,000	33,800,000

※ 운행 경제성(원)=차량가격＋5년간 유류비

[보고서]

　　최근 석유제품의 가격이 급등하면서 상대적으로 LPG 자동차의 경쟁력이 개선되고 있다. 같은 모델을 기준으로 자동차 구입비와 연간 유류비를 고려했을 때 LPG 자동차의 유지비가 가장 싸고 경유와 휘발유 모델이 뒤를 이었다. ㉠<u>전국 평균 연료 단가를 보면 휘발유는 리터당 1,861.6원, 경유는 1,710원, LPG는 1,083.2원을 각각 기록하고 있다.</u> 휘발유 : 경유 : LPG의 가격비율은 100 : 92 : 58을 유지하고 있다. 이는 2차 에너지세제개편 가격체계인 휘발유 (100) : 경유(85) : LPG(50)와 비교해 보면 ㉡<u>경유는 7%p, LPG는 8%p 높은 실정이다.</u>

　　이 같은 실정에서 휘발유와 경유, LPG 모델이 모두 출시되는 차량 모델을 기준으로 연간 유류비를 책정해 보면 LPG의 경제성이 눈에 띄게 높다. ㉢<u>휘발유, 경유, LPG의 복합연비는 각각 L당 11.3km, 12.2km, 8.6km이다.</u> 차량 단가는 경유차가 약 3,980만 원으로 가장 비싸고 휘발유는 3,440만 원이다. LPG는 3,380만 원으로 세 모델 중 가장 싸다.

　　연간 1만 5,000km를 운행했다고 가정하고 유류비를 책정하면, ㉣<u>휘발유는 24만 7,293원, 경유는 21만 2,434원, LPG는 18만 9,267원을 각각 기록하였다.</u> 무엇보다 차량가격을 합산해 5년 간 유류비를 대입해 보면 ㉤<u>LPG 자동차의 유지비는 총 4,324만 6,335원으로 경제성에서 가장 앞섰다.</u> 뒤이어 휘발유차의 운행비는 총 4,643만 6,465원으로 뒤를 이었고 경유는 총 5,031만 2,170원이 들게 된다.

① ㉠　　　　　② ㉡　　　　　③ ㉢

④ ㉣　　　　　⑤ ㉤

에듀윌이
너를
지지할게

ENERGY

탁월한 능력은
새로운 과제를 만날 때마다
스스로 발전하고 드러낸다.

– 발타사르 그라시안(Baltasar Gracian)

창의수리

정답과 해설 P. 12

01 올라갈 때 속력와 내려갈 때 속력이 <u>다른</u> 케이블카가 있다. 이 케이블카를 타고 20km 언덕을 시속 24km로 올라갔다가 바로 내려 오는 데 총 90분이 걸렸다. 내려올 때의 케이블카의 속력을 고르면?

① 20km/h   ② 25km/h   ③ 30km/h

④ 35km/h   ⑤ 40km/h

02 당첨 공 2개를 포함한 100개의 공이 들어있는 바구니가 있다. 추첨에 참여한 사람은 2번 연속해서 공을 뽑을 기회가 주어질 때, 첫 번째 사람이 연달아 당첨 공을 뽑을 확률을 고르면?(단, 당첨 공은 바구니에 다시 넣지 않는다.)

① $\dfrac{1}{990}$ ② $\dfrac{1}{1650}$ ③ $\dfrac{1}{3300}$

④ $\dfrac{1}{4290}$ ⑤ $\dfrac{1}{4950}$

03 비행기에 창가 자리가 2개, 중간 자리가 3개, 통로 자리가 4개가 있다. 남자 5명, 여자 4명이 여행을 간다고 할 때 통로자리 4개에 모두 여자들이 앉을 확률을 고르면?

① $\dfrac{1}{72}$ ② $\dfrac{1}{126}$ ③ $\dfrac{1}{320}$

④ $\dfrac{1}{504}$ ⑤ $\dfrac{1}{1008}$

04 7장의 표를 예매했는데 1장은 2,000원의 취소수수료를 내고 환불하고, 일주일 후에 3장을 표 가격의 50%만 받고 환불하여 최종적으로 돌려 받은 금액이 38,000원이 되었다. 표 한 장의 가격을 고르면?

① 12,000원   ② 13,000원   ③ 14,000원
④ 16,000원   ⑤ 18,000원

05 오프라인 가게에서 1,800원에 파는 물건을 온라인 쇼핑몰에서는 1,650원에 살 수 있다. 주문량과 관계 없이 온라인 배송비는 3,000원일 때, 한 번에 물건을 몇 개 이상 주문해야 온라인 쇼핑몰에서 구매하는 것이 저렴한지 고르면?

① 18개   ② 19개   ③ 20개
④ 21개   ⑤ 22개

06 농도 8%의 소금물 250g이 있다. 농도를 2%로 낮추기 위해 5명이 동량의 물을 첨가하려고 한다. 1명당 첨가해야 하는 물의 양을 고르면?

① 100g   ② 120g   ③ 150g
④ 200g   ⑤ 250g

07 서류를 3장이나 5장씩 분류하면 2장이 남고, 4장씩 분류하면 3장이 남는다. 10장씩 분류할 경우에 서류는 몇 장 남는지 고르면?

① 1장   ② 2장   ③ 4장
④ 5장   ⑤ 7장

08 작년에 사원 수는 총 100명이었다. 올해는 여자 사원 수는 5% 증가하였고 남자 사원 수는 5%가 감소하였다. 올해 사원 수가 총 103명일 때, 여자 사원 수를 고르면?

① 82명   ② 84명   ③ 86명

④ 88명   ⑤ 92명

09 원가가 1,400원인 물건에 대해 정가의 3할을 할인하는 행사를 하려고 한다. 이때 원가의 1할을 이익으로 남길 경우 정가를 고르면?

① 2,200원   ② 2,400원   ③ 2,600원

④ 2,800원   ⑤ 3,000원

10 제품 A와 B를 하나씩 만드는 데 필요한 원자재 양은 다음 [표]와 같다. 철 9kg과 아연 15kg을 모두 사용하여 두 제품을 최대로 만들 때, A와 B의 개수를 고르면?

[표] 원자재별 투입량   (단위: g)

구분	철	아연
A	200	400
B	300	300

	A	B
①	10개	35개
②	20개	20개
③	20개	30개
④	30개	10개
⑤	30개	20개

11 A~C는 발표 자료를 만들려고 한다. 발표 자료를 완성하는 데 A와 B가 함께 하면 2일, B와 C가 함께 하면 2일, A와 C가 함께 하면 3일 걸린다고 한다. 이때, B가 혼자 발표 자료를 만들려면 며칠이 걸리는지 고르면?

① 1일　　　　　　　　② 2일　　　　　　　　③ 3일
④ 4일　　　　　　　　⑤ 5일

12 농도가 10%인 소금물 A와 농도가 6%인 소금물 B를 합쳐서 300g의 소금물을 만들었다. 이때, 농도를 8%로 맞추기 위해 소금물 A은 최소 몇 g이어야 하는지 고르면?

① 110g　　　　　　　② 120g　　　　　　　③ 130g
④ 140g　　　　　　　⑤ 150g

13 K씨는 햄버거 세트를 주문하려고 한다. 햄버거 A의 단품 가격은 햄버거 B의 단품 가격보다 400원 더 싸다. 햄버거 A와 햄버거 B를 단품에서 세트로 바꿔 사면 1,800원을 추가해야 한다. 햄버거 A와 햄버거 B를 모두 세트로 2개씩 사면 28,200원이다. 이때, 햄버거 B의 단품 가격을 고르면?

① 5,050원　　　　　　② 5,150원　　　　　　③ 5,250원
④ 5,350원　　　　　　⑤ 5,450원

14 임원 후보로 남자 6명과 여자 2명이 지원하였다. 이 중에서 임원 3명을 뽑는다고 할 때, 여자가 적어도 1명은 포함될 확률을 고르면?

① $\dfrac{1}{14}$　　　　② $\dfrac{2}{7}$　　　　③ $\dfrac{3}{7}$

④ $\dfrac{9}{14}$　　　　⑤ $\dfrac{6}{7}$

15 P사 기획팀 소속인 30명의 직원을 대상으로 안경을 쓴 직원의 수를 조사해 봤더니 결과가 다음 [표]와 같았다. 이때, 직원 한 명을 선택했을 때, 그 직원이 안경을 쓰고 있고, 여자일 확률을 고르면?

[표] 안경 착용 현황　　　　　　　　　　　　　　　　　　　　　(단위: 명)

구분	안경 씀	안경 안 씀	계
남자	14	6	20
여자	6	4	10
계	20	10	30

① $\dfrac{1}{10}$　　　　② $\dfrac{3}{10}$　　　　③ $\dfrac{1}{3}$

④ $\dfrac{2}{5}$　　　　⑤ $\dfrac{3}{5}$

16 강물을 거슬러 올라갈 때는 시속 20km로 운행하고, 강물을 따라 내려 갈 때는 시속 10km로 운행하는 배가 있다. 이 배가 시속 2km로 흐르는 강에서 이동하였을 때, 왕복으로 총 6시간이 걸렸다. 이 강의 길이를 고르면?

① 37.1km　　　② 38.6km　　　③ 39.4km
④ 41.2km　　　⑤ 43.2km

17 한 회사에서 여자 직원은 30명이고, 평균 나이는 46세이다. 남자 직원의 평균 나이는 30세라고 할 때, 회사 전체의 평균 나이가 36살이 되려면, 남자 직원은 몇 명이어야 하는지 고르면?

① 48명   ② 49명   ③ 50명
④ 51명   ⑤ 52명

18 100개의 제비 중 당첨 제비가 4개 들어 있는 상자가 있다. 임의로 제비를 1개씩 2번 뽑을 때, 2개 모두 당첨 제비일 확률을 고르면?(단, 뽑은 제비는 다시 넣지 않는다.)

① $\dfrac{1}{825}$ ② $\dfrac{1}{275}$ ③ $\dfrac{1}{165}$
④ $\dfrac{2}{165}$ ⑤ $\dfrac{4}{165}$

19 25,000원으로 1,100원짜리 물건과 1,800원짜리 물건을 사려고 한다. 거스름돈을 가장 적게 남기려고 할 때, 살 수 있는 물건의 개수를 고르면?

① 13개   ② 14개   ③ 15개
④ 16개   ⑤ 17개

20 A, B컵에 각각 들어있는 알코올의 농도는 22%, 10%이다. 두 컵을 섞어서 농도가 최소 17%이고 최대 19%인 300g의 알코올을 만들려고 할 때, A컵에 들어있는 알코올은 최소 몇 g이어야 하는지 고르면?

① 170g ② 175g ③ 180g
④ 185g ⑤ 190g

21 가로, 세로, 높이의 길이가 각각 20cm, 16cm, 6cm인 직육면체의 상자들이 있다. 동일한 상자를 최소한으로 쌓아서 정육면체를 만들려고 할 때, 상자를 몇 층까지 쌓아야 하는지 고르면?

① 20층 ② 25층 ③ 30층
④ 35층 ⑤ 40층

22 A와 B는 각각 32km, 5km 떨어진 약속장소에서 서로 만나기로 했다. A는 5km/h로 1km를 걸어서 지하철역에 도착하여 75km/h로 달리는 지하철을 타고 30km를 간 후, 다시 3km/h로 1km를 걸어서 약속장소에 도착했다. B는 4km/h로 걷다가 도중에 6km/h로 걸었더니 A보다 9분 늦게 도착했다. 이때, B가 4km/h로 걸은 시간을 고르면?

① 32분 ② 36분 ③ 40분
④ 42분 ⑤ 45분

23 15% 소금물 320g이 있다. 이 소금물을 창가에 두고 물을 증발시켜 16% 소금물로 만들려고 할 때, 증발시켜야 하는 물의 양을 고르면?

① 10g   ② 15g   ③ 20g
④ 25g   ⑤ 30g

24 1gal≒128oz, 1,000oz≒30L일 때, 100L는 몇 gal인지 고르면?

① 약 17gal   ② 약 26gal   ③ 약 37gal
④ 약 46gal   ⑤ 약 57gal

25 A시에서는 가로 312m, 세로 216m인 직사각형 모양의 부지에 가장자리를 따라 일정한 간격으로 나무를 심으려고 한다. 나무의 수는 최소한으로 하되, 부지의 네 모퉁이에는 반드시 나무를 심으려고 할 때, 필요한 나무는 몇 그루인지 고르면?(단, 나무 사이의 간격은 20m를 초과하지 않는다.)

① 86그루   ② 87그루   ③ 88그루
④ 89그루   ⑤ 90그루

26 S사에서 상반기 공개채용을 실시했는데, 남녀 지원자 수의 비는 3:2, 남녀 합격자 수의 비는 3:1, 남자 지원자 중 불합격자의 비율은 80%였다. 이때, 전체 지원자 중 여자 합격자의 비율을 고르면?

① 2%   ② 4%   ③ 6%

④ 8%   ⑤ 10%

27 노선을 따라 30km/h로 운행하는 순환선 마을버스 4대가 있는데, 1대를 추가하여 5대가 되면 배차간격이 2분이 감소한다고 한다. 이때, 노선의 길이를 고르면?

① 16km   ② 18km   ③ 20km

④ 22km   ⑤ 24km

28 M사 내의 강당에는 한 번에 여러 명이 앉을 수 있는 긴 의자들이 놓여 있는데, 이곳에서 영업본부 전 직원을 대상으로 교육을 하려고 한다. 의자에 9명씩 앉으면 3명이 남고, 11명씩 앉으면 마지막 의자에는 7명이 앉고, 의자는 1개가 남는다고 할 때, 영업본부 전 직원의 수를 고르면?

① 69명   ② 75명   ③ 79명

④ 84명   ⑤ 89명

29 다음 [표]는 어떤 공장에서 A제품과 B제품을 각각 한 개씩 생산하는 데 필요한 원료 P와 원료 Q, 그리고 이익을 나타낸 자료이다. 현재 공장에 남아 있는 원료 P의 양은 200kg, 원료 Q의 양은 110kg이다. A제품과 B제품을 한 개씩 만들 때의 이익은 각각 4만 원, 3만 원이다. 이때, 공장에서 얻을 수 있는 최대 이익을 고르면?

[표] 원료별 투입량 및 제품별 이익 (단위: kg, 만 원)

구분	P	Q	이익
A제품	2	1	4
B제품	3	2	3

① 280만 원   ② 300만 원   ③ 320만 원
④ 340만 원   ⑤ 360만 원

30 A씨는 거래처로부터 부품을 구입하려고 한다. 부품의 정가는 700원이고, 200개 미만으로 부품을 구입할 때 할인율은 10%이고, 200개 이상으로 부품을 구입할 때 할인율은 15%이다. 몇 개 이상의 부품을 살 때, 200개를 구입하는 것이 더 이익인지 고르면?

① 189개   ② 190개   ③191개
④ 192개   ⑤ 193개

정답과 해설 P. 19

01 ○○기업은 직원들이 전자기기 사용 현황을 조사하였다. 직원들의 전자기기 사용 현황이 다음 [조건]과 같을 때, 항상 옳은 것을 고르면?

> ┌ 조건 ─────────────────────
> - 면도기를 사용하는 직원은 태블릿을 사용한다.
> - 이어폰을 사용하는 직원은 카메라를 사용한다.
> - 헤드폰을 사용하는 직원은 면도기를 사용한다.
> - 카메라를 사용하는 직원은 태블릿을 사용하지 않는다.
> - 면도기를 사용하지 않는 직원은 노트북을 사용한다.

① 면도기를 사용하는 직원은 이어폰을 사용한다.
② 태블릿을 사용하지 않는 직원은 노트북을 사용하지 않는다.
③ 헤드폰을 사용하는 직원은 카메라를 사용한다.
④ 카메라를 사용하는 직원은 이어폰을 사용한다.
⑤ 노트북을 사용하지 않는 직원은 면도기를 사용한다.

02 A~E는 4일부터 8일 사이에 각자 다른 날에 휴가를 가야 한다. 다음 [조건]과 같이 휴가를 간다고 할 때, 항상 옳지 <u>않은</u> 것을 고르면?(단, 이들은 휴가를 가지 않는 날에는 일을 한다.)

> ┌ 조건 ─────────────────────
> - 8일에 C가 휴가를 가지 않으면 D는 7일에 휴가를 간다.
> - D는 E보다 먼저 휴가를 가고 A보다는 늦게 휴가를 간다.
> - A는 5일과 8일 중 휴가를 간다.
> - D는 7일에 휴가를 가지 않는다.

① E는 7일에 휴가를 간다.
② B는 4일에 일을 한다.
③ A는 8일에 휴가를 가지 않는다.
④ B가 D보다 먼저 휴가를 간다.
⑤ C는 7일에 휴가를 가지 않는다.

03 1층부터 3층까지 있는 건물에 A~E를 보안요원으로 배치하려고 한다. 다음 [조건]과 같이 배치한다고 할 때, 무조건 A보다 낮은 층에 배치되는 요원을 모두 고르면?

조건
- 3층에는 보안요원을 1명만 배치하고, 나머지 층에는 2명씩 배치한다.
- E는 2층 또는 3층에 배치된다.
- C가 3층에 배치되지 않으면 B는 3층에 배치된다.
- D가 2층에 배치되지 않으면 C는 1층에 배치된다.
- A와 E는 같은 층에 배치된다.

① B   ② C   ③ B, C
④ B, D   ⑤ B, C, D

04 A~F는 ○○기업에 근무하는 직원이다. 이들은 제주도 또는 부산에서 3명씩 근무하고, 각 근무지에서 근무하는 3명의 직급은 모두 다르다. 다음 [조건]을 고려할 때, 대리일 수 있는 직원을 모두 고르면?(단, 직급은 사원, 대리, 과장만 존재한다.)

조건
- A와 C는 근무지가 동일하고, D와 F도 근무지가 동일하다.
- F가 사원이 아니라면 B와 E는 근무지가 동일하다.
- C는 F와 직급이 동일하다.
- C가 사원이라면, B는 과장이다.
- A와 E는 직급이 동일하지 않다.

① A   ② B, E   ③ C, F
④ A, D, E   ⑤ B, C, E, F

05 A~H 8명은 △△기업에서 진행하는 인턴십을 신청하고자 한다. 다음 [조건]에 따라 4명이 신청했다고 할 때, 반드시 신청하는 사람을 모두 고르면?

┌─ 조건 ───┐
│ • A가 신청하면 B도 신청한다.   │
│ • C가 신청하면 E도 신청한다.   │
│ • G 또는 H 중 한 명만 신청한다.   │
│ • D와 E는 신청하지 않는다.   │
└──┘

① A, B, F   ② B, F, G   ③ C, F, H
④ A, B, F, G   ⑤ B, C, E, H

06 A~D 4명 중 2명은 각각 수요일과 목요일에 당직근무를 서야 한다. 이들의 진술은 다음 [대화]와 같고, 이들 중 두 명만이 거짓을 말한다고 할 때, 수요일에 당직근무를 설 수 있는 사람을 모두 고르면?

┌─ 대화 ───┐
│ • A: "C는 수요일에 당직근무를 선다."   │
│ • B: "나와 C 중에는 당직근무를 서는 사람이 없다."   │
│ • C: "D는 당직근무를 서지 않는다."   │
│ • D: "C의 진술은 참이다."   │
└──┘

① A, B   ② A, C   ③ B, C
④ B, D   ⑤ C, D

07 진호, 수진, 유경 3명은 ○○기업 상반기 공채에 지원하였다. 공채 지원 결과에 대한 이들의 진술은 다음 [대화]와 같다. 이들 중 한 명의 진술만 참이고, 나머지 2명의 진술은 거짓이라 할 때, 옳은 것을 고르면?(단, 3명이 모두 합격하지는 못했다.)

┌─ 대화 ─
• 진호: "우리 중 유경이만 합격하지 못하였다."
• 수진: "나는 합격하지 못하였다."
• 유경: "우리 중 수진이만 합격하였다."
└

① 진호만 합격했다.
② 수진만 합격했다.
③ 유경의 진술은 참이다.
④ 진호와 수진의 진술은 진위 여부가 동일하다.
⑤ 유경은 합격하지 못했다.

08 A~D는 같은 사무실을 사용하고 있는 직장 동료이다. 이들 중 2명은 이번 주 청소 당번이다. A~D는 이번 주 청소 당번에 대해 다음 [대화]와 같이 진술하였다. 각자의 2가지 진술 중 하나는 참이고 다른 하나는 거짓이라 할 때, 옳은 것을 고르면?

┌─ 대화 ─
• A: "B는 청소 당번이고, C의 첫 번째 진술은 참이다."
• B: "D는 청소 당번이 아니고, A의 첫 번째 진술은 거짓이다."
• C: "나는 청소 당번이 아니고, D도 청소 당번이 아니다."
• D: "C는 청소 당번이 아니고, B의 첫 번째 진술은 참이다."
└

① A의 첫 번째 진술이 거짓이면, D는 청소 당번이다.
② B의 두 번째 진술이 참이면 A는 청소 당번이 아니다.
③ C의 첫 번째 진술이 참이면 B는 청소 당번이다.
④ D의 두 번째 진술이 참이면 C는 청소 당번이 아니다.
⑤ D의 두 번째 진술이 거짓이면 B는 청소 당번이다.

09 5개의 팀에 신입직원인 A~E가 배치될 예정이다. 이들의 배치가 다음 [조건]과 같이 이루어진다고 할 때, A와 B가 배치될 수 있는 팀끼리 짝지은 것을 고르면?

조건
- 5개의 팀 중 1개 팀에는 단 한 명의 신입직원도 배치되지 않았다.
- C는 1팀, 3팀, 4팀에 배치되지 않았다.
- A와 B는 같은 팀에 배치되었다.
- D는 1팀, 2팀, 4팀에 배치되지 않았다.
- E는 5팀에 배치되었다.

① 1팀, 2팀
② 1팀, 4팀
③ 2팀, 3팀
④ 2팀, 4팀
⑤ 3팀, 4팀

10 ○○공장에서 제품을 제작할 때, 3가지 공정인 R공정, Q공정, S공정을 거쳐야 한다. [조건]과 같이 3가지 공정을 모두 거친 후 반드시 출하가 가능한 경우의 수는 몇 개인지 고르면?

조건
- 공장의 제품은 Q공정을 통과하고, R공정과 S공정 중 하나 이상을 통과해야 한다.
- R, Q, S공정의 순서는 자유롭게 변경할 수 있다.
- 첫 번째 공정은 무조건 통과한다.
- 두 번째 공정은 R공정을 제외하고 모두 통과한다.
- 두 번째 공정이 통과하면 세 번째 공정은 통과하지 못한다.

① 1가지
② 2가지
③ 3가지
④ 4가지
⑤ 5가지

05 수열추리

01 다음과 같이 일정한 규칙으로 숫자를 나열할 때, A+B의 값을 고르면?

| 9 | 11 | 11 | (A) | (B) | 17 | 15 | 20 |

① 21 ② 24 ③ 25
④ 27 ⑤ 30

02 다음과 같이 일정한 규칙으로 숫자를 나열할 때, 10번째 항의 값을 고르면?

| 17.6 | 16.1 | 14.6 | 13.1 | 11.6 | ⋯ |

① 4.1 ② 5.6 ③ 7.2
④ 8.6 ⑤ 10.1

03 다음에 주어진 일정한 규칙에 따른 수열을 보고 빈칸에 들어갈 알맞은 수를 구하면?

| $\frac{2}{7}$ | ( ) | $\frac{2}{13}$ | $\frac{1}{8}$ | $\frac{2}{19}$ | $\frac{4}{44}$ |

① $\frac{1}{3}$ ② $\frac{1}{5}$ ③ $\frac{1}{10}$
④ $\frac{1}{20}$ ⑤ $\frac{1}{25}$

04 다음에 주어진 일정한 규칙에 따른 수열을 보고 빈칸에 들어갈 알맞은 수를 구하면?

29646 9882 3294 1098 366 ( )

① 86   ② 96   ③ 112
④ 122   ⑤ 246

05 다음에 주어진 일정한 규칙에 따른 수열을 보고 빈칸에 들어갈 알맞은 수를 구하면?

1.4 1.2 2.6 3.8 6.4 ( ) 16.6

① 7.2   ② 8.9   ③ 10.2
④ 11.2   ⑤ 14.6

06 다음에 주어진 일정한 규칙에 따른 수열을 보고 빈칸에 들어갈 알맞은 수를 구하면?

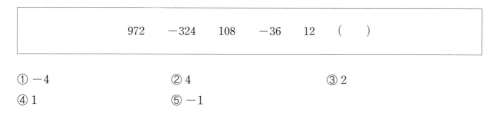

972 −324 108 −36 12 ( )

① −4   ② 4   ③ 2
④ 1   ⑤ −1

07 다음과 같이 일정한 규칙으로 숫자를 나열할 때, 열 번째 항의 값을 고르면?

5 3 9 7 13 11 17 ⋯

① 19   ② 21   ③ 23
④ 25   ⑤ 27

08 다음에 주어진 일정한 규칙에 따른 수열을 보고 빈칸에 들어갈 알맞은 수를 고르면?

| 10,395 | 3,465 | 2,079 | 1,485 | 1,155 | ( ) |

① 905   ② 915   ③ 925
④ 935   ⑤ 945

09 다음에 주어진 일정한 규칙에 따른 수열을 보고 빈칸에 들어갈 알맞은 수를 고르면?

$$\frac{2}{25} \quad \frac{2}{5} \quad \frac{18}{25} \quad \frac{26}{25} \quad \frac{34}{25} \quad (\ \ )$$

① $1\frac{1}{5}$ ② $1\frac{17}{25}$ ③ $1\frac{4}{5}$
④ $1\frac{22}{25}$ ⑤ $1\frac{24}{25}$

10 다음과 같이 일정한 규칙으로 숫자를 나열할 때, A+B의 값을 고르면?

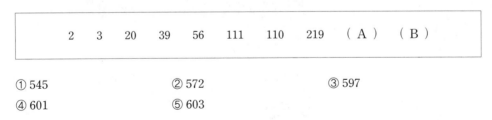

| 2 | 3 | 20 | 39 | 56 | 111 | 110 | 219 | (A) | (B) |

① 545   ② 572   ③ 597
④ 601   ⑤ 603

11 다음은 일정한 규칙으로 수를 나열한 것이다. 빈칸에 들어갈 숫자를 고르면?

$$1 \quad 3 \quad 9 \qquad 9 \quad 15 \quad 25 \qquad 8 \quad 16 \quad (\quad)$$

① 28   ② 32   ③ 36
④ 40   ⑤ 44

12 다음에 주어진 일정한 규칙에 따른 수열을 보고 빈칸에 들어갈 알맞은 수를 고르면?

$$5.7 \quad 5.0 \quad 4.3 \quad 3.6 \quad 2.9 \quad (\quad)$$

① 1.9   ② 2.0   ③ 2.1
④ 2.2   ⑤ 2.3

13 다음에 주어진 일정한 규칙에 따른 수열을 보고 빈칸에 들어갈 알맞은 수를 고르면?

$$\frac{4}{5} \quad \frac{4}{15} \quad \frac{4}{45} \quad \frac{4}{135} \quad (\quad)$$

① $\dfrac{4}{675}$ ② $\dfrac{1}{135}$ ③ $\dfrac{4}{405}$
④ $\dfrac{2}{135}$ ⑤ $\dfrac{2}{81}$

14 다음과 같이 일정한 규칙으로 숫자를 나열할 때, B−A의 값을 고르면?

| 0.3 | 0.2 | 1.4 | 1.0 | 2.5 | 1.8 | 3.6 | (A) | 4.7 | 3.4 | (B) |

① 2.4   ② 2.6   ③ 2.8
④ 3.0   ⑤ 3.2

15 다음에 주어진 일정한 규칙에 따른 수열을 보고 빈칸에 들어갈 알맞은 수를 고르면?

| 0.1 | 1.2 | 2.2 | 3.1 | 3.9 | (   ) |

① 4.6   ② 4.7   ③ 4.8
④ 4.9   ⑤ 5.0

16 다음과 같이 일정한 규칙으로 숫자를 나열할 때, A+B의 값을 고르면?

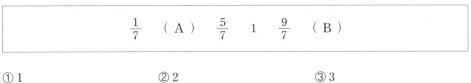

$$\frac{1}{7} \quad (A) \quad \frac{5}{7} \quad 1 \quad \frac{9}{7} \quad (B)$$

① 1   ② 2   ③ 3
④ 4   ⑤ 5

17 다음과 같이 일정한 규칙으로 숫자를 나열할 때, 여덟 번째 항의 값을 고르면?

$$-2 \quad 2 \quad -8 \quad 6 \quad -32 \quad 10 \quad \cdots$$

① -128 ② -56 ③ 14
④ 18 ⑤ 128

18 다음에 주어진 일정한 규칙에 따른 수열을 보고 빈칸에 들어갈 알맞은 수를 고르면?

$$\frac{1}{4} \quad \frac{2}{5} \quad \frac{7}{10} \quad \frac{6}{5} \quad (\quad) \quad 3$$

① $\frac{3}{2}$ ② $\frac{7}{4}$ ③ $\frac{39}{20}$
④ $\frac{23}{10}$ ⑤ $\frac{11}{4}$

19 다음과 같이 일정한 규칙으로 숫자를 나열할 때, A+B의 값을 고르면?

$$4 \quad -1 \quad 6 \quad -13 \quad 32 \quad (\text{ A }) \quad (\text{ B })$$

① 64 ② 78 ③ 87
④ 96 ⑤ 109

20 다음에 주어진 일정한 규칙에 따른 수열을 보고 빈칸에 들어갈 알맞은 수를 고르면?

$$\frac{1}{2} \quad \frac{15}{4} \quad \frac{7}{6} \quad \frac{5}{2} \quad (\quad) \quad \frac{5}{3} \quad \frac{5}{2} \quad \frac{10}{9}$$

① $\frac{5}{9}$ ② $\frac{3}{4}$ ③ $\frac{3}{2}$

④ $\frac{11}{6}$ ⑤ $\frac{11}{4}$

21 다음에 주어진 일정한 규칙에 따른 수열을 보고 빈칸에 들어갈 알맞은 수를 고르면?

| 52.03 | 28.01 | 23.09 | 3.14 | 17.26 | 10.42 | (   ) |

① 2.69   ② 2.79   ③ 3.69

④ 3.79   ⑤ 4.69

22 다음에 주어진 일정한 규칙에 따른 수열을 보고 빈칸에 들어갈 알맞은 수를 고르면?

| 0.03 | 0.17 | 0.56 | 1.45 | (   ) | 7.23 |

① 3.24   ② 3.29   ③ 3.34

④ 3.39   ⑤ 3.44

23 다음에 주어진 일정한 규칙에 따른 수열을 보고 빈칸에 들어갈 알맞은 수를 고르면?

$$18\frac{3}{4} \quad 25 \quad 10\frac{5}{7} \quad 7\frac{1}{2} \quad 4\frac{7}{17} \quad (\quad)$$

① $2\frac{1}{12}$ ② $2\frac{7}{9}$ ③ $3\frac{6}{23}$

④ $3\frac{5}{7}$ ⑤ $3\frac{18}{19}$

---

24 다음에 주어진 일정한 규칙에 따른 수열을 보고 빈칸에 들어갈 알맞은 수를 고르면?

$$\frac{74}{69} \quad \frac{30}{37} \quad \frac{26}{21} \quad \frac{14}{13} \quad \frac{10}{9} \quad (\quad)$$

① $\frac{4}{7}$ ② $\frac{4}{5}$ ③ $\frac{6}{7}$

④ $\frac{8}{7}$ ⑤ $\frac{6}{5}$

---

25 다음과 같이 일정한 규칙으로 숫자를 나열할 때, 일곱 번째 항의 값을 고르면?

$$4.72 \quad -1.36 \quad 1.68 \quad 0.16 \quad 0.92 \quad \cdots$$

① 0.4   ② 0.51   ③ 0.62

④ 0.73   ⑤ 0.84

ENERGY

인생은 곱셈이다.

어떤 찬스가 와도 내가 제로라면
아무런 의미가 없다.

– 나카무라 미츠루

PART

대표유형 분석

01	언어이해	78
02	자료해석	96
03	창의수리	106
04	언어추리	120
05	수열추리	138

언어이해

▌ 영역 특징

온라인 SKCT 언어이해는 비문학 독해 영역 위주로 출제된다. 지문이 긴 편은 아니나, 낯선 주제의 지문이 출제되고, 온라인으로 시험이 진행되어 가독성이 떨어지기 때문에 지문에서 빠르게 키워드 및 핵심 내용을 찾아야 주어진 시간 내에 문제를 풀 수 있다. 단일문항으로 출제되는 것이 특징이며, 경제, 과학, 예술 등의 다양한 주제가 출제되는 편이다.

▌ 문항 수/풀이시간

20문항/15분

▌ 대표유형 체크

대표유형	내용
주제 및 제목 찾기	글의 주제 및 중심 내용을 찾는 문제
일치 · 불일치	지문을 읽고 글이 일치하는지 불일치하는지를 고르는 문제
추론	지문을 읽고 추론하는 문제
문단 배열	문단 순서를 배열하는 문제
문장 삽입	지문을 읽고 빈칸에 들어갈 문장을 찾는 문제
사례 선택	지문을 읽고 적절한 사례를 선택하는 문제
반응과 비판	지문을 읽고 독자의 반응이나 비판을 고르는 문제

▌ 2024 상·하반기 기출분석

2024년 언어이해 영역은 상 · 하반기 공통적으로 지문의 길이가 길지 않게 출제되었다. 2024년 상반기는 특히 언어이해 영역에서 시간이 부족하다고 평하는 수험생이 많았다. 2024년 하반기에는 난도가 높다는 평이 많았으며, 특히 고대문화, 철학 등의 인문학 지문이 많이 출제되었으며 그 외에도 진통제, 항우울제 등 낯선 지문으로 이루어진 문제들로 인해 체감 난도가 많이 올라간 것으로 보인다.

대표유형 ❶ 주제 및 제목 찾기

다음 글의 제목으로 가장 적절한 것을 고르면?

> 최근 연구 결과 국회에 대한 전반적인 불신이 그대로 작용하여 전체 의원에 대한 평가 수준 자체는 낮게 나타난 반면, 여성 의원에 대한 평가는 남성 의원에 비해서 상대적으로 높게 나타났다. 국민들은 남성 의원들보다 여성 의원들을 상대적으로 긍정적으로 평가하고 있으며 여성 의원들에 대한 호감도 역시 높은 수준임을 알 수 있다. 그러나 평가는 여성 의원 개개인에 대한 것이기보다는 여성 의원 전체에 대한 평가이다. 그러므로 여성 의원들은 개별적인 차원에서의 노력도 필요하겠지만 여성 의원들의 단합된 힘으로 여성관련 법안, 모성관련 법안 등을 추진하여 가시적인 성과를 얻기 위한 노력이 필요하다. 나아가 여성에 대한 낮은 사회적 의식, 보수적인 이념 성향 등 보수성이라는 정치 · 사회적 의식이 여전히 여성의 정치 참여를 가로막는 가장 크고 중요한 문제이다. 따라서 여성들의 정치 참여를 확대시키기 위해서는 무엇보다 정치 · 사회적 의식의 선진화를 이루어내는 것이 중요하다고 할 수 있다.

① 여성의 정치참여 필요성
② 남성 의원과 여성 의원에 대한 인식 차이
③ 이념 성향에 따른 여성 의원 평가
④ 여성의 정치 참여에 대한 국민 의식
⑤ 여성의 정치 참여율 향상을 위한 제도

정답해설

주어진 글은 여성 의원들에 대한 국민의 의식에 대해 설명하고, 긍정적인 인식을 가지고 있는 만큼 여성들의 정치참여 확대를 위해 정치 · 사회적인 의식의 선진화를 강조하고 있다. 따라서 제목으로 가장 적절한 것은 '여성의 정치 참여에 대한 국민 의식'이다.

정답 ④

오답풀이

① 여성의 정치참여 필요성은 제시문에 구체적으로 언급되어 있지 않다.
② 남성 의원과 여성 의원에 대한 인식 차이는 제시문의 핵심 내용은 아니다.
③ 이념 성향에 따른 여성 의원 평가는 글의 주장과 관련이 없다.
⑤ 여성의 정치 참여율 향상을 위한 제도는 제시문에서 강조하는 내용이 아니다.

다음 중 필자의 주장으로 가장 적절한 것을 고르면?

> 서양 건축을 대표하는 그리스 신전과 고딕 성당의 지붕은 한 가지 이미지를 명쾌하고 분명하게 보여 주는 나름대로의 특징을 갖는다. 이와 반대로 한국의 지붕은 은근하면서도 다양하게 변화하는 특징을 보여 주고 있는데, 이것은 하늘과 땅을 별개가 아닌 상호 보완의 개념으로 보려는 철학 사상이 반영된 결과로 이해할 수 있다. 한국의 지붕에는 바로 이러한 동양 철학 사상이 반영되어 하늘을 우러르는 동시에 땅을 굽어보는 두 가지 모습이 함께 나타나고 있는 것이다. 또한 용마루 선을 따라 수평선이 형성되어 있지만 이와 동시에 처마 끝이 들어 올려지면서 하늘을 향한 개천의 의지가 복합적으로 표현되어 있다. 이러한 두 가지 기운이 조화되면서 한국의 지붕은 다양한 모습으로 나타난다. 검은 기와를 얹고 무표정하게 펼쳐져 있는 한국의 지붕은 사실은 인간사의 희로애락을 담는 현실 세계의 모습인 것이다.

① 한국의 지붕은 다양한 현실 세계의 모습을 담고 있다.
② 서양 건축에는 철학 사상이 담겨 있지 않다.
③ 동양 철학 사상은 하늘과 땅을 상호 보완의 개념으로 본다.
④ 그리스 신전과 고딕 성당의 지붕은 인간사의 희로애락을 담고 있다.
⑤ 바로크 양식과 우리나라의 건축 양식은 공통점이 많다.

정답해설

동양 철학 사상이 반영된 결과 한국의 지붕은 다양하게 변화하는 특징과 인간사의 현실 세계의 모습을 담고 있다는 것이 필자의 주장이다.

정답 ①

오답풀이

② 첫 번째 문장에서 서양 건축을 대표하는 그리스 신전과 고딕 성당의 지붕이 나름대로의 특징을 갖는다고 했을 뿐 철학 사상이 담겨 있지 않다는 설명은 없다.
③ 동양 철학 사상이 하늘과 땅을 상호 보완의 개념으로 본다는 설명이 나타나 있으나 글쓴이가 제시된 글을 통하여 말하고자 하는 주장은 아니다.
④ 마지막 문장을 보면 인간사의 희로애락을 담고 있는 것은 한국의 지붕임을 알 수 있다.
⑤ 주어진 내용과 관계가 없는 내용이다.

예제 **다음 글의 주제로 가장 적절한 것을 고르면?**

소포클레스의 비극 안티고네는 국가 권력과 개인의 도덕적 의무가 정면으로 충돌하는 이야기를 다룬다. 테베의 왕 크레온은 국가의 질서와 법을 지키기 위해 반역자 폴리네이케스의 시신을 장례 없이 방치하라는 명령을 내린다. 이는 국가의 권위를 강화하기 위한 결정이었지만, 안티고네는 신의 법과 가족에 대한 도덕적 의무를 따르기로 결심한다. 그녀는 오빠의 시신을 매장하는 것이 인간의 기본적인 도덕적 의무라고 믿었고, 크레온의 명령을 어기고 매장을 강행한다. 이로 인해 안티고네는 왕의 명령을 어긴 죄로 사형을 선고받게 된다. 안티고네의 행동은 국가 권력에 대한 반발이었으며, 그녀의 죽음은 도덕적 신념을 지키기 위해 희생된 비극적인 결과로 해석된다.

국가의 법과 질서를 지키려는 크레온과 개인의 도덕적 신념을 따르는 안티고네의 갈등은 인간 사회에서 흔히 발생하는 윤리적 딜레마를 반영한다. 안티고네의 비극은 국가의 권력과 개인의 도덕적 의무가 충돌할 때 발생하는 비극적 결과를 상징한다. 이 갈등은 인간의 자유 의지와 권력 구조 간의 대립을 보여주며, 사회적 질서와 개인의 도덕적 신념이 언제나 일치하지 않는다는 점을 강조한다. 이러한 주제는 현대 사회에서도 법과 도덕이 충돌하는 상황에서 여전히 중요한 윤리적 질문을 던지고 있다.

① 인간의 도덕적 의무와 국가 권력의 갈등
② 안티고네의 정치적 승리와 사회적 변화
③ 비극적 죽음이 주는 철학적 의미
④ 그리스 비극 속 여성의 역할
⑤ 신의 법과 국가 법의 우선순위에 대한 고찰

정답해설

안티고네에서 발생하는 국가 권력과 개인의 도덕적 의무의 충돌을 중심으로 설명하고 있다. 크레온 왕이 국가의 법과 질서를 지키기 위해 내린 명령과, 안티고네가 신의 법과 가족에 대한 도덕적 의무를 따르려는 결단이 대립하며, 이로 인해 비극적 사건이 발생한다. 따라서 국가 권력과 도덕적 신념 간의 갈등을 다루고 있으므로 글의 주제로 '인간의 도덕적 의무와 국가 권력의 갈등'이 가장 적절하다.

정답 ①

문제 해결 tip

시간 단축 전략: 주제 찾기
지문의 첫 번째 문단과 마지막 문단에서 핵심 주제가 자주 강조된다. 주제 파악 문제에서는 지문의 처음과 끝을 집중하여 읽으면 주제 파악이 용이하므로 문제 풀이 시간을 절약할 수 있다.

다음 글의 내용과 일치하지 <u>않는</u> 것을 고르면?

연세가 있는 장년층, 혹은 노년층은 비가 오는 것을 귀신같이 안다. 몸이 먼저 느끼기 때문이다. 우리는 흔히 흐린 날을 '저기압'이라고 하는데, 노년층이 비가 오는 날에 무릎 통증을 느끼는 이유도 바로 이 '저기압'과 관련이 있다. 비가 오면서 기압이 낮아지게 되면 우리 몸을 감싸는 공기의 압력도 줄어들게 된다. 외부의 압력이 줄어들면서 반작용으로 신체 내부의 압력은 커지게 되는데, 이때 무릎 관절 안쪽 공간의 압력도 높아지면서 신경을 자극하게 된다. 이 과정에서 무릎의 통증이 발생하게 된다.

약학정보원이 발표한 논문에 따르면 60세 이상 노인의 약 33%가 퇴행성 관절염을 앓고 있고, 45세 이상 성인의 20%가 관절염 환자일 정도로 매우 흔한 질환이라고 한다. 퇴행성 관절염이란 병명에 걸맞게 노화에 따른 질환이지만, 이 밖에도 비만, 가족력, 성별, 외상 등이 관절염을 유발하는 요인으로 꼽힌다. 초기에는 관절을 움직일 때만 주로 통증이 느껴지지만, 병이 진행되면 움직이지 않아도 통증이 발생한다. 류머티즘 관절염은, 자가면역체제의 이상에 의해 관절이나 힘줄을 싸고 있는 활액막에 염증이 발생하는 질병이다. 관절뿐만 아니라 여러 조직에 염증을 일으키는 염증성 질병이며, 남자보다는 여자에게서 3~4배 많고, 어느 연령에서도 일어날 수 있지만 30~50세에 가장 많이 발견된다. 이는 퇴행성 관절염과 달리 신체에 통증이 대칭적으로 나타나며 부종과 작은 관절에 영향을 미친다.

① 퇴행성 관절염은 비대칭적으로 통증이 나타난다.
② 관절염을 앓는 사람은 실제로 저기압일 때 통증을 느낀다.
③ 퇴행성 관절염은 45세 이상의 성인에게 나타나는 증상이다.
④ 류머티즘 관절염은 여러 조직에 염증을 일으키는 염증성 질병이다.
⑤ 관절염은 우리나라 45세 이상 성인들에게 흔히 나타나는 질환 중 하나이다.

정답해설

두 번째 문단에서 '퇴행성 관절염이란 병명에 걸맞게 노화에 따른 질환이지만, 이 밖에도 비만, 가족력, 성별, 외상 등이 관절염을 유발하는 요인으로 꼽힌다.'라고 하였다. 따라서 노화에 따라 발생하는 질환이지만, 그 외의 여러 가지 요인으로 인하여 발생할 수도 있으므로 45세 이상의 성인에게 나타나는 증상이라고만 볼 수는 없다.

 정답 ③

오답풀이

① 두 번째 문단의 마지막 문장에서 '퇴행성 관절염과 달리 신체에 대칭적으로 나타나며'라고 하였으므로 퇴행성 관절염은 비대칭적으로 통증이 나타남을 알 수 있다.
② 첫 번째 문단의 내용을 통해 알 수 있다.
④ 두 번째 문단에서 류머티즘 관절염은 '관절뿐만 아니라 여러 조직에 염증을 일으키는 염증성 질병'이라고 하였다.
⑤ 두 번째 문단의 첫 번째 문장에서 '45세 이상 성인의 20%가 관절염 환자일 정도로 매우 흔한 질환'이라고 하였다.

예제 **다음 글의 내용과 일치하는 것을 고르면?**

> 《다다익선》은 비디오 아티스트인 백남준이 1988년에 1,003개의 TV 모니터로 구성한 예술 작품이다. '다다익선(多多益善)'은 많을수록 좋다는 고사에서 연유한 명칭이지만, 여기서 많다는 것은 어떤 물건이 많다는 것이 아니다. 이것은 수신(受信)의 절대수를 의미한다. 그리고 이는 오늘날 매스커뮤니케이션의 구성 원리를 은유적으로 표현한 것이었다.
>
> 콜라주 기법이 유화의 기법을 대신하였던 20세기 초의 캔버스 표면에 대해 백남준은, 장차 브라운관이 캔버스를 대신할 것이라고 하였다. 즉, TV 모니터는 화가의 캔버스와 같고, 화가들이 물감을 붓에 묻혀 캔버스에 표현하는 작업은 신시사이저가 대신한다는 것이다. 그는 고전적인 소재인 캔버스가 아닌 TV라는 오브제를 데려왔다. 이것은 기존의 모더니즘으로 나타났던 개념과 가치관을 해체하고 전복시켜 포스트 모더니즘을 보였다.

① 백남준은 모더니즘의 선구자였다.
② 백남준은 새로운 소재의 캔버스를 이용하여 그림을 나타내었다.
③ 백남준은 당시 일반적이지 않은 소재를 통해 작품을 만들고 기존의 가치관을 뒤엎는 시도를 하였다.
④ 백남준은 기존의 가치관의 명맥을 이어 나가는 예술 작품을 주로 다루었다.
⑤ 백남준은 《다다익선》이라는 작품을 통해 물건이 많을수록 좋다는 것을 강조하였다.

정답해설

백남준은 고전적인 소재인 캔버스와는 전혀 다른 소재인 TV 모니터를 이용하여 《다다익선》이라는 예술 작품을 선보였고, 기존의 모더니즘으로 나타났던 개념이나 가치관을 해체하고 전복시켰다.

정답 ③

오답풀이

①, ④ 백남준은 기존의 모더니즘에 해당하던 개념이나 가치관을 해체하고 전복시켰다.
② 마지막 문단에서 백남준은 '장차 브라운관이 캔버스를 대신할 것'이라고 하며, 캔버스가 아닌 TV라는 오브제를 통해 예술 작품을 선보였다.
⑤ 첫 번째 문단에서 "'다다익선(多多益善)'은 많을수록 좋다는 고사에서 연유한 명칭이지만, 여기서 많다는 것은 어떤 물건이 많다는 것이 아니다."라고 하였다.

다음 글의 밑줄 친 ㉠과 ㉡에 대한 설명으로 옳은 것을 고르면?

㉠야수파는 20세기 현대 미술의 첫 발판이 되었다. 야수파는 개인의 자유에 대한 존중과 개성의 강조를 추구하는 사회적 신념을 기반으로 내면의 세계를 거친 표현과 강한 색채로 작품에 표출하였다. 야수파의 명칭은 루이 보셀이 강렬한 원색주의적인 색채와 자유분방한 터치를 활용한 점에 있어 '야수(animal)'라는 호칭을 붙인 이후부터 유래되었다. 사물을 있는 그대로 재현해야 한다는 고전주의적인 전통 의식에 대한 미술의 관념을 버리고 화가의 생각과 느낌을 자유롭게 표현해야 한다는 사상을 중시한다. 야수파적 색채는 본능, 직관, 주관적이고 감성적인 표현만을 강조하게 되었다.

시대적 배경을 보면 제 1차 세계대전 이후의 비인간적인 전쟁의 상황과 아픔들을 자기들만의 경험으로 직접 느끼고 그것들을 화폭에 담았다. 그래서 본인들의 작품을 통해 새로운 진리를 찾으려는 목소리가 높아졌고, 관습이나 구 질서로부터 독립하여 이에 반항하려는 사상을 추구했기 때문에 형태와 색채를 자유롭게 표현하고, 새로운 미술로 독립하려는 자세를 추구했다. 즉 야수파는 20세기의 현대 미술의 출발점을 알리는 신호 역할을 해주고, 주관적인 색채와 표현에 더욱 더 관심을 기울이기 시작한 것이다. 야수파 작가들의 색채는 ㉡후기 인상주의의 색채와 표현에서 가장 많은 영향을 받았다. 후기 인상주의는 인상주의의 대한 반발을 시작으로 일어났는데 좀 더 풍부한 표현을 추구하기 위하여 형태와 색채에서 해방되었다. 이는 순간적으로 변화하는 색채 표현과 빛의 반사를 통한 객관적인 묘사의 방식에 반발한 것을 의미한다.

① ㉠은 비인간적이고 혼란한 사회를 화폭에 그대로 담고자 하였다.
② ㉠은 전쟁의 참상을 경험한 다음 ㉡에 대한 반발로 등장하였다.
③ ㉡은 ㉠의 영향을 받아 형태와 색채에서보다 화가의 사상을 중시하게 되었다.
④ ㉠은 관습이나 구 질서에 반항하여 객관적인 색채와 표현을 추구하였다.
⑤ ㉠과 ㉡은 모두 고전주의적인 미술의 관념을 탈피하고자 하였다.

정답해설

야수파와 후기 인상주의는 모두 사물을 있는 그대로 재현해야 한다는 고전주의적인 미술의 관념을 탈피하고자 하였다. 후기 인상주의는 형태와 색채에서 해방되는 것으로, 야수파는 좀 더 나아가 본능, 직관, 주관적이고 감성적인 표현만을 강조하였다.

정답 ⑤

오답풀이

① ㉠은 비인간적이고 혼란한 사회를 화폭에 그대로 담고자 한 것이 아니라 화가의 생각과 느낌을 자유롭게 표현하려 했다.
② ㉠은 전쟁의 참상을 경험한 다음에 ㉡에 영향을 받아 그 연장선으로 발전하게 되었다.
③ ㉡은 ㉠보다 먼저 등장한 미술사조이므로 ㉠의 영향을 받았다는 것은 옳지 않다.
④ ㉠은 관습이나 구 질서에 반항하여 주관적인 색채와 표현을 추구하였다.

예제 **다음 글의 밑줄 친 ㉠에 대한 설명으로 옳지 <u>않은</u> 것을 고르면?**

환각이나 환영, 환청을 의미하는 ㉠할루시네이션(Hallucination)은 인공지능(AI)이 정보를 처리하는 과정에서 발생하는 오류이다. ChatGPT 등 인공지능을 통한 정보를 활용하는 것이 확산되면서 인공지능이 내놓는 답변 등의 정확성이 떨어지는 경우를 통칭해 할루시네이션이라고 부른다. 인공지능에서 이런 현상이 발생하는 것은 학습한 데이터가 애초에 잘못된 정보이거나, 편향되었거나, 불완전할 경우이면 논리적으로는 그럴듯해도 사실과 다른 답변이 나올 수 있다. 이는 AI가 입력된 데이터를 학습하여 답변을 생성하기 때문이다.

개인이나 조직에도 변형기억이라는 할루시네이션 현상이 있다. 실제로 일어난 사건을 부분적으로 왜곡하거나 과장하여 기억하는 경우이다. 사건의 중요한 요소가 빠지거나, 다른 사건과 혼동하거나, 시간 순서가 바뀌는 등 다양한 형태로 나타날 수 있다. 제한되고 편향된 정보에 의존해서 의사결정을 하는 경우도 인공지능이 데이터의 부족으로 할루시네이션 현상을 일으키는 것과 같다. 성공하는 조직일수록 리더가 여러 경로로 다양한 정보를 수집할 뿐만 아니라 부하에 대해서도 상세하게 파악하고, 현장의 목소리에 귀를 기울이는 현장 경영을 한다.

① 생성형 AI가 사실이 아닌 내용을 마치 사실인 것처럼 내놓는 현상이다.
② 악의적 조작 정보를 통한 가짜 뉴스를 생성하여 사회 문제를 일으킬 수 있다.
③ 입력한 데이터를 학습하여 답변을 생성하는 AI의 특성으로 인해 나타나는 현상이다.
④ 조직에서는 경영자가 과거 프로젝트의 세부 사항을 잘못 기억하는 것을 가리킨다.
⑤ 경영자가 지나치게 많은 정보를 다양한 채널을 통해 정보를 수집하고 의사결정을 할 때 주로 발생한다.

정답해설

할루시네이션은 제한되고 편향된 정보에 의존해서 의사결정을 하는 경우에 나타난다. 따라서 지나치게 많은 정보를 다양한 채널을 통해 정보를 수집하여 의사결정을 할 때 주로 발생하는 것은 아니다.

 정답 ⑤

오답풀이

① 할루시네이션은 ChatGPT와 같은 생성형 AI가 사실이 아닌 내용을 마치 사실인 것처럼 내놓는 현상이다.
② 할루시네이션임을 모를 경우 악의적 조작 정보를 통한 가짜 뉴스를 생성하여 사회 문제를 일으킬 수 있다.
③ 첫 번째 문단의 마지막에 입력한 데이터를 학습하여 답변을 생성하는 AI의 특성으로 인해 나타나는 현상이라고 언급되어 있다.
④ 조직에서는 실제로 일어난 사건을 부분적으로 왜곡하거나 과장하여 기억하는 경우를 할루시네이션이라고 하므로, 경영자가 과거 프로젝트의 세부 사항을 잘못 기억하는 것을 가리킨다.

다음 글을 통해 추론한 내용으로 가장 적절하지 않은 것을 고르면?

> 우주에는 수소원자로 이루어진 영역과 수소분자로 이루어진 영역이 있는데, 전기적으로 중성 상태인 수소원자로 이루어진 가스지역을 '중성수소 영역'이라 한다. 중성수소는 우주에서 생성된 최초의 물질이다. 이 수소원자가 분자로 결합하며 성운을 형성하고 별을 생성하며, 또 핵융합을 통해 많은 물질을 만들어 내는 원재료인 것이다. 따라서 원자에 수소원자가 얼마나 들어 있는지에 따라 물질의 종류가 정해진다. 중성수소 영역은 수소를 생성할 수 있는 은하에서만 나타나고, 수소를 생성할 수 없는 은하들에는 없다. 중성수소는 천체에서 방출되는 에너지의 간섭을 받게 되면 이온화된다. 아울러 이 영역은 밝게 빛나지 않지만 중성수소 21cm 스펙트럼선을 발산할 수 있다. 그래서 가시광선에서는 관측이 안 되지만 전파 망원경으로는 관측이 가능하다. 우리는 흔히 전파를 통신수단으로 생각하는데, 실제로 우주에서 오는 전파에는 많은 진실을 기록한 정보들이 담겨 있다. 은하에 젊은 별이 많이 생성된다는 것은 곧 그 별들을 생성할 재료가 많다는 것이다. 별의 생성은 일반적으로 중성수소 가스의 양에 비례한다. 나선 은하나 불규칙 은하는 중성수소가 차지하는 질량의 비중이 수십 퍼센트 이상이다. 반면에 별을 생성하지 못하는 타원 은하에는 중성수소 가스가 거의 없다.

① 에너지의 간섭을 받기 전의 중성수소는 이온화되지 않은 상태이다.
② 모든 은하는 중성수소 영역과 수소분자 영역으로 구성되어 있다.
③ 가시광선보다 전파 망원경으로 우주를 관측할 때, 더 많은 정보를 알 수 있다.
④ 우주에서 사건이 발생할 때, 다양한 파장의 전자기파가 발생된다.
⑤ 대부분의 타원 은하에는 젊은 별보다 오래된 별이 많다.

정답해설

주어진 글은 우주를 수소원자라는 요소를 통해 소개하는 글이다. 우주에는 수소원자로 이루어진 중성수소 영역이 있다. 이 중성수소 영역은 수소를 생성할 수 있는 은하들에서만 나타나고, 수소를 생성할 수 없는 은하에는 없다고 언급하고 있다. 따라서 모든 은하에 중성수소 영역이 있다고 추론할 수 없다.

정답 ②

오답풀이

① 우주에는 중성 상태인 수소원자로 이루어진 중성수소 영역이 있다고 설명하고 있다. 그리고 중성수소는 천체에서 방출되는 에너지의 간섭을 받게 되면 이온화된다고 하였으므로 중성수소는 이온화되지 않은 상태임을 알 수 있다.

③ 중성수소가 이온화되는 영역을 관측할 때, 가시광선에서는 관측이 안 되지만 전파 망원경으로는 관측이 가능하다고 설명하고 있으므로 가시광선보다 전파 망원경으로 우주를 관측할 때, 더 많은 정보를 알 수 있다.

④ 실제로 우주에서 오는 전파에는 많은 진실을 기록한 정보들이 담겨 있고, 이온화된 중성수소 영역은 중성수소 21cm 스펙트럼선을 발산한다고 하였으므로 우주에서 사건이 발생할 때, 다양한 파장의 전자기파가 발생된다고 볼 수 있다.

⑤ 별의 생성은 중성수소 가스 양에 비례하므로 중성수소 가스가 거의 없는 타원 은하에는 젊은 별보다 오래된 별이 많을 것이라고 추론할 수 있다.

예제 다음 글을 읽고 추론한 내용으로 가장 적절하지 <u>않은</u> 것을 고르면?

기상청은 예보를 통해 국민에게 기상 정보를 제공하는 중요한 기관이다. 기상청은 위성, 레이더, 기상 관측 장비 등을 이용해 실시간으로 날씨를 모니터링하며, 이를 바탕으로 단기, 중기, 장기 예보를 발표한다. 단기 예보는 대개 하루에서 사흘 정도의 날씨를 예측하는 것이며, 중기 예보는 주 단위, 장기 예보는 한 달 이상의 기간에 걸쳐 기상 변화를 예측한다.

기상 예보가 항상 정확하지는 않다. 날씨는 다양한 기후 요소와 복잡한 대기 현상에 의해 영향을 받기 때문에 예측에 오차가 발생할 수 있다. 특히 장기 예보의 경우, 시간이 길어질수록 변수가 많아지기 때문에 정확도가 떨어질 수밖에 없다. 예를 들어, 갑작스러운 대기 변화나 예상치 못한 태풍 발생은 기존의 예보를 수정하게 만드는 요인이다.

기상청은 이러한 오차를 줄이기 위해 최신 기술과 모델을 지속적으로 도입하고 있다. 인공지능(AI)과 빅데이터 분석 기술을 활용하여 더욱 정밀한 기상 예측 모델을 개발하고 있으며, 이를 통해 오차 범위를 최소화하려는 노력을 기울이고 있다. 그럼에도 불구하고, 국민들이 기상 예보를 참고할 때는 항상 일정 부분의 오차가 있을 수 있다는 점을 염두에 두고, 변화하는 기상 상황에 유연하게 대처하는 것이 중요하다.

① 장기 예보도 최신 기술로 오차 없이 언제든지 정확하게 예측할 수 있다.

② 예보를 참고하는 동시에 개인적으로 기상 변화에 대비하는 것이 현명하다.

③ 최신 기술을 활용하더라도, 모든 대기 변화를 예보에 즉각 반영하는 것은 어려울 수 있다.

④ 기상청은 예측 오차를 줄이기 위해 단기 예보에도 실시간 데이터 분석에 집중해야 한다.

⑤ 인공지능과 빅데이터 도입으로 예보의 정확도가 더 많이 개선될 가능성이 크다.

정답해설

최신 기술을 도입해도 장기 예보의 정확도를 완전히 보장하기 어렵다고 설명하고 있다. 예기치 못한 대기 변화로 인해 오차가 발생할 수 있기 때문에, '언제든지 정확한 예보가 가능하다'는 추론은 적절하지 않다.

정답 ①

오답풀이

② 기상청 예보에 오차가 있을 수 있으므로 개인적인 대비가 필요하다고 추론하는 것은 적절하다.

③ 최신 기술을 사용해도 예기치 못한 대기 변화의 반영은 어렵다고 설명하고 있다.

④ 날씨 예보는 다양한 기후 요소에 영향을 받아 오차가 발생할 수 있으므로, 단기 예보에서도 실시간 분석이 중요하다는 추론은 적절하다.

⑤ 인공지능(AI)과 빅데이터 분석 기술을 활용하여 더욱 정밀한 기상 예측 모델을 개발하고 있다고 하였다.

다음 [가]~[마]를 논리적인 순서에 맞게 배열한 것을 고르면?

[가] 따라서 실제로 행해지는 어떤 하나의 의례과정은 한 개의 상징적인 대상을 담고 있는 것이 아니며 수많은 요소들이 계속 연결되어서 모든 과정을 형성하고 있는 것이다. 그리고 이는 동시에 하나의 의례가 여러 가지를 상징하기도 하며, 차원 또는 상황에 따라서 달리 표현되기도 하고 다른 의미를 갖기도 한다는 점을 담고 있다.

[나] 이러한 요소들은 결국 사람들이 무엇인가를 표현하고자 하는 것의 상징이며 종교는 바로 이 상징의 체계화 과정인 것으로 본다. 그리고 상징은 반드시 고정적인 것은 아니며 상황에 따라서 동일한 사물도 상이한 상징적 의미를 갖기 때문에 사회와 문화의 맥락 속에서 이를 파악한다.

[다] 종교적 설명이나 의례의 분석을 통하여 초자연적인 존재와 인간과의 관계나 종교의 기능 또는 사회적 의미보다는 사람들이 경험적 세계에서 얻은 여러 의미들을 어떻게 상징화하여 표현하는가를 이해하려는 관심은 오래 전부터 있었다.

[라] 우리는 종교적인 의례나 설명에서 여러 동물이나 식물, 색깔, 어떤 특수한 형상과 디자인 등이 동원되는 것을 본다. 그래서 '왜 어떤 동물이 어떤 의례에만 특별히 사용되는가?', '그것은 의례 속에서 어떤 의미를 지니는가?', '그것은 무엇을 상징하는가?' 하는 식의 질문을 하게 된다.

[마] 이러한 예를 아프리카의 잠비아에 있는 은뎀부(Ndembu)족의 의례과정을 분석한 터너(V. Turner 1967)의 연구를 통하여 살펴보면, 아주 기본적이고 생리학적인 의미(젖가슴, 젖, 젖먹이기)에서부터 사회적인 의미(모자관계, 모계율)에 이르는 관념들의 상호 연결된 체계뿐만 아니라 나아가서는 조상에 대한 의존과 가치관이 지니는 성결이라는 추상적인 의미까지도 상징하는 수단인 것이다.

① [다]－[가]－[나]－[마]－[라]
② [다]－[나]－[라]－[가]－[마]
③ [다]－[라]－[나]－[마]－[가]
④ [라]－[나]－[다]－[마]－[가]
⑤ [라]－[다]－[나]－[마]－[가]

정답해설

주어진 글은 문화인류학적인 관점에서 바라본 상징체계의 이해에 관한 글이다. 글 전체의 도입부이자 역사적 배경을 설명한 [다] 문단이 맨 처음에 오고, 문제 제기를 하며 상징체계가 갖는 의미에 관한 질문을 하는 [라] 문단이 두 번째로 온다. 그리고 '이러한 요소'로 시작하며 상징체계에 관한 의미를 설명하는 [나] 문단이 그 뒤에 와야 한다. '이러한 예'라는 구절로 시작하며 상징체계의 의미가 드러나는 실제적 사례를 제시하는 [마] 문단이 그 다음에 오고, 글 전체의 결론이자 내용을 정리하는 [가] 문단이 마지막에 와야 한다.
따라서 글의 순서로 가장 적절한 것은 [다]－[라]－[나]－[마]－[가]이다.

정답 ③

다음 [가]~[마]를 논리적인 순서에 맞게 배열한 것을 고르면?

[가] 또한, 성인 ADHD는 우울증, 불안장애와 같은 2차적인 정신 건강 문제를 동반할 가능성이 크다. 직장에서의 실패 경험이나 지속적인 목표 달성 실패는 자존감 저하로 이어지며, 이는 더 큰 정신적 어려움을 초래할 수 있다. 이렇듯 성인 ADHD가 방치될 경우 그 부정적인 영향은 매우 크다.

[나] 성인 ADHD는 진단되지 않거나 치료받지 않으면 심각한 결과를 초래할 수 있지만, 조기 진단과 꾸준한 치료로 충분히 개선될 수 있다. 따라서 ADHD 증상이 의심된다면 빠른 시일 내에 전문가의 도움을 받는 것이 중요하다.

[다] ADHD(주의력 결핍 과다 행동 장애)는 아동기 질환으로만 생각되기 쉬우나, 성인에게도 영향을 미치는 경우가 많다. 많은 성인은 자신이 ADHD를 가지고 있다는 사실을 모른 채 생활하며, 이를 단순한 성격적 특성으로 오해하기도 한다. 그러나 성인 ADHD는 일상생활과 직장 생활 모두에 심각한 영향을 미칠 수 있는 상태다.

[라] 그럼에도 불구하고, 성인 ADHD는 적절한 치료를 통해 효과적으로 관리할 수 있다. 주로 약물 치료와 인지행동치료(CBT)가 병행되며, 약물은 집중력과 충동 조절을 돕고, CBT는 환자가 문제 해결 능력을 향상시키는 데 기여한다.

[마] 성인 ADHD의 대표적인 증상으로는 집중력 부족, 충동적인 행동, 시간 관리의 어려움, 그리고 감정 조절 문제가 있다. 이러한 증상들은 성인들이 일상에서 문제를 겪게 하고, 특히 직장 내 저성과나 대인관계 갈등을 유발할 수 있다.

① [나]−[다]−[가]−[마]−[라]
② [다]−[가]−[라]−[나]−[마]
③ [다]−[라]−[나]−[마]−[가]
④ [다]−[마]−[가]−[라]−[나]
⑤ [마]−[라]−[나]−[다]−[가]

정답해설

주어진 글은 성인 ADHD의 정의와 증상을 설명하고, 치료 방법과 해결책을 제시하는 내용이다. [다] 문단에서 성인 ADHD에 대한 정의를 내리고, [마] 문단에서 증상을 설명한 후, [가] 문단에서 증상에 대한 진술을 심화하고 있다. 이어 [라] 문단에서 치료를 통한 해결책을 제시하고 [나] 문단에서 결론을 내리며 글이 마무리되어야 한다.
따라서 글의 순서로 가장 적절한 것은 [다]−[마]−[가]−[라]−[나]이다.

정답 ④

다음 글의 빈칸에 들어갈 내용으로 가장 적절한 것을 고르면?

'제6의 영양소'라고 알려진 식이섬유는 변비와 다이어트에 도움이 된다고 알려져, 주스 등을 통해 식이섬유를 섭취하려고 하는 경우가 많다. 식이섬유는 사람의 몸에서 소화되지 않고 배출되는 난소화성 고분자 물질에 해당하는데, 이는 물에 녹는 수용성과 물에 녹지 않는 불용성으로 나뉜다. 식이섬유는 채소, 과일, 곡물, 해조류, 버섯, 견과류 등에 많이 포함되어 있는데, 식이섬유가 많은 음식은 재료와 조리하는 방법에 따라 식감을 살릴 수 있고 동물성 육류를 흉내낼 수 있어 대체육으로 많이 각광받고 있기도 하다. 예를 들면, 콩으로 만든 식품을 구웠을 때 마치 진짜 소고기처럼 육즙까지 나오는 햄버거용 고기를 만들어 낸 기업도 있다. 이 고기는 동물성 원료를 전혀 사용하지 않고 100% 식물성 원료인 콩만을 이용하여 만들어진다. 식이섬유를 이용하여 식감을 조절할 수도 있다. 음식을 조리할 때 참치와 같은 동물성 음식 재료를 추가하면 무른 식감을 만들어 내지만, 버섯과 같이 식이섬유가 많은 식물성 음식 재료를 추가하면 (   )

① 변비나 다이어트에 좋은 음식을 만들 수 있다.
② 대체육과 비슷하게 육즙을 느낄 수 있도록 해 준다.
③ 씹는 맛이 더욱 강해져 고기와 같은 식감을 낼 수도 있다.
④ 수용성 식이섬유가 활성화되어 물과 잘 섞일 수 있게 된다.
⑤ 불용성 식이섬유로 인하여 음식을 조리할 때 물을 적절히 배합해 주어야 한다.

정답해설   주어진 빈칸 앞에서 참치와 같은 동물성 음식 재료를 추가하면 무른 식감을 만들어 낸다고 하였다. 문맥의 흐름상 식이섬유가 많은 식물성 음식 재료를 추가하면 이와 반대로 무르지 않고 단단한 식감을 만들어 낸다는 내용이 오는 것이 적절하다. 첫 번째 문단에서도 식이섬유가 많은 음식은 재료와 조리하는 방법에 따라 식감을 살릴 수 있고 동물성 육류를 흉내낼 수 있다고 하였으므로 빈칸에 들어갈 내용으로 가장 적절한 것은 '씹는 맛이 더욱 강해져 고기와 같은 식감을 낼 수도 있다.'이다.

정답 ③

다음 중 [보기]의 문장이 삽입될 수 있는 가장 적절한 위치를 고르면?

AI 기술의 급속한 발전은 사회 전반에 걸쳐 다음과 같은 변화를 가져오고 있다. 첫째, 대규모 언어 모델의 혁신적 발전이다. GPT4, 클로드3.5, 등의 모델들은 자연어 처리 능력을 획기적으로 향상시켰다. (㉠)

둘째, 생성형 AI의 폭발적 성장이다. 달리3, 미드저니V6와 같은 이미지 생성 모델 그리고 스테이블 디퓨전 XL을 기반으로 한 비디오 생성 기술이 크게 발전하였다. 이는 창작, 엔터테인먼트, 마케팅 분야에 혁명적 변화를 가져오고 있다. (㉡)

셋째, AI 윤리와 안전성에 대한 관심 증대이다. AI의 편향성 문제, 딥페이크 등 악용 가능성 그리고 AI의 의사결정 과정의 투명성 등이 중요한 이슈로 부각되고 있어, 설명 가능한 AI와 책임 있는 AI 개발에 대한 연구가 활발히 진행되고 있다. (㉢)

넷째, AI의 실생활 응용 확대이다. 자율주행 기술의 상용화가 가속화되고 있으며 의료 AI는 질병 진단과 신약 개발에서 혁신적인 성과를 보여주고 있다. (㉣)

다섯째, AI 인프라의 발전이다. 엣지 컴퓨팅과 온디바이스 AI 기술이 더욱 고도화되어, 저지연, 높은 보안성, 에너지 효율성을 제공하고 있다. 동시에 AI 특화 반도체의 개발이 활발해져, AI 모델의 처리 속도와 효율성이 크게 개선되고 있다. (㉤)

─ 보기 ─
이 모델들은 다중 모달 입력을 처리하고, 복잡한 추론 능력을 보여주며, 전문 분야에서도 높은 성능을 발휘하고 있다.

① ㉠   ② ㉡   ③ ㉢
④ ㉣   ⑤ ㉤

정답해설

[보기]는 자연어 처리능력에 관한 사례이다. 따라서 ㉠에 들어가는 것이 적절하다.

정답 ①

다음 글을 읽고 밑줄 친 부분에 해당하는 사례로 가장 적절하지 <u>않은</u> 것을 고르면?

> 과거 시니어의 대다수가 여생을 소일거리를 하며 보내거나 집안에 갇혀 손주를 돌보며 많은 시간을 보냈다면, 뉴 시니어는 고소득기반의 경제적으로 안정된 소비여력을 갖추고 있고 자신을 위해 소비한 다는 점에서 차이가 있다. 이들은 건강한 신체를 바탕으로 등산, 골프 등 다양한 스포츠를 즐기기도 하며 자신만의 패션 코드를 갖고 외적인 젊음을 추구하는 데 적극적이다. 이들은 건강하고 아름답게 늙기 위한 '웰에이징(well−aging)'을 추구한다. 이처럼 뉴 시니어는 사고방식 · 체력 · 라이프스타일 등 다양한 측면에서 젊고 활동적인 경향을 띠며 과거 '실버세대'로 일컫던 시니어 세대와 다소 구분되는 특징을 보인다. 이에 따라 뉴 시니어의 등장은 기존에 형성되어 있던 '실버마켓' 혹은 '실버 비즈니스'의 양상까지 변모시키고 있는 모습이다. '시니어 비즈니스'는 <u>청춘을 가능한 오랫동안 즐기고자 하는 뉴 시니어의 니즈에 맞춰, 기존에 젊은 세대만을 대상으로 하였던 제품 · 서비스도 시니어 고객층을 겨냥하여 개발하는 등 시장에 변화가 일어나고 있다.</u>

① 대형마트 L사는 아침 일찍부터 활동하는 시니어 고객을 고려하여 개점시간을 앞당겼다.
② 의류 쇼핑 플랫폼인 M사는 시니어 모델을 기용한 제품 사진을 개시하였다.
③ N백화점은 거동이 불편한 시니어 고객을 고려하여 에스컬레이터 속도를 낮추고, 휠체어 이동이 용이하도록 통로의 폭을 조정하였다.
④ A카페는 카페 문화를 일상적으로 즐기는 시니어 고객을 위해 시니어만 입장 가능한 시니어 고객 전용 지점을 열었다.
⑤ SNS 앱을 운영하는 B사는 시니어 계층의 이용률을 높이기 위해 UI를 직관적이고 편리하게 개선하였다.

정답해설　주어진 글은 뉴 시니어와 과거 시니어의 차이점을 설명하고, 뉴 시니어에 맞춘 비즈니스 환경의 변화에 대해서 소개하는 글이다. 특히 밑줄 친 내용의 경우, 젊은 세대를 대상으로 한 제품이나 서비스도 시니어 고객을 겨냥하여 개발되고 있다고 하였으므로 관련된 사례로 보기 어려운 것은 시니어들만 입장이 가능한 A카페의 사례이다.

정답 ④

오답풀이　①, ②, ③, ⑤ 기존의 고객층과 시니어 고객을 구별하지 않는 동시에 시니어 고객 유입을 유도하는 사례이다.

다음 중 [나]의 입장에서 [가]의 주장에 반박하기 위해 제시할 수 있는 내용을 고르면?

> [가] 환경 보호론자들은 플라스틱 사용을 줄이기 위한 규제가 필요하다고 주장한다. 그들은 플라스틱이 자연에서 분해되지 않고, 해양 생태계를 파괴하며, 이를 해결하기 위한 비용이 막대하다는 점을 지적한다. 특히 일회용 플라스틱 제품은 짧은 사용 후 폐기되지만, 환경에 미치는 영향은 장기적이라는 것이다. 이에 따라 플라스틱 사용을 규제하고, 친환경 대체품을 도입해야 한다고 강조한다.
>
> [나] 플라스틱 산업 종사자들은 규제에 반대하며, 플라스틱이 일상에서 매우 유용하며 저렴한 재료라는 점을 강조한다. 그들은 플라스틱의 대체품이 비용이 많이 들고, 품질이 떨어질 수 있다는 점을 들며 규제에 반대하고 있다. 또한 플라스틱이 의료, 식품 포장 등 안전과 위생을 보장하는 중요한 재료이므로 갑작스러운 규제는 경제적 혼란을 초래할 수 있다고 주장한다.

① 신소재 플라스틱은 생산비용은 높지만, 가벼우면서 내구성이 높아 의료 보조도구로 각광 받는다.
② 생분해성 플라스틱이 실제로 탄소 배출 저감에 도움이 된다는 연구 결과가 다수 있다.
③ 플라스틱의 고유한 물리적 특성으로 인해 플라스틱을 대체할 수 있는 것은 없다.
④ 플라스틱 대체재의 생산비용은 플라스틱 생산비용보다 높으므로 소비자 물가에 부정적인 영향을 미칠 수 있다.
⑤ 환경 보호를 위해 플라스틱 이용에 대한 강력한 법적 제재가 필요하다.

정답해설

[나]는 플라스틱 사용을 갑자기 규제하는 것은 경제적 혼란을 초래한다고 주장하며 플라스틱 사용 규제에 반대하는 입장이고, [가]는 환경 보호를 이유로 플라스틱 사용 규제에 찬성하는 입장이다. 따라서 [나]의 입장에서 생산비용 차이에 근거하여 더 비싼 플라스틱 대체재로 인해 소비자 물가가 오를 수 있다고 하며 [가]의 주장을 반박하는 것은 적절하다.

정답 ④

오답풀이

① [나]에서 언급한 안전과 위생을 위한 재료로 플라스틱을 활용한 사례는 맞지만, [나]에서 강조하는 플라스틱의 경제성과는 상반되는 사례이다.
②, ⑤ [가]의 주장을 강화하는 내용이다.
③ [나]는 플라스틱 사용 규제에 반대하고 있으나, 플라스틱 대체품이 없다고 주장하는 내용은 아니다.

다음 글을 읽은 독자의 반응으로 적절하지 <u>않은</u> 것을 고르면?

> 수면의 질은 신체와 정신 건강에 중요한 영향을 미친다. 수면의 양이 충분해도, 수면의 질이 낮으면 피로가 해소되지 않고 면역력이 저하될 수 있다. 수면의 질을 높이기 위해서는 몇 가지 필수적인 요소를 고려해야 한다. 첫째, 규칙적인 수면 습관이 중요하다. 매일 같은 시간에 잠들고 일어나는 습관을 가지면, 우리 몸의 생체 리듬이 안정되어 깊은 수면에 도달할 가능성이 높아진다. 둘째, 스마트폰이나 TV 등 전자기기의 사용을 줄이는 것도 필요하다. 전자기기의 청색광은 수면 호르몬인 멜라토닌의 분비를 억제하여 쉽게 잠들지 못하게 할 수 있다. 셋째, 수면 환경의 조절이 중요하다. 침실 온도는 체온 조절과 깊은 수면 유도에 적절한 온도인 18도에서 22도 사이로 유지해야 한다. 침구의 선택도 중요한데, 적절한 매트리스와 베개는 편안한 자세를 유지하고 근육의 긴장을 줄여주어 수면의 질을 높이는 데 도움이 된다. 마지막으로, 식습관과 음료 섭취도 중요한 영향을 미친다. 카페인이 들어 있는 음료를 섭취하는 것은 자기 전 최소한 6시간 이내에는 자제해야 하며, 알코올 역시 일시적으로 졸음을 유도할 수 있지만, 실제로는 수면 중간에 깨어나게 하므로 피하는 것이 좋다.

① 침실 온도를 20도 정도로 유지하면 깊은 잠을 잘 수 있겠군.
② 규칙적인 수면을 위해서 저녁에는 저녁 6시 이후에는 커피를 마시지 않는 것이 좋겠어.
③ 스마트폰을 자기 전까지 계속 사용하면 수면에 방해가 될 가능성이 높겠어.
④ 수면의 질을 높이려면 규칙적인 수면 시간을 지키는 것이 중요하겠군.
⑤ 음주는 수면에 방해가 될 수도 있겠네.

정답해설

카페인이 들어 있는 음료를 섭취하는 것은 자기 전 최소한 6시간 이내에는 자제해야 한다고 설명하고 있다. 다만, 개개인의 잠자리에 드는 시각은 다르므로 '저녁 6시'라는 기준은 적절하지 않다.

정답 ②

오답풀이

① 침실 온도를 18도에서 22도 사이로 유지하는 것이 적절하다고 언급하고 있으므로, 20도 정도로 유지해야 한다는 반응은 적절하다.
③ 전자기기의 청색광이 수면 호르몬의 분비를 억제한다고 설명했으므로, 자기 전까지 스마트폰을 사용하면 수면에 방해가 된다는 반응은 적절하다.
④ 규칙적인 수면 습관이 수면의 질을 높이는 데 중요하다고 하였으므로, 수면 시간을 지키는 게 중요하다는 반응은 적절하다.
⑤ 알코올이 일시적으로 졸음을 유도하지만, 수면 중간에 깨어날 수 있다고 설명했으므로, 음주가 수면에 방해가 될 수도 있다는 반응은 적절하다.

예제 다음 중 ⓒ의 입장에서 ⓐ을 반박한 것으로 가장 적절한 것을 고르면?

> ⓐ자연발생설(自然發生說)은 생물이 무생물에서 우연히 생겨난다는 학설로, 이 학설에 의하면 생물은 어버이가 없이도 생길 수 있다. 이는 고대 그리스 시대부터 르네상스 시기까지 큰 의심 없이 받아 들여졌다. 고대 그리스의 대표적인 사상가인 아리스토텔레스 역시 무척추동물뿐만 아니라 고등척추동물도 자연 발생한다고 주장하였다.
>
> 영국의 생물학자 ⓒ찰스 다윈은 그의 저서 '종의 기원'에서 부모가 가지고 있는 형질이 후대로 전해져 내려올 때 주위 환경에 보다 잘 적응하는 형질을 선택하는 자연선택을 통해 살아남아 내려옴으로써 진화가 일어난다고 주장하였다. 그는 자연선택의 메커니즘을 확립하기 위해 현재 존재하는 동식물이 처음부터 현재의 형태로 창조된 것이 아니라, 완만한 변이에 의해 초기의 형태에서 진화되어 온 것이라는, 방대하고 잘 선택된 일련의 증거들을 제시하였다.

① 초기 형태의 생물이 발생하는 데 매우 긴 시간이 소요된다.
② 동물과 식물의 존재 모두를 설명하는 것이 불가능하다.
③ 산소 등 생물 발생에 필요한 환경적 요소를 고려하지 않았다.
④ 생물이 존재하기 위해서는 이전 형태의 생물의 존재가 전제되어야 한다.
⑤ 눈에 보이지 않는 생물은 자연적으로 발생할 수 있다는 사실을 간과한다.

정답해설

ⓐ은 생물이 어버이 없이 우연히 생길 수 있다고 믿고 있으나 ⓒ은 생물이 갑자기 창조된 것이 아니라 초기의 형태에서 진화되었다고 보았다. 따라서 생물이 존재하기 위해서는 이전 형태의 생물이 있어야 한다고 반박하는 것이 가장 적절하다.

정답 ④

02 자료해석

영역 특징

SKCT 온라인 시험은 필기구를 사용할 수 없으며, 계산기와 메모장을 활용하여 풀이하는 방식으로 출제된다. 온라인 시험 환경에 맞춰 풀이 가능한 범위에서 출제되지만, 제한 시간의 압박이 큰 영역으로 실제 출제되는 난도 대비 체감 난도가 높은 편이다.

문항 수/풀이시간

20문항/15분

대표유형 체크

대표유형	내용
자료해석	주어진 자료를 바탕으로 내용을 해석하거나 분석하는 문제
자료계산	주어진 자료를 바탕으로 수치를 추론하는 문제

2024 상·하반기 기출분석

2024년 상반기에는 도표 해석보다는 단순 연산으로 풀 수 있는 문항이 주로 출제되었다. 2024년 하반기에는 타 영역보다 체감 난도가 낮다는 평이 있었으나, 문제를 푸는 데 처리할 정보의 양이 많아 문제 풀이에 시간이 많이 소요되었다는 평이 주를 이루기도 하였다. 기본적으로 유형의 변동이 크게 일어나지 않고 출제되는 영역인 만큼 연습을 통해 풀이 시간을 줄이며 정확도를 올리는 연습이 필요하다.

다음 [표]는 연료별 차종 등록대수에 대한 자료이다. 이에 대한 설명으로 옳은 것을 고르면?

[표] 연료별 차종 등록대수　　　　　　　　　　　　　　　　　　　　　　　(단위: 대)

구분	2010년	2019년
하이브리드	9,244	253,416
가솔린	3,371,920	4,552,092
디젤	5,163,875	6,816,315
전기	20	88,882
기타	1,287,352	1,108,252

① 2019년 하이브리드 차종은 2010년 대비 약 3,000% 증가하였다.

② 2019년 가솔린 차종은 디젤 차종보다 2010년 대비 큰 증가율을 보였다.

③ 2010년 대비 2019년 가장 큰 증가율을 보인 것은 디젤 차종이다.

④ 2010년부터 2019년까지 전기 차종은 연평균 8,002대씩 증가하였다.

⑤ 2010년부터 2019년까지 모든 연료별 차종의 등록대수는 증가하였다.

정답해설

2010년 대비 2019년 가솔린 차종의 증가율은 $\frac{4,552,092-3,371,920}{3,371,920} \times 100 = 35(\%)$이고, 디젤 차종의 증가율은 $\frac{6,816,315-5,163,875}{5,163,875} \times 100 = 32(\%)$이므로 2019년 가솔린 차종은 디젤 차종보다 2010년 대비 큰 증가율을 보였다.

정답 ②

오답풀이

① 2019년 하이브리드 차종은 253,416대로 2010년 하이브리드 차종이 3,000% 증가한 대수인 9,244_31=286,564(대)보다 적다.

③ 2010년 대비 2019년 가장 큰 증가율을 보인 것은 전기 차종으로, $\frac{88,882-20}{20} \times 100 = 444,310(\%)$ 증가하였다.

④ 2010년부터 2019년까지 10년간 전기 차종은 연평균 $\frac{88,882-20}{10} ≒ 8,886$(대)씩 증가하였다.

⑤ 2010년부터 2019년까지 기타 차종의 등록대수는 감소하였으므로 모든 연료별 차종의 등록대수가 증가한 것은 아니다.

예제 다음 [표]는 2017~2023년 어느 회사의 신입사원 부서 배치 현황을 나타낸 자료이다. 이에 대한 설명으로 옳은 것을 [보기]에서 모두 고르면?

[표] 2017~2023년 신입사원 부서 배치 현황 (단위: 명)

구분	본부			영업소		
	경영기획본부	영업본부	연구소	경인지역	호남지역	영남지역
2023년	33	22	55	50	12	9
2022년	19	32	65	41	8	12
2021년	24	32	45	31	15	24
2020년	26	28	61	45	8	9
2019년	28	31	50	35	16	18
2018년	35	29	48	38	11	11
2017년	34	29	47	40	11	11

┌ 보기 ┐

ⓒ 2023년 신입사원 수는 5년 전 대비 10명 이상 증가하였다.

ⓛ 2020년 신입사원 중 영업소에 배치된 신입사원의 비중은 40% 미만이다.

ⓒ 7년간 본부 연구소에 배치된 신입사원 수는 영업소에 배치된 신입사원 수보다 항상 적다.

① ㉠ ② ㉡ ③ ㉠, ㉢

④ ㉡, ㉢ ⑤ ㉠, ㉡, ㉢

정답해설 ㉡ 2020년 전체 신입사원 수는 26+28+61+45+8+9=177(명)이고 영업소에 배치된 신입사원 수는 45+8+9=62(명)이므로 그 비중은 $\frac{62}{177} \times 100 \approx 35$(%)이므로, 40% 미만이다.

정답 ②

오답풀이 ㉠ 2023년 신입사원 수는 33+22+55+50+12+9=181(명)이고 5년 전인 2018년 신입사원 수는 35+29+48+38+11+11=172(명)이다. 따라서 2023년 신입사원 수는 5년 전 대비 181-172=9(명) 증가하였다.

㉢ 2022년 본부 연구소에 배치된 신입사원 수는 65명이고 영업소에 배치된 신입사원 수는 41+8+12=61(명)이므로 항상 적은 것은 아니다.

문제 해결 tip

[보기] 중 복잡한 비중을 계산해야 하는 ㉡을 가장 나중에 확인하도록 한다. ㉠과 ㉢이 옳지 않다는 것을 확인하였다면 ㉡은 무조건 옳은 선택지이고, 정답은 ②임을 알 수 있다.

예제 다음 [표]는 S사 제품의 무역량에 대한 자료이다. 이에 대한 설명으로 옳지 <u>않은</u> 것을 고르면?

[표] S사 제품별 무역량 (단위: 톤)

구분	2016년	2020년
A	35,500	78,100
B	102,800	86,400
C	992,000	1,006,880
D	997,500	1,009,470
E	609,450	731,340

① A의 2016년 대비 2020년 무역량은 약 45% 증가하였다.

② B의 2016년 대비 2020년 무역량은 약 16% 감소하였다.

③ 2016년 대비 2020년의 무역량 증가율은 C가 D보다 높다.

④ 2016년 대비 2020년 무역량 증가율이 가장 높은 제품은 A이다.

⑤ A~E의 총 무역량은 2020년이 2016년보다 많다.

정답해설

A의 2016년 대비 2020년 무역량은 $\frac{78,100-35,500}{35,500} \times 100 = 120(\%)$ 증가하였다.

 정답 ①

오답풀이

② B의 2016년 대비 2020년 무역량은 $\frac{86,400-102,800}{102,800} \times 100 ≒ -16(\%)$로, 약 16% 감소하였다.

③ 2016년 대비 2020년 무역량 증가율은 C가 $\frac{1,006,880-992,000}{992,000} \times 100 = 1.5(\%)$이고, D는

$\frac{1,009,470-997,500}{997,500} \times 100 = 1.2(\%)$이므로 C가 D보다 높다.

④ 2016년 대비 2020년 무역량 증가율이 가장 높은 제품은 증가율이 120%인 A이다.

⑤ 2016년 총 무역량은 2,737,250톤이고, 2020년 총 무역량은 2,912,190톤이다.

문제 해결 tip

① 계산하지 않아도 2020년 무역량이 2016년의 2배 이상이므로 최소 100% 이상 증가하였다.

⑤ A~E에서 B를 제외한 다른 제품의 무역량은 모두 증가하였다. B의 2020년 무역량은 2016년보다 16,400톤 감소하였으나 A의 2020년 무역량은 2016년 보다 42,600톤 증가하였다. 따라서 A~E의 총 무역량은 2020년이 2016년보다 많다.

다음 [그래프]는 2022~2024년 A사 실적에 대한 자료이다. 이에 대한 설명으로 옳은 것을 고르면?(단, 계산 시 소수점 이하 첫째 자리에서 반올림한다.)

[그래프] 2022~2024년 A사 실적 　　　　　　　　　　　　　　(단위: 억 원)

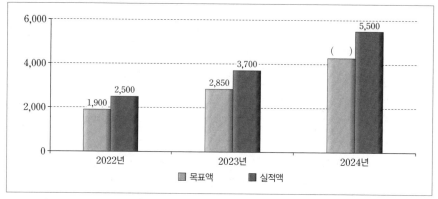

※ 2023년 목표액의 전년 대비 증가율과 2024년 목표액의 전년 대비 증가율은 서로 같음

① 2022년 실적액은 목표액 대비 약 76%이다.
② 2023년 실적액의 전년 대비 증가율은 50%이다.
③ 2022년 대비 2024년 실적액 증가율은 150%이다.
④ 2024년 목표액은 2022년 대비 2,375억 원 증가하였다.
⑤ 2022년 대비 2024년 목표액 증가율은 전년 대비 증가율의 3배이다.

정답해설

2023년 목표액의 전년 대비 증가율은 $\frac{2,850-1,900}{1,900} \times 100 = 50$ (%)이므로 2024년 목표액은 2,850+(2,580×0.5)=4,275(억 원)이다. 따라서 2024년 목표액은 2022년 대비 4,275−1,900=2,375(억 원) 증가하였다.

정답 ④

오답풀이

① 2022년 실적액은 목표액 대비 $\frac{2,500}{1,900} \times 100 ≒ 132$(%)이다.

② 2023년 실적액의 전년 대비 증가율은 $\frac{3,700-2,500}{2,500} \times 100 = 48$(%)이다.

③ 2022년 대비 2024년 실적액 증가율은 $\frac{5,500-2,500}{2,500} \times 100 = 120$(%)이다.

⑤ 2024년 목표액의 전년 대비 증가율은 50%이고, 2022년 대비 2024년 증가율은
$\frac{4,275-1,900}{1,900} \times 100 = 125$(%)이므로 전년 대비 증가율의 2.5배이다.

문제 해결 tip

전년 대비 증가율은 $\frac{(당해 연도 값)-(전년도 값)}{(전년도 값)} \times 100$으로 계산한다. 만약 전년 대비 증가율이 k%라고 하면

(당해 연도 값)=(전년도 값)+(전년도 값)×$\frac{k}{100}$으로 계산하고, (전년도 값)=(당해 연도 값)×$\frac{100}{100+k}$으로 계산한다.

예제

다음 [그래프]는 5~10월 놀이공원 A~C의 입장객 수에 관한 자료이다. 이에 대한 설명으로 옳지 <u>않은</u> 것을 고르면?

[그래프] 5~10월 놀이공원 A~C의 입장객 수   (단위: 천 명)

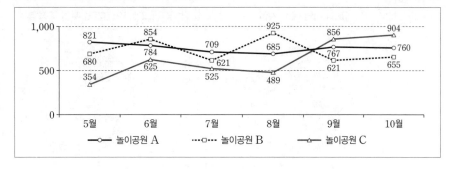

① 6월부터 5개월간 입장객 수가 가장 많은 놀이공원은 B이다.

② 9월 놀이공원 C의 입장객 수는 전월 대비 75% 이상 증가하였다.

③ 8월부터 10월까지의 평균 입장객 수가 가장 많은 놀이공원은 C이다.

④ 5월부터 8월까지 놀이공원 A의 월평균 입장객 수는 75만 명 미만이다.

⑤ 10월 모든 놀이공원의 입장객 수는 2개월 전 대비 22만 명 증가하였다.

정답해설

6월부터 5개월간 입장객 수를 놀이공원별로 확인해 보면 다음과 같다.
- 놀이공원 A: 784+709+685+767+760=3,705(천 명)
- 놀이공원 B: 854+621+925+621+655=3,676(천 명)
- 놀이공원 C: 625+525+489+856+904=3,399(천 명)

따라서 입장객 수가 가장 많은 놀이공원은 A이다.

정답 ①

오답풀이

② 9월 놀이공원 C의 입장객 수는 전월 대비 $\frac{856-489}{489} \times 100 ≒ 75.1$(%) 증가하였다.

③ 8월부터 10월까지 평균 입장객 수를 놀이공원별로 확인해 보면 다음과 같다.
- 놀이공원 A: (685+767+760)÷3≒737.3(천 명)
- 놀이공원 B: (925+621+655)÷3≒733.7(천 명)
- 놀이공원 C: (489+856+904)÷3≒749.7(천 명)

따라서 8월부터 10월까지의 평균 입장객 수가 가장 많은 놀이공원은 C이다.

④ 5월부터 8월까지 놀이공원 A의 입장객 수는 821+784+709+685=2,999(천 명)이다. 따라서 월평균 입장객 수가 2,999÷4=749.75(천 명)이므로 75만 명 미만이다.

⑤ 10월 모든 놀이공원 입장객 수는 904+760+655=2,319(천 명)이고 8월에는 925+685+489=2,099(천 명)이다. 따라서 10월 세 놀이공원의 입장객 수는 2개월 전 대비 2,319-2,099=220(천 명), 즉 22만 명 증가하였다.

예제	다음 그래프는 취업 준비생을 대상으로 지원 예정 기업과 S기업 지원 예정자 중 지원

예정 부서에 대해 나타낸 자료이다. 이에 대한 설명으로 옳지 <u>않은</u> 것을 고르면?(단, 취업 준비생 12,000명을 대상으로 조사하였다.)

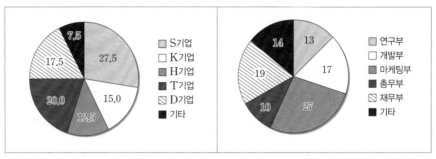

[그래프1] 지원 예정 기업   (단위: %)   [그래프2] S기업 지원 예정 부서   (단위: %)

① K기업 지원 예정자는 1,800명이다.
② T기업 지원 예정자는 2,500명 이상이다.
③ S기업의 마케팅부 지원 예정자는 891명이다.
④ H기업 지원 예정자 수는 S기업의 재무부 지원 예정자 수보다 2배 이상 많다.
⑤ D기업 지원 예정자 수는 S기업의 연구부와 개발부 지원 예정자 수보다 1,110명 많다.

정답해설

T기업 지원 예정자는 12,000×0.2=2,400(명)이므로 2,500명 미만이다.

정답 ②

오답풀이

① K기업 지원 예정자는 12,000×0.15=1,800(명)이다.
③ S기업 지원 예정자가 12,000×0.275=3,300(명)이므로 S기업 지원 예정자 중 마케팅 부서를 지원 예정인 취업 준비생 수는 3,300×0.27=891(명)이다.
④ H기업 지원 예정자 수는 12,000×0.125=1,500(명)이고 S기업 재무부에 지원 예정인 취업 준비생 수는 3,300×0.19=627(명)이다. 이때, 627×2=1,254<1,5000이므로 H기업 지원 예정자 수는 S기업의 재무부 지원 예정자 수보다 2배 이상 많다.
⑤ D기업 지원 예정자 수는 12,000×0.175=2,100(명)이고 S기업 연구부와 개발부에 지원 예정인 취업 준비생 수는 3,300×(0.13+0.17)=990(명)이다. 따라서 D기업 지원 예정자 수는 S기업의 연구부와 개발부 지원 예정자 수보다 2,100−990=1,110(명) 많다.

다음 [표]는 202X년 7월 1일 기준 A~E 지역의 인구와 전년 대비 유동인구를 조사한 결과와 그에 대한 설명이다. A~E 지역이 각각 어떤 지역인지 옳게 나열한 것을 고르면?

[표] 202X년 A~E 지역의 인구·유동인구 (단위: 명)

구분	인구	유동인구
A지역	1,491,535	5,157
B지역	3,507,929	−18,248
C지역	3,666,801	4,095
D지역	5,810,089	−13,636
E지역	12,949,776	168,373

※ 인구와 유동인구 조사는 1년에 한 번 실시함

> A~E 다섯 지역은 순서와 상관없이 경기도, 충청도, 전라도, 경상도, 강원도 중 하나로, 전년보다 인구가 증가한 곳은 경기도, 강원도, 충청도이다. 경기도 인구는 강원도, 충청도, 경상도의 인구의 합보다 많고, 전라도, 충청도, 경상도 인구의 합보다 적다. 전라도 인구는 강원도와 충청도 유동인구의 합의 거의 2배만큼 감소했다.

① 충청도 − 전라도 − 강원도 − 경상도 − 경기도
② 충청도 − 경상도 − 경기도 − 전라도 − 강원도
③ 강원도 − 전라도 − 충청도 − 경상도 − 경기도
④ 강원도 − 경상도 − 충청도 − 전라도 − 경기도
⑤ 경기도 − 전라도 − 강원도 − 경상도 − 충청도

정답해설

전년보다 인구가 증가한 곳은 경기도, 강원도, 충천도라고 했으므로 A, C, E지역은 경기도, 강원도, 충청도 중 하나이고, B, D 지역은 전라, 경상도 중 하나이다. 경기도 인구는 강원도, 충청도, 경상도의 인구의 합보다 많은데, 어느 세 지역의 인구의 합보다 인구가 많은 지역은 E뿐이므로 경기도는 E이다. 경기도 인구는 전라도, 충청도, 경상도 인구의 합보다 적다. 전라도, 경상도가 B, D이므로 충청도는 C이고, A는 강원도임을 알 수 있다. 전라도 인구는 강원도와 충청도 유동인구의 합의 거의 2배만큼 감소했다. 강원도와 충청도 유동인구의 합은 약 9,252명으로 이 인구의 2배만큼 감소한 것은 18,248명이 감소한 B이다. 즉, B가 전라도이므로 D는 경상도이다.
따라서 A~E 지역의 순서대로 나열하면 '강원도 − 전라도 − 충청도 − 경상도 − 경기도'이다.

정답 ③

다음 [표]는 두 제품 A, B 각각의 영양 성분표이다. B제품은 A제품이 리뉴얼된 것이라고 할 때, 이에 대한 설명으로 옳은 것을 고르면?

[표] A제품, B제품의 영양 성분표 (단위: g)

구분	A	B
지방	70	60
탄수화물	10	12
단백질	45	52
당류	3	3
나트륨	2	3

① 지방 함량이 약 10% 감소하였다.

② 영양 성분이 10% 이상 증가한 것은 없다.

③ 함량의 증감폭이 가장 큰 것은 단백질이다.

④ 단백질 함량의 증가율은 탄수화물 함량의 증가율보다 크다.

⑤ 당류와 나트륨의 총 함량은 20% 증가하였다.

정답해설

A제품이 B제품으로 리뉴얼되면서 당류와 나트륨 총 함량은 $\frac{(3+3)-(3+2)}{3+2} \times 100 = 20(\%)$ 증가하였다.

 정답 ⑤

오답풀이

① 지방 함량은 $\frac{60-70}{70} \times 100 = -14(\%)$로, 약 14% 감소하였다.

② 영양 성분이 10% 이상 증가한 것은 탄수화물, 단백질, 나트륨이다.

• 탄수화물 함량의 증가율: $\frac{12-10}{10} \times 100 = 20(\%)$

• 단백질 함량의 증가율: $\frac{52-45}{45} \times 100 = 16(\%)$

• 나트륨 함량의 증가율: $\frac{3-2}{2} \times 100 = 50(\%)$

③ 함량의 증감폭이 가장 큰 것은 10g 감소한 지방이다.

④ 단백질 함량 증가율은 탄수화물 함량 증가율보다 작다.

문제 해결 tip

② 증감률을 계산하는 것보다 A제품의 영양 함량에 1.1을 곱해서 B제품의 영양 함량과 대소를 비교하면 더 빠르게 확인할 수 있다.

다음 [표]는 A지역, B지역의 연령대별 여행자 수를 정리한 자료이다. 이에 대한 설명으로 옳은 것을 고르면?

[표] A지역, B지역의 연령대별 여행자 수 (단위: 명)

연령대	10대	20대	30대	40대	50대	60대	70대
A지역	5,616	28,990	30,126	33,611	33,615	24,296	10,880
B지역	3,495	20,317	24,308	26,159	24,048	13,091	5,171

① A지역 여행을 가장 많이 다닌 연령은 40대이다.
② A지역 여행을 가장 적게 다닌 연령에서 A지역 여행자 수는 B지역 여행자 수의 2배이다.
③ A지역의 30대, 50대 여행자 수의 합은 A지역 전체 여행자 수의 50% 이상이다.
④ B지역 20대 여행자 수는 B지역 70대 여행자 수의 4배보다 적다.
⑤ B지역을 가장 많이 여행한 연령대는 A지역도 가장 많이 여행 다녔다.

정답해설

B지역 20대 여행자 수는 20,317명이고, B지역 70대 여행자 수의 4배인 5,171×4=20,684(명)보다 적다.

 정답 ④

오답풀이

① A지역 여행을 가장 많이 다닌 연령은 50대이다.
② A지역 여행을 가장 적게 다닌 연령은 10대이다. 이 연령에서 A지역의 10대 여행자 수는 5,616명이고, B지역의 10대 여행자 수는 3,495명이므로 A지역 여행자 수는 B지역 여행자 수의 2배보다 적다.
③ A지역의 30대, 50대 여행자 수의 합은 30,126+33,615=63,741(명)이다. 이때 40대, 60대, 70대 여행자 수의 합은 33,611+24,296+10,880=68,787(명)으로 30대와 50대 A지역 여행자 수의 합보다 크다. 따라서 A지역 전체 여행자 수의 50% 이하이다.
⑤ B지역을 가장 많이 여행한 연령대는 40대이고, A지역을 가장 많이 여행한 연령대는 50대이다.

창의수리

▌ 영역 특징

창의수리는 필기구를 사용할 수 없으며 계산기와 메모장을 활용하여 풀이하는 방식으로 출제된다. 어렵지 않게 출제되는 만큼 점수를 확보할 수 있는 영역이므로, 수학의 기본 원리와 방정식, 함수 등 주로 출제되는 대표유형의 주요 공식을 암기하는 등 기초를 단단하게 해야 한다.

▌ 문항 수/풀이시간

20문항/15분

▌ 대표유형 체크

대표유형	내용
사칙연산	기본 방정식을 활용하며, 중학교 수준의 개념을 이용하는 문제
거리 · 속력 · 시간	거리, 속력, 시간을 구하는 문제
비용(할인가 · 정가)	원가, 정가, 할인가 등 비용에 대한 문제
농도와 비율	• 소금물의 농도, 소금의 양, 소금물 양의 관계를 이용하는 문제 • 백분율의 개념을 이용하는 문제
작업량	사람의 작업량을 구하는 문제
경우의 수와 확률	길 찾기, 조건부확률 등 각종 경우의 수와 확률을 구하는 문제

▌ 2024 상·하반기 기출분석

2024년 창의수리는 전반적으로 평이하게 출제되었다. 2024년 상반기에는 대표 유형의 공식을 숙지하고 있었다면 수월하게 풀 수 있는 소금물, 경우의 수, 작업량 등의 문제들이 출제되었으며, 계산이 어려운 편은 아니었다는 평이 많았다. 2024년 하반기에는 상반기와 문제유형은 비슷했지만, 계산량이 많아 시간이 더 많이 소요되었다는 평이 있었다. 나무심기 간격, 농도, 거리·속력·시간, 경우의 수와 확률 문제 등 대표 유형에서 출제되었다. 기본적으로 대표유형의 주요 공식을 암기하고 수학의 기초를 다진다면 실제 시험에서 크게 어렵지 않게 접근할 수 있는 영역이다.

대표유형 ❶　　사칙연산

원형으로 된 100m의 산책로에 4m 마다 나무를 심으려고 한다. 필요한 나무의 개수를 고르면?

① 23그루　　　　　　② 24그루　　　　　　③ 25그루
④ 26그루　　　　　　⑤ 27그루

정답해설

원형의 산책로에 일정한 간격으로 나무를 심을 경우, 필요한 나무의 개수는 간격의 수와 같다. 처음과 끝 중한 곳을 반드시 심는 경우의 양 끝을 연결한 것과 같기 때문이다. 따라서 100m의 원형 산책로에 4m마다 나무를 심으려면 100÷4=25(그루)가 필요하다.

정답 ③

문제 해결 tip

나무 심는 상황을 기준으로, '(간격의 수)=(전체 길이)÷(간격의 길이)'라고 하면
• 처음과 끝을 모두 심어야 하는 경우 나무의 개수는 (간격의 수)+1이다.
• 처음과 끝을 모두 심지 않는 경우 나무의 개수는 (간격의 수)−1이다.
• 처음과 끝 중 한 곳을 반드시 심는 경우 간격의 수는 (간격의 수)와 같다.
• 원형 길에 나무를 심는 경우는 '처음과 끝 중 한 곳을 반드시 심는 경우'와 동일하며, 필요한 나무의 수는 (간격의 수)와 같다.

예제

어느 카페의 이번 달 커피 판매량은 지난 달에 비해 10% 증가하였고, 차 판매량은 5% 감소하였다. 커피와 차의 총 판매량은 지난 달 대비 13잔 증가하여 총 323잔이었을 때, 이번 달의 차 판매량을 고르면?

① 114잔　　　　　　② 116잔　　　　　　③ 118잔
④ 120잔　　　　　　⑤ 122잔

정답해설

지난 달의 커피와 차의 판매량은 323−13=310(잔)이다.
지난 달의 커피의 판매량을 x잔, 차의 판매량은 y잔이라 하면 다음과 같은 식이 성립한다.

$$\begin{cases} x+y=310 \\ \dfrac{10}{100}x - \dfrac{5}{100}y = 13 \end{cases}$$

식을 정리하여 연립방정식을 풀면

$$\begin{cases} x+y=310 \\ 2x-y=260 \end{cases} \quad \therefore x=190, \ y=120$$

따라서 이번 달의 차의 판매량은 $120 \times \dfrac{95}{100} = 114$(잔)이다.

정답 ①

예제

한 학급의 학생들에게 각각 4개씩 나누어 주면 8개가 남는 수량의 빵을 구매했는데, 배송이 잘못되어 절반의 수량만 도착했다. 빵을 3개씩 나누어 주었더니 14명은 전혀 받지 못하였다고 할 때, 학급의 학생 수를 고르면?

① 44명　　　　　　② 45명　　　　　　③ 46명
④ 47명　　　　　　⑤ 48명

정답해설

학급의 학생 수를 x명이라고 할 때, 다음과 같은 식이 성립한다.
$$\frac{4x+8}{2}=3(x-14)$$
$2x+4=3x-42 \quad \therefore x=46$
따라서 학생 수는 46명이다.

정답 ③

예제

어느 제과점에서 만든 쿠키를 같은 개수로 상자에 담아 포장하려고 한다. 쿠키를 4개씩 또는 6개씩 상자에 담으면 3개의 쿠키가 남고, 5개씩 담을 경우 2개의 쿠키가 남는다. 쿠키를 10개씩 상자에 담았을 때 남는 쿠키의 수를 고르면?

① 1개   ② 3개   ③ 5개
④ 7개   ⑤ 9개

정답해설

쿠키를 4개나 6개씩 포장하면 3개가 남으므로 12개씩 포장하면 3개의 쿠키가 남는다. 만약 k가 자연수일 때, 쿠키의 수는 $(12k+3)$개이다. 그리고 쿠키를 5개씩 분류할 때는 2개가 남아야 하므로 자연수 m에 대하여 다음과 같은 식이 성립한다.

$k=5m+2$

→ 쿠키의 수: $12(5m+2)+3=60m+27$

이를 10으로 나누면 이고, $\dfrac{(60m+27)}{10}=\dfrac{60m}{10}+\dfrac{27}{10}$이때 몫은 $(6m+2)$이고 나머지는 7이다.

따라서 쿠키를 10개씩 상자에 담아 포장하면 7개의 쿠키가 남는다.

정답 ④

문제 해결 tip

자연수 N을 m으로 나누었을 때 나머지가 r이고, n으로 나누었을 때도 나머지가 r이면 N을 m과 n의 최소공배수로 나눈 나머지도 r이다.

철수는 300km 떨어진 할머니 댁에 방문했다. 200km/h로 달리는 기차로 이동하다가 택시로 갈아탔더니 도착하는 데 2시간이 걸렸다. 택시의 속력이 120km/h일 때, 기차로 이동한 거리를 고르면?

① 100km   ② 120km   ③ 150km
④ 180km   ⑤ 200km

정답해설

기차로 이동한 거리를 $x$km라고 하면, 기차로 이동한 시간은 $\dfrac{x}{200}$ 시간이고, 택시로 이동한 시간은 $\dfrac{300-x}{120}$ 시간이다. 기차와 택시로 이동하는 데 걸린 시간은 총 2시간이므로 다음과 같은 식이 성립한다.

$$\frac{x}{200} + \frac{300-x}{120} = 2$$
$$3x + 1{,}500 - 5x = 1{,}200$$
$$\therefore x = 150$$

따라서 기차로 이동한 거리는 150km이다.

정답 ③

문제 해결 tip

- (거리)=(속력)×(시간)
- (시간)=$\dfrac{(거리)}{(속력)}$
- (속력)=$\dfrac{(거리)}{(시간)}$
- 여러 단위가 등장하는 경우에는 단위를 통일하여 문제 풀이를 진행해야 실수를 줄일 수 있다.

예제

수호는 자전거를 타고 15km/h의 속력으로 12km의 경사로를 올라간 후, 같은 길로 되돌아왔다. 수호가 경사로를 올라가는 데 걸린 시간과 내려오는 데 걸린 시간의 총합이 80분일 때, 내려올 때의 속력을 고르면?

① 19.5km/h   ② 21km/h   ③ 22.5km/h
④ 24km/h   ⑤ 25.5km/h

 정답해설

경사로를 내려올 때의 속력을 $x$km/h라 하면 경사로를 올라가는 데 걸린 시간은 $\dfrac{12}{15}=\dfrac{4}{5}$(시간)이고,

내려오는 데 걸린 시간은 $\dfrac{12}{x}$ 시간이다.

경사로를 올라가고 내려오는데 총 80분 즉, $\dfrac{4}{3}$ 시간이 걸렸으므로 $\dfrac{4}{5}+\dfrac{12}{x}=\dfrac{4}{3}$이 성립한다.

$\dfrac{12}{x}=\dfrac{4}{3}-\dfrac{4}{5}=\dfrac{8}{15}$이므로 $x=\dfrac{45}{2}=22.5$(km/h)

따라서 경사로를 내려올 때의 속력은 22.5km/h이다.

정답 ③

 예제

지윤이가 4시 정각에 학교에서 도서관을 향해 자전거를 타고 출발한 지 12분 후에 윤아가 뒤따라 자전거를 타고 출발하였다. 지윤이는 분속 40m로 이동하고, 윤아는 분속 120m 이동해서 도서관에 동시에 도착하였을 때, 두 사람이 도서관에 도착한 시각을 고르면?

① 4시 15분   ② 4시 18분   ③ 4시 21분
④ 4시 24분   ⑤ 4시 27분

정답해설

윤아가 학교에서 도서관에 도착할 때까지 걸린 시간을 t분이라 하면 지윤이가 자전거로 이동한 시간은 $(t+12)$분이므로
지윤이가 이동한 거리는 $40(t+12)$m이고 윤아가 이동한 거리는 $120t$m이다.
두 사람이 이동한 거리는 같으므로 $40(t+12)=120t$이다.
$40(t+12)=120t$
$480=80t$ $\therefore t=6$
따라서 두 사람이 도서관에 도착한 시간은 4시 18분이다.

정답 ②

어떤 빵집에서 정가의 20%를 할인하여 케이크를 판매하는 이벤트를 진행하려고 한다. 케이크의 원가는 8,000원이고, 원가의 15%를 이익으로 남기려고 할 때, 케이크의 정가를 고르면?

① 10,500원   ② 11,000원   ③ 11,500원
④ 12,000원   ⑤ 12,500원

정답 해설

이익은 원가의 15%이므로 8,000×0.15=1,200(원)이고 할인가는 원가와 이익의 합이므로 8,000+1,200=9,200(원)이다.

메뉴의 정가를 x원이라 하면 정가에서 20% 할인된 가격은 $0.8x$원이고, 정가의 20%를 할인한 가격이 9,200원이 되도록 해야 하므로 $0.8x=9,200$, 즉 $x=9,200×\dfrac{10}{8}=11,500$(원)이다.

따라서 원가의 15%를 이익으로 남기려면 케이크의 정가는 11,500원이다.

정답 ③

문제 해결 tip

- 정가: 원가에서 이윤(k%)을 적용한 가격=(원가)×$\left(1+\dfrac{k}{100}\right)$
- 할인가: 정가에서 할인한 가격
- **예** 할인율이 a%인 경우의 할인가: (원가)×$\left(1-\dfrac{a}{100}\right)$

예제

작년 세후 월급과 세금의 비율이 7 : 3이고, 세후 월급은 420만 원이었다. 올해 세전 월급이 작년 대비 6% 인상되었다고 할 때, 올해 세전 월급은 얼마인지 고르면?

① 445만 원   ② 460만 원   ③ 520만 원

④ 636만 원   ⑤ 650만 원

정답해설

작년의 세금을 x만 원이라고 하면, 다음과 같은 식이 성립한다.

$420 : x = 7 : 3$

$\therefore x = 180$(만 원)

따라서 작년 세전 월급은 $420 + 180 = 600$(만 원)이고, 올해 세전 월급은 6% 인상되었으므로

$600 \times 1.06 = 636$ (만 원)이다.

정답 ④

예제

원가가 1,600원인 과자 100개를 구입하여 25%의 이익을 붙여 정가로 정하여 점심 시간에 68개를 판매하였다. 저녁에는 남은 과자를 정가에서 할인된 가격으로 모두 판매하려고 한다. 남은 과자를 정가에서 최대 몇 %까지 할인하여 팔아야 손해를 보지 않는지 고르면?

① 52.5%   ② 55%   ③ 57.5%

④ 60%   ⑤ 62.5%

정답해설

과자의 정가는 $1,600 + (1,600 \times 0.25) = 2,000$(원)이고, 과자를 정가로 판매한 금액은

$2,000 \times 68 = 136,000$(원)이다.

과자를 사 온 금액은 $1,600 \times 100 = 160,000$(원)이므로 손해를 보지 않으려면 남은 32개의 과자를

$160,000 - 136,000 = 24,000$(원)에 팔아야 한다. 즉, 과자 한 개에 $24,000 \div 32 = 750$(원)에 판매하면 손해를 보지 않는다.

이때 할인된 가격은 $2,000 - 750 = 1,250$(원)이므로 할인율은 $\dfrac{1,250}{2,000} \times 100 = 62.5$(%)이다.

따라서 정가에서 최대 62.5%까지 할인하여 팔아야 손해를 보지 않는다.

정답 ⑤

농도가 25%인 설탕물 120g에 설탕을 추가하여 농도가 40%인 설탕물을 만들려고 한다. 이때 더 넣어야 하는 설탕의 양을 고르면?

① 10g　　　　　　　② 15g　　　　　　　③ 20g

④ 25g　　　　　　　⑤ 30g

정답해설

농도가 25%인 설탕물 120g에 들어있는 설탕의 양은 $25 \times \frac{25}{100} = 30$(g)이다. 농도가 40%인 설탕물을 만들기 위해 넣어야 하는 설탕의 양을 xg이라고 하면 다음과 같은 식이 성립한다.

$\dfrac{30+x}{120+x} \times 100 = 40$

$3,000 + 100x = 4,800 + 40x$

$60x = 1,800$

$\therefore x = 30$

따라서 30g의 설탕을 더 넣어야 한다.

정답 ⑤

문제 해결 tip

- (소금물 농도)=$\dfrac{(소금의 양)}{(소금물의 양)} \times 100 = \dfrac{(소금의 양)}{(소금의 양)+(물의 양)} \times 100$
- 소금물에 물을 추가하면 농도가 감소하고, 소금을 추가하면 농도가 증가한다.
- 소금물에서 일부를 덜어내도 농도는 변하지 않는다.

예제 농도가 다른 두 소금물 A, B가 있다. 소금물 A를 300g, 소금물 B를 200g 섞으면 5%의 소금물이 되고, 소금물 A를 400g, 소금물 B를 100g 섞으면 4%의 소금물이 된다. 이때 소금물 B의 농도를 고르면?

① 2% ② 4% ③ 6%
④ 8% ⑤ 10%

정답해설

소금물 A, B의 농도를 각각 x%, y%라 하면
$$\begin{cases} \left(\dfrac{x}{100}\times 300\right)+\left(\dfrac{y}{100}\times 200\right)=\left(\dfrac{5}{100}\times 500\right) \\ \left(\dfrac{x}{100}\times 400\right)+\left(\dfrac{y}{100}\times 100\right)=\left(\dfrac{4}{100}\times 500\right) \end{cases}$$

$$\begin{cases} 3x+2y=25 \\ 4x+y=20 \end{cases} \quad \therefore\ x=3,\ y=8$$

따라서 소금물 B의 농도는 8%이다.

정답 ④

예제 현아네 회사의 작년 직원 수는 600명이었고, 여직원 수와 남직원 수의 비는 7 : 8이었다. 올해 여직원의 수는 10% 증가하였고 전체 직원 수는 작년과 같을 때, 남직원 수와 여직원 수의 차이를 고르면?

① 8명 ② 12명 ③ 16명
④ 20명 ⑤ 24명

정답해설

작년의 여직원 수에 대한 남직원 수의 비는 7 : 8이므로 작년의 여직원의 수를 $7x$명이라 하면 작년의 남자 사원의 수는 $8x$명이다. 작년 직원의 수는 $7x+8x=600$이므로 $x=40$이다. 즉, 작년도 여직원의 수는 280명이다.
올해 여직원의 수는 작년에 비해 10% 증가하였으므로 $280+(280\times 0.1)=308$(명)이다. 올해 전체 직원의 수는 작년과 같고 여직원의 수는 308명이므로 올해 남직원의 수는 $600-308=292$(명)이다.
따라서 올해 남직원 수와 여직원 수의 차이는 $308-292=16$(명)이다.

정답 ③

A, B, C직원이 각각 일을 처리하는 데 A는 3일, B는 5일, C는 15일이 걸린다. A와 B는 함께 일을 하면 능률이 절반으로 줄어든다고 할 때, 세 명의 직원이 함께 일하면 걸리는 일수를 고르면?(단, 계산 시 소수점 이하는 올린다.)

① 1일   ② 2일   ③ 3일
④ 4일   ⑤ 5일

정답해설

전체 일의 양을 1이라고 하면 하루에 A는 $\frac{1}{3}$, B는 $\frac{1}{5}$, C는 $\frac{1}{15}$만큼의 일을 한다. A와 B는 함께 일을 하면 능률이 절반으로 줄어드므로 함께 일할 때 하루에 A는 $\frac{1}{6}$, B는 $\frac{1}{10}$, C는 $\frac{1}{15}$만큼의 일을 한다. 세 명의 직원이 함께 일할 때 걸리는 일수를 x일이라고 하면, 다음과 같은 식이 성립한다.

$$\left(\frac{1}{6}+\frac{1}{10}+\frac{1}{15}\right)x=1$$

$(5+3+2)x=30$

$\therefore x=3$

따라서 세 명의 직원이 함께 일을 할 때 걸리는 일수는 3일이다.

정답 ③

문제 해결 tip

- 일률: 단위 시간당 한 일의 양
  → $\frac{(한\ 일의\ 양)}{(작업\ 시간)}$
- 일의 양이 주어지지 않았을 경우에는 일의 양을 1로 두고 생각한다.
  예 총 5시간을 소요하여 과제를 완료한 경우의 시간당 일률: $\frac{1}{5}$
- (A와 B가 함께 작업했을 때의 일률)=(A의 일률)+(B의 일률)

예제 프로젝트를 위해 5명이 매일 8시간씩 일을 해서 6일 동안 전체의 $\frac{2}{5}$ 만큼의 프로젝트를 완성하였다. 나머지 작업을 위해 3명을 추가로 투입하여 매일 일정한 시간을 일하였더니 5일 후에 프로젝트를 완성하였다. 8명이 일을 하는 기간 동안 하루에 몇 시간을 일하였는지 고르면?(단, 모든 사람은 같은 시간 동안 같은 양의 일을 한다.)

① 8시간   ② 8.5시간   ③ 9시간

④ 9.5시간   ⑤ 10시간

정답해설 한 사람이 1시간에 할 수 있는 일의 양을 1이라 하면, 5명이 8시간씩 6일 동안 한 일의 양은 $5 \times 8 \times 6 = 240$ 이고 전체 일의 양을 t라 하면 $t \times \frac{2}{5} = 240$이므로 $t = 240 \times \frac{5}{2} = 600$이다.

남은 기간 동안 3명이 추가되어 5일 동안 하루에 x시간씩 일했을 때, 끝낸 일의 양은 $600 - 240 = 360$이므로
$(5+3) \times x \times 5 = 360$

$\therefore x = 9$

따라서 8명이 일을 하는 기간에는 하루에 9시간씩 일을 하였다.

정답 ③

예제 A~C가 제품을 만들 때, A가 24개의 제품을 만드는 동안 B는 18개를 만들고, B가 25개를 만드는 동안 C는 20개의 제품을 만든다. 세 사람이 일정한 시간 동안 846개의 제품을 만들었을 때, C가 만든 제품의 수를 고르면?

① 208개   ② 216개   ③ 224개

④ 232개   ⑤ 240개

정답해설 A, B가 일정 시간 동안 만든 제품의 개수의 비율은 $24:18 = 4:30$이고 B, C가 일정 시간 동안 만든 제품의 비율은 $25:20 = 5:4$이므로 A, B, C가 일정 시간 동안 만드는 제품의 수의 비는 $20:15:120$이다.

따라서 C가 만든 제품의 개수는 $\frac{12}{20+15+12} \times 846 = 216$(개)이다.

정답 ②

모양과 크기가 같은 두 주머니 A, B가 있다. A주머니에는 흰 공 5개와 빨간 공 10개가 들어 있고 B주머니에는 흰 공 4개와 빨간 공 6개가 들어 있다. 두 주머니 중 하나를 택하여 공 1개를 꺼낼 때, 흰 공이 나올 확률을 고르면?

① $\dfrac{4}{15}$

② $\dfrac{3}{10}$

③ $\dfrac{1}{3}$

④ $\dfrac{11}{30}$

⑤ $\dfrac{2}{5}$

정답해설

A주머니를 선택하여 흰 공을 뽑을 확률은 $\dfrac{1}{2} \times \dfrac{5}{15} = \dfrac{1}{6}$이고, B주머니를 선택하여 흰 공을 뽑을 확률은 $\dfrac{1}{2} \times \dfrac{4}{10} = \dfrac{1}{5}$이므로, 두 확률을 더하면 $\dfrac{1}{6} + \dfrac{1}{5} = \dfrac{11}{30}$이다.

정답 ④

문제 해결 tip

- 서로 다른 n개의 물건을 일렬로 나열하는 경우의 수
  : $n! = n \times (n-1) \times \cdots \times 2 \times 1$
  예 3명을 일렬로 나열하는 경우의 수: $3! = 6$(가지)
- 서로 다른 n개의 물건 중 r개를 뽑아 순서대로 나열하는 경우의 수
  → 순열: $_nP_r = \dfrac{n!}{(n-r)!} = n \times (n-1) \times \cdots \times (n-r+1)$
  예 5명 중 3명을 뽑아 나열하는 경우의 수: $_5P_3 = \dfrac{5!}{(5-3)!} = 5 \times 4 \times 3 = 60$(가지)
- 서로 다른 n개의 물건 중 r개를 순서 없이 뽑는 경우의 수
  → 조합: $_nC_r = \dfrac{n!}{r!(n-r)!} = \dfrac{_nP_r}{r!}$
  예 5명 중 대표 3명을 뽑는 경우의 수: $_5C_3 = \dfrac{5!}{3! \times 2!} = 10$(가지)
- 사건 A가 일어날 확률: $P(A) = \dfrac{(사건\ A가\ 일어나는\ 경우의\ 수)}{(전체\ 경우의\ 수)}$ (단, $0 \le P(A) \le 1$)
- 사건 A가 일어났을 때, 사건 B가 일어날 확률(조건부확률): $P(B|A) = \dfrac{P(A \cap B)}{P(A)}$
- 사건 A와 B가 서로 영향을 미치지 않을 경우의 확률: $P(A \cap B) = P(A) \times P(B)$

예제 야구장에 A석은 2개, B석은 5개, C석은 3개가 남아 있다. 남자 4명과 여자 6명이 야구 관람을 할 때, A석 2개에 모두 남자가 앉을 확률을 고르면?

① $\dfrac{1}{15}$ ② $\dfrac{2}{15}$ ③ $\dfrac{1}{12}$

④ $\dfrac{1}{6}$ ⑤ $\dfrac{1}{3}$

정답해설 10명의 사람이 10개의 자리에 앉는 경우의 수는 10!가지이다. 이때 A석에 모두 남자를 배열하는 경우의 수는 $_4C_2 \times 2! = 12$(가지)이고 남은 8명을 배열하는 경우의 수는 8!가지이므로 A석에 모두 남자가 앉는 경우의 수는 $12 \times 8!$가지이다. 따라서 구하는 확률은 $\dfrac{12 \times 8!}{10!} = \dfrac{2}{15}$이다.

정답 ②

예제 A~H 8명 중 모임의 대표 3명을 선출하고자 한다. C는 반드시 선출되며, H는 반드시 선출되지 않는다고 할 때, 대표를 선출하는 경우의 수를 고르면?

① 15가지   ② 32가지   ③ 45가지

④ 56가지   ⑤ 60가지

정답해설 대표 3명을 선출하는 경우의 수는 순서에 관계없이 8명 중 3명을 뽑는 경우의 수와 같다. 이때, C는 반드시 선출되고 H는 반드시 선출되지 않으므로 이는 C와 H를 제외한 6명 중 2명을 뽑는 경우의 수와 같다. 따라서 대표를 선출하는 경우의 수는 $_6C_2 = \dfrac{6 \times 5}{2 \times 1} = 15$(가지)이다.

정답 ①

PART 2
대표유형 분석

언어추리

영역 특징

언어추리는 주어진 정보를 종합하고 진술 간의 관계 구조를 파악하여 새로운 내용을 추론해내는 능력을 알아보기 위한 영역이다. 크게 명제추리와 조건추리 유형으로 구성되어 있다.

문항 수/풀이시간

20문항/15분

대표유형 체크

대표유형	내용
명제추리	여러 명제를 서로 연결하여 항상 참이거나 그렇지 않을 것을 찾는 유형
조건추리	주어진 조건을 통해 문제에 맞는 경우만을 도출하는 유형 • 진실게임: 진술을 하는 여러 사람 중 일부는 참, 일부는 거짓을 말하는 유형 • 매칭: 줄 세우기, 자리 채우기 등 조건에 맞는 경우를 찾는 유형

2024 상·하반기 기출분석

2024년 언어추리는 상·하반기 모두 난도가 높았으며, 참/거짓 문제가 다수 출제되었다. 2024년 상반기에는 순서 나열, 참/거짓(두 명이 거짓말했을 때 참인 것 찾기 포함) 문제가 나왔으며, 2024년 하반기에는 명제추리, 순서배열, 매칭 문제가 출제되었다. 특히, 2024년 하반기에는 문항이 다소 난도가 높게 출제되었다는 평이 있었다. 시험에서는 기본적으로 필기구를 사용할 수 없어 메모장 기능을 사용하거나, 머릿속에서 정리를 하면서 풀이할 수 있는 능력이 필요하므로, 평소에 필기구를 사용하지 않고 푸는 연습을 해야 한다.

대표유형 익히기

대표유형 ❶ – 1 명제추리(삼단논법)

다음 [조건]을 고려할 때 항상 참인 것을 고르면?

조건
- 회사원이 아닌 사람은 커피를 좋아하지 않는다.
- 지하철을 타는 사람은 학생이 아니다.
- 커피를 좋아하지 않는 사람은 학생이다.
- 회사원은 택시를 타지 않는다.

① 학생이 아닌 사람은 회사원이 아니다.
② 회사원이 아닌 사람은 지하철을 탄다.
③ 커피를 좋아하는 사람은 택시를 탄다.
④ 택시를 타는 사람은 커피를 좋아하지 않는다.
⑤ 지하철을 타는 사람은 커피를 좋아하지 않는다.

정답 해설

네 번째 조건의 대우와 첫 번째 조건을 연결하면 택시를 타는 사람은 회사원이 아니고, 회사원이 아닌 사람은 커피를 좋아하지 않는다.
따라서 택시를 타는 사람은 커피를 좋아하지 않는다.

 정답 ④

오답풀이

① 세 번째 조건의 대우와 첫 번째 조건의 대우를 연결하면 학생이 아닌 사람은 커피를 좋아하고, 커피를 좋아하는 사람은 회사원이다. 따라서 학생이 아닌 사람은 회사원이다.
② 첫 번째 조건, 세 번째 조건, 두 번째 조건의 대우를 연결하면 회사원이 아닌 사람은 커피를 좋아하지 않고, 커피를 좋아하지 않는 사람은 학생이며, 학생인 사람은 지하철을 타지 않는다. 따라서 회사원이 아닌 사람은 지하철을 타지 않는다.
③ 첫 번째 조건의 대우와 네 번째 조건을 연결하면 커피를 좋아하는 사람은 회사원이고, 회사원은 택시를 타지 않는다. 따라서 커피를 좋아하는 사람은 택시를 타지 않는다.
⑤ 두 번째 조건과 세 번째 조건의 대우를 연결하면 지하철을 타는 사람은 학생이 아니고, 학생이 아닌 사람은 커피를 좋아한다. 따라서 지하철을 타는 사람은 커피를 좋아한다.

문제 해결 tip

주어진 조건을 도식화하면 다음과 같다.
- ~회사원 → ~커피   • 지하철 → ~학생
- ~커피 → 학생   • 회사원 → ~택시

이에 따라 정리하면 '지하철 → ~학생 → 커피 → 회사원 → 택시'이다. 이처럼 선택지에 맞게 연결하면 정답을 쉽게 구할 수 있다.

다음 A학과의 동아리 가입 현황을 고려할 때, 항상 옳지 않은 것을 고르면?(단, 동아리 종류는 영화, 축구, 명상 총 세 가지뿐이며, 동아리에 가입하지 않은 학생은 없다.)

> • 명상 동아리는 여학생으로만 구성되어 있으며, 여학생은 모두 명상 동아리에 가입했다.
> • 영화, 축구, 명상 동아리에 모두 가입한 학생이 적어도 1명 있다.
> • 남학생은 아무도 영화 동아리에 가입하지 않았다.

① 영화 동아리만 가입한 학생은 없다.
② 남학생은 모두 축구 동아리에 가입했다.
③ 축구 동아리에 가입한 학생 중 여학생이 있다.
④ 영화 동아리에 가입한 학생 중 여학생은 없다.
⑤ 축구 동아리에 가입한 학생은 다른 동아리에도 가입했다.

정답해설

명상 동아리는 여학생으로만 구성되어 있으며, 여학생은 모두 명상 동아리에 가입했으므로 남학생은 영화 또는 축구 동아리에만 가입했다. 이때 남학생은 아무도 영화 동아리에 가입하지 않았고, 동아리에 가입하지 않은 학생은 없으므로 모든 남학생은 축구 동아리에만 가입했다. 또한 영화, 축구, 명상 동아리에 모두 가입한 학생이 적어도 1명 있으므로 세 동아리에서 가입한 학생은 여학생이다.
따라서 영화 동아리에 가입한 학생은 모두 여학생이다.

정답 ④

오답풀이

① 영화 동아리에 가입한 학생은 축구, 명상에 모두 가입한 학생이므로 영화 동아리만 가입한 학생은 없다.
② 남학생은 모두 축구 동아리에 가입했다.
③ 축구 동아리에 가입한 학생 중 여학생이 있다.
⑤ 축구 동아리에 가입한 학생 중 여학생은 다른 동아리에도 가입했다.

예제

다음 명제가 모두 참일 때, 항상 <u>거짓</u>인 명제를 고르면?

- 검은색을 좋아하는 사람은 빨간색도 좋아한다.
- 분홍색을 좋아하지 않는 사람은 노란색을 좋아한다.
- 빨간색을 좋아하는 사람은 노란색을 좋아하지 않는다.
- 파란색을 좋아하지 않는 사람은 검은색도 좋아하지 않는다.

① 빨간색을 좋아하는 사람은 분홍색을 좋아한다.
② 검은색을 좋아하는 사람은 분홍색을 좋아한다.
③ 노란색을 좋아하는 사람은 파란색을 좋아한다.
④ 분홍색을 좋아하지 않는 사람은 검은색을 좋아한다.
⑤ 파란색을 좋아하는 사람은 노란색을 좋아하지 않는다.

정답해설

주어진 명제와 대우 명제를 간단히 표현하여 나타내면 다음과 같다.
- 검은색 → 빨간색(빨간색× → 검은색×)
- 분홍색× → 노란색(노란색× → 분홍색)
- 빨간색 → 노란색×(노란색 → 빨간색×)
- 파란색× → 검은색×(검은색 → 파란색)

따라서 [분홍색× → 노란색 → 빨간색× → 검은색×]이 성립하므로 항상 옳지 않다.

정답 ④

오답풀이

① [빨간색 → 노란색× → 분홍색]이므로 항상 옳다.
② [검은색 → 빨간색 → 노란색× → 분홍색]이므로 항상 옳다.
③, ⑤ 항상 옳지 않은지 판단할 수 없다.

다음 두 명제가 모두 참일 때, 항상 참인 명제를 고르면?

> • 갈비탕을 좋아하는 사람은 해장국을 좋아하고, 해장국을 좋아하는 사람은 냉면을 좋아한다.
> • 만둣국을 좋아하는 사람은 냉면을 좋아하고, 만둣국을 좋아하는 사람 중 갈비탕을 좋아하는 사람이 있다.

① 만둣국을 좋아하는 사람은 해장국을 좋아한다.

② 갈비탕을 좋아하는 사람은 만둣국을 좋아한다.

③ 해장국을 좋아하지 않는 사람은 만둣국도 좋아하지 않는다.

④ 해장국을 좋아하는 사람 중 만둣국을 좋아하지 않는 사람이 있다.

⑤ 냉면을 좋아하지 않는 사람 중 만둣국을 좋아하는 사람이 있다.

정답해설

삼단논법에 의해 첫 번째 명제는 다음과 같이 표현된다.

그리고 두 번째 명제를 고려하면 다음과 같이 두 가지 상황을 생각할 수 있다.

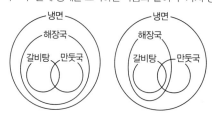

따라서 해장국을 좋아하는 사람 중 만둣국을 좋아하지 않는 사람이 있을 수 있다는 것을 알 수 있다.

정답 ④

오답풀이

① 만둣국을 좋아하는 사람 중 해장국을 좋아하지 않는 사람이 있을 수 있다.
② 갈비탕을 좋아하는 사람 중 만둣국을 좋아하지 않는 사람이 있을 수 있다.
③ 해장국을 좋아하지 않는 사람 중 만둣국을 좋아하는 사람이 있을 수 있다는 것을 알 수 있다.
⑤ 냉면을 좋아하지 않는 사람 중 만둣국을 좋아하는 사람은 없다.

다음 명제를 보고 항상 참인 결론을 고르면?

> • 어떤 재미있는 만화는 잔인하지 않은 내용의 만화이다.
> • 모든 폭력성이 짙은 만화는 잔인한 내용의 만화이다.

① 어떤 재미있는 만화는 폭력성이 짙다.
② 어떤 폭력성이 짙지 않은 만화는 재미있는 만화가 아니다.
③ 어떤 재미있는 만화는 폭력성이 짙지 않다.
④ 모든 폭력성이 짙은 만화는 재미있는 만화가 아니다.
⑤ 모든 폭력성이 짙지 않은 만화는 재미있는 만화이다.

정답해설

두 번째 명제의 대우는 '모든 잔인하지 않은 내용의 만화는 폭력성이 짙지 않은 만화이다.'이다. 이를 바탕으로 2개의 명제를 만족하는 벤다이어그램은 다음과 같다.

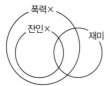

'잔인×'와 '재미'의 공통 영역에 해당하는 부분이 반드시 존재해야 한다. '폭력×'과 '재미' 사이의 관계를 보면, 둘 사이에 뚜렷한 포함관계가 존재하지는 않으나 최소한 '잔인×'와 '재미'의 공집합만큼은 공통으로 포함하고 있다는 것을 알 수 있다. 따라서 '폭력×'과 '재미' 사이에는 반드시 공통 영역이 존재하므로 '어떤 재미있는 만화는 폭력성이 짙지 않다.'는 항상 참인 결론이다.

정답 ③

오답풀이

① 첫 번째 명제에서 어떤 재미있는 만화는 잔인하지 않은 내용의 만화라고 하였으므로 위의 그림에서 '잔인×=재미'라고 두 집합이 같다고 보면, 이 경우에는 재미있는 만화이면서 폭력성이 짙은 만화는 존재하지 않는다.
② 위의 그림에서 '잔인×=폭력×=재미'라고 세 집합이 같다고 보면, 모든 폭력성이 짙지 않은 만화는 재미있는 만화이므로 항상 참인 결론이 아님을 알 수 있다.
④, ⑤ 위의 그림을 통해 항상 참인 결론이 아님을 알 수 있다.

다음 명제를 참고하여 내린 [보기]의 결론 A, B에 대한 설명으로 옳은 것을 고르면?

- 오늘은 날씨가 좋다.
- 어제는 날씨가 좋았다.
- 날씨가 좋은 날 하늘은 파랗다.

조건
- A: 하늘이 파랗지 않으면 날씨가 좋지 않다.
- B: 내일도 날씨가 좋을 것이다.

① A만 옳다.
② B만 옳다.
③ A, B 모두 옳다.
④ A, B 모두 옳지 않다.
⑤ A, B 모두 옳은지 옳지 않은지 알 수 없다.

정답 해설

주어진 명제 '날씨가 좋은 날 하늘은 파랗다'의 대우명제가 '하늘이 파랗지 않으면 날씨가 좋지 않다'이므로 A는 옳다. 하지만 어제와 오늘 날씨가 좋았다고 해서 내일도 날씨가 좋을지는 알 수 없다. 따라서 B가 옳은 지 옳지 않은지는 알 수 없다. **정답** ①

예제 다음 명제를 참고하여 내린 [보기]의 결론 A, B에 대한 설명으로 옳은 것을 고르면?

> • 러닝머신은 걷기 운동보다 칼로리 소모가 크다.
> • 웨이트는 러닝머신보다 칼로리 소모가 적고, 자전거보다 칼로리 소모가 크다.
> • 골프는 테니스보다 칼로리 소모가 적다.
> • 테니스는 걷기 운동보다 칼로리 소모가 크다.

─ 보기 ─
> • A: 웨이트는 걷기 운동보다 칼로리 소모가 크다.
> • B: 테니스는 러닝머신보다 칼로리 소모가 적다.

① A만 옳다.
② B만 옳다.
③ A, B 모두 옳다.
④ A, B 모두 옳지 않다.
⑤ A, B 모두 옳은지 옳지 않은지 알 수 없다.

정답해설

주어진 명제를 통해 칼로리 소모가 큰 운동을 나타내면 다음과 같다.
• 러닝머신>걷기 운동
• 러닝머신>웨이트>자전거
• 테니스>골프
• 테니스>걷기 운동

웨이트와 걷기 운동은 모두 러닝머신보다 칼로리 소모가 적지만 둘 중 어느 것이 더 칼로리 소모가 큰지는 알 수 없다. 마찬가지로 테니스와 러닝머신은 모두 걷기 운동보다 칼로리 소모가 크지만 둘 중 어느 것이 더 칼로리 소모가 적은지는 알 수 없다. 따라서 A, B 모두 옳은지 옳지 않은지 알 수 없다.

정답 ⑤

희두, 나연, 호민, 보현은 독서와 낚시 중 하나의 취미를 갖고 있고, 그 취미에 대하여 각자 다음 [대화]와 같이 말하였다. 이들 중 2명의 진술은 거짓, 나머지 2명의 진술은 참이라 할 때, 옳지 <u>않은</u> 것을 고르면?(단, 독서와 낚시를 취미로 가지고 있는 사람은 각 2명씩이다.)

┌─ 대화 ───┐
- 희두: "나는 나연과 취미가 같아."
- 나연: "나와 호민은 취미가 같지 않아."
- 호민: "희두의 취미는 낚시야."
- 보현: "나연과 희두는 다른 취미를 가지고 있어."
└──┘

① 희두의 진술이 참이면, 나연의 취미는 독서이다.
② 희두의 진술이 참이면, 호민의 진술은 거짓이다.
③ 희두의 진술이 거짓이면, 호민의 취미는 독서이다.
④ 희두의 진술이 거짓이면, 보현의 취미는 독서이다.
⑤ 희두의 진술이 거짓이면, 호민과 보현의 취미가 다르다.

정답해설

희두와 보현의 진술이 모순이므로 희두의 진술이 참인 경우와 거짓인 경우로 풀이할 수 있다.

1) 희두의 진술이 참인 경우

희두와 나연의 취미가 같고, 각 취미를 가지고 있는 사람은 2명이므로 호민과 나연의 취미는 다르다. 따라서 나연의 진술도 참이고, 호민의 진술에 의해 희두와 나연의 취미는 독서, 호민과 보현의 취미는 낚시이다.

희두	나연	호민	보현
참	참	거짓	거짓
독서	독서	낚시	낚시

2) 희두의 진술이 거짓인 경우

희두와 나연의 취미가 다르다. 호민의 진술이 참인지 거짓인지에 따라 다른 경우의 수가 나오는데, 호민의 진술이 참이면 희두의 취미는 낚시, 나연과 호민의 취미는 독서, 보현의 취미는 낚시이다.

희두	나연	호민	보현
거짓	거짓	참	참
낚시	독서	독서	낚시

호민의 진술이 거짓이면, 희두의 취미는 독서, 나연의 취미는 낚시, 나연의 취미는 독서, 보현의 취미는 낚시이다.

희두	나연	호민	보현
거짓	참	거짓	참
독서	낚시	독서	낚시

희두의 진술이 거짓인 경우 보현의 취미는 낚시이다.

정답 ④

예제

운동선수인 A, B, C, D, E는 월요일부터 금요일까지 각자 다른 요일에 승리를 했다. 다음 [대화]에서 5명 중 1명만 거짓을 말했고 거짓을 말하는 사람의 모든 진술이 거짓일 때, 금요일에 승리한 사람을 고르면?

┌─ 대화 ───
• A: "저는 월요일과 금요일에는 승리하지 못했어요."
• B: "C는 화요일에, D는 수요일에 승리했어요."
• C: "E는 목요일에 승리했고, B는 수요일에 승리하지 못했어요."
• D: "저는 수요일에 승리했고, E는 금요일에 승리하지 못했어요."
• E: "A는 월요일에 승리했어요."
└──

① A
② B
③ C
④ D
⑤ E

정답해설

A와 E의 주장이 상반되므로 둘 중 한 명의 진술은 거짓이다. 이에 따라 B, C, D의 진술은 모두 진실이므로 화요일, 수요일, 목요일에 승리한 사람은 각각 C, D, E이다. 이에 따라 A와 B는 월요일 또는 금요일에 각각 승리를 했는데 만약 A의 진술이 진실이라면 모순이 발생하므로 A의 진술은 거짓이 되어 E의 진술대로 월요일에 승리한 사람은 A이다. 따라서 금요일에 승리한 사람은 B이다.

정답 ②

A~E는 1층부터 5층까지 있는 건물의 서로 다른 층에서 근무하고 있다. 이들 중 과장이 2명, 대리가 2명, 사원 1명이고, 다음 [조건]에 따라 근무한다고 할 때, 직급이 사원인 직원을 고르면?(단, 과장, 대리, 사원 순으로 직급이 높다.)

─ 조건 ─

- 모든 과장은 모든 사원보다 높은 층에 근무하고 있다.
- 모든 대리는 모든 과장보다 낮은 층에 근무하고 있다.
- 2층에 근무하는 직원은 사원이 아니다.
- A와 E는 직급이 같고, B는 A보다 직급이 높다.
- 3층에 근무하는 직원은 D이다.

① A   ② B   ③ C
④ D   ⑤ E

정답해설

첫 번째와 두 번째 조건에 의해 과장 2명은 나머지 사원보다 높은 층에 근무하고 있다. 네 번째 조건에 의해 A와 E는 직급이 같으므로 과장 또는 대리인데, B가 A보다 직급이 높다고 하였으므로 B는 과장, A와 E는 대리이다. 그리고 마지막 조건에 의해 대리가 아닌 D가 3층에 근무하고 있으므로 대리인 A와 E는 1층과 2층에 근무하고, D는 사원이다. 이를 정리하면 다음과 같다.

5층	과장	B/C
4층	과장	C/B
3층	사원	D
2층	대리	A/E
1층	대리	E/A

따라서 사원인 직원은 D이다.

정답 ④

예제

K사는 A, B, C, D업체 중 일부와 수출계약을 맺기로 했다. 다음 [조건]을 고려할 때 K사와 수출계약을 맺을 수 있는 업체를 모두 고르면?

─ 조건 ───────────────────────────────
• A업체와는 계약하지 않는다.
• B업체와 C업체 중 한 곳 이상과 계약한다.
• B업체, D업체와 동시에 계약하지 않는다.
─────────────────────────────────────

① B업체   ② C업체   ③ B업체, C업체
④ B업체, D업체   ⑤ B업체, C업체, D업체

정답해설

A업체와는 계약하지 않으며, B업체와 C업체 중 한 곳 이상과 계약한다. 이때 B업체, D업체와 동시에 계약하지 않으므로 가능한 경우는 B업체만 계약하는 경우, B업체와 C업체를 계약하는 경우, C업체와 D업체를 계약하는 경우이다.
따라서 K사와 수출계약을 맺을 수 있는 업체는 B업체, C업체, D업체이다.

정답 ⑤

어느 회사의 영업팀 직원 A~E의 출근 시각은 9시이다. 이들의 시계는 모두 정확하지 않은데, 어느 날 서로 다른 시각에 출근하였다. 다음 [조건]을 바탕으로 할 때, 영업팀 직원 5명이 출근한 순서를 바르게 나타낸 것을 고르면?

┌ 조건
- C는 실제로 8시 50분에 출근하였다.
- A의 시계는 B의 시계보다 20분 느리고, C의 시계보다는 15분 느리다.
- D의 시계는 E의 시계보다 20분 느리고, A의 시계보다는 10분 느리다.
- 각자의 시계를 기준으로 A는 5분 일찍 출근하였고, B는 10분 늦게 출근하였고, C는 정각에 출근하였고, D와 E는 10분 빨리 출근하였다.

① A—C—B—E—D
② C—B—A—D—E
③ C—B—D—A—E
④ E—B—C—A—D
⑤ E—C—B—A—D

정답해설

C가 실제로 8시 50분에 출근하였는데, C의 시계를 기준으로 정각에 출근하였으므로 C의 시계는 실제보다 10분 빠르다. 이때, A의 시계가 C의 시계보다 15분 느리다고 하였으므로 A의 시계는 실제보다 5분 느리고, 본인의 시계를 기준으로 5분 일찍 출근했다고 하였으므로 실제 출근 시각은 9시 정각이다. B의 시계는 A의 시계보다 20분 빠르므로 B의 시계는 실제보다 15분 빠른 것이고, 본인의 시계를 기준으로 10분 늦게 출근 하였으므로 실제 출근 시각은 8시 55분이다. D의 시계는 A의 시계보다 10분 빠르다고 하였으므로 D의 시 계는 실제보다 15분 느리다. 그리고 본인의 시계를 기준으로 10분 늦게 출근하였으므로 실제 출근 시각은 9시 5분이다. E는 D의 시계보다 20분 빠르므로 E의 시계는 실제보다 5분 빠르고, 본인 시계를 기준으로 10 분 빨리 출근하였으므로 실제 출근 시각은 8시 45분이다. 이 내용을 표로 정리하면 다음과 같다.

구분	A	B	C	D	E
시계	5분 느림	15분 빠름	10분 빠름	15분 느림	5분 빠름
실제 출근 시각	9시	8시 55분	8시 50분	9시 5분	8시 45분
출근 당시 각자 시계의 시각	8시 55분	9시 10분	9시	8시 50분	8시 50분

따라서 출근 시각에 따라 영업팀 직원들이 출근한 순서를 나타내면 E—C—B—A—D이다.

정답 ⑤

A~F는 고등학교 교실의 1층부터 6층까지 각각 다른 층에서 수업을 듣는다. 다음 [조건]을 바탕으로 할 때, 1층부터 6층까지의 학생 배치를 높은 층부터 순서대로 나열한 것을 고르면?

> ─ 조건 ─
> • A는 B와 C보다 위층에서 수업을 듣는다.
> • C는 F보다는 위층에서 수업을 듣는다.
> • D는 A보다 위층에서 수업을 듣고, E보다는 아래층에서 수업을 듣는다.
> • C와 F가 수업을 듣는 층의 합은 A와 B가 수업을 듣는 층의 합과 같다.

① A—E—C—D—F—B
② E—D—F—C—A—B
③ E—D—A—C—F—B
④ E—A—B—D—C—F
⑤ E—F—B—D—C—A

정답해설

첫 번째 조건을 정리하여 높은 층수에 사는 순서대로 나열하면 A–[B 또는 C]이다. 두 번째 조건을 정리하여 높은 층수에 사는 순서대로 나열하면 C–F이다. 세 번째 조건을 정리하여 높은 층수에 사는 순서대로 나열하면 E–D–A이다. 이를 모두 정리하면 다음과 같은 3가지 경우가 가능하다.
경우 1) E–D–A–B–C–F
경우 2) E–D–A–C–F–B
경우 3) E–D–A–C–B–F
마지막 조건을 만족하는 것은 경우 2)뿐이므로 E–D–A–C–F–B 순서대로 6층부터 1층까지 배치해야 한다.

 정답 ③

L여행사는 A, B, C, D 4곳을 방문하는 여행코스를 짜려고 한다. 다음 [조건]을 고려할 때 항상 참인 것을 고르면?

조건

- A는 처음 또는 마지막으로 여행한다.
- B와 C는 연속으로 여행한다.
- B는 D보다 먼저 여행하며, B와 D를 연속으로 여행하지 않는다.

---

① A와 C는 연속으로 여행한다.
② C는 처음 또는 마지막으로 여행한다.
③ D는 세 번째 또는 마지막으로 여행한다.
④ A를 처음으로 여행하면 C는 두 번째로 여행한다.
⑤ D를 마지막으로 여행하면 B는 처음으로 여행한다.

정답해설

A는 처음 또는 마지막으로 여행하고, B와 C는 연속으로 여행한다. 이때 B는 D보다 먼저 여행하면서 B와 D를 연속으로 여행하지 않으므로 가능한 경우는 다음과 같다.

구분	첫 번째	두 번째	세 번째	마지막
경우1	A	B	C	D
경우2	B	C	D	A

따라서 D는 세 번째 또는 마지막으로 여행한다.

정답 ③

오답풀이

① A와 C는 연속으로 여행하지 않는다.
② C는 처음 또는 마지막으로 여행하지 않는다.
④ A를 처음으로 여행하면 C는 세 번째로 여행한다.
⑤ D를 마지막으로 여행하면 B는 두 번째로 여행한다.

A~F의 6명이 사무실에서 발생한 도난 사건에 관하여 다음 [대화]와 같이 말하였다. 이들 중 거짓말을 한 사람의 조합으로 가능한 경우의 수를 고르면?

┌ 대화 ┐
- A: "B는 거짓말을 하고 있다."
- B: "D는 거짓말을 하고 있다."
- C: "A는 참말을 하고 있다."
- D: "E는 거짓말을 하고 있다."
- E: "F는 거짓말을 하고 있다."
- F: "거짓말을 하는 사람은 2명이다."

① 1가지   ② 2가지   ③ 3가지
④ 4가지   ⑤ 5가지

정답해설

1) A가 참말을 한 경우
   B는 거짓말을 하였고, D는 참말을 하였고, C는 참말을 하였고, E는 거짓말을 하였고, F는 참말을 하였다.
   이때, 거짓말을 한 사람은 B와 E의 2명이다.
2) A가 거짓말을 한 경우
   B는 참말을 하였고, D는 거짓말을 하였고, C는 거짓말을 하였고, E는 참말을 하였고, F는 거짓말을 하였다. 이때, 거짓말을 한 사람은 A, C, D, F의 4명이다.
따라서 거짓말을 한 사람의 조합으로 가능한 경우는 총 2가지이다.

정답 ②

△△회사의 총무팀, 영업팀, 마케팅팀, 지원팀에 새로 입사한 직원들에게 사원증을 제작하려고 한다. 다음 [조건]을 바탕으로 할 때, 옳은 것을 고르면?

조건

- 팀별로 사원증 줄의 재질은 고무 또는 플라스틱 중 하나이다.
- 영업팀 사원증 줄의 재질은 플라스틱이다.
- 지원팀 사원증 줄의 재질은 고무이고, 색깔은 검정 또는 노랑이다.
- 마케팅팀 사원증 줄의 재질은 고무가 아니고, 색깔은 파랑이 아니다.
- 팀별로 사원증 줄의 색깔은 각각 빨강, 노랑, 파랑, 검정 중의 하나이다.
- 총무팀 사원증 줄의 재질은 플라스틱이고, 색깔은 빨강 또는 검정이다.

① 가능한 경우는 3가지이다.
② 사원증 줄의 재질이 플라스틱인 팀은 2개이다.
③ 사원증 줄의 색을 정확히 알 수 있는 팀이 없다.
④ 지원팀 사원증 줄의 색이 노랑이면 총무팀 사원증 줄의 색은 빨강이다.
⑤ 사원증 줄의 재질이 플라스틱인 팀의 사원증 줄의 색깔이 노랑일 수 없다.

정답해설

사원증 줄의 재질은 고무 또는 플라스틱이라고 하였다. 영업팀 사원증 줄의 재질이 플라스틱이라고 하였고, 지원팀 사원증 줄의 재질은 고무라고 하였다. 마케팅팀 사원증 줄의 재질은 고무가 아니라고 하였으므로 플라스틱이고, 총무팀 사원증 줄의 재질은 플라스틱이라고 하였다. 따라서 사원증 줄의 재질은 다음과 같다.

총무	영업	마케팅	지원
플라스틱	플라스틱	플라스틱	고무

사원증 줄 색깔에 관한 내용을 확인해 보자. 먼저, 총무팀 사원증 줄 색깔은 빨강 또는 검정이라고 하였고, 지원팀 사원증 줄 색깔은 검정 또는 노랑이라고 하였으므로 다음과 같이 표로 나타낼 수 있다.

구분	검정	노랑	빨강	파랑
총무		×		×
영업				
마케팅				×
지원			×	×

즉, 영업팀의 사원증 줄의 색깔은 파랑이고, 다음과 같이 표를 채울 수 있다.

구분	검정	노랑	빨강	파랑
총무		×		×
영업	×	×	×	○
마케팅				×
지원			×	×

이때, 총무팀 사원증 줄의 색에 따라 다음과 같이 두 가지 경우로 나눌 수 있다.

1) 총무팀 사원증 줄의 색이 검정인 경우

구분	검정	노랑	빨강	파랑
총무	○	×	×	×
영업	×	×	×	○
마케팅	×	×	○	×
지원	×	○	×	×

2) 총무팀 사원증 줄의 색이 빨강인 경우

구분	검정	노랑	빨강	파랑
총무	×	×	○	×
영업	×	×	×	○
마케팅	○	×	×	×
지원	×	○	×	×

또는

구분	검정	노랑	빨강	파랑
총무	×	×	○	×
영업	×	×	×	○
마케팅	×	○	×	×
지원	○	×	×	×

따라서 1), 2)에서 가능한 경우는 3가지임을 알 수 있다.

정답 ①

오답풀이

② 사원증 줄의 재질이 플라스틱인 팀은 총무팀, 영업팀, 마케팅팀의 3개 부서이다.
③ 영업팀 사원증 줄의 색깔은 파랑이다.
④ 1)에서 지원팀 사원증 줄의 색이 노랑일 때, 총무팀 사원증 줄의 색은 검정이다.
⑤ 사원증 줄의 재질이 플라스틱인 팀은 총무팀, 영업팀, 마케팅팀이다. 2)의 두 번째 경우에서 마케팅팀의 사원증 줄 색깔은 노랑이다.

05 수열추리

▌ 영역 특징

수열추리는 일정한 규칙에 따라 배열된 숫자열이나 숫자의 집합으로부터 규칙 및 관계의 특성을 추론하는 능력을 알아보기 위한 영역이다.

▌ 문항 수/풀이시간

20문항/15분

▌ 대표유형 체크

대표유형	내용
수열추리(숫자)	일렬로 나열된 숫자의 규칙성을 파악하는 유형
수열추리(그림)	그림을 동반한 숫자의 규칙성을 파악하는 유형

▌ 2024 상·하반기 기출분석

2024년 수열추리는 분수와 소수 수열추리 문제가 다수 출제되었다. 수열추리는 앞부분에서 문제의 난도가 높고, 뒤로 갈수록 쉬워졌다는 평이 있었다. 2024년 상반기 수열추리(숫자)에서는 군수열, 분수 형태의 수열, 등비수열 등의 문제들이 출제되었으며, 수열추리(그림)에서는 십자가 형태의 수열문제가 다수 출제되었다. 2024년 하반기 수열의 규칙은 주로 덧셈이었으며, 분수에서 분모와 분자의 규칙이 서로 다른 규칙을 갖는 문제, 홀·짝 항이 서로 다른 규칙을 갖는 문제도 출제되었다. 매년 수험생들이 어렵다고 하는 영역인 만큼 기본적인 수열 규칙 외에도 변칙적인 수열이 다수 출제되기 때문에 다양한 문항을 많이 풀어보면 큰 도움이 된다.

대표유형 익히기

대표유형 ❶　수열추리(숫자)

다음과 같이 일정한 규칙으로 숫자를 나열할 때, 빈칸에 들어갈 알맞은 숫자를 고르면?

$$-\frac{1}{4} \quad \frac{2}{3} \quad \frac{1}{2} \qquad 2 \quad \frac{1}{2} \quad \frac{5}{3} \qquad 1 \quad \frac{7}{6} \quad (\quad)$$

① $\frac{4}{3}$　　　　　② $\frac{7}{4}$　　　　　③ $\frac{11}{6}$

④ 2　　　　　⑤ $\frac{8}{3}$

⚙️ **정답해설**

연이은 세 개의 숫자를 각각 a, b, c라고 하면, $a \times b + \frac{2}{3} = c$와 같은 식이 성립한다.

따라서 빈칸에 들어갈 숫자는 $1 \times \frac{7}{6} + \frac{2}{3} = \frac{11}{6}$이다.

정답 ③

예제 **다음은 일정한 규칙으로 소수를 나열한 것이다. 빈칸에 들어갈 알맞은 수를 고르면?**

$$1.8 \quad 3.4 \quad 2.7 \quad 5.3 \quad 7.6 \quad 6.2 \quad 9.5 \quad (\quad)$$

① 8.4　　　　　② 9.5　　　　　③ 10.6
④ 11.1　　　　　⑤ 12.5

⚙️ **정답해설**

주어진 소수 수열에서 자연수 부분을 따로 생각하면 다음과 같은 규칙이 성립한다.

1　3　2　5　7　6　9　( )
　+2　−1　+3　+2　−1　+3　+2

그리고 소수점 이하 첫째 자리 부분을 따로 생각하면 다음과 같은 규칙이 성립한다.

8　4　7　3　6　2　5　( )
　−4　+3　−4　+3　−4　+3　−4

정답 ④

예제

다음과 같이 일정한 규칙으로 숫자를 나열할 때, 일곱 번째 항의 값을 고르면?

		$\frac{1}{2}$	$\frac{3}{4}$	$\frac{9}{4}$	4	$\frac{29}{4}$	...

① $\frac{35}{4}$

② 10

③ $\frac{21}{2}$

④ $\frac{49}{4}$

⑤ $\frac{41}{2}$

정답해설

주어진 수열은 앞의 두 항을 더한 뒤 1을 더한 값이 다음 항인 수열이다. 따라서 여섯 번째 항의 값은 $4+\frac{29}{4}+1 = \frac{49}{4}$, 일곱 번째 항의 값은 $\frac{29}{4}+\frac{49}{4}+1=\frac{41}{2}$이다.

정답 ⑤

예제

다음에 주어진 일정한 규칙에 따른 수열을 보고 빈칸에 들어갈 알맞은 수를 고르면?

1.21	4.28	( )	22.42	28.49	41.56	52.63

① 11.35

② 12.57

③ 13.91

④ 14.35

⑤ 14.57

정답해설

주어진 수열은 자연수의 자리가 앞 항의 소수점 첫째 자리 수와 소수점 둘째 자리 수의 합만큼 증가하고, 소수점 아래 자리가 0.07씩 증가하는 규칙을 갖고 있다.

따라서 A에 들어갈 값의 자연수의 자리는 4+2+8=14, 소수점 아래 자리는 0.28+0.07=0.35이다.

따라서 빈칸에 들어갈 수는 14.35이다.

정답 ④

예제

다음과 같이 일정한 규칙으로 숫자를 나열할 때, 빈칸에 들어갈 값을 고르면?

	$\frac{7}{8}$	$\frac{3}{4}$	$\frac{13}{17}$	$\frac{2}{3}$	$\frac{171}{292}$	( )

① $\frac{23}{43}$ ② $\frac{24}{43}$ ③ $\frac{25}{43}$

④ $\frac{26}{43}$ ⑤ $\frac{27}{43}$

정답해설

홀수 번째 항의 분자는 이전 홀수 번째 항의 분자를 제곱하고 직전항의 분자를 더하여 구하고, 분모도 이전 홀수 번째 항의 분모를 제곱하고 직전항의 분모를 더한 값이다. 짝수 번째 항도 같은 방식으로 나열한 것이다.

따라서 빈칸에 들어갈 값은 $\frac{2^2+171}{3^2+292}=\frac{175}{301}=\frac{25}{43}$ 이다.

정답 ③

예제

다음과 같이 일정한 규칙으로 소수를 나열할 때, 12번째 항을 고르면?

	0.8	1.4	0.2	2.6	−2.2	7.4	⋯

① 615   ② 615.2   ③ 615.4

④ 615.6   ⑤ 615.8

정답해설

주어진 수열의 규칙은 다음과 같다.

$$0.8 \quad 1.4 \quad 0.2 \quad 2.6 \quad -2.2 \quad 7.4 \quad \cdots$$
$$+0.6 \quad -1.2 \quad +2.4 \quad -4.8 \quad +9.6 \quad \text{(1계차)}$$
$$\times(-2) \quad \times(-2) \quad \times(-2) \quad \times(-2) \quad \text{(2계차)}$$

이때, 12번째 항까지는 0.8에 1계차 수열의 첫 번째 항인 0.6에 $(-2)^{10}$을 곱한다는 것을 알 수 있다. 따라서 12번째 항은 $0.8+0.6\times(-2)^{10}=0.8+0.6\times1024=615.2$이다.

정답 ②

문제 해결 💡

계차수열의 합을 이용하여 일반항을 구하기 어렵다면 계차수열의 규칙성만 찾아서 12번째 항을 찾으면 된다. 그리고 소수 수열의 규칙성을 다음과 같이 생각하여 12번째 항을 찾을 수도 있다.

$$0.8 \quad 1.4 \quad 0.2 \quad 2.6 \quad -2.2 \quad 7.4$$
$$\times(-2)+3 \quad \times(-2)+3 \quad \times(-2)+3 \quad \times(-2)+3 \quad \times(-2)+3$$

다음은 일정한 규칙으로 수를 써넣은 것이다. 빈칸에 들어갈 값을 고르면?

2	1
4	3

3	2
5	4

7	6
2	2

−1	−3
( )	−2

① 0

② 1

③ −1

④ 2

⑤ −2

정답해설

네 칸 안에 쓰인 수를 다음과 같이 a, b, c, d라고 하면

a	b
c	d

주어진 세 그림에서 $ad-bc=2$임을 확인할 수 있다.
즉, $2 \times 3 - 1 \times 4 = 2$, $3 \times 4 - 2 \times 5 = 2$, $7 \times 2 - 6 \times 2 = 2$이다.
따라서 마지막 그림에서 $(-2) \times (-1) - (-3) \times ( ) = 2$이므로 빈칸에 들어갈 값은 0이다.

정답 ①

다음은 일정한 규칙으로 수를 써넣은 것이다. A+B의 값을 고르면?

```
      5              1              -3              A
  9       2      4       10     -4       -10    B       0
   -2   8         9    2         -5   -4          3   4
```

① -1 ② 0 ③ 1

④ 2 ⑤ 3

정답해설

오각형의 각 꼭짓점에 있는 수를 다음과 같이 a, b, c, d, e라고 하면

주어진 세 그림에서 $a+b+c=d+e+2$임을 확인할 수 있다.
즉, $5+9+(-2)=8+2+2$, $1+4+9=2+10+2$, $(-3)+(-4)+(-5)=(-4)+(-10)+20$이다.
따라서 마지막 그림에서 A+B+3=4+0+20이므로 A+B=30이다.

정답 ⑤

3

PART

실전
모의고사

실전모의고사는 적성검사에서 출제되는 언어이해, 자료해석, 창의수리, 언어추리, 수열추리 영역을 담은 모의고사입니다. 본 모의고사는 2024년 온라인 SKCT 영역의 최신 출제경향을 반영한 문제로 구성했습니다. 실제 시험 문항 수는 각 영역당 20문항으로 한 회당 총 100문항으로 구성되며, 풀이시간은 한 영역당 15분이 주어집니다. 필기구 사용이 불가하며 응시 프로그램상 메모장과 계산기를 사용하여 풀이해야 합니다.

01 실전모의고사 1회   146

02 실전모의고사 2회   206

03 실전모의고사 3회   262

04 실전모의고사 4회   318

01 다음 글의 내용과 일치하는 것을 고르면?

> 사람의 자아는 다양한 요인에 의해 형성되지만, 그 중에서도 장소가 중요한 역할을 한다. 장소는 단순한 물리적 공간을 넘어, 개인의 기억과 감정, 행동에 영향을 미치는 심리적·사회적 의미를 가진다. 특정 장소에서 경험한 일들은 그 장소를 떠올리게 하고, 그 경험을 통해 개인의 자아가 형성된다. 예를 들어, 어린 시절을 보낸 집이나 학교는 자아 형성에 강력한 영향을 미친다. 이러한 장소에서 얻은 경험들은 시간이 지나면서 사람의 정체성에 깊이 각인된다. 이를테면, 사람은 특정 장소에서 느꼈던 감정이나 생각을 기억하며, 그 장소를 통해 자신의 존재를 더욱 분명히 인식하게 된다.
>
> 또한 장소는 개인의 행동과 습관을 결정짓는 데에도 큰 역할을 한다. 특정 장소에서의 행동 패턴이 반복되면서 그 장소는 일종의 의미 있는 공간으로 변모하게 된다. 예를 들어, 도서관은 조용한 집중의 공간으로, 카페는 여유와 사교의 장소로 인식된다. 이러한 공간적 특성은 그곳에서의 활동을 예측 가능하게 하며, 개인의 정체성을 강화하는 요소로 작용한다. 이는 장소가 자아의 연장선상에서 인간 행동을 형성하는 핵심적인 부분임을 시사한다. 장소는 사회적 관계망과도 깊이 연관되어 있다. 사람들은 장소를 통해 타인과 관계를 맺고, 그 속에서 사회적 자아를 형성하게 된다. 직장이나 학교는 사회적 역할을 수행하는 장소이며, 이곳에서의 상호작용은 개인의 자아를 규정하는 중요한 부분이다. 따라서 장소는 단순한 배경이 아니라 인간의 정체성을 결정짓는 복합적인 요소로 기능한다.

① 특정 장소에서의 경험은 시간이 지나면서 자아에 별다른 영향을 미치지 않는다.
② 사람은 특정 장소에서의 감정을 떠올리며, 그곳에서의 경험을 통해 자아를 인식할 수 있다.
③ 장소는 주로 물리적 공간으로만 사람의 자아에 영향을 미친다.
④ 특정 장소에서 반복되는 행동은 개인의 정체성을 약화시키는 요소로 작용한다.
⑤ 사회적 자아는 장소와는 무관하게 개인의 내적 특성에 의해 형성된다.

02 다음 글의 내용과 일치하지 <u>않는</u> 것을 고르면?

베블런 효과는 고가의 상품이 오히려 더 많이 팔리는 현상을 설명하는 경제학 이론이다. 일반적으로 가격이 높으면 수요가 감소하는 경제 법칙과 달리, 베블런 효과는 높은 가격이 오히려 소비자에게 매력을 주는 역설적 현상을 말한다. 소비자들은 높은 가격을 제품의 품질과 상징적 가치로 받아들여, 이를 통해 자신의 경제적 지위와 사회적 지위를 과시하려는 경향이 있다. 이러한 행동은 사치품과 같은 특정 시장에서 두드러지며, 고가의 브랜드들이 지속적으로 인기를 끄는 이유가 된다. 그러나 베블런 효과는 반드시 사치품 시장에서만 나타나는 것은 아니다. 소비자들은 무리하게 비싼 상품을 구매하려는 경향을 보일 수 있으며, 이는 일종의 사회적 압력이나 타인과의 비교심리에서 비롯된다. 그러나 이러한 소비는 과도한 빚을 초래하고, 결과적으로 경제적 불평등을 더욱 심화시키는 역할을 하기도 한다.

① 베블런 효과는 경제학의 일반적인 수요 법칙으로 설명하기 어려운 현상이다.
② 소비자들은 높은 가격의 제품을 통해 사회적 지위를 과시하려는 경향이 있다.
③ 베블런 효과는 사치품 시장에서만 나타난다.
④ 베블런 효과는 소비자들이 무리한 소비를 하게 하여 불평등을 심화시킬 수 있다.
⑤ 베블런 효과는 상류층이 아닌 소득 계층에서도 나타날 수 있다.

03 다음 글의 제목으로 가장 적절한 것을 고르면?

고령세대는 일반적으로 재화보다 서비스에 더 많은 지출을 하는 경향이 있으며 이는 소비수요의 구성에 영향을 미칠 수 있다. 특히 인구가 고령화됨에 따라 의료, 보건 및 요양 서비스에 대한 수요가 증가하는 경향을 보이는데, 이들 서비스 가격은 일반적인 물가수준보다 빠르게 상승하는 경향이 관찰된다. 생산 과정의 자동화 추세를 감안하면, 일반 상품의 경우 추가 생산에 따른 한계비용이 크지 않다. 즉, 인구구조 변동에 따른 지출 패턴의 변화로 인해 나타나는 수요견인형 물가변동요인은 크지 않을 것으로 추론할 수 있다. 반면, 서비스부문은 본질적으로 노동집약적이며 자동화가 어렵다는 특성이 있다. 또한 서비스는 대부분 비교역재이고 공급이 비탄력적이므로 서비스 가격은 수요변화에 보다 민감하게 반응할 것으로 추론할 수 있다.

① 고령세대의 노동이 사회에 미치는 영향
② 산업별 인플레이션 추이와 정책상 딜레마
③ 수요견인형 물가변동요인의 정의
④ 인구구조 변동과 인플레이션의 관계
⑤ 자동화를 통한 한계비용 문제 해소 방안

04 다음 글에서 주장하는 내용과 반대되는 것을 고르면?

최근 지속 가능한 패션에 대한 관심이 높아지면서, 많은 사람들이 환경 보호를 위해 친환경 의류를 선택하고 있다. 이러한 의류는 재활용 소재로 만들어지거나, 환경 오영을 최소화하는 방식으로 생산된다. 친환경 의류의 가장 큰 장점은 자원을 절약하고, 환경오염을 줄이는 데 기여할 수 있다는 점이다. 패션 산업은 오랫동안 대량 생산과 폐기 과정에서 막대한 환경 피해를 초래해 왔지만, 친환경 의류는 그 대안을 제시하며, 지속 가능한 소비문화를 만들 수 있다.

소비자들은 의류를 오래 입는 습관을 기르며, 품질 좋은 제품을 선택하여 더 적은 양의 옷을 구매하는 것이 중요하다. 이러한 변화는 소비자 개개인이 환경 보호에 기여할 수 있는 실질적인 방법이다. 또한, 패스트 패션을 줄이고, 품질 있는 제품을 오래 사용하는 것은 경제적으로도 이익이 될 수 있다.

따라서 지속 가능한 패션은 단순한 트렌드를 넘어, 환경 보호와 자원 절약을 위해 꼭 필요한 실천으로 자리 잡아야 한다. 소비자의 윤리적이고 미래 세대에 대한 책임감 있는 선택이 패션 산업 전반에 걸친 변화를 이끌어낼 수 있으며, 환경과 경제적 측면에서 긍정적인 영향을 미칠 것이다.

① 친환경 의류는 자원을 절약하고 환경오염을 줄이는 데 기여한다.
② 소비자들은 의류 구매를 줄이고, 품질 좋은 제품을 오래 사용하는 것이 경제적으로도 합리적이다.
③ 친환경 패션의 소비가 늘어난다고 해서 패션 산업 전체에 큰 변화를 기대하기는 어렵다.
④ 소비자가 품질 좋은 제품을 오래 입는 것은 환경 보호에 도움이 된다.
⑤ 지속 가능한 패션은 소비자와 패션 산업 양측에 긍정적인 변화를 일으킬 수 있다.

05 다음 중 [보기]의 문장이 들어갈 위치로 가장 적절한 것을 고르면?

쇼트폼(Short−Form) 콘텐츠의 유행은 스마트폰의 활용과 그 궤를 같이한다. (㉠)일상의 모든 것을 스마트폰으로 해결하며, 스마트폰을 신체의 일부처럼 활용하는 신인류인 이른바 '포노 사피엔스(Phono Sapiens)'의 출현이 온라인 플랫폼 콘텐츠의 쇼트폼화를 가속화시켰다. 현재 우리나라 성인의 스마트폰 사용률은 무려 97%를 넘어서고 있다. 손에서 스마트폰을 내려놓지 않는 사람들은 몰입도 높은 재미를 제공하면서 상대적으로 높은 문해력을 요구하지 않아 보다 더 직관적이고 가벼운 콘텐츠 소비에 매우 적극적이다. (㉡)

쇼트폼 콘텐츠는 재생 시간이 짧고 화면을 쓸어 넘기면 곧바로 다음 영상이 나오기 때문에 쉼 없이 새로운 영상을 시청할 수 있게 되어 좀처럼 지루할 틈을 주지 않는다. 또한 온라인 플랫폼의 쇼트폼화는 소비자를 단순히 시청자의 위치에만 머물게 하지 않았다. 2019년 당시 글로벌 엔터테인먼트 플랫폼 틱톡의 출현으로 디지털 네이티브(Digital Native)인 MZ세대가 휴식시간에 가볍게 즐길 수 있는 오락성 쇼트폼 콘텐츠에 열광하기 시작하였다. (㉢) 이에 소비자들은 따라하기 좋은 쇼트폼 콘텐츠를 만들며 챌린지 형식으로 직접 제작에 참여하기 시작했고, 인터넷 문화의 소비 방식이 단순 시청에서 경험 획득과 공유로 변모되는 획기적인 변화를 이루었다. (㉣) 따라서 쇼트폼의 다양한 쓰임새가 지닌 높은 바이럴 마케팅 효과를 기업들이 인지하는 것은 그리 어려운 일이 아니었다. (㉤)

┌ 보기 ─────────────────────────────
좋은 가독성과 접근성은 결국 이용자 간의 자발적인 콘텐츠 생산과 공유로 발전한 것이다.
└─────────────────────────────────

① ㉠　　　　　　　② ㉡　　　　　　　③ ㉢
④ ㉣　　　　　　　⑤ ㉤

06 다음 중 밑줄 친 ㉠에 대한 설명으로 옳지 <u>않은</u> 것을 고르면?

생성형 AI는 요구 사항에 맞는 텍스트, 이미지, 오디오 등을 만들어내는 인공지능을 총칭한다. ChatGPT 같은 대화형 AI는 텍스트 생성에 특화된 생성형 AI로, ㉠<u>거대 언어 모델(Large Language Model)</u>을 기반으로 만들어진다. 거대 언어 모델은 말 그대로 막대한 양의 텍스트 데이터를 학습해 답변, 요약, 번역 등을 수행하는 인공신경망으로 구성된 언어 모델이다. 언어 모델은 입력된 단어나 문장에 대해 통계적으로 가장 적절한 단어 혹은 문장을 출력하도록 훈련된 인공지능이다. 연관 검색이 기능을 대표직인 예로 들 수 있는데, 가령 검색장에 '아이'를 입력하면 언어 모델이 입력값인 '아이'와 연관 있는 단어인 '아이돌', '아이패드' 등을 확률에 따라 연관 검색어로 보여주는 것이다. 이때 확률은 학습한 검색 데이터를 기반으로 하는 만큼 많은 데이터를 학습할수록 정확해지며, 사용자가 원하는 답변을 생성해 낼 수 있다.

거대 언어 모델은 수천억 개의 파라미터를 활용해 방대한 텍스트 데이터를 학습한 언어 모델이다. 파라미터는 언어 모델을 구성하는 신경망에 가중치를 부여한다. 언어 모델이 데이터를 학습하는 과정에서 파라미터는 요구 사항에 대해 정확한 답변을 산출하는 방향으로 값이 바뀐다. 로봇팔의 관절이 많아야 섬세한 동작을 할 수 있는 것처럼 파라미터가 많을수록 미세한 조정이 가능하다. 즉 파라미터가 많을수록 입력값의 세부적인 특성까지 파악할 수 있다는 뜻이다. 거대 언어 모델은 일반적으로 1,000억 개 이상의 파라미터를 가진다. 파라미터가 1,000억 개 미만이면 '소형 언어 모델(Small Language Model)' 등으로 따로 구분한다.

① 연관 검색어 기능을 수행할 수 있다.
② 파라미터를 이용해 데이터를 학습한다.
③ 데이터를 학습할수록 사용자의 요구사항에 대한 답변의 정확도가 높아진다.
④ 파라미터가 1,000억 개 미만일 경우는 포함되지 않는다.
⑤ 오디오 및 이미지에 특화된 생성형 AI의 기반이 된다.

다음 글에 나타난 전략과 관련된 사례가 <u>아닌</u> 것을 고르면?

> 대부분의 기업들은 경쟁에 직면해 있다. 주어진 시장에서, 때로는 전통적 사업영역 밖의 환경과 예상치 못한 변화에 의해 꾸준히 도전을 받으며 경쟁을 거듭하고 있다. 이러한 상황에서 기업들은 생존 및 수익 증대를 위해 유관산업 시너지 전략, 전후방 시장 확대 전략 등 기업의 성장을 위한 다양한 전략을 적용한다.
>
> 유관산업 시너지 전략은 한 사업 분야의 핵심역량을 다른 분야로 이전할 수 있는 경우로, 이론적으로 예상되는 시너지를 실제로 구현하느냐가 중요하다. 이 전략이 성공하기 위해서는 두 사업 간에 공통의 핵심 성공요소가 존재하는지 여부와 이러한 시너지를 활용하기 위한 손쉬운 방법을 찾아내는 일이 관건이다.
>
> 전후방 시장 확대 전략은 기존의 산업과 같은 가치사슬(Value Chain) 내에서 사업영역을 확장하는 것으로, 공급자 방향으로 확장하는 후방확대(Backward Integration)와 고객 쪽으로 나아가는 전방확대(Forward Integration)가 있다. 특히 전방통합 움직임(Going Downstream)은 많은 산업에서 일어나고 있는 현상이다. 기업은 소비자가 원하는 것이 무엇인지 구체적으로 파악하고, 이를 제품 개발 및 마케팅에 활용할 수 있다. 또한 가치사슬의 마지막 단계인 소비자에 가까울수록 부가가치와 영향력이 커지는 최근의 추세와도 부합한다.

① 월풀이나 삼성전자 같은 가전제품 제조 회사에 쏠려 있던 가전제품 시장의 주도권이 공격적인 판매 전략을 펼친 미국 최대의 전자제품 체인점 베스트바이나 우리나라의 하이마트 같은 가전제품 유통·판매 회사로 이동하였다.

② 도요타 자동차는 기업 내에서 차별화된 브랜드 Lexus를 런칭함으로써 유럽 자동차 회사들이 독점하던 고급승용차 시장에서 점유율을 늘렸다.

③ 코닥사는 새로운 사업기회를 찾는 과정에서 '화학기술에 의한 이미지 구현'과 연결할 수 있는 사업을 찾았고, '제약산업'과 '복사기 시장'을 두고 고민하였다.

④ 가방, 의류, 코냑 등의 고급 브랜드를 소유한 LVMH 같은 소비재기업이 면세점 체인인 DFS를 인수하였다.

⑤ 많은 항공사들이 '여행'과 '서비스'를 공통분모 삼아 호텔사업에 진입하였으나, 결국 항공사가 시너지를 거둘 수 있는 분야는 호텔사업보다 항공사 간의 마케팅 제휴나 공동 예약시스템 관련 사업이었다.

08 다음 중 [가]~[마]를 순서대로 바르게 나열한 것을 고르면?

[가] 그러나 QWERTY 키보드는 최적의 효율성을 염두에 두고 설계된 것은 아니다. 타자기의 물리적 문제를 해결하기 위해 만들어졌기 때문에, 실제로는 손가락의 이동 거리가 길고, 피로를 유발할 수 있다. 이로 인해 다양한 대안 배열이 등장하기도 하였다.

[나] QWERTY 키보드는 가장 효율적인 방식은 아니지만, 표준화된 배열이라는 점과 많은 사용자들의 익숙함으로 인해 여전히 가장 많이 사용되고 있다. 오늘날에도 대안 배열이 존재하지만, QWERTY 키보드의 지배적인 위치는 쉽게 변하지 않을 것으로 보인다.

[다] 이러한 QWERTY 키보드는 시간이 흐르면서 표준화되었고, 타자기와 컴퓨터 키보드로 이어져 현재에 이르기까지 사용되고 있다. 그 결과, 많은 사람들이 이 배열에 익숙해졌으며, 다른 키보드 배열보다 빠르고 효율적으로 사용할 수 있게 되었다.

[라] QWERTY 키보드는 오늘날 가장 널리 사용되는 키보드 배열 방식으로, 19세기 후반에 처음으로 등장했다. 당시 타자기의 기술적 한계를 극복하기 위해 개발된 이 배열은, 글쇠가 엉키는 문제를 줄이고자 자주 사용되는 알파벳을 서로 멀리 배치하는 방식으로 설계되었다.

[마] 그 중 가장 대표적인 것이 드보락 배열이다. 드보락 배열은 손가락의 이동 거리를 최소화하고, 자주 사용되는 알파벳을 손가락이 쉽게 접근할 수 있는 위치에 배치하여 더 효율적인 타이핑이 가능하도록 설계되었다. 하지만 QWERTY 배열이 이미 표준화된 상태였기 때문에, 드보락 배열은 널리 보급되지 못했다.

① [나]—[라]—[다]—[가]—[마]
② [나]—[마]—[다]—[라]—[가]
③ [라]—[가]—[마]—[나]—[다]
④ [라]—[다]—[가]—[마]—[나]
⑤ [라]—[마]—[가]—[다]—[나]

09 다음 글을 읽고 추론한 내용으로 적절한 것을 고르면?

2014년 12월, 중남미 카리브해의 세인트바트섬 호텔에서 오찬을 즐기던 러시아 재벌 리볼로프레프는 평소 신뢰하던 스위스 출신의 아트 어드바이저인 부비에를 통해 1억 1,180만 달러를 지불하고 구매한 모딜리아니 작품의 실제 판매가격이 9,350만 달러였다는 것을 알게 되었다. 리볼로프레프는 부비에가 모딜리아니 작품 외에도 다른 예술품들을 중개하며 자신을 속이고 10억 달러 이상 수익을 챙겼다고 고소하였고, 부비에는 아트 딜러로 커미션을 붙여서 파는 것은 당연하다고 대응하였다. 이에 리볼로프레프는 "부비에가 가상의 경쟁자를 들먹이며, 가격을 부풀렸다."라고 폭로하였다. 부비에의 뻔뻔함에 분노한 러시아 재벌은 세계적 경매업체인 소더비에도 소송을 제기하였고, 경매에 나온 작품의 가치 추정을 둘러싸고 소더비와 주고받은 이메일이 증거로 제시되었다. 올해 1월 마무리된 이 소송은 소더비 경매소가 많은 작품이 거래되도록 도왔을 뿐, 고객을 속였다는 확실한 정황은 없다고 결론이 났다. 일반인들은 리볼로프레프가 거액의 피해를 입었을 것으로 예상했지만 그는 해당 작품을 구매 가격보다 서너 배 비싸게 팔았다. 2014년 시작해 10년 넘게 이어진 법정 공방은 작은 파도로도 무너질 수 있는 모래성 같은 소더비의 위상을 그대로 보여준다. 한편 소더비는 상반기 수익 감소에 대한 보고서가 유출된 데 이어 하도급 업체에 대한 대금 체납 문제까지 드러났다.

① 리볼로프레프는 소송 후에 소더비와 부비에로 인해 큰 손해를 입었다.
② 리볼로프레프가 구입한 모딜리아니 작품에 관한 소송에서 소더비와 부비에가 이겼다.
③ 리볼로프레프와의 소송으로 소더비는 손해를 입은 결과 자금난을 겪고 있다.
④ 부비에는 리볼로프레프와 모딜리아니 작품을 거래하며 15% 이상의 이익을 챙겼다.
⑤ 소더비는 작품에 대한 가치추정에 대해 책임을 지게 되었다.

10 다음 글의 제목으로 가장 적절한 것을 고르면?

> 플라톤은 소크라테스가 철학 즉, 진리를 설파했다는 이유로 사형당했다고 생각하면서 철학이나 진리를 죽이는 아테네의 현실 정치는 잘못된 것임을 주장하고, '이상 국가'에 희망을 걸게 된다. 그는 철학과 정치의 관계에서 균형이 파괴되어 있음을 간파하고, 개개인의 덕성이 조화를 이루는 상태를 정의라 규정하면서 균형 정치의 이상을 제시한다. 플라톤은 자신의 저작 『국가론』에서 소크라테스의 입을 통하여 이상 국가의 공적 영역에서 여성의 존재를 인정한다. 그의 주장은 다음과 같다. 남성과 여성은 모두 동등하게 국가를 통치하는 철학자의 반열에 오를 수 있으며, 여성의 출산과 여성의 공적 활동에 대해 어떠한 연관성도 제시해서는 안 된다는 것이다. 한편, 소크라테스의 이상 국가는 모든 시민들을 적재적소에 배치하여 국가 경쟁력의 극대화를 꾀한다. 따라서 그동안 배제되어 왔던 여성이 여기에 포함되는 것은 지극히 당연하다. 또한 이 논의에서 여성의 능력이 남성의 그것과 동등하다는 전제를 발견할 수 있다. 잘못된 관행을 바로잡아 국가 경쟁력의 극대화를 꾀하자는 소크라테스의 이상 정치 이념은 오늘날에도 그 적실성을 보여 주고 있다.

① 소크라테스가 생각한 이상 국가
② 아테네 철학자들의 이상 이념과 여성의 정치 참여
③ 그리스 고전에 나타난 균형 정치의 이상
④ 플라톤의 국가론과 당대 아테네의 정치 현실
⑤ 플라톤과 소크라테스 이상의 공통점과 차이점

11 다음 글의 내용과 일치하는 것을 고르면?

하늘은 빛의 산란 현상 때문에 기본적으로 파란색을 띤다. 산란(Scattering)은 직진하는 성질을 가진 빛이나 소리가 중간에 어떤 매질을 만나 여러 방향으로 퍼지는 현상을 뜻한다. 태양빛 역시 지구의 대기를 통과하며 질소, 산소분자 등에 부딪히며 부서진다. 이때 산란 정도는 빛의 파장에 따라 달라지는데, 파동의 가장 높은 부분인 마루 사이의 거리가 짧을수록 많이 산란된다. 사람의 눈이 볼 수 있는 가시광선 영역에서 가장 적게 산란되는 색은 붉은색이고, 가장 많이 산란되는 색은 보라색이다. 하지만 사람의 눈이 보라색보다 파란색에 더 민감하기 때문에 하늘이 파랗게 보이는 것이다. 빛의 산란 현상은 매질, 즉 대기에 속한 미세입자들에 영향을 받는다. 습한 여름에는 대기 중에 수증기 입자가 햇빛을 흡수하고 빛의 산란을 방해해서 파란빛의 양이 많지 않다. 반면 가을은 공기가 건조하고 상대적으로 수증기 입자가 적다 보니 파장이 짧은 파란빛이 더 잘 산란된다. 가을 하늘이 유독 더 파랗게 보이는 이유이다.

① 가시광선 영역 밖의 빛은 산란되지 않는다.
② 대기 중에 수증기가 많을수록 빛의 산란은 활발해 진다.
③ 빛은 공기 중 매질이 없는 상태에서 가장 많이 산란한다.
④ 붉은색은 파란색보다 파동의 마루 사이의 거리가 길다.
⑤ 빛은 산란될 때 한 방향으로만 퍼진다.

12 다음 글의 내용과 일치하지 <u>않는</u> 것을 고르면?

지구와 달은 서로의 인력 때문에 자전 속도가 줄게 되는데, 이 자전 속도와 관련된 운동량은 '지구 – 달 계' 내에서 달의 공전 궤도가 늘어나는 것으로 보존된다. 왜냐하면 일반적으로 외부에서 작용하는 힘이 없다면 운동량은 보존되기 때문이다. 이렇게 하여 결국 달의 공전 궤도는 점점 늘어나고, 달은 지구로부터 점점 멀어지는 것이다.

실제로 지구의 자전 주기는 매년 100만 분의 17초 정도 느려지고, 달은 매년 38mm씩 지구에서 멀어지고 있다. 이처럼 달의 자전 주기가 점점 느려지기 때문에 지구의 1년의 날수는 점차 줄어들 수밖에 없다. 그러나 이렇게 느려지더라도 하루가 25시간이 되려면 2억 년은 넘는 시간이 흘러야 한다.

① 지구와 달의 자전 속도가 줄게 되는 것은 서로의 인력 때문이다.
② 먼 미래에는 지구의 하루가 24시간을 넘게 되는 날이 올 것이다.
③ 달이 지구로부터 점점 멀어지더라도 '지구 – 달 계'의 운동량은 변함없다.
④ 달의 자전 주기가 느려지기 때문에 지구의 1년의 날수도 늘어나게 된다.
⑤ 지구의 자전 주기는 점차 느려지고, 달과 지구 간의 거리는 점차 늘어나고 있다.

13 다음 글에 대한 이해로 적절하지 <u>않은</u> 것을 고르면?

주변을 둘러보면 스마트폰 화면을 들여다보고 손에서 휴대전화를 내려놓지 못하는 젊은 층을 쉽게 볼 수 있다. 이런 사람들을 보면 스마트폰을 더 이상 기기가 아닌 신체의 일부로 인식한다는 말이 절로 이해가 된다. 반면 휴대전화를 신체의 일부로 인식하기 어려운 세대는 디지털 문명에 격차가 생겨 거리감이 느껴질 수 있을 것이다. 코로나19로 인하여 스마트폰을 하는 시간이 더 길어지면서 스마트폰을 신체의 일부이자 삶의 일부로 생각하는 사람들이 늘어나고, 이들은 스마트폰 중독의 위험성을 인지하지 못한 채 스마트폰에 의존하고 있다. 스마트폰, 약물, 게임, 알코올 등의 행위는 중뇌 변연계에 있는 보상 회로를 강하게 자극하는데, 자극이 반복될수록 처음과 같은 쾌락을 느끼지 못해 점점 더 강한 자극을 원하게 되어 점차 중독이 된다. 스마트폰 중독에서 벗어나기 위해서는 스마트폰에 의존적인 뇌가 거세게 저항하지 않도록 서서히 디지털 기기의 사용을 줄이고 휴식을 갖는 것이 좋다. 산책 또는 몸을 움직이는 활동을 하면서 행복을 느끼는 보상 회로를 작동시킴으로써 안정적인 보상체계를 잡아 스마트폰 중독에서 벗어날 수 있도록 노력을 기울일 필요가 있다.

① 스마트폰을 신체 일부로 인식하기 어려운 세대는 소외감을 느낄 수 있다.
② 스마트폰 중독도 마약 중독, 알코올 중독과 비슷한 위험성이 있다.
③ 스마트폰을 통해 일방적이고 강한 자극에만 반응한다면 스마트폰 중독이라고 볼 수 있다.
④ 스마트폰 중독에서 벗어나기 위해서는 과도한 사용을 단번에 제한해 자극을 주어야 한다.
⑤ 보상 회로가 작동해 정상적인 보상체계가 강화되면 스마트폰 중독에서 벗어날 수 있다.

14 다음 [가]~[라]를 논리적인 순서에 맞게 배열한 것을 고르면?

> [가] 이러한 도로명주소 유통 시 발생할 수 있는 보안의 문제점의 해결 방안으로는 블록체인이 있다. 블록체인이란 장부에 거래 내역을 투명하게 기록하며 여러 대의 컴퓨터에 이를 복제해 저장하는 분산형 데이터 저장기술이다. 이러한 주소시스템을 위해서는 격자주소체계에 블록체인기술을 적용한 도로명주소 유통프로세스를 적용함으로써 보안기능이 강화된 주소시스템을 구축할 수 있다.
>
> [나] 그런데 이름이 길고 익숙하지 않은 도로명을 사용하게 되면서 도로명주소의 전달에 어려움이 발생하고, 이러한 주소들이 택배 등과 같은 서비스에 이용되면서 개인정보로 보호되어야 할 주소 정보가 범죄 등에 대상이 되는 문제가 발생하고 있다.
>
> [다] 주소란 개인이나 법인 및 단체 등의 생활·활동의 근거가 되는 곳을 찾기 위해 지정한 해당 위치의 식별자이다. 우리나라의 도로명주소는 소방, 방범, 재난 등 국민의 생명과 재산 관련 업무에 이용되고, 우편배달, 방문, 전자상거래 물품배달 등 생활상의 불편을 줄이고 휴대폰, 컴퓨터, 내비게이션 등을 통한 위치 정보의 신속 제공 및 관련 산업의 발전을 촉진하는 데 필요한 최적의 주소관리 체계이다.
>
> [라] 그럼에도 불구하고 OECD 등 거의 모든 국가들이 사용하고 국제적으로 보편적인 도로명주소 시스템은 위치 찾기의 편리성과 국제적인 주소 표준을 위해 도입되었고, 앞으로도 유비쿼터스 시대에 맞춰 그 수요가 점점 증가될 것으로 보인다.

① [가]−[다]−[나]−[라]
② [가]−[다]−[라]−[나]
③ [다]−[가]−[나]−[라]
④ [다]−[나]−[라]−[가]
⑤ [다]−[라]−[가]−[나]

15 다음 글의 빈칸에 들어갈 내용으로 가장 적절한 것을 고르면?

> 공시적으로 보면 거의 차이를 느끼지 못하는 언어이지만 통시적으로 판단할 경우 수백 년 전의 언어는 마치 외국어 못지않은 어색함을 가지기 일쑤이다. 이는 잠시도 쉬지 않고 언어가 변해 온 결과로서, 세대 간 언어 차의 축적인 측면이 강하다. 아버지 세대와 아들 세대 사이에 언어 차가 있다는 것은 누구나 인식하고 또 일상에서 느끼는 것이다.
>
> 기본적으로 연령에 따른 언어의 변화는 언어가 그 시대를 반영한다는 차원에서 보면 너무나 당연한 것이다. 보릿고개와 새마을 운동을 겪지 않았던 세대가 '보리피리'와 '신작로'라는 단어에 낯설어하는 것은 너무나 당연한 것이다. 마찬가지로 한창 성장기에 컴퓨터를 만나지 못했던 50대 이상의 기성세대가 무수히 쏟아져 나오는 컴퓨터 관련 용어들에 어색해하는 것 또한 새삼스러운 것이 아니다. 이처럼 (   )

① 언어의 세대 차는 사물의 변화 및 환경의 변화와 밀접한 상관성을 갖는다.

② 젊은 세대는 기성세대의 언어 형식을 자신들의 상황에 맞게 다소 변화시켜 사용한다.

③ 사용자의 편리에 따라 변화된 언어 형태로 인해 세대 간의 언어 차이가 발생한 것이다.

④ 우리나라는 시대의 흐름에 맞게 언어 또한 변화하는 과정을 거쳐 새로운 소통 문화가 발달하기도 한다.

⑤ 세대 간의 언어 차이는 언어를 분석하는 기준에 따른 것이므로 공시적으로는 거의 차이를 느끼지 않을 수도 있다.

16 다음 글에 대한 비판으로 가장 적절한 것을 고르면?

> 장르(genre)는 '공통 특성'을 '기준'으로 무리를 '분류'하는 행위를 말한다. 영화의 장르 개념도 내용과 형식에서 일정한 요소를 공유하는 영화들을 분류하여 해당 영화들을 이해하는 데 도움을 얻고자 함이다. 하지만 영화의 장르의 의의는 분류 그 자체에 있지 않다. 첫째, 영화 장르는 항구 불변의 분류라기보다는 변화를 반영하고 재구성해 가는 계통이다. 영화 장르적 틀이 애초에 있고 그에 따라 영화들이 생산되고 소비되는 것이 아니라, 반대로 오랜 시간에 걸쳐 일정한 유형의 영화들이 지속적으로 관객의 사랑을 받으면서 양산되는 중에 자연스럽게 해당 장르가 생겨난 것이다. 둘째, 영화 장르는 사회를 반영하는 동시에 사회에 영향을 주기도 한다.
>
> 이러한 영화 장르의 특징을 보았을 때, 장르를 통해 영화를 고찰하는 것의 의의를 정리할 수 있다. 어떤 영화들이 만들어지는가, 그 영화들은 어떤 공통점이 있는가, 그 공통점들은 불변인가 등을 살펴봄으로써 그러한 현상이 존재하는 원인이 무엇인지를 탐색할 수 있을 것이다. 그리하여 영화 장르와 그것이 만들어진 시공간적 맥락을 이해하고, 영화가 사회나 개인의 삶과 어떻게 연관되는지를 고찰할 수 있을 것이다.

① 장르를 통해 영화를 고찰하면 작품의 표절 문제가 발생할 수 있다.
② 장르를 통해 영화를 고찰하면 틀에 박힌 관점에서 작품을 이해하게 만든다.
③ 장르를 통해 영화를 고찰하면 영화와 사회의 관계를 도외시할 가능성이 높다.
④ 장르를 통해 영화를 고찰하면 영화가 전달하고자 하는 바에 대해 대중적 동의를 얻기 힘들다.
⑤ 장르를 통해 영화를 고찰하면 영화에 대한 이해가 어려울 수 있다.

17 다음 글의 핵심 논지로 가장 적절한 것을 고르면?

> 우리는 한 분의 조상으로부터 퍼져 나온 단일 민족일까? 고조선의 건국 시조로서의 단군을 인정할 수는 있지만, 한민족 전체의 공통 조상으로서의 단군을 받드는 것은 옳지 않다. 각 성씨의 족보를 보더라도 자기 조상이 중국으로부터 도래했다고 주장하는 귀화 성씨가 적지 않다. 또 한국의 토착 성씨인 김 씨나 박 씨를 보더라도 그 시조는 알에서 태어났지, 단군의 후손임을 표방하지는 않는다. 게다가 엄격한 신분제가 유지된 전통 사회에서 천민과 지배층이 같은 할아버지의 자손이라는 의식은 존재할 여지가 없다.
>
> 공통된 조상으로부터 뻗어 나온 단일 민족이라는 의식이 전국민적으로 보편화된 것은 1960년대에 들어와서일 것이다. 제국주의의 침탈과 분단을 겪은 20세기에 단일 민족의식은 민족의 단결을 고취하고 신분 의식 타파에 기여하는 등 긍정적인 역할을 수행했다. 그래서 아직도 단일 민족을 내세우는 것의 순기능이 필요하다고 생각할지도 모른다. 특히 이주노동자들보다 나은 대접을 받고 있다고 할 수 없는 조선족 동포들의 처지를 보면, 그리고 출신에 따라 편을 가르고 차별하는 지역감정을 떠올리면 같은 민족끼리 왜 이러나 하는 생각을 하게 된다. 그러나 우리가 지난 수십 년간 단일 민족임을 외쳐 왔음에도 불구하고 이런 문제들은 오히려 더 악화되어 왔다.
>
> 이제 우리는 조금은 다른 식으로 생각해야 한다. 같은 민족이기 때문에 차별해서는 안 된다는 논리는 유감스럽게도 다른 민족이라면 차별해도 괜찮다는 길을 열어 두고 있다. 하나의 민족, 하나의 조국, 하나의 언어를 강하게 내세운 나치 독일은 600만여 명의 유대인 학살과 주변 국가에 대한 침략으로 나아갔다. 물론 이런 가능성들이 늘 현재화되는 것은 아니지만, 단일 민족의식 속에는 분명 억압과 차별, 불관용이 숨어 있다.

① 단일 민족의식을 강화해야 한다.
② 조선족 동포들의 처지를 개선해야 한다.
③ 지나친 단일 민족의식은 바람직하지 않다.
④ 구한말 이후에 나온 전통은 계승할 필요가 없다.
⑤ 고조선의 건국 시조는 단군으로 보아야 한다.

18 다음 글의 ⓒ의 입장에서 ⓐ에 대한 비판한 내용으로 가장 적절한 것을 고르면?

> ⓐ전통주의자들은 교육과정의 개발과 실천이 마치 공장에서 생산성 제고를 위한 노력과 다를 것이 없다는 입장이며 교육 목적을 표준화된 행동의 변화로 보고 있다. 이들은 교육목표에 중점을 두고 그 이하의 절차와 활동은 목표를 효과적으로 달성하도록 돕는 수단으로 본다. 따라서 교육목표를 효과적으로 달성하기 위한 여러 방법과 절차를 처방하는 데 관심이 있다. 이러한 목표 중심의 접근방법은 교육과정을 객관적인 진술과 측정이 가능하도록 체계화 하는데 유리하다. 목표 중심 모형이 선호되는 이유는 평가 중심 모형이라는 점에 있다.
>
> ⓒ재개념주의자들의 주요 관심은 종래의 교육과정 활동의 부적절성을 비판하는 한편, 현행 교육과정을 다시 분석하고 판단하며 재개념화하는 일이다. 이 교육과정에 특이한 점은 교육 내용의 이데올로기를 분석하는 것이며, 교육과정의 목표는 반드시 학습자들의 삶을 해방시키거나 그에 도움이 되는 것이 되어야 한다고 본다. 학습자의 능동적인 활동과 의미 구성을 강조하며 교육과정의 주체를 학습자로 본다. 재개념주의에서는 사전에 설정된 목표에 따라 수업을 진행하는 것은 타당하지 않다고 주장한다.

① 기존 질서를 유지하기 위한 수단으로 경험하게 되는 교육과정은 학생에게 의미가 없다.
② 교육과정 연구에 있어서 지식의 구조가 가장 중요하며 과학적인 방법을 그대로 활용해야 한다.
③ 교육은 실제적 문제에 관심을 가져야 하며 학교에서는 생산적이고 경제적인 지식을 다루어야 한다.
④ 교육을 지식의 전달로 보기보다는 교육이 다루어지는 과정 자체로 보아야 한다.
⑤ 학교에서는 목표달성에 대한 객관적인 평가가 이루어져야 한다.

19 다음 글을 읽고 추론한 내용으로 적절하지 <u>않은</u> 것을 고르면?

비만과 다이어트가 탈모에 영향을 미칠까? 건강한 모발은 우리가 섭취한 영양분을 바탕으로 두피 모세혈관을 통해서 산소와 영양분을 공급받으며 성장한다. 두피 모세혈관을 통해 영양분을 공급받기 때문에 콜레스테롤이 높아 혈액이 끈적거리고 혈관이 깨끗하지 않은 비만인 사람은 혈액의 흐름에 방해를 받는다. 이로 인해 모발에 공급되는 영양분과 산소가 부족해 탈모가 발생할 수도 있다.

극단적인 식단 제한 다이어트는 모발의 영양 흡수율에도 영향을 미친다. 양질의 영양분이 모발로 가지 못해 모발이 푸석푸석하며 새로운 모발을 만들지 못하고 탈모를 유발한다. 급격한 음식 제한, 단식, 약물 복용 등은 우리 몸이 긴급 생존 방식을 선택하게 만든다. 그 결과 우리 몸은 신체의 항상성을 유지하기 위해 영양분을 생명과 직결된 호흡기, 심장, 뇌에 우선 공급하고 생명 유지와 관계없는 모발에는 영양분이 공급되지 않는다. 그러므로 올바른 식습관을 가지고 기초대사량을 올릴 수 있는 균형적인 운동을 병행한다면 만병의 근원이 되는 비만으로부터 벗어날 수 있을 뿐만 아니라 탈모도 예방할 수 있다.

① 비만인 사람은 모두 탈모성 질환을 가지고 있다.
② 부적절한 생활 습관을 개선하면 탈모 예방에 도움을 준다.
③ 모발의 성장과 상태는 우리가 섭취한 영양분에 영향을 받는다.
④ 혈액 순환을 개선하면 모발에 양질의 영양분이 간다.
⑤ 비만은 우리의 건강을 위협하는 질환의 요인일 수 있다.

20 다음 글의 주장을 반박하는 근거로 가장 적절한 것을 고르면?

> 광고에서 소비자의 눈길을 확실하게 사로잡을 수 있는 요소는 유명인 모델이다. 일부 유명인들은 여러 상품의 광고에 중복하여 출연하고 있는데, 유명인이 중복 출연하는 광고의 효과를 점검해 볼 필요가 있다. 우선 유명인이 그들의 이미지에 상관없이 여러 유형의 상품 광고에 출연하면 모델의 이미지와 상품의 특성이 어울리지 않는 경우가 많아 광고 효과가 나타나지 않을 수 있다. 또 유명인의 중복 출연이 소비자가 모델을 상품과 연결시켜 기억하기 어렵게 한다는 점도 광고 효과에 부정적인 영향을 미친다.

① 유명인 광고 모델보다 일반인 광고 모델이 하는 광고를 소비자들이 더 신뢰하는 경우가 있다.
② 어떤 모델이든지 상품의 특성에 적합한 이미지를 갖는 인물이어야 광고 효과가 제대로 나타날 수 있다.
③ 유명인 광고 모델이 비리나 추문 등의 특정 사건으로 인해 부정적인 이미지를 갖게 되면, 광고하는 상품에도 부정적인 영향을 줄 수 있다.
④ 유명인 광고 모델이 특정 상품 광고에 자주 노출되면, 소비자들은 그 유명인이 등장하는 다른 상품의 광고가 자주 나오더라도 그 상품을 연상하여 광고 효과를 누릴 수 있다.
⑤ 유명인 광고 모델이 여러 광고에 중복하여 출연하면, 그 모델이 경제적인 이익만을 추구한다는 이미지가 소비자에게 강하게 각인되어 유명인 광고 모델의 진실성에 의심이 생기고, 그렇게 되면 광고 메시지의 진실성에도 영향을 받을 수 있다.

01 다음 [그래프]는 제품 A~E의 구매자 연령대를 조사하여 나타낸 자료이고, [정보]는 제품별 구매자 수를 나타낸 것이다. 이에 대한 설명으로 옳지 <u>않은</u> 것을 고르면?

[그래프] 제품별 구매자 연령대 현황　　　　　　　　　　　　　　　　　　　　　(단위: %)

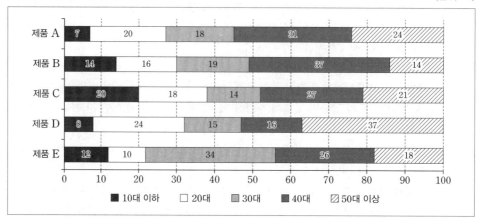

┌ 정보 ───┐
　• 제품 A: 1,900명　　　• 제품 B: 1,800명　　　• 제품 C: 2,100명
　• 제품 D: 2,000명　　　• 제품 E: 2,200명
└───┘

① 제품 A, B의 30대 구매자 수는 같다.

② 제품 E의 20~30대 구매자 수는 1,000명 미만이다.

③ 20대 구매자 수는 제품 A가 제품 C보다 2명 많다.

④ 제품 B의 20대 이하 구매자 수는 제품 C의 40대 구매자 수보다 많다.

⑤ 제품 D의 50대 이상 구매자 수는 제품 E의 30대 구매자 수보다 적다.

02 다음 [표]와 [그래프]는 어느 기업의 2021~2024년 가입자 수 및 연평균 해지율에 대한 자료이다. 이에 대한 설명으로 옳지 <u>않은</u> 것을 [보기]에서 모두 고르면?

[표] 2021~2024년 방송사업 분야별 가입자 수 (단위: 백 명)

구분	2021년	2022년	2023년	2024년	계
유료방송	36,400	37,000	37,600	38,400	149,400
IPTV	( )	25,400	26,400	26,800	103,600
CATV	11,400	11,000	11,200	11,300	44,900
초고속 인터넷	( )	26,600	( )	27,500	108,100
계	99,000	100,000	103,000	104,000	406,000

[그래프] 2021~2024년 방송사업 해지율 (단위: %)

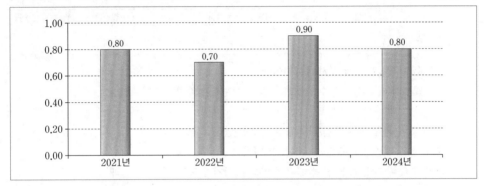

┌ 보기
│ ㉠ 유료방송 가입자 수가 가장 적은 해에 방송사업 가입자 수 합계도 가장 적다.
│ ㉡ CATV 가입자 수가 가장 많은 해에 방송사업 가입자 해지율도 가장 높다.
│ ㉢ 해지 고객 수를 당해 연도 방송사업 가입자 수의 합계와 해지율을 곱하여 구할 때, 2021년
│   과 2024년 방송사업 가입자 중 해지 고객 수는 같다.

① ㉠   ② ㉡   ③ ㉠, ㉡
④ ㉠, ㉢   ⑤ ㉡, ㉢

03 다음은 어느 신발가게 월별 일평균 특수 작업화 판매량에 대한 자료이다. 이에 대한 설명으로 옳은 것을 고르면?

[그래프] 월별 일평균 특수 작업화 판매량   (단위: 켤레)

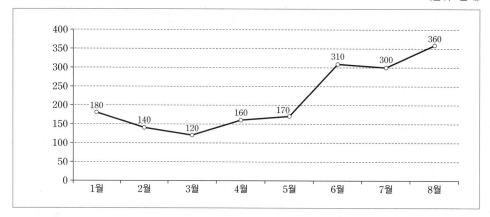

- 특수 작업화는 한 가지 종류뿐이다.
- 하절기(6~8월)에 특수 작업화는 정가의 20%를 할인하여 판매한다.

① 2~8월 동안 전월 대비 판매량이 감소한 달은 2개월이다.

② 하절기 매출은 1~5월의 매출보다 많다.

③ 판매량이 가장 적은 달의 매출에 비해 하절기 월평균 매출은 1.5배 많다.

④ 전월 대비 5월의 매출 증가액과 전월 대비 7월의 매출 감소액은 같다.

⑤ 8월의 매출은 2월의 매출보다 2배 많다.

다음 [표]는 전기차 배터리 기업 상위 10개사의 판매량에 대한 자료이다. 이에 대한 설명으로 옳은 것을 [보기]에서 모두 고르면?

[표] 전기차 배터리 기업 상기 10개사 판매량(사용량 기준) (단위: GWh)

구분	1위	2위	3위	4위	5위	6위	7위	8위	9위	10위	11위 이하	합계
2022년 상반기	70	29	24	20	13	10	9	6	3	2	( )	204
2021년 상반기	35	27	8	17	6	7	3	2	1	1	( )	115

※ 시장점유율(%) = $\dfrac{\text{당해 연도 배터리 판매량}}{\text{당해 연도 배터리 총 판매량}} \times 100$

※ 1~10위는 2022년 상반기 판매량을 기준으로 함.

┌ 보기 ─────────────────────────────────
│ ㉠ 1~10위 기업 중 2022년 상반기 배터리 판매량이 2021년 상반기 대비 100% 이상 증가한
│   기업은 5개이다.
│ ㉡ 1~10위 기업 중 2022년 상반기 배터리 판매량이 2021년 상반기 대비 10% 미만으로 증가
│   한 기업은 1개이다.
│ ㉢ 11위 이하 기업들의 2021년 상반기 배터리 판매량은 2021년 상반기 5위 기업의 배터리 판
│   매량과 같다.
│ ㉣ 2021년 상반기, 2022년 상반기 배터리 판매량 1위 기업의 시장점유율은 두 기간 모두 30%
│   이상이다.
└─────────────────────────────────────

① ㉠, ㉡   ② ㉡, ㉣   ③ ㉢, ㉣
④ ㉠, ㉡, ㉢   ⑤ ㉡, ㉢, ㉣

05 다음 2019~2023년 [표]는 계절별 강수량 추이를 나타낸 자료이다. 이에 대한 설명으로 옳은 것을 고르면?

[표] 2019~2023년 계절별 강수량 추이

(단위: mm)

구분	2019년	2020년	2021년	2022년	2023년
연 합계 강수량	1,184	1,629	1,244	1,150	1,746
봄	175	173	330	154	284
여름	508	1,037	612	672	1,018
가을	440	270	256	290	278
겨울	168	47	13	71	236

① 연 합계 강수량은 매년 증가하고 있는 추세이다.
② 2019~2023년 동안 봄 강수량이 가장 많았던 연도에는 여름에 강수량이 5개 연도 중 가장 많았다.
③ 2019~2023년 동안 여름 강수량이 가장 많았던 연도에는 겨울에 강수량이 5개 연도 중 가장 적었다.
④ 2019~2023년 동안 가을 강수량이 가장 많았던 연도에는 여름에 강수량이 5개 연도 중 가장 적었다.
⑤ 2019~2023년 동안 겨울 강수량이 가장 적었던 연도에는 연 합계 강수량도 가장 적었다.

06 다음 [표]는 2020~2023년 국내 로봇 시장 매출액을 나타낸 자료이다. 이에 대한 설명으로 옳은 것을 고르면?

[표] 2020~2023년 국내 로봇 시장 매출액

(단위: 억 원)

구분	2020년	2021년	2022년	2023년
전체	( )	45,972	55,255	58,019
제조용 로봇	25,831	( )	34,017	34,202
서비스용 로봇	6,277	6,358	( )	6,650
로봇 부품	10,061	11,499	13,092	( )

① 2022년 서비스용 로봇의 매출액은 8,200억 원 이상이다.
② 4년간 서비스용 로봇의 매출액은 2조 7,500억 원 이상이다.
③ 2021년 전체 로봇 시장 매출액은 전년 대비 10% 이상 증가하였다.
④ 2023년 로봇 부품 매출액은 전년 대비 5,000억 원 이상 증가하였다.
⑤ 2021년 제조용 로봇이 전체 매출액에서 차지하는 비중은 60% 이상이다.

07 다음 [표]는 2021~2023년 광고유형별 휴대전화와 이메일 스팸 수신량 추이에 대한 자료이다. 이에 대한 설명으로 옳은 것을 고르면?

[표1] 2021~2023년 광고유형별 휴대전화 스팸 수신량 추이   (단위: %)

구분	2021년	2022년	2023년
도박	12.8	17.0	25.9
불법대출	18.0	19.2	5.4
금융	54.8	47.1	50.1
통신가입	6.5	5.6	2.2
성인	0.5	0.5	1.4
불법의약품	0.4	0.3	0.6
기타	7.0	10.3	14.4
합계	100	100	100

[표2] 2021~2023년 광고유형별 이메일 스팸 수신량 추이   (단위: %)

구분	2021년	2022년	2023년
도박	0.1	0.1	4.5
불법대출	0.2	0.1	0.1
금융	1.8	1.5	8.7
성인	19.2	27.6	9.5
불법의약품	65.0	66.6	44.4
기타	13.7	4.1	32.8
계	100	100	100

① 2021~2023년 휴대전화 스팸 수신량에서 가장 큰 비중을 차지하는 광고유형의 비중은 꾸준히 감소하고 있다.

② 2021년 휴대전화 도박 스팸 수신량은 불법의약품 스팸 수신량의 32배이다.

③ 이메일 스팸 수신량에서 가장 적은 비중을 차지하는 광고유형은 2021~2023년 모두 동일하다.

④ 2023년 이메일 불법대출 스팸 수신량은 2022년과 동일하다.

⑤ 2023년 휴대전화 불법대출 스팸 수신량은 2023년 이메일 도박 스팸 수신량보다 많다.

08 다음 [그래프]는 어느 미용실의 X월 미용 시술 비율과 월별 고객 수에 대한 자료이다. 이에 대한 설명으로 옳은 것을 [보기]에서 모두 고르면?

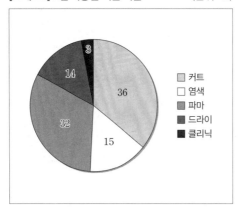

[그래프1] X월 미용실 시술 비율 　　　　(단위: %)

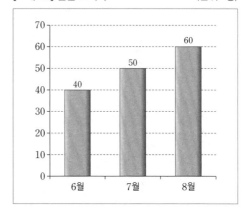

[그래프2] 월별 고객 수 　　　　(단위: 명)

┌─ 보기 ───┐
　㉠ [그래프1]이 6월 미용실 시술 비율을 의미하면 6월 염색 고객 수는 6명이다.
　㉡ [그래프1]이 7월 미용실 시술 비율을 의미하면 7월 파마 고객 수는 15명이다.
　㉢ [그래프1]이 8월 미용실 시술 비율을 의미하면 8월 커트 고객 수와 드라이 고객 수의 합은
　　 30명이다.
　㉣ 7, 8월의 전월 대비 월별 고객 수 증가율은 동일하다.
└───┘

① ㉠, ㉢　　　　　　　② ㉠, ㉣　　　　　　　③ ㉡, ㉢
④ ㉡, ㉣　　　　　　　⑤ ㉢, ㉣

09 다음 [표]는 지역별 아파트 호수 및 주차 대수에 관한 자료이다. 이에 대한 설명으로 옳은 것을 고르면?

[표] 2016~2019년 지역별 아파트 호수 및 주차 대수 (단위: 천 호, 천 대)

구분	2016년		2017년		2018년		2019년	
	호수	주차 대수	호수	주차 대수	호수	주차 대수	호수	주차 대수
경기도	2,314	2,489	2,454	2,649	2,629	2,867	2,760	3,026
강원도	295	217	302	223	320	244	338	266
충청북도	301	251	315	267	338	295	350	307
충청남도	406	344	431	372	453	399	464	408
전라북도	360	318	368	327	380	343	392	358
전라남도	316	229	326	240	331	247	341	258
경상북도	446	346	468	374	495	406	515	432
경상남도	710	548	741	586	775	624	812	672
제주도	51	43	53	45	54	46	55	46

① 2019년 아파트 주차 대수가 아파트 호수보다 많은 지역은 2개 지역이다.

② 2018년 전라북도의 아파트 주차 대수의 전년 대비 증가율은 5%를 초과한다.

③ 경상남도의 아파트 호수는 2017~2019년 동안 매년 전년 대비 30만 호 이상 증가했다.

④ 2017년 아파트 주차 대수가 6번째로 적은 지역은 전라북도이다.

⑤ 2016년 경기도의 아파트 호수는 제주도의 약 45배이다.

10 다음은 취업 준비생들을 상대로 지망하는 직군별 취업 준비생들이 취득한 자격증 수를 조사한 자료이다. 이에 대한 설명으로 옳은 것을 고르면?

[그래프] 지망하는 직군별 취업 준비생들이 취득한 자격증 수 (단위: 명)

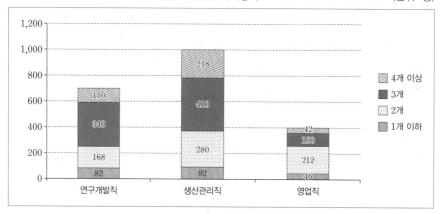

① 세 직군 모두 취득한 자격증이 3개인 취업 준비생 수가 가장 많다.
② 연구개발직을 지망하는 취업 준비생 중에서 취득한 자격증이 2개인 사람은 16.8%이다.
③ 생산관리직을 지망하는 취업 준비생 중에서 취득한 자격증이 3개 이상인 사람은 41%이다.
④ 취득한 자격증이 3개인 취업 준비생 중에서 연구개발직 지망률은 40%이다.
⑤ 영업직을 지망하는 취업 준비생 중에서 취득한 자격증이 3개인 사람의 수는 2개인 사람 수의 45% 미만이다.

11 다음 [표]는 원자재 수입 동향에 관한 자료이다. 이에 대한 설명으로 옳은 것을 고르면?

[표] 원자재 수입 동향 (단위: $/톤, 톤)

구분	2021년 12월		2022년 01월		2022년 02월	
	수입단가	수입량	수입단가	수입량	수입단가	수입량
침엽수류	822.0	37,922	801.0	28,373	756.0	36,122
활엽수류	591.0	104,830	568.0	100,660	581.0	96,427
폐골판지(OCC)	310.0	33,440	308.0	25,142	299.0	28,225
폐신문지(ONP)	285.0	54,566	281.0	37,681	280.0	36,191
철스크랩	600.0	459,000	694.0	345,000	1,059.0	399,000

※ 수입비용=수입단가×수입량

① 2021년 12월 폐골판지 수입비용은 1천만 달러보다 작다.
② 매달 수입단가가 가장 높은 품목은 침엽수류이다.
③ 폐신문지의 수입비용은 매달 감소한다.
④ 철스크랩의 수입단가가 전월 대비 증가하면 전월 대비 수입량은 감소한다.
⑤ 매달 수입량이 가장 많은 품목은 활엽수류이다.

12 다음 [표]는 A국가의 연령대별 남녀 임금에 관한 자료이다. 이에 대한 설명으로 옳은 것을 [보기]에서 모두 고르면?

[표] A국가의 연령대별 남녀 임금

구분	여성 임금비	20대 기준 연령대별 상대적 평균 임금	
		남성	여성
10대	90	40	40
20대	90	100	100
30대	72	175	140
40대	72	200	160
50대	55	180	110
60대	( )	126	70

※ 여성 임금비(%)= $\dfrac{\text{여성 평균 임금}}{\text{남성 평균 임금}} \times 100$

※ '20대 기준 연령대별 상대적 평균 임금'은 20대 남성(여성) 평균 임금을 100이라고 할 때 연령대별 남성(여성)의 평균 임금임

┌ 보기 ───
ⓐ 60대의 여성 임금비는 50%이다.
ⓑ 10대는 남성 평균 임금과 여성 평균 임금이 동일하다.
ⓒ 50대 여성 평균 임금은 20대 남성 평균 임금보다 높다.
ⓓ 남성과 여성 모두 40대의 평균 임금이 다른 모든 연령대보다 높다.
└───

① ㉠, ㉢　　　　　② ㉠, ㉣　　　　　③ ㉡, ㉢
④ ㉡, ㉣　　　　　⑤ ㉡, ㉢, ㉣

13 다음 [그래프]는 특정 연도에서 네 개 대학 B, D, P, S의 4학년 취업률을 나타낸 자료이다. D대학의 4학년 전체 학생 수가 500명이고 남학생의 비율이 60%라 할 때, 취업한 여학생 수를 고르면?

[그래프] 특정 연도 4학년 취업률 　　　　　　　　　　　　　　　　　　　　　　　(단위: %)

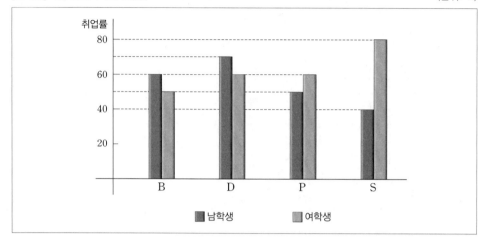

① 120명　　　　　　　　② 140명　　　　　　　　③ 160명
④ 180명　　　　　　　　⑤ 200명

14 다음 [표]는 2018~2020년 수도권 권역 현황에 관한 자료이다. 이에 대한 설명으로 옳지 <u>않은</u> 것을 고르면?(단, 수도권은 과밀억제권역, 성장관리권역, 자연보전권역으로 구분한다.)

[표] 2018~2020년 수도권 권역 현황　　　　　　　　　　　　　　　　　　　(단위: km², 천 명)

구분		계	과밀억제권역	성장관리권역	자연보전권역
2018년	면적	11,856	2,015	6,011	3,830
	인구	25,798	19,023	5,560	1,215
2019년	면적	11,860	2,020	6,010	3,830
	인구	25,925	19,012	5,683	1,230
2020년	면적	12,685	2,017	6,838	3,830
	인구	26,037	18,981	5,804	1,252

① 전년 대비 2020년 성장관리권역 면적은 증가하였다.
② 2018년 과밀억제권역 인구수는 2020년보다 많다.
③ 자연보전권역의 면적 대비 인구 비율은 매년 꾸준히 증가하였다.
④ 과밀억제권역의 인구수가 가장 적은 해에 자연보전권역의 인구수는 가장 많다.
⑤ 2018년 대비 2020년 수도권의 면적은 1,000km² 이상 증가하였다.

15 △△건설 업체는 7개의 평가 전문 업체에 의뢰하여 5개의 시공사 A~E에 대한 종합 평가를 실시하였다. 5개 시공사 중 종합 점수가 가장 높은 업체를 시공사로 선정할 때, △△건설 업체가 선정해야 하는 시공사를 고르면?

[표] 종합 평가 결과　　　　　　　　　　　　　　　　　　　　　　　　　　　　(단위: 점)

구분	전문 업체 1	전문 업체 2	전문 업체 3	전문 업체 4	전문 업체 5	전문 업체 6	전문 업체 7
시공사 A	7.8	8.2	9.6	7.9	8.0	8.1	9.4
시공사 B	8.5	8.7	7.9	6.5	9.1	9.4	6.7
시공사 C	9.2	6.9	7.4	7.8	8.6	8.1	7.5
시공사 D	8.6	7.4	8.5	8.4	6.8	6.9	8.7
시공사 E	7.4	8.9	9.0	8.1	9.5	7.4	7.1

※ 종합 점수는 종합 평가 결과 중 가장 높은 점수와 가장 낮은 점수를 제외한 나머지 점수의 합산 결과의 평균을 의미함

① 시공사 A　　　　　　② 시공사 B　　　　　　③ 시공사 C
④ 시공사 D　　　　　　⑤ 시공사 E

16 다음 [표]는 2018~2020년 연령대별 부채 여부에 관한 자료이다. 이에 대한 설명으로 옳지 <u>않은</u> 것을 고르면?

[표] 2018~2020년 연령대별 부채 여부 (단위: %)

구분		2018년	2019년	2020년
20대 이하	부채 없음	65.3	61.8	40.0
	부채 있음	34.7	38.2	60.0
30대	부채 없음	42.1	42.7	59.0
	부채 있음	57.9	57.3	41.0
40대	부채 없음	36.7	36.2	59.2
	부채 있음	63.3	63.8	40.8
50대	부채 없음	45.7	46.8	53.9
	부채 있음	54.3	53.2	46.1
60대 이상	부채 없음	68.3	71.0	24.9
	부채 있음	31.7	29.0	75.1

① 조사 기간 중 2020년에 처음 50대의 '부채 없음' 응답 비율이 '부채 있음' 응답 비율을 넘었다.

② 20대 이하는 부채가 있는 사람의 비중이 매년 증가한다.

③ 2018년 연령대별 부채가 있는 사람의 비중이 가장 큰 연령은 40대이다.

④ 2020년 전년 대비 '부채 있음'의 비율이 가장 큰 폭으로 증가한 연령은 20대 이하이다.

⑤ 2018년 대비 2020년 40대의 부채가 없는 사람 비율의 증가 폭은 22.5%p이다.

17 다음 [그래프]는 어느 지역의 연도별 전년 대비 여행자 수 증감률에 대한 자료이다. 이에 대한 설명으로 옳은 것을 고르면?

[그래프] 연도별 전년 대비 여행자 수 증감률 　　　　　　　　　　　　　　　　(단위: %)

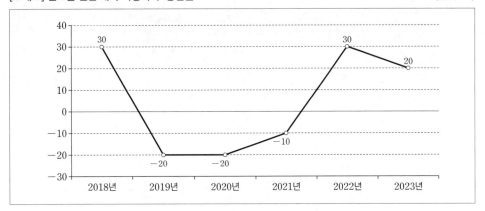

① 2019년 여행자 수는 전년 대비 감소했지만, 2020년 여행자 수는 전년 대비 감소하지 않았다.
② 2021년 여행자 수는 2020년보다 10%p 증가하였다.
③ 2022년 여행자 수는 전년 대비 증가하였고, 2018년 여행자 수와 같다.
④ 2023년 여행자 수는 전년 대비 감소하였다.
⑤ 2018~2023년 동안 여행자 수가 전년 대비 감소한 해는 3개 연도이다.

18 다음 [표]는 2025년 예상 시공능력 평가액 상위 5개 종합건설사의 2020년 시공능력 평가액과 2025년 예상 시공능력 평가액에 대한 자료이다. 이에 대한 설명으로 옳은 것을 [보기]에서 모두 고르면?

[표] 2025년 예상 시공능력 평가액 상위 5개 종합건설사의 시공능력 평가액 (단위: 백억 원)

순위	기업명	2025년(예상)	2020년(확정)
1	A	3,320	2,085
2	B	2,540	1,160
3	C	2,155	1,045
4	D	2,065	1,240
5	E	1,470	860
시공능력 평가액 소계		11,550	6,390
전체 종합건설사 시공능력 평가액 소계		28,875	12,780

보기

㉠ 2020년 시공능력 평가액 상위 3개 종합건설사의 2020년 시공능력 평가액 합은 4,290백억 원이다.

㉡ 2025년 시공능력 평가액의 증가액이 2020년 대비 가장 많이 증가할 것으로 예상되는 종합건설사는 B이다.

㉢ 2025년 시공능력 평가액 상위 5개 종합건설사 중 2020년 대비 2025년 시공능력 평가액이 100% 이상 증가한 종합건설사는 2개이다.

㉣ 2025년 매출액 상위 5개 종합건설사의 시공능력 평가액 합이 전체 종합건설사 시공능력 평가 총액에서 차지하는 비중은 2025년이 2020년보다 크다.

① ㉠, ㉡
② ㉠, ㉣
③ ㉡, ㉢
④ ㉡, ㉣
⑤ ㉢, ㉣

19 다음 [표]는 2014~2020년 인구 십만 명당 암 사망률에 관한 자료이다. 이에 대한 설명으로 옳지 <u>않은</u> 것을 고르면?(단, 총인구는 매년 증가한다.)

[표] 2014~2020년 인구 십만 명당 암 사망률   (단위: 명/십만 명)

구분	2014년	2015년	2016년	2017년	2018년	2019년	2020년
모든 암	151.0	150.7	152.9	153.9	154.3	158.2	160.1
위암	17.6	16.7	16.2	15.7	15.1	14.9	14.6
대장암	16.5	16.4	16.5	17.1	17.1	17.5	17.4
간암	22.8	22.2	21.5	20.9	20.7	20.6	20.6
폐암	34.4	34.1	35.1	35.1	34.8	36.2	36.4
유방암	4.5	4.6	4.8	4.9	4.8	5.1	5.3
자궁암	2.6	2.7	2.5	2.5	2.5	2.6	2.5
기타암	52.6	54.0	56.3	57.7	59.3	61.3	63.3

※ 암 사망률＝(암 사망자 수÷총인구)×100,000

① '모든 암'의 사망률은 2015년 이후 매년 증가하였다.
② 전년 대비 2020년 '모든 암'의 인구 십만 명당 암 사망률은 1.9명 증가하였다.
③ 2015년 대비 2020년 사망률이 가장 크게 감소한 암은 위암이다.
④ 2016년 유방암 사망자 수와 2018년 유방암 사망자 수는 같다.
⑤ 매년 폐암 사망률은 대장암 사망률의 두 배 이상이다.

20 다음 [표]는 고등학교 유형별 학생 10,000명을 대상으로 생활 습관에 대해 조사한 자료이다. 이에 대한 설명으로 옳은 것을 [보기]에서 모두 고르면?

[표] 고등학교 유형별 학생들의 생활 습관   (단위: 명, 시간, %)

구분	응답자 수	일주일 평균 운동시간	하루 평균 수면시간	아침식사를 안 한다.	흡연경험이 있다.	음주경험이 있다.
일반고등학교	5,000	3.5	7.1	33.2	17.4	61.9
자율고등학교	500	3.5	7.0	29.5	14.3	64.1
특성화고등학교	2,500	3.0	7.2	37.8	25.2	62.4
과학고등학교	250	4.6	7.0	24.8	9.1	56.6
외국어고등학교	250	3.1	7.0	27.7	6.9	58.8
예술고등학교	250	4.1	6.9	41.0	13.4	56.8
체육고등학교	250	8.2	7.0	37.1	32.6	68.8
마이스터고등학교	1,000	3.9	7.0	29.4	31.1	73.9

보기
㉠ 일주일 평균 운동시간이 가장 짧은 고등학교의 하루 평균 수면시간이 가장 길다.
㉡ 아침식사를 한다고 응답한 비중이 가장 높은 고등학교의 음주경험이 있다고 응답한 비율이 가장 낮다.
㉢ 하루 평균 수면시간이 가장 짧은 고등학교가 아침식사를 안 한다고 응답한 학생들의 수가 가장 많다.
㉣ 음주경험이 있다고 응답한 외국어고등학교 학생이 체육고등학교 학생보다 10명 적다.

① ㉠, ㉡   ② ㉠, ㉢   ③ ㉠, ㉣
④ ㉡, ㉢   ⑤ ㉡, ㉣

01 2개의 당첨 제비를 포함하여 20개의 제비가 들어 있는 주머니가 있다. A, B 두 사람이 차례로 한 개씩 제비를 뽑을 때, B가 당첨 제비를 뽑을 확률을 고르면?(단, 한 번 뽑은 제비는 주머니에 다시 넣지 않는다.)

① $\frac{1}{10}$ ② $\frac{1}{5}$ ③ $\frac{3}{10}$

④ $\frac{1}{3}$ ⑤ $\frac{2}{5}$

02 A제품과 B제품을 총 60,000원에 사서, A제품은 4%, B제품은 8%의 이익을 원가에 붙여서 팔았더니 총 3,000원의 이익이 발생했다. B제품의 원가를 고르면?

① 12,000원 ② 15,000원 ③ 18,000원

④ 21,000원 ⑤ 24,000원

03 A회사의 작년 신입사원 남녀 비율은 5 : 3, 올해 신입사원 남녀 비율은 7 : 8이다. 이때 작년 남자 신입사원 수는 작년 여자 신입사원 수보다 14명 많고, 올해 남자 신입사원 수와 같을 때, 올해 여자 신입사원 수를 고르면?

① 30명 ② 32명 ③ 35명

④ 38명 ⑤ 40명

04 이나는 돼지와 닭을 총 23마리 키운다. 동물의 다리 개수가 총 76개일 때, 돼지는 총 몇 마리인지 고르면?

① 6마리   ② 8마리   ③ 10마리

④ 12마리   ⑤ 15마리

05 혜민이는 일일 아르바이트를 해서 85,000원의 일급을 벌었으며, 세금을 제외하고 82,450원을 받았다. 같은 비율의 세금을 적용하는 업장에서 1,930,000원의 월급을 벌었을 때, 혜민이가 받는 실수령액을 고르면?(단, 주어진 조건 외의 것은 고려하지 않는다.)

① 1,794,900원   ② 1,833,500원   ③ 1,862,450원

④ 1,872,100원   ⑤ 1,891,400원

06 시속 4km의 속력으로 이동하는 배를 타고 상류의 나루터에서 출발하여 하류의 나루터에 들른 후, 다시 하류에서 출발하여 강물을 거슬러 상류의 나루터에 도착하였다. 강물은 시속 2km로 상류에서 하류 방향으로 일정하게 흐르며, 하류에서 상류로 이동하는 데 걸린 시간이 상류에서 하류로 이동하는 데 걸린 시간보다 48분 더 길 때, 두 나루터 사이의 거리를 고르면?

① 1.6km   ② 2.4km   ③ 3.2km

④ 3.6km   ⑤ 4.0km

07 트럭이 15시에 서울에서 80km/h의 속력으로 부산을 향하여 떠났고 고속버스는 15시 30분에 부산에서 100km/h의 속력으로 서울을 향하여 떠났다. 이때, 두 차가 만나는 시각이 언제인지 고르면?(단, 서울과 부산의 거리는 400km이다.)

① 17시　　　　　　　② 17시 15분　　　　　　③ 17시 30분
④ 17시 45분　　　　　⑤ 18시

08 농도가 5%인 소금물과 농도가 20%인 소금물을 섞어서 농도가 14%인 소금물 500g을 만들었을 때, 농도가 20%인 소금물은 몇 g 사용되었는지 고르면?

① 100g　　　　　　　② 200g　　　　　　　③ 240g
④ 300g　　　　　　　⑤ 360g

09 A가 혼자 하면 2시간, A와 B가 함께하면 1시간 20분, B와 C가 함께하면 1시간이 걸리는 일이 있다. 이 일을 A와 C가 함께할 때, 걸리는 시간을 고르면?

① 36분　　　　　　　② 40분　　　　　　　③ 42분
④ 45분　　　　　　　⑤ 48분

10 A공장과 B공장에서는 동일한 제품을 생산한다. A공장에서 만드는 제품의 수는 B공장의 4배이며, A공장에서 불량품을 만들 확률은 5%, B공장에서 불량품을 만들 확률은 10%이다. 해당 제품 하나를 구매하였는데 불량품일 때, 이 불량품이 A공장에서 생산되었을 확률을 고르면?(단, 해당 제품은 A공장과 B공장 외 다른 곳에선 생산하지 않는다.)

① $\frac{1}{3}$　　　　　② $\frac{3}{8}$　　　　　③ $\frac{1}{2}$

④ $\frac{2}{3}$　　　　　⑤ $\frac{3}{4}$

11 희수는 1부터 6까지 적힌 숫자 카드 6장 중 3장을 뽑아 세 자리 수를 만들고 있다. 희수가 만들 수 있는 수를 크기가 큰 순서대로 나열하였을 때, 23번째에 위치하는 수를 고르면?(단, 한 번 뽑은 숫자는 다시 뽑을 수 없다.)

① 561　　　　　② 562　　　　　③ 563

④ 564　　　　　⑤ 565

12 A, B, C, D, E 5명의 학생이 줄을 선다고 한다. E가 반드시 C의 앞에 서야 하는 경우, 줄을 설 수 있는 경우의 수를 고르면?

① 60가지　　　　　② 64가지　　　　　③ 80가지

④ 84가지　　　　　⑤ 100가지

13 김 과장과 박 대리를 포함한 6명은 회의하기 위해 다음 그림과 같이 일정한 간격으로 의자가 놓여 있는 원탁에 둘러앉으려고 한다. 김 과장과 박 대리가 이웃하여 앉는 경우의 수를 a가지, 김 과장과 박 대리가 마주 보고 앉는 경우의 수를 b가지라고 할 때, a+b의 값을 고르면?

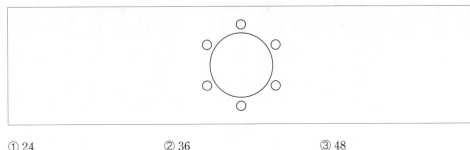

① 24   ② 36   ③ 48
④ 60   ⑤ 72

14 원가에 20%의 이익을 붙여 정가를 정한 상품이 팔리지 않아 정가에서 300원을 할인하여 팔았더니 한 개를 팔 때마다 700원의 이익을 얻었다. 이때 상품의 판매 가격을 고르면?

① 4,900원   ② 5,100원   ③ 5,300원
④ 5,500원   ⑤ 5,700원

15 평행한 두 레일 위에 길이가 250m로 동일한 열차 A, B가 각각 놓여 있다. 두 열차가 서로 마주보는 방향으로 달리면 열차가 만난 순간부터 완전히 엇갈릴 때까지 10초가 걸리고, 두 열차가 같은 방향으로 달리면 뒤에서 달리던 빠른 열차가 느린 열차를 따라잡은 순간부터 앞지를 때까지 25초가 걸린다. 두 열차는 항상 일정한 속력으로 달릴 때, 빠른 열차의 속력을 고르면?

① 10m/s   ② 15m/s   ③ 20m/s
④ 25m/s   ⑤ 30m/s

16 A대학에 2021년 정시와 수시 지원자 수는 1,500명이었다. 2022년 정시 지원자 수는 작년보다 20% 감소하고, 수시 지원자 수는 15% 증가하여 총 1,487명이 지원하였다. 이때 2022년 정시와 수시 지원자 수의 차를 고르면?

① 368명   ② 375명   ③ 380명
④ 389명   ⑤ 399명

17 용량이 20L인 물통 48개에 각각 75%만큼 물이 들어 있다. 48개의 물통에 들어 있는 물을 기존 물통보다 용량이 10% 작은 물통에 각각 80%만큼 채워 넣으려고 할 때, 채울 수 있는 물통이 몇 개인지 고르면?

① 48개   ② 50개   ③ 52개
④ 54개   ⑤ 56개

18 과수원의 과일을 모두 수확하는 데 A는 10일 B는 2.5일이 걸린다고 한다. 두 사람이 함께 과수원의 과일을 모두 수확하는 데 걸리는 일수를 고르면?

① 1일   ② 2일   ③ 3일
④ 4일   ⑤ 5일

19 농도 6%의 소금물 A 100g과 농도를 알 수 없는 소금물 B 100g이 있다. 소금물 A 50g을 소금물 B에 붓고 잘 섞은 후, 소금물 B 50g을 소금물 A에 다시 붓고 잘 섞자 소금물 A의 농도가 11%가 되었다. 이때, 소금물 B 100g의 처음 농도를 고르면?

① 10% ② 12% ③ 15%

④ 18% ⑤ 21%

20 A사의 직원 수는 총 150명이고, 남자와 여자의 비율은 8:7이다. 통근 버스를 타고 출근하는 직원들과 통근 버스를 타지 않고 출근하는 직원들의 수는 다음 [표]와 같다. 통근 버스를 이용하는 직원 한 명을 선택하였을 때, 선택된 사람이 남자일 확률을 고르면?

[표] 통근 버스 이용 현황   (단위: 명)

구분	남자	여자	계
통근 버스 이용함	( )	( )	50
통근 버스 이용하지 않음	48	52	100
계	( )	( )	150

① $\dfrac{1}{5}$ ② $\dfrac{16}{75}$ ③ $\dfrac{5}{12}$

④ $\dfrac{8}{15}$ ⑤ $\dfrac{16}{25}$

01 다음 [조건]을 고려할 때, 항상 참인 것을 고르면?

> 조건
> - 학생이 아닌 사람은 영화에 관심이 없다.
> - 공연을 보는 사람은 직장인이 아니다.
> - 영화에 관심이 없는 사람은 직장인이다.
> - 직장인은 음악회를 가지 않는다.

① 학생이면 직장인이 아니다.
② 직장인이 아닌 사람은 공연을 본다.
③ 영화에 관심이 있는 사람은 음악회를 간다.
④ 공연을 보는 사람은 영화에 관심이 없다.
⑤ 음악회에 가는 사람은 영화에 관심이 있다.

02 6층짜리 건물에 A~F는 각자 다른 층에 살고 있다. 다음 [대화]를 바탕으로 할 때, 4층에 사는 사람을 고르면?(단, A~F는 모두 진실을 말한다.)

> 대화
> - A: "나는 C보다 위층에 산다."
> - B: "E와 내가 사는 층수의 합은 A와 C가 사는 층수의 합과 같다."
> - D: "나는 C보다 아래층에 산다."
> - F: "나는 A보다 위층에 살고 B보다 아래층에 산다."

① A   ② B   ③ C
④ E   ⑤ F

03 어느 지역에는 참 마을과 거짓 마을이 있는데, 참 마을 주민은 참말만 하고, 거짓 마을 주민은 거짓말만 한다. 이 지역에 사는 주민 A에게 참 마을 주민인지 물었더니, A는 "나는 참 마을 주민입니다."라고 말하였고, 이 지역에 사는 주민 B는 그 말을 듣더니 "A의 말은 무조건 항상 거짓말입니다."라고 말하였다. 이를 바탕으로 항상 옳은 것을 고르면?

① A와 B는 모두 참 마을 주민이다.
② A와 B는 모두 거짓 마을 주민이다.
③ A는 참 마을 주민이고, B는 거짓 마을 주민이다.
④ A는 어느 마을 주민인지 알 수 없고, B는 거짓 마을 주민이다.
⑤ A는 어느 마을 주민인지 알 수 없고, B는 참 마을 주민이다.

04 A~E는 각자 다른 음료를 주문하였다. 다음 [조건]을 바탕으로 항상 <u>거짓</u>인 것을 고르면?

┌─ 조건 ───
• A~E는 딸기주스, 오렌지주스, 녹차라테, 밀크티, 아메리카노 중 하나씩을 주문하였다.
• A는 아메리카노 또는 밀크티를 주문하였다.
• B는 주스를 주문하였다.
• C는 밀크티를 주문하지 않았다.
• D는 아메리카노 또는 녹차라테를 주문하였다.
• E는 밀크티 또는 딸기주스를 주문하였다.
└───

① A는 밀크티를 주문하였다.
② B는 딸기주스를 주문하였다.
③ C는 아메리카노를 주문하였다.
④ D가 녹차라테를 주문하였다면 A는 밀크티를 주문하였다.
⑤ E가 밀크티를 주문하였다면 D는 아메리카노를 주문하였다.

05 G~L은 2인 1조로 밴드를 구성하려고 한다. 다음 [조건]을 고려할 때, 항상 참인 것을 고르면? (단, 두 개 이상의 밴드에 속한 사람은 없다.)

> ┌ 조건 ────────────────────────────────────
> • G, H, I는 보컬, J,K는 기타리스트, L은 드러머이다.
> • 같은 역할끼리 밴드를 구성하지 않는다.
> • H는 기타리스트와 같은 밴드가 아니다.
> • J와 I는 같은 밴드가 아니다.
> └──

① G와 L은 같은 밴드이다.
② I와 K는 같은 밴드이다.
③ G와 K는 같은 밴드이다.
④ G와 H는 같은 밴드이다.
⑤ 밴드를 구성하는 경우의 수는 2가지이다.

06 다음 [조건]을 바탕으로 할 때 항상 참인 것을 고르면?

> ┌ 조건 ────────────────────────────────────
> • 모든 고객은 제품을 구매한 후 반품 요청을 할 수 있다.
> • 반품 요청을 하지 않은 고객은 환불을 받을 수 없다.
> • 환불을 받을 수 없는 고객은 할인 쿠폰을 받을 수 없다.
> • 할인 쿠폰을 받을 수 없는 고객 중 한 명 이상은 반품 요청을 하지 않은 고객이다.
> └──

① 모든 고객은 할인 쿠폰을 받을 수 있다.
② 반품 요청을 한 고객은 환불을 무조건 받을 수 있다.
③ 환불을 받을 수 없는 고객이 한 명 이상이다.
④ 모든 고객은 반품 요청을 하지 않았다.
⑤ 할인 쿠폰을 받을 수 없는 고객은 반품 요청을 하지 않았다.

07 A~E는 쇼핑몰에 도착한 순서에 대해 다음과 같이 [대화]를 나누었다. 5명 중 1명이 거짓을 말하였을 때, <u>거짓을 말한 사람을 고르면?</u>(단, 쇼핑몰에 동시에 도착한 사람은 없으며, 거짓을 말하는 사람의 모든 진술은 거짓이다.)

┌─ 대화 ───┐
- A: "나는 세 번째로 도착하였고, E는 마지막으로 도착하지 않았다."
- B: "C는 두 번째로 도착하였다."
- C: "E는 네 번째로 도착하였고, B는 세 번째로 도착하지 않았다."
- D: "나는 첫 번째나 마지막으로 도착하지 않았다."
- E: "D는 첫 번째로 도착하였다."
└───┘

① A   ② B   ③ C
④ D   ⑤ E

PART 3
실전모의고사

01
02
03
04

08 다음 결론이 반드시 참이 되게 하는 전제를 고르면?

전제1	어떤 공룡은 깃털이 달렸다.
전제2	
결론	깃털이 달린 것 중에는 새도 있다.

① 모든 공룡은 새이다.
② 모든 새는 공룡이다.
③ 새 중에는 공룡도 있다.
④ 모든 공룡은 새가 아니다.
⑤ 공룡 중에는 새가 아닌 것도 있다.

09 한 나라의 대통령 선거에 A~F가 후보로 등록하였다. 거짓말을 하는 사람은 대통령 후보 자격을 박탈하고, 참말을 하는 사람에게만 대통령 후보 자격이 주어진다고 한다. 후보 6명 중 4명만이 참말을 하고 2명은 거짓말을 한다고 할 때, 대통령 후보를 결정하는 방법의 수를 고르면?

- A: "저는 진실만을 말하는 후보입니다, 여러분!"
- B: "A는 거짓말을 하고 있습니다."
- C: "B는 시의원 당시 자신의 공약을 거의 이행하지 않았습니다."
- D: "C는 이번 대선이 첫 출마입니다."
- E: "F는 지지율 최하위 후보입니다."
- F: "저는 지지율 최하위 후보가 아닙니다."

---

① 2가지   ② 3가지   ③ 4가지

④ 5가지   ⑤ 6가지

10 다음 [조건]의 명제들이 모두 참이라고 할 때, 항상 참인 결론을 고르면?

조건
- 부동산을 좋아하지 않는 사람은 현금을 좋아한다.
- 채권을 좋아하지 않는 사람은 주식을 좋아하지 않는다.
- 부동산을 좋아하는 사람은 보험을 좋아하지 않는다.
- 보험을 좋아하지 않는 사람은 주식을 좋아한다.

① 현금을 좋아하지 않는 사람은 채권을 좋아한다.
② 주식을 좋아하지 않는 사람은 부동산을 좋아한다.
③ 채권을 좋아하지 않는 사람은 현금도 좋아하지 않는다.
④ 보험을 좋아하지 않는 사람은 현금도 좋아하지 않는다.
⑤ 채권을 좋아하는 사람은 현금을 좋아하지 않는다.

11 A~E가 기말고사를 본 뒤 시험 결과가 나왔는데 재시험 대상자 1명이 발생하였다. 시험 결과에 대해 5명은 다음 [대화]와 같이 말하였는데, 이 중 3명만 참을 말하였을 때, <u>거짓</u>을 말한 사람을 고르면?

┌─ 대화 ───┐
│ • A: "나는 재시험 대상자가 아니야."   │
│ • B: "E가 재시험 대상자야."   │
│ • C: "A가 재시험 대상자야."   │
│ • D: "E는 거짓을 말하고 있어."   │
│ • E: "나는 재시험 대상자가 아니야."   │
└───┘

① A, B   ② A, E   ③ B, C
④ C, E   ⑤ D, E

PART 3
실전모의고사

01
02
03
04

12 5명의 학생 A~E가 달리기 시합을 하였다. 달리기 시합의 결과가 다음 [조건]과 같을 때, 가장 먼저 들어온 학생을 고르면?(단, 동시에 들어온 경우는 없다.)

┌─ 조건 ───┐
│ • A와 E 사이에 들어온 학생이 1명 있다.   │
│ • B와 C 사이에 들어온 학생이 1명 있다.   │
│ • B와 D 사이에 들어온 학생이 2명 있다.   │
│ • D는 3등 안에 들었다.   │
└───┘

① A   ② B   ③ C
④ D   ⑤ E

13 기획안 A~E 중에서 가장 높은 점수를 얻은 기획안을 최종 선정하려고 한다. 다음 [조건]을 참고할 때, 최종 기획안을 선정하기 위하여 필요한 추가 조건으로 적절한 것을 고르면?

> ― 조건 ―――
> • E는 B보다 높은 점수를 받았다.
> • A는 D보다 높은 점수를 받았다.
> • C는 A보다 높은 점수를 받았다.

① E는 A보다 높은 점수를 받았다.
② C는 B보다 높은 점수를 받았다.
③ E는 C보다 높은 점수를 받았다.
④ A는 B보다 높은 점수를 받았다.
⑤ D는 B보다 높은 점수를 받았다.

14 다음 [조건]의 명제들이 모두 참이라고 할 때, 이를 근거로 도출할 수 있는 결론으로 옳은 것을 고르면?

> ― 조건 ―――
> • 모든 직장인은 바쁘다.
> • 어떤 직장인은 행복하다.

① 모든 직장인은 행복하다.
② 행복한 직장인은 바쁘지 않다.
③ 어떤 직장인은 바쁘면서 행복하다.
④ 모든 직장인은 바쁘면서 행복하다.
⑤ 행복하지 않은 직장인은 바쁘지 않다.

15 A~E는 프로젝트 팀원들이다. 다음 [조건]을 바탕으로 할 때, 모두 참석 가능한 미팅 시간을 고르면?

조건
- A는 월요일 오전에 외부 미팅이 있다.
- B는 화요일 오후에 개인 사정으로 휴가이다.
- C는 수요일에 하루 종일 외근한다.
- D는 금요일 오전에 고객 미팅이 있다.
- E는 목요일 오후부터 금요일 오전까지 연차이다.

① 월요일 오전   ② 화요일 오전   ③ 수요일 오후
④ 목요일 오후   ⑤ 금요일 오전

16 동욱이는 학원 수업 A, B, C, D, E 중 어느 수업을 신청할지 고민 중이다. 총 3개의 수업을 신청할 때, 다음 [조건]을 고려해 항상 참인 것을 고르면?

조건
- C는 신청한다.
- B, E 중 1개 이상 신청한다.
- B를 신청하면 A 또는 D도 신청한다.
- A, D 중 최소 1개는 신청하지 않는다.

① E는 신청한다.
② B를 신청하면 D도 신청한다.
③ D를 신청하면 E도 신청한다.
④ 가능한 경우의 수는 3가지이다.
⑤ A를 신청하면 B 또는 E도 신청한다.

17 회의에서 의논할 기획안 A, B, C, D, E를 순차적으로 작성하려고 한다. 다음 [조건]을 고려할 때, 작성 순서를 확정 지을 수 있는 추가 조건으로 적절한 것을 고르면?

┌─ 조건 ───┐

• B는 A와 D 사이에 작성한다.

• B와 C는 연속으로 작성하지 않는다.

• B와 E 사이에 C를 작성한다.

• E는 가장 처음에 작성한다.

└──┘

① A는 E보다 나중에 작성한다.
② C는 E보다 나중에 작성한다.
③ D는 E보다 나중에 작성한다.
④ A와 C를 연속으로 작성한다.
⑤ B는 D와 연속으로 작성하지 않는다.

18 교실에서 A, B, C, D, E 다섯 명의 학생이 장난을 치다가 한 학생이 화분을 깨뜨렸다. 선생님께서 누가 깨뜨렸냐고 묻자 학생들은 다음 [조건]과 같이 대답했다. 다섯 명 중 한 명만이 참을 말한다고 할 때, 화분을 깨뜨린 학생을 고르면?

┌─ 조건 ───┐

• A: "B가 깨뜨렸어요."

• B: "D가 깨뜨렸어요."

• C: "내가 깨뜨리지 않았어요."

• D: "B가 거짓말을 하고 있어요."

• E: "내가 깨뜨렸어요."

└──┘

① A ② B ③ C
④ D ⑤ E

19 다음 명제를 참고하여 내린 [보기]의 결론 A, B에 대한 설명으로 옳은 것을 고르면?

- 훈아, 진아, 대관 3명이 가위바위보를 했다.
- 3명은 각자 서로 다른 것을 냈다.
- 훈아는 바위를 내지 않았다.
- 진아는 훈아를 상대로는 승리했다.

보기
- A: 대관은 보를 내지 않았다.
- B: 대관은 진아를 상대로는 승리했다.

① A만 옳다.
② B만 옳다.
③ A, B 모두 옳다.
④ A, B 모두 옳지 않다.
⑤ A, B 모두 옳은지 옳지 않은지 알 수 없다.

20 A~F가 6인승 자동차에 2명씩 3열로 탑승하였다. 다음 [조건]을 바탕으로 할 때, 가능하지 <u>않은</u> 상황을 고르면?

조건
- 가장 앞 열의 왼쪽 자리는 운전석, 오른쪽 자리는 조수석이다.
- C는 운전석에 앉는다.
- D는 왼쪽 자리에 앉는다.
- E는 조수석에 앉지 않는다.
- A와 F는 같은 열에 나란히 앉는다.

① A는 B의 바로 뒷자리에 앉는다.
② A는 E의 바로 뒷자리에 앉는다.
③ B는 가장 뒷자리에 앉는다.
④ E는 오른쪽 자리에 앉는다.
⑤ F는 왼쪽 자리에 앉는다.

01 다음과 같이 일정한 규칙으로 숫자를 나열할 때, A+B의 값을 고르면?

2	3	5	（A）	（B）	7	11	9	14

① 7   ② 9   ③ 11

④ 13   ⑤ 15

02 다음과 같이 일정한 규칙으로 숫자를 나열할 때, 아홉 번째 항의 값을 고르면?

18.1	16.5	14.9	13.3	11.7	⋯

① 3.5   ② 3.7   ③ 5.1

④ 5.3   ⑤ 5.5

03 다음은 일정한 규칙으로 숫자를 나열한 것이다. 빈칸에 들어갈 기약분수에 대하여 분모와 분자의 합을 고르면?

$$3 \quad 2 \quad \frac{4}{3} \quad \frac{8}{9} \quad \frac{16}{27} \quad (\quad)$$

① 95   ② 101   ③ 105

④ 109   ⑤ 113

04 다음은 일정한 규칙으로 분수를 나열한 것이다. B−A의 값을 고르면?

$$\frac{1}{2} \quad 1 \quad \frac{5}{4} \quad \frac{5}{7} \quad (\;A\;) \quad \frac{7}{11} \quad (\;B\;)$$

① $\dfrac{1}{6}$　　　　　② $\dfrac{1}{7}$　　　　　③ $\dfrac{1}{8}$

④ $\dfrac{1}{9}$　　　　　⑤ $\dfrac{1}{10}$

05 다음은 일정한 규칙으로 소수를 나열한 것이다. 빈칸에 들어갈 알맞은 수를 고르면?

$$0.7 \quad 1.3 \quad 1.7 \quad 1.8 \quad 1.5 \quad 0.7 \quad (\quad)$$

① -0.8　　　　　② -0.7　　　　　③ -0.6

④ -0.5　　　　　⑤ -0.4

06 다음에 주어진 일정한 규칙에 따른 수열을 보고 빈칸에 들어갈 알맞은 수를 고르면?

$$\frac{4}{3} \quad \frac{11}{6} \quad \frac{13}{6} \quad \frac{29}{12} \quad (\quad)$$

① $\dfrac{141}{60}$　　　　　② $\dfrac{31}{12}$　　　　　③ $\dfrac{157}{60}$

④ $\dfrac{33}{12}$　　　　　⑤ $\dfrac{163}{60}$

07 다음에 주어진 일정한 규칙에 따른 수열을 보고 빈칸에 들어갈 알맞은 수를 고르면?

$$16 \quad 19 \quad 18 \quad 21 \quad 20 \quad 23 \quad (\quad) \quad \cdots$$

① 21   ② 22   ③ 24
④ 25   ⑤ 26

08 다음에 주어진 일정한 규칙에 따른 수열을 보고 빈칸에 들어갈 알맞은 수를 고르면?

$$\frac{1}{2} \quad \frac{3}{8} \quad (\quad) \quad \frac{1}{4} \quad \frac{6}{28}$$

① $\frac{3}{4}$ ② $\frac{1}{5}$ ③ $\frac{3}{5}$
④ $\frac{1}{10}$ ⑤ $\frac{3}{10}$

09 다음에 주어진 일정한 규칙에 따른 수열을 보고 빈칸에 들어갈 알맞은 수를 고르면?

$$-2 \quad 2 \quad 4 \quad 8 \quad 16 \quad (\quad) \quad 40$$

① 18   ② 20   ③ 22
④ 24   ⑤ 26

10 다음과 같이 일정한 규칙으로 숫자를 나열할 때, A+B의 값을 고르면?

| 18 6 −12 3 6 9 −6 12 0 21 −6 (A) (B) |

① 27   ② 30   ③ 33
④ 36   ⑤ 39

11 다음은 일정한 규칙으로 소수를 나열한 것이다. 빈칸에 들어갈 알맞은 수를 고르면?

| 1.8 3.4 2.7 5.3 7.6 6.2 9.5 (   ) |

① 8.4   ② 9.5   ③ 10.6
④ 11.1   ⑤ 12.5

12 다음에 주어진 일정한 규칙에 따른 수열을 보고 빈칸에 들어갈 알맞은 수를 고르면?

| 1 2 3 −4 9 8 (   ) |

① −7   ② −6   ③ 6
④ 7   ⑤ 27

13 다음과 같이 일정한 규칙으로 숫자를 나열할 때, 처음으로 10을 초과하는 수의 값을 고르면?

$$\frac{7}{5} \qquad \frac{5}{3} \qquad \frac{17}{8} \qquad \frac{39}{11} \qquad \frac{95}{19}$$

① $\dfrac{535}{49}$　　　② $\dfrac{553}{49}$　　　③ $\dfrac{525}{43}$

④ $\dfrac{535}{43}$　　　⑤ $\dfrac{553}{43}$

---

14 다음과 같이 일정한 규칙으로 숫자를 나열할 때, 100A+100B의 값을 고르면?

6.11	7.18	5.26	8.35	4.45	9.56	(A)	(B)

① 1,445　　　② 1,446　　　③ 1,447

④ 1,448　　　⑤ 1,449

---

15 다음에 주어진 일정한 규칙에 따른 수열을 보고 빈칸에 들어갈 알맞은 수를 고르면?

8	( )	19	38	41	82	85

① 14　　　② 15　　　③ 16

④ 17　　　⑤ 18

16 다음과 같이 일정한 규칙으로 도형 안에 숫자를 나열할 때, 빈칸에 들어갈 알맞은 숫자를 고르면?

위: 5 3 · 2 · 5	위: 12 11 · 3 · 13	위: 7 2 · 15 · 12	위: 6 4 · ( ) · 5

① 0   ② 1   ③ 2

④ 3   ⑤ 4

17 다음과 같이 일정한 규칙으로 숫자를 나열할 때, 빈칸에 들어갈 알맞은 숫자를 고르면?

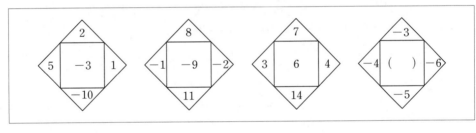

① 1   ② 2   ③ 3

④ 4   ⑤ 5

18 다음과 같이 일정한 규칙으로 숫자를 나열할 때, 빈칸에 들어갈 알맞은 숫자를 고르면?

7	1
8	14

10	4
5	11

9	3
( )	12

① 3   ② 4   ③ 5

④ 6   ⑤ 7

19 다음에 주어진 별 안의 수의 일정한 규칙을 유추하여 빈칸에 들어갈 알맞은 숫자를 고르면?

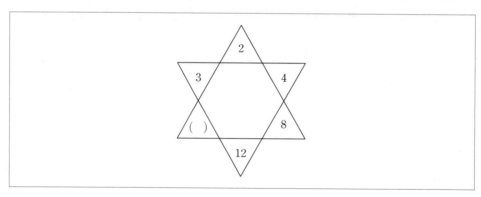

① 6   ② 7   ③ 8

④ 9   ⑤ 10

20 다음에 주어진 원 안의 수의 일정한 규칙을 유추하여 괄호 안에 들어갈 알맞은 숫자를 고르면?

① 9　　　　　　　　② 11　　　　　　　　③ 13

④ 14　　　　　　　　⑤ 15

01 다음 글의 주제로 가장 적절한 것을 고르면?

> 1930년대 미국에서 노동자들이 추운 환경에서도 작업할 수 있도록 따뜻함을 제공하기 위해 후드티가 만들어졌다. 두꺼운 원단과 후드가 머리를 보호해 주었기 때문에, 노동자들은 이를 통해 추위를 견딜 수 있었다. 이후 후드티는 스포츠웨어 브랜드와 연결되면서 운동선수들과 젊은 층 사이에서 인기를 얻기 시작하였다.
>
> 후드티가 패션 아이템으로 자리 잡게 된 이유는 편안함과 실용성 때문이다. 다양한 활동에 적합한 디자인과 편리한 주머니, 쉽게 입고 벗을 수 있는 기능성 덕분에 일상 생활에서도 인기가 높아졌다. 특히, 후드티는 계절에 구애받지 않고, 여러 옷과 쉽게 매치할 수 있어 캐주얼 패션의 상징적인 아이템으로 자리 잡았다. 청바지, 운동복, 심지어 정장과도 조화를 이루어 패션의 다양성을 넓혔다. 후드티는 스트리트 패션의 대표적인 요소로 발전해 왔다. 1980년대에는 힙합 문화와 서브컬처의 영향으로 후드티가 독특한 개성과 저항의 상징으로 인식되었다. 많은 브랜드들이 후드티를 활용하여 다양한 그래픽과 메시지를 담아, 자신의 정체성과 개성을 표현하는 도구로 사용되었다. 이러한 과정에서 후드티는 단순한 의류를 넘어 사회적, 문화적 의미를 담은 아이템으로 발전하였다.
>
> 오늘날 후드티는 남녀노소를 불문하고 전 세계에서 사랑받는 옷이다. 계절과 상황에 상관없이 입을 수 있는 유용성 덕분에 일상에서 빠질 수 없는 패션 아이템으로 자리 잡았다. 후드티는 이제 작업복의 기능을 넘어, 패션과 문화의 결합을 보여주는 중요한 상징이 되었다.

① 후드티의 기능적 특징과 활용성
② 후드티가 스트리트 패션의 아이템이 된 배경
③ 후드티의 스포츠웨어로서의 인기
④ 후드티와 다양한 의류와의 조화
⑤ 후드티의 등장 배경과 문화적 의미

02 다음 글의 내용을 바탕으로 촌수에 대한 설명이 옳지 <u>않은</u> 것을 고르면?

> 촌수는 한국 사회에서 혈연관계를 수직적으로 계층화하여 나타내는 중요한 개념이다. 가족 구성원 간의 거리감을 나타내며, 두 사람의 공통 조상으로부터 각자의 세대를 기준으로 촌수를 계산한다. 예를 들어, 부모와 자식은 가장 가까운 1촌에 해당하며, 형제는 부모라는 공통 조상을 중심으로 1촌씩 더해 총 2촌이 된다. 삼촌과 조카는 공통 조상인 조부모와 부모를 기준으로 각각 1촌씩 더해 3촌이 된다. 사촌의 경우, 부모가 형제이므로 조부모를 기준으로 1촌씩 더해 4촌으로 계산된다.
>
> 이처럼 촌수는 공통 조상에서부터의 거리와 각자 세대를 더해 산출되는데, 이는 전통 사회에서 혼인 금지 범위를 설정하거나 상속 관계를 명확히 하기 위해 중요한 역할을 했다. 현대 사회에서는 이러한 전통적 개념이 법적 문서나 가족관계등록부와 같은 공적 서류에 사용되며, 가족 간의 거리감을 파악하거나 친밀도를 이해하는 데 유용하게 활용된다. 또한, 촌수는 친족 범위와 호칭을 구분하는 데에도 중요한 기준이 된다. 이에 따라 촌수에 대한 이해는 한국의 전통과 현대 법률을 모두 이해하는 데 필요하다.

① 가장 가까운 1촌은 부모와 자식 관계이다.
② 형제는 공통 조상을 기준으로 2촌에 해당한다.
③ 사촌은 조부모를 기준으로 각각 1촌을 더해 4촌이 된다.
④ 조부모와 손자 간의 관계는 3촌으로 계산된다.
⑤ 촌수는 공통 조상이 기준이 되며, 혼인에 영향을 끼치기도 했다.

03 다음 글의 밑줄 친 ㉠에 대한 설명으로 가장 적절하지 <u>않은</u> 것을 고르면?

'58년생 개띠'로 대표되는 베이비붐 세대의 은퇴가 시작되며 이들을 겨냥한 산업이 주목을 받고 있다. 특히 은퇴 이후에도 여전히 도전을 즐기는 ㉠'액티브 시니어'를 타깃으로 다양한 제품과 서비스가 나오고 있다. 의학 기술의 발전으로 인간의 수명이 연장되었고, 동시에 생활 수준의 향상으로 노후를 대비하는 사람들이 증가하면서 액티브 시니어가 형성되었다. 이들은 가족만큼 자신의 삶도 소중히 생각하기 때문에 경제적 여유를 바탕으로 자신의 취향과 가치관에 따라 왕성한 소비 활동을 보인다.

명문화된 기준은 없지만 은퇴를 경험하는 50대부터 넓게는 70, 80대까지 포함된다. 액티브 시니어의 핵심 계층은 만 55~69세로, 2024년 기준 1954년생부터 1968년생 사이다. 이들을 겨냥한 산업에서 빼놓을 수 없는 키워드는 여전한 자기계발 욕구다. 한 교육기업은 지난달 영어, 국어, 중국어 등 기본 학습지 외에 시니어를 위한 두뇌 트레이닝과 읽을거리가 담긴 잡지 '원더풀 라이프' 매거진이 함께 제공하는 학습지를 출시하였다. 50세 이상만 가입할 수 있는 이 학습지는 1만 건 이상이 계약되었다. 시니어들의 건강관리를 위한 건강기능식품도 발매되고 있다. 과거 제품들이 환자용 식사 등에 집중하였다면 최근에는 건강관리를 위한 케어 제품 중심으로 나오고 있다. 기업들이 액티브 시니어를 공략하는 배경엔 늘어나는 시니어 인구가 꼽힌다. 액티브 시니어의 대표 연령대인 50·60세대는 1600만 명으로 전인구의 30%가 넘는다.

① 자신의 성장과 계발에 대한 욕구가 강하다.
② 우리나라 인구의 30% 이상을 차지하고 있다.
③ 은퇴 후에도 여가보다는 재취업 등 소득 창출에 적극적이다.
④ 구매력이 높은 만큼 기업들이 액티브 시니어 고객에게 큰 관심을 보이고 있다.
⑤ 자신의 삶을 소중히 하여 취미 활동에 적극적으로 지출한다.

04 다음 글을 읽고 필자의 주장과 반대되는 내용을 고르면?

> 우리나라 영어 유치원은 전국 339개로, 영어 유치원에서 하루 4시간 이상 수업을 듣는 어린이는 2만여 명에 달한다. 하루 평균 교습 시간은 4시간 57분. 보통 오전 9시~9시 30분에 시작해서 오후 2시~2시 30분 정도까지 이어진다. 정규 수업과 별도로 2~3시간짜리 '방과 후 특별 활동'을 진행하는 영어 유치원을 고려하면 하루 8시간가량 수업을 하는 학원도 많다.
>
> 경기 화성시에 사는 한 7세 어린이는 영어 유치원을 다닌 지 6개월만에 '선택적 함구증' 진단을 받았다. 집에서는 부모와는 곧잘 대화하면서도 유치원이나 낯선 곳에만 가면 입을 닫고 대화를 일체 거부하는 것이다. 놀란 아이의 부모가 아이의 유치원을 일반 유치원으로 다시 옮겼지만 함구증은 계속 이어져 정신과 치료를 받고 있다.
>
> 전문가들은 영어 유치원의 경우 학업 스트레스가 일반 유치원보다 훨씬 클 수 있어 오히려 역효과를 낼 수 있다고 경고한다. 우리말조차 익숙하지 않은 상황에서 영어를 주입식으로 교육할 경우 정서 발달에 부정적일 수밖에 없다는 것이다. 한 소아 전문의는 평균 만 6세가 돼야 학습 인지기능이 형성되는데 그 전에 너무 무리한 학습을 강요할 경우 학습 호기심 발달이 저해될 수 있기 때문에 "유아기에는 신체, 정서, 사회성 등 기본 생활 습관과 바른 인성을 기르는 데 초점을 맞춰야 한다고 조언한다.

① 영·유아기 때 외국어에 너무 일찍 과도하게 노출될 경우 모국어 학습에 어려움을 느낄 수 있다.
② 최근 '영어 코딩'과 같이 교과목에 다양한 전문 과정을 넣는 영어 유치원이 늘고 있다.
③ 극심한 학습 스트레스에 시달리는 미취학 아동들이 급기야 정신과 치료를 받는 실상이다.
④ 언어를 쉽게 습득할 수 있는 결정적 시기는 생후 12개월부터 시작되어 5세 때 절정을 이룬다.
⑤ 영어 유치원에서 사용하는 교재는 우리나라 어린이에게 미국 노동절 등의 생소한 내용을 포함하는 경우가 많다.

05 다음 [가]~[라] 문단을 논리적인 순서에 맞게 배열한 것을 고르면?

[가] 면역력을 높이는 또 하나의 요소는 잠이다. 군대의 군인을 잘 먹이는 것도 중요하지만 잘 재우는 것이 필요하듯 수면을 충분히 취해야 한다. 밤에 잠을 충분히 자지 못하거나 밤낮을 바꿔 생활하는 기간이 오래 지속되면 신체리듬이 깨지고, 면역력이 감소된다. 불면은 만성피로를 일으키고, 누적된 만성피로는 치료도 쉽지 않을뿐더러 면역력과 체력을 저하시켜 다양한 질환에 노출될 확률도 높아진다.

[나] 잘 먹고 잘 자고 환경이 깨끗한 곳에 있더라도 운동을 하지 않는 군대는 강할 수 없다. 즉, 운동은 면역력을 높이는 또 하나의 중요한 요소이다. 가벼운 운동은 깊은 호흡과 긴장 이완을 도와 혈액 순환을 원활하게 하고 자율신경을 활성화하며, 면역계를 자극한다. 따라서 너무 힘들지 않은 운동을 규칙적으로 할 필요가 있다. 하지만 과한 운동은 면역을 감소시켜 건강에 해를 줄 수 있다. 실제로 국가대표 선수들은 일반인보다 더 자주 감기에 걸린다고 하는데, 과한 운동은 면역력을 떨어뜨리기 때문이다.

[다] 면역력은 국가를 예로 들면 군인이자 군대이다. 우리 건강의 적인 세균이나 바이러스는 피부를 통해서도 호흡기, 소화기를 통해서도 침입할 수 있기 때문에 그 각각의 부분을 막아낼 군대, 즉 면역력이 필요하다. 군대가 적이 쳐들어오면 즉각 반응하듯 우리 몸의 면역체계도 병균의 침입에 정확히 반응하도록 잘 발달돼 있다. 군대가 망가지면 나라가 망하듯 면역력이 잘 조절되지 않으면 몸이 망가지는 것, 즉 목숨이 위태로울 수 있다.

[라] 그렇다면 면역력 강화를 위해서는 어떻게 해야 할까? 가장 먼저 정상적인 식사가 중요하다. 탄수화물, 지방, 단백질과 비타민, 미네랄 등의 영양소가 균형 잡힌 식사, 또 규칙적으로 하는 식사가 중요하다. 특히 영양의 균형은 면역력을 크게 좌우하기 때문에 편식하지 않는 균형 잡힌 식사가 전제되어야 한다. 또, 지나치게 많이 먹지 않아야 하는데 지방세포가 비대해지면 세포 내에서 염증이 일어나고, 이 염증 반응 때문에 면역 물질이 소모되기 때문이다.

① [가]—[다]—[나]—[라]
② [가]—[다]—[라]—[나]
③ [다]—[가]—[나]—[라]
④ [다]—[나]—[가]—[라]
⑤ [다]—[라]—[가]—[나]

06 다음 글의 제목으로 가장 적절한 것은 고르면?

> 많은 사람들이 아침에 커피를 마시며 잠을 깨우려고 하지만, 너무 이른 아침의 커피 섭취는 오히려 스트레스를 증가시킬 수 있다. 이는 우리 몸의 코르티솔 수치와 관련이 있다. 코르티솔은 스트레스 호르몬으로, 기상 직후에 자연적으로 가장 높은 상태에 도달한다. 이때 커피를 마시면 코르티솔 수치가 더욱 상승해 불필요한 스트레스를 유발할 수 있다. 전문가들은 첫 커피를 오전 9시 30분에서 11시 사이에 마시는 것이 적절하다고 권장한다. 카페인의 각성 효과는 섭취 후 15분에서 2시간 사이에 최고조에 달하며, 이후 서서히 감소한다. 또한, 커피를 마실 때는 잠자리에 들기 최소 6시간 전에 섭취를 마치는 것이 좋다. 카페인은 깊은 수면을 방해할 수 있어, 수면의 질을 유지하기 위해 카페인에 민감한 사람은 최소 8시간 전에 섭취를 피하는 것이 바람직하다. 적절한 커피 섭취 시간은 스트레스를 줄이고 수면의 질을 개선하는 데 중요한 역할을 할 수 있다.

① 아침 커피가 코르티솔 수치에 미치는 영향
② 카페인의 각성 효과와 스트레스 지수
③ 건강한 커피 섭취와 아침 기상 시간
④ 카페인 섭취로 인한 스트레스와 수면의 질
⑤ 아침 커피 섭취 시간과 코르티솔 수치의 관계

07 다음 글의 빈칸에 들어갈 문장으로 가장 적절한 것을 고르면?

> 나노테크놀로지는 극히 소량의 혈액이나 조직을 갖고도 손톱만한 소형 장치를 통해 질병의 이상 유무를 알 수 있게 하고, 실시간으로 질환의 징후를 탐지하는 데 활용될 수 있는 기술이다. 나노테크놀로지는 항암 치료 분야에서 많이 활용되고 있는 추세이다. 현재 주로 사용되는 항암 치료 방법은 약물이나 방사선 등을 이용하는 것인데, 이러한 치료 방법은 암세포만 죽이는 것이 아니라 정상적인 세포에도 영향을 미치는 문제점이 있다. 또한 바이오기술과 만남으로써 개인의 체질에 맞는 맞춤형 의료시스템을 구축할 수 있는데, 현재 의료적인 치료 기술은 유사한 질병을 겪는 모든 환자들에게 평균적으로 적용할 수 있는 획일적인 치료법이 적용되어 있다. (   )
> 따라서 바이오칩을 이용하는 것은 자신의 유전 정보에 따른 치료약의 효과를 탐색하고 가장 잘 맞는 치료약을 선택할 수 있는 방법이 될 수 있다.

① 하지만 질환의 징후에 따른 추가적인 약물 치료가 불가능하다.
② 하지만 소형 장치를 인체 내에 투입했을 때 약물의 조정 수준을 측정하기가 어렵다.
③ 하지만 나노 입자 안에 약물을 담아내더라도 약물의 영향이 인체 내에서 나타나지 않는다.
④ 하지만 이러한 치료법은 질병을 치료하기 위해 약물을 분해하는 과정에서 부작용이 발생한다.
⑤ 하지만 개인에 따라 동일한 종류의 약물을 사용하더라도 치료 효과는 다르게 나타날 수 있다.

08 다음 글의 빈칸에 들어갈 내용으로 가장 적절한 것을 고르면?

(   ) 다양한 종목이 있으며, 단거리 달리기, 중장거리 달리기, 장애물 달리기, 멀리뛰기, 높이뛰기 등이 포함된다. 각 종목은 참가자의 신체 능력을 다양한 방식으로 테스트하며, 순발력, 지구력, 그리고 민첩성이 중요하게 요구된다. 특히 단거리 달리기는 순간적으로 폭발적인 속도와 반응 속도가 관건이며, 선수들은 출발 신호와 동시에 최상의 스피드로 질주해야 한다.

    중장거리 달리기는 페이스 조절과 지구력이 핵심이다. 선수들은 경기 내내 체력을 전략적으로 분배해야 하며, 너무 빠르게 시작하면 체력이 급격히 소모될 수 있다. 반면, 장애물 달리기는 고도의 민첩성과 점프 기술을 필요로 하며, 정확한 타이밍으로 장애물을 넘는 것이 승패를 좌우할 수 있다.

    이처럼 육상 경기 종목들은 다양한 신체 능력을 극대화하도록 설계되었으며, 각기 다른 기술적 요구 사항을 갖고 있다. 육상 경기는 단순히 신체 능력을 시험하는 것을 넘어, 전략과 정신력도 중요한 요소로 작용한다.

---

① 육상 경기는 단순한 체력보다는 기술적인 요소가 더 중요한 스포츠이다.
② 육상 경기는 가장 오래된 스포츠 중 하나로, 고대 올림픽에서부터 시작된 역사가 깊다
③ 육상 경기는 현대 올림픽에서 가장 인기 있는 종목 중 하나이다.
④ 육상 경기는 전 세계적으로 널리 알려져 있지만, 기술보다 체력이 더 중요하게 여겨진다.
⑤ 육상 경기는 다른 스포츠와 달리 특정 장비 없이 오로지 신체 능력에 의존하는 경기이다.

09 다음 글을 읽고 추론한 내용으로 가장 적절하지 <u>않은</u> 것을 고르면?

> 님비현상(NIMBY, Not In My Back Yard)은 사회적으로 필요한 시설이지만, 그 시설이 자신이 사는 지역에 들어서는 것을 반대하는 현상을 의미한다. 쓰레기 처리장, 발전소, 교도소와 같은 공공시설이 필요하다는 사실은 모두가 동의하지만, 정작 이러한 시설이 자신의 거주지 근처에 들어서는 것을 반대하는 것이다. 님비현상은 개인의 이익을 우선시하는 심리에서 비롯되며, 이러한 시설이 지역 환경과 생활에 미치는 부정적인 영향을 염려하는 데에서 기인한다. 님비현상은 공공의 이익과 개인의 이익이 충돌하는 지점에서 발생한다. 정부나 지자체는 사회적 필요를 충족시키기 위해 특정 시설의 설치를 추진하지만, 주민들은 재산 가치 하락, 건강 문제, 환경오염 등 다양한 이유로 반대 운동을 벌이기도 한다. 이런 상황에서 지자체는 주민의 반대를 완화하기 위해 대체 부지를 모색하거나, 주민 보상 제도를 도입하는 등의 방법을 취하기도 한다. 하지만 이러한 노력에도 불구하고 님비현상은 쉽게 해결되지 않는 경우가 많다.
>
> 님비현상은 특정 지역에만 국한된 문제가 아니라, 전 세계적으로 나타나는 공통적인 현상이다. 도시화가 가속화되고, 인구가 증가하면서 사회 기반 시설의 필요성은 커지고 있지만, 이를 수용할 수 있는 지역은 제한적이다. 특히 대도시에서는 인구 밀집도가 높아지면서 더욱 심각한 갈등이 발생하기도 한다. 결국, 님비현상은 지역 사회와 공공 기관 간의 협력과 조율이 중요한 과제로 떠오르고 있으며, 이를 해결하기 위해서는 장기적인 계획과 주민과의 소통이 필수적이다.

① 님비현상이 발생하면, 지자체는 이를 해결하기 위해 추가적인 비용이 발생할 수 있다.

② 대도시에서는 공공시설 설치에 대한 주민 반발이 더 강해질 가능성이 크다.

③ 주민 보상 제도를 도입하더라도 효과적으로 실행하지 않으면 님비현상이 완화되지 않는다.

④ 님비현상을 줄이기 위해서 시설의 필요성을 주민에게 효과적으로 전달하는 것이 중요하다.

⑤ 님비현상이 발생하더라도 지자체가 대체 부지나 보상 제도를 통해 갈등을 완전히 해소할 수 있다.

10 다음 글의 중심 내용으로 가장 적절한 것을 고르면?

라파엘로의 미술이 르네상스 예술의 표본이 되고 있는 것은 그가 전대에 이룩된 기법을 무조건 거부하기 보다는 그것을 자신의 세계와 통합될 수 있는 요소로 바꾸어 받아들였기 때문이다. 라파엘로는 신비스러운 원경의 안개 낀 듯한 분위기 표현 기법을 레오나르도의 세계관 차원으로 받아들였다. 그가 세계관으로서 이해한 레오나르도의 기법은 「디올라레비의 마돈나」, 「테라노보의 마돈나」 등의 작품에서 여성의 소박한 우아함과 매력적인 부드러움 그리고 정적이면서 깊이 있는 자태와 표정으로 표출되어 있는 것이다. 라파엘로만의 차별성은 바로 인간의 아름다움을 드러내는 데 있다. 게다가 그의 수학적 두뇌는 선과 형상을 조화롭게 만들어 이러한 인간의 아름다움을 표현하는 데 일조하고 있다. 미학사가들이 라파엘로 학파라고까지 언급할 정도로 그의 작품 세계를 칭송하는 진정한 이유는 기법 때문이 아니라 인간의 표현이라는 르네상스 예술의 가치가 담겨 있기 때문이다.

이러한 라파엘로의 사례는 디지털 기술을 응용한 문화 사업이 각광을 받고 있는 오늘날의 상황에 많은 것을 시사하고 있다. 라파엘로가 그의 예술성을 그림 그리는 기법으로서만 화폭에 사용했다면 그는 르네상스의 거장이 되지 못했을 것이다. 이와 마찬가지로 차가운 디지털 기술에 푸근한 아날로그 인간의 옷을 입히지 못하는 디지털 사업이라면 이것은 그저 새로운 유행에 지나지 않을 것이다. 이는 수익성의 사업 모델에만 매료되지 말고 자신의 기법으로서의 인문학적 세계관을 가져야 함을 의미한다.

① 진정한 창조 정신은 기술을 세계관의 차원으로 승화시키는 것이다.
② 과거의 가치를 새롭게 받아들이는 데서 독창적인 가치를 지닌다.
③ 인문학적 가치와 수학적 가치가 결합되는 데서 진정한 독창성이 생겨난다.
④ 라파엘로의 미술은 디지털 기술을 접목하여 르네상스 예술의 표본이 되었다.
⑤ 기술이나 기법은 인간적 가치와 결합됨으로써 의미나 생명력을 지닐 수 있다.

11 다음 글의 내용과 일치하지 <u>않는</u> 것을 고르면?

> FHD 해상도인 1920×1080은 가로에 1,920개, 세로에 1,080개의 점이 나열돼 있는 것이다. FHD는 총 2,073,600개의 픽셀, QHD는 총 3,686,400개의 픽셀, 4K UHD는 총 8,294,400개의 픽셀이 한 화면에 동시 표현된다.
>
> 해상도나 화면 크기와 밀접한 관계가 있는 것이 바로 픽셀 밀도(PPI)이다. PPI는 가로나 세로 1인치 길이 안에 몇 개의 픽셀이 집적되어 있는지를 표현하는 수치로, PPI가 높을수록 화면이 더 선명하다. 화면이 작은 스마트폰의 경우 PPI가 800에 달하기도 한다. 즉 모니터 화면이 커질수록 화면이 뿌옇게 보이기 때문에 고해상도가 필요하다.
>
> 모니터의 크기와 거리에 따른 해상도 선택은 중요하다. 시중에 27인치의 4K UHD 모니터가 출시돼 있는데, 실제 이 제품을 4K UHD 해상도로 사용하면 많은 정보량을 한눈에 볼 수는 있을지언정 글씨가 작게 보여 사용하는 데 불편함이 더 많다. 모니터 크기에 따른 적절한 해상도는 27인치 이하는 FHD, 27~32인치는 QHD, 32인치 이상은 4K UHD가 적절하다. 아무리 모니터가 크더라도 일반적으로 사무용 책상에서 사용하는 거리(약 80cm 이내)보다 더 먼 거리에서 사용한다면 좀 더 낮은 해상도도 문제없다. 실제로 32인치 모니터를 사용하지만 1m 떨어진 거리에서 게임을 즐기는 용도기 때문에 FHD 해상도로도 충분하게 사용할 수 있다.
>
> 모니터를 어떤 용도로 쓰느냐에 따른 선택도 중요하다. 단순히 TV와 게임기 연결 용도로 쓴다면 크기가 아무리 커도 FHD 해상도로도 충분하다. 현재 IPTV 셋탑박스나 PS4, 엑스박스 원 같은 게임기가 지원하는 해상도는 FHD가 한계이기 때문이다. 하지만 PC에 연결하는 용도라면 모니터 크기에 따라 QHD나 4K UHD 해상도를 지원하는 제품을 구매하는 것이 합리적이다.

① 해상도는 이미지나 영상 등을 한 화면에 출력할 때 몇 개의 픽셀로 표현되는가를 숫자로 표기하는 것이다.

② 많은 정보량을 한눈에 선명하게 보려면 모니터의 크기와 상관없이 4K UHD 해상도 모니터를 선택해야 한다.

③ 모니터의 해상도가 아무리 높아 봤자 크기가 작으면 오히려 눈이 더 피로하고 불편하다.

④ 소파와 모니터 간의 거리가 1m 떨어진 거실에서 게임기 연결 용도의 모니터 해상도는 FHD로도 적절하다.

⑤ PC에 연결할 30인치 모니터와의 거리가 80cm 이내라면 QHD 해상도 모니터를 구매하는 것이 좋다.

12 다음 글을 읽고 추론한 내용으로 가장 적절하지 <u>않은</u> 것을 고르면?

> 미세먼지의 자연적인 발생원은 모래먼지, 화산재, 산불 시 발생하는 먼지 등이며 인위적인 발생원은 연소 과정과 도시구조물 등에 의해 발생된다. 여기에는 화석연료를 사용하는 보일러나 자동차, 발전 시설 등의 배출가스에 포함된 미세먼지와 공사장에서 발생되는 비산먼지 등이 있다.
>
> 비교적 큰 크기의 먼지는 일반적으로 폐까지 도달하기 전 우리 몸 안에서 스스로 방어기전(기침이나 가래 등)에 의해 제거되지만, 인위적 발생원에서 비롯된 미세먼지는 폐포까지 침투하여 각종 면역 질환 및 암까지도 유발한다. 폐포는 공기 중 산소와 몸속 이산화탄소가 교환되는 장소이다. 미세먼지가 폐 깊숙이 침투하여 폐포에 달라붙어 염증을 일으키면 폐 기능이 저하되어 천식, 호흡곤란 등 각종 호흡기 질환의 직접적인 원인이 되고 몸의 면역 기능을 떨어뜨린다. 또한 폐포는 모세혈관에 싸여 있는데 미세먼지에 달라붙어 있는 독성물질이 모세혈관을 따라 들어가게 되면 우리 몸은 독성물질에 반응하여 백혈구 등 면역반응 물질을 내놓기 때문에 혈액의 점도가 증가하여 심장에 부담을 주게 된다.
>
> 식물의 생장에 가장 중요한 광합성은 식물의 잎 부분에서 이루어진다. 식물은 잎을 통해 빛을 흡수할 뿐만 아니라, 식물의 잎 표면에는 유기물 합성에 필요한 공기 중의 탄산가스를 들여오고 산소를 내보낼 수 있는 기공이 있다. 이러한 잎 표면에 먼지가 쌓이게 되면 필요한 영양분 합성을 방해하여 식물 성장이 원활하게 이루어질 수 없게 된다. 또한 식물의 잎에 서식하는 포식자들을 제거함으로써 병충해에 대한 저항력을 약화시켜 곡식 및 과실류의 수확량의 감소를 가져온다. 그러나 식물의 호흡작용과 증산작용은 미세먼지를 흡수함으로써 미세먼지를 줄이고 온도를 낮추어 공기를 상쾌하게 하는 효과도 있다.

① 인위적 발생원에서 비롯된 미세먼지는 자연적으로 발생한 미세먼지보다 대체로 크기가 작다.

② 미세먼지는 심혈관 질환자 및 고혈압, 관상동맥증 질환자에게 치명적일 수 있다.

③ 성장에 필요한 영양분을 스스로 합성하는 식물의 생장에 가장 중요한 과정은 광합성이다.

④ 미세먼지는 식물의 호흡작용이 일어나는 기공을 막고, 광합성 과정에 필수적인 빛을 차단시킨다.

⑤ 병충해를 줄여 준다는 측면에서 미세먼지는 더 많은 열매를 수확할 수 있게 한다.

13 다음 [가]~[라] 문단을 논리적인 순서에 맞게 배열한 것을 고르면?

[가] 반면 프로이트적인 모델에서는 축제를 공정하고 즉흥적이며, 인간의 본능을 억압한 것을 버리는, 해방을 향한 문화라고 본다. 즉 축제의 본질을 통합과 질서의 유지보다는 격식을 갖추어 금기를 파괴하는 현상으로 본 것이다.

[나] 축제는 흔히 축(祝)과 제(祭)가 포괄적으로 표현되는 문화현상이라고 정의된다. 이러한 축제는 역사학에서 흔히 축제를 뒤르켐적인 모델과 프로이트적인 모델로 구분하여 파악된다. 먼저 뒤르켐적인 모델에서는 종교를 개인적이고 신비한 것이 아니라 사회적인 사실로 보았기 때문에 축제를 '사회적 통합을 위해 기능하는 일종의 종교적 형태'라고 정의하였다.

[다] 이런 의미에서 그는 축제를 '일상생활에서의 단절'이라고 부르기도 하였다. 축제를 일상생활과의 단절, 즉 하나의 의례적인 상황으로 간주할 경우 축제는 신성하고 종교적인 순간과 장소가 되는데, 사회인류학자 터너는 이러한 순간을 '리미날리티(Liminality) 단계'라 칭하기도 하였다.

[라] 이러한 이론을 계승한 바흐친은 축제에서 보이는 전도적, 비일상적인 성격을 축제의 가장 기본적인 성격으로 지적하였다. 그에 따르면 축제에서는 흔히 비일상적인 전도현상이 발견된다. 예를 들어 남자와 여자, 왕자와 거지, 주인과 노예 등이 서로 뒤바뀌어 표현되며 이와 같은 억압의 상황에서 탈피하고자 하는 메시지를 전달하는 것이다.

① [가]-[나]-[다]-[라]
② [가]-[라]-[나]-[다]
③ [나]-[가]-[다]-[라]
④ [나]-[가]-[라]-[다]
⑤ [나]-[라]-[가]-[다]

14 다음 글의 내용과 일치하는 것을 고르면?

모기약의 주요 성분은 DEET(디에틸톨루아미드)로, 이 성분은 모기의 후각을 혼란시켜 피부에 접근하지 못하도록 한다. DEET는 1940년대에 군사 목적으로 개발된 이후, 민간용으로도 널리 사용되고 있다. DEET는 피부에 직접 바르는 제품과 스프레이형 모기약에 주로 포함되며, 일반적으로 모기와 같은 곤충들을 퇴치하는 데 효과적이다. 이 성분은 모기가 사람의 땀과 호흡에서 나오는 이산화탄소를 감지하는 능력을 차단하여, 모기를 유인하는 주요 신호를 없애는 방식으로 작용한다.

또한 최근에는 이카리딘이라는 성분도 모기약에 자주 사용된다. 이카리딘은 DEET보다 피부에 덜 자극적이며, 효과 지속 시간이 긴 편이다. 이카리딘은 특히 알레르기 반응을 덜 유발하는 특성이 있어, 어린이나 피부가 민감한 사람들에게도 적합한 성분으로 주목받고 있다. 반면, 이카리딘은 DEET만큼 강력하지는 않지만, 모기와 진드기 같은 벌레를 효과적으로 퇴치하는 데 충분한 효능을 발휘한다. 모기약은 모기 외에도 다른 벌레들을 퇴치하는 데 사용할 수 있으며, 특정 제품에는 개미나 진드기 퇴치 성분도 포함되어 있다. 하지만 모기약의 효과는 성분에 따라 차이가 있으므로, 사용 목적에 맞는 제품을 선택하는 것이 중요하다. 적절한 양을 사용하고 피부에 잘 발라주면, 야외 활동 시 벌레의 공격을 효과적으로 막을 수 있다.

① DEET는 모기가 이산화탄소를 감지하는 능력을 향상시킨다.
② 이카리딘은 DEET보다 강력하며, 모든 벌레에 더 효과적이다.
③ 이카리딘은 알레르기 반응을 덜 유발하는 성분으로, 민감한 피부에도 적합하다.
④ 모기약의 주요 성분은 모기를 직접 죽이는 역할을 한다.
⑤ DEET는 민간연구소에서 개발되어, 추후에 군사용으로 사용되었다.

15 다음 글의 논지 전개 방식에 대한 설명으로 가장 적절한 것을 고르면?

> 요즘 젊은 층에 돌발성 난청 환자가 증가하고 있다. 그 이유가 무엇일까? 현대인 출퇴근길 모습을 살펴보면 그 답을 찾을 수 있다. 과거에는 노화, 스트레스, 과로 등으로 청력 저하 문제가 생겼다면 최근에는 무선 이어폰의 장시간 사용을 원인으로 꼽을 수 있다. 출퇴근길만 하더라도 큰 볼륨으로 무선 이어폰에 1시간 이상 노출되면 귀에 과도한 자극을 주기 때문에 청력 저하의 위험이 매우 높다. 세계보건기구에 따르면 무선 이어폰은 최고 100dB까지 출력이 가능하기 때문에 청력 손실을 최소화하기 위해서는 최대 음량의 60% 이하로 사용하는 것이 안전하다고 말한다. 높은 볼륨이 달팽이관의 유모 세포를 손상시켜 청신경길을 약하게 만들어 청력 손실이 일어나고 몸 건강까지 해칠 수 있기 때문이다. 그렇기 때문에 무선 이어폰의 사용방법을 반드시 유의하여 사용해야 한다. 난청은 소리가 잘 들리지 않는 것 이외에도 어지럼증, 집중력 저하, 이명, 두통 증상을 동반하여 언어습득능력과 인지 기능에도 영향을 미칠 수 있기에 적절한 음량으로 듣고 1시간 정도 무선 이어폰을 사용했을 시에 20분 정도 쉬어주기, 보조적 청력 보호기구 사용 등의 노력이 필요하다.

① 중심 화제를 구체적인 예시를 통해 설명한다.
② 중심 화제에 대한 개념을 정의하며 특성을 분석한다.
③ 중심 화제의 원인을 찾아 이를 토대로 해결방안을 모색한다.
④ 중심 화제와 비슷한 대상을 비교하며 특징을 부각시키고 있다.
⑤ 중심 화제에 대한 전문가의 견해를 제시해 상반된 입장을 설명한다.

16 다음 글을 읽고 밑줄 친 ㉠에 해당하는 사례로 가장 적절하지 <u>않은</u> 것을 고르면?

> 최근 마케터들을 대상으로 한 설문조사에 따르면 현재 약 70%의 마케터가 콘텐츠 마케팅에 적극적으로 투자를 하고 있다고 한다. ㉠콘텐츠 마케팅은 가치 있고 관련성이 있으며 일관된 콘텐츠를 생성 및 배포하여 명확하게 정의된 잠재 고객을 유치하고 유지하며 궁극적으로 수익성 있는 고객 행동을 유도하는 전략적 마케팅 방식이다. 직접적으로 잠재 고객들에게 브랜드의 제품이나 서비스를 홍보하기보다는 도움이 되거나 관심이 있을 만한 유용한 콘텐츠를 제공하는 방식이다. 특히 제품이나 서비스에 무관심한 사람들에게 의미 없는 메시지를 전달하는 대신에, 명확하게 설정된 타깃층을 매료시키기 위해 노력한다. 양질의 콘텐츠를 제작한 후 배포함으로써 궁극적으로 잠재 고객들의 구매 행동을 이끌어 내는 것이다. 콘텐츠 마케팅의 가장 큰 장점은 바로 비용은 아끼면서 동시에 많은 수익을 창출할 수 있다는 것이다. 브랜드의 제품이나 서비스를 홍보하려면 수많은 비용이 들지만 콘텐츠 생산은 상대적으로 적은 비용으로 홍보 효과를 누릴 수 있다.

① 에너지 음료 브랜드 R사는 자극적이고 충격적인 뉴스를 만든다. 우주에서 지구로 발사된 낙하산 프로젝트 따위를 후원하고 이에 대해 아주 재미있는 기사를 쓰는 형식이다. 각종 익스트림 스포츠 이벤트와 선수들을 후원하고 유튜브 채널을 통해 새로운 소식을 중계한다.

② 커피 브랜드 I사는 블로그에 맛있는 커피를 만드는 온갖 노하우를 제공한다. 각 가정에 있는 커피머신을 어떻게 사용해야 최상의 커피를 뽑을 수 있는지를 친절하게 정리하여 공유한다.

③ 의료 브랜드 A사는 모든 직원들에게 환자가 우선이라는 메시지를 전달하고자 각 다른 상황의 환자와 보호자의 모습을 영상으로 담아, 직원들이 이 모습에 이입해 환자들을 더 케어할 수 있도록 만들었다.

④ 콜라 브랜드 C사는 호주에서 가장 흔한 이름 150개를 선정해 콜라병에 새김으로써 나만의 '맞춤 콜라'를 마실 수 있게 했다. 사람들은 앞다투어 자신의 이름이 씌어진 콜라병을 샀다.

⑤ 카메라 브랜드 G사는 선수들의 위험천만한 스턴트를 한 순간도 놓치지 않고 촬영한다. 누구나 감탄할 만한 동영상을 보여 주고 '당신이 방금 본 동영상은 전문 촬영 스태프가 아닌, 당신과 같은 일반인이 찍은 콘텐츠'라고 공개한다.

17 다음 글을 읽고 이해한 내용으로 가장 적절하지 <u>않은</u> 것을 고르면?

> 언어는 그 시대의 거울이라는 말이 있듯이 시대의 사회상을 풍자하여 반영하는 특징이 있다. 시간의 흐르면서 시대의 사회상이 바뀌면 그에 따라 생성되고 소멸되는 단어들이 생긴다. 미디어 매체만 보더라도 N포세대, 어쩔티비, 갓생, 킹받네 등 생소하고 알아들을 수 없는 단어가 자막으로 종종 보인다. 청소년기의 언어 실태 조사에 따르면, 청소년들은 친구들 사이에서 SNS나 휴대전화 메시지를 통해 자신의 생각을 빠르게 전달하거나 감정표현을 강조하기 위해 사용하기 시작한 줄임말, 신조어가 어느새 일상언어로 자리매김하고 있다. 73% 이상에 해당하는 청소년들이 신조어나 줄임말을 습관적으로 사용하며 일상 대화에서도 사용한다고 답해 그 심각성을 보여 준다. 신조어와 줄임말을 무분별하게 사용하다 보면 우리말의 파괴가 심각한 수준에 이르게 된다. 그러므로 청소년기에는 더욱 특별히 언어 습관에 신경을 써야 한다. 또한, 세대 간의 의사소통에도 어려움이 생겨 특정 세대는 소외감을 느낄 수 있으므로 모든 연령대의 의사소통을 가능하게 하는 매개체인 한글을 사랑하고 잘 가꿔야 하는 노력이 다 함께 필요하다.

① 사회구조적인 문제가 언어에 반영된다.
② 언어는 시간의 흐름에 따라 생성과 소멸을 반복한다.
③ 소수 계층만 통용되는 언어도 참다운 언어라고 볼 수 있다.
④ 신조어의 범람으로 세대 간 의사소통의 어려움과 소외감을 느낄 수 있다.
⑤ 나쁜 언어 습관을 들이지 않도록 예방하는 것이 중요하다.

18 다음 글을 읽고 나올 수 있는 비판으로 적절한 것을 고르면?

> 애덤 스미스는 자유시장의 이상적인 모형에서 경쟁을 통해 생산자들은 소비자가 원하는 상품을 원하는 수량만큼 생산하게 된다고 주장했다. 그에 따르면, 소비자에게 인기가 없는 상품의 생산은 감소하고, 소비자가 외면하는 상품의 생산은 생산되지 않는다, 즉 소비자가 원하는 상품이 생산자에 의해 제공되는 것이다. 시장에서는 생산자들 사이의 경쟁으로 생산자들이 소비자에게 지나치게 높은 가격으로 상품을 판매하는 것은 불가능해지므로 생산자는 정상이윤만을 획득하게 된다. 시장에서 형성된 가격은 생산과정에 투입된 노동, 원자재 가격, 임대료 등의 명시적인 직접비용과 다른 업종에 종사하면 벌 수 있는 이윤인 묵시적인 기회비용만을 커버하는 '자연적인 가격(Natural Price)'으로 귀착된다. 이러한 조정이 가능한 것은 바로 시장이 존재하기 때문이다. 시장이 희소한 인적 자원과 물적 자원을 소비자들이 가장 필요로 하는 상품의 생산에 배분하고, 소비자들이 지불하는 가격은 그 상품의 생산에 투입된 경제적 생산 비용을 커버할 뿐이다. 이때 생산자가 아무런 이윤도 못 남기는 것은 아니다. 생산자는 다른 생산 활동을 해서 얻을 수 있는 수준의 이윤(정상이윤)을 획득한다. 이러한 자원배분의 형태를 자원배분의 효율성(Allocational Efficiency)이라고 한다.

① 가격은 공급과 수요에 의해 결정된다.
② 공공재와 같이 자원배분의 효율성이 떨어져도 꼭 필요한 사회적 부분이 있다.
③ 시장에서 통용되는 상품은 소비자의 기호에 따라서만 결정된다.
④ 자유로운 시장 안에서 거래가 이루어진다.
⑤ 정부의 시장개입은 시장 경제를 해치는 길이다.

19 다음 글의 주제로 가장 적절한 것을 고르면?

우리의 일상생활에는 정체불명의 화학물질이 가깝게 자리 잡고 있다. 생활용품에는 제품의 안정성을 높이기 위해 많은 화학물질이 첨가된다. 생활용품 뒷면을 살펴보면 친절하게 성분 표기는 되어 있지만 우리는 그 수많은 생소한 이름의 성분이 무엇인지, 어떠한 용도로 사용되는지 알기 어렵다. 국민 1,000명을 대상으로 한 안전성 인식 조사에 따르면 소비자들은 과거의 가습기 살균제 사태 이후 SNS와 유튜브, 주변 지인 등 비과학적으로 정보를 습득하여 화학물질을 합성해 만든 제품은 위험하다고 생각하며 생활용품 안전성에 불안감을 보인다. 그러나 스스로의 안전을 지키기 위해서는 소비자가 정보 감염으로부터 깨어나 정확한 정보를 알려고 하는 노력이 필요하다. 이와 더불어 생활용품 속 화학물질에 대한 불안감을 해소시키기 위해서는 생산 기업의 책임감 있는 제품 생산 및 관리가 이루어져야 한다. 또한, 언론은 의·과학적 근거에 기반하여 명확한 정보를 전달해야 하고 다양한 분야별 전문가들의 참여를 통한 화학물질에 대한 인식 개선도 필요하다.

① 화학물질의 필요성
② 화학물질의 위험성
③ 화학물질 성분의 종류와 용도
④ 화학물질에 대한 불안감 해소를 위한 노력
⑤ 화학물질의 정보 감염 실태조사

20 다음 글의 내용과 일치하지 않는 것을 고르면?

조산이란 불규칙적으로 자궁수축이 일어나 정상 임신 기간 40주를 채우지 못하고 20~37주 사이에 분만을 하게 되는 경우를 일컫는다. 조산의 원인은 만 35세 이후의 고령임신, 임신 전 기저질환인 고혈압·당뇨, 자궁 내 감염, 임신 중독증, 쌍둥이 임신 등 다양하다. 조산이 위험한 것은 조기 진단이 어려울 뿐만 아니라 자궁근육을 이완시키기 위해 산모에게 자궁수축억제 약물을 투여해야 하는데 산모와 태아가 이러한 약물에 대한 부작용 등을 감당해야 한다는 점이다. 그러므로 유산과 조산의 위험을 줄이기 위해 이를 예방하려는 노력이 필요하다. 배에 압박이 가해지는 일이 없어야 하며, 장시간 앉아서 몸에 흔들거림이 전해지는 것도 좋지 않다. 항상 혈액순환이 잘 되도록 적당한 운동과 휴식을 취하며 체중 관리에도 신경써야 한다.

① 만 35세 이상의 임산부는 조산의 위험이 있다.
② 영양 섭취가 지나쳐 기저질환이 심해지면 조산에 영향을 준다.
③ 임신부는 조산 위험을 줄이기 위해 활동을 중단하는 것이 좋다.
④ 오랜 시간 동안 같은 자세로 앉아 있는 것은 임신부에게 권장하지 않는다.
⑤ 조산은 정상적인 임신 기간을 모두 채우지 못한 상태의 분만이다.

01 다음 [표]는 S사의 4대 사업영역별 매출 현황 및 투자 현황에 대한 자료이다. 이에 대한 설명으로 옳지 <u>않은</u> 것을 고르면?(단, S사의 사업영역은 A~D뿐이라고 가정한다.)

[표] S사 4대 사업영역별 매출 현황, 투자 현황 (단위: 조 원)

구분	매출액	투자액
사업영역 A	38	8.5
사업영역 B	104	15.5
사업영역 C	32	4.8
사업영역 D	4	1.2

① S사의 매출 총액은 투자 총액의 5배 이상이다.
② 사업영역 A 매출액은 사업영역 D 매출액의 9배 이상이다.
③ 매출액이 투자액의 5배 이상인 사업영역은 2개이다.
④ 사업영역 B의 매출액과 투자액은 각각의 총액의 60% 이상이다.
⑤ 사업영역 C의 투자액은 매출액의 15%이다.

02 다음 [표]는 A~D사에서 판매하는 공장용 기계 P의 임대 가격 및 해당 기계의 사용에 따른 1개월당 전기요금을 나타낸 자료이다. 이에 대한 설명으로 옳은 것을 [보기]에서 모두 고르면?

[표] 제품별 기계 임대 가격 및 사용 전기료 (단위: 만 원)

구분	임대 가격	월 전기요금
A사 제품	3,000	30
B사 제품	2,800	40
C사 제품	2,900	50
D사 제품	2,850	35

보기
㉠ 1년간 사용했을 때 사용 총액이 가장 낮은 것은 B사 제품이다.
㉡ 36개월간 사용했을 때 사용 총액이 두 번째로 낮은 것은 D사 제품이다.
㉢ 18개월간 A사 제품으로 사용했을 때 사용 총액은 3,500만 원 이상이다.
㉣ 3개월간 사용했을 때 C사 제품의 사용 총액은 A사 대비 50만 원 더 저렴하다.

① ㉠, ㉡   ② ㉠, ㉣   ③ ㉡, ㉢
④ ㉠, ㉢, ㉣   ⑤ ㉡, ㉢, ㉣

03 다음은 2019~2023년 [표]는 공공 도서관 현황에 관한 자료이다. 이에 대한 설명으로 옳지 <u>않</u>은 것을 고르면?

[표] 2019~2023년 공공 도서관 현황   (단위: 개관, 명, 권, 천 명)

구분	2019년	2020년	2021년	2022년	2023년
공공 도서관	1,134	1,172	1,208	1,236	1,271
1관당 인구	45,723	44,223	42,747	41,617	40,382
1인당 도서	2.22	2.29	2.34	2.38	2.41
방문자 수	284,411	89,577	138,939	175,709	202,263

① 2023년의 공공 도서관 방문자 수는 202,263,000명이다.

② 1인당 도서 수는 2019년부터 2023년까지 꾸준히 증가하고 있다.

③ 2020년에 공공 도서관의 수가 줄면서 공공 도서관의 방문자 수가 줄었다.

④ 1관당 인구 수는 2019년부터 2023년까지 꾸준히 하락하고 있는 추세이다.

⑤ 2023년 1관당 인구 수는 2020년 1관당 인구 수에 비해 3,500명 이상 감소했다.

04 다음 [표]는 2020~2023년 봉사활동 참여 현황에 관한 자료이다. 이에 대한 설명으로 옳지 <u>않</u>은 것을 고르면?

[표] 2020~2023년 봉사활동 참여 현황   (단위: 천 명)

구분		2020년	2021년	2022년	2023년
총인구		51,800	51,770	51,673	51,713
봉사활동 참여 인원		1,217	1,315	( )	3,020
	개인 봉사활동 참여 인원	324	403	720	910
	단체 봉사활동 참여 인원	893	912	1,490	( )

① 2020년 개인 봉사활동 참여 인원은 약 32만 명이다.

② 2021년 대비 2022년 봉사활동 참여 인원은 약 65% 이상 증가하였다.

③ 2022년 봉사활동 참여 인원은 총인구 대비 5% 미만이다.

④ 2022년 대비 2023년 봉사활동 참여 인원에서 개인 봉사활동 참여 인원이 차지하는 비율은 증가하였다.

⑤ 단체 봉사활동 참여 인원이 가장 많이 증가한 해는 2023년이다.

05 다음 [그래프]는 2019~2023년 인당 자기개발 교육시간에 대한 자료이다. 이에 대한 설명으로 옳지 <u>않은</u> 것을 고르면?

[그래프] 2019~2023년 연간 인당 자기개발 교육시간 (단위: 시간)

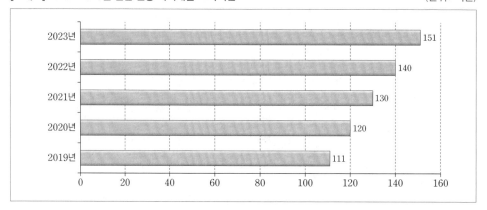

① 2019년 이후 연간 인당 자기개발 교육시간은 매해 꾸준히 증가하였다.
② 2019년 이후 연간 인당 자기개발 교육시간이 전년 대비 가장 많이 증가한 해는 2023년이다.
③ 2019년 이후 연간 인당 자기개발 교육시간의 전년 대비 증가율이 가장 작은 해는 2020년이다.
④ 2019년 이후 연간 인당 자기개발 교육시간의 전년 대비 증가율이 같은 해는 없다.
⑤ 2020~2023년 동안 연간 인당 자기개발 교육시간은 평균 10시간씩 증가하였다.

06 다음 [그래프]는 연도별 1인당 연간 보험료 및 급여비 추이에 대한 자료이다. 전년 대비 1인당 연간 급여비 증가액이 가장 적은 해의 전년 대비 1인당 연간 보험료 증가액을 구하면?

[그래프] 연도별 1인당 연간 보험료 및 급여비 추이 (단위: 원)

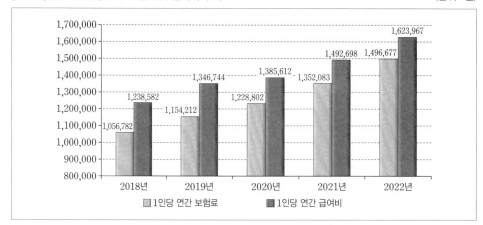

① 74,590원　　　　　　② 97,430원　　　　　　③ 110,365원
④ 123,281원　　　　　　⑤ 141,594원

07 다음 [그래프]는 A사의 광물별 사용 협력사 수와 광물별 처리 가능 제련소 수에 대한 자료이다. 이에 대한 설명으로 옳은 것을 고르면?

[그래프1] 광물별 사용 협력사 수(중복 포함)　　　　　　　　　　　　　　(단위: 개)

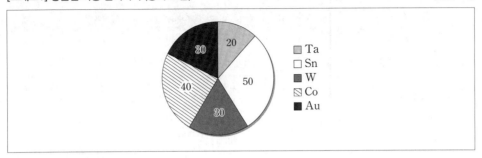

※ 전체 협력사 수: 80개

[그래프2] 광물별 처리 가능 제련소 수　　　　　　　　　　　　　　　　(단위: 개)

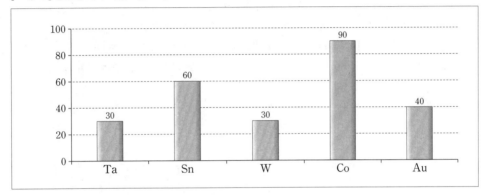

※ 전체 제련소 수: 250개

① 한 협력사당 두 개 이상의 광물을 사용한다.

② 광물 Sn을 다루는 협력사는 전체 협력사의 $\frac{5}{17}$이다.

③ 광물 Co를 다루는 제련소는 광물 Co를 다루는 협력사의 $\frac{4}{9}$이다.

④ 광물 Au를 다루는 제련소는 전체 제련소의 16%이다.

⑤ 광물 W를 다루는 제련소가 전체 제련소에서 차지하는 비중과 광물 W를 사용하는 협력사가 전체 협력사에서 차지하는 비중은 같다.

08 다음 [표]는 지역별 주차장 수와 주차 가능 대수에 관한 자료이다. 이에 대한 설명으로 옳은 것을 [보기]에서 모두 고르면?

[표] 지역별 주차장 수 및 주차 가능 대수 (단위: 개, 천 대)

구분		2019년	2020년	2021년	2022년
A지역	주차장 수	3,054	3,122	3,320	3,324
	주차가능 대수	204	213	225	226
B지역	주차장 수	10,952	10,839	10,771	10,790
	주차가능 대수	934	985	956	951
C지역	주차장 수	8,524	8,852	9,131	9,129
	주차가능 대수	888	897	914	911

┌ 보기 ┐
ⓐ 2020~2022년 동안 주차장 수가 매년 전년 대비 증가한 지역은 A지역뿐이다.
ⓑ 2022년 A지역 주차장 수는 2019년 대비 10% 이상 증가하였다.
ⓒ B지역의 주차가능 대수는 매년 A지역 주차가능 대수의 4배 이상이다.
ⓓ 2020~2022년 동안 C지역 주차장 1개당 주차가능 대수는 매년 전년 대비 감소하였다.

① ㉠, ㉡   ② ㉠, ㉣   ③ ㉡, ㉣
④ ㉠, ㉢, ㉣   ⑤ ㉡, ㉢, ㉣

09 다음 [그래프]는 한 해 동안의 사망자 수를 연령대별로 분류한 자료이다. 이에 대한 설명으로 옳지 <u>않은</u> 것을 고르면?

[그래프] 성별 · 연령대별 사망자 수 (단위: 명)

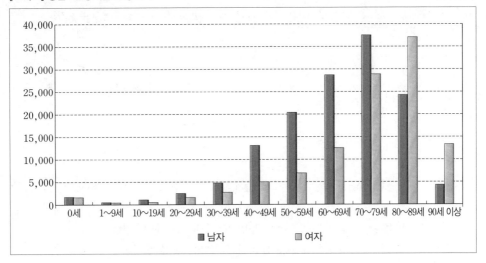

① 남자는 70대, 여자는 80대 사망자 수가 가장 많다.

② 1~9세 사망자 수가 0세 사망자 수보다 적다.

③ 50대에 최초로 남자 사망자 수가 2만 명 이상이 된다.

④ 80세 이상부터는 여자 사망자 수가 남자 사망자 수보다 많아진다.

⑤ 90세 이상의 여자 사망자 수와 50세 미만의 남자 사망자 수는 거의 비슷하다.

10 다음 [그래프]는 2020년 3분기 로밍 이용자 수 대비 2021~2024년 3분기 S사 로밍 이용자 수 증가율에 대한 자료이다. 2020년 3분기 로밍 이용자 수가 850천 명이라고 할 때, 옳은 것을 고르면?

[그래프] 2020년 3분기 로밍 이용자 수 대비 2021~2024년 3분기 S사 로밍 이용자 수 증가율　　(단위: %)

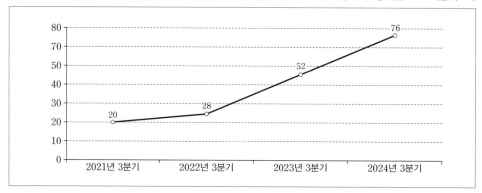

① 2021년 3분기 로밍 이용자 수는 2020년 3분기보다 200천 명 많다.
② 2022년 3분기 로밍 이용자 수는 전년 동분기보다 8천 명 증가하였다.
③ 2023년 3분기 로밍 이용자 수는 1,300천 명 이상이다.
④ 2024년 3분기 로밍 이용자 수는 2021년 3분기 로밍 이용자 수의 1.5배보다 많다.
⑤ 2023년 3분기와 2024년 3분기의 전년 동분기 대비 증가율의 증가폭은 같다.

11 다음 [그래프]는 매체 이용 빈도에 대한 자료이다. 이에 대한 [보고서]의 내용으로 옳은 것을 모두 고르면?

[그래프] 매체 이용 빈도(주 5일 이상), 복수 응답   (단위: %)

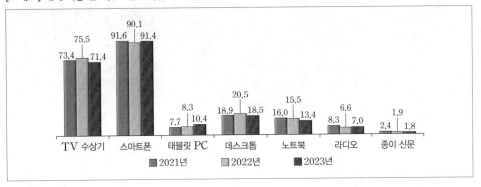

[보고서]

   ⊙ 2023년 TV 수상기를 이용한 비율은 71.4%로 전년 대비 4%p 이상 감소하였고, 스마트폰 이용률은 91.4%로 90% 이상을 유지하였으며, ⓒ 2023년 스마트폰을 이용하는 사람 중 71.4%는 TV 수상기를 이용한다. ⓒ 2021년부터 2023년까지 3개년 동안 꾸준히 이용 빈도가 증가한 매체는 태블릿 PC를 포함한 2가지 매체이고, ⓔ 3개년 동안 꾸준히 이용 빈도가 감소한 매체는 노트북을 포함한 2가지 매체이다.

① ㉠, ㉡   ② ㉠, ㉢   ③ ㉠, ㉣

④ ㉡, ㉢   ⑤ ㉡, ㉣

12 다음 [표]는 연도별·성별 학교 폭력 피해 경험률 및 이유에 관한 자료이다. 이에 대한 설명으로 옳은 것을 고르면?

[표] 연도별·성별 학교 폭력 피해 경험률 및 이유 (단위: %)

구분		폭력 피해 경험률	폭력 피해를 당한 이유						
			특별한 이유 없음	몸이 작고 힘이 약해서	내가 잘못해서	외모나 장애	성격 때문	금품 요구에 응하지 않아서	기타
2015년		7.1	43.5	13.6	11.4	4.4	10.8	7.0	9.3
2016년		6.7	42.6	14.2	9.6	3.7	10.5	6.2	13.2
2017년	전체	11.4	51.9	9.5	9.2	3.7	12.8	2.4	10.5
	남성	9.7	54.1	16.1	7.0	2.3	7.6	2.7	10.2
	여성	13.4	50.2	4.7	11.6	4.8	15.8	2.2	10.7
2018년	전체	8.5	53.3	9.9	6.7	6.3	12.4	3.5	7.9
	남성	7.8	47.4	14.4	8.7	7.1	10.8	5.2	6.4
	여성	9.2	58.9	5.7	4.9	5.6	13.9	2.0	9.0

① 2015~2018년 동안 학교 폭력 피해 경험률은 매년 여성이 남성보다 더 높다.

② 조사 기간 동안 학교 폭력 피해를 당한 이유 중 매년 비율이 감소한 경우는 한 가지뿐이다.

③ 2018년에 1,000명의 남학생 중 15명 이상은 몸이 작고 힘이 약해서 학교 폭력을 당한다.

④ 특별한 이유가 없는 경우를 제외하면 몸이 작고 힘이 약해서 학교 폭력을 경험한 비율이 매년 가장 높다.

⑤ 남성보다 여성의 학교 폭력 경험 피해 건수가 많다.

13 다음 [표]는 지역별 교원 1인당 학생 수를 조사한 자료이다. 이에 대한 설명으로 옳지 <u>않은</u> 것을 고르면?

[표1] 지역별 교원 1인당 학생 수 (단위: 명)

구분	2018년	2019년	2020년	2021년	2022년
서울특별시	16.21	16.03	15.84	15.67	15.33
부산광역시	17.37	17.14	16.94	16.56	15.94
대구광역시	15.39	14.99	14.86	14.50	14.18
인천광역시	15.30	15.04	14.78	14.56	14.19
광주광역시	16.70	16.36	16.04	15.59	15.37
대전광역시	16.70	16.29	15.81	15.31	14.87
울산광역시	14.31	13.97	13.71	13.52	13.11
세종특별자치시	14.65	14.26	13.90	13.65	13.22

[표2] 지역별 교원 수 (단위: 백 명)

구분	2018년	2019년	2020년	2021년	2022년
서울특별시	954	940	934	929	930
부산광역시	351	346	340	339	342
대구광역시	277	275	270	270	269
인천광역시	282	280	280	281	286
광주광역시	194	192	191	192	190
대전광역시	204	203	202	202	202
울산광역시	131	131	131	131	133
세종특별자치시	50	55	59	61	65

① 2021년 교원 1인당 학생 수가 2년 전 대비 증가한 지역은 없다.

② 2022년 인천광역시의 학생 수는 총 405,834명이다.

③ 2018년 서울특별시의 교원 수는 광주광역시의 5배 이상이다.

④ 2022년 대전광역시의 교원 1인당 학생 수는 4년 전 대비 1.83명 감소하였다.

⑤ 대구광역시의 교원 1인당 학생 수가 인천광역시보다 많은 연도는 햇수로 2년이다.

14 다음 [표]는 자동차 보험회사 3사의 시장 점유율 및 실적 지표이다. 이에 대한 설명으로 옳은 것을 고르면?

[표1] 2020~2023년 3사의 자동차 보험 시장 점유율 추이 (단위 : %)

구분	2020년	2021년	2022년	2023년
H사	25	26	27	28
D사	23	21	18	15
S사	19	20	23	25

[표2] 3사의 2024년 1분기 지표 (단위 : 억 원, %)

구분	매출액	성장률	순익	손해율
H사	8,210	11.3	211(320)	67.9(71.1)
D사	6,550	11.0	330(450)	71.0(77.8)
S사	7,890	12.1	117(252)	59.9(75.4)

※ 괄호 안의 값은 2023년 지표임

① 2020~2023년의 점유율 추이를 살펴보면 각 회사의 점유율 상의 순위 변동은 없다.

② 2024년 1분기에 H사의 매출액과 성장률은 D사에 앞섰으나, 순익에서 2023년과 2024년 모두 S사보다 밀리고 있다.

③ 2020~2023년의 3사의 점유율 합은 모두 60% 미만이다.

④ 2024년 1분기에 성장률 면에서는 S사, 순익 면에서는 D사. 손해율 면에서는 S사가 가장 우위를 점하고 있다.

⑤ 2024년 1분기의 3사 매출액 순위와 손해율이 적은 순서는 일치한다.

15 다음 [표]는 항구별 컨테이너 물동량의 이동 현황에 관한 자료이다. 이에 대한 설명으로 옳은 것을 [보기]에서 모두 고르면?

[표] 항구별 컨테이너 물동량의 이동 현황 (단위: 개)

출발지 \ 도착지	A항구	B항구	C항구	D항구	E항구
A항구	–	17	29	8	16
B항구	19	–	26	8	10
C항구	28	25	–	27	46
D항구	9	7	27	–	36
E항구	18	9	45	34	–

※ 물동량＝출발 컨테이너 수＋도착 컨테이너 수

┌ 보기 ───
│ ㉠ 출발 컨테이너의 수가 도착 컨테이너의 수보다 더 많은 항구는 2개이다.
│ ㉡ 물동량이 가장 많은 항구는 E항구이다.
│ ㉢ 도착 컨테이너 수가 가장 적은 2개 항구는 A항구와 B항구이다.
│ ㉣ 항구별 도착 컨테이너 중 B항구에서 출발한 컨테이너의 비중이 가장 큰 항구는 A항구이다.

① ㉠, ㉡ ② ㉡, ㉢ ③ ㉢, ㉣
④ ㉠, ㉢, ㉣ ⑤ ㉡, ㉢, ㉣

16 다음 [표]는 시도별 공공의료기관 수에 대한 자료이다. 2015년 대비 2022년 기관 수의 감소량을 A, 증가량을 B라 할 때, $\dfrac{B}{A}$의 값을 고르면?

[표] 시도별 공공의료기관 수   (단위: 개소)

구분	2015년	2022년
전국	206	231
서울특별시	21	26
부산광역시	10	10
대구광역시	8	9
인천광역시	7	8
광주광역시	8	10
대전광역시	7	8
울산광역시	1	1
세종특별자치시	0	1
경기도	30	32
강원특별자치도	19	18
충청북도	3	12
충청남도	14	10
전라북도	11	12
전라남도	21	22
경상북도	21	26
경상남도	21	21
제주특별자치도	4	5

① $\dfrac{1}{6}$ ② $\dfrac{5}{24}$ ③ 6

④ $\dfrac{13}{2}$ ⑤ 8

17 다음 [표]는 2020년 여성 결혼이민자에 대한 자료이다. 이를 바탕으로 작성한 [보고서]의 내용 중 대한 설명으로 옳지 <u>않은</u> 것을 모두 고르면?

[표] 2020년 여성 결혼이민자 (단위: 명)

구분		여성 결혼이민자 수
출신국별	베트남	620
	중국	40
	필리핀	16
	캄보디아	60
	우즈베키스탄	24
	기타 나라	40
연령별	19~24세	360
	25~29세	240
	30~34세	120
	35세 이상	80
최종학력별	중학교 이하	180
	고등학교	460
	대학교 이상	160
지역별	수도권	320
	영남권	240
	호남권	140
	충청·강원	100

[보고서]

2020년 여성 결혼이민자 800명을 대상으로 조사한 결과 ㉠ 베트남 국적의 여성이 620명으로 가장 많았으며 이는 조사 대상 전체의 80% 이상을 차지하였으며 캄보디아, 중국, 필리핀, 캄보디아, 우즈베키스탄, 필리핀 등이 뒤를 이었다. 조사 대상 중 19~24세 여성이 전체의 45%를 차지했으며 ㉡ 30세 미만의 여성이 조사 대상 전체의 70% 이상을 차지했다. 또한, 최종학력이 고등학교인 여성이 가장 많았으며 중학교 이하와 대학교 이상이 그 뒤를 이었다. 특히, ㉢ 대학교 이상의 고학력자 여성은 조사 대상 전체의 20%를 차지했다. ㉣ 여성 결혼이민자 중 수도권에 거주하는 여성이 가장 많았으며 이는 영남권에 거주하는 여성의 1.5배이다.

① ㉠, ㉡   ② ㉠, ㉣   ③ ㉡, ㉢
④ ㉡, ㉣   ⑤ ㉢, ㉣

18 다음 [표]는 수입 식품 및 수입 검사 현황에 관한 자료이다. 이에 대한 설명으로 옳지 <u>않은</u> 것을 고르면?

[표] 수입 식품 및 수입 검사 현황   (단위: 건, 톤, %)

구분	2016년	2017년	2018년	2019년	2020년
수입 건수	625,443	672,273	728,114	738,082	750,993
수입 물량	17,260,902	18,295,687	18,553,556	18,441,149	18,332,908
검사 건수	625,443	672,273	728,114	738,082	750,993
적합 건수	624,193	670,994	726,636	736,787	749,910
부적합 건수	1,250	1,279	( )	1,295	1,083
부적합률	0.20	0.19	0.20	0.18	0.14

① 매년 수입 식품 검사는 수입 건수만큼 진행된다.
② 조사 기간 중 2018년의 부적합 건수가 가장 많다.
③ 수입 건수가 전년 대비 증가하면 수입 물량도 증가한다.
④ 조사 기간 동안 수입 식품 검사 건수의 적합률은 99% 이상이다.
⑤ 2017~2020년 수입 물량과 부적합 건수의 증감 추이는 동일하다.

19 다음 [표]는 취업자 증감 및 실업률에 관한 자료이다. 이에 대한 설명으로 옳은 것을 고르면?

[표] 취업자 증감 및 실업률   (단위: 만 명)

구분	2017년	2018년	2019년	2020년	2021년
취업자 증감	31.6	9.7	30.1	−21.8	36.9
실업자	102.3	107.3	106.3	110.8	103.7
실업률(%)	3.7	3.8	3.8	4	3.7
청년실업자	42.6	40.8	38.6	37	32.6
청년실업률(%)	9.8	9.5	8.9	9	7.8

※ 실업률(%)=$\dfrac{\text{실업자}}{\text{경제활동인구}} \times 100$, 청년실업률(%)=$\dfrac{\text{청년실업자}}{\text{청년 경제활동인구}} \times 100$

① 취업자 수는 2019년까지 증가하다가 2020년에 처음 감소하였다.
② 2021년 실업자 중 청년실업자가 아닌 실업자는 70만 명 이하이다.
③ 청년실업률은 매년 감소하였다.
④ 실업률이 가장 높은 해에 청년실업자 수도 가장 많았다.
⑤ 전년 대비 실업자 수 증가 폭이 가장 큰 해는 2020년이다.

20 다음 [표]는 지난 1년 동안 지출한 여가비용에 대한 가구 소득별 평가 자료이다. 이에 대한 설명으로 옳은 것을 [보기]에서 모두 고르면?

[표] 지난 1년 동안 지출한 여가비용에 대한 가구 소득별 평가 (단위: %)

구분		매우 부족	부족	다소 부족	보통	다소 충분	충분	매우 충분	계
가구 소득 별	100만 원 미만	2.8	7.2	14.7	42.3	18	10.4	4.6	100
	100만 원 이상 200만 원 미만	1.5	5.2	13.3	43.9	19.5	12.6	4.0	100
	200만 원 이상 300만 원 미만	1.6	6.1	16.5	39.6	19.3	14	2.9	100
	300만 원 이상 400만 원 미만	1.3	5.4	13.3	39.1	22.1	15.3	3.5	100
	400만 원 이상 500만 원 미만	0.7	4.5	13.8	38	25.6	13.8	3.6	100
	500만 원 이상 600만 원 미만	1	3.9	13.3	36.1	24.8	16.8	4.1	100
	600만 원 이상	0.9	3.2	11.9	36.0	24.6	19.2	4.2	100

보기
ㄱ. '매우 부족'으로 평가한 가구 중 비율이 가장 큰 가구는 소득이 100만 원 미만인 가구이다.
ㄴ. 가구소득 600만 원 이상의 '부족', '다소 부족', '보통' 평가비율은 모두 각각 다른 소득구간의 평가비율보다 낮다.
ㄷ. 가구소득 500만 원 이상 600만 원 미만의 가구가 '매우부족'이나 '부족'으로 평가한 비율은 '매우 충분'으로 평가한 비율보다 낮다.

① ㄱ
② ㄱ, ㄴ
③ ㄱ, ㄷ
④ ㄴ, ㄷ
⑤ ㄱ, ㄴ, ㄷ

01 지희와 완규를 포함한 7명의 학생이 앞에서부터 일렬로 앉을 때, 가장 앞자리와 가장 뒷자리를 제외한 자리에 지희와 완규가 앉을 확률을 고르면?

① $\dfrac{2}{7}$　　　　　　　② $\dfrac{7}{21}$　　　　　　　③ $\dfrac{8}{21}$

④ $\dfrac{3}{7}$　　　　　　　⑤ $\dfrac{10}{21}$

02 한 마트에서 음료수를 묶음으로 판매하려고 한다. 이 음료수를 3개씩 묶어 판매하면 2개의 음료수가 남고, 4개씩 묶어 판매해도 2개의 음료수가 남는다. 6개씩 묶어 판매할 때 남는 음료수의 개수를 고르면?

① 1개　　　　　　　② 2개　　　　　　　③ 3개

④ 4개　　　　　　　⑤ 5개

03 S사에서는 40명의 진급 대상자가 진급자 테스트를 실시하여 10명이 합격을 하였다. 합격자의 평균 점수가 불합격자의 평균 점수 2배보다 20점이 낮고, 불합격한 사람의 평균 점수는 테스트 응시자 전체의 평균 점수보다 15점이 낮다고 할 때, 응시자 전체의 평균 점수를 고르면?

① 90점　　　　　　　② 92점　　　　　　　③ 93점

④ 95점　　　　　　　⑤ 97점

04 둘레의 길이가 480m인 원형 트랙의 같은 지점에서 현구와 영수가 동시에 같은 방향으로 자전거를 타기 시작했다. 현구는 13m/s의 속력으로, 영수는 7m/s의 속력으로 자전거를 탔다고 할 때, 현구와 영수가 처음으로 다시 만나는 데 소요된 시간을 고르면?

① 56초 ② 1분 20초 ③ 1분 32초
④ 1분 36초 ⑤ 1분 40초

05 1개당 원가가 555원인 상품을 1,000개 매입하여 1개당 1,500원에 팔고 있다. 100개를 판매하였지만 예상보다 판매가 저조하여 남은 재고를 신속히 털어내고자 할인된 가격으로 판매하려고 할 때 손해를 보지 않는 최소 판매가를 고르면?

① 440원 ② 445원 ③ 450원
④ 455원 ⑤ 460원

06 농도가 5%인 설탕물 600g에 농도가 10%인 설탕물을 섞어 농도가 8%인 설탕물을 만들었을 때, 만들어진 농도 8% 설탕물의 양은 몇 g인지 고르면?

① 900g ② 1,200g ③ 1,500g
④ 1,800g ⑤ 2,100g

07 어느 회사의 올해 남자 신입사원 수는 작년보다 8% 감소하였고, 여자 신입사원 수는 작년보다 6% 증가하였다고 한다. 작년의 전체 신입사원 수는 850명이었으며, 올해는 작년보다 전체 신입사원 수가 12명이 감소하였다고 한다. 올해 남자 신입사원 수를 고르면?

① 392명 ② 400명 ③ 414명
④ 424명 ⑤ 450명

08 어떤 일을 원래 계획보다 12일 전에 완성해야 한다면 작업 효율을 지금보다 20% 높여야 한다. 원래의 계획대로 이 일을 완성한다고 할 때, 며칠이 걸리는지 고르면?

① 40일   ② 48일   ③ 60일
④ 72일   ⑤ 100일

09 본사의 기획팀에는 대리 1명, 주임 2명, 사원 4명이 소속되어 있다. 기획팀 소속 직원들을 회의실에 일렬로 앉히려고 할 때, 같은 직급의 직원끼리 이웃하여 앉을 확률을 고르면?

① $\dfrac{2}{35}$ ② $\dfrac{1}{7}$ ③ $\dfrac{1}{5}$
④ $\dfrac{9}{35}$ ⑤ $\dfrac{2}{5}$

10 100원짜리 동전 3개와 500원짜리 동전 2개를 한번에 던질 때, 앞면이 나온 동전을 상품으로 주는 게임이 있다. 이때, 300원 이상을 상품으로 받게 되는 경우의 수를 고르면?

① 17가지   ② 23가지   ③ 24가지
④ 25가지   ⑤ 30가지

11 둘레의 길이가 3,000m인 호숫가를 A, B 두 사람이 어느 한 지점에서 서로 반대 방향으로 동시에 출발하였다. A는 80m/분, B는 70m/분의 속력으로 걷는다면 두 사람은 출발한 지 몇 분 후에 두 번째로 만나는지 고르면?

① 10분   ② 20분   ③ 30분
④ 40분   ⑤ 50분

12 어떤 상점에서 두 상품 A, B를 1개씩 묶음으로 팔려고 한다. 상품 A를 정가보다 2할 비싸게 하고 상품 B를 정가보다 130원 싸게 하면 총 1,700원이고, 이와 반대로 상품 A를 130원 싸게 하고 상품 B를 2할 비싸게 하면 총 1,670원일 때, 두 상품 A, B의 정가의 합을 고르면?

① 1,450원   ② 1,500원   ③ 1,600원
④ 1,650원   ⑤ 1,700원

13 공장에서 어떤 제품을 생산하는 데 합격품은 50원의 이익을 얻고, 불량품은 100원의 손해가 생긴다고 한다. 250개를 생산하여 6,500원의 이익이 생겼을 때, 불량품의 개수를 고르면?

① 40개   ② 50개   ③ 60개
④ 70개   ⑤ 80개

14 다음 회사의 여자 사원이 400명, 남자 사원이 600명일 때, 일일 평균 통화시간이 10분 이상 15분 미만인 여자 사원 수는 20분 이상인 남자 사원 수의 몇 배인지 고르면?

[표] 사내전화 평균 통화시간   (단위: %)

일일 평균 통화시간	5분 미만	5분 이상 10분 미만	10분 이상 15분 미만	15분 이상 20분 미만	20분 이상
남자 사원	43	20	15	12	10
여자 사원	18	26	21	11	24

① 1.2배   ② 1.4배   ③ 1.6배
④ 1.8배   ⑤ 2.1배

15 새로운 프로젝트를 진행하는 데 사원 A~C가 투입되었다. A, B가 함께 작업하면 이 프로젝트를 끝내는 데 5일이 걸리고, B, C가 함께 작업하면 이 프로젝트를 끝내는 데 10일이 걸린다. 그리고 A, C가 함께 작업하면 이 프로젝트를 끝내는 데 8일이 걸린다고 할 때, 사원 C가 혼자 프로젝트를 끝내려면 며칠 동안 작업을 해야 하는지 고르면?

① 30일   ② 40일   ③ 60일
④ 70일   ⑤ 80일

16 둘레의 길이가 2km인 원 모양의 산책로가 있다. 승익이와 상현이 두 사람이 같은 지점에서 출발하여 서로 반대 방향으로 가면 10분 만에 처음으로 만나고, 같은 방향으로 가면 40분 만에 처음으로 만난다. 승익이와 상현이의 속력을 각각 am/분, bm/분이라고 할 때, (a−b)의 값을 고르면?(단, a>b이다.)

① 50   ② 55   ③ 60
④ 65   ⑤ 70

17 L사원은 두 마을 A, B 사이를 자동차로 왕복으로 이동하였다. 갈 때는 60km/h로, 올 때는 40km/h로 다녀왔더니, 올 때는 갈 때보다 12분이 더 걸렸다. 자동차로 왕복 이동한 거리를 고르면?

① 24km   ② 36km   ③ 48km
④ 60km   ⑤ 72km

18 어떤 물건의 정가를 10% 할인하여 판매할 때, 원가의 8% 이익을 얻으려고 한다. 처음에 정가를 정할 때, 원가의 몇 % 이익을 붙여야 하는지 고르면?

① 15% ② 20% ③ 25%
④ 30% ⑤ 40%

19 2007년에 아버지의 나이는 아들의 나이의 4배였고, 2020년 현재 아버지의 나이와 아들의 나이의 차는 30이다. 2013년에 아버지와 아들의 나이의 합을 고르면?

① 60살 ② 62살 ③ 63살
④ 64살 ⑤ 66살

20 다음 [표]는 어느 공장에서 두 제품 X, Y를 생산하는 데 필요한 두 원료 A, B의 양과 제품 1개당 이익을 나타낸 자료이다. 원료 A 400kg과 원료 B 220kg을 모두 사용하여 제품 X, Y를 생산하였을 때, 총이익을 고르면?

[표] 제품 X, Y를 생산하는 데 필요한 원료 A, B의 양과 제품 1개당 이익 (단위: kg, 만 원)

구분	A	B	이익
X	4	2	5
Y	5	3	8

① 550만 원 ② 560만 원 ③ 570만 원
④ 580만 원 ⑤ 600만 원

01 다음 [조건]을 바탕으로 할 때 항상 참인 것을 고르면?

조건
- 티켓이 있는 사람은 영화관에 입장한다.
- 영화관에 입장한 사람은 음료를 구매할 수 있다.
- 김 씨는 티켓이 있다.

① 김 씨는 음료를 구매할 수 있다.

② 티켓이 있는 사람 중 일부는 음료를 구매할 수 없다.

③ 음료를 구매할 수 있는 사람 중 티켓이 없는 사람이 있다.

④ 영화관에 입장하지 않은 사람은 음료를 구매할 수 있다.

⑤ 음료를 구매할 수 있는 사람은 영화관에 입장한다.

02 다음 [조건]을 바탕으로 할 때 항상 옳은 것을 고르면?

조건
- 모든 직원은 교육 프로그램에 참여해야 한다.
- 교육 프로그램에 참여하지 않으면, 상반기 평가에서 불이익을 받는다.
- 교육 프로그램에 참여하면 인사 평가에서 가점을 받는다.
- 박 사원은 교육 프로그램에 참여한다.

① 박 사원은 인사 평가에서 가점을 받는다.

② 교육 프로그램에 참여하지 않은 직원은 상반기 평가에서 불이익을 받지 않는다.

③ 교육 프로그램에 참여하지 않은 직원은 인사 평가에서 가점을 받는다.

④ 교육 프로그램에 참여한 직원 일부는 인사 평가에서 가점을 받지 않는다.

⑤ 박 사원 교육 프로그램에 참여하였으나, 상반기 평가에서 불이익을 받았다.

03 A~E는 회의 시간에 마실 음료를 주문하였다. 이 중 3명은 아메리카노를, 1명은 카페라테를, 남은 1명은 아이스 티를 주문하였다. 다음 [대화]에서 1명만 거짓을 말하였을 때, 아메리카노를 시킨 사람을 모두 고르면?

┌─ 대화 ───┐
A: "나는 아메리카노를 주문하였어."

B: "D는 아이스 티를 주문하였어."

C: "나는 카페라테를 주문하였어."

D: "나는 아메리카노를 주문하지 않았어."

E: "B가 아이스 티를 주문하였어."
└───┘

① A, B, C   ② A, B, D   ③ A, B, E

④ B, C, D   ⑤ B, D, E

04 A~E는 모두가 참석할 수 있는 모임 시간을 정하려고 한다. 다음 [조건]을 바탕으로 고르면?

┌─ 조건 ───┐
• A는 화요일 저녁에 운동모임이 있다.

• B는 수요일과 금요일 저녁에 약속이 있다.

• C는 목요일 저녁에 회식이 있다.

• D는 화요일과 목요일 저녁에 개인 약속이 있다.

• E는 화요일과 금요일 저녁에 회의가 있다.
└───┘

① 월요일 저녁   ② 화요일 저녁   ③ 수요일 저녁

④ 목요일 저녁   ⑤ 금요일 저녁

05 선수 A~F는 2인 1조로 훈련조를 구성하려고 한다. 다음 [조건]을 고려할 때, 항상 참인 것을 고르면?(단, 두 개 이상의 조에 속한 사람은 없다)

┌ 조건 ───
• 선수 A, B, C는 공격수, D는 미드필더, E, F는 수비수이다.
• 같은 포지션끼리 팀을 구성하지 않는다.
• A는 미드필더와 같은 팀이 아니다.
• C와 E는 같은 팀이 아니다.
└──

① F와 A가 같은 팀이라면, B와 D가 같은 팀이다.
② E와 A가 같은 팀이라면, C와 F가 같은 팀이다.
③ B와 D가 같은 팀이라면, C와 F가 같은 팀이다.
④ B와 F는 같은 팀이다.
⑤ C와 D가 같은 팀이라면, F와 A는 같은 팀이다.

06 A~D 중 1명은 발표자이다. 다음 [대화]에서 이 중 1명만 참을 말하고 나머지 3명은 거짓을 말하고 있을 때, 참을 말한 사람과 발표자가 순서대로 짝지어진 것을 고르면?

┌ 대화 ───
• A: "B가 오늘 발표를 맡았어."
• B: "A는 거짓을 말하고 있어."
• C: "나는 오늘 발표를 맡지 않았어."
• D: "발표자는 B야."
└──

① A, B   ② B, C   ③ C, D
④ A, D   ⑤ B, D

07 A~E 중 1명은 과제를 제출하지 않았다. 다음 [대화]에서 1명만 거짓을 말하였을 때, 거짓을 말한 사람을 고르면?

┌─ 대화 ──┐
- A: "나는 과제를 제출하였어."
- B: "E는 과제를 제출하지 않았어."
- C: "나와 D는 과제를 제출하였어."
- D: "B는 과제를 제출하지 않았고, 거짓말을 하고 있어."
- E: "나는 과제를 제출하였어"
└───┘

① A   ② B   ③ C
④ D   ⑤ E

08 X사는 P, Q, R, S사 중 일부와 협력 계약을 체결하기로 했다. 다음 [조건]을 바탕으로 X사가 협력 계약을 체결할 수 있는 업체를 모두 고르면?

┌─ 조건 ──┐
- P사와는 계약하지 않는다.
- Q사와 R사 중 적어도 한 곳과 계약하지만, 2개 업체와 동시에 계약하지 않는다.
- 1개 업체만 단독으로 계약하지 않는다.
- Q사와 계약 시 반드시 P사를 포함하여 계약한다.
└───┘

① P사, Q사   ② Q사, R사   ③ Q사, S사
④ R사, S사   ⑤ Q사, R사, S사

09 다음 명제를 참고하여 내린 [보기]의 결론 A, B에 대한 설명으로 옳은 것을 고르면?

> - 이산화탄소 배출량이 증가하면 지구 온도가 높아진다.
> - 지구 온도가 높아지면 생태계가 파괴된다.
> - 이산화탄소 배출량이 증가하지 않으면 생태계가 파괴되지 않는다.

보기
- A: 지구 온도가 높아지면 이산화탄소 배출량이 증가한다.
- B: 생태계가 파괴되지 않으면 이산화탄소 배출량이 증가하지 않는다.

① A만 옳다.
② B만 옳다.
③ A, B 모두 옳다.
④ A, B 모두 옳지 않다.
⑤ A, B 모두 옳은지 옳지 않은지 알 수 없다.

10 S회사의 전략기획팀 A~E의 5명 중 1명은 어제 결근하였다. 5명은 결근 사유를 듣지 못한 팀장에게 다음 [대화]와 같이 말하였는데, 이들 중 2명이 거짓을 말하였다. 이를 바탕으로 결근한 사람을 고르면?(단, 참을 말하는 직원의 진술은 모두 참이고, 거짓을 말하는 직원의 진술은 모두 거짓이다.)

대화
- A: "저는 출근하였고, E도 출근하였습니다. 누가 왜 결근하였는지는 모릅니다."
- B: "C는 출근하였습니다. 그리고 A의 말은 모두 사실입니다."
- C: "결근한 사람은 D입니다."
- D: "B의 말은 모두 사실입니다."
- E: "결근한 사람은 D입니다. D가 개인 사정으로 인해 결근한다고 A에게 전하였습니다."

① A
② B
③ C
④ D
⑤ E

11 A~F는 영화관에 가서 다음과 같이 2행 3열로 되어있는 좌석에 앉으려고 한다. 1행이 2행보다 앞자리라고 할 때, 다음 [조건]을 바탕으로 반드시 옳은 것을 고르면?

	1열	2열	3열
1행			
2행			

조건
- A, B, C는 모두 다른 열에 앉는다.
- D와 E는 바로 옆자리에 앉는다.
- B는 2행에 앉는다.
- A는 D의 바로 앞자리에 앉는다.
- E는 2열에 앉지 않는다.

① C는 1열에 앉는다.
② B는 A보다 오른쪽에 앉는다.
③ F와 C는 바로 옆자리에 앉는다.
④ B는 F의 바로 뒷자리에 앉는다.
⑤ E는 1행에 앉는다.

PART 3
실전모의고사

01
02
03
04

12 민수는 국어, 영어, 수학, 사회, 과학 5과목 시험을 봤다. 다음 [조건]을 바탕으로 할 때, 점수가 높은 과목부터 순서대로 나열한 것을 고르면?(단, 각 과목의 점수는 정수이며, 최소 0점, 최대 100점이다. 또한 점수가 동일한 과목은 없다.)

조건
- 한 과목의 점수가 60점 미만이면 낙제이다.
- 국어와 영어의 평균점수는 99점이다.
- 영어와 수학의 평균점수는 79점이다.
- 사회 점수는 과학 점수보다 1점 높다.
- 민수는 낙제 과목이 없다.

① 국어-영어-사회-과학-수학
② 국어-영어-수학-사회-과학
③ 영어-국어-사회-과학-수학
④ 영어-국어-수학-사회-과학
⑤ 영어-사회-국어-과학-수학

13 다음 전제를 보고 항상 참인 결론을 고르면?

전제1	와인을 즐기는 모든 사람은 치즈를 좋아한다.
전제2	와인을 즐기는 어떤 사람은 인공지능을 전공하였다.
결론	

① 인공지능을 전공한 모든 사람은 치즈를 좋아한다.
② 치즈를 좋아하는 모든 사람은 인공지능을 전공하였다.
③ 치즈를 좋아하는 어떤 사람은 인공지능을 전공하였다.
④ 인공지능을 전공한 어떤 사람은 치즈를 좋아하지 않는다.
⑤ 치즈를 좋아하는 모든 사람은 인공지능을 전공하지 않았다.

14 L야구팀은 1~9번 중 짝수 번호 타순은 모두 정하였지만, 홀수 번호 타순 5명은 아직 정하지 못했다. A, B, C, D, E 5명이 홀수 번호 타순이 될 경우에 대해 다음 [조건]을 만족할 때, 옳은 것을 고르면?(단, [조건]의 설명과 선택지의 내용은 모두 1~9번 전체 타순 기준이다.)

> ┌ 조건 ─────────────────────────
> • B보다 앞 타순에 A가 있다.
> • C는 B보다 뒤 타순에 있다.
> • E보다 앞 타순에는 D가 있다.
> • E의 뒤 타순에 A는 없다.
> • A와 D 사이에는 5명이 있다.
> └─────────────────────────────

① B는 D보다 뒤 타순에 있다.
② E는 B보다 앞 타순에 있다.
③ C와 E 사이에는 3명이 있다.
④ A와 E 사이에는 5명이 있다.
⑤ A와 D 사이에는 4명이 있다.

15 다음 [대화]는 어느 기업의 총무팀 직원들이 나눈 대화 내용이다. 이 중 2명은 거짓을 말하였고, 3명은 참을 말하였다. 지각한 직원이 1명일 때, 지각한 직원을 고르면?

> ┌ 대화 ───
> - 이 대리: "지각한 직원은 유 차장님입니다. 박 사원이 봤다고 했습니다."
> - 강 부장: "박 사원 혼자 지각한 직원을 봤어. 이 대리가 하는 말은 모두 진실이야."
> - 유 차장: "아녜요. 지각한 사람을 본 직원은 3명이에요. 그리고 이 대리는 지각하지 않았죠."
> - 박 사원: "강 부장님과 저는 지각하지 않았습니다. 저는 지각한 사람을 보지 못했습니다."
> - 엄 주임: "유 차장님은 지각하지 않았습니다. 박 사원의 말은 모두 진실이에요."

① 강 부장   ② 유 차장   ③ 이 대리
④ 엄 주임   ⑤ 박 사원

16 다음 [조건]의 명제들이 모두 참이라고 할 때, 이를 근거로 도출할 수 있는 결론으로 옳지 <u>않은</u> 것을 고르면?

> ┌ 조건 ───
> - 턱이 발달한 사람은 딱딱한 음식을 좋아한다.
> - 과일을 좋아하지 않는 사람은 턱이 발달했다.
> - 잇몸이 건강하지 않은 사람은 견과류를 좋아한다.
> - 딱딱한 음식을 좋아하는 사람은 잇몸이 건강하지 않다.

① 잇몸이 건강한 사람은 턱이 발달하지 않았다.
② 딱딱한 음식을 좋아하지 않으면 과일을 좋아한다.
③ 견과류를 좋아하는 사람은 딱딱한 음식을 좋아한다.
④ 견과류를 좋아하지 않는 사람은 턱이 발달하지 않았다.
⑤ 잇몸이 건강한 사람은 과일을 좋아한다.

17 다음 [대화]는 A, B, C, D, E, F 6명이 모임 참석 여부를 진술한 것이다. 이에 대한 설명으로 항상 옳은 것을 고르면?

> ┌─ 대화 ─────────────────────────────────────
> - A: "B가 가면 나도 간다."
> - B: "C가 가지 않으면 나도 안 간다."
> - C: "A가 가면 나도 간다."
> - D: "E가 가면 나도 간다."
> - E: "F가 가면 난 가지 않는다."
> - F: "나는 갈지 안 갈지 결정하지 못했다."
> └──

① D가 가면 C도 간다.
② E의 참석 여부를 알 수 없다.
③ B가 가지 않으면 C도 가지 않는다.
④ A가 가지 않으면 D도 가지 않는다.
⑤ E가 참석하면 D와 F 모두 참석한다.

18 6개 부서의 사무실 위치가 다음 [조건]과 같다. 다음 [조건]을 참고할 때, 각 부서의 위치에 대한 설명으로 옳지 <u>않은</u> 것을 고르면?(단, 모든 층에는 1개의 부서만 있는 것으로 가정한다.)

> ┌─ 조건 ─────────────────────────────────────
> - 인사팀과 마케팅팀이 위치한 층 사이에는 2개의 층이 있다.
> - 총무팀과 홍보팀이 위치한 층 사이에는 3개의 층이 있다.
> - 마케팅팀보다 낮은 층에 회계팀은 있으나, 생산팀은 없다.
> - 총무팀보다 낮은 층에 있는 부서는 없다.
> └──

① 마케팅팀은 3층에 위치하고 있다.
② 생산팀은 회계팀보다 높은 층에 있다.
③ 인사팀과 회계팀 사이에는 3개의 층이 있다.
④ 제일 꼭대기 층에는 인사팀이 있다.
⑤ 홍보팀과 마케팅팀 사이의 층에는 회계팀이 있다.

19 어느 회사에서는 신제품 개발 계획과 관련한 기획안이 외국으로 유출된 사실을 알게 되어 수사를 의뢰하였다. 관련 자료를 유출한 범인은 A~E 5명 중 1한 명임이 확인되었다. 심문하는 과정에서 단 한 사람만이 참을 말하였다. 다음 [대화]를 바탕으로 할 때, 범인을 고르면?

─ 대화 ─
- A: "B가 자료를 유출하였습니다."
- B: "A가 자료를 유출하였습니다."
- C: "유출한 사람이 참을 말하고 있습니다."
- D: "C가 자료를 유출했습니다."
- E: "A 또는 B가 자료를 유출했습니다."

① A   ② B   ③ C
④ D   ⑤ E

20 6명의 직원 A~F가 2명씩 짝을 지어 각각 미국, 영국, 중국으로 출장을 떠난다. 다음 [조건]을 바탕으로 할 때, 미국 출장을 간 직원을 고르면?

─ 조건 ─
- 세 그룹은 각자 다른 나라로 출장을 간다.
- A, B, C는 모두 차장이고, D, E, F는 모두 대리이다.
- 차장 1명과 대리 1명이 짝을 이룬다.
- A와 E는 함께 출장을 간다.
- B는 영국으로 출장을 간다.
- F는 중국으로 출장을 가지 않는다.
- C와 D는 함께 출장을 가지 않는다.

① A, C   ② A, E   ③ B, D
④ C, F   ⑤ D, F

01 다음에 주어진 일정한 규칙에 따른 수열을 보고 빈칸에 들어갈 알맞은 수를 고르면?

3	26	15	124	( )	342	⋯

① 35   ② 58   ③ 75

④ 136   ⑤ 214

02 다음에 주어진 일정한 규칙에 따른 수열을 보고 빈칸에 들어갈 알맞은 수를 고르면?

$$\frac{1}{250} \quad \frac{3}{500} \quad (\ \ ) \quad \frac{2}{125} \quad \frac{3}{125} \quad \frac{17}{500}$$

① $\frac{1}{5}$ ② $\frac{1}{25}$ ③ $\frac{1}{50}$

④ $\frac{1}{100}$ ⑤ $\frac{1}{125}$

03 다음과 같이 일정한 규칙으로 분수를 나열할 때, 3A−B의 값을 고르면?

$$-\frac{1}{2} \quad \frac{2}{5} \quad -\frac{2}{3} \quad \frac{1}{6} \quad -\frac{3}{4} \quad (\,A\,) \quad (\,B\,)$$

① $\frac{1}{2}$ ② $\frac{2}{3}$ ③ $\frac{3}{4}$

④ $\frac{4}{5}$ ⑤ $\frac{5}{6}$

04 다음과 같이 일정한 규칙으로 분수를 나열할 때, A+B의 값을 고르면?

$$\frac{3}{32} \quad -\frac{35}{16} \quad \frac{19}{8} \quad -\frac{27}{4} \quad \frac{23}{2} \quad (\,A\,) \quad (\,B\,)$$

① 23   ② 24   ③ 25

④ 26   ⑤ 27

05 다음에 주어진 일정한 규칙에 따른 수열의 합을 고르면?

$$0.01 + 0.04 + 0.07 + 0.1 + \cdots + 2.02$$

① 69.01 ② 69.02 ③ 69.03
④ 69.04 ⑤ 69.05

PART 3
실전모의고사

01
02
03
04

06 다음과 같이 일정한 규칙으로 숫자를 나열할 때, 다섯 번째 항을 고르면?

2	9	30	93	⋯

① 127 ② 156 ③ 186
④ 243 ⑤ 282

07 다음에 주어진 일정한 규칙에 따른 수열을 보고 빈칸에 들어갈 알맞은 수를 고르면?

5	6	8	12	11	24	( )	48

① 12 ② 13 ③ 14
④ 15 ⑤ 16

08 다음에 주어진 일정한 규칙에 따른 수열을 보고 빈칸에 들어갈 알맞은 수를 고르면?

1.2	1.3	2.5	3.8	6.3	( )	16.4

① 9.9 ② 10.1 ③ 10.3
④ 11.1 ⑤ 11.3

09 다음에 주어진 일정한 규칙에 따른 수열을 보고 빈칸에 들어갈 알맞은 수를 고르면?

	$\frac{1}{8}$	$\frac{1}{4}$	1	6	48	480	( )

① 4800 ② 5280 ③ 5760
④ 6240 ⑤ 6720

10 다음과 같이 일정한 규칙으로 숫자를 나열할 때, A+B의 값을 고르면?

	9.75	0.98	(A)	2.34	3.57	(B)

① 5.71 ② 5.75 ③ 5.81
④ 5.85 ⑤ 5.91

11 다음에 주어진 일정한 규칙에 따른 수열을 보고 빈칸에 들어갈 알맞은 수를 고르면?

14 3 8		15 2 11		6 1 ( )

① 1 ② 2 ③ 3
④ 4 ⑤ 5

12 다음과 같이 일정한 규칙으로 숫자를 나열할 때, A와 B에 들어갈 수의 차를 고르면?

	15	−7	8	1	9	10	19	(A)	48	77	(B)

① 96 ② 97 ③ 98
④ 99 ⑤ 100

13 다음에 주어진 일정한 규칙에 따른 수열을 보고 빈칸에 들어갈 알맞은 수를 고르면?

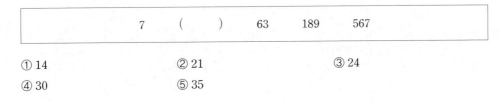

| 7 | (|) | 63 | 189 | 567 |

① 14   ② 21   ③ 24
④ 30   ⑤ 35

14 다음에 주어진 일정한 규칙에 따른 수열을 보고 빈칸에 들어갈 알맞은 수를 고르면?

1 1 3 1 3 5 1 3 5 7 1 3 5 7 ( )

① 1   ② 9   ③ 11
④ 13   ⑤ 15

15 다음에 주어진 일정한 규칙에 따른 수열을 보고 빈칸에 들어갈 알맞은 수를 고르면?

| 1.21 | 4.28 | ( ) | 22.42 | 28.49 | 41.56 | 52.63 |

① 11.35   ② 12.57   ③ 13.91
④ 14.35   ⑤ 14.57

16 다음과 같이 일정한 규칙으로 숫자를 나열할 때, A+B의 값을 고르면?

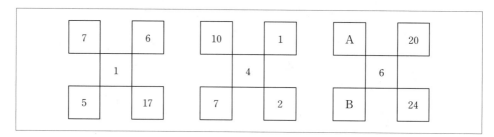

① 10 ② 20 ③ 30
④ 40 ⑤ 50

17 다음과 같이 일정한 규칙으로 숫자를 나열할 때, 빈칸에 들어갈 알맞은 수를 고르면?

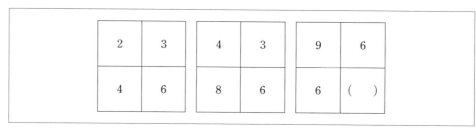

① 3 ② 4 ③ 5
④ 6 ⑤ 7

18 다음과 같이 일정한 규칙으로 숫자를 나열할 때, 빈칸에 들어갈 알맞은 수를 고르면?

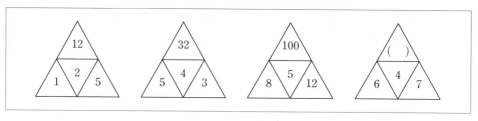

① 24 ② 40 ③ 52
④ 72 ⑤ 108

19 다음과 같이 일정한 규칙으로 숫자를 나열할 때, 빈칸에 들어갈 알맞은 수를 고르면?

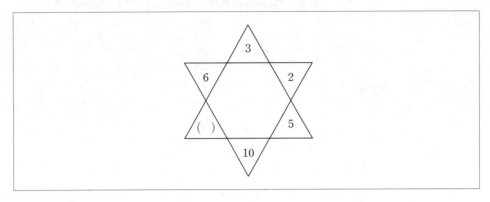

① 4 　　　　　　② 8 　　　　　　③ 9
④ 12 　　　　　　⑤ 15

20 다음과 같이 일정한 규칙으로 숫자를 나열할 때, A+B의 값을 고르면?

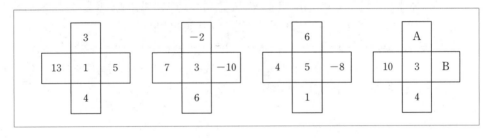

① −7 　　　　　　② −6 　　　　　　③ −5
④ −4 　　　　　　⑤ −3

정답과 해설 P. 84

01 다음 글의 주제로 가장 적절한 것을 고르면?

오하이오주립대 연구진은 감정에 관한 심리학 이론, '감정의 두 요인'을 바탕으로 연구를 진행했다. '삭터―싱어 이론'이라고도 불리는 이 이론에 따르면, 감정에는 신체적 반응이 필수적이다. 신체적 반응이 일어난 후 우리의 뇌는 인지적 해석을 통해 감정을 구체화한다. 즉 얼굴에 열이 오르거나 심장 박동이 빨라지는 등 신체적인 변화가 일어나면, 뇌가 수집한 여러 정보에 비춰 반응을 해석한다. 해석을 끝마친 후에는 우리가 느끼는 감정에 이름이 붙는다. 이 과정을 거쳐 '분노'를 인지한 후에는 신체 반응을 바꾸거나 인식을 바꿔 분노를 달래 볼 수 있다. 예를 들어 천천히 숫자 세기, 명상하기처럼 각성 수준을 낮추는 활동과 달리기처럼 각성 수준을 높이는 활동은 신체 반응에 변화를 이끌어 분노를 억제하는 데 도움을 준다. 연구진은 분노와 적대감, 공격성 척도를 비롯해 생리적 각성을 증가하거나 감소시키는 활동에 관한 연구 154건을 분석하였다. 이후 각성을 증가시키는 활동과 감소시키는 활동으로 재분류하였다. 각성을 증가시키는 활동으로는 달리기, 샌드백 치기, 사이클링, 수영 등이 각성 상태를 잠재우는 활동으로는 심호흡, 명상, 요가 등이 손꼽혔다. 분석 결과, 각성 상태를 잠재우는 활동이 분노를 비롯한 적대감과 공격성을 낮추는 데 훨씬 효과적으로 나타났다. 이는 참가자의 나이나 직업, 생활 배경 등에 상관 없이 나타난 결과였다. 연구진은 특히 요가를 비롯해 근육을 천천히 수축하였다가 이완하는 신체 활동은 명상에 비해 각성 수준이 높지만, 분노 해소 측면에서 비슷한 효과를 거둘 수 있다고 밝혔다. 반면 각성을 증가시키는 활동은 분노를 낮추는 효과가 거의 없었다. 연구진은 "각성을 높이는 특정 신체 활동은 심장에는 좋을 수 있으나, 분노를 줄이는 최선의 방식은 아닐 수 있다"는 점을 강조하였다.

① 분노 시 충동적인 행동을 하는 것은 자연스러운 신체 반응이다.
② 분노 해소는 인식 전환 측면에서 접근하는 것이 바람직하다.
③ 높은 강도의 운동을 꾸준히 하는 것은 분노 조절 및 해소에 도움이 된다.
④ 나이와 직업은 분노를 억제하는 데 가장 큰 영향을 미치는 요인이다.
⑤ 분노 해소에는 신체 각성 상태를 잠재우는 활동이 가장 효과적이다..

다음 글을 바탕으로 할 때, 옳지 <u>않은</u> 것을 고르면?

> 인간의 사상 또는 감정을 표현하거나 창작성이 인정된다면 저작권법에 따라 저작권을 보호 받는 '저작물'이 된다. 우리나라는 개인 저작물의 경우, 저작자가 생존하는 동안과 사망한 후 70년 동안 보호 기간이 존속된다. 법인이나 단체 저작물은 같은 법 제41조에 의해 해당 저작물을 공표한 때부터 70년간 보호된다. 미국 저작권법도 우리나라와 마찬가지로 개인 저작물에 대해서는 저작자의 생존기간과 저작자가 사망한 때로부터 70년 동안 보호하고 있지만, 법인 또는 업무상 저작물은 한국의 법과 다르다. 미국 법인 저작물의 경우 최초로 공개된 해로부터 95년 혹은 창작된 해로부터 120년, 이 두 기간 중 더 짧은 쪽을 보호 만료 기간으로 채택하고 있다. 최근 우리에게도 잘 알려진 월트 디즈니사의 미키마우스 캐릭터 중 초기 미키마우스의 저작권이 만료된 바 있다.
>
> 그렇다면 저작권이 만료된 캐릭터는 마음대로 사용할 수 있을까? 현재 저작권이 풀린 미키마우스는 우리에게 익숙한 컬러 디자인의 미키마우스가 아닌 1928년에 공개된 증기선 윌리의 초기 미키마우스만 해당한다. 따라서 초기 미키마우스는 자유롭게 사용할 수 있지만 이후 변형된 미키마우스는 저작권 보호 기간이 남아 있어 영리 목적으로 저작물 이용 시 저작권법 위반에 해당한다. 또한 저작권과 함께 캐릭터를 보호하는 '상표권'도 확인해야 한다. 각국 특허 기관에 등록된 상표권은 저작권과 달리 보호 기간이 종료되더라도 10년 단위로 갱신할 수 있어 사실상 보호 기간 제한이 없다고 할 수 있다. 초기 미키마우스의 저작권이 풀린 것과는 별개로 미키마우스 캐릭터를 사용하여 발생하는 상표에 대한 디즈니의 권리는 계속해서 인정되는 것이다.

① 상표권은 보호 기간 종료 시 다시 설정할 수 있다.
② 한국과 미국의 개인 저작물에 보호 기준은 동일하다.
③ 증기선 윌리 이후 변형된 미키마우스는 현재 저작권 보호를 받는다.
④ 한국의 법인 저작물의 보호 기간은 창작된 해를 기준으로 한다.
⑤ 개인 저작물은 저작자가 사망한 이후에도 일정 기간 보호된다.

03　다음 글의 [가]~[라] 문단을 논리적인 순서에 맞게 배열한 것을 고르면?

[가] 우울증은 우울감·불안·의욕저하와 같은 기분증상, 식욕저하·불면증·피로감·신체적 통증과 같은 신체증상, 기억력·집중력·주의력 등의 인지기능 저하와 가장 심각한 경우 자살사고나 시도를 보인다. 일반인들이 자주 오해하는 점은 우울감을 느낀다고 우울증이라고 생각하는 경우이다.

[나] 정신질환 중 심각한 질환으로 고려되는 조현병(정신분열병), 양극성장애(조울병)에서는 유전적, 생물학적 요인이 큰 비중을 차지하는 것에 비해 우울증은 심리사회적 요인 즉 스트레스나 환경적 요인이 중요하게 작용하는 것으로 보고되고 있다.

[다] OECD 국가 자살률 1위를 차지하고 있는 우리나라의 노인 자살률과 최근 급증하고 있는 청년 우울증이 이러한 우울증의 환경적 요인을 반영한다고 할 수 있겠다. 그만큼 한국은 경쟁적이고 사회적 스트레스가 많기 때문이다.

[라] 의학적인 우울증은 우울감이나 의욕 저하가 2주 이상 지속되어야 하며 상기 우울증의 증상들이 동반될 때 진단된다. 그러나 기간이 2주가 넘지 않게 짧게 찾아오더라도 그 횟수가 반복된다면 꼭 병원을 방문하여 우울증 고위험군에 대한 평가를 받는 것이 좋다.

① [가]-[나]-[라]-[다]
② [나]-[다]-[가]-[라]
③ [나]-[라]-[다]-[가]
④ [다]-[가]-[라]-[나]
⑤ [라]-[나]-[가]-[다]

기후위기 심각성이 커짐에 따라 지구공학 솔루션에 대한 관심이 높아지고 있다. 태양복사관리(SRM)는 태양 빛을 차단하거나 반사해 지구 기온 상승을 줄이는 지구공학 기술이다. (㉠) 이산화황과 같은 에어로졸을 대기 중으로 방출해 햇빛을 반사하는 성층권 연무질에 개입하는 방법들이 대표적이다. 행성 차양막은 우주 기반의 태양복사관리 아이디어로서 태양－지구 라그랑주점(SEL－1)에 거대 우주 구조물(차양막)을 설치하여 지구 온도 상승을 억제하고자 한다. (㉡) 차양막이 우주태양광발전의 기능도 제공해 우주나 지구에서 사용할 수 있는 전력을 생산할 수도 있을 것이다. 행성 차양막은 대기권 밖의 심우주에 위치하므로 대기 화학 등 지구 시스템에 미치는 영향을 최소화할 수 있다는 장점이 있다. (㉢) 지구온도를 1도 낮추려면 100만km^2 정도는 되어야 하며 질량은 국제우주정거장의 최소 10만 배에 달한다. 스페이스X가 화성 도시 건설을 위해 계획 중인 1000대 스타십 함대는 행성 차양막 건설을 위한 충분한 발사 능력을 제공할 것이다. (㉣) 행성 차양막의 건설 초기 단계에는 지구에서 만든 구조물을 우주로 보내 조립하다가 점차 우주 자원을 이용해 우주에서 건설하는 방식으로 전환될 것으로 예상된다. (㉤)

┌ 보기 ───
행성 차양막은 개념적으로는 거대한 솔라세일로서 이미 존재하는 기술이지만 문제는 규모이다.
└──

① ㉠   ② ㉡   ③ ㉢

④ ㉣   ⑤ ㉤

05 다음 글의 밑줄 친 ㉠에 대한 설명으로 적절하지 <u>않은</u> 것을 고르면?

2017년 발견된 ㉠<u>오무아무아</u>는 태양계를 방문한 최초의 성간 천체다. 독특한 특성으로 인해 그 정체를 두고 천문학계에 큰 논쟁이 일어났다. 빠른 속도로 지구로부터 멀어지고 있는 오무아무아는 현재 혜왕성 궤도 밖의 카이퍼 벨트를 통과 중인 것으로 추정된다. 고등 문명이 보낸 외계 탐사선일 수도 있다는 주장이 제기될 정도로 신비에 둘러싸인 이 성간 천체의 정체를 밝히는 유일한 방법은 우주선을 보내 오무아무아를 따라잡고 가까이에서 조사하는 것이다.

오무아무아를 따라잡으려면 오무아무아의 속도(26km/s)보다 더 빨라야 한다. 그러나 현재의 화학 로켓은 자체적으로 오무아무아의 속도에조차 도달할 수 없다. 하지만 태양이나 목성 등에 가까이 접근해 이들 천체의 중력을 이용하는 중력 보조 기동으로 속도를 높일 수 있다. 프로젝트 라이라(Lyra)는 오무아무아와의 랑데부를 위한 다양한 임무 계획을 연구 중이다. 태양 중력 보조 기동을 하는 경우 2030년에 발사하면 22년 뒤 오무아무아에 도달할 수 있다. 하지만 태양의 중력을 이용하면 열 차폐 장치로 인해 탑재체 질량에 불리하다. 연구팀은 목성 중력 보조 기동을 추가 검토했는데, 이 경우 기간은 31년으로 늘어난다. 연구팀은 강력한 망원경으로도 탐사를 할 수 없는 오무아무아의 현재 위치가 불확실하기 때문에 먼저 정찰 임무를 보내 정확한 위치를 파악한 후 후속 임무로 관측 우주선을 발사하는 것을 제안하였다.

① 지적 생명체의 탐사선으로 의심된다.
② 지구상의 그 어떤 화학 로켓보다 빠르다.
③ 강력한 망원경으로도 탐사가 불가능하다.
④ 중력을 이용하여 지구로부터 멀어지고 있다.
⑤ 오무아무아를 관찰하기 위한 프로젝트가 진행 중이다.

혈관은 안쪽 표면과 바깥쪽 표면이 있다. 안쪽을 덮고 있는 세포들을 혈관 내피세포라 하고 바깥쪽은 외피세포라 부른다. 내피세포들은 태생이 대식세포라는 면역세포인데, 외부에서 들어온 침입자나 물질을 잡아먹는 역할을 한다. 따라서 혈관의 내벽을 구성하고 있는 내피세포들은 외부 물질이 혈관 속을 돌아다니면 이를 알아채서 잡아먹는다. 콜레스테롤은 중성지방과 합쳐져 혈관 속을 돌아다니면서 필요한 곳으로 운반이 되는데 이들이 많아지면 내피세포가 알아차려 잡아먹는다. 이렇게 콜레스테롤을 잡아먹다 보면 불룩하게 배가 나온 모습을 가지게 되고 이를 거품세포(foam cell)라 부른다. 이렇게 배부른 세포들이 많아지면 혈관 내피세포들 사이에 틈이 생기면서 여러 염증 물질들이 엉키게 된다. 그러면서 점차 혈관 속으로 더욱 부풀어 나오게 되고 혈관벽이 단단하게 변하면서 동맥벽이 딱딱해지게 된다. 이를 동맥경화라 부른다.

이렇게 혈관 속이 좁아지면서 단단해지면 혈관의 탄력이 떨어지고 혈관 지름이 줄어든다. 그러면 당연히 혈액 흐름의 속도가 빨라진다. 이런 빠른 혈액의 흐름에 부풀어 나온 거품세포와 염증물질이 합쳐진 것들이 떨어져 나오게 되는데 이를 혈전이라 부르고 이 혈전이 작은 혈관을 막으면 문제가 발생하는 것이다. 만일 혈중 콜레스테롤이 지속적으로 높게 확인된다면 약물의 도움을 받는 것이 필요하다. 콜레스테롤은 우리 몸에 매우 중요한 물질이다. 따라서 너무 낮은 상태도 도움이 되지 않는다. 하지만 높은 경우엔 혈관 문제를 유발하기 때문에 해결해야 한다. 콜레스테롤 약물은 혈액 속의 콜레스테롤을 없애는 작용을 하는 것이 아니라 간에서의 합성을 못하게 하는 작용을 한다. 이로 인해 심장과 뇌혈관 문제를 줄이면 전체 사망 원인의 70% 정도가 줄어든다.

① 거품세포가 증가하면 혈관 내 세포들의 틈이 줄어든다.
② 콜레스테롤 약물은 혈액 속 콜레스테롤을 직접 제거한다.
③ 혈전에는 변형된 내피세포와 염증물질이 포함된다.
④ 외피세포는 면역세포로 대식세포라고도 불린다.
⑤ 동맥경화일 경우 혈액의 흐름이 점차 느려진다.

07 다음 글의 내용과 일치하지 <u>않는</u> 것을 고르면?

> 음력과 양력은 시간의 흐름을 기록하는 달력 체계로, 각기 다른 기준을 따른다. 음력은 달의 주기를 기준으로 한 달을 계산한다. 달의 공전 주기가 약 29.5일이기 때문에, 음력의 한 달은 보통 29일 또는 30일로 구성된다. 반면, 양력은 지구가 태양 주위를 도는 공전 주기를 기준으로 한 해를 나눈다. 지구의 공전 주기는 약 365.24일이므로, 양력은 365일을 기본으로 하며, 4년마다 한 번씩 윤년을 적용해 하루를 더 추가한다. 이렇게 하면 태양의 위치와 계절 변화에 따른 오차를 줄일 수 있다.
>
> 음력과 양력의 차이는 달력상에서 많은 혼란을 초래하기도 한다. 예를 들어, 같은 해라도 음력과 양력의 날짜는 서로 다를 수 있다. 음력은 태양의 공전 주기가 아닌 달의 주기에 기반하기 때문에 해마다 양력과 음력 간의 차이가 발생한다. 이를 보완하기 위해 음력에서는 19년마다 7번의 윤달을 추가하는데, 이는 음력과 양력의 차이를 줄이는 역할을 한다. 이 윤달은 추가적인 한 달을 삽입하여 음력과 양력 사이의 계절 차이를 맞추는 방법이다. 그러나 윤달이 적용되는 해의 경우, 음력의 날짜는 평소보다 한 달씩 밀리게 된다.
>
> 현대 사회에서는 대개 양력을 공식 달력으로 사용하지만, 전통 행사나 명절 등에서는 여전히 음력을 사용하는 경우가 많다. 특히 설날과 같은 큰 명절은 음력에 따라 날짜를 정하는데, 이는 한국의 문화와 관습을 반영하는 중요한 예시 중 하나이다. 음력과 양력의 차이를 이해하는 것은 한국의 전통을 존중하고, 중요한 기념일을 정확하게 인식하는 데 도움을 줄 수 있다.

① 음력은 달의 공전 주기를 기준으로 한 달을 계산한다.
② 양력은 지구의 공전 주기를 기준으로 1년을 나눈다.
③ 음력은 윤년 대신 윤달을 사용하여 양력과의 차이를 조정한다.
④ 양력의 경우, 19년마다 윤달을 추가하여 음력과 차이를 맞춘다.
⑤ 현대 사회에서는 양력을 사용하지만, 전통 명절은 음력을 따르기도 한다.

08 다음 글의 주장을 반박한 것으로 적절한 것을 고르면?

바퀴는 인류 역사에서 가장 혁신적인 발명품이다. 바퀴의 등장은 이동 수단과 물류 혁명에 큰 변화를 가져왔으며, 이는 현대 사회의 발전에 있어 필수적인 기초가 되었다. 예를 들어, 고대 문명에서는 바퀴를 이용해 수레를 제작하여 물건을 쉽게 운반할 수 있었고, 이는 상업과 교역의 발달을 촉진시켰다. 이러한 이유로 바퀴는 단순한 발명이 아니라, 인류 역사 전반에 걸쳐 변화를 이끌어온 '혁명'으로 볼 수 있다.

바퀴는 18세기 증기기관의 발전과 더불어 더욱 빛이 났다. 증기기관이 바퀴와 결합됨으로써, 기차와 같은 운송 수단이 발전했고, 이는 산업 혁명 시기에 물류와 교통의 혁신을 가져왔다. 바퀴와 증기기관의 결합은 대량 생산 체제와 더불어 장거리 운송을 가능하게 하였으며, 이는 글로벌 상업과 산업의 발전에 큰 영향을 미쳤다. 또한, 바퀴는 기계와 산업 기술의 핵심 요소로 자리 잡으며, 공장의 생산성 향상에도 중요한 역할을 했다. 예를 들어, 18세기 산업 혁명 시기에 등장한 공장 기계들에는 바퀴를 기반으로 한 기계들이 사용되었고, 이는 대량 생산 체제를 가능하게 하였다. 이러한 기계화의 발전은 노동력의 효율성을 크게 높였고, 생산 단가를 낮추어 더 많은 사람들이 저렴하게 물건을 구입할 수 있게 하였다.

현대의 자동차, 비행기, 기차 등은 모두 바퀴와 증기기관의 원리를 결합하여 제작되었으며, 이를 통해 사람들은 장거리 이동이 가능해졌다. 또한, 바퀴와 같은 핵심 기술의 발전은 앞으로도 무한한 가능성을 제시할 것이다. 이와 같은 점에서 바퀴는 인류의 진보에 있어 가장 중요한 발명품이라고 할 수 있다.

① 바퀴는 이동 수단에만 국한된 역할을 하기 때문에, 현대 산업에 큰 영향을 미치지 않았다.
② 산업 혁명 이전에도 다양한 방식으로 대량 생산이 가능했기 때문에, 바퀴의 기여는 과장된 것이다.
③ 바퀴는 과거의 유산일 뿐, 미래의 기술 발전에는 더 이상 영향을 미치지 않을 것이다.
④ 바퀴가 중요한 역할을 했지만, 증기기관이 없었다면 그 영향은 제한적이었을 것이다.
⑤ 바퀴가 현대 사회에 필수적인 것은 맞지만, 이를 혁명으로 부르는 것은 지나친 표현이다.

09 다음 글의 제목으로 적절한 것을 고르면?

> 열매의 색깔은 단순히 아름다움을 위한 것이 아니라, 자연에서 중요한 역할을 한다. 다양한 색깔의 열매는 동물들의 관심을 끌어, 열매를 먹고 씨앗을 멀리 퍼뜨리는 수단으로 활용된다. 예를 들어, 붉은색이나 주황색 열매는 새와 같은 동물들에게 강한 시각적 자극을 주어 쉽게 발견될 수 있다. 이러한 열매를 먹은 동물들은 씨앗을 소화하지 않고 다른 장소에 배설하며, 이를 통해 식물은 서식지를 확장할 수 있다. 열매가 푸른색이나 검은색을 띠는 경우는 주로 야간 활동을 하는 동물들을 겨냥한 것이다. 밤에 활동하는 동물들은 밝은 색보다 어두운 색을 더 잘 인식하기 때문에, 이와 같은 색의 열매는 야행성 동물들에 의해 쉽게 발견된다. 식물은 이러한 색깔 전략을 통해 특정 동물과의 공생 관계를 형성하며, 열매의 씨앗이 멀리 이동하여 더 넓은 지역에 분포될 수 있도록 한다.
>
> 열매의 색깔은 숙성도와 관련이 있다. 초록색 열매는 아직 덜 익은 상태를 의미하며, 이 시기의 열매는 동물들이 먹지 않도록 쓴맛을 가지고 있거나 단단하다. 식물은 열매가 익어 갈수록 색을 변화시켜, 동물들이 먹기에 적합한 시점을 알려준다. 빨간색, 주황색, 노란색 등은 열매가 완전히 익었음을 의미하며, 이때가 동물들이 씨앗을 퍼뜨리기에 최적의 시기이다. 열매의 색깔은 단순히 동물들의 시각을 자극하는 역할에 그치지 않는다. 식물은 색깔을 통해 주변 환경과의 관계를 형성하고, 씨앗을 퍼뜨리는 다양한 전략을 사용한다. 열매의 색이 밝고 눈에 띄는 이유는 동물들과의 상호작용을 통해 자신의 씨앗을 더 효과적으로 확산하기 위함이다. 이러한 과정을 통해 열매는 생태계에서 중요한 위치를 차지하며, 식물과 동물 간의 상호의존적인 관계를 형성하게 된다.

① 열매의 색과 숙성도
② 동물과 열매의 생태적 관계
③ 열매 색깔의 역할과 전략
④ 열매의 색깔과 맛
⑤ 열매의 시각적 특성과 그 기능

10 다음 글의 내용과 일치하지 <u>않는</u> 것을 고르면?

> 철학과 예술은 인간 경험의 복잡성을 이해하는 데 중요한 역할을 한다. 철학은 주로 이성적 사고와 논리적 분석을 통해 존재, 인식, 도덕과 같은 문제를 다룬다. 반면 예술은 감정적 표현과 창의성을 통해 인간 내면을 탐구하며, 다양한 감정을 자극하는 매개체로 작용한다. 문학은 예술의 한 형태로, 철학적 질문을 다룰 수 있다. 예를 들어, 도스토옙스키와 톨스토이는 각각 존재론적 문제와 도덕적 갈등을 탐구하며, 문학을 통해 철학적 주제를 예술적으로 표현했다. 철학과 예술은 각각 독립적인 영역이지만, 상호 보완적인 역할을 하며 서로의 한계를 확장시킨다. 이러한 상호 작용은 인간의 본질적 질문에 대한 더 깊은 통찰을 가능하게 한다. 따라서 철학과 예술은 결국 인간의 진리 탐구를 향해 나아가는 길에서 중요한 동반자 관계라 할 수 있다.

① 철학은 주로 이성적 사고를 통해 인간의 본질적인 문제를 다룬다.
② 문학은 철학적 주제를 예술적으로 표현하며, 철학과 예술을 연결하는 역할을 한다.
③ 도스토옙스키와 톨스토이의 작품은 각기 다른 철학적 주제를 탐구했다.
④ 철학과 예술은 상호 보완적인 관계에 있으며, 인간 경험을 심층적으로 이해하는 데 기여한다.
⑤ 철학과 예술은 모두 논리적 분석을 통한 문학이라는 매개를 통해 발현한다.

11 다음 글을 통해 추론한 내용으로 가장 적절한 것을 고르면?

> 우리 조상들은 음식물을 오랜 기간 보관하기 위해 땅을 파서 묻거나 서늘한 곳에 음식물을 보관하는 등 수많은 방법을 시도했을 것이다. 과학이 발전한 후에 우리는 발효의 원리를 정확하게 알게 되었고, 이러한 전통적인 발효 기술이 지금까지 이어 내려와 우리 식생활에 많은 영향을 끼쳤다. 예를 들어 콩과 우유는 소화가 안 되는 식재료 중 하나로 유익균과 유해균이 싸워 유해균을 몰아낸 상태인 발효 과정이 끝나면 소화가 잘되는 상태로 변화한다. 그래서 우유와 콩을 발효시킨 식품이 다양하게 이용되고 있다. 발효식품은 흡수율이 좋다는 장점이 있고 현대 사회에서는 소비자의 니즈를 반영한 발효균, 발효 방법에 따라 상품이 만들어진다. 발효식품 속 영양분을 잘 섭취하려면 유익균이 살아 있는 상태여야 한다. 유통되는 발효 상품은 살균과정을 거쳐 생발효균이 다소 파괴되므로 제대로 좋은 균으로 만들어진 식품을 섭취하려면 직접 만들어 섭취하는 방법이 제일 좋다.

① 과거의 우리 조상들은 발효의 과학적 원리 방법을 정확히 알고 식재료를 보관했다.
② 유제품 속 락토오스는 소화하기 어려운 성분이므로 우유를 이용한 발효식품은 거의 없다.
③ 과거에는 생존을 위해 식재료를 발효시켰다면 현대는 기호를 반영하여 발효식품을 생산한다.
④ 유통되는 발효 상품은 살아있는 균 그대로 안전하게 배송을 해야 한다.
⑤ 식재료 속의 유익균과 해로운 균이 상존하고 있을 때 발효가 되었다고 할 수 있다.

12 다음 글에 대한 이해로 적절하지 <u>않은</u> 것을 고르면?

　　착시(錯視)란 말 그대로 눈의 착각으로 인해 사물이나 현상을 제대로 보지 못하는 것을 말한다. 착시가 일어나는 이유는 여러 가지가 있지만, 그 중 생리적 착시와 인지적 착시를 대표적으로 들 수 있다. 생리적 착시란 눈에 주어지는 명암, 기울기, 색, 움직임 등의 시각적 자극이 지나치게 과도한 경우, 눈에 존재하는 시각세포들의 활성이 변해서 나타나는 착시이다. 대표적인 것이 격자 착시이다. 흰색과 검은색으로 이루어진 격자와 같이 명암 대비가 뚜렷한 자극을 동시에 받게 되면, 격자가 겹치는 곳은 흰색 자극이 2배가 되는 곳이 된다. 이때 오히려 이 부위를 인식하는 막대세포들은 흰색에 대한 인식 반응도가 떨어지면서, 상대적으로 있지도 않은 회색 자극이 보이게 된다. 한편 인지적 착시는 무의식적인 추론 과정에서 나타나는 착시다. 사람의 뇌는 애매모호한 이미지에서 자신에게 익숙한 부분을 보거나, 주변 환경과 대비하는 과정에서 미루어 짐작하면서 세상을 인식하기 때문에 이런 현상이 벌어진다. 인지적 착시가 일어나는 근본적인 이유는 우리가 세상을 눈이 아닌 뇌로 보기 때문이다. 뇌에는 상당 부분이 시각 피질로 할당되어 있음에도 시각 정보에 의존하는 비율이 높은 만큼 눈에서 오는 모든 정보들을 빠짐없이 처리하기 어렵다. 그래서 뇌가 선택한 전략은 선택과 집중이다. 그래서 우리는 그림자 형태만 보고도 무엇인지 추론이 가능하다.

① 뇌에서는 전달된 시각 정보를 의도적으로 처리하지 않기도 할 것이다.
② 물체의 움직임이 변화하는 것은 착시가 일어나는 데 영향을 줄 수 있다.
③ 명암 대비가 극명할 때 자극이 높을수록 막대세포의 인식 반응도도 높아진다.
④ 쥐꼬리만 보고 가려진 쥐의 전체 모습을 생각하는 것은 인지적 착시에 해당한다.
⑤ 생리적·인지적 이외의 요인으로도 착시가 발생할 수 있다.

13 다음 [가]~[마] 문장을 바르게 배열한 것을 고르면?

> [가] 그러나 가스 냉매는 일정한 온도 이하로 내려가면 응고되어 냉매로서의 기능을 할 수 없게
> 되거나 누출되었을 때 환경 오염을 유발하는 문제점이 있다.
>
> [나] 최근 자기 냉각 기술은 일반 냉장고를 대신할 수 있는 냉장고의 개발에 이용될 수 있음이
> 확인되었다.
>
> [다] 자기 냉각 기술에 사용되는 자기 물질의 자기적 특성에 따라 냉각 기술에 사용하기 적합한
> 자기 물질의 개발이 매우 중요한데, 최근 실온에서 작동 가능한 실온 자기 냉장고를 만들
> 수 있는 새로운 자기 물질의 개발이 활발하게 이루어지고 있다.
>
> [라] 일반 냉장고는 가스 냉매가 압출될 때 열을 방출하고, 팽창될 때 열을 흡수하는 열역학적
> 순환 과정을 이용하여 냉장고 내부의 열을 외부로 방출시킨다.
>
> [마] 19세기 후반에 발견된 자기(磁氣) 열량 효과는 20세기 전반에 이르러 자기 냉각 기술에 활
> 용될 수 있음이 확인되었고, 이로부터 자기 냉각 기술은 오늘날 극저온을 만드는 고급 기
> 술로 발전하였다.

① [나]—[다]—[마]—[라]—[가]

② [나]—[라]—[가]—[다]—[마]

③ [나]—[라]—[다]—[가]—[마]

④ [마]—[나]—[다]—[가]—[라]

⑤ [마]—[라]—[가]—[나]—[다]

14 다음 글의 내용과 일치하는 것을 고르면?

> 이 세상에 와인 잔의 종류는 과연 몇 가지나 될까? 그 답을 찾으려면 먼저 와인 종류를 알아야 한다. 와인의 맛이나 아로마, 풍미를 가장 잘 느끼려면 잔의 크기와 모양을 와인마다 다르게 만들어야 하기 때문이다. 즉 와인의 종류만큼 잔의 모양도 다양하며, 특히 포도 품종이나 생산지, 양조 방법, 맛에 따라 그 종류도 수백 가지로 나뉜다. 따라서 이 세상의 모든 와인 잔을 전부 파악하는 것은 사실상 불가능하다.
>
> 그러나 굳이 와인 잔의 종류를 나눠본다면 크게 레드와 화이트, 스파클링 잔으로 구분할 수 있다. 특히 레드 와인의 경우 풍부한 향과 맛을 가장 잘 느끼기 위해서는 튤립 형태로 볼이 큰 잔을 이용해야 한다. 넓은 볼과 좁은 림이 향기를 오래 잡아두고, 공기와 접촉할 때 맛의 균형을 잡아주기 때문이다. 또 와인이 혀의 안쪽부터 떨어지게 만들어 레드 와인 특유의 떫고 텁텁한 맛을 잘 느낄 수 있도록 한다.
>
> 반면 화이트 와인은 차가울 때 최고의 맛이 나는데, 찬 기운을 뺏기지 않도록 레드 와인 잔보다 작고 볼이 좁은 잔을 사용하는 것이 일반적이다. 작고 볼이 좁을수록 표면적 또한 좁아져 외부 온도에 받는 영향을 최소화할 수 있기 때문이다. 또 와인이 혀 앞부분에 떨어지게 만들어 화이트 와인 특유의 상큼한 맛을 잘 느낄 수 있도록 한다.
>
> 이 외에도 스파클링 와인 잔은 일반 와인 잔보다 볼이 좁고 길쭉한 모양을 하고 있다. 이는 스파클링 와인 특유의 맛인 '거품의 향연'이 장시간 지속될 수 있도록 디자인한 것이다. 이런 특징 때문에 스파클링 와인은 축제나 파티장에서 주로 이용된다. 잔이 가지고 있는 날렵한 모양과 색깔도 분위기 상승에 도움을 준다.

① 레드 와인은 떫은맛이 강할수록 그 가격이 비싸다.

② 와인의 종류와 상관없이 와인 잔은 규격화된 세 가지 형태만 존재한다.

③ 스파클링 와인 잔의 형태는 맛이 아닌 파티 분위기를 고려하여 디자인되었다.

④ 와인은 혀에 닿는 각도에 따라 그 맛이 바뀐다.

⑤ 화이트 와인은 온도에 예민하므로 잔 크기에 따라 그 맛에 영향을 받는다.

15 다음 글의 내용과 일치하지 <u>않는</u> 것을 고르면?

> 셔터찬스는 대체로 모든 상황의 클라이맥스를 잡는 것을 원칙으로 한다. 그것이 이른바 '결정적 순간'이다. 클라이맥스는 벌어지는 상황의 가장 핵심이 되는 시간과 공간이 만나는 지점이다. 그러나 그 상황의 핵심이 어디인가는 작가의 주관적 판단이기 때문에 다른 사람의 사진을 가지고 함부로 클라이맥스를 잡은 사진인지 단정을 내리기는 어렵다. 클라이맥스에서 약간 벗어났다고 보이는 시점도 작가는 클라이맥스라고 생각할 수 있고, 그래서 셔터를 눌렀을 것이다. 또한 소위 절정이라 할 만한 어떤 동적 순간이 없는 사진도 얼마든지 있다. 실제로 천재적인 사진가 앙리 카르티에 브레송의 '결정적 순간'에도 통속적인 관점에서의 클라이맥스, 곧 극적 사건의 극적 순간만이 찍혀 있지는 않다. 그의 '결정적 순간'은 사건으로서 극적 순간이 아니라 상황과 작가의 심정이 일치되는 순간으로서 보다 내면적인 순간이기 때문이다. 사진에서의 클라이맥스가 반드시 드라마에서의 클라이맥스와 일치하는 것은 아니다.

① 셔터찬스는 상황의 클라이맥스를 잡아내는 것이다.
② 사진과 드라마의 클라이맥스는 전혀 일치하지 않는다.
③ 상황의 클라이맥스는 작가의 주관적 판단에 의해 좌우된다.
④ 앙리 카르티에 브레송의 클라이맥스는 상황과 작가의 심정이 일치되는 순간이다.
⑤ 절정에 치달은 듯한 동적 순간이 느껴지지 않는 시점도 클라이맥스라 생각할 수 있다.

16 다음 글을 읽고 추론할 수 <u>없는</u> 것을 고르면?

방화벽은 용도 및 기능에 따라 몇 가지로 나뉜다. 우선 패킷 분석형 방화벽이 있다. 패킷은 네트워크를 통해 전송하기 쉽도록 자른 데이터의 전송 단위를 의미하는데, 패킷 분석형 방화벽은 가장 오래되고 간단한 방식의 방화벽 기술이다. 이 방식은 외부에서 내부 네트워크로 트래픽이 방화벽을 통과하려고 할 때 관리자가 미리 설정한 보안 규칙과 비교하여 트래픽을 허용하거나 차단하는 기술로, 처리 속도가 빠르다는 장점이 있다. 이 방식은 패킷의 헤더 주소만을 검사하여 미리 허용된 주소에 대해서는 차단하지 않고 예외적으로 방화벽을 통과하도록 허용하는 것으로, 벽에 일종의 구멍을 내는 것과 유사하다. 이 때문에 한번 열린 포트는 계속해서 열리게 되는 단점이 있다. 프록시 방화벽은 내부 사용자가 외부 네트워크에 접속하려고 할 때 프록시 방화벽이 중간에서 그 역할을 대신 처리해 주는 방식이다. 프록시 방화벽은 내부 네트워크 사용자와 외부 네트워크 사이에서 서로의 요청과 응답을 대신 수행해 주기 때문에, 허가되지 않은 사용자나 컴퓨터가 내부 네트워크 자원에 직접 접속하는 것을 차단할 수 있다. 따라서 패킷 분석형 방화벽보다 보안성을 높일 수 있지만 처리 속도는 느려진다.

① 패킷 분석형 방화벽은 주소가 조작되면 보안이 취약해진다.
② 패킷 분석형 방화벽은 포트가 한번 열리면 보안이 취약해진다.
③ 프록시 방화벽은 여러 대의 PC들이 하나의 주소를 공유할 때 활용할 수 있다.
④ 프록시 방화벽은 내부 네트워크 사용자가 외부 네트워크에 직접 접속하는 것을 막아 준다.
⑤ 보안성을 더 높일 수 있는 방화벽은 프록시 방화벽이다.

17 다음 글을 읽고 사회주의를 비판한 내용으로 가장 적절한 것을 고르면?

> 사회주의는 경제적 평등과 공동체의 이익을 강조하는 정치적·경제적 이념으로, 자본주의의 대안으로 제시되어 왔다. 사회주의는 생산 수단의 사적 소유를 부정하고, 이를 국가나 공동체가 소유하여 사회 전체의 이익을 극대화하려는 목표를 가진다. 이러한 이념은 19세기 산업혁명 이후 노동자 계층의 열악한 생활 조건을 개선하고자 하는 움직임 속에서 발전하였다. 초기 사회주의자들은 빈부격차와 계급 간 불평등이 자본주의의 필연적인 결과라고 주장하며, 이러한 문제를 해결하기 위해서는 사적 소유를 폐지하고 생산 수단의 공유를 실현해야 한다고 믿었다.
>
> 그러나 사회주의 체제의 실제 구현 과정에서는 여러 도전과 문제가 발생한다. 국가가 모든 생산 수단을 소유하고 계획 경제를 통해 자원을 분배하는 방식은 효율성의 저하와 경제적 동기 부여의 약화를 초래할 수 있다. 또한, 일부 사회주의 국가에서는 권력 집중과 인권 침해가 발생하여, 사회주의가 추구하는 이상과 현실 사이의 괴리가 나타나기도 한다. 그럼에도 불구하고 사회주의 이념은 여전히 여러 나라에서 중요한 정치적 영향을 미치고 있으며, 다양한 형태로 진화하고 있다.

① 사회주의는 빈부격차와 계급 간 불평등을 완화할 수 있는 유일한 방법이다.
② 사회주의는 사적 소유를 허용함으로써 경제적 효율성을 높이려 한다.
③ 사회주의 체제에서는 자원의 비효율적 배분으로 경제적 동기 부여의 약화가 발생할 수 있다.
④ 사회주의를 도입한 이후 노동자 계층의 인권이 비약적으로 상승하였다.
⑤ 사회주의는 초기 산업혁명 이후 노동자들의 생활 조건을 악화시키는 역할을 했다.

18 다음 글의 빈칸에 들어갈 문장으로 가장 적절한 것을 고르면?

미시경제학은 개별 가계의 소비 결정, 개별 기업의 생산 방식에 대한 결정, 그리고 이 의사결정의 결과가 어떻게 상호작용하고 후생에 어떤 영향을 미치는지 탐구하는 분야이다. 미시경제학에서는 기본적으로 개인과 기업이라는 경제주체의 합리성을 전제하며, '호모이코노미쿠스(Homo Economicus)'를 전형적인 인간상으로 간주한다. 호모이코노미쿠스란 정서적으로 감정적인 요소는 완전히 배제하고, 오로지 물질에 대한 끝없는 욕망을 추구하는 인간을 말한다. 욕망을 충족시킬 수 있는 자원은 한정적이기 때문에 한정된 자원을 가장 효율적으로 배분하기 위한 전제가 인간의 합리성인 것이다.

그러나 최근 미시경제학에서 관심을 받고 있는 행동경제학에서는 인간이 호모이코노미쿠스가 아니라고 주장한다. 1980년대 이후 발전하기 시작한 행동경제학은 심리학에서 연구하는 인간의 선택에 대한 통찰력을 경제학에 적용한 것으로, 현실적으로 인간이 항상 합리적인 것은 아니라고 간주한다. 즉, 경제주체가 합리적이지 않고 감정과 주변 환경의 영향을 받을 수 있기 때문에 이들의 의사결정은 전통적인 미시경제학과 사뭇 다르게 나타날 수 있다는 것이다. 예를 들어 음식을 먹을 때 전통적인 미시경제학에서 말하는 합리적인 인간이라면 혼자 먹든 누군가와 함께 먹든 동일한 분량을 먹어야 할 것이다. 그러나 실제로는 여럿이 함께 모여 음식을 먹는 자리에서 평소 혼자 식사할 때보다 더 적거나 많은 양을 음식을 먹게 되는 경우가 있다. 마찬가지로 자주 먹거나 좋아하는 음식을 마트에서 덥석 구매하는 행위는 행동경제학자들의 관점에서
(   )

① 심리학과 경제학이 공존할 수 없음을 보여 주는 증거로 볼 수 있다.
② 생존과 관련한 행위에서는 합리성은 배제하고 감정이 우선된 결과로 볼 수 있다.
③ 사회적 집단 속에서도 개인 이익의 극대화를 추구하는 행위로 볼 수 있다.
④ 호모이코노미쿠스에서 더 진화하여 자원을 보다 효율적으로 배분하는 행위로 볼 수 있다.
⑤ 계산과 분석을 통해 얻어진 합리적 선택이라기보다는 오랜 습관에 의한 결과로 볼 수 있다.

19 다음 [보기]의 문장이 들어가기에 가장 적절한 위치를 고르면?

쌍성은 항성의 연구에서 매우 중요한 역할을 한다. (㉠) 단독성은 밝기나 별의 색깔, 즉 표면의 온도는 관측할 수 있지만 항성의 무게는 추정할 수 없다. (㉡) 그러나 공간적으로 분리되는 쌍성의 경우, 양자의 공전 주기와 궤도의 크기를 알면 쌍성의 질량(정확히는 질량의 합)을 구할 수 있다. (㉢) 뉴턴의 만유인력의 법칙이 우리 태양계의 범위를 벗어나서도 적용된다는 사실은 허어셀이 1804년에 카스토르(Castor) 쌍의 궤도 운동을 발견함으로써 증명되었다. (㉣) 따라서 알려진 물리 법칙과 쌍성에 대한 관측이 결합되어 우리에게 별에 대한 많은 중요한 성질, 즉 질량, 반지름, 밀도, 표면 온도와 광도, 자전 속도 등을 알려주게 된다. (㉤)

┌ 보기 ┐
그 까닭은 다중성 속의 별은 물리적으로 관계가 있는데, 그들은 만유인력의 작용에 의하여 서로 궤도 운동을 하고 있기 때문이다.

① ㉠　　　　　　　② ㉡　　　　　　　③ ㉢

④ ㉣　　　　　　　⑤ ㉤

20 다음 글의 제목으로 가장 적절한 것을 고르면?

인체는 에너지를 이용할 때 여러 가지 노폐물이 발생하고 이 노폐물들은 인체 밖으로 배출되어야 한다. 그래야 몸은 늘 일정한 상태, 즉 항상성을 유지하게 된다. 인체 내에서 노폐물을 몸 밖으로 내보내는 역할은 주로 신장이 한다. 신장의 중요한 기능 중 하나는 노폐물을 걸러내어 오줌으로 내보내는 것이다. 이 일이 진행되는 곳은 네프론이라는 장치인데, 신장 하나에 100만 개 정도가 있다. 네프론은 사구체, 보먼주머니, 세뇨관으로 이루어지는데 이곳에서 노폐물이 여과되고, 필요한 영양분, 즉 포도당, 수분 등이 재흡수되기도 한다. 포도당은 100% 재흡수되는데, 당이 재흡수되지 않고 소변에 섞여 나오면 당뇨병을 의심해 볼 수 있다. 몸 안의 수분량에 따라 수분을 재흡수하는 양이 결정되므로 몸 안의 수분이 적으면 배출하는 수분의 양을 줄인다. 이 때문에 소변이 노랗게 되는데 이것은 몸의 수분이 적다는 신호이다.

① 신장의 구조
② 신장의 역할
③ 신장과 당뇨병
④ 신장 건강의 중요성
⑤ 신장과 노폐물의 관계

01 다음 [표]는 A~D지역의 경제활동인구에 관한 현황을 나타낸 자료이다. 이에 대한 설명으로 [보기]에서 옳은 것의 개수를 고르면?

[표] 지역별 경제활동인구 현황 (단위: 명, %)

구분	A지역	B지역	C지역	D지역
생산가능인구	15,000	20,000	18,000	24,000
비경제활동인구	3,000	5,000	6,000	4,000
취업자 수	( )	9,000	8,100	12,000
실업률	30	40	( )	40

※ 생산가능인구=(경제활동인구)+(비경제활동인구)
※ 경제활동인구=(취업자)+(실업자)
※ (고용률)(%)=(취업자 수)÷(생산가능인구)×100
※ (실업률)(%)=(실업자 수)÷(경제활동인구)×100

─ 보기 ─
㉠ A지역의 취업자 수는 8,500명 미만이다.
㉡ B지역의 고용률은 45%이다.
㉢ C지역의 실업률은 32.5%이다.
㉣ D지역의 실업자 수는 8,000명이다.
㉤ 네 지역의 실업자 수는 모두 21,500명이다.

① 1개
② 2개
③ 3개
④ 4개
⑤ 5개

02 다음 [표]는 2023년 A~E사의 에틸렌 거래량과 거래 시작 연도에 대한 자료이다. 이에 대한 설명으로 옳지 <u>않은</u> 것을 고르면?

[표] 2023년 기업별 에틸렌 거래량·거래 시작 연도   (단위: 만 톤)

기업	2023년 거래량	거래 시작 연도
A사	140	2019년
B사	160	2020년
C사	190	2021년
D사	120	2016년
E사	90	2014년

※ (거래 기간)=(기준 연도)−(거래 시작 연도)+1

① 2023년 거래량이 가장 많은 기업과 가장 적은 기업의 거래 기간 차는 7년이다.

② 거래 기간 동안 매년 거래량이 2023년 거래량과 같다면 2023년 거래량이 가장 많은 기업의 총 거래량이 가장 많다.

③ 거래 기간 동안 매년 거래량이 2023년 거래량과 같다면 총 거래량이 가장 많은 기업과 가장 적은 기업의 총 거래량 차는 390만 톤이다.

④ 거래 기간 동안 매년 거래량이 2023년 거래량과 같다면 거래 기간이 가장 긴 기업과 가장 짧은 기업의 총 거래량 차는 330만 톤이다.

⑤ 거래 기간 동안 매년 거래량이 2023년 거래량과 같다면 총 거래량이 가장 많은 기업이 거래 기간이 가장 긴 기업인 것은 아니다.

03 다음 [표]는 S사 제품 A~E의 수출량에 대한 자료이다. 이에 대한 설명으로 옳지 <u>않은</u> 것을 고르면?

[표] S사 제품별 수출량   (단위: 톤)

구분	2020년	2024년
A	26,600	18,620
B	54,000	64,800
C	78,000	60,000
D	85,000	91,000
E	32,000	34,000

① 제품 A의 2020년 대비 2024년 수출량은 30% 감소하였다.
② 제품 B의 2020년 대비 2024년 수출량은 20% 증가하였다.
③ 2020년 대비 2024년의 수출량 변화율은 제품 C가 D보다 낮다.
④ 2020년 대비 2024년 수출량 증가율은 제품 B가 제일 높다.
⑤ 제품 A~E의 총 수출량은 2020년이 2024년보다 많다.

04 다음 [표]는 제품 A~C의 분기별 손익 자료이다. 이에 대한 설명으로 옳지 <u>않은</u> 것을 고르면?

[표] 제품 A~C 분기별 손익   (단위: 십억 원)

구분		1분기	2분기	3분기	4분기
매출 총이익	A	480	480	470	460
	B	280	270	270	280
	C	340	330	320	320
판매 · 관리비		1,020	1,010	960	1,000
영업이익		( )	( )	( )	( )
순이익		56	49	70	42

※ 영업이익＝매출총이익－판매·관리비
※ 순이익＝영업이익＋영업외수익－영업외비용

① 제품 A~C의 매출총이익의 합은 1분기에 가장 크다.
② 분기별 판매 · 관리비가 클수록 영업이익도 크다.
③ 영업이익이 가장 큰 분기에 순이익도 가장 크다.
④ 순이익이 가장 작은 분기에 (영업외수익－영업외비용) 값은 가장 작다.
⑤ (영업외수익－영업외비용)이 가장 큰 분기에 영업이익도 가장 크다.

05 다음 [그래프]는 제약사 P, Q사에서 판매하는 영양제에 포함된 영양소 A~E의 비중에 대한 자료이다. 이에 대한 설명으로 옳지 <u>않은</u> 것을 고르면?

[그래프1] P사의 영양제에 포함된 영양소 비중

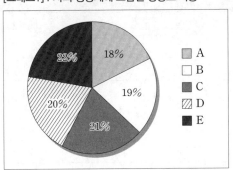

[그래프2] Q사의 영양제에 포함된 영양소 비중

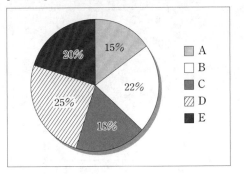

① P사의 영양제에 포함된 영양소 중 비중이 가장 작은 것은 Q사의 영양제에서도 비중이 가장 작다.

② 영양소 B는 Q사 영양제보다 P사 영양제에 3%p 적게 포함되어 있다.

③ 영양소 D는 Q사 영양제보다 P사 영양제에 더 적게 포함되어 있다.

④ P사 영양제에 포함된 영양소 E의 비중은 Q사 영양제에 포함된 영양소 B의 비중과 같다.

⑤ Q사 영양제에는 영양소 C가 영양소 A보다 20% 많이 포함되어 있다.

06 다음 [표]는 특정 연도의 상용 범죄자 수에 대한 자료이다. (B−C)의 값을 고르면?

[표] 상용 범죄자 (단위: 명)

구분		형법범	특별법범	합계
마약류	마약	80	410	490
	대마	A	B	1,050
	향정신성의약품	180	3,970	4,150
본드·신나 등		$\frac{1}{2}A$	C	110
알코올		32,400	66,460	98,860
합계		32,720	71,940	104,660

① 920　　　　　　② 950　　　　　　③ 980

④ 1,010　　　　　⑤ 1,040

07 다음 [표]는 A~D구 인원별 가구 비중에 관한 자료이다. 이에 대한 설명으로 옳은 것을 [보기]에서 모두 고르면?

[표] A~D구 인원별 가구 비중 (단위: %)

구분	1인 이내	2인 이내	3인 이내	4인 이내	4인 초과
A구	10	28	59	82	18
B구	7	23	61	88	12
C구	8	28	55	65	35
D구	8	39	57	75	25

┌ 보기 ─────────────────────────────────
ㅣ ㉠ C구와 D구의 1인 이내 가구 수는 같다.
ㅣ ㉡ 4인 이상 가구의 비중은 C구가 가장 크다.
ㅣ ㉢ 네 지역구 중 2인 가구의 비중은 B구가 가장 적다.
ㅣ ㉣ C구의 가구 수는 1인 가구, 2인 가구, 3인 가구, 4인 가구 중에서 4인 가구 수가 두 번째로
ㅣ 　　적다.
└───────────────────────────────────

① ㉠, ㉡　　　　　② ㉠, ㉣　　　　　③ ㉢, ㉣

④ ㉠, ㉡, ㉢　　　⑤ ㉡, ㉢, ㉣

08 다음 [표]는 2019~2023년 초고속 인터넷 가입자 수에 대한 자료이다. 이에 대한 설명으로 옳은 것을 고르면?

[표] 2019~2023년 초고속 인터넷 가입자 수
(단위: 천 명, %)

구분	2019년	2020년	2021년	2022년	2023년
가입자 수	21,906	22,327	22,944	23,537	24,098
전년 대비 증감률	2.9	2.0	2.8	2.6	2.4
100명당 가입자 수(명)	42.4	43.1	44.4	45.8	47.0

① 2020~2023년 동안 초고속 인터넷 가입자 수의 전년 대비 증감률이 가장 높은 연도에 가입자 수도 가장 많았다.
② 2020~2023년 동안 100명당 가입자 수가 가장 높은 연도에 전년 대비 증감률도 가장 높다.
③ 초고속 인터넷 가입자 수는 2020년에 감소했다가 다시 증가하고 있다.
④ 2023년 초고속 인터넷 가입자 수는 총 2,409,800명이다.
⑤ 2019년 이후 100명당 가입자 수는 꾸준히 증가하고 있는 추세이다.

09 다음 [표]는 식용유 A~D브랜드 용량 및 가격을 정리한 것이다. 각 브랜드는 식용유의 용량과 단위당 가격을 다음과 같이 조정하였을 때, 조정 전·후 브랜드별 식용유 가격 변동을 바르게 나열한 것을 고르면?

[표] 브랜드별 식용유 판매 가격 및 용량
(단위: 원, L)

구분	조정 전		조정 후	
	1L당 가격	용량	1L당 가격	용량
A브랜드	5,200	0.9	5,000	1.2
B브랜드	4,900	1.4	4,800	1.5
C브랜드	4,500	3	4,300	3.1
D브랜드	3,900	4	4,100	3

	A브랜드	B브랜드	C브랜드	D브랜드
①	1,320원 증가	340원 증가	170원 감소	3,300원 감소
②	1,320원 증가	340원 증가	170원 증가	3,300원 증가
③	1,320원 증가	340원 감소	160원 증가	3,200원 감소
④	1,320원 감소	320원 증가	160원 감소	3,200원 증가
⑤	1,320원 감소	320원 감소	170원 감소	3,300원 증가

10 다음 [표]는 2020~2024년 A~C 주류 회사의 시장점유율을 조사한 자료이다. 이에 대한 설명으로 옳은 것을 고르면?

[표] 2020~2024년 A~C사의 시장점유율 (단위: %)

구분	2020년	2021년	2022년	2023년	2024년
A사	50	48	51	53	57
B사	17	20	15	12	7
C사	33	32	34	35	36

① 2021~2024년 A사와 C사의 시장점유율 증감 추이는 동일하다.
② A사와 B사의 시장점유율이 가장 높은 연도는 동일하다.
③ 2020년 이후 B사의 시장점유율은 꾸준히 증가하고 있다.
④ A사의 시장점유율이 가장 높은 연도에 C사의 시장점유율이 가장 낮았다.
⑤ B사의 시장점유율이 가장 낮은 연도와 가장 높은 연도의 시장점유율 차는 15%p 이상이다.

11 다음 [표]는 구인·구직 및 취업 현황에 관한 자료이다. 이에 대한 설명으로 옳지 <u>않은</u> 것을 고르면?

[표] 구인·구직 및 취업 현황 (단위: 천 개, 천 명)

구분	2017년	2018년	2019년	2020년	2021년
구인 일자리 수	1,747	1,562	1,352	1,302	1,969
구직자 수	2,670	2,691	2,787	3,297	3,913
취업자 수	724	692	699	719	991

※ 취업률(%)$= \dfrac{\text{취업자 수}}{\text{구직자 수}} \times 100$

① 2017년 구직자 1인당 구인 일자리 수는 0.6개보다 많다.
② 2019~2021년 취업자 수는 매년 구인하는 일자리 수의 절반보다 많다.
③ 2021년 구인 일자리 수는 2020년 대비 60만 개 이상 증가하였다.
④ 2018~2021년 구인 일자리 수와 취업자 수의 전년 대비 증감 추이는 동일하다.
⑤ 2017년 취업률보다 2018년 취업률이 낮다.

12 다음 [그래프]는 2022년 상반기 에너지 수입 현황에 관한 자료이다. 이에 대한 설명으로 옳은 것을 [보기]에서 모두 고르면?

[그래프] 2022년 상반기 에너지 수입 현황 (단위: 천 TOE)

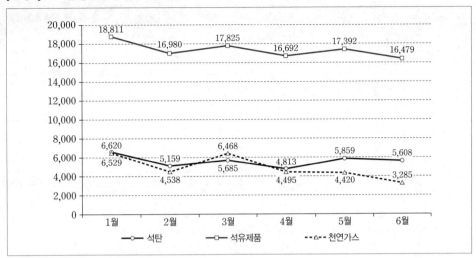

┌─ 보기 ───
│ ㉠ 3월 천연가스 수입량의 전월 대비 증가율은 석탄보다 크다.
│ ㉡ 매월 에너지 수입량의 전월 대비 증감 추이는 세 개의 에너지 모두 같다.
│ ㉢ 6월 석탄과 석유제품의 평균 수입량은 약 9,882천 TOE이다.
└──

① ㉠   ② ㉡   ③ ㉢
④ ㉠, ㉢   ⑤ ㉡, ㉢

13 다음 [표]는 주택 유형별·난방 연료별 평균 가구 소득과 연료비 현황에 관한 자료이다. 이에 대한 설명으로 옳은 것을 [보기]에서 모두 고르면?

[표1] 주택 유형별 평균 가구 소득과 연료비 현황 (단위: 원, %)

구분	평균 가구 소득	연료비	전체 연료비 지출액 비율
단독주택	2,477,322(100.0)	100,062(100.0)	33.6
아파트	4,072,622(164.4)	111,942(111.9)	48.1
연립/다세대	3,050,560(123.1)	109,039(109.0)	17.1
기타	2,971,668(120.0)	107,394(107.3)	1.2

※ 괄호 안의 수치는 단독주택의 연료비를 기준으로 하여 지수화한 수치임

[표2] 난방 연료별 평균 가구 소득과 연료비 현황 (단위: 원, %)

구분	평균 가구 소득	연료비	전체 연료비 지출액 비율
LNG	3,545,393(100.0)	112,808(100.0)	59.3
LPG	2,735,420(77.2)	90,002(79.8)	10.5
등유	2,645,180(74.6)	121,106(107.4)	11.6
공동난방	4,430,743(125.0)	111,287(98.7)	11.2
전기	2,133,288(60.2)	52,926(46.9)	3.9
연탄	1,875,336(52.9)	101,634(90.1)	1.3
기타	2,406,479(67.9)	73,885(65.5)	2.2

※ 괄호 안의 수치는 LNG의 연료비를 기준으로 하여 지수화한 수치임

보기
㉠ 단독주택 대비 아파트의 연료비 증가율은 평균 가구 소득 증가율보다 더 작다.
㉡ 전체 연료비 지출액 비율이 가장 큰 주택 유형과 난방 연료는 아파트와 LNG이다.
㉢ 주택 유형별로 구분할 때, 평균 가구 소득이 증가할수록 소득에서 연료비가 차지하는 비중은 낮아진다.
㉣ 난방 연료별로 구분할 때, 평균 가구 소득이 높을수록 난방 연료에 지출하는 연료비도 더 많다.

① ㉠, ㉢　　　　　　② ㉢, ㉣　　　　　　③ ㉠, ㉡, ㉢
④ ㉠, ㉡, ㉣　　　　⑤ ㉡, ㉢, ㉣

14 다음 [표]는 박사 학위자 2,000명을 대상으로 항목별 직장 만족도를 조사한 자료이다. 이에 대한 설명으로 옳지 않은 것을 고르면?

[표] 항목별 직장 만족도 조사 (단위: %)

구분	매우 낮음	낮음	보통	높음	매우 높음
근로 소득	4.1	16.8	41.2	31.9	6.0
혜택	4.7	18.0	42.9	29.4	5.0
직업 안정성	3.2	5.4	17.3	40.2	33.9
근무 지역	1.4	6.8	26.9	41.4	23.5
근무 조건	1.5	6.7	28.0	45.5	18.3
승진 기회	5.8	8.3	42.8	31.6	11.5
지적 도전	1.5	4.2	18.9	42.6	32.8
책임 수준	0.5	2.3	16.1	47.2	33.9
업무 자유도	1.4	5.7	15.7	44.7	32.5
사회 공헌	1.2	4.1	20.0	48.8	25.9
사회적 지위	1.8	6.7	27.5	43.4	20.6
전반 만족도	1.2	6.3	21.6	53.2	17.7

① '보통' 이하의 비중이 50% 이상인 항목은 총 3개이다.

② 조사 항목 중 3개 항목을 제외하면 모두 '높음'에서 가장 큰 비중을 보인다.

③ '보통'의 비중이 가장 큰 2개 항목은 '매우 낮음'의 비중도 가장 큰 2개 항목이다.

④ '높음' 이상의 비중으로 판단할 경우, 직장 만족도가 가장 높은 항목은 업무 자유도이다.

⑤ 직업 안정성을 '매우 높음'이라고 표시한 사람은 '매우 낮음'이라고 표시한 사람의 10배 이상이다.

15 다음 [표]에 대한 [보고서]의 내용 중 옳지 <u>않은</u> 것을 고르면?

[표] 달러, 엔, 위안화 환율

구분	2016년	2017년			2018년 1/4분기			
			3/4분기	4/4분기		1월	2월	3월
원/달러	1,207.7	1,070.5	1,145.4	1,070.5	1,063.5	1,067.9	1,082.8	1,063.5
(평균)	1,160.4	1,130.5	1,132.5	1,104.7	1,072.3	1,066.5	1,080.7	1,071.2
원/100엔	1,035.3	949.2	1,016.5	949.2	1,001.4	982.8	1,011.1	1,001.4
(평균)	1,069	1,008.3	1,020.6	978.4	989.5	960.9	999.8	1,010.6
원/위안	173.05	163.15	171.97	163.15	169.74	169.26	171.06	169.74
(평균)	174.37	167.43	169.74	167.05	168.69	165.88	171.04	169.62

[보고서]

2018년 1/4분기 중 원/달러 환율은 글로벌 투자 심리와 대내외 리스크 변화에 따라 등락하다가 ㉠ 전분기 말 대비 7원 하락하여 1,063.5원을 기록하였다. 미 증시 급락, 미 연준의 금리 인상 속도 전망 등에 따른 글로벌 투자 심리 변화와 미·중 무역 분쟁, 북한 리스크 등 대내외 리스크 요인 전개에 따라 분기 내 ㉡ 원/달러 환율의 1월 대비 3월의 증가율은 −1.0%를 상회하는 수준으로 나타났다. 반면 ㉢ 원/엔 환율(100엔당)과 원/위안 환율은 원화의 상대적 약세로 각각 18.6원, 0.48원 상승하였다.

한편, ㉣ 2018년 1/4분기의 전분기 대비 원/엔 평균 환율(100엔당)은 11.1원 상승하였으며, ㉤ 동 기간 원/위안 평균 환율은 1.64원 상승하여 엔화보다 낮은 증가율을 기록하였다.

① ㉠
② ㉡
③ ㉢
④ ㉣
⑤ ㉤

16 다음 [그래프]는 서울시 및 서울시 내 갑구의 도로 현황에 관한 자료이다. 이에 대한 설명으로 옳은 것을 고르면?

[그래프1] 2012~2021년 서울시의 도로 현황   (단위: km, km²)

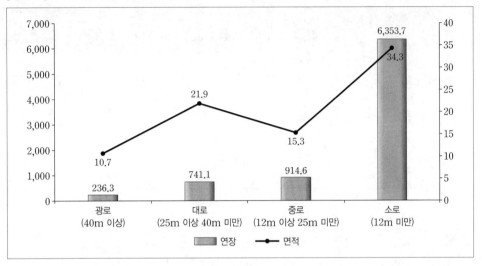

[그래프2] 서울시 내 갑구의 도로 현황   (단위: km, km²)

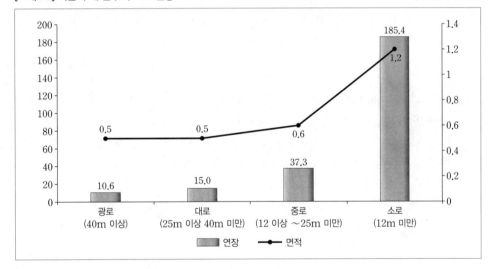

① 갑구의 전체 도로 총 연장은 서울시의 2.5% 이하이다.

② 서울시의 도로 중 폭이 12m가 넘는 도로의 전체 면적은 50% 이하이다.

③ 갑구의 면적이 서울시의 면적에서 차지하는 비중이 가장 큰 도로는 광로이다.

④ 서울시에서 갑구를 제외한 전 지역의 도로 총 연장은 소로, 대로, 중로, 광로 순으로 길다.

⑤ 서울시와 서울시 내 갑구의 도로별 면적은 '소로－중로－대로－광로' 순으로 넓다.

17 다음은 2023년 10월 관측 지점별 평균기온 및 월 강수량에 대한 [표]와 [보고서]이다. 이에 대한 설명으로 옳은 것을 고르면?

[표] 2023년 10월 관측 지점별 기온 및 월 강수량

구분	기온		월 강수량	
	평균(℃)	평년차(℃)	강수량(mm)	평년차(mm)
강화	14.3	+0.6	59.6	+3.8
대관령	9.0	−0.2	31.2	−66.4
서귀포	19.9	−0.3	5.9	−94.5
양산	17.2	+0.2	2.6	−109.8
양평	13.5	+0.5	53.9	+6.8
함양	14.1	+0.5	5.4	−110.2

[보고서]

2023년 10월 전국 평균기온은 14.7℃로 평년 평균기온보다 0.4℃ 높았고, 전국 평균강수량은 17.0mm로 평년 평균강수량보다 20mm 이상 적었다.
• 기온: 전국의 월 평균기온 최저는 대관령, 최고는 서귀포로 강원도 및 산간지방은 9.0℃~13.9℃, 내륙지방은 12.9℃~15.9℃, 제주도는 18.4℃~19.9℃의 분포를 보였다.
• 강수량: 전국의 월 강수량 최저는 양산시, 최고는 강화였으며, 평년 대비는 2.3%(양산시)~114.4%(양평)이었다. 평년차는 −110.2mm(함양군)~6.8mm(양평)이었다.

① 전국 평년 평균기온은 15.1℃, 전국의 월 평균기온은 9.0℃~19.9℃이다.
② 2023년 10월 전국의 월 강수량의 최고와 최저의 차는 57.0mm이다.
③ 2023년 10월 기온이 평년보다 감소한 지역과 월 강수량이 평년보다 감소한 지역은 일치한다.
④ 함양의 평년 기온은 14.6℃, 평년 강수량은 115.6mm이다.
⑤ 평년 월 강수량이 가장 많은 곳은 강화이다.

18 다음 [그래프]는 내국인 출국자 수에 관한 자료이다. 이에 대한 설명으로 옳은 것을 고르면?

[그래프] 내국인 출국자 수   (단위: 만 명)

① 조사 기간 동안 내국인 출국자 수는 꾸준히 증가하고 있다.
② 전년 대비 감소율이 가장 큰 폭으로 오른 해는 2020년이다.
③ 2014년 대비 2019년 내국인 출국자 수 증가 폭은 1,500만 명 이상이다.
④ 조사 기간 중 내국인 출국자 수가 가장 적은 경우는 120만 명보다 적다.
⑤ 추세로 보아 당분간 내국인 출국자 수는 꾸준히 감소할 것이다.

19 다음 [표]는 기후에 따른 작물 피해 현황에 관한 자료이다. 이에 대한 설명으로 옳은 것을 고르면?

[표1] 저온에 의한 피해 수준별 면적 (단위: ha)

구분	피해 면적	피해 수준별		
		30% 미만	30% 이상 50% 미만	50% 이상
배	4,465.2	892.1	1,800.8	1,772.3
복숭아	24.4	6.8	11.9	5.7
사과	787.1	452.5	249.3	85.3
포도	73.5	44.6	15.5	13.4
자두	19.6	5.1	5.1	9.4
매실	68.4	68.4	0.0	0.0

[표2] 우박에 의한 피해 수준별 면적 (단위: ha)

구분	피해 면적	피해 수준별		
		30% 미만	30% 이상 50% 미만	50% 이상
배	36.8	24.3	6.8	5.7
복숭아	106.4	0.3	6.2	99.9
사과	434.3	32.5	22.3	379.5
포도	46.1	1.9	18.5	25.7
자두	30.2	0.0	2.6	27.6
매실	4.5	0.6	1.0	2.9

① 우박은 배를 재배하는 토지 면적의 절반 이상에 피해를 준다.

② 우박보다 저온에 의한 피해 면적이 더 넓은 작물은 4가지이다.

③ 우박에 의한 피해 수준이 50% 이상인 면적의 비율이 가장 큰 작물은 자두이다.

④ 매실을 제외하고 저온에 의한 피해 면적 중 30% 미만의 피해를 입은 면적의 비율이 가장 큰 작물은 사과이다.

⑤ 사과의 경우 저온에 의한 피해 수준이 30% 미만인 면적이 절반 이하이다.

20 다음 [표]는 금융업권별 자산과 자기 자본 추이에 관한 자료이다. 이를 분석한 [보고서]의 내용 중 옳지 않은 것을 고르면?

[표1] 금융업권별 자산 추이 (단위: 조 원)

구분	2004년	2013년	2014년	2015년	2016년	2017년
은행	915.1	1,841.7	1,969.2	2,031.3	2,101.4	2,288.3
상호저축	45.2	134.6	118.3	104.4	95.6	98.4
보험	171.2	507.5	566.0	699.6	768.0	862.4
여신전문	76.1	120.8	158.8	164.9	174.1	185.5
금융투자	64.8	207.0	241.2	268.0	277.9	321.9
전체	1,272.4	2,811.6	3,053.5	3,268.2	3,417.0	3,756.5

[표2] 금융업권별 자기 자본 추이 (단위: 조 원)

구분	2004년	2013년	2014년	2015년	2016년	2017년
은행	42.8	129.8	156.5	153.7	156.9	168.8
상호저축	3.1	9.1	5.2	7.8	8.1	9.4
보험	9.8	52.1	59.7	74.2	72.6	86.0
여신전문	4.9	24.9	29.9	31.8	35.0	37.7
금융투자	15.2	40.9	44.9	45.3	44.9	46.7
전체	75.8	256.8	296.2	312.8	317.5	348.6

※ (자산)=(부채)+(자기 자본)

[보고서]

　국내 금융업은 그동안 양적으로 크게 성장하였다. ⊙ 금융업권별 자산 합계는 2017년 기준 2004년(1,272.4조 원) 대비 3배 가까이 증가하였다. 금융업권별로 보면 은행은 2004년 915.1조 원에서 2017년 2,288.3조 원으로 증가하였고, ⓛ 여신전문 회사도 2004년 76.1조 원에서 2017년 185.5조 원으로 약 2.4배 증가하였다. 한편, 보험 회사와 금융투자 회사는 고령화 대비 및 저금리에 따른 고수익 추구 등으로 자산이 2004년에 비해 대폭 확대되었다. ⓒ 보험 회사는 2004년 171.2조 원에서 2017년 862.4조 원으로 400%를 상회하는 증가율을 기록하였고, 금융투자 회사는 증권 회사를 중심으로 64.8조 원에서 321.9조 원으로 약 5배 증가하였다.

　ⓔ 금융업 전체의 자기 자본도 2004년 75.8조 원에서 2017년 348.6조 원으로 4배 이상 크게 증가하였다. 금융업권별로 보면 ⓜ 은행은 2004년 42.8조 원에서 2017년 168.8조 원으로 약 3.9배 증가하여 약 3.5배인 자산 증가율을 상회하였는데, 이는 은행이 건전성을 강화한 데 주로 기인한 것으로 보인다. 보험 회사와 2003년 카드 사태를 경험한 여신전문 회사도 자본을 크게 확충하여 2004년 대비 각각 약 8.8배, 약 7.7배 증가하였다.

① ⊙   ② ⓛ   ③ ⓒ
④ ⓔ   ⑤ ⓜ

01 2022년에 지효의 나이는 12세이고, 지효 엄마의 나이는 46세이다. 엄마의 나이가 지효 나이의 3배가 되는 해를 고르면?

① 2026년   ② 2027년   ③ 2028년
④ 2029년   ⑤ 2030년

02 은재는 집에서 출발하여 문구점을 들렀다가 학교에 도착하기까지 총 1시간 15분이 걸렸다. 집과 문구점 사이의 거리는 8km, 문구점에서 학교 사이의 거리는 24km이다. 은재가 문구점에서 학교를 갈 때의 속력은 집에서 문구점을 갈 때의 속력의 2배일 때, 집에서 문구점을 갈 때의 속력을 고르면?

① 10km/h   ② 12km/h   ③ 15km/h
④ 16km/h   ⑤ 20km/h

03 다음 [표]는 2020년 반도체 회사의 A~E 5개의 제품에 대한 전체 매출액 중 매출 비중을 나타낸 자료이다. 2020년 대비 회사의 전체 매출액이 25% 늘어서 2021년에 500억 원이 된 경우, 2020년 C제품의 매출액은 얼마인지 고르면?

[표] 2020년 반도체 회사의 A~E제품의 매출 비중   (단위: %)

A제품	B제품	C제품	D제품	E제품
10	15	40	5	30

① 140억 원   ② 160억 원   ③ 180억 원
④ 200억 원   ⑤ 220억 원

04 농도가 6%인 소금물 120g에 농도가 31%인 소금물을 몇 g 넣어야 농도가 16%인 소금물이 되는지 고르면?

① 60g   ② 66g   ③ 72g
④ 80g   ⑤ 100g

05 다음 그림과 같이 원을 8등분하는 8개의 점이 있다. 이 중 3개의 점을 택하여 삼각형을 만들 때, 이등변삼각형이 될 확률을 고르면?

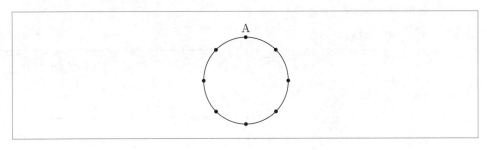

A

① $\dfrac{1}{3}$ ② $\dfrac{1}{4}$ ③ $\dfrac{3}{8}$

④ $\dfrac{2}{5}$ ⑤ $\dfrac{3}{7}$

06 아영이네 반은 여학생 6명과 남학생 10명으로 구성되어 있다. 이 중에서 여학생 2명과 남학생 4명은 버스를 타고 등교하며, 나머지 학생들은 모두 도보로 등교한다. 아영이네 반 학생 중에서 임의로 2명을 선택할 때, 적어도 1명은 도보로 등교하는 학생일 확률을 고르면?

① $\dfrac{1}{8}$ ② $\dfrac{2}{4}$ ③ $\dfrac{3}{8}$

④ $\dfrac{5}{8}$ ⑤ $\dfrac{7}{8}$

07 A, B 두 사람이 함께 작업하면 4일만에 완료할 수 있는 일이 있다. A가 3일 동안 혼자 이 일을 작업한 후, B가 이어받아 혼자 6일 동안 작업하여 끝마쳤다. A가 혼자서 이 일을 처음부터 시작하여 완료하는 데 총 며칠이 걸리는지 고르면?

① 5일   ② 6일   ③ 7일

④ 8일   ⑤ 9일

08 다음은 어느 공장에서 제품 A, B를 1개씩 만드는 데 필요한 원료의 양과 제품 1개에서 얻는 이익을 나타낸 표이다. 구리 40kg과 아연 23kg을 남김없이 사용하여 제품 A, B를 만들었을 때의 총이익을 고르면?

[표] 제품별 원료 투입량
(단위: g, 만 원)

구분	구리	아연	이익
제품 A	400	200	5
제품 B	500	300	7

① 485만 원   ② 500만 원   ③ 515만 원
④ 530만 원   ⑤ 545만 원

09 A씨는 이번 달에 카페를 오픈할 예정이다. 서로 다른 커튼 3종과 서로 다른 그림 7종을 사용하여 다음 [조건]에 맞게 카페의 실내 장식을 하려고 한다. 이때, 가능한 실내 장식은 모두 몇 가지인지 고르면?

┌ 조건 ───
• 직사각형 모양의 카페의 네 면 중 하나는 전체가 유리로 되어 있고, 나머지 세 면은 콘크리트 벽으로 되어 있다.
• 유리 벽에는 커튼만 달 수 있고, 콘크리트 벽에는 그림만 한 개씩 걸 수 있다.
• 콘크리트 벽은 서로 다른 곳으로 생각한다.
└───

① 72가지   ② 120가지   ③ 240가지
④ 480가지   ⑤ 630가지

10 한국, 일본, 중국, 미국, 쿠바, 영국의 6개국이 야구 친선 경기를 치르게 되었다. 다음 [그림]의 토너먼트 대진표를 바탕으로 시합이 진행될 때, 6개국을 배치하는 경우의 수를 고르면?

[그림] 대진표

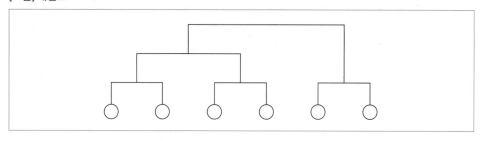

① 24가지   ② 36가지   ③ 45가지
④ 60가지   ⑤ 72가지

11 H회사에서 기업 박람회에 증정품으로 마련한 물품을 포장하려고 한다. 이 일을 끝내는 데 홍보
팀 최 대리는 16일이 걸리고, 같은 팀 김 사원은 12일이 걸린다. 김 사원이 먼저 이 일을 시작
하였고, 며칠 뒤 최 대리가 이 일을 함께 도와서 증정품을 모두 포장하였다. 최 대리가 일한 날
이 4일일 때, 김 사원이 혼자서 일한 날은 며칠인지 고르면?

① 4일   ② 5일   ③ 6일
④ 7일   ⑤ 8일

12 다음 [표]는 A회사에 근무하는 K씨의 근무 평점에 관련한 자료이다. 주어진 자료에서 K씨의 근
무 평점에 대한 평균은 근무 태도 점수보다 3점 높다고 한다. 기존 근무 평점에 대한 항목에 프
로젝트 2가 새롭게 추가되어 K씨의 근무 평점에 대한 평균이 0.6점 내려갔을 때, K씨의 프로젝
트 2에 대한 근무 평점을 고르면?

[표] K씨의 근무 평점   (단위: 점)

구분	근무 태도	프로젝트 1	영업 실적	교육 이수	평균
점수		65	83	80	

① 70점   ② 70.6점   ③ 71.2점
④ 72점   ⑤ 72.6점

13 둘레가 400m인 원 모양의 운동장 둘레를 따라 A는 60m/분의 속력으로, B는 40m/분의 속력
으로 걸었다. 두 사람이 한 지점에서 동시에 출발하여 같은 방향으로 걸어갈 때, A와 B가 처음
으로 다시 만나는 것은 출발하고 나서 몇 분 후인지 고르면?

① 4분   ② 12분   ③ 15분
④ 20분   ⑤ 25분

14 컴퓨터 6대는 40%의 이익으로 팔고, 4대는 원가로 팔았다. 이때 수익률은 몇 %인지 고르면?

① 4%　　　　　　② 18%　　　　　　③ 24%

④ 30%　　　　　　⑤ 40%

15 농도 8%의 소금물 400g과 농도 5%의 소금물을 섞었더니 농도 7%의 소금물이 되었다. 이때 농도 7%의 소금물에 들어 있는 소금의 양을 고르면?

① 38g　　　　　　② 40g　　　　　　③ 42g

④ 45g　　　　　　⑤ 48g

16 50명이 후보 A, B, C에 각각 투표한다. 개표 중에 중간 확인을 했는데 후보 A, B, C가 각각 15 표, 8표, 6표씩 받았다. 이때 무조건 C가 당선되기 위해 더 받아야 하는 최소 투표수를 고르 면?(단, 50명은 각자 한 명의 후보에게만 1표를 투표한다.)

① 9표　　　　　　② 15표　　　　　　③ 16표

④ 19표　　　　　　⑤ 20표

17 일정하게 물이 솟아 나오는 우물이 있다. 4명이 이 우물의 물을 모두 퍼 올리는 데 30분이 걸 리고, 8명이 퍼 올리는 데 10분이 걸린다. 이 우물의 물을 5분 만에 다 퍼 올리기 위해 필요한 인원은 적어도 몇 명인지 고르면?(단, 현재 우물에는 일정량의 물이 고여있다.)

① 10명　　　　　　② 12명　　　　　　③ 14명

④ 15명　　　　　　⑤ 16명

18 남자 5명, 여자 6명의 회원으로 구성된 모임이 있다. 이들이 오랜만에 만나 악수하는데, 남자 회원들은 모든 여자 회원들하고만 한 번씩 악수하고, 여자 회원들은 자신을 제외한 모든 회원들과 한 번씩 악수한다. 이때, 이 모임의 회원들이 악수한 총횟수를 고르면?

① 30번 ② 45번 ③ 60번
④ 90번 ⑤ 120번

19 어느 공장에서 지난달 A, B 두 제품을 합하여 모두 200개를 생산하였다. 이번 달 생산량은 지난달과 비교하여 제품 A는 100% 증가하였고, 제품 B는 20% 감소하여 전체 제품 생산량은 7% 증가하였다. 이때, 이번 달 제품 A의 생산량을 고르면?

① 45개 ② 60개 ③ 75개
④ 90개 ⑤ 100개

20 과일 도매상에게 150개의 귤이 들어 있는 상자 1개를 20,000원에 사서 소비자에게 재판매를 하려고 한다. 그런데 보관상의 문제로 전체 귤의 2할이 썩어서 판매할 수 없게 되었고 남은 귤만 판매해야 한다. 이때, 구입가의 2할의 이익을 얻으려면 귤 1개의 가격을 얼마로 정해야 하는지 고르면?

① 100원 ② 200원 ③ 300원
④ 400원 ⑤ 500원

01 다음 [조건]을 바탕으로 할 때 항상 참인 것을 고르면?

┌─ 조건 ───
• 회사 차량은 직원이면 누구나 이용 가능하다.
• 업무 시간 외에 회사 차량을 사용할 경우, 개인 비용으로 청구된다.
• 사용 보고서를 작성하였다면 회사 차량을 이용한 것이다.
• 이 대리는 차량 사용 보고서를 작성하였다.
└──

① 이 대리는 업무시간에만 회사 차량을 사용하였다.
② 이 대리에게 개인 비용이 청구되었다.
③ 차량 사용 보고서를 작성하지 않은 직원은 개인 비용으로 청구될 수 있다.
④ 이 대리는 회사 차량을 사용한 적이 있다.
⑤ 이 대리는 업무시간 외에도 회사 차량을 사용하였다.

02 A~F는 일렬로 앉아 뮤지컬을 보는 중이다. 다음 [조건]을 바탕으로 할 때, 항상 <u>거짓</u>인 것을 고르면?

┌─ 조건 ───
• C와 D의 자리 사이에는 복도가 있다.
• B는 복도에서 가장 먼 자리에 앉아 있다.
• D는 복도에서 가장 가까운 자리에 앉아 있다.
• A와 C는 복도를 중심으로 같은 구역에 앉아 있다.
• E와 F는 복도를 중심으로 다른 구역에 앉아 있다.
└──

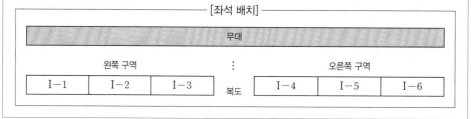

[좌석 배치]

① I−3에는 C 또는 D가 앉아 있다.
② I−5에는 C 또는 D가 앉아 있지 않다.
③ A가 I−1에 앉아 있다면, D는 I−4에 앉아 있다.
④ F가 I−6에 앉아 있다면, E는 I−3에 앉아 있다.
⑤ E가 I−2에 앉아 있다면, A 또는 B가 I−6에 앉아 있다.

03 A~D 작업 순서를 순차적으로 배정하려고 한다. 다음 [조건]을 고려할 때, 작업 배정 순서를 하나로 확정하기 위한 추가 조건으로 적절한 것을 고르면?

조건
- A는 B와 D 사이에 배정한다.
- C는 A보다 나중에 배정한다.
- D는 가장 먼저 배정한다.

① A는 C보다 나중에 배정한다.
② B는 D보다 나중에 배정한다.
③ C는 B보다 나중에 배정한다.
④ A는 마지막에 배정하지 않는다.
⑤ C는 D보다 나중에 배정한다.

04 직원 W~Z는 개발팀, 마케팅팀, 영업팀, 인사팀 중 서로 다른 부서에 속해 있으며, 각자 다른 동호회에 가입해 활동 중이다. 동호회는 등산 동호회, 독서 동호회, 요리 동호회, 음악 동호회로 총 4가지가 있다. 다음 [조건]을 고려할 때, 항상 옳은 것을 고르면?

조건
- X는 등산 동호회에서 활동한다.
- 개발팀 직원은 요리 동호회에서 활동한다.
- 마케팅팀 직원은 독서 동호회에서 활동한다.
- W는 인사팀 소속이고, 음악 동호회에서 활동한다.

① X는 영업팀 소속이다.
② Y는 마케팅팀 소속이다.
③ Z는 개발팀 소속이다.
④ X는 독서 동호회에서 활동한다.
⑤ Y는 음악 동호회에서 활동한다.

05 A부장, B차장, C과장, D대리, E대리, F대리, G주임, H주임이 원탁에 일정한 간격으로 둘러앉아 회의하였다. 다음 [조건]에 따라 한 명씩 돌아가며 의견을 제시하였는데, A부장이 가장 먼저 발언하고, 그 후에는 반시계 방향으로 돌아가며 발언하였을 때, 옳은 것을 고르면?

┌─ 조건
• D대리는 대리 중에 가장 늦게 발언하였다.
• F대리와 B차장은 서로 마주 보고 앉아 있다.
• G주임의 양 옆에 앉은 두 사람의 직급은 서로 같다.
• C과장은 차장 직전에 발언하였고, B차장은 주임 직전에 발언하였다.
• A부장의 양 옆에는 대리가 앉아 있고, 주임끼리는 서로 마주 보고 앉아 있다.
└─

① C과장은 세 번째로 발언하였다.
② B차장의 오른쪽에 C과장이 앉아 있다.
③ 끝에서 두 번째로 발언한 사람은 H주임이다.
④ 대리 직급끼리는 누구도 마주 보고 앉지 않았다.
⑤ 대리 직급에서는 E대리가 가장 먼저 발언하였다.

06 1~9층짜리 어느 건물에 홀수 층에만 서는 엘리베이터가 있다. A~E가 다음 [조건]을 바탕으로 엘리베이터에 타고 내렸을 때, 옳지 <u>않은</u> 것을 고르면?

┌─ 조건
• C는 3층에서 탑승하였고, 7층에서 내렸다.
• B와 D가 각각 탑승한 층 사이에 2명이 타고, 1명이 내렸다.
• A와 B가 1층에서 텅 빈 엘리베이터에 탑승하였고, D는 혼자 탑승하였다.
• 엘리베이터가 9층에 도착했을 때 엘리베이터를 탄 사람은 없었고, D를 포함하여 몇 명이 내렸다.
└─

① 9층에서 내리는 사람 수는 일정하다.
② 가능한 모든 경우의 수는 10가지이다.
③ D가 탑승할 때 누군가는 반드시 내린다.
④ A, B 중 누군가는 3층 또는 5층에서 내린다.
⑤ D가 5층에서 탑승하면 E는 3층에서 탑승해야 한다.

07 A~C는 다음 [대화]와 같이 말하였는데, 각자의 발언에서 하나는 참이고, 다른 하나는 거짓이다. 이들 중 오페라를 관람한 사람을 고르면?

┌ 대화 ───
• A: "나는 오페라를 보지 않았다. B도 오페라를 보지 않았다."
• B: "나는 오페라를 보지 않았다. C도 오페라를 보지 않았다."
• C: "나는 오페라를 보지 않았다. 누가 오페라를 보았는지 모른다."
└──

① A   ② B   ③ C
④ A, B   ⑤ B, C

08 다음 [조건]의 내용이 모두 참일 때, 항상 참인 것을 고르면?

┌ 조건 ───
• 웃음이 많은 사람은 식욕이 좋다.
• 배가 아픈 사람은 식욕이 좋지 않다.
• 배가 아프지 않은 사람은 홍차를 좋아하지 않는다.
└──

① 식욕이 좋은 사람은 웃음이 많다.
② 배가 아픈 사람은 홍차를 좋아한다.
③ 식욕이 좋지 않은 사람은 배가 아프다.
④ 배가 아프지 않은 사람은 웃음이 많다.
⑤ 홍차를 좋아하는 사람은 웃음이 많지 않다.

09 다음 명제를 참고하여 내린 [보기]의 결론 A, B에 대한 설명으로 옳은 것을 고르면?

- 축구 동아리 하늘, 바다, 나무는 각각 중복되지 않게 총 세 번의 경기를 했다.
- 하늘과 바다는 3 : 0으로 경기가 종료됐다.
- 나무와 하늘은 1 : 2로 경기가 종료됐다.
- 승점은 넣은 골을 합산하여 계산한다.

보기
- A: 바다와 나무의 경기에서 나무가 이겼다면, 바다는 3등이다.
- B: 바다와 나무가 2 : 3으로 경기가 종료됐다면, 하늘은 1등이다.

① A만 옳다.
② B만 옳다.
③ A, B 모두 옳다.
④ A, B 모두 옳지 않다.
⑤ A, B 모두 옳은지 옳지 않은지 알 수 없다.

10 선수 A~D 중 한 명이 MVP로 선정되었다. 다음 [대화]에서 이 중 1명만 참을 말하고 나머지 3명은 거짓을 말하고 있다. 참을 말한 사람과 MVP가 순서대로 짝지어진 것을 고르면?

대화
- A: "내가 MVP야."
- B: "A는 거짓말을 하고 있어."
- C: "나는 MVP가 아니야."
- D: "MVP는 B야."

① A, B   ② A, C   ③ A, D
④ B, C   ⑤ B, D

11 다음은 5명의 선생님들이 나눈 [대화]이다. 3명은 참을 말하였고, 최 선생님을 포함한 2명은 거짓을 말하였다. 민수, 영수, 영희, 지수, 철수 중에 결석한 학생이 1명일 때, 결석한 학생을 고르면?

┌─ 대화 ───
- 김 선생님: "철수는 결석하였습니다."
- 박 선생님: "영희와 영수는 결석하지 않았습니다."
- 최 선생님: "박 선생님은 거짓을 말하고 있으며, 철수는 결석하였습니다."
- 이 선생님: "철수는 결석하지 않았습니다."
- 정 선생님: "최 선생님은 거짓을 말하고 있으며, 지수는 결석하지 않았습니다."
└──

① 철수 ② 영희 ③ 민수
④ 영수 ⑤ 지수

12 E사는 새로운 주력상품을 선정하려고 한다. 다음 [조건]을 고려할 때 E사의 새로운 주력상품으로 선정된 K에 대해 항상 참이라고 볼 수 <u>없는</u> 것을 고르면?

┌─ 조건 ───
- 지난해 매출액이 10억 원 이상인 제품만이 새로운 주력상품으로 선정될 수 있다.
- 소비자 선호도 조사 결과가 5위 이하인 상품은 새로운 주력상품으로 선정될 수 없다.
- 개발된 지 3년을 초과했거나 이익률이 10% 미만인 상품은 새로운 주력상품으로 선정될 수 없다.
└──

① K는 이익률이 10% 이상이다.
② K의 소비자 선호도는 4위이다.
③ K는 개발된 지 3년을 초과하지 않았다.
④ K는 지난해 매출액이 10억 원 이상이다.
⑤ K는 지난해 매출액이 10억 원 이상이며, 이익률이 10% 이상이다.

13 영업팀 직원인 갑, 을, 병, 정, 무, 기, 경 7명이 여름휴가를 계획하고 있다. 다음 [조건]을 참고할 때, 휴가 순서에 대한 설명으로 항상 옳은 것을 고르면?(단, 한 번에 한 명씩만 휴가를 간다.)

조건
- 정은 경보다 먼저 휴가를 간다.
- 을은 병보다 늦게, 무나 갑보다는 먼저 휴가를 간다.
- 경은 을의 바로 앞 순서로 휴가를 간다.
- 기는 가장 늦게 휴가를 간다.

① 경은 병보다 먼저 휴가를 간다.
② 무는 경보다 먼저 휴가를 간다.
③ 갑은 무보다 휴가를 늦게 간다.
④ 정과 병의 휴가 순서는 알 수 없다.
⑤ 갑은 경보다 먼저 휴가를 간다.

14 홍 부장은 서 과장, 이 대리, 최 사원, 엄 대리, 조 사원 5명 중 2명을 행사 진행요원으로 선정하려고 한다. 다음 [조건]을 만족할 때, 홍 부장이 선정하게 될 2명의 직원을 바르게 짝지은 것을 고르면?

조건
- 서 과장이 선정되면 반드시 이 대리도 선정된다.
- 이 대리가 선정되지 않아야만 엄 대리가 선정된다.
- 최 사원이 선정되면 서 과장은 반드시 선정된다.
- 조 사원이 선정되지 않으면 엄 대리도 선정되지 않는다.

① 서 과장, 최 사원　　　② 엄 대리, 조 사원　　　③ 서 과장, 조 사원
④ 이 대리, 엄 대리　　　⑤ 서 과장, 엄 대리

15 가수 A, B, C와 배우 D, E, F와 코미디언 G, H는 SNS를 하고 있다. 다음 [조건]을 바탕으로 팔로워 수가 세 번째로 적은 사람을 고르면?

> ┌ 조건 ┐
> • 각 코미디언은 배우 바로 다음으로 팔로워 수가 많다.
> • 팔로워가 가장 많은 사람과 가장 적은 사람은 모두 가수이다.
> • B는 D 바로 다음으로 팔로워 수가 많고, E는 B 바로 다음으로 팔로워 수가 많다.
> • A는 G 바로 다음으로 팔로워 수가 많다.
> • D는 H 바로 다음으로 팔로워 수가 많다.

① A   ② B   ③ D
④ E   ⑤ H

PART 3
실전모의고사

01
02
03
04

16 다음 결론이 반드시 참이 되게 하는 전제를 고르면?

전제1	자동차를 가지고 있는 모든 사람은 세금을 낸다.
전제2	
결론	운전면허증을 가지고 있는 어떤 사람은 자동차를 가지고 있다.

① 세금을 내는 모든 사람은 운전면허증을 가지고 있다.
② 세금을 내는 어떤 사람은 운전면허증을 가지고 있다.
③ 운전면허증을 가지고 있는 모든 사람은 세금을 낸다.
④ 세금을 내는 모든 사람은 운전면허증을 가지고 있지 않다.
⑤ 운전면허증을 가지고 있는 어떤 사람은 세금을 내지 않는다.

17 A~E는 야구장 매표소가 문을 열기 전에 도착하였다. 매표소가 문을 열자 이들은 누가 먼저 왔는지를 판단하여 온 순서대로 줄을 서려고 한다. 이들의 의견이 다음 [대화]와 같고, 이들 중 1명만이 참을 말하고 있을 때, 가장 먼저 매표소에 도착한 사람을 고르면?

┌ 대화 ─────────────────────────────────
- A: "가장 먼저 온 사람은 C입니다."
- B: "아닙니다. A가 가장 먼저 온 걸 내가 봤습니다."
- C: "A가 한 말은 거짓입니다."
- D: "어쨌든 난 가장 먼저 도착하지 않았습니다."
- E: "가장 먼저 온 사람은 B입니다."
└──────────────────────────────────────

① A   ② B   ③ C
④ D   ⑤ E

18 다음 [조건]에 따라 A~E 5개의 창고 중 2개의 창고를 얻으려 한다. 이를 참고하여 2개의 창고만을 얻고자 하는 경우, 가능한 창고의 조합을 고르면?

┌ 조건 ─────────────────────────────────
- E창고를 얻지 않으면 B창고도 얻지 않는다.
- C창고를 얻지 않으면 A창고도 얻지 않는다.
- B창고를 얻지 않으면 D창고도 얻지 않는다.
└──────────────────────────────────────

① A창고, C창고   ② A창고, D창고   ③ C창고, D창고
④ C창고, E창고   ⑤ D창고, E창고

19 다음 [조건]의 명제들이 모두 참이라고 할 때, 항상 참인 결론을 고르면?

> ── 조건 ──────────────────────────────
> • A가 냉면을 먹지 않았다면 B도 불고기를 먹지 않았다.
> • A와 B 둘 중 한 명이라도 피자를 먹었다면 A는 낮잠을 잤다.
> • A가 냉면을 먹었다면 그날 A는 낮잠을 자지 않았을 것이다.

① A가 낮잠을 잤다면 B는 불고기를 먹었다.
② B가 불고기를 먹었다면 A는 낮잠을 잤을 것이다.
③ A와 B 둘 다 피자를 먹었다면 A는 냉면을 먹었다.
④ B가 불고기를 먹었다면 A와 B 둘 다 피자를 먹지 않았다.
⑤ A가 피자를 먹었다면 B는 불고기를 먹었다.

20 갑~기는 다음 [조건]에 맞춰 8인용 원형 탁자에 앉으려고 한다. 이에 대한 설명으로 항상 옳은 것을 고르면?

> ── 조건 ──────────────────────────────
> • 빈자리 2개 중 한자리를 기준으로 오른쪽 또는 왼쪽에는 2개의 좌석이 있다.
> • 정과 병 사이에는 2개의 좌석이 있다.
> • 을은 병의 옆자리이며, 정과 마주 보고 앉아 있다.
> • 을의 옆자리 하나는 빈자리이다.

① 병은 빈자리와 마주 보고 앉아 있다.
② 정의 옆자리에는 빈자리가 하나 있다.
③ 갑, 기, 무 중 누구의 옆자리가 비었는지는 알 수 없다.
④ 빈자리 2개 중 한쪽 공간에 있는 2개의 좌석에는 정과 병이 앉아 있다.
⑤ 빈자리는 모두 붙어 있다.

01 다음에 주어진 일정한 규칙에 따른 수열을 보고 빈칸에 들어갈 알맞은 수를 고르면?

$$\frac{1}{6} \qquad \frac{3}{2} \qquad \frac{5}{3} \qquad \frac{19}{6} \qquad \frac{29}{6} \qquad (\quad)$$

① $\dfrac{41}{6}$ ② 7   ③ $\dfrac{15}{3}$

④ 8   ⑤ $\dfrac{17}{3}$

02 다음에 주어진 일정한 규칙에 따른 수열을 보고 빈칸에 들어갈 알맞은 수를 고르면?

$$56 \qquad 72 \qquad (\quad) \qquad 110 \qquad 132 \qquad \cdots$$

① 90   ② 92   ③ 94

④ 96   ⑤ 98

03 다음에 주어진 일정한 규칙에 따른 수열을 보고 빈칸에 들어갈 알맞은 수를 고르면?

$$5 \qquad 9 \qquad 17 \qquad (\quad) \qquad 65 \qquad 129$$

① 25   ② 33   ③ 36

④ 41   ⑤ 42

04 다음에 주어진 일정한 규칙에 따른 수열을 보고 빈칸에 들어갈 알맞은 수를 고르면?

$$\frac{1}{4} \qquad \frac{2}{3} \qquad -\frac{1}{7} \qquad \frac{3}{10} \qquad -\frac{4}{17} \qquad \frac{7}{27} \qquad (\quad)$$

① -1 ② $-\dfrac{1}{2}$ ③ $-\dfrac{1}{3}$

④ $-\dfrac{1}{4}$ ⑤ $-\dfrac{1}{5}$

05 다음과 같이 일정한 규칙으로 분수를 나열할 때, B−A의 값을 고르면?

$\dfrac{1}{2}$	$\dfrac{3}{4}$	$\dfrac{5}{4}$	$\dfrac{9}{4}$	$\dfrac{17}{4}$	(A)	(B)

① 4 ② 5 ③ 6
④ 7 ⑤ 8

06 다음과 같이 일정한 규칙으로 소수를 나열할 때, 12번째 항을 고르면?

0.8	1.4	0.2	2.6	−2.2	7.4	…

① 615 ② 615.2 ③ 615.4
④ 615.6 ⑤ 615.8

07 다음과 같이 일정한 규칙으로 소수를 나열할 때, |B−2A|의 값을 고르면?

−1.10	−7.6	−19.9	−43.5	(A)	(B)

① 3.6 ② 3.7 ③ 3.8
④ 3.9 ⑤ 4.0

08 다음에 주어진 일정한 규칙에 따른 수열을 보고 빈칸에 들어갈 알맞은 수를 고르면?

22	20	37	107	423	( )

① 470 ② 752 ③ 1259
④ 1637 ⑤ 2109

09 다음에 주어진 일정한 규칙에 따른 수열을 보고 빈칸에 들어갈 알맞은 수를 고르면?

24	12	12	18	36	( )	

① 36   ② 48   ③ 60
④ 72   ⑤ 90

10 다음과 같이 일정한 규칙으로 숫자를 나열할 때, A+4의 값을 고르면?

-6.7	-4.4	-5.7	-3.4	-4.7	-2.4	(A)

① 0.1   ② 0.2   ③ 0.3
④ 0.4   ⑤ 0.5

11 다음과 같이 일정한 규칙으로 숫자를 나열할 때, 10B−9A의 값을 고르면?

2.2	3.4	2.9	4.1	5.3	4.8	(A)	(B)

① 16   ② 18   ③ 20
④ 22   ⑤ 24

12 다음에 주어진 일정한 규칙에 따른 수열을 보고 빈칸에 들어갈 알맞은 수를 고르면?

3	5	8	13	20	31	44	( )

① 61   ② 64   ③ 71
④ 74   ⑤ 78

13 다음에 주어진 일정한 규칙에 따른 수열을 보고 빈칸에 들어갈 알맞은 수를 고르면?

$\frac{11}{8}$	11	18	108	113	452	( )

① 329   ② 455   ③ 1326
④ 1400   ⑤ 1520

14 다음에 주어진 일정한 규칙에 따른 수열을 보고 빈칸에 들어갈 알맞은 수를 고르면?

3	2	4	3	6	( )	10	9

① 4   ② 5   ③ 6
④ 7   ⑤ 8

15 다음에 주어진 일정한 규칙에 따른 수열을 보고 빈칸에 들어갈 알맞은 수를 고르면?

8	9	17	26	43	69	( )

① 100   ② 112   ③ 124
④ 136   ⑤ 148

16 다음에 주어진 일정한 규칙에 따른 수열을 보고 빈칸에 들어갈 알맞은 수를 고르면?

2	8	6	10	24	14	5	( )	9

① 7   ② 9   ③ 11
④ 14   ⑤ 17

17 다음에 주어진 원 안의 수의 일정한 규칙을 유추하여 A+B의 값을 고르면?

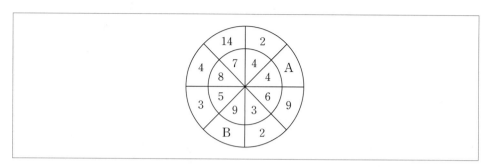

① 11   ② 13   ③ 22

④ 23   ⑤ 24

18 다음과 같이 일정한 규칙으로 숫자를 나열할 때, 빈칸에 들어갈 알맞은 수를 고르면?

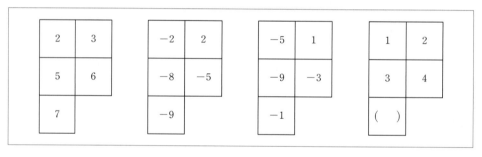

① 1   ② 2   ③ 3

④ 4   ⑤ 5

19 다음에 주어진 정사각형 안의 수의 일정한 규칙을 유추하여 빈칸에 들어갈 알맞은 수를 고르면?

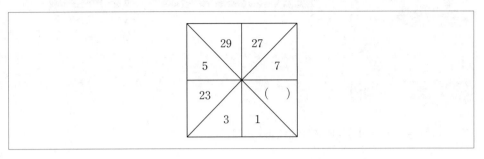

① 25   ② 30   ③ 32
④ 37   ⑤ 43

20 다음과 같이 일정한 규칙으로 숫자를 나열할 때, 빈칸에 들어갈 알맞은 수를 고르면?

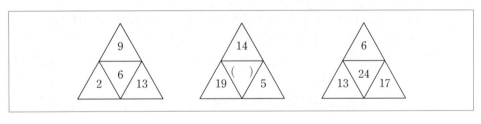

① 9   ② 10   ③ 11
④ 12   ⑤ 13

01 언어이해

01 다음 글의 내용과 일치하지 <u>않는</u> 것을 고르면?

> 대동여지도는 1861년 조선 후기의 지리학자 김정호가 제작한 지도이다. 이 지도는 한반도의 지리적 특징을 매우 정밀하고 상세하게 담아낸 작품으로, 목판 인쇄 방식으로 제작되었다. 대동여지도는 기존의 지도와 달리 정확한 축척과 방위를 사용하여 한반도의 산맥, 하천, 도로 등을 세밀하게 표현했다. 특히, 대동여지도는 군사적 목적보다는 일반 백성의 이동과 생활을 돕기 위해 제작되었다는 점에서 당시 다른 지도들과 차별화된다. 김정호는 대동여지도를 제작하면서 한반도를 총 22첩으로 나누어 대형 지도 형태로 만들었으며, 이를 통해 한반도 전역의 지리적 정보를 쉽게 확인할 수 있었다.
> 대동여지도의 중요한 특징 중 하나는 산맥을 선으로 나타내고, 주요 도로를 직선으로 표시하여 도로망을 한눈에 파악할 수 있도록 한 점이다. 이 지도는 한반도의 지리적 경계뿐 아니라, 그 속의 자연적 경관과 교통망까지 포함해 당대의 생활상을 엿볼 수 있게 한다. 또한, 대동여지도는 단순한 지도 이상의 의미를 지니며, 조선 후기의 과학적 성과와 문화적 진보를 상징하는 중요한 유산으로 평가받고 있다.

① 대동여지도는 대형지도의 형태로써 한반도 전역의 정보를 확인할 수 있다.
② 대동여지도는 군사적 목적보다는 일반 백성의 이동과 생활을 돕기 위해 제작되었다.
③ 대동여지도는 목판 인쇄 방식으로 제작되었으며, 한반도의 주요 지리적 정보를 담고 있다.
④ 대동여지도는 산맥을 정확히 표시하는 대신 도로망은 비교적 강조하지 않았다.
⑤ 대동여지도는 단순 지도이상의 과학적 성과와 문화적 진보를 상징하는 유산이다.

다음 [가]~[마] 문단을 논리적인 순서에 맞게 배열한 것을 고르면?

> [가] 다음으로, 선별된 디지털 문서를 AI가 효과적으로 학습할 수 있도록 청크 단위로 구분한다. 이를 위해서는 문서의 구조를 분석하고, 제목, 문단, 표, 이미지 등 의미 있는 데이터를 식별한 후 구조화된 형태로 변환하는 작업이 필요하다.
>
> [나] 대부분의 기업과 기관은 애크로뱃, 한글 오피스, MS 오피스 등 다양한 소프트웨어의 디지털 문서로 정보를 관리하고 있다. 하지만 이러한 문서에는 중복되거나 불필요한 정보가 포함되어 있을 가능성이 높다. 중복 데이터는 AI 모델의 학습 과정에서 불필요한 자원을 소모하게 하고, 잘못된 정보는 모델의 성능을 저하시킨다.
>
> [다] 다음 단계는 문서 데이터를 분류하고 적절한 메타데이터를 부여하는 태깅 작업이다. 이를 통해 sLLM이 학습할 때 더 정확하고 유의미한 결과를 도출할 수 있다.
>
> [라] 이때 사용되는 구조화된 파일 포맷으로는 Markdown, XML 등이 있다. 이렇게 청크 단위로 구분된 디지털 문서는 AI 학습에 용이할 뿐만 아니라 RAG 기술을 통해 AI 답변의 정확도를 높이는 데도 유용하게 활용된다.
>
> [마] 성공적인 sLLM 구축을 위해서는 양질의 데이터를 학습시키는 것이 가장 중요하다. 첫 번째로 해결해야 할 과제는 축적된 디지털 문서를 체계적으로 관리하여 학습에 사용할 문서를 신중하게 선별하는 일이다.

① [나]-[가]-[마]-[라]-[다]

② [나]-[라]-[가]-[다]-[마]

③ [마]-[가]-[나]-[라]-[다]

④ [마]-[나]-[가]-[라]-[다]

⑤ [마]-[다]-[나]-[가]-[라]

03 다음 글의 중심 내용으로 가장 적절한 것을 고르면?

> 지난 20년간 여행 산업의 변화는 디지털 전환을 중심으로 이루어졌다. 숙소, 항공권 등 여행 상품을 온라인으로 중개하는 OTA(Online Travel Agency)가 크게 성장했다. 부킹홀딩스, 익스피디아 등 글로벌 거대 OTA 기업들의 시장점유율은 97%에 달한다. 하지만 패키지 여행의 옵션과 강제 쇼핑, 숙소 가격 비교 사이트에서의 가격 눈속임, 복잡한 환불 취소 규정 등은 그대로다. 여행자들은 떠나기도 전에 끊임없는 가격비교와 취소 규정에 지치며 여행 중에는 원치 않는 일정을 따라야 한다. 실제로 OTA에서 숙소 예약 시, 결제 직전에 추가되는 금액인 세금과 봉사료는 실제 국가에 납부하는 세금도, 호텔에 지불하는 서비스 요금도 아니며 소비자들이 저렴한 것처럼 느끼도록 고안된 눈속임 장치다.
>
> 코로나19로 인해 많은 중소형 여행 공급자가 사라졌고, 호텔업계는 인력난에 허덕이는 상황에서 판매력에 더해 인공지능(AI) 기술까지 갖춘 거대 글로벌 OTA에 대한 의존도는 더욱 커지고 있다. 건강한 경쟁이 사라진 여행 시장에서 여행자들을 가격으로 현혹하고 환불 규정으로 옭아매는 것에서 벗어나 여행자들에게 투명한 정보를 바탕으로 선택할 수 있게 해야 한다. 또한 거대 OTA에 의존하지 않고도 여행공급자가 자유롭게 전 세계에 자신들의 상품을 노출할 수 있는 기회를 제공하는 것이 혁신 여행 플랫폼의 미션이다.

① 여행을 하기 위해서는 항공사, 여행사 카운터 그리고 숙소에 직접 문의하고 예약해야 한다.

② 오프라인 시절의 예약 절차가 온라인으로 바뀐 것은 여행의 진정한 혁신이라고 볼 수 없다.

③ 일상에서 벗어나 낯선 장소와 문화를 경험하며 나 자신을 새롭게 발견하는 과정이 바로 여행이다.

④ 여행은 익숙한 것에서 떠나는 것인 만큼 OTA를 이용하여 미리 예약하는 것은 여행의 본질을 흐린다.

⑤ 여행 산업의 혁신은 여행자와 여행공급자 모두를 자유롭게 하는 것에서 시작된다.

고령화 사회가 심화됨에 따라 고령 운전자의 안전 문제가 더욱 중요한 이슈로 부각되고 있다. 많은 고령 운전자는 오랜 운전 경험을 갖고 있지만, 나이가 들면서 인지 능력과 신체 반응 속도가 자연스럽게 저하되는 문제를 겪게 된다. 이러한 변화는 도로 위에서 예상치 못한 상황에 대한 대응 능력을 감소시켜 사고 위험을 높일 수 있다. 실제로 고령 운전자는 주차나 차선 변경과 같은 복잡한 운전 상황에서 실수를 할 가능성이 더 높다는 연구 결과도 있다.

그러나 고령 운전자들의 운전 권리는 존중되어야 한다. 운전은 단순히 이동 수단을 제공하는 것을 넘어, 개인의 독립성과 사회적 참여를 유지하는 중요한 수단이기 때문이다. 고령 운전자의 신체적, 인지적 변화를 고려한 안전 조치가 마련된다면 이들도 안전하게 운전할 수 있다. 예를 들어, 정기적인 건강 검진과 운전 적성 검사를 통해 운전 능력을 평가하고, 필요한 경우 보조 장치나 자율주행 기술을 활용하여 운전의 안전성을 높일 수 있다. 이러한 방식으로 고령 운전자들이 교통사고의 위험을 줄이고, 안전하게 도로에서 운전할 수 있을 것이다.

따라서 고령 운전자에 대한 무조건적인 운전 제한보다는, 그들의 운전 권리를 보호하면서도 안전성을 강화하는 방안이 필요하다. 안전장치의 도입과 적절한 검사를 통해 고령 운전자들도 도로에서 안전하게 운전할 수 있을 것이다.

① 고령 운전자의 신체적 변화로 인해 사고 위험이 높아질 수 있다.
② 고령 운전자는 안전장치나 자율주행 기술을 활용하면 사고 위험을 줄일 수 있다.
③ 고령 운전자의 운전 권리는 사회적 참여와 독립성을 위해 존중되어야 한다.
④ 고령 운전자에게는 단순히 연령을 기준으로 한 일률적인 운전 제한이 바람직하다.
⑤ 정기적인 운전 적성 검사와 건강 검진이 고령 운전자의 안전을 높일 수 있다.

05 다음 글의 내용과 일치하는 것을 고르면?

> 김홍도는 조선 후기의 대표적인 화가로, 서민들의 일상생활을 생동감 있게 그린 작품으로 유명하다. 그는 풍속화를 통해 당대의 사회적 모습과 사람들의 삶을 사실적으로 묘사하였으며, 그 과정에서 자연스럽게 유머와 인간미와 같은 감정을 표현했다. 그의 작품들은 서민의 노동과 놀이, 생활을 소재로 삼아 현실적이면서도 따뜻한 시선을 담고 있다.
>
> 특히 김홍도의 작품은 대담한 구도와 힘 있는 선이 특징이며, 인물의 표정과 움직임을 사실적으로 표현하는 데 뛰어났다. 그는 사대부나 귀족보다도 서민의 삶을 주로 그렸으며, 이러한 점에서 그의 풍속화는 조선후기 사회적, 문화적 가치를 이해하고 생활상을 파악하는 데 중요한 자료이다. 김홍도는 산수화와 초상화에서도 뛰어난 기량을 발휘하였으며, 여러 방면에서 다재다능한 화가로 평가받고 있다.

① 김홍도의 작품은 서민들의 삶을 사실적이고 역동적으로 담아냈다.
② 김홍도의 그림에서는 인물의 표정과 동작 표현이 단순화되어 있다.
③ 김홍도는 조선 후기 서민들의 일상보다는 귀족들의 생활을 주로 그렸다.
④ 김홍도의 작품은 산수화보다는 초상화에서 더 많은 주목을 받았다.
⑤ 김홍도의 그림들은 감정 표현을 강조하는 추상화를 주로 다루었다.

06 다음 글의 빈칸에 들어갈 내용으로 가장 적절한 것을 고르면?

> 건강한 삶을 유지하려면 올바른 식습관과 규칙적인 운동이 필수적이다. 현대 사회에서는 패스트푸드와 고칼로리 음식을 과도하게 섭취하고, 앉아서 생활하는 시간이 길어지면서 체중 증가와 함께 당뇨병, 심혈관 질환 같은 성인병 발병 위험이 커지고 있다. 이를 예방하려면 신선한 채소와 과일, 고단백 저지방 음식을 섭취하고, 탄수화물 섭취를 줄이는 것이 중요하다.
>
> 하루 최소 30분 이상 규칙적인 운동을 하면 근육량을 유지하고 체중 조절에도 효과적이다. 더불어, 운동은 스트레스 감소와 정신 건강에도 도움을 주며, 우울증과 불안 증상을 완화할 수 있다. 그뿐만 아니라, 충분한 수면 역시 신체 회복과 면역력 향상에 필수적이다. 일관된 수면 패턴을 유지하는 것은 피로 회복뿐 아니라 일상생활의 전반적인 활력을 높여준다. 따라서,
> (   )

① 건강한 생활습관을 유지하는 것은 단순한 다이어트보다 중요한 요소이다.
② 짧은 시간 안에 극적인 변화를 기대하기보다는 지속적인 건강관리가 중요하다.
③ 운동만큼이나 스트레스 관리와 정신 건강도 신체 건강에 중요한 영향을 미친다.
④ 장기적인 신체 건강을 유지하려면 식습관뿐만 아니라 올바른 수면 습관도 필수적이다.
⑤ 규칙적인 건강관리가 이루어지지 않는다면, 수면이나 운동만으로는 건강을 유지하기 어렵다.

07 다음 [가]~[마] 문단을 논리적인 순서에 맞게 배열한 것을 고르면?

> [가] 1896년 아테네에서 열린 첫 근대 올림픽에서 마라톤은 공식 종목으로 채택되었고, 이후 세계 각국에서 많은 마라톤 대회가 열리며 전 세계적인 스포츠로 자리 잡았다. 특히, 보스턴 마라톤과 같은 유명한 대회는 매년 수많은 참가자와 관중을 끌어들이며 인기를 끌고 있다.
>
> [나] 최근에는 마라톤이 단순한 스포츠를 넘어, 다양한 목적을 가진 행사로도 발전하고 있다. 자선 마라톤, 환경 보호 캠페인 마라톤 등 특정한 사회적 목적을 위해 개최되는 대회가 늘어나고 있으며, 많은 참가자들이 이러한 대회를 통해 기부 활동에 동참하고 있다.
>
> [다] 페르시아 전쟁 중, 그리스의 병사였던 페이디피데스가 마라톤 전투에서 승리를 알리기 위해 아테네까지 약 42.195km를 달려갔다고 전해진다. 그는 숨이 다할 때까지 달려가 전쟁의 승리를 보고한 뒤, 그 자리에서 쓰러져 목숨을 잃었다고 한다. 이 전설적인 이야기는 고대 그리스의 영웅적 정신과 희생을 상징하며, 마라톤 경주의 기원이 되었다.
>
> [라] 마라톤은 개인의 한계를 극복하는 도전이자, 사회적 메시지를 전달하는 중요한 수단이 되었다. 많은 이들이 마라톤을 통해 자기 극복의 기회를 얻고, 동시에 긍정적인 사회적 영향력을 행사하고 있다. 이는 마라톤이 단순한 스포츠를 넘어서는 이유이기도 하다.
>
> [마] 마라톤은 체력과 정신력을 시험하는 스포츠로, 참가자들은 경주 동안 꾸준한 페이스를 유지하며 체력 안배를 잘해야 한다. 무리하게 속도를 올릴 경우, 체력 고갈과 근육 경련 등으로 경주를 완주하지 못할 수 있다. 그렇기 때문에, 철저한 훈련과 전략이 필수적이다.

① [다]-[가]-[마]-[나]-[라]
② [다]-[나]-[라]-[마]-[가]
③ [다]-[마]-[나]-[라]-[가]
④ [마]-[가]-[나]-[라]-[다]
⑤ [마]-[나]-[다]-[가]-[라]

08 다음 글의 내용과 일치하는 것을 고르면?

양자역학은 미시 세계에서 물질과 에너지가 어떻게 상호작용하는지 설명하는 이론이다. 고전역학과 달리 양자역학에서는 물질의 위치와 운동량을 동시에 정확히 알 수 없다는 불확정성 원리가 존재한다. 이 원리에 따르면, 입자의 위치를 정확히 측정하려고 하면 할수록, 그 입자의 운동량에 대한 정보는 더 불확실해진다. 양자역학의 또 다른 핵심 개념은 파동—입자 이중성으로, 이는 입자가 파동처럼 행동할 수도 있고 입자처럼 행동할 수도 있음을 의미한다. 전자는 특정 경로를 따르는 것이 아니라, 여러 가능한 경로를 동시에 통과하는 것처럼 행동할 수 있으며, 이 현상은 이중 슬릿 실험에서 잘 설명된다. 이러한 이론들은 고전 물리학으로 설명되지 않는 미시적 현상들을 설명하는 데 큰 역할을 한다.

양자역학은 현실 세계에서 다양한 분야에 적용된다. 반도체와 레이저 기술에서부터 MRI와 같은 의료 기기에 이르기까지 양자역학의 원리가 기초가 된다. 이는 현대 기술의 발전에 지대한 영향을 미치고 있으며, 인공지능과 양자 컴퓨팅의 발전에도 큰 기여를 하고 있다. 이처럼 양자역학은 미시적 세계뿐만 아니라 거시적 세계에서도 중요한 역할을 하며, 현대 과학기술의 근본적인 이론으로 자리 잡고 있다.

① 양자역학에서는 물질의 위치와 운동량을 동시에 정확히 알 수 있다.
② 파동—입자 이중성은 입자가 오직 파동처럼 행동한다는 것을 의미한다.
③ 전자는 항상 특정 경로를 따르며, 여러 경로를 동시에 통과하지 않는다.
④ 양자역학은 고전 물리학에서 설명하지 못하는 미시적 현상들을 설명하는 데 기여했다.
⑤ 양자역학은 미시적 세계에서 주로 적용되며, 거시적 세계에 끼치는 영향은 미미하다.

개구리는 양서류에 속하며, 그 생애 동안 다양한 호흡 방식을 사용한다. 개구리는 알에서 부화하여 올챙이로 성장할 때는 주로 아가미로 호흡한다. 올챙이 시기에는 물속에서 생활하기 때문에 물속의 산소를 아가미를 통해 흡수하는 것이 효율적이다. 그러나 개구리가 성체로 자라며, 육지와 물을 오가며 생활하게 되면서 호흡 방식이 바뀐다. 성체 개구리는 폐와 피부를 함께 사용하여 호흡한다. 폐는 공기 중의 산소를 흡수하는 역할을 하며, 개구리는 입과 콧구멍을 통해 공기를 들이마시고, 폐에서 산소를 흡수해 혈액으로 전달한다. 하지만 개구리의 폐는 포유류와 비교하여 크기가 작고, 산소 흡수율도 낮다.

이 때문에 개구리는 피부 호흡이 중요한 역할을 한다. 개구리의 피부는 얇고 점액으로 덮여 있어, 산소와 이산화탄소가 쉽게 통과할 수 있다. 개구리는 주기적으로 피부의 점액을 유지해 습기를 보존하고, 산소를 더 효율적으로 흡수한다. 이는 물가나 습한 환경에서 개구리가 생활할 수 있는 이유 중 하나이다. 또한, 개구리는 체온을 조절하는 능력이 부족하기 때문에 체온 조절을 위해 물속에서 피부 호흡을 통해 몸의 온도를 조절하는 경우도 많다. 개구리와 같은 양서류는 이러한 다양한 호흡 방식 덕분에 물속과 육지 모두에서 살아갈 수 있으며, 이 점이 양서류의 특징 중 하나이다.

① 개구리는 성체가 되어서도 아가미로 호흡한다.
② 성체 개구리는 오직 폐를 통해서만 호흡한다.
③ 개구리는 피부를 통해 산소와 이산화탄소를 교환할 수 있다.
④ 개구리는 주로 육지에서 생활하므로 피부 호흡은 중요하지 않다.
⑤ 개구리는 포유류와 동일한 방식으로 폐를 사용한다.

10 다음 글의 내용과 일치하지 <u>않는</u> 것을 고르면?

> 현대 사회의 빠르게 변화하는 일상 속에서 많은 사람들이 정신적 스트레스를 해소하기 위해 다양한 취미 생활을 찾고 있으며, 이 중에서 예술과 문화 관련 활동이 큰 인기를 끌고 있다. 미술 전시회, 연극, 음악회와 같은 문화 예술 행사는 감정적 해소와 자기표현의 기회를 제공하며, 많은 사람들에게 창의적 영감을 준다. 이러한 문화 활동은 단순한 여가 시간을 넘어서 개인의 정서적 안정을 돕고, 창의적 사고를 확장시키는 데 큰 역할을 한다. 기술의 발전으로 인해 문화 활동에 접근하는 방식도 변화하였다. 온라인 전시회, 스트리밍 음악 서비스, 그리고 가상현실(VR)을 이용한 예술 체험이 대중화되면서, 물리적인 장소에 구애받지 않고 예술을 즐길 수 있는 기회가 늘어났다. 이러한 변화는 특히 바쁜 직장인이나 외부 활동이 제한된 사람들이 문화 활동을 할 수 있게 한다.

① 문화 예술 활동은 여가 시간을 단순히 보내는 것을 넘어 정신적 건강에도 도움이 된다.
② 온라인과 가상현실을 통한 예술 체험은 물리적 장소에 구애받지 않고 가능해 졌다.
③ 문화 예술 행사는 감정적 해소와 자기표현의 기회를 제공한다.
④ 현대 사회에서는 예술 활동보다는 스포츠 활동이 더 많은 사람에게 창의적 영감을 준다.
⑤ 바쁜 직장인도 기술 덕분에 예술 활동에 쉽게 접근할 수 있다.

11 다음 중 밑줄 친 ㉠에 대한 설명으로 옳지 <u>않은</u> 것을 고르면?

> ㉠기계 고객(Machine Customer)은 상품이나 서비스를 구매하는 주체가 사람이 아닌 기계이다. 인공지능(AI)과 사물인터넷(IoT)을 통해 소비자 대신 구매하는 기술을 의미하기도 한다. 예를 들어 기계 고객은 사람을 대신해 냉장고 안에 떨어져 가는 식재료를 자동으로 주문하고, 프린터에 잉크가 떨어지면 알아서 잉크를 주문해 준다. 기계 고객은 3단계로 진화하는데, 인간의 개입 정도에 따라 경계형 기계 고객, 적응형 기계 고객, 자율형 기계 고객으로 나뉜다. 1단계인 경계형 기계 고객은 소유자를 대신해 제한된 기능을 자동으로 수행하는 단계이다. 사람이 설정한 규칙에 따라 기계는 행동을 실행하거나 특정 품목을 구매한다. 2단계인 적응형 기계 고객은 AI 기술이 특정 작업에 대해 사람의 개입을 최소화한 상태에서, 사람 대신 선택하고 행동할 수 있는 단계이다. 하지만 이 단계에서도 기계는 사용자가 사전에 설정한 규칙이 필요하다. 3단계인 자율형 기계 고객은 경계형이나 적응형을 뛰어넘는 자율기능을 갖춘 수준이다. 기계 고객이 완전히 자율적으로 인간을 대신해 독립적으로 행동할 수 있는 것을 의미하며, 소비자의 선호나 패턴 등을 추론해 구매를 결정한다.

① 적응형은 제한된 범위 내에서 작업을 수행한다.
② 소비자 대신 상품이나 서비스를 구매한다.
③ 경계형은 적응형보다 인간의 개입 수준이 낮다.
④ 인공지능과 사물인터넷을 기반으로 한다.
⑤ 자율형은 소유자의 패턴 분석을 바탕으로 행동한다.

12 다음 글을 읽고 이해한 내용으로 가장 적절하지 <u>않은</u> 것을 고르면?

디지털 유산이란 사망한 사람이 남긴 디지털 형태의 모든 자료 또는 사망한 이용자가 인터넷 공간에 남긴 부호, 문자, 음성, 음향, 화상, 동영상 등의 정보라고 할 수 있다. 이런 디지털 유산에는 상속재산에 속하는 것과 속하지 않는 것이 있다. 우리 민법상 상속 규정에 따르면 피상속인이 사망하는 순간 피상속인의 재산상의 모든 권리와 의무는 일신전속적인 것이 아닌 이상 상속인의 의사와 관계없이 법률상 상속인에게 이전된다. 일신전속성이란 법률에 따라 특정한 자에게만 귀속되며 타인에게 양도할 수 없는 것을 의미하는데, 보통 인격권·가족권이 여기에 해당한다.

포털이나 이메일 계정 정보는 일신 전속적이기 때문에 승계가 불가능하다고 보아야 하는지가 문제다. 먼저 이런 식별 정보는 인격권에 해당하는 개인정보에 해당하기 때문에 승계가 될 수 없다는 견해가 있지만, 독일의 판례와 같이 계정 ID 등에 대한 접속권은 망자와 서비스제공업체 간 계약상 권리인 채권으로서 재산에 관한 사항이므로 상속의 대상이 된다고 볼 수도 있다. 또 디지털 정보 중 창작성이 있는 경우에는 저작물이 되며, 저작물에 대한 권리인 저작권은 재산권으로서 당연히 상속의 대상이 된다고 할 것이다. 다만, 계정 내에 일상의 생활을 기록한 글과 같이 인격적인 요소가 강한 것이나, 제3자의 개인정보가 포함되어 있는 경우 이는 상속재산에 포함된다고 보기 어렵다. 디지털 유산의 처리에 있어 피상속인이 가지고 있던 개인정보자기결정권을 고려하면 유언과 같이 생전에 본인의 의사에 의한 처리가 가능하도록 하는 방안도 고려할 수 있다.

① 디지털 유산이 일신전속권인지에 따라 상속 여부가 결정된다.
② 피상속인이 사망 전에 남긴 부동산과 채무는 일신 전속성을 가진 것에 속한다.
③ 독일에서는 특정 사이트의 계정을 일신 전속적이지 않은 것으로 판단한 사례가 있다.
④ 자신의 SNS 계정에 흔하게 올리는 일상 게시물은 통상 상속재산에 포함되지 않는다.
⑤ 서비스 이용계약 체결 시 디지털 유산의 처리에 관한 의사를 미리 설정한다면 혼란을 줄일 수 있다.

13 다음 글의 중심 내용으로 가장 적절한 것을 고르면?

> 3D프린터는 제조업과 일상생활에 혁신을 가져오고 있다. 전통적인 제조 방식에서는 제품을 대량 생산하고 재고를 관리해야 했다. 하지만 3D프린터의 도입으로 이 과정이 단순화되고 있다. 소비자는 직접 3D프린터를 이용해 원하는 제품을 설계하고 즉석에서 제작할 수 있고, 개인 맞춤형 생산이 가능해 졌다. 또한, 소규모 창업자나 스타트업은 초기 비용 부담 없이 제품을 소량으로 테스트하고 수정할 수 있다.
>
> 3D프린터는 의료 분야에서도 활약할 수 있다. 환자 맞춤형 인공 관절이나 임플란트를 3D프린터로 제작할 수 있어, 정밀한 수술이 가능해졌다. 맞춤형 제작 방식은 환자의 회복 속도를 높이고, 의료비용을 절감하는 데도 기여한다. 또한, 3D프린터는 건축 및 패션 분야에서도 활용되어 건축 자재나 의류 소품을 소량으로 제작하는 데 유용하게 쓰이고 있다. 3D프린터는 단순한 제작 도구를 넘어 다양한 산업과 일상에 걸쳐 개인 맞춤형 생산과 비용 절감의 기회를 제공하는 중요한 기술로 자리 잡을 것이다.

① 3D프린터는 전통적인 제조 방식을 대체하여 비용 절감을 가능하게 한다.
② 3D프린터는 다양한 분야에서 활용되며 그 중요성이 커지고 있다.
③ 3D프린터의 도입으로 물품의 대량 생산이 더 쉬워졌다.
④ 3D프린터는 학생들에게 창의력을 키워주는 도구로 자리 잡았다.
⑤ 3D프린터는 인공 장기 생산을 위해 개발된 기술이다.

14 다음 글의 주장에 대한 비판으로 가장 적절하지 <u>않은</u> 것을 고르면?

> 최근 들어 도시의 경쟁력 향상을 위한 새로운 전략의 하나로 창조 도시에 대한 논의가 활발하게 진행되고 있다. 창조 도시는 창조적 인재들이 창의성을 발휘할 수 있는 환경을 갖춘 도시이다. 즉, 창조 도시는 인재들을 위한 문화 및 거주 환경의 창조성이 풍부하며, 혁신적이고도 유연한 경제 시스템을 구비하고 있는 도시라 할 수 있다.
> 창조 도시의 주된 동력을 창조 산업으로 볼 것인가 창조 계층으로 볼 것인가에 대해서는 견해가 다소 엇갈리고 있다. 창조 산업을 중시하는 관점에서는, 창조 산업이 도시에 인적·사회적·문화적·경제적 다양성을 불어넣음으로써, 도시의 재구조화를 가져오고 더 나아가 부가 가치와 고용을 창출한다고 주장한다. 창의적 기술과 재능을 소득과 고용의 원천으로 삼는 창조 산업의 예로는 광고, 디자인, 출판, 공연 예술, 컴퓨터 게임 등이 있다. 창조 계층을 중시하는 관점에서는, 개인의 창의력으로 부가 가치를 창출하는 창조 계층이 모여서 인재 네트워크인 창조 자본을 형성하고, 이를 통해 도시는 경제적 부를 축적할 수 있는 자생력을 갖게 된다고 본다. 따라서 창조 계층을 끌어들이고 유지하는 것이 도시의 경쟁력을 제공하는지가 관건이다.
> 창조성의 근본 동력을 무엇으로 보든, 4차 산업 사회를 대비하기 위해서라도 정부에서 나서서 창조 도시를 개발하고 발전시켜야 할 필요가 있다.

① 창조 도시의 동력이 무엇인지 확실하지 않으면 창조 도시 개발의 필요성도 확신할 수 없다.
② 창조 도시는 하루아침에 인위적으로 만들어지는 것이 아니므로 정부가 나선다고 바로 만들어지는 것이 아니다.
③ 창조 산업의 산출물은 그것에 대한 소비자의 수요와 가치 평가를 예측하기 어려우므로 창조 도시 개발에 위험도가 있다.
④ 창조 계층은 표준화되기 어려운 창의력을 동력으로 일하는 계층이므로 이들을 한 곳에 모아 둔다고 창의력이 발생하는 것이 아니다.
⑤ 창의력은 객관적으로 정의해서 키울 수 없는 능력이므로, 창조 도시를 만든다고 해서 창조성의 동력이 생기지는 않을 것이다.

15 다음 글의 주제로 가장 적절한 것을 고르면?

> 쇼펜하우어는 그의 주지인 의지와 표상으로서의 세계에서 세계를 표상의 세계와 의지의 세계로 방법론적으로 구분하면서 세계의 본질과 그 속에서의 인간의 삶의 의미를 설명하고 있다. 그에 따르면 충분근거율에 의해서 지배되는 표상의 세계는 지성과 학문을 통해서 파악할 수 있는 세계이지만 근원적인 세계는 아니다. 우리의 삶이 왜 고통스러운지 그리고 그러한 고통으로부터 벗어나는 길을 탐구하기 위해서는 이러한 표상의 세계가 실제로는 의지의 세계라는 점을 통찰해야만 한다. 그에 따르면 의지는 존재하는 모든 것을 지배하며 세계를 표상으로 이해하는 충분근거율을 통해서는 파악할 수 없는 것이다. 이러한 의지는 맹목적인 삶의 의지로서 우리에게 나타난다. 이러한 맹목적인 삶의 의지는 우리를 끊임없이 고통의 세계로 이끄는 것이다. 쇼펜하우어는 우리의 세계를 이처럼 의지에 의해서 이끌려 가는 것으로 파악하면서 그의 독특한 철학인 염세주의적 세계관과 의지의 형이상학을 전개한다. 그가 염세주의라는 용어를 통해서 우리에게 제시해 주는 것은 세계와 삶에 대한 소극적인 부정과 회피가 아니라 의지에 의해서 이끌려 갈 수밖에 없는 인간의 숙명적인 삶을 폭로하는 것이며 이를 통해서 쇼펜하우어는 맹목적인 삶의 의지에서 벗어날 수 있는 길을 제시한다. 이러한 염세주의는 쇼펜하우어의 형이상학적 체계를 핵심적으로 규정해 주는 것이며 그것은 라이프니츠—칸트적인 계몽주의적 낙관주의에 대한 비판이며 헤겔의 이성철학에 대한 적극적인 도전이라고 할 수 있을 것이다. 이러한 쇼펜하우어의 염세주의적 세계관은 궁극적으로 삶의 의지를 부정하게 하고 금욕적인 삶의 길로 우리를 이끌게 된다.

① 쇼펜하우어는 금욕적인 삶을 비판하며 헤겔의 이성철학에 도전했다.
② 쇼펜하우어는 표상의 세계와 근원의 세계를 통해 맹목적인 삶의 의지를 설명했다.
③ 쇼펜하우어는 염세주의적 세계관을 통해서 인간의 삶의 의지에서 벗어날 수 있는 길을 제시한다.
④ 쇼펜하우어에 따르면 인간의 숙명은 삶에 대한 맹목적인 의지를 받아들이는 것이다.
⑤ 쇼펜하우어의 염세주의는 형이상학적 체계를 핵심적으로 규정하며 삶의 의미에 대해 탐구하는 것이다.

16 다음 글의 내용과 일치하는 것을 고르면?

오버투어리즘은 관광 공간이 지역주민의 생활공간으로 확장됨에 따라 지나치게 많은 관광객이 급격하게 유입되면서 자연환경, 지역주민의 삶의 질 등이 악화되는 현상을 말한다. 이 용어는 2012년 유럽 유명 관광도시의 상황을 묘사하는 용어로 처음 등장하였으며, 이후 베니스, 바르셀로나 등에서 관광객 유입을 대하는 움직임이 거세지면서 본격적으로 주목받기 시작하였다. 필리핀의 보라카이 섬은 오버투어리즘이 발생한 대표적인 지역이다. 지난 2018년 4월, 필리핀은 관광객의 급격한 유입으로 보라카이 섬의 환경수용력이 초과되자 약 6개월간 섬을 폐쇄하였다.

이처럼 주민의 생활공간과 관광객의 관광 공간이 분리되지 않은 채 같은 공간을 다른 목적으로 사용할 경우, 지역주민이 수용할 수 없는 생활공간의 변화로 인한 다양한 문제가 발생할 수 있다. 가령 같은 지역주민이더라도 수익 창출이 우선인 부동산 소유자는 관광활성화로 부동산 지가가 상승하므로 관광객 유입에 긍정적인 반응을 보일 수 있지만, 정주권이 우선인 세입자에게는 임대료 상승이 부담될 수 있는 것이다.

또한 오버투어리즘에 대응하기 위한 방안 자체도 집단 간의 갈등을 야기할 수 있다. 오버투어리즘의 대응 정책 유형은 크게 관광객 총량 제한, 시·공간적 분산 등의 '관광객 대상 정책', 관광세 부과, 사업체 규제 등의 '사업체 대상 정책', 공동체 강화, 혜택 제공, 공공시설 지원 등의 '지역주민 대상 정책'으로 구분된다. 이때 오버투어리즘에 대응하기 위한 방안이 관광객 제한과 같은 관광수요 억제 중심일 경우에는, 주민들에게는 긍정적일 수 있으나 관광객 대상 상인에게는 경제적 위협이 될 수 있다.

① 관광세 부과는 지역주민 대상 정책이다.
② 오버투어리즘 지역은 생활공간과 관광공간의 분리가 두드러진다.
③ 베니스는 오버투어리즘으로 일정 기간 동안 관광을 제한하였다.
④ 오버투어리즘으로 해당 지역의 임대료가 상승할 수 있다.
⑤ 정주권을 우선하는 입장에서는 오버투어리즘에 찬성하는 경향을 보인다.

17 다음 글을 읽고 필자의 주장과 반대되는 내용을 고르면?

책임(責任)이란 위법한 행위에 대하여 행위자를 개인적으로 비난할 수 있는지의 문제를 말한다. 특히 형벌에는 '책임이 없으면 형벌 또한 없다'라는 책임주의가 적용되고 있다. 법률적 책임으로서는, 넓은 뜻으로는 법률상의 불이익(不利益) 또는 제재가 지워지는 것을 가리키고, 좁은 뜻으로는 위법행위를 한 자에 대한 법률적 제재를 의미한다. 이때, 법률적 위법행위에 대한 책임은 형사책임 또는 민사책임으로 나뉜다.

이러한 법률적 책임을 져야 하는 사람들을 교육함으로써 교화해야 한다는 주장이 있다. 이를 교정주의(矯正主義)라 하는데, 형벌이 범죄인의 반사회성을 교화·개선할 수 있는 내용과 목적을 가져야 한다고 주장하는 사상이다. 범법자라 하더라도 교육을 통해 다시금 올바른 삶을 살 수 있으므로, 죄를 뉘우치고 용서를 구할 시간을 주면서 교육을 한다면 그들도 법의 테두리 안에서 얼마든지 여러 사람과 어울려 지낼 수 있다는 것이다. 우리나라의 경우 형벌 법령에 저촉되는 행위를 한 자가 10세 이상 14세 미만인 경우(촉법소년)에는 형사처벌 대신 소년법을 적용하여 보호처분 등을 받도록 하고 있다. 사형법 또한 전 세계적으로 미성년에게는 적용되지 않는 만큼, 촉법소년 또한 법률적 책임에 대한 이해가 적을 수 있으므로 교육을 통해 올바른 삶을 살 수 있도록 도울 필요가 있다.

① 14세 미만의 촉법소년들은 의지가 약하므로 강력하게 법의 처벌을 받도록 해야 한다.
② 사람은 누구나 실수를 하여 범법을 저지를 수 있고, 교육을 통해 교화될 수 있다.
③ 형사책임을 져야 하는 촉법소년들도 교육을 통해 교화될 수 있다.
④ 중범죄를 저지른 사람도 시간을 주고 교육을 한다면 여러 사람과 어울려 지낼 수 있다.
⑤ 전 세계적으로 미성년에게 사형법이 적용되지 않는 이유는 교정주의가 작용하기 때문이다.

18 다음 글을 읽고 난 후의 독자의 반응으로 가장 적절한 것을 고르면?

> 지난 25일 정부에서 온라인 플랫폼 상인 조합을 구성해 디지털 전환에 나선 서울의 한 시장을 찾아 비상경제민생회의를 주재했다. 이는 온라인 장보기, 라이브 커머스 등 디지털 혁신을 선도하고 있는 소상공인들을 독려하기 위한 행보다. 중소벤처기업부도 이날 전통시장 온라인 주문을 활성화시키기 위한 배송 인프라스트럭처 구축과 카드형 온누리상품권 도입 등 지원 대책을 발표했다. 지원 대책에는 2027년까지 스마트 상점·공방·시장 7만 개를 보급하고 'e커머스 소상공인'을 매년 10만 명씩 양성하겠다는 계획이 포함되었다. 온라인 소비가 폭발적으로 증가하고 있는 가운데 이에 대한 대응이 더딘 전통시장의 디지털 전환을 지원하겠다는 것이다.
>
> 전통시장이 위기에 처한 지는 꽤 오래됐다. 시설 노후화뿐 아니라 온라인 소비가 대세로 떠오른 트렌드 변화에 대응하지 못하면서 위기는 갈수록 심화되고 있다. 대형마트와 백화점 등은 빅데이터와 인공지능(AI)을 활용해 고객 수요를 파악하고 실시간 온라인 배송 등 다양한 서비스를 출시하고 있는 반면, 전통시장은 과거에 머물러 온 탓이다. 정부는 2012년부터 10년간 골목상권을 보호한다는 명분으로 대형마트 의무휴업을 강제했지만 전통시장 활성화로 이어지지 못했다. 이 같은 보호막은 되레 전통시장이 변화할 기회를 늦추는 결과를 낳았다. 그런데도 정부가 대형마트 영업 규제 폐지 논의에 들어가자 전국 전통시장 상인들은 집단행동을 예고하는 등 강력하게 반발하고 있다. 하지만 이제는 대형마트와 전통시장의 대결 구도로 이 문제에 접근해서는 안 된다. 소비의 중심축은 이미 온라인으로 넘어갔다. 전통시장은 대형마트 영업 규제로 인한 수혜를 기대하기보다 자구책을 찾아야 한다. 암사시장 사례처럼 전통시장도 소비자들의 편익에 부합하는 디지털 플랫폼을 구축하는 등 온라인 판로를 확대해야 한다. 디지털 전환 시대에 재빨리 적응하지 못하면 소비자들의 발길을 붙잡을 수 없다.

① 대형마트 규제는 오히려 편의점 매출을 상승시키는 결과를 가져왔다.
② 대형마트 영업 규제 정책은 전통시장의 활성화에 유의미한 영향을 미치고 있다.
③ 전통시장은 대형마트 규제에 집착하기보다는 온라인 플랫폼 혁신에 나서야 한다.
④ 공생과 상생의 관점에서 대형마트의 영업 규제는 전통시장의 생존을 위해 반드시 필요하다.
⑤ 디지털 플랫폼의 등장으로 전통시장과 대형마트 사이의 매출 격차가 줄어들었다.

19 다음 글을 읽고 밑줄 친 부분에 해당하는 사례로 가장 적절하지 <u>않은</u> 것을 고르면?

> 웩더독 효과란 '꼬리가 몸통을 흔든다'는 주객전도의 의미로 마케팅에서 상품(몸통)보다 서비스 덤(꼬리)에 더 큰 가치를 느낀 소비자가 상품을 구매하도록 하는 것이다. 마케팅의 대표적인 기업 맥도날드는 1979년부터 수십 년간 <u>웩더독 마케팅</u>을 전개해 왔다. 맥도날드는 해피밀 어린이 세트를 주문하면 시즌별로 다양한 유명 캐릭터와 컬래버레이션한 장난감을 제공했는데, 어린이뿐만 아니라 성인들까지 이 장난감을 구매하기 위해 가게 앞에 줄을 서는 등 구매 행렬을 이루고 있다. 이처럼 소비자의 구매 심리 욕구를 이해한 마케팅은 소비자의 오픈런을 이끌어 내 소비를 촉진시키고 고객층을 넓히며 기업만의 이미지를 만드는 효과를 얻을 수 있다.

① 추억의 띠부띠부실 스티커를 갖기 위해 구입한 포켓몬 빵
② 스타벅스 시즌 여름 휴가백을 증정품으로 받기 위해 주문한 374잔의 커피
③ 투자에 성공했다는 누군가의 이야기를 듣고 따라서 투자한 비트코인
④ 네이버, 현대차, 삼성전자 등 랜덤으로 주는 상장주를 받기 위해 구매한 편의점 도시락
⑤ 왓챠 서비스를 최대 3개월 동안 무료로 이용할 수 있는 이용권을 받기 위해 구입한 왓챠 팝콘

20 다음 글의 밑줄 친 '놀이'에 대한 설명으로 적절한 것을 [보기]에서 모두 고르면?

> <u>놀이</u>의 가치가 얼마나 중요한지는 '놀이'의 반대가 '일'이 아니고 '우울'이라는 주장에서 찾아볼 수 있다. 놀이가 창조성을 기르게 도와준다는 보고는 흔히 눈에 띈다. 일을 놀이와 같이 할 수 있는 사람을 길러야 기업이 성공한다는 생각은 '놀이터 직장' 문화로 확산되고 있다. 스마트폰의 성공도 결국 전화기가 전화기를 벗어나 '놀이 도구'가 된 것 때문이 아니겠는가!
>
> 놀이는 아이들만을 위한 것이 아니다. 초고령화되어 가는 사회에서 어른도 일과 놀이가 접목되지 않으면 즐겁고 건강하게 일을 계속하기 어렵다. 일만 하고 놀지는 않는 사람은 자신도 지루하지만 남에게도 지루한 사람이 되니, 인간관계에 문제가 생긴다. 놀이는 몸과 뇌에 적절한 자극을 주어 정신 건강을 지키는 데도 매우 효과적이다. 눈앞의 문제를 해결할 방법이 떠오르지 않으면 책상 앞에서 고민하지 말고 그 자리를 벗어나 놀다 오는 것이 오히려 낫다.

┌ 보기
│ ㉠ 창조성을 기르는 데 도움을 준다.
│ ㉡ 인간관계에 문제가 생길 수 있다.
│ ㉢ 즐겁고 건강하게 일을 할 수 있도록 한다.
│ ㉣ 아이들뿐만 아니라 어른들에게도 꼭 필요하다.

① ㉠, ㉡   ② ㉠, ㉢   ③ ㉡, ㉣
④ ㉠, ㉢, ㉣   ⑤ ㉡, ㉢, ㉣

01 다음 [표]는 S사의 AI분야 투자에 관한 자료이다. 이에 대한 설명으로 적절하지 <u>않은</u> 것을 고르면?

[표] S사의 AI분야 투자 규모　　　　　　　　　　　　　　　　　　　(단위: 억 원, %)

구분	2020년	2021년	2022년	2023년	2024년
AI분야 투자 규모	45	30	35	50	35
총지출 대비 AI분야 투자 규모 비중	9	8	7	6	5

① 2024년 총지출은 650억 원 이상이다.

② 2022년 AI분야 투자 규모의 전년 대비 증가율은 15% 이상이다.

③ 2024년에 2021년보다 AI분야 투자 규모가 전년에 비해 더 적게 감소하였다.

④ 2020~2024년 동안 AI분야 투자 규모의 합은 200억이 넘지 않는다.

⑤ 2021~2024년 동안 S사의 총지출은 꾸준히 증가하고 있다.

02 다음 [표]는 S사의 인권영향 평가 개선 과제 이행률에 대한 자료이다. 이에 대한 설명으로 옳지 <u>않은</u> 것을 고르면?

[표] S사 인권영향 평가 개선 과제 이행률　　　　　　　　　　　　　　(단위: 건, %)

구분		개선 필요 과제	이행 완료 과제	이행률
이행 기간	1기	18	( )	100
	2기	( )	21	( )
	3기	( )	( )	95
합계		66	58	( )

※ 이행률(%)= $\dfrac{\text{이행 완료 과제 건수}}{\text{개선 필요 과제 건수}} \times 100$

① 1기에서 3기로 갈수록 개선 과제 이행률은 꾸준히 감소하였다.

② 1기 이행 완료 과제는 18건이다.

③ 3기 개선 필요 과제 중 이행하지 못한 과제는 1건이다.

④ 1기부터 3기까지의 이행 완료 과제 건수는 2기가 가장 많다.

⑤ 1기부터 3기까지 개선 과제 전체 이행률은 90% 미만이다.

03 다음 [표]는 A~C사의 연도별 매출액을 나타낸 자료이다. 이에 대한 설명으로 옳지 않은 것을 고르면?

[표] A~C사의 연도별 매출액 (단위: 억 원)

구분	2019년	2020년	2021년	2022년	2023년
A사	1,200	1,500	1,000	800	1,200
B사	900	500	600	800	1,000
C사	1,500	1,800	1,600	1,400	1,200

① 5년간 B사의 총매출액은 C사의 절반에 미치지 못한다.
② 2019년 세 회사의 총매출액 중 A사가 차지하는 비중은 35% 미만이다.
③ 2020년 이후 두 회사 B, C사의 전년 대비 매출액 증감 추이는 서로 반대이다.
④ 2020년 이후 A사의 전년 대비 매출액 변화율이 가장 큰 해는 2023년이다.
⑤ 2021년~2023년 C사의 전년 대비 매출액 감소율은 해마다 꾸준히 증가한다.

04 다음 [표]는 2022년 지역별 농촌관광 현황에 관한 자료이다. 이에 대한 설명으로 옳은 것을 [보기]에서 모두 고르면?

[표] 2022년 지역별 농촌관광 현황 (단위: 회)

구분	농촌 체험 활동	농촌 숙박	농촌 지역 맛집 방문	농촌 둘레길 걷기	농·특산물 직거래	농촌 지역 캠핑
수도권	2.03	1.40	1.28	1.31	1.16	3.13
충청권	1.69	1.00	1.34	1.10	0.98	1.64
호남권	1.45	1.09	1.49	1.29	2.04	1.00
영남권	1.14	0.79	1.33	1.22	1.72	1.28
강원/제주권	1.88	1.78	1.98	1.97	2.91	0.48

┌ 보기 ─────────────────────────────
ㄱ 농촌관광 횟수는 모든 항목에서 호남권이 영남권보다 많다.
ㄴ 강원/제주권의 농촌관광 횟수는 총 11회이다.
ㄷ 충청권은 모든 항목에서 농촌관광 횟수가 가장 많은 지역이 아니다.
ㄹ 지역별 농촌관광 횟수가 세 번째로 많은 항목은 지역마다 서로 다르다.

① ㄱ, ㄴ
② ㄴ, ㄷ
③ ㄷ, ㄹ
④ ㄱ, ㄴ, ㄷ
⑤ ㄴ, ㄷ, ㄹ

다음 [표]는 노년부양비에 관한 자료이다. 이에 대한 설명으로 옳지 <u>않은</u> 것을 고르면?

[표] 노년부양비 (단위: 생산가능인구 100명당 명)

구분	2015년	2016년	2017년	2018년	2019년	2020년	2021년
노년부양비	17.5	18	18.8	19.6	20.4	21.8	23.1

※ 노년부양비는 생산가능인구(15~64세) 100명에 대한 고령인구(65세 이상)의 비를 의미함

① 2021년 생산가능인구 100명당 부양해야 하는 고령인구는 전년 대비 1.3명 증가하였다.

② 2016~2021년 노년부양비는 매년 전년 대비 증가하였다.

③ 전년 대비 2020년 노년부양비의 증가 폭은 2021년보다 더 크다.

④ 2019년에 생산가능인구 100명당 부양해야 하는 고령인구가 처음 20명을 넘었다.

⑤ 2017년과 2018년 노년부양비의 전년 대비 증가 폭은 상이하다.

06 다음 [그래프]는 2017년 대비 A제품 생산량의 증가 현황에 관한 자료이다. 이에 대한 설명으로 옳은 것을 [보기]에서 모두 고르면?

[그래프] 2017년 대비 A제품 생산량의 증가 현황 (단위: 만 TOE)

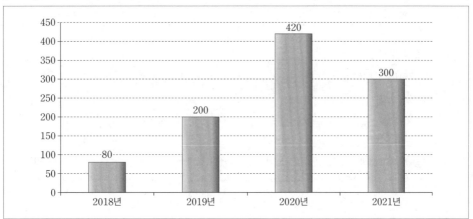

┌ 보기 ───
│ ㉠ 2019년과 2021년 A제품 생산량은 100만 TOE 차이난다.
│ ㉡ 2017년 이후 A제품의 생산량은 꾸준히 증가하였다.
│ ㉢ 2020년 A제품 생산량이 1,000만 TOE이면 2018년 A제품 생산량은 660만 TOE이다.
└──

① ㉠   ② ㉠, ㉡   ③ ㉠, ㉢

④ ㉡, ㉢   ⑤ ㉠, ㉡, ㉢

07 다음 [표]는 성별 흡연율 및 음주율에 관한 자료이다. 이에 대한 설명으로 옳은 것을 [보기]에서 모두 고르면?

[표] 성별 흡연율 및 음주율 (단위: %)

구분	흡연율			고위험 음주율		
	전체	남자	여자	전체	남자	여자
2013년	26.3	46.8	6.5	13.6	23.1	4.4
2014년	25.0	43.3	7.4	13.4	21.9	5.3
2015년	23.2	41.4	5.7	11.9	19.4	4.8
2016년	23.3	42.3	5.1	13.1	20.6	5.9
2017년	21.6	38.3	5.3	12.7	20.5	5.1
2018년	22.6	39.4	6.1	13.2	21.2	5.4
19~29세	25.4	41.7	7.2	13.8	17.7	9.6
30~39세	30.4	51.5	7.6	16.4	23.5	8.6
40~49세	25.0	43.9	5.6	15.8	25.7	5.7
50~59세	22.7	38.2	7.1	15.4	26.0	4.9
60~69세	14.6	25.7	4.0	9.0	17.5	0.9
70세 이상	9.1	18.0	3.4	2.7	6.3	0.3

※ 고위험 음주율: 1회 평균 음주량이 남자 7잔 이상, 여자 5잔 이상이면서 주 2회 이상 음주를 의미함

┌ 보기 ─────────────────────────────────────
│ ㉠ 2013년 대비 2018년 흡연율과 고위험 음주율은 남자의 경우 모두 낮아졌으나, 여자는 모두 높아졌다.
│ ㉡ 2018년 전체 남자 인구 100명당 20명 이상은 주 평균 14잔 이상의 음주를 하며, 동시에 흡연도 한다.
│ ㉢ 2018년 남녀 전체 인구 중 흡연율과 고위험 음주율이 가장 높은 연령대는 30대이다.
│ ㉣ 2018년의 경우 나이가 들수록 흡연율과 고위험 음주율이 남녀 모두 낮아지는 것은 60세 이후부터이다.
└──

① ㉠, ㉡   ② ㉠, ㉢   ③ ㉢, ㉣

④ ㉠, ㉡, ㉢   ⑤ ㉡, ㉢, ㉣

08 다음 [그래프]와 [표]는 국제 학업 성취도 평가 결과를 바탕으로 한 우리나라 만 15세 학생의 학업 성취도를 조사한 자료이다. 이에 대한 설명으로 옳지 <u>않은</u> 것을 고르면?

[그래프] 영역별 · 연도별 학업 성취도 평균 현황

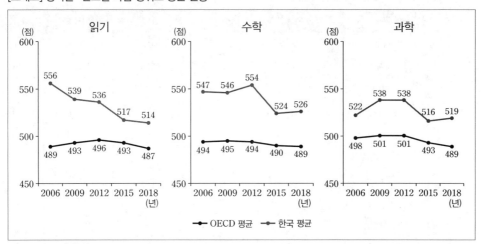

[표] 우리나라 영역별 · 연도별 · 성별 학업 성취도 평균 현황 (단위: 점)

구분		2006년	2009년	2012년	2015년	2018년
읽기	전체 평균	556(1)	539(2)	536(2)	517(5)	514(5)
	남학생	539	523	525	498	503
	여학생	574	558	548	539	526
수학	전체 평균	547(2)	546(2)	554(1)	524(3)	526(3)
	남학생	552	548	562	521	528
	여학생	543	544	544	528	524
과학	전체 평균	522(7)	538(3)	538(3)	516(6)	519(4)
	남학생	521	537	539	511	521
	여학생	523	539	536	521	517

※ 단. 괄호 안의 수치는 OECD 국가 중 우리나라의 순위임

① 2012년 이후 OECD 평균은 3개 분야에서 모두 계속 낮아지고 있다.
② 수학 분야에서는 매년 우리나라 남학생의 평균 점수가 여학생의 평균 점수보다 높다.
③ 3개 분야에서 우리나라 남녀 학생의 평균 점수 차이가 매년 가장 큰 분야는 읽기이다.
④ 조사 기간 동안 OECD 국가 중 우리나라 순위의 평균은 수학, 읽기, 과학 순으로 높다.
⑤ 2018년 한국의 읽기, 수학, 과학 점수 평균은 522점 미만이다.

09 다음 [표]는 전력 기반 산업의 연도별 수입 및 지출 내역에 관한 자료이다. 이에 대한 설명으로 옳은 것을 [보기]에서 모두 고르면?

[표] 전력 기반 산업의 연도별 수입 및 지출 내역 (단위: 억 원)

구분			2012년	2013년	2014년	2015년	2016년
수입계			22,980	24,851	30,828	35,987	41,973
	자체수입		19,862	21,505	24,673	24,740	25,726
		법정부담금	16,637	18,275	19,471	21,440	22,670
		융자원금 회수	1,435	1,229	1,065	579	456
		기타	1,790	2,001	4,137	2,721	2,600
	정부 내 수입		82	139	180	2,271	3,960
		기탁원금 회수	–	–	–	2,000	3,500
		기탁이자수입	82	139	180	271	460
	차입금		–	–	–	–	–
	여유자금 회수		3,036	3,207	5,975	8,976	12,287
지출계			22,980	24,851	30,828	35,987	41,973
	사업비		17,694	17,297	18,181	19,031	17,637
		경상사업비	17,514	17,097	16,897	17,681	16,137
		융자사업비	180	200	1,284	1,350	1,500
	기금운영비		78	79	72	75	80
	정부 내부 지출		2,000	1,500	3,600	9,000	9,000
	차입금상환		–	–	–	–	–
	여유자금 운용		3,208	5,975	8,975	7,881	15,256

보기

㉠ 매년 경상사업비는 사업비 지출액의 95% 이상이다.

㉡ 매년 자체수입만으로 사업비 지출을 충당할 수 있다.

㉢ 2016년에 전년보다 가장 크게 증가한 수입과 지출 항목은 각각 법정부담금과 여유자금운용이다.

㉣ 기탁이자수입, 융자사업비, 정부내부지출, 여유자금운용 4개 항목의 2012년 대비 2016년 수입 및 지출 증가율은 모두 400% 이상이다.

① ㉡ 　　　　② ㉠, ㉡ 　　　　③ ㉡, ㉣

④ ㉢, ㉣ 　　　　⑤ ㉠, ㉢, ㉣

10 다음 [그래프]는 사회에 대한 부패 인식도 조사 결과에 관한 자료이다. 이에 대한 설명으로 옳지 <u>않은</u> 것을 고르면?

[그래프] 사회에 대한 부패 인식도 조사 결과   (단위: %)

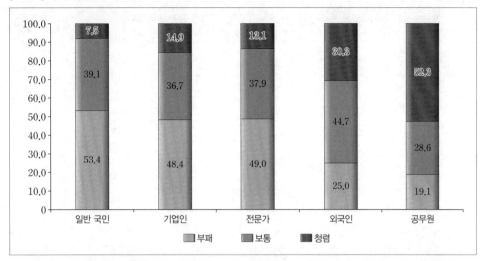

※ 조사 대상: 일반 국민(1,400명), 기업인(700명), 전문가(630명), 외국인(400명), 공무원(1,400명)의 5개 집단에게 각각 부패 인식 정도를 조사함

① 일반 국민과의 사회 부패 인식에 대한 괴리가 가장 큰 집단은 공무원이다.

② 사회가 청렴하다고 생각하지 않는 사람 수는 일반 국민이 공무원의 2배 이상이다.

③ 사회가 부패했다고 생각하는 집단일수록 청렴하다고 생각하는 사람의 비율이 더 낮다.

④ 조사 대상 중 부패 정도가 보통이라고 생각하는 기업인은 보통이라고 생각하는 전문가보다 더 많다.

⑤ 사회가 부패했다고 응답한 전문가는 305명 이상이다.

11 다음 [표]는 연도별 가구원 수별, 가족 형태별 가구 구성 현황에 관한 자료이다. 이에 대한 설명으로 옳지 <u>않은</u> 것을 고르면?

[표1] 연도별 가구원 수에 따른 가구 구성 현황　　　　　　　　　　　　　　　　　　　　(단위: 명, %)

구분	평균 가구원 수	가구원 수별 구성					
		1인	2인	3인	4인	5인	6인 이상
2000년	3.12	15.5	19.1	20.9	31.1	10.1	3.3
2005년	2.88	20.0	22.2	20.9	27.0	7.7	2.2
2010년	2.69	23.9	24.3	21.3	22.5	6.2	1.8
2015년	2.53	27.2	26.1	21.5	18.8	4.9	1.5
2016년	2.51	27.9	26.2	21.4	18.3	4.8	1.4
2017년	2.47	28.6	26.7	21.2	17.7	4.5	1.3
2018년	2.44	29.3	27.3	21.0	17.0	4.2	1.2

[표2] 연도별 가족 형태에 따른 가구 구성 현황　　　　　　　　　　　　　　　　　　　　　　(단위: %)

구분	핵가족			직계 가족		기타
	부부	부부와 미혼 자녀	한부모와 미혼 자녀	부부와 양(편)친	부부와 양(편)친과 미혼 자녀	
2000년	14.8	57.8	9.4	1.2	6.8	10.0
2005년	21.8	44.9	15.0	1.1	4.2	13.0
2010년	20.6	49.4	12.3	1.2	5.0	11.5
2015년	18.1	53.7	11.0	1.2	5.7	10.3
2016년	21.9	45.2	14.6	1.1	4.2	13.0
2017년	22.7	44.8	14.6	1.1	3.9	12.9
2018년	23.5	44.4	14.6	1.0	3.7	12.8

① 핵가족의 비중이 가장 높은 시기는 2015년이다.

② 1인 가구가 가장 많은 시기는 2015년부터 2018년까지 이어진다.

③ 4인 이상 가구는 매 시기 지속적으로 비중이 감소한다.

④ 조사 기간 동안 2인 가구의 비중이 두 번째로 높은 해에 부부와 미혼 자녀로 구성된 핵가족 비중이 세 번째로 낮다.

⑤ 평균 가구원 수가 가장 많은 해는 1인 가구의 비중이 가장 낮다.

12 다음 [표]는 연도별 임금 근로자의 일자리 특성에 관한 자료이다. 이에 대한 설명으로 옳은 것을 [보기]에서 모두 고르면?

[표] 연도별 임금 근로자의 일자리 특성 (단위: 천 명, %)

구분		2016년		2017년	
			비중		비중
합계		9,425	100.0	9,688	100.0
근속 기간	1년 미만	3,136	33.3	3,140	32.4
	1년 이상 3년 미만	2,053	21.8	2,091	21.6
	3년 이상 5년 미만	908	9.6	969	10.0
	5년 이상 10년 미만	1,082	11.5	1,176	12.1
	10년 이상 20년 미만	1,195	12.7	1,247	12.9
	20년 이상	1,051	11.1	1,065	11.0
종사자 규모	1~4명	1,099	11.7	1,159	12.0
	5~9명	1,019	10.8	1,058	10.9
	10~29명	1,481	15.7	1,507	15.6
	30~49명	623	6.6	628	6.5
	50~299명	1,804	19.1	1,828	18.8
	300명 이상	3,399	36.1	3,508	36.2

┌ 보기 ─────────────────────────────────
│ ㉠ 근속 기간별 전년 대비 2017년 임금 근로자 증감률
│ ㉡ 전년 대비 2017년 종사자 규모별 증가 폭 상위 3개의 종사자 규모
│ ㉢ 근속 기간별 임금 근로자의 산업별 증감 현황 비교
│ ㉣ 근속 기간별 임금 근로자의 전체 임금 근로자에 대한 구성비
└─────────────────────────────────────

① ㉠, ㉡   ② ㉡, ㉣   ③ ㉠, ㉡, ㉣
④ ㉠, ㉢, ㉣   ⑤ ㉡, ㉢, ㉣

13 다음 [그래프]는 살해 발생 건수 및 발생률에 관한 자료이다. 이에 대한 설명으로 옳은 것을 [보기]에서 모두 고르면?

[그래프] 살해 발생 건수 및 발생률 (단위: 건, 10만 명당 명)

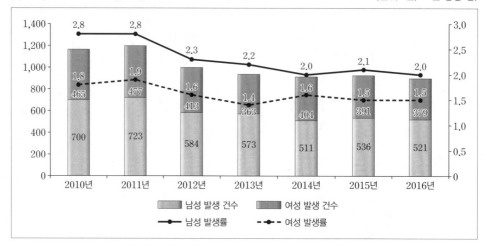

※ 남녀 살해 발생률(%) = (남녀 살해 발생 건수 / 남녀 주민 등록 인구수) × 100

┌ 보기 ───
│ ㉠ 전년 대비 살해 발생 건수가 가장 크게 달라진 해는 남녀 모두 2012년이다.
│ ㉡ 2010년 대비 2016년 살해 발생 건수 감소율은 남성이 여성보다 더 크다.
│ ㉢ 2010~2015년 동안 여성의 살해 발생 건수와 발생률의 증감 추이는 동일하다.
│ ㉣ 2016년 남녀 주민 등록 인구수의 차이는 80만 명 이상이다.
└──

① ㉠, ㉣   ② ㉡, ㉢   ③ ㉢, ㉣
④ ㉠, ㉡, ㉢   ⑤ ㉠, ㉢, ㉣

14 다음 [표]는 A선수의 유럽 무대 주요 성적에 관한 자료이다. 이에 대한 설명으로 옳은 것을 [보기]에서 모두 고르면?

[표1] 시즌별 프리미어 리그 성적 (단위: 골, 개)

구분	2015~2016년	2016~2017년	2017~2018년	2018~2019년	2019~2020년
골	4	14	12	12	11
도움	1	6	6	6	10

[표2] 2015~2020년 특정 시점까지의 유럽 무대 대회별 합산 성적 (단위: 골, 개)

구분	프리미어 리그	FA컵	리그컵	챔피언스 리그
골	53	12	3	17
도움	29	7	2	7

※ 단, 시즌은 1년 단위로 진행되며, 4개 대회는 모두 매 시즌 개최되었음

┌ 보기 ───
│ ㉠ 2017년 이후의 프리미어 리그 3개 시즌에서 5개 시즌 전체 골과 도움의 각각 65% 이상을 기록하고 있다.
│ ㉡ 프리미어 리그의 골과 도움의 합계는 시즌이 지날수록 증가한다.
│ ㉢ 5개 시즌 유럽 무대 전체에서 기록한 시즌별 골의 평균과 도움의 평균의 합은 25개 이상이다.
│ ㉣ FA컵과 챔피언스 리그에서는 매 시즌 적어도 1골 이상을 기록하였다.
└──

① ㉠ 　　　　② ㉡ 　　　　③ ㉠, ㉢
④ ㉢, ㉣ 　　⑤ ㉠, ㉡, ㉣

15 다음 [그래프]는 2016년 암종 발생 현황에 대한 자료이다. 이에 대한 설명으로 옳지 <u>않은</u> 것을 고르면?

[그래프1] 2016년 주요 암종 발생자 수　　　　　　　　　　　　　　　　　　　　(단위: 명)

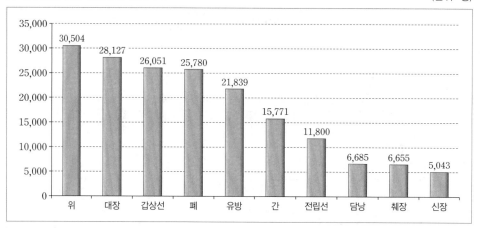

※ 단, 주요 암종 발생자 수는 남성과 여성의 발생자 수를 모두 포함함

[그래프2] 2016년 남성 10대 암종 발생 비율　　　　　　[그래프3] 2016년 여성 10대 암종 발생 비율
　　　　　　　　　　　　　　　(단위: %)　　　　　　　　　　　　　　　　　　　　　(단위: %)

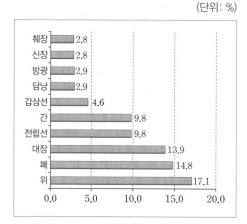
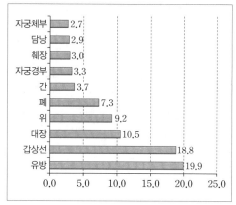

※ 2016년 남성 10대 암종 발생자 수는 총 120,068명이고, 여성 10대 암종 발생자 수는 총 109,112명임

① 2016년 췌장암 발생자 수는 여성이 남성보다 더 많다.
② 2016년 남성의 간암 발생자 수는 여성의 3배 이하이다.
③ 2016년 10대 암종 중 남성에게만 포함된 암종은 3개이다.
④ 2016년 10대 암종 중 여성에게만 포함된 암종의 발생자 수는 2.5만 명 이상이다.
⑤ 2016년의 폐암 발생자 수는 전립선암 발생자 수의 2배 이상이다.

16 다음 [표]를 바탕으로 작성한 [보고서]의 내용 중 옳지 <u>않은</u> 것을 고르면?

[표1] 2010~2014년 총 화재 건수 및 전기 화재 점유율 변화 추이 　　　　　　(단위: 건, %, 명)

구분	총 화재	전기 화재	점유율	인명 피해(사망/부상)
2014년	42,135	8,287	19.7	31/295
2013년	40,932	8,889	21.7	43/285
2012년	43,249	9,225	21.3	49/349
2011년	43,875	9,351	21.3	27/235
2010년	41,862	9,442	22.6	48/217

[표2] 각국의 기준 연도별 감전 사망자 수 및 백만 명당 감전 사망자 수 　　　　　　(단위: 명)

구분	한국	일본	영국	호주	뉴질랜드	아일랜드
기준 연도	2014년	2014년	'13.4~'14.3	'09.7~'10.6	'09.7~'10.6	2013년
감전 사망자 수	37	15	2	25	3	2
백만 명당 감전 사망자 수	0.75	0.12	0.03	1.14	0.69	0.42

[보고서]

　　2014년 국내 전기 화재 발생 현황을 분석해 보면, ㉠ 전년에 비해 총 화재 발생 건수는 증가하였으나, 전기 화재 건수는 602건이 감소하였다. 2014년 전기 화재 점유율은 과거 4년간의 20%대를 벗어나 최초로 10%대로 진입하는 괄목할만한 성과인 19.7%로 나타났다.

　　전기 화재로 인한 인명 피해는 사망 31명, 부상 295명 등 ㉡ 총 326명의 피해가 발생한 것으로 나타났으며, ㉢ 총 인명 피해에서 사망자가 차지하는 비율은 5년간 10% 이상의 비중을 벗어나지 못했다. 우리나라의 전기 화재 점유율은 일본 15.6%(2014년), 대만 31.8%(2014년)와 비교해 볼 때, 대만보다는 낮지만 일본보다는 높은 수준이다.

　　㉣ 2014년 화재 인명 피해자는 총 326명으로, 전년 328명(사망 43명, 부상 285명)에 비해 2명이 감소하였다. 각국을 기준으로 연도에 따른 ㉤ 인구 백만 명당 감전 사망자 수는 우리나라가 0.75명(2014년)으로 호주(2010년)보다 낮지만, 일본(2014년), 영국(2014년)보다는 높은 것으로 나타나 감전 재해를 줄이기 위해서는 범국가 차원의 홍보 활동과 전기 안전 관련 기관의 지속적인 노력이 요망된다.

① ㉠　　　　　　② ㉡　　　　　　③ ㉢

④ ㉣　　　　　　⑤ ㉤

17 다음 [표]는 2020년 학교 성적별 사교육 비중에 관한 자료이다. 이에 대한 설명으로 옳지 <u>않은</u> 것을 고르면?

[표] 2020년 학교성적별 사교육 비중

(단위: %)

구분	사교육을 받지 않음	사교육을 받음				계
		20만 원 미만	20만 원 이상 40만 원 미만	40만 원 이상 60만 원 미만	60만 원 이상	
전체	24.5	16.6	20.3	16.8	21.8	100
상위 10% 이내	25.4	7.5	12.4	13.9	40.8	100
상위 10% 초과 30% 이내	28.0	8.0	12.2	15.1	36.7	100
상위 30% 초과 60% 이내	32.6	8.0	13.1	14.5	31.8	100
상위 60% 초과 80% 이내	39.9	9.5	12.0	12.5	26.1	100
상위 80% 초과	48.3	10.9	11.6	9.7	19.5	100

① 학교성적 상위 80% 초과인 학생의 '사교육을 받지 않음' 비중은 '사교육을 받음' 비중보다 작다.
② 학교성적이 상위 10% 초과 30% 이내인 학생이 60만 원 이상을 사교육에 사용하는 비중은 30%를 넘는다.
③ 학교성적 상위 10% 이내 학생의 절반 이상은 사교육에 40만 원 이상 쓴다.
④ 학교성적 상위 30% 초과 60% 이내인 학생의 절반 이상은 사교육에 20만 원 이상 쓴다.
⑤ 20만 원 미만의 사교육을 받는 학교성적 상위 10% 초과 30% 이내인 학생 수와 20만 원 미만의 사교육을 받는 학교성적 상위 60% 초과 80% 이내인 학생 수가 동일하다.

18 다음 [표]는 한 회사에서 신규 투자 사업의 중점 가치에 대해 임원진이 응답한 결과이다. 2024년에 전년과 다른 가치를 선택한 임원이 총 33명일 때, A의 값으로 옳은 것을 고르면?

[표] 신규 투자 사업 중점 가치 응답 결과 (단위: 명)

2023년＼2024년	안정성	수익성	계
안정성	A	B	50
수익성	C	D	50
계	55	45	100

① 24 ② 26 ③ 34
④ 36 ⑤ 38

19 다음 [그래프]는 2021년 대비 일자리 수 증가율에 대한 자료이다. 2021년 일자리 수가 2,400만 개였다고 할 때, 전년 대비 2024년 일자리 수 증가율을 고르면?(단, 계산 시 소수점 둘째 자리에서 반올림한다.)

[그래프] 2021년 대비 일자리 수 증가율 (단위: %)

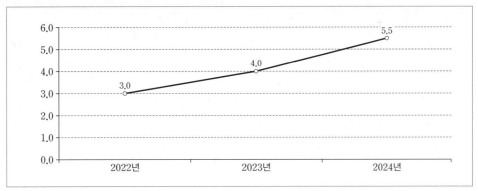

① 1.2% ② 1.3% ③ 1.4%
④ 1.5% ⑤ 1.6%

20 다음 [표]는 에너지원 A~C의 연도별 사용량 및 원단위 사용량에 대한 자료이다. 에너지원 A의 사용량이 가장 많은 연도의 에너지원 C의 사용 비용을 고르면?

[표1] 연도별 에너지원 사용량 (단위: GJ)

구분	A	B	C	합계
2020년	( )	2,000	5,500	90,500
2021년	( )	2,200	6,000	103,200
2022년	( )	3,500	6,500	110,000
2023년	( )	24,000	7,000	110,000

[표2] 연도별 원단위 사용량 (단위: GJ/억 원)

구분	A	B	C
2020년	270	10	20
2021년	220	5	15
2022년	220	10	20
2023년	240	80	20

① 275억 원   ② 325억 원   ③ 350억 원

④ 400억 원   ⑤ 550억 원

01 5%의 소금물 180g을 2%의 소금물로 만들기 위해 3명의 사람이 같은 양의 물을 첨가하려고 한다. 1명당 첨가할 물의 양을 고르면?

① 90g   ② 95g   ③ 105g

④ 110g   ⑤ 120g

02 어느 온라인 쇼핑몰에서는 물건을 주문할 때마다 3,000원의 배송료가 부과되며 연간 19,900원인 구독 서비스를 이용하면 배송료를 60% 할인해 준다. 구독 서비스를 이용하는 것이 더 유리하려면 최소 주문 횟수가 일 년에 몇 회 이상이어야 하는지 고르면?

① 11회   ② 12회   ③ 13회

④ 14회   ⑤ 15회

03 어느 회사 체육대회에서의 부서별 단체 줄넘기 대진표가 다음 [보기]와 같다고 할 때, 6개 부서가 배치될 방법의 수를 고르면?

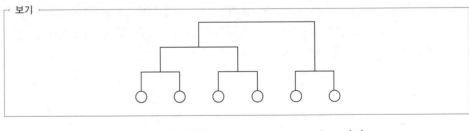

보기

① 15가지   ② 30가지   ③ 45가지

④ 60가지   ⑤ 75가지

04 555km 떨어진 목적지까지 차를 타고 이동했을 때 5시간이 걸렸다고 한다. 출발점에서 135km 까지는 평균 90km/h의 속력으로 운전했다고 할 때, 남은 거리를 이동한 평균 속력을 고르면?

① 100km/h   ② 105km/h   ③ 110km/h
④ 115km/h   ⑤ 120km/h

05 현아는 케이크를 만들어 35,000원에 팔다가 새해를 맞아 20% 할인 행사를 열었다. 행사 기간 동안 총 75개의 케이크를 팔아 187,500원의 이익을 남겼을 때, 케이크 1개의 원가를 고르면?

① 25,250원   ② 25,500원   ③ 25,750원
④ 26,000원   ⑤ 26,500원

06 작년에 입사한 신입사원은 총 213명, 올해 입사한 신입사원은 총 240명이다. 여자 신입사원은 작년보다 25% 더 많이 입사하였고, 올해 남자 신입사원과 여자 신입사원의 비율이 13:11일 때, 올해 남자 신입사원의 작년 대비 증가율을 고르면?

① 1%   ② 2%   ③ 3%
④ 4%   ⑤ 5%

07 호석이와 진건이가 한 개의 주사위를 차례로 던져 나온 눈의 수를 각각 a, b라고 할 때, $\dfrac{b}{a}$가 자연수인 경우의 수를 고르면?

① 12가지　　　　② 13가지　　　　③ 14가지
④ 15가지　　　　⑤ 16가지

08 영민이는 고속버스를 타고 할머니 댁에 가려고 한다. 버스 출발 시각까지 1시간의 여유가 있다는 것을 확인한 영민이는 4km/h로 걸어서 할머니께 드릴 선물을 사오려고 한다. 선물을 사는 데 10분이 걸린다면 터미널에서 최대 몇 km 떨어진 상점을 이용할 수 있는지 고르면?

① $\dfrac{3}{5}$km　　　　② $\dfrac{5}{3}$km　　　　③ $\dfrac{25}{3}$km
④ 10km　　　　⑤ 12km

09 어떤 작업을 마치는 데 A는 30시간이 걸리고, B는 45시간이 걸린다고 한다. 두 사람이 이 작업을 함께 하면 분업을 할 수 있어 효율이 20% 향상된다고 할 때, 두 사람이 함께 작업하여 마치는 데 걸리는 시간을 고르면?

① 9시간　　　　② 12시간　　　　③ 15시간
④ 18시간　　　　⑤ 20시간

10 도자기를 제조하는 공장에서 일하는 직원이 정상 도자기 1개를 만들면 1,000원을 받고, 불량 도자기 1개를 만들면 2,200원을 변상해야 한다. 도자기 180개를 만들고 난 후, 이 직원이 받은 금액이 132,000원일 때, 불량 도자기의 개수를 고르면?

① 13개   ② 14개   ③ 15개
④ 16개   ⑤ 18개

11 똑같은 상품권 10장을 팀원 5명이 나눠 가지려고 한다. 한 사람이 적어도 상품권 1장을 가질 때, 이들이 상품권을 나눠 갖는 경우의 수를 고르면?

① 126가지   ② 180가지   ③ 196가지
④ 210가지   ⑤ 252가지

12 어느 가게에서 제품 A는 20% 할인하고, 제품 B는 30% 할인하여 판매하였다. 할인하기 전 두 제품의 가격의 합은 58,000원이었고, 할인한 뒤 두 제품의 가격의 합은 할인하기 전 두 제품의 가격의 합의 $\frac{21}{29}$이었다. 이때, 제품 A의 할인가를 고르면?

① 11,200원   ② 14,000원   ③ 15,600원
④ 17,200원   ⑤ 18,000원

13 원가가 8,000원인 물건의 정가를 20% 할인하여 팔아서 원가의 10% 이상의 이익을 얻으려고 한다. 이때, 정가의 최솟값은 얼마인지 고르면?

① 11,000원   ② 12,000원   ③ 13,000원
④ 14,000원   ⑤ 15,000원

14 회사에서 출장지까지의 거리는 40km이다. 영수가 30km/h의 속력으로 달리는 버스를 타고 가다가 10km/h의 속력인 전기자전거를 갈아타고 출장지까지 갔다. 회사에서 출장지까지 1시간 30분이 걸렸다고 할 때, 전기자전거를 타고 이동한 시간을 고르면?

① 15분   ② 18분   ③ 20분
④ 22분   ⑤ 24분

15 50,000원인 가방을 30% 할인 판매했을 때 원가의 40%만큼 이익이 발생한다고 한다. 이때 가방의 원가를 고르면?

① 25,000원   ② 30,000원   ③ 35,000원
④ 40,000원   ⑤ 45,000원

16 어느 운동선수가 매일 아침 A, B, C, D, E의 5가지 코스 중 하나를 무작위로 선택하여 달리기를 한다고 한다. 비가 오는 날엔 E를 택하지 않고, 비가 올 확률은 매일 10%로 고정되어 있다고 했을 때, 비가 내리고 C를 선택할 확률을 고르면?

① 1% ② 1.5% ③ 2%
④ 2.5% ⑤ 3%

17 S회사의 입사 시험에서 상반기 입사자의 언어 평균 점수와 수리 평균 점수의 평균은 78.5점이다. 하반기 입사자의 언어 평균 점수는 상반기보다 3점 높고, 하반기 입사자의 수리 평균 점수는 상반기보다 2점 낮을 때, 하반기 입사자의 언어 평균 점수와 수리 평균 점수의 평균을 구하면?

① 73점 ② 75점 ③ 79점
④ 82점 ⑤ 85점

18 농도가 7%인 소금물 400g에 농도가 2%인 소금물을 몇 g 넣어야 농도가 6%인 소금물이 되는지 고르면?

① 100g ② 120g ③ 200g
④ 240g ⑤ 280g

19 방과 후 A가 학교에서 출발한 지 10분 후에 B가 A를 따라나섰다. B가 120m/분의 속력으로 A를 따라갈 때, B가 출발한 지 몇 분 후에 A를 만나는지 고르면?(단, A의 속력은 80m/분이다.)

① 15분   ② 20분   ③ 25분
④ 30분   ⑤ 35분

20 두 개의 논 P, Q가 있다. 논 P에 양수기로 480톤의 물을 공급하려고 하는데 양수기 A는 양수기 B보다 시간당 4톤의 물을 더 많이 공급할 수 있어, 양수기 A만으로 논 P에 물을 공급하는 데 걸리는 시간은 양수기 B만으로 공급하는 데 걸리는 시간보다 10시간이 덜 걸린다고 한다. 이때, 논 Q에 양수기 A, B를 모두 이용하여 560톤의 물을 공급하는 데 걸리는 시간을 고르면?

① 14시간   ② 16시간   ③ 18시간
④ 20시간   ⑤ 22시간

01   직원 A~E는 월요일부터 금요일까지 각기 다른 날 휴가를 갔다와서 다음 [대화]를 나누었다.
      5명 중 1명만 거짓을 말하였을 때, 목요일에 휴가를 간 사람을 고르면?(단, 거짓을 말한 사람의
      진술은 모두 거짓이다.)

┌─ 대화 ──┐
│ • A: "저는 목요일에 휴가를 가지 않았어요."   │
│ • B: "C는 화요일에 휴가를 갔어요."   │
│ • C: "E는 금요일에 휴가를 갔고, B는 수요일에 휴가를 가지 않았어요."   │
│ • D: "저는 수요일에 휴가를 갔고, E는 목요일에 휴가를 가지 않았어요."   │
│ • E: "A는 월요일에 휴가를 갔어요."   │
└───┘

① A   ② B   ③ C
④ D   ⑤ E

02   A~D 중 한 명은 오늘 청소 당번이다. 다음 [대화]에서 이 중 3명은 참을 말하고 1명이 거짓을
      말하고 있다. 거짓을 말한 사람과 청소를 하는 사람이 순서대로 짝지어진 것을 고르면?(단, 청
      소 당번만 청소를 한다.)

┌─ 대화 ──┐
│ • A: "오늘 청소 당번은 B야."   │
│ • B: "D는 오늘 청소하지 않았어."   │
│ • C: "나는 청소를 하지 않았어."   │
│ • D: "오늘 청소 당번은 A야."   │
└───┘

① A, B   ② B, C   ③ C, D
④ D, A   ⑤ D, B

03 다음 [조건]을 고려할 때, 항상 참인 것을 고르면?

조건
- 연구원은 실험을 하지 않는다.
- 기차를 타는 사람은 연구원이다.
- 실험을 하는 사람은 과학자이다.
- 과학자는 버스를 타지 않는다.

① 연구원이 아닌 사람은 과학자이다.
② 과학자가 아닌 사람은 기차를 탄다.
③ 실험을 하는 사람은 버스를 탄다.
④ 기차를 타는 사람은 실험을 하지 않는다.
⑤ 버스를 타는 사람은 실험을 한다.

04 A~E는 1부터 5까지 자연수 중 각자 다른 자연수를 좋아한다. 다음 [조건]을 바탕으로 할 때, 항상 옳지 <u>않은</u> 것을 고르면?

조건
- A는 1, 2, 3을 좋아하지 않는다.
- B는 1, 2, 5를 좋아하지 않는다.
- C는 1, 3, 4를 좋아하지 않는다.
- D는 3, 5를 좋아하지 않는다.
- E는 2, 4를 좋아하지 않는다.

① 가능한 경우의 수는 4가지이다.
② A가 4를 좋아하면 B는 3을 좋아한다.
③ A가 5를 좋아하면 C는 2를 좋아한다.
④ D가 1을 좋아하는 경우는 1가지이다.
⑤ E가 5를 좋아하는 경우는 1가지이다.

05 A~D는 갈비탕, 된장찌개, 보쌈정식, 제육볶음 중 각기 다른 음식을 먹었다. 다음 [대화]에서 한 사람만 거짓을 말하였을 때, 항상 참인 것을 고르면?

┌─ 대화 ───
│ • A: "나는 된장찌개나 보쌈정식은 먹지 않았어."
│ • B: "나는 갈비탕 또는 제육볶음을 먹었어."
│ • C: "나는 보쌈정식을 먹었어."
│ • D: "나는 된장찌개나 제육볶음 중 하나를 먹었어."
└───

① A는 갈비탕을 먹었다.
② B는 갈비탕을 먹었다.
③ B는 된장찌개를 먹지 않았다.
④ C는 보쌈정식을 먹지 않았다.
⑤ D는 제육볶음을 먹었다.

06 다음 [조건]을 바탕으로 할 때 항상 참인 것을 고르면?

┌─ 조건 ───
│ • 모든 학생은 학기마다 1회 기말 시험에 응시해야 한다.
│ • 기말 시험에 불참한 학생은 학기 성적이 낮을 수 있다.
│ • 학기 성적이 낮은 학생은 장학금 지급 대상에서 제외될 수 있다.
│ • 한 학생은 학기 성적이 낮았다.
└───

① 한 학생은 장학금 지급 대상에서 제외될 수 있다.
② 한 학생은 기말 시험에 응시하지 않았다.
③ 모든 학생은 장학금을 받을 수 있다.
④ 한 학생은 기말 시험에 응시했다.
⑤ 한 학생은 장학금 지급 대상에서 제외되지 않는다.

07 A~E는 영화관에 도착한 순서에 대해 다음 [대화]와 같이 말하였다. 이 중 한 명만 거짓을 말하였을 때, 가장 늦게 도착한 사람을 고르면?

> 대화
>
> A: "나는 B보다 일찍 도착하였어."
> B: "나는 C보다 일찍 도착하였어,
> C: "나는 A보다 일찍 도착하였어."
> D: "나는 E보다 일찍 도착하였어, 그러나 B보다는 늦었어."
> E: "내 바로 앞에 도착한 사람은 C야."

① A   ② B   ③ C
④ D   ⑤ E

08 A~E는 워크숍에서 조를 나누어 앉아야 한다. 다음 [조건]과 같이 각자 특정 사람과 함께 조가 되기를 원한다. 이때 모든 [조건]을 만족할 수 있는 조 배치를 고르면?

> 조건
>
> • A는 B와 같은 조가 되고 싶어 한다.
> • B는 C와 같은 조가 아니어야 한다.
> • C는 D와 같은 조가 되고 싶어 한다.
> • D는 E와 같은 조가 되고 싶어 한다.
> • E는 A와 다른 조가 되고 싶어 한다.

① A와 B가 같은 조, C와 D가 같은 조이다.
② B와 E가 같은 조, A와 D가 같은 조이다.
③ A와 C가 같은 조, B와 D가 같은 조이다.
④ C와 D가 같은 조, E와 B가 같은 조이다.
⑤ A와 D가 같은 조, B와 C가 같은 조이다.

09 A~E는 1~3인 날짜에 휴가를 계획하고 있다. 다음 [조건]에 따라 휴가 계획을 세울 때, 가능한 휴가 일정을 고르면?

조건
- A는 B와 같은 날 휴가를 갈 수 없다.
- B는 C와 같은 날 휴가를 가야 한다.
- C는 D와 같은 날 휴가를 갈 수 있다.
- D는 E와 같은 날 휴가를 가야 한다.
- E는 A와 다른 날 휴가를 가야 한다.

① A, B와 C는 3일, D와 E는 2일에 휴가를 간다.
② A는 2일, B와 C와 D는 1일, E는 3일에 휴가를 간다.
③ A는 3일, B와 C는 1일, D와 E는 2일에 휴가를 간다.
④ A와 D는 1일, B는 3일, C, D와 E는 2일에 휴가를 간다.
⑤ A와 E는 2일, B와 C는 1일, D와 E는 3일에 휴가를 간다.

10 K는 호텔 8개 방을 청소하려고 한다. 다음 [조건]에 따라 K가 네 번째로 청소하는 방을 고르면?

1301호	1302호	1303호	1304호
복도			
1305호	1306호	1307호	1308호

조건
- 1301호를 가장 먼저 청소하고, 1308호를 가장 마지막에 청소한다.
- 어느 한 방을 청소한 뒤에, 바로 다음에 맞은편 방을 청소하지 않는다.
- 1306호는 1302호보다 먼저 청소하고, 1307호보다 나중에 청소한다.
- 1304호는 1303호보다 먼저 청소하고, 1305호보다 나중에 청소한다.
- 1306호는 앞에서 세 번째로 청소하고, 1302호는 끝에서 세 번째로 청소한다.

① 1302호   ② 1303호   ③ 1304호
④ 1305호   ⑤ 1306호

11 A~E은 다음과 같은 3×3 형태의 칸 중에서 하나씩을 선택하였다. 다음 [조건]에 따라 옳지 <u>않은</u> 것을 고르면?(단, ×표가 적힌 칸은 선택할 수 없다.)

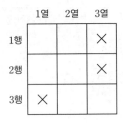

조건
- B는 3행에 있는 칸을 선택하였다.
- C는 n행 n열에 있는 칸을 선택하였다.
- D는 B와 같은 열에 있는 칸을 선택하였다.
- A는 1행에 있는 칸을 선택하였고, E는 2열에 있는 칸을 선택하였다.

① 가능한 경우의 수는 2가지이다.
② A는 1열에 있는 칸을 선택하였다.
③ C가 선택한 칸을 정확하게 알 수 없다.
④ D가 선택한 칸을 정확하게 알 수 없다.
⑤ E가 2행에 있는 칸을 선택하였다면, D는 1행에 있는 칸을 선택하였다.

12 A~E는 키오스크 기기의 사용에 대해 다음과 같은 [대화]를 나누었다. 5명 모두 참을 말하였을 때, 키오스크 기기를 사용한 사람을 고르면?

대화
- A: "B가 키오스크 기기를 사용해 봤거나 C가 사용해 봤어."
- B: "D가 키오스크 기기를 사용해 봤다고 한 것은 거짓말이야."
- C: "나는 키오스크 기기를 사용해 보지 않았거나 D가 키오스크 기기를 사용해 봤어."
- D: "내가 키오스크 기기를 사용해 봤거나 E가 키오스크 기기를 사용해 보지 않았어."
- E: "A 또는 B는 키오스크 기기를 사용해 봤어."

① A   ② B   ③ C
④ D   ⑤ E

13 다음 전제를 보고 항상 참인 결론을 고르면?

전제1	어떤 강아지는 활발하다.
전제2	활발한 모든 것은 산책을 좋아한다.
결론	

① 모든 강아지는 산책을 좋아한다.
② 어떤 강아지는 산책을 좋아한다.
③ 모든 강아지는 산책을 좋아하지 않는다.
④ 어떤 강아지는 산책을 좋아하지 않는다.
⑤ 강아지가 아닌 것 중 산책을 좋아하는 것이 있다.

14 사원, 대리, 과장, 차장, 부장은 첫째 주부터 다섯째 주까지의 어느 한 주에 각각 1명씩 봉사 활동에 참여한다. 다음 [조건]을 참고할 때, 첫째 주부터 다섯째 주까지의 이들의 봉사 활동 참여 순서로 옳은 것을 고르면?

┌ 조건 ─────────────────────
• 사원은 첫째 주 또는 셋째 주에 참여한다.
• 대리는 셋째 주와 다섯째 주를 제외한 주에 참여한다.
• 차장과 부장은 연이은 주에 각각 참여한다.
• 차장은 대리의 바로 앞 주에 참여한다.

① 부장－차장－대리－과장－사원
② 부장－차장－사원－대리－과장
③ 사원－부장－차장－과장－대리
④ 사원－부장－차장－대리－과장
⑤ 사원－차장－부장－대리－과장

15 원탁 테이블에 갑~기 6명이 앉아 회의를 한다. 을은 무의 맞은편에 위치하며, 기의 양옆에는 을과 정이 앉아 있다. 이때, 항상 참인 것을 고르면?

① 을과 병은 옆자리에 앉아 있다.
② 병의 맞은편에는 정이 앉아 있다.
③ 갑의 한쪽 옆에는 병이 앉아 있다.
④ 갑으로부터 한 칸 건넌 자리에는 기가 앉아 있다.
⑤ 무의 옆에는 갑이 앉아 있다.

16 마케팅팀, 기획팀, 회계팀, 총무팀, 홍보팀 5개 팀은 K사의 사옥 2~5층에 위치해 있으며 각 팀은 해당 층의 복사기를 사용한다. 다음 [조건]을 바탕으로 할 때, 옳지 <u>않은</u> 것을 고르면?(단, 회계팀만이 타 층의 복사기를 사용하며, 한 층에는 최대 2개 팀만 있다.)

┌─ 조건 ───
• 마케팅팀과 기획팀은 복사기를 같이 사용한다.
• 4층에는 회계팀만 있다.
• 총무팀은 홍보팀의 바로 아래층에 있다.
• 홍보팀은 마케팅팀의 아래쪽에 있으며 3층의 복사기를 사용하고 있다.
• 회계팀은 위층의 복사기를 사용하고 있다.
└──

① 기획팀은 5층에 있다.
② 마케팅팀은 기획팀과 같은 층에 있다.
③ 총무팀은 3층의 복사기를 사용하고 있다.
④ 회계팀은 5층의 복사기를 사용하고 있다.
⑤ 홍보팀과 회계팀은 위아래층을 사용하고 있다.

17 다음 결론이 반드시 참이 되게 하는 전제를 고르면?

전제1	장난감을 좋아하지 않는 아이는 명랑하지 않다.
전제2	
전제3	친구가 많지 않은 아이는 장난감을 좋아하지 않는다.
결론	친구가 많지 않다는 것은 형제가 많지 않다는 것이다.

① 형제가 많으면 명랑하다.
② 장난감을 좋아하면 친구가 많다.
③ 형제가 많지 않은 아이는 명랑하지 않다.
④ 명랑한 아이라도 장난감을 좋아하지 않는다.
⑤ 장난감을 좋아하지 않으면 친구가 많지 않다.

18 갑~정은 업무차 일본, 독일, 태국, 호주 중 각각 한 곳에 해외 출장을 간다. 다음 [조건]을 바탕으로 할 때, 출장자와 출장 국가를 바르게 짝지은 것을 고르면?

조건
- 갑은 일본으로 가지 않는다.
- 을은 독일로 가지 않는다.
- 병은 태국으로 가지 않는다.
- 정은 호주로 가지 않는다.
- 을과 병은 독일과 일본 중 각각 한곳으로 간다.
- 이들은 모두 서로 다른 국가로 출장을 간다.

① 갑－태국　　　　② 을－일본　　　　③ 을－태국
④ 병－호주　　　　⑤ 정－독일

19 A~E는 사과, 배, 복숭아, 수박, 참외 중 각각 서로 다른 어느 한 가지 과일을 좋아한다. 다음 [조건]을 참고할 때, 각자가 좋아하는 과일에 대한 설명으로 옳은 것을 고르면?

┌─ 조건 ───┐
• A는 사과도 배도 수박도 좋아하지 않는다.
• B는 참외도 사과도 좋아하지 않는다.
• C는 복숭아도 배도 좋아하지 않는다.
• D는 복숭아를 좋아한다.
• E는 복숭아도 수박도 좋아하지 않는다.
└──┘

① E가 사과를 좋아하면 C는 배를 좋아한다.
② B가 수박을 좋아하면 E는 배를 좋아한다.
③ C가 수박을 좋아하면 B는 사과를 좋아한다.
④ B가 수박을 좋아하면 E는 사과를 좋아한다.
⑤ C가 수박을 좋아하면 E는 배를 좋아한다.

20 A~D는 거주하고 있는 층수에 대해 다음 [대화]를 나누었다. 이 중 1명만이 거짓을 말하였을 때, 옳은 것을 고르면?(단, 4명은 각기 다른 층에 살고 있다.)

┌─ 대화 ───┐
• A: "난 2층에 살지 않아."
• B: "난 3층에 살지 않아."
• C: "난 1층과 3층에 살지 않아."
• D: "난 2층과 4층에 살지 않아."
└──┘

① B의 말이 거짓일 경우 B가 사는 층만 알 수 있다.
② A의 말이 거짓일 경우 2명이 사는 층만 알 수 있다.
③ D의 말이 거짓일 경우 2명이 사는 층만 알 수 있다.
④ C의 말이 거짓일 경우 4명 모두 몇 층에 사는지 알 수 있다.
⑤ A의 말이 거짓일 경우 B가 사는 층은 4층이다.

01 다음과 같이 일정한 규칙으로 분수를 나열할 때, 주어진 분수를 모두 더한 값을 고르면?

$$\frac{3}{2} \quad -\frac{5}{6} \quad \frac{7}{12} \quad -\frac{9}{20} \quad \frac{11}{30} \quad -\frac{13}{42}$$

① 1 ② $\frac{6}{7}$ ③ $\frac{8}{7}$

④ $\frac{41}{42}$ ⑤ $\frac{43}{42}$

02 다음은 일정한 규칙으로 소수를 나열한 것이다. 2A+B의 값을 고르면?

$$2.01 \quad -1.03 \quad 5.04 \quad -7.07 \quad 17.11 \quad -31.18 \quad (\,A\,) \quad (\,B\,)$$

① 3.11 ② 3.12 ③ 3.13

④ 3.14 ⑤ 3.15

03 다음에 주어진 일정한 규칙에 따른 수열을 보고 빈칸에 들어갈 알맞은 수를 고르면?

	5	8	14	26	50	( )

① 94   ② 96   ③ 98

④ 100   ⑤ 102

04 다음에 주어진 일정한 규칙에 따른 수열을 보고 빈칸에 들어갈 알맞은 수를 고르면

2	4	6	7	14	16	17	34	( )

① 35   ② 36   ③ 51

④ 68   ⑤ 69

05 다음에 주어진 일정한 규칙에 따른 수열을 보고 빈칸에 들어갈 알맞은 수를 고르면

38	42	106	142	654	( )

① 679   ② 690   ③ 735
④ 754   ⑤ 1436

06 다음에 주어진 일정한 규칙에 따른 수열을 보고 빈칸에 들어갈 알맞은 수를 고르면?

2	3	8	3	2	9	1	1	1	( )	2	16

① 3   ② 4   ③ 5
④ 6   ⑤ 8

07 다음에 주어진 일정한 규칙에 따른 수열을 보고 빈칸에 들어갈 알맞은 수를 고르면?

384	193	191	2	( )

① 1   ② 2   ③ 3
④ 4   ⑤ 5

08 다음에 주어진 일정한 규칙에 따른 수열을 보고 빈칸에 들어갈 알맞은 수를 고르면?

2	5	10	17	( )

① 21   ② 26   ③ 31
④ 36   ⑤ 40

09 다음에 주어진 일정한 규칙에 따른 수열을 보고 빈칸에 들어갈 알맞은 수를 고르면?

2	2	4	2	3	6	3	4	( )

① 5　　　　　　　　② 6　　　　　　　　③ 8

④ 9　　　　　　　　⑤ 12

10 다음에 주어진 일정한 규칙에 따른 수열을 보고 빈칸에 들어갈 알맞은 수를 고르면?

3	8	11	22	44	( )

① 66　　　　　　　　② 77　　　　　　　　③ 88

④ 99　　　　　　　　⑤ 102

11 다음과 같이 일정한 규칙으로 숫자를 나열할 때, 일곱 번째 항의 값을 고르면?

2.12	3.2	5.28	9.36	17.44	⋯

① 62.3　　　　　　　② 65.6　　　　　　　③ 71.1

④ 80.9　　　　　　　⑤ 84.8

12 다음에 주어진 일정한 규칙에 따른 수열을 보고 빈칸에 들어갈 알맞은 수를 고르면?

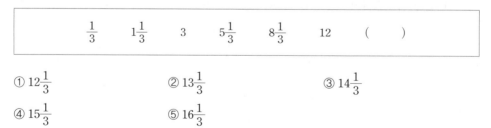

$\frac{1}{3}$	$1\frac{1}{3}$	3	$5\frac{1}{3}$	$8\frac{1}{3}$	12	( )

① $12\frac{1}{3}$　　　　　　② $13\frac{1}{3}$　　　　　　③ $14\frac{1}{3}$

④ $15\frac{1}{3}$　　　　　　⑤ $16\frac{1}{3}$

13 다음에 주어진 일정한 규칙에 따른 수열을 보고 빈칸에 들어갈 알맞은 수를 고르면?

	15	16	14	( )	13	18

① 15　　　　　　　② 16　　　　　　　③ 17
④ 18　　　　　　　⑤ 19

14 다음에 주어진 일정한 규칙에 따른 수열을 보고 빈칸에 들어갈 알맞은 수를 고르면?

	0	3	8	( )	24

① 15　　　　　　　② 18　　　　　　　③ 20
④ 22　　　　　　　⑤ 25

15 다음에 주어진 일정한 규칙에 따른 수열을 보고 빈칸에 들어갈 알맞은 수를 고르면?

	5	3	6	4	8	( )	12

① 3　　　　　　　② 4　　　　　　　③ 5
④ 6　　　　　　　⑤ 7

16 다음에 주어진 일정한 규칙에 따른 수열을 보고 빈칸에 들어갈 알맞은 수를 고르면?

	1	1	2	3	5	8	13	( )

① 18　　　　　　　② 21　　　　　　　③ 23
④ 29　　　　　　　⑤ 34

17 다음에 주어진 일정한 규칙에 따른 수열을 보고 빈칸에 들어갈 알맞은 수를 고르면?

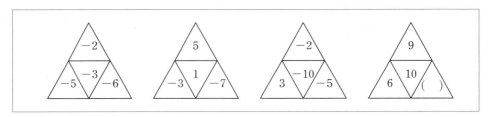

① 4   ② 5   ③ 6
④ 7   ⑤ 8

18 다음에 주어진 일정한 규칙에 따른 수열을 보고 빈칸에 들어갈 알맞은 수를 고르면?

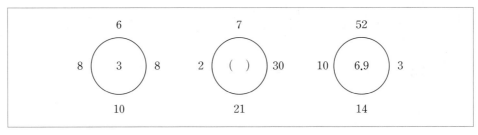

① 23   ② 29   ③ 33
④ 46   ⑤ 74

19 다음에 주어진 일정한 규칙에 따른 수열을 보고 빈칸에 들어갈 알맞은 수를 고르면?

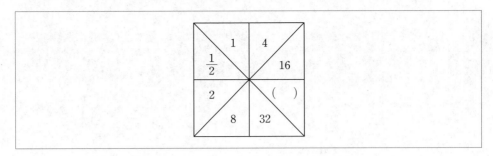

① 8

② 16

③ 32

④ 64

⑤ 128

20 다음에 주어진 원 안의 수의 일정한 규칙을 유추하여 빈칸에 들어갈 알맞은 수를 고르면?

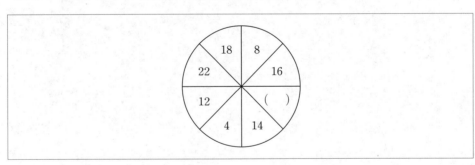

① 25

② 26

③ 27

④ 28

⑤ 29

PART

심층역량검사

| 01 | 심층역량검사 소개 | 376 |
| 02 | 심층역량검사 예제 | 377 |

01 심층역량검사 소개

SK그룹 심층역량검사의 특징

SK그룹의 SKCT 심층역량검사(인성검사)는 SK그룹의 인성검사이다. 심층역량검사는 Part01(240문항/45분)과 Part02(150문항/25분)로 총 390문항/70분으로 구성된다. Part01은 척도로 구성된 3가지 문제가 한 묶음으로 구성되며, 세 가지 문항 중 자신과 가장 가까운 것과 먼 것을 체크하는 형식이다. 각 질문에 대해 Part02는 상세문항 없이 척도로 구성된 문제들이며, Part01과 연계된 질문들이 많이 출제된다.

심층역량검사의 답변 요령

01 솔직성

사람의 성격은 제각기 다르기 때문에 인성검사에 정답이 있을 수는 없다. 출제자가 의도한 바를 미리 짐작하여 그 입맛에 맞추려고 인위적으로 응답해서는 안 된다. 다양한 특성을 갖고 있는 인재들을 그 특성에 맞게 활용하고자 하는 데 인성검사의 목적이 있으므로 솔직하게 답할 필요가 있다. 비슷한 내용의 문항이 반복되어 나오기 때문에 인위적인 응답은 일관성이 결여된 사람으로 보일 수 있다. 솔직하게 문항에 응답하고, 면접 시 적절한 답변으로 대응하는 것이 좋다.

02 일관성

인성검사의 문항을 풀다 보면 일정한 간격으로 유사한 내용의 문항이 반복된다는 것을 알 수 있다. 무심코 문제를 풀다 보면 유사한 내용의 문항에 다른 답을 체크하는 결과가 종종 생기기도 한다. 유사한 내용에 다른 답을 체크하는 것은 일관성이 없어 보일 수 있으며 이는 결코 좋은 인상을 심어 줄 수가 없다. 많은 문항을 풀다 보면 지루함에 빠지기 쉽지만, 긴장을 늦추지 말고 문항의 내용을 기억해 가며 차분히 풀어야 한다.

03 인재상 및 직무연관성

지원한 직무에서 요구하는 성향이 무엇인지 파악해 두는 것도 도움이 된다. 인성검사를 통해 드러나는 성격과 지원한 직무와의 연계성이 높다면 같은 조건의 타 지원자보다 유리한 위치에 설 수 있다. 따라서 자신이 지원한 직무에 대해서 미리 생각해 보는 것도 필요하다.

[PART 01] 각 문제에 대해 '전혀 그렇지 않다'면 ①, '그렇지 않다'면 ②, '약간 그렇지 않다'면 ③, '약간 그렇다'면 ④, '그렇다'면 ⑤, '매우 그렇다'면 ⑥ 중 본인이 해당한다고 생각하는 번호에 표기하고, A, B, C 세 문항 중 자신의 성향과 가장 가까운 문항에 '가깝다'를, 가장 먼 문항에 '멀다'를 표기하시오.

번호		문항	응답ⅠⅡ 전혀 아니다◀▶매우 그렇다						응답Ⅱ 멀	가
001	A	새로운 일을 배우는 것이 즐겁다.	①	②	③	④	⑤	⑥	○	○
	B	어디론가 떠나고 싶은 충동을 느낀다.	①	②	③	④	⑤	⑥	○	○
	C	자주 무기력해지곤 한다.	①	②	③	④	⑤	⑥	○	○
002	A	파티에 가는 것을 싫어한다.	①	②	③	④	⑤	⑥	○	○
	B	나는 우유부단한 편이다.	①	②	③	④	⑤	⑥	○	○
	C	항상 준비하고 철저히 계획한다.	①	②	③	④	⑤	⑥	○	○
003	A	나는 주변 사람에게 관심이 많다.	①	②	③	④	⑤	⑥	○	○
	B	남에게 싫은 소리를 못하는 성격이다.	①	②	③	④	⑤	⑥	○	○
	C	나는 혼자 결정하는 것이 익숙하다.	①	②	③	④	⑤	⑥	○	○
004	A	내 생활에 만족한다.	①	②	③	④	⑤	⑥	○	○
	B	친구의 말에 따라 내 의견이 바뀌곤 한다.	①	②	③	④	⑤	⑥	○	○
	C	때때로 욕설을 퍼붓고 싶을 때가 있다.	①	②	③	④	⑤	⑥	○	○
005	A	새로운 사람을 만나는 것을 좋아한다.	①	②	③	④	⑤	⑥	○	○
	B	쉽게 포기하지 않는다.	①	②	③	④	⑤	⑥	○	○
	C	이유 없이 불안할 때가 있다.	①	②	③	④	⑤	⑥	○	○
006	A	취미가 생기면 오래 지속되는 편이다.	①	②	③	④	⑤	⑥	○	○
	B	꼭 출세하여 보란 듯이 살고 싶다.	①	②	③	④	⑤	⑥	○	○
	C	집중을 잘 하지 못한다.	①	②	③	④	⑤	⑥	○	○
007	A	어려운 일이어도 맡은 일에 최선을 다한다.	①	②	③	④	⑤	⑥	○	○
	B	새로운 일에 도전하는 것이 좋다.	①	②	③	④	⑤	⑥	○	○
	C	약속 시간에 늦은 적이 한 번도 없다.	①	②	③	④	⑤	⑥	○	○
008	A	낯을 가리는 편이다.	①	②	③	④	⑤	⑥	○	○
	B	벼락치기를 하는 경우가 많다.	①	②	③	④	⑤	⑥	○	○
	C	독서를 좋아한다.	①	②	③	④	⑤	⑥	○	○

번호		문항	응답 I II						응답 II	
			전혀 아니다 ◀ ▶ 매우 그렇다						멀	가
009	A	낯선 번호로 전화가 오면 받지 않는다.	①	②	③	④	⑤	⑥	○	○
	B	때때로 집을 떠나고 싶을 때가 있다.	①	②	③	④	⑤	⑥	○	○
	C	일이 주어졌을 때, 빨리 실행해야 편하다.	①	②	③	④	⑤	⑥	○	○
010	A	나는 남에게 엄격한 편이다.	①	②	③	④	⑤	⑥	○	○
	B	여유를 갖고 일하는 것이 좋다.	①	②	③	④	⑤	⑥	○	○
	C	한 번 여행했던 곳에는 다시 가지 않는다.	①	②	③	④	⑤	⑥	○	○
011	A	나는 자존심이 센 편이다.	①	②	③	④	⑤	⑥	○	○
	B	불쌍한 사람을 보면 도와주고 싶다.	①	②	③	④	⑤	⑥	○	○
	C	해야 할 일을 미루지 않는다.	①	②	③	④	⑤	⑥	○	○
012	A	나는 스스로에게 엄격하다.	①	②	③	④	⑤	⑥	○	○
	B	과학과 수학을 좋아한다.	①	②	③	④	⑤	⑥	○	○
	C	편지를 자주 쓰는 편이다.	①	②	③	④	⑤	⑥	○	○
013	A	일찍 자고 일찍 일어난다.	①	②	③	④	⑤	⑥	○	○
	B	모든 책임은 나에게 있다고 생각한다.	①	②	③	④	⑤	⑥	○	○
	C	외국인과 대화하는 것을 좋아한다.	①	②	③	④	⑤	⑥	○	○
014	A	목소리가 큰 편이다.	①	②	③	④	⑤	⑥	○	○
	B	항상 최고가 되려고 한다.	①	②	③	④	⑤	⑥	○	○
	C	누군가 나를 싫어하는 것 같다.	①	②	③	④	⑤	⑥	○	○
015	A	나는 잘 웃는 편이다.	①	②	③	④	⑤	⑥	○	○
	B	남들보다 뒤처지는 것은 참을 수 없다.	①	②	③	④	⑤	⑥	○	○
	C	문제가 발생하면 주변 사람과 상의한다.	①	②	③	④	⑤	⑥	○	○
016	A	나에게 기대는 사람이 많은 것 같다.	①	②	③	④	⑤	⑥	○	○
	B	맡은 일은 끝까지 하려고 한다.	①	②	③	④	⑤	⑥	○	○
	C	남에게 부탁을 잘 못하는 성격이다.	①	②	③	④	⑤	⑥	○	○
017	A	길거리에 떨어진 쓰레기는 꼭 줍는다.	①	②	③	④	⑤	⑥	○	○
	B	낯선 환경에 잘 적응하는 편이다.	①	②	③	④	⑤	⑥	○	○
	C	여러 사람 앞에서 이야기하는 것이 좋다.	①	②	③	④	⑤	⑥	○	○
018	A	사람을 때려본 적이 있다.	①	②	③	④	⑤	⑥	○	○
	B	꼼꼼하다는 말을 많이 듣는다.	①	②	③	④	⑤	⑥	○	○
	C	주변 사람들에게 먼저 연락하는 편이다.	①	②	③	④	⑤	⑥	○	○

번호		문항	응답ⅠⅡ 전혀 아니다◀▶매우 그렇다						응답Ⅱ 멀	가
019	A	약속시간보다 항상 일찍 도착한다.	①	②	③	④	⑤	⑥	○	○
	B	팀워크가 필요한 일을 잘 한다.	①	②	③	④	⑤	⑥	○	○
	C	도둑질한 적이 한 번도 없다.	①	②	③	④	⑤	⑥	○	○
020	A	독특하다는 말을 자주 듣는다.	①	②	③	④	⑤	⑥	○	○
	B	내 일에 누군가 간섭하는 것을 싫어한다.	①	②	③	④	⑤	⑥	○	○
	C	사람이 많이 있는 곳을 좋아한다.	①	②	③	④	⑤	⑥	○	○
021	A	자주 머리가 아프다.	①	②	③	④	⑤	⑥	○	○
	B	한번 흥분하면 쉽게 가라앉지 못한다.	①	②	③	④	⑤	⑥	○	○
	C	꼼꼼하다는 말을 자주 듣는다.	①	②	③	④	⑤	⑥	○	○
022	A	잠들기 전 하루에 대해 반성한다.	①	②	③	④	⑤	⑥	○	○
	B	남들과 다른 방법으로 일하고 싶다.	①	②	③	④	⑤	⑥	○	○
	C	내가 보고 분석한 것은 정확한 편이다.	①	②	③	④	⑤	⑥	○	○
023	A	활동적인 취미를 즐긴다.	①	②	③	④	⑤	⑥	○	○
	B	가끔 짓궂은 장난을 치곤 한다.	①	②	③	④	⑤	⑥	○	○
	C	앞에 나서기보다는 뒤에서 일하는 편이다.	①	②	③	④	⑤	⑥	○	○
024	A	사람이 너무 많은 곳에선 숨이 막힌다.	①	②	③	④	⑤	⑥	○	○
	B	말하기 전 충분히 생각하는 편이다.	①	②	③	④	⑤	⑥	○	○
	C	남의 눈에 띄는 것이 싫다.	①	②	③	④	⑤	⑥	○	○
025	A	인간관계가 좁다는 말을 들은 적이 있다.	①	②	③	④	⑤	⑥	○	○
	B	나는 예민한 편에 속한다.	①	②	③	④	⑤	⑥	○	○
	C	가끔 사소한 일로 잠을 설치곤 한다.	①	②	③	④	⑤	⑥	○	○
026	A	언제나 좋은 일이 생길 것만 같다.	①	②	③	④	⑤	⑥	○	○
	B	가끔 배가 아프다.	①	②	③	④	⑤	⑥	○	○
	C	봉사활동을 좋아한다.	①	②	③	④	⑤	⑥	○	○
027	A	친구가 많다.	①	②	③	④	⑤	⑥	○	○
	B	감정을 잘 드러내는 편이다.	①	②	③	④	⑤	⑥	○	○
	C	창의적이라는 말을 자주 듣는다.	①	②	③	④	⑤	⑥	○	○
028	A	계획을 치밀하게 짠다.	①	②	③	④	⑤	⑥	○	○
	B	다른 나라 문화를 접하는 것은 즐겁다.	①	②	③	④	⑤	⑥	○	○
	C	스스로를 꽤 리더십이 있다고 생각한다.	①	②	③	④	⑤	⑥	○	○

PART 4
심층역량검사

번호		문항	응답 I II 전혀 아니다◀ ▶매우 그렇다						응답 II 멀	가
029	A	한번 주장하면 절대 굽히지 않는다.	①	②	③	④	⑤	⑥	○	○
	B	여럿이보다 혼자 일하는 것이 편하다.	①	②	③	④	⑤	⑥	○	○
	C	너무 울적하여 할 일을 못한 적이 있다.	①	②	③	④	⑤	⑥	○	○
030	A	나는 꽤 똑똑한 편이라고 생각한다.	①	②	③	④	⑤	⑥	○	○
	B	많이 움직인다는 소리를 듣는 편이다.	①	②	③	④	⑤	⑥	○	○
	C	하고 싶은 일은 무슨 짓을 해서라도 한다.	①	②	③	④	⑤	⑥	○	○
031	A	즉흥적이다.	①	②	③	④	⑤	⑥	○	○
	B	새로운 일을 시작하는 것은 용기를 필요로 한다.	①	②	③	④	⑤	⑥	○	○
	C	심장이나 가슴에 통증이 와서 고생한 적이 있다.	①	②	③	④	⑤	⑥	○	○
032	A	누군가 나를 싫어하는 것 같다.	①	②	③	④	⑤	⑥	○	○
	B	스스로를 참을성이 강하다고 생각한다.	①	②	③	④	⑤	⑥	○	○
	C	신문을 자주 읽는다.	①	②	③	④	⑤	⑥	○	○
033	A	현실에서 벗어난 일을 좋아한다.	①	②	③	④	⑤	⑥	○	○
	B	지시를 받는 것보다 하는 것이 좋다.	①	②	③	④	⑤	⑥	○	○
	C	누군가에게 지적받는 일은 참기 힘든 일이다.	①	②	③	④	⑤	⑥	○	○
034	A	세상에는 즐거운 일이 많다.	①	②	③	④	⑤	⑥	○	○
	B	모임에 나가는 것이 귀찮다.	①	②	③	④	⑤	⑥	○	○
	C	감정의 변화가 심한 편이다.	①	②	③	④	⑤	⑥	○	○
035	A	사소한 일이라도 계획을 세워 실행한다.	①	②	③	④	⑤	⑥	○	○
	B	인생은 타이밍이라고 생각한다.	①	②	③	④	⑤	⑥	○	○
	C	남에게 간섭받는 것이 싫다.	①	②	③	④	⑤	⑥	○	○
036	A	스스로 사회성이 좋다고 생각한다.	①	②	③	④	⑤	⑥	○	○
	B	다른 사람을 쉽게 믿지 않는다.	①	②	③	④	⑤	⑥	○	○
	C	남들이 잘 해주는 것에는 그만한 이유가 있다.	①	②	③	④	⑤	⑥	○	○
037	A	주변의 말에 상처를 잘 받는 편이다.	①	②	③	④	⑤	⑥	○	○
	B	남에게 피해를 입힌 적이 없다.	①	②	③	④	⑤	⑥	○	○
	C	나는 언제나 최고라고 생각한다.	①	②	③	④	⑤	⑥	○	○
038	A	새로운 분야를 개척하고 싶다.	①	②	③	④	⑤	⑥	○	○
	B	의견을 토론할 때, 항상 먼저 제시하는 편이다.	①	②	③	④	⑤	⑥	○	○
	C	부모님에게 반항해 본 적이 한 번도 없다.	①	②	③	④	⑤	⑥	○	○

번호		문항	응답 I II 전혀 아니다◀▶매우 그렇다						응답II 멀	가
039	A	지루한 것은 견딜 수 없다.	①	②	③	④	⑤	⑥	○	○
	B	말을 할 때 제스처가 큰 편이다.	①	②	③	④	⑤	⑥	○	○
	C	지금껏 누군가와 싸워본 적이 없다.	①	②	③	④	⑤	⑥	○	○
040	A	어릴 적 추억을 자주 떠올린다.	①	②	③	④	⑤	⑥	○	○
	B	잘 당황하지 않는 성격이다.	①	②	③	④	⑤	⑥	○	○
	C	떠들썩한 분위기를 좋아한다.	①	②	③	④	⑤	⑥	○	○
041	A	미래에 대한 부담감을 자주 느낀다.	①	②	③	④	⑤	⑥	○	○
	B	외국에서 살아보고 싶다.	①	②	③	④	⑤	⑥	○	○
	C	어려움에 부딪혀도 좀처럼 포기하지 않는다.	①	②	③	④	⑤	⑥	○	○
042	A	마음이 상해도 참으려고 노력하는 편이다.	①	②	③	④	⑤	⑥	○	○
	B	스스로 다른 사람보다 행복하다고 느낀다.	①	②	③	④	⑤	⑥	○	○
	C	나는 아침형 인간이다.	①	②	③	④	⑤	⑥	○	○
043	A	처음 본 사람과도 금세 친해질 수 있다.	①	②	③	④	⑤	⑥	○	○
	B	불의를 보면 참지 못한다.	①	②	③	④	⑤	⑥	○	○
	C	정해진 방식보다는 나의 방식으로 일하고 싶다.	①	②	③	④	⑤	⑥	○	○
044	A	조용한 분위기는 견딜 수 없다.	①	②	③	④	⑤	⑥	○	○
	B	신중한 사람이라는 말을 자주 듣는다.	①	②	③	④	⑤	⑥	○	○
	C	격렬하게 운동하는 것을 좋아한다.	①	②	③	④	⑤	⑥	○	○
045	A	다른 사람이 옆에 있으면 불안하다.	①	②	③	④	⑤	⑥	○	○
	B	일에 대한 욕심이 많은 편이다.	①	②	③	④	⑤	⑥	○	○
	C	스스로 정직한 사람이라고 생각한다.	①	②	③	④	⑤	⑥	○	○
046	A	혼자 있어도 외롭지 않다.	①	②	③	④	⑤	⑥	○	○
	B	정이 많다는 말을 자주 듣는다.	①	②	③	④	⑤	⑥	○	○
	C	허락 없이 내 물건을 건드리는 것은 참을 수 없다.	①	②	③	④	⑤	⑥	○	○
047	A	당사자가 없는 곳에서는 그를 험담하지 않는다.	①	②	③	④	⑤	⑥	○	○
	B	나는 항상 자기 계발을 추구한다.	①	②	③	④	⑤	⑥	○	○
	C	닮고 싶은 롤모델이 있다.	①	②	③	④	⑤	⑥	○	○
048	A	내 자리는 항상 정돈되어 있다.	①	②	③	④	⑤	⑥	○	○
	B	다른 사람들의 감정변화에 민감하다.	①	②	③	④	⑤	⑥	○	○
	C	세상에 나 혼자만 남아도 살 수 있을 것 같다.	①	②	③	④	⑤	⑥	○	○

번호		문항	응답 I II						응답 II	
			전혀 아니다 ◀▶ 매우 그렇다						멀	가
049	A	과묵한 편이다.	①	②	③	④	⑤	⑥	○	○
	B	뭐든 시작하면 끝을 봐야 직성이 풀린다.	①	②	③	④	⑤	⑥	○	○
	C	부탁을 잘 거절하지 못한다.	①	②	③	④	⑤	⑥	○	○
050	A	계획적으로 행동하는 편이다.	①	②	③	④	⑤	⑥	○	○
	B	나는 지금 힘들다.	①	②	③	④	⑤	⑥	○	○
	C	나에게는 가족이 가장 소중하다.	①	②	③	④	⑤	⑥	○	○
051	A	다수를 위해 소수가 희생되는 것은 괜찮다.	①	②	③	④	⑤	⑥	○	○
	B	나는 욕심덩어리이다.	①	②	③	④	⑤	⑥	○	○
	C	충분히 생각하지 않으면 행동에 옮기지 않는다.	①	②	③	④	⑤	⑥	○	○
052	A	주변의 말에 따라 견해가 종종 바뀐다.	①	②	③	④	⑤	⑥	○	○
	B	밤에 자주 잠을 설친다.	①	②	③	④	⑤	⑥	○	○
	C	나는 사람들이 행복하다는 말을 믿지 않는다.	①	②	③	④	⑤	⑥	○	○
053	A	지나치게 여유로운 사람을 보면 답답하다.	①	②	③	④	⑤	⑥	○	○
	B	직관적으로 일하는 편이다.	①	②	③	④	⑤	⑥	○	○
	C	일을 시작하기 전 걱정을 많이 한다.	①	②	③	④	⑤	⑥	○	○
054	A	누군가와 갈등이 생기면 먼저 해결하려 노력한다.	①	②	③	④	⑤	⑥	○	○
	B	파티에 가는 것이 즐겁다.	①	②	③	④	⑤	⑥	○	○
	C	차분하다는 말을 자주 듣는다.	①	②	③	④	⑤	⑥	○	○
055	A	모두가 나를 싫어하는 것 같다.	①	②	③	④	⑤	⑥	○	○
	B	편지를 자주 쓰는 편이다.	①	②	③	④	⑤	⑥	○	○
	C	약속시간보다 항상 먼저 도착한다.	①	②	③	④	⑤	⑥	○	○
056	A	내 물건을 남이 만지면 속상하다.	①	②	③	④	⑤	⑥	○	○
	B	나는 계획하에 움직이는 것을 좋아한다.	①	②	③	④	⑤	⑥	○	○
	C	어렵더라도 새로운 일에 도전하고 싶다.	①	②	③	④	⑤	⑥	○	○
057	A	변화에 취약한 편이다.	①	②	③	④	⑤	⑥	○	○
	B	나는 애완동물을 좋아한다.	①	②	③	④	⑤	⑥	○	○
	C	능력을 최대한 발휘할 수 있는 곳에서 일하고 싶다.	①	②	③	④	⑤	⑥	○	○
058	A	나는 혼자 일하는 것을 선호한다.	①	②	③	④	⑤	⑥	○	○
	B	나는 약속을 자주 취소한다.	①	②	③	④	⑤	⑥	○	○
	C	추리 소설을 읽는 것을 좋아한다.	①	②	③	④	⑤	⑥	○	○

번호		문항	응답 I II						응답 II	
			전혀 아니다◀ ▶매우 그렇다						멀	가
059	A	눈치를 많이 보는 편이다.	①	②	③	④	⑤	⑥	○	○
	B	지하철에서 자주 물건을 구입한다.	①	②	③	④	⑤	⑥	○	○
	C	도형이나 수치를 분석하는 것을 좋아한다.	①	②	③	④	⑤	⑥	○	○
060	A	나는 이성친구보다 동성친구가 편하다.	①	②	③	④	⑤	⑥	○	○
	B	나는 사람과의 대화에서 에너지를 느낀다.	①	②	③	④	⑤	⑥	○	○
	C	나는 혼자 밥 먹는 것이 편하다.	①	②	③	④	⑤	⑥	○	○
061	A	목소리가 작다는 말을 자주 듣는다.	①	②	③	④	⑤	⑥	○	○
	B	나는 사람이 많은 곳에서는 피곤을 느낀다.	①	②	③	④	⑤	⑥	○	○
	C	나는 단체활동이 버겁다.	①	②	③	④	⑤	⑥	○	○
062	A	가끔 사람들과의 관계에서 지칠 때가 있다.	①	②	③	④	⑤	⑥	○	○
	B	바쁜 것보다는 여유로운 것이 낫다.	①	②	③	④	⑤	⑥	○	○
	C	밤에 집중을 잘 하는 편이다.	①	②	③	④	⑤	⑥	○	○
063	A	모든 사람에게는 나쁜 면이 있다고 생각한다.	①	②	③	④	⑤	⑥	○	○
	B	입맛이 자주 없다.	①	②	③	④	⑤	⑥	○	○
	C	학창시절 튀는 학생이었다.	①	②	③	④	⑤	⑥	○	○
064	A	과거로 돌아가고 싶다.	①	②	③	④	⑤	⑥	○	○
	B	나는 약속이 취소될 경우 매우 화가 난다.	①	②	③	④	⑤	⑥	○	○
	C	한 번도 다른 사람들의 욕을 해 본 적이 없다.	①	②	③	④	⑤	⑥	○	○
065	A	참을성이 강하다는 말을 자주 듣는다.	①	②	③	④	⑤	⑥	○	○
	B	부모님의 말씀을 거역해 본 적이 없다.	①	②	③	④	⑤	⑥	○	○
	C	어떤 주제로 대화하든 지지 않는다.	①	②	③	④	⑤	⑥	○	○
066	A	항상 완벽함을 추구한다.	①	②	③	④	⑤	⑥	○	○
	B	나는 여름보다는 겨울이 좋다.	①	②	③	④	⑤	⑥	○	○
	C	누군가가 나를 조종하는 것 같다.	①	②	③	④	⑤	⑥	○	○
067	A	건강을 생각해 인스턴트를 먹지 않는다.	①	②	③	④	⑤	⑥	○	○
	B	기간별로 계획을 세워 실천하는 편이다.	①	②	③	④	⑤	⑥	○	○
	C	기분이 나쁠 때보다 좋을 때가 더 많다.	①	②	③	④	⑤	⑥	○	○
068	A	한 가지 일에 열중을 잘 한다.	①	②	③	④	⑤	⑥	○	○
	B	남들과 똑같은 삶은 살고 싶지 않다.	①	②	③	④	⑤	⑥	○	○
	C	순간적인 감정을 이기지 못해 싸운 적이 있다.	①	②	③	④	⑤	⑥	○	○

번호		문항	응답 I II						응답II	
			전혀 아니다◀ ▶매우 그렇다						멀	가
069	A	외국인 친구들이 많다.	①	②	③	④	⑤	⑥	○	○
	B	변화를 두려워하는 편이다.	①	②	③	④	⑤	⑥	○	○
	C	주위 사람들을 잘 칭찬한다.	①	②	③	④	⑤	⑥	○	○
070	A	말이 빠르다는 말을 자주 듣는다.	①	②	③	④	⑤	⑥	○	○
	B	항상 무엇인가에 도전하고자 한다.	①	②	③	④	⑤	⑥	○	○
	C	나는 혼자 있을 때 우울함을 느낀다.	①	②	③	④	⑤	⑥	○	○
071	A	모임을 주도하는 편이다.	①	②	③	④	⑤	⑥	○	○
	B	평범한 것은 나와 맞지 않는다.	①	②	③	④	⑤	⑥	○	○
	C	크게 실패를 겪은 적이 있다.	①	②	③	④	⑤	⑥	○	○
072	A	일이 주어지면 빨리 실행에 옮겨야 마음이 편하다.	①	②	③	④	⑤	⑥	○	○
	B	친구가 많은 편이다.	①	②	③	④	⑤	⑥	○	○
	C	나는 이따금씩 울고 싶을 때가 있다.	①	②	③	④	⑤	⑥	○	○
073	A	역사에 남을 만한 중요한 일을 하고 싶다.	①	②	③	④	⑤	⑥	○	○
	B	너무 많은 것을 고려하여 기회를 놓치곤 한다.	①	②	③	④	⑤	⑥	○	○
	C	늦잠을 자는 것을 좋아한다.	①	②	③	④	⑤	⑥	○	○
074	A	질서보다는 자유롭게 생활하는 것이 좋다.	①	②	③	④	⑤	⑥	○	○
	B	도전하기를 좋아한다.	①	②	③	④	⑤	⑥	○	○
	C	혼자 있을 때가 가장 행복하다.	①	②	③	④	⑤	⑥	○	○
075	A	다른 사람의 말을 잘 들어주는 편이다.	①	②	③	④	⑤	⑥	○	○
	B	힘든 일도 잘 잊는 편이다.	①	②	③	④	⑤	⑥	○	○
	C	시간을 초과하더라도 주어진 일을 완벽히 끝낸다.	①	②	③	④	⑤	⑥	○	○
076	A	매사에 즉흥적이다.	①	②	③	④	⑤	⑥	○	○
	B	의사결정이 빠른 편이다.	①	②	③	④	⑤	⑥	○	○
	C	나는 부정적인 성격이다.	①	②	③	④	⑤	⑥	○	○
077	A	부모님과 다툰 적이 한 번도 없다.	①	②	③	④	⑤	⑥	○	○
	B	TV 보는 것을 좋아한다.	①	②	③	④	⑤	⑥	○	○
	C	가끔 냉정하다는 말을 듣는다.	①	②	③	④	⑤	⑥	○	○
078	A	자주 기운이 없다.	①	②	③	④	⑤	⑥	○	○
	B	나는 동성친구보다 이성친구가 좋다.	①	②	③	④	⑤	⑥	○	○
	C	하고 싶은 일은 망설이지 않고 도전한다.	①	②	③	④	⑤	⑥	○	○

번호		문항	응답 I II						응답 II	
			전혀 아니다◀ ▶매우 그렇다						멀	가
079	A	나는 최고가 되어야 한다.	①	②	③	④	⑤	⑥	○	○
	B	현실에서 벗어난 색다른 일을 좋아한다.	①	②	③	④	⑤	⑥	○	○
	C	나는 주도적인 편이다.	①	②	③	④	⑤	⑥	○	○
080	A	나에 관한 다른 사람들의 평가가 궁금하다.	①	②	③	④	⑤	⑥	○	○
	B	언제나 하루를 돌아보며 마무리한다.	①	②	③	④	⑤	⑥	○	○
	C	누구나 다 행복해질 수 있다고 생각한다.	①	②	③	④	⑤	⑥	○	○

각 문제에 대해 자신이 해당한다고 생각하는 정도에 따라 '전혀 그렇지 않다'면 ①, '그렇지 않다'면 ②, '약간 그렇지 않다'면 ③, '약간 그렇다'면 ④, '그렇다'면 ⑤, '매우 그렇다'면 ⑥으로 응답하시오.

번호	문항 예시	응답 전혀 아니다 ◀ ▶ 매우 그렇다					
001	나는 이성의 마음을 사로잡는 법을 알고 있다.	①	②	③	④	⑤	⑥
002	나는 구걸하는 사람을 모른 체 한 적이 있다.	①	②	③	④	⑤	⑥
003	나는 SK 임원이 될 자질이 있다고 생각한다.	①	②	③	④	⑤	⑥
004	나는 SK 인재상에 부합하는 사람이다.	①	②	③	④	⑤	⑥
005	마음이 상해도 참으려고 노력하는 편이다.	①	②	③	④	⑤	⑥
006	내 물건을 남이 만지면 속상하다.	①	②	③	④	⑤	⑥
007	여러 사람 앞에서 내 자랑을 잘한다.	①	②	③	④	⑤	⑥
008	잘못이 생기면 그 사정에 대해 이해를 하는 편이다.	①	②	③	④	⑤	⑥
009	사람이 많은 곳을 좋아한다.	①	②	③	④	⑤	⑥
010	여러 사람 앞에서 사회를 잘 본다.	①	②	③	④	⑤	⑥
011	인간관계가 넓은 편이다.	①	②	③	④	⑤	⑥
012	세상은 아름답다고 생각하는 편이다.	①	②	③	④	⑤	⑥
013	나는 완고한 편이라고 생각한다.	①	②	③	④	⑤	⑥
014	어느 장소든 예전 그대로의 모습을 좋아한다.	①	②	③	④	⑤	⑥
015	너무 바쁠 때는 몸이 두 개였으면 좋겠다고 생각한다.	①	②	③	④	⑤	⑥
016	내가 먼저 다가가서 친구를 사귀는 것이 힘들다.	①	②	③	④	⑤	⑥
017	걱정이 많은 편이다.	①	②	③	④	⑤	⑥
018	성악설보다는 성선설을 믿는다.	①	②	③	④	⑤	⑥
019	내 능력을 최대치로 발휘할 수 있는 곳에서 일하고 싶다.	①	②	③	④	⑤	⑥
020	조그마한 소리에도 신경이 쓰여 잠이 깨곤 한다.	①	②	③	④	⑤	⑥
021	단순한 반복 업무를 하는 것은 지루하다.	①	②	③	④	⑤	⑥
022	이유 없이 불안하다.	①	②	③	④	⑤	⑥
023	호의에는 대가가 항상 필요하다.	①	②	③	④	⑤	⑥
024	나는 정말 쓸모없는 사람이라고 느낄 때가 있다.	①	②	③	④	⑤	⑥
025	융통성 있게 잘 대처하는 사람을 보면 믿음이 간다.	①	②	③	④	⑤	⑥
026	스스로 흥분을 잘하는 편이라고 생각한다.	①	②	③	④	⑤	⑥
027	지시를 내리기보다는 받는 편이다.	①	②	③	④	⑤	⑥
028	귀찮은 규칙도 정해지면 따라야 한다.	①	②	③	④	⑤	⑥

029	하루 일과를 끝내고 돌아볼 때 반성하는 경우가 많다.	①	②	③	④	⑤	⑥
030	주목받는 것이 좋다.	①	②	③	④	⑤	⑥
031	나는 스스로를 인내력이 강하다고 생각한다.	①	②	③	④	⑤	⑥
032	모르는 사람을 만나는 일은 피곤하다.	①	②	③	④	⑤	⑥
033	지난 일에 대하여 후회할 때가 있다.	①	②	③	④	⑤	⑥
034	어떤 분야의 개척자가 되는 것이 좋다.	①	②	③	④	⑤	⑥
035	나는 진정한 프로라는 말을 들으면 기분이 좋아진다.	①	②	③	④	⑤	⑥
036	너무 많은 것을 고려한 나머지 기회를 놓치는 경우가 많다.	①	②	③	④	⑤	⑥
037	평소 활동적인 취미를 즐긴다.	①	②	③	④	⑤	⑥
038	나는 반복적으로 일하는 것이 좋다.	①	②	③	④	⑤	⑥
039	스스로 질책하며 무기력함에 빠져들곤 한다.	①	②	③	④	⑤	⑥
040	나도 모르게 누군가를 때린 적이 있다.	①	②	③	④	⑤	⑥
041	나는 한 가지 일에 열중을 잘한다.	①	②	③	④	⑤	⑥
042	몸을 움직이는 것을 좋아한다.	①	②	③	④	⑤	⑥
043	가끔 걱정 때문에 잠을 이루지 못할 때가 있다.	①	②	③	④	⑤	⑥
044	신문의 사회면 기사를 보는 것을 좋아한다.	①	②	③	④	⑤	⑥
045	한껏 고무된 기분 탓에 일을 그르친 경우가 있다.	①	②	③	④	⑤	⑥
046	주위로부터 에너지가 넘친다는 이야기를 종종 듣는다.	①	②	③	④	⑤	⑥
047	상황이 발생하면 어떻게 대처할지 직감적으로 판단하는 편이다.	①	②	③	④	⑤	⑥
048	조용하거나 너무 지루하면 떠들고 싶다.	①	②	③	④	⑤	⑥
049	시간만 있으면 집에서 공상을 즐기고 싶다.	①	②	③	④	⑤	⑥
050	책 읽기를 좋아한다.	①	②	③	④	⑤	⑥
051	말을 할 때 제스처가 큰 편이다.	①	②	③	④	⑤	⑥
052	무엇인가를 생각한다는 것은 즐거운 일이다.	①	②	③	④	⑤	⑥
053	나쁜 사람보다는 착한 사람들이 많다고 생각한다.	①	②	③	④	⑤	⑥
054	다수의 의견은 최선의 선택이라고 생각한다.	①	②	③	④	⑤	⑥
055	적극적이고 의욕적으로 활동하는 편이다.	①	②	③	④	⑤	⑥
056	한 번 내린 결정은 바꾸지 않는다.	①	②	③	④	⑤	⑥
057	법에 위반되는 일은 한 번도 하지 않았다.	①	②	③	④	⑤	⑥
058	가능하면 새로운 사람들과 관계를 만들어 가고 싶다.	①	②	③	④	⑤	⑥
059	나는 동성 친구보다 이성 친구가 더 편하다.	①	②	③	④	⑤	⑥
060	미래를 생각하면 종종 불안해지곤 한다.	①	②	③	④	⑤	⑥

061	여행을 하기 전에는 세부적인 계획을 먼저 세운다.	①	②	③	④	⑤	⑥
062	사소한 일이더라도 열심히 하려고 한다.	①	②	③	④	⑤	⑥
063	쉽게 포기하지 않는다.	①	②	③	④	⑤	⑥
064	앞으로 진행할 일을 정리해 두지 않으면 불안하다.	①	②	③	④	⑤	⑥
065	내가 정말 필요한 존재인지 스스로 자책할 때가 있다.	①	②	③	④	⑤	⑥
066	여유를 가지고 생활한다.	①	②	③	④	⑤	⑥
067	실행하기 전에 한 번 더 생각하는 편이다.	①	②	③	④	⑤	⑥
068	추리 소설을 읽는 것을 좋아한다.	①	②	③	④	⑤	⑥
069	일에서도 인간관계를 중요하게 생각한다.	①	②	③	④	⑤	⑥
070	어떠한 일이든 빨리 시작해야 다른 사람을 이길 수 있다.	①	②	③	④	⑤	⑥
071	무슨 일을 하든 주위로부터 리더라는 말을 듣고 싶다.	①	②	③	④	⑤	⑥
072	활동적이라는 말보다는 사려가 깊다는 말을 더 많이 듣는다.	①	②	③	④	⑤	⑥
073	격렬하게 운동하는 것이 좋다.	①	②	③	④	⑤	⑥
074	주위에서 좋다고 하더라도 한 번 더 검토 후 실행에 옮긴다.	①	②	③	④	⑤	⑥
075	어디론가 떠나고 싶은 충동을 자주 느낀다.	①	②	③	④	⑤	⑥
076	나는 내가 이유 없이 벌 받을 때가 있다고 생각한다.	①	②	③	④	⑤	⑥
077	한 가지 주제로 세 시간 이상 이야기할 수 있다.	①	②	③	④	⑤	⑥
078	작은 일에도 쉽게 우쭐해져서 기분이 좋아진다.	①	②	③	④	⑤	⑥
079	말이 느린 편이다.	①	②	③	④	⑤	⑥
080	타인을 이끌 수 있는 지도력이 있다는 평가를 받고 싶다.	①	②	③	④	⑤	⑥
081	처음 보는 사람과 대화하기까지 많은 노력이 필요하다.	①	②	③	④	⑤	⑥
082	누군가가 나를 싫어하는 것 같다.	①	②	③	④	⑤	⑥
083	인생을 살아가는 데 있어서 목표를 갖는 것은 중요하다.	①	②	③	④	⑤	⑥
084	집에만 있는 것은 답답하다.	①	②	③	④	⑤	⑥
085	어떤 일을 시작할 때 그 결과보다는 과정을 먼저 생각한다.	①	②	③	④	⑤	⑥
086	하고 싶은 일은 무리를 해서라도 꼭 한다.	①	②	③	④	⑤	⑥
087	순간적인 감정을 이기지 못해 싸운 적이 있다.	①	②	③	④	⑤	⑥
088	하고 싶은 일은 망설이지 않고 도전한다.	①	②	③	④	⑤	⑥
089	일이 잘 풀리지 않으면 비관적으로 생각하는 편이다.	①	②	③	④	⑤	⑥
090	주변이 소란스러운 것을 싫어한다.	①	②	③	④	⑤	⑥
091	어려움에 부딪혀도 좀처럼 포기하지 않는다.	①	②	③	④	⑤	⑥
092	몸이 힘들 때는 병에 걸린 것이 아닐까 하는 생각이 든다.	①	②	③	④	⑤	⑥

093	기분이 상해도 그 순간 상대에게 표현하지 못한다.	①	②	③	④	⑤	⑥
094	방 안에 있을 때 가장 마음이 편하다.	①	②	③	④	⑤	⑥
095	누군가에게 지적을 받는다는 것을 참을 수 없다.	①	②	③	④	⑤	⑥
096	조그마한 일이라도 계획을 세운다.	①	②	③	④	⑤	⑥
097	쉽게 타협하지 않고 내 방식대로 끝까지 해 본다.	①	②	③	④	⑤	⑥
098	타인의 충고를 듣고 나면 모든 일이 내 탓인 것 같다.	①	②	③	④	⑤	⑥
099	내 의견을 상대방에게 강하게 주장하는 편은 아니다.	①	②	③	④	⑤	⑥
100	친구를 사귀고 싶은 마음이 전혀 없다.	①	②	③	④	⑤	⑥
101	단기적인 일보다는 꾸준히 하는 일이 적성에 맞는다.	①	②	③	④	⑤	⑥
102	중요한 가족 모임이 있는 날에는 회식에 빠질 수 있다.	①	②	③	④	⑤	⑥
103	학창 시절 체육 수업을 매우 좋아했다.	①	②	③	④	⑤	⑥
104	나는 다른 사람에게 먼저 잘 다가가는 편이다.	①	②	③	④	⑤	⑥
105	약간의 위법도 해서는 안 된다고 생각한다.	①	②	③	④	⑤	⑥
106	무슨 말을 하기 전에 생각하는 습관이 있다.	①	②	③	④	⑤	⑥
107	조심스러운 성격이다.	①	②	③	④	⑤	⑥
108	다른 사람의 이해를 받지 못해도 상관없다.	①	②	③	④	⑤	⑥
109	휴가는 세부적인 일정까지 세우고 움직인다.	①	②	③	④	⑤	⑥
110	나는 자존심이 센 편에 속한다.	①	②	③	④	⑤	⑥
111	어릴 때부터 해 온 취미 생활이 있다.	①	②	③	④	⑤	⑥
112	일을 할 때 굉장히 긴장된다.	①	②	③	④	⑤	⑥
113	나는 새로운 일을 시작할 때 두려움을 느끼는 편이다.	①	②	③	④	⑤	⑥
114	어릴 적 추억을 자주 떠올린다.	①	②	③	④	⑤	⑥
115	남의 의견을 들으면 맞는 것 같아 나의 의견을 자주 바꾼다.	①	②	③	④	⑤	⑥
116	어떤 조직에서든 조용히 생활하는 것을 좋아한다.	①	②	③	④	⑤	⑥
117	친구의 부탁을 거절하지 못하는 편이다.	①	②	③	④	⑤	⑥
118	떠들썩한 분위기를 좋아한다.	①	②	③	④	⑤	⑥
119	다른 사람들이 무엇을 하든 그 일에 관심이 없다.	①	②	③	④	⑤	⑥
120	여러 명이 토의할 때 나의 의견을 먼저 말하는 편이다.	①	②	③	④	⑤	⑥
121	공동 프로젝트를 하는 것보다 나 혼자 일하는 것이 좋다.	①	②	③	④	⑤	⑥
122	어떠한 일이 주어지면 빨리 실행에 옮겨야 마음이 편하다.	①	②	③	④	⑤	⑥
123	시원시원한 성격이라는 말을 자주 듣는다.	①	②	③	④	⑤	⑥
124	낯선 사람들과도 편하게 이야기할 수 있다.	①	②	③	④	⑤	⑥
125	신중한 사람이라는 평가를 받는 편이다.	①	②	③	④	⑤	⑥

126	나도 남들처럼 행복했으면 좋겠다.	①	②	③	④	⑤	⑥
127	나는 욕심이 많은 편이다.	①	②	③	④	⑤	⑥
128	주어진 일을 하는 것이 좋다.	①	②	③	④	⑤	⑥
129	무슨 일이든 잘할 수 있다는 자신감이 있다.	①	②	③	④	⑤	⑥
130	새로운 길로 가는 것이 즐겁다.	①	②	③	④	⑤	⑥
131	주변의 말에 비교적 상처를 잘 받는다.	①	②	③	④	⑤	⑥
132	내 어려움을 해결해 줄 조력자가 나타났으면 좋겠다.	①	②	③	④	⑤	⑥
133	엄격한 질서나 규율에 적응하기 어렵다.	①	②	③	④	⑤	⑥
134	긍정적이라는 말을 많이 듣는다.	①	②	③	④	⑤	⑥
135	가족이 내 인생의 최우선이다.	①	②	③	④	⑤	⑥
136	알려지지 않은 새로운 방법으로 일하는 편이다.	①	②	③	④	⑤	⑥
137	운동 경기를 할 때면 수비보다는 공격을 좋아한다.	①	②	③	④	⑤	⑥
138	모두가 싫증을 내는 상황에서도 참고 열심히 하는 편이다.	①	②	③	④	⑤	⑥
139	이웃집의 소리에 신경이 많이 쓰이는 편이다.	①	②	③	④	⑤	⑥
140	많이 움직인다는 소리를 듣는 편이다.	①	②	③	④	⑤	⑥
141	기회는 능력과 상관없이 모두에게 주어져야 한다고 생각한다.	①	②	③	④	⑤	⑥
142	가끔 아무 이유 없이 다른 사람들을 때리고 싶은 생각이 든다.	①	②	③	④	⑤	⑥
143	일을 하다가 휴식을 할 때는 아무도 없이 혼자 편안히 쉬고 싶다.	①	②	③	④	⑤	⑥
144	무슨 일이든 행동하기 전에 곰곰이 생각하는 것을 좋아한다.	①	②	③	④	⑤	⑥
145	나는 과학과 수학을 좋아한다.	①	②	③	④	⑤	⑥
146	정이 많은 푸근한 동료가 많았으면 좋겠다.	①	②	③	④	⑤	⑥
147	친구의 말에 따라 나의 견해가 종종 바뀐다.	①	②	③	④	⑤	⑥
148	자율과 규율 중 자율적으로 움직이고 싶다.	①	②	③	④	⑤	⑥
149	좀 피곤하더라도 동시에 많은 일을 진행할 수 있다.	①	②	③	④	⑤	⑥
150	결점을 지속적으로 지적받으면 스트레스를 받는다.	①	②	③	④	⑤	⑥

에듀윌이
너를
지지할게
ENERGY

끝이 좋아야 시작이 빛난다.

– 마리아노 리베라(Mariano Rivera)

여러분의 작은 소리
에듀윌은 크게 듣겠습니다.

본 교재에 대한 여러분의 목소리를 들려주세요.
공부하시면서 어려웠던 점, 궁금한 점,
칭찬하고 싶은 점, 개선할 점, 어떤 것이라도 좋습니다.

에듀윌은 여러분께서 나누어 주신 의견을
통해 끊임없이 발전하고 있습니다.

에듀윌 도서몰 book.eduwill.net
· 부가학습자료 및 정오표: 에듀윌 도서몰 → 도서자료실
· 교재 문의: 에듀윌 도서몰 → 문의하기 → 교재(내용, 출간) / 주문 및 배송

온라인 SKCT SK그룹 종합역량검사 통합 기본서

발 행 일	2025년 1월 23일 초판
편 저 자	에듀윌 취업연구소
펴 낸 이	양형남
개발책임	김기철, 윤은영
개 발 자	이정은
펴 낸 곳	(주)에듀윌
I S B N	979-11-360-3524-0
등록번호	제25100-2002-000052호
주　　소	08378 서울특별시 구로구 디지털로34길 55
	코오롱싸이언스밸리 2차 3층

* 이 책의 무단 인용 · 전재 · 복제를 금합니다.

www.eduwill.net
대표전화 1600-6700

누적 판매량 15만 부 돌파
베스트셀러 1위 677회 달성

학사장교·항공준사관·부사관 통합 기본서

* 에듀윌 군 간부 교재 누적 판매량 합산 기준 (2016년 8월 25일~2024년 10월 31일)
* 온라인서점(YES24) 주별/월별 베스트셀러 합산 기준 (2016년 10월 4주~2024년 12월 ROTC·학사장교/육군부사관/공군부사관/해군부사관 교재)
* YES24 국내도서 해당 분야 월별, 주별 베스트 기준

2025 최신판

에듀윌 취업
SKCT SK그룹 종합역량검사
통합 기본서

정답과 해설

eduwill

2025 최신판

에듀윌 취업
SKCT SK그룹 종합역량검사
통합 기본서

최신판

에듀윌 취업
온라인 SKCT SK그룹 종합역량검사
통합 기본서

정답과 해설

01 | 언어이해

본문 P. 18

01	02	03	04	05	06	07	08	09	10
⑤	④	①	②	⑤	②	①	⑤	⑤	⑤
11	12	13	14	15	16	17	18	19	20
③	④	②	③	③	③	⑤	③	⑤	①
21	22	23	24	25					
③	②	③	③	⑤					

01 정답 ⑤

니체는 페르시아의 차라투스트라가 구시대의 가치와 신념을 넘어서는 인물이기에 그의 역사적 배경을 활용해 작품의 주인공으로 선택했고 이를 통해 기존의 도덕에 도전하고 주장하고 있다.

오답풀이
① 인간이 스스로의 가치를 창조하는 것을 최우선의 목표로 종교 체계를 발전시킨 것은 ㉠에 대한 설명이다.
② 니체는 철학적 탐구의 상징으로 ㉡을 책의 주인공으로 선정했으며 종교적 교리를 통해 도덕적 삶을 강조한 것은 ㉡에 대한 설명이다. 또한 니체가 ㉡의 사상을 그의 책에 소개했다는 부분은 찾을 수 없다.
③ 니체는 선과 악의 이원론은 주장하지 않았다.
④ 니체는 ㉠을 통해 기존의 도덕을 비판하고 철학적 탐구를 추구했다.

02 정답 ④

두 번째 문단에 따르면 문화결정론자는 인간의 행동이 주로 문화적, 사회적 환경에 의해 결정된다고 본다. 따라서 ㉡의 입장에서는 개인의 자유와 선택을 강조하는 ㉠에 대하여 개인의 자유와 선택이 실제로는 그들이 속한 사회적, 문화적 배경에 의해 결정된다고 비판할 수 있다.

03 정답 ①

마지막 문단에 따르면 대상포진은 직접적으로 치료하는 치료제는 없지만, 백신을 통해 예방이 가능하다고 하였다.

오답풀이
② 발병 초기에 항바이러스제를 통해 효과적인 증상 완화를 기대할 수 있다는 내용을 통해 적극적으로 치료하면 상태가 호전된다는 것을 알 수 있다.
③ 어린 시절 수두에 걸린 후 바이러스가 신경절에 잠복해 있다가 면역력이 약해질 때 활성화되면서 발생한다는 설명을 통해 면역력이 저하된 사람에게서 주로 발생한다는 것을 알 수 있다.
④ 신경통이 동반되기도 하는데, 신경통은 치료 후에도 수개월, 심지어 수년간 지속될 수 있다는 내용을 통해 신경통은 치료 후에도 길게 지속될 수 있다는 것을 알 수 있다.
⑤ 대상포진은 수두─대상포진 바이러스에 의해 발생하는 질환으로 어린 시절 수두에 걸린 후 바이러스가 신경절에 잠복해 있다가 면역력이 약해질 때 활성화되면서 발생하므로, 어렸을 때 수두에 걸리면 대상포진이 발병할 수 있다.

04 정답 ②

부동 충전 방식과 정전류 충전 방식을 정의한 뒤, 각각의 활용 사례를 통해 구체적으로 설명하고 있다.

오답풀이
① 하나의 개념(충전 방식)만을 다루지 않고, 두 가지 충전 방식을 설명하며, 이를 다양한 맥락에서 분석하는 내용은 제시되지 않았다.

③ 충전 방식의 원인과 결과를 비교하거나 새로운 결론을 도출하는 내용은 제시되지 않았다.

④ 두 충전 방식을 나열하지만, 공통된 특성을 분석하는 내용은 제시되지 않았다.

⑤ 두 충전 방식의 상호 연관성에 대해 설명하는 내용은 제시되지 않았다.

05 정답 ⑤

첫 번째 문단에서 은퇴 후에 고령층이 노동 시장에 영향력을 발휘하는 현상을 그레이네상스라고 설명하였을 뿐 은퇴하지 못한 고령층이 노동 시장에 적극적으로 개입하는지는 글을 통해 알 수 없다.

오답풀이
① 고령화 인구가 단순히 연령의 증가를 의미하는 것이 아니라, 새로운 경제적·사회적 가치를 창출하는 중요한 주체로 부상하고 있다고 하였다.

② 그레이네상스는 건강관리, 여가, 교육, 기술 등 다양한 산업에서 고령층의 주소가 증가하고 있다고 하였다.

③, ④ 그레이네상스는 건강관리, 여가, 교육, 기술 등 다양한 산업에서 고령층의 주소가 증가하고 있다고 하였다.

06 정답 ②

코페르니쿠스의 이론은 인간 중심적 사고에서 벗어나 과학적 혁신의 시발점이 되었다.

오답풀이
① 코페르니쿠스의 이론은 그의 생전에 주목받지 못하였다고 설명하였다.

③ 갈릴레오 갈릴레이와 요하네스 케플러 등의 과학자들이 코페르니쿠스의 이론을 확장하고 입증하면서 천문학과 물리학의 발전에 큰 영향을 미쳤다는 내용을 통해 코페르니쿠스의 이론은 천문학과 물리학의 발전에 큰 역할을 하였다는 것을 알 수 있다.

④ 코페르니쿠스의 이론은 중세의 세계관을 무너뜨리고 근대 과학의 초석을 다지는 중요한 역할을 하였다는 점에서 중세의 세계관을 반박하며 새롭게 정의하였다고 볼 수 있다.

⑤ 코페르니쿠스는 지구를 중심으로 우주가 돌아간다는 당시의 지배적인 천동설을 반박하고, 태양을 중심으로 행성들이 공전한다는 지동설을 주장하였다.

07 정답 ①

첫 번째 문단에서 그린 라운드는 선진국에서 필요성을 제안해 시작되었다고 하였다.

오답풀이
② 마지막 문단에 따르면 그린 라운드는 정기적인 모니터링과 보고를 통해 협정의 이행 상태를 점검한다.

③ 두 번째 문단에서 파리 협정으로 그린 라운드 이행을 구체화하였다고 하였고, 이는 온실가스 배출을 감축하기 위한 것임을 알 수 있다.

④ 세 번째 문단에 따르면 그린 라운드는 신흥 개발도상국들에게 무역 장벽으로 작용할 수 있으므로 각 국의 책임 소재를 면밀히 검토해야 한다.

⑤ 세 번째 문단을 통해 그린 라운드는 규제만 하는 것이 아니라 개발도상국에게 기술적 지원과 재정적 지원이 주어진다는 것을 알 수 있다.

08 정답 ⑤

주어진 글에서 이성적 의식과 잠재 의식은 서로 상호작용하며, 우리의 인지적, 감정적 경험을 복합적으로 구성한다고 하였다.

오답풀이
① 프로이트는 잠재 의식이 인간 행동의 많은 부분을 지배한다고 주장하였다.
② 인간의 자동적인 반응과 밀접하게 연결되어 있는 의식은 잠재 의식이다.
③ 인간이 일상적으로 자각하고 있는 생각과 판단은 이성적 의식으로 ⊙에 해당한다.
④ 현재 상황과 관련된 정보를 처리하는 의식은 이성적 의식이다.

09 정답 ⑤

주어진 글은 문화 전유와 도용의 개념과 사례에 대한 글이다.

오답풀이
① 바람직한 문화 전유의 예시는 글에서 나타나지 않는다.
② 문화 도용과 문화 전유의 공통점은 글에서 문화적 불평등과 무지를 드러내는 행위라고 짧게 언급되어 있으나 글의 전체 내용을 포괄하는 제목으로는 적절하지 않다.
③ 문화 도용을 막기 위해 노력할 점은 글에서 나타나지 않는다.
④ 문화 전유의 위험성을 알리는 방법은 글에서 나타나지 않는다.

10 정답 ⑤

주어진 글에서 한국 미술 교육은 서양 미술사와 서양 미술 이론에만 의존하는 경향이 있으므로 미술 작품의 기법과 철학, 현대 미술과의 연관성을 교육하여 한국 미술의 독창성과 가치에 대한 깊은 이해를 갖추도록 해야 한다고 주장하고 있다.

오답풀이
①, ②, ③, ④ 주어진 글과 관련 없는 내용이다.

11 정답 ③

주어진 글은 모방소비의 개념을 소개하고, 구매효과와 파노플리 효과를 통해 긍정적 심리적 만족감과 소속감을 설명하고 있다. 동시에 이러한 소비가 과소비와 경제적 판단력 약화를 초래할 수 있는 부정적 측면도 설명한다. 따라서 글의 주제는 '모방소비의 원인과 긍정적 · 부정적 영향'이 적절하다.

오답풀이
① 구매효과와 파노플리 효과를 모방소비의 동기로 설명하고 있지만, 이 두 개념이 사회 전반에 어떤 역할을 하는지에 대해서는 주어진 글을 통해 알 수 없다.
②, ④ 가품 구매와 스키 장비에 대한 내용은 주제를 뒷받침하는 사례로 제시되었으나, 글의 내용을 포괄하는 주제로 적절하지 않다.
⑤ 모방 소비의 부정적 영향에 대한 설명이 제시되어 있으나 글의 전체를 포괄하지 않는다.

12 정답 ④

정악(正樂)은 가곡, 가사, 시조와 같은 성악곡과 아악, 향악과 같은 기악곡으로 구성되며, 선비들에게 인간의 욕망을 억제하고 심성을 수양하는 도구로 사용된다고 설명하고 있다.

오답풀이
① ⊙은 즐거움을 추구하기 위한 수단으로, 도덕적 품성을 기르는 것과는 관련이 없다.
② ⊙은 삶의 이상을 구현하기 위해 추구한 활동이 아니며, 선비들에게 중요한 가치는 ⓒ을 통해 구현되었다.
③ ⓒ은 인간의 욕망을 자극하는 것이 아니라, 욕망을 억제하고 평온한 마음을 유지하도록 돕는 음악이다.
⑤ ⓒ은 자연과 인간의 조화를 탐구하는 유학적 가치와 관련이 있지만, ⊙은 유학적 사유와는 관련이 없다.

13 정답 ②

유료 도로가 특정 사용자에게만 통행을 허용하는 방식으로 비배제성을 잃을 수 있기 때문에 정책적 개입에 의해 공공재가 사유재적 성격을 띨 수 있다는 반응은 적절하다.

오답풀이
① 공공재가 항상 비배제성을 유지하는 것이 아니며, 특히 도로의 혼잡도는 공공재의 성격을 변화시킬 수 있는 요소로 언급되고 있다.
③ 공공재 성격을 띠는 자연자원도 사용량이 증가하거나 특정 조건이 되면 경합성이나 배제성이 나타날 수 있다.
④ 공공재와 사유재는 엄연히 분류되는 특성이며, 상황에 따라 변한다고 하여 분류 자체가 무의미하다고 할 수 없다.
⑤ 공공재의 성격은 고정된 것이 아니라 유동적이기 때문에 완전히 상실했다거나 영구히 변화했다고 단정할 수 없다.

14 정답 ③

[다] 문단은 마약성 진통제와 항우울제의 작용 원리를 소개하며 공통점과 차이를 간략히 제시한다. 전체 내용을 이해하기 위한 기본 개념을 제공하므로 가장 앞에 위치해야 한다. [가] 문단은 마약성 진통제와 항우울제의 작용 경로와 효과를 구체적으로 설명하며, 두 약물의 차이를 강조한다. 이는 [가] 문단에서 제시된 약물의 개요를 심화하는 역할을 하므로 두 번째에 위치한다. [마] 문단은 대뇌 피질의 물질적 차이에 따른 약물 효과의 차이를 설명하며, 약물의 작용이 개인적 신경 특성과 밀접하게 연결된다는 점을 강조한다. 이는 약물 작용의 차이에 대한 새로운 정보를 제시하므로 [가] 문단의 다음에 위치하는 것이 적절하다. [나] 문단은 동일한 약물이 사람마다 다르게 작용할 수 있는 이유를 구체적으로 제시하며, 개인별 신경 구조와 화학적 차이로 인해 약물 효과가 달라질 수 있음을 설명한다. [마]의 내용을 개인화된 사례로 확장하는 역할을 한다. [라] 문단은 약물 효과가 개인의 신경 구조와 화학적 환경에 따라 결정된다는 점을 결론 짓고, 환자 맞춤형 치료의 필요성을 강조하면서 제시문을 요약하며 미래의 치료 방향을 제시하므로 마지막에 위치하는 것이 적절하다. 따라서 글의 순서로 가장 적절한 것은 [다]—[가]—[마]—[나]—[라]이다.

15 정답 ③

칸트는 인간의 인식이 단순히 대상의 속성을 받아들이는 것이 아니라, 이성이 능동적으로 작용하여 대상을 구성한다고 주장한다. 칸트는 우리가 세계를 이해할 때, 경험이 필수적이지만, 순수의 이성의 개입 없이는 지식의 체계가 성립하지 않는다고 보았다.

오답풀이
① 칸트는 경험이 중요하다고 했지만, 이성의 역할도 중요하다고 설명하고 있다.
② 이성이 단순히 경험적 데이터를 저장하는 게 아니라, 데이터를 활용해서 능동적으로 새로운 지식을 만들어 낸다고 설명한다.
④ 경험도 중요하지만, 경험을 넘어서는 초월적인 원리도 있다고 주장하고 있다.
⑤ 인식은 단순히 받아들이는 과정이 아니라, 이성이 대상을 구성하는 능동적인 과정이다.

16 정답 ③

[보기]는 유머는 사회적 관계를 강화하는 데 필수적이라는 주장을 뒷받침하는 근거로 활용될 수 있는 문장이다. 유쾌한 대화는 신뢰를 쌓고, 팀워크를 향상시키는 데 중요한 역할을 한다는 내용은 갈등 완화 및 긴장된 분위기의 완화 등의 내용 뒤에 위치하는 것이 자연스러우므로, ⓒ에 [보기]가 들어가는 것이 적절하다.

17 정답 ⑤

빈칸의 앞에서 TV와 같은 전통적인 시청 형태를 언급하며 중장년층의 OTT 사용률이 증가하고 있다는 현상을 설명하고 있으므로 그 원인을 분석하는 내용이 나와야 한다.
따라서 '전통적 방송에서 제공하지 않던 콘텐츠를 소비하려는 수요에서 비롯된다.'가 가장 적절하다.

오답풀이
① 독점 콘텐츠에 대한 내용은 등장하지 않는다.

② 접근성 제한은 OTT 사용률 증가와는 상반되는 내용이다.
③ 광고 기반 모델에 대한 내용은 나오지 않는다.
④ 맞춤형 콘텐츠에 대한 내용은 글의 맥락상 적절하지 않은 내용이다.

18 정답 ③

주어진 글은 고양이의 건강 보호를 위해 향기 제품을 사용하지 말아야 한다고 주장하지는 않는다. 다만 디퓨저 사용 시 공간 분리나 안전한 성분 사용과 같은 대안을 제시하고 있다.

오답풀이
① 디퓨저 사용이 고양이의 간에 독성을 유발할 수 있으므로 주의가 필요하다고 주장한다.
② 둥굴레차에 함유된 탄닌 성분이 고양이에게 유해하므로 섭취를 금해야 한다고 주장한다.
④ 고양이 보호자가 독성이 우려되는 물질을 주의 깊게 관리해야 한다는 주장하고 있다.
⑤ 디퓨저와 같은 향기 제품을 쓸 때는 고양이에게 안전한 성분이 든 제품을 사용하는 것이 중요하다고 설명하고 있다.

19 정답 ⑤

산업 초기 단계에서는 고가의 제품이 소비자의 접근성을 제한하고, 일부 제품은 기술적 결함으로 기대에 미치지 못할 가능성이 있으므로, 펫테크 산업은 가격 경쟁력 및 신뢰성을 모두 개선해야 시장의 지속적 성장을 이룰 수 있을 것이다.

오답풀이
① 스마트 목걸이가 위치 추적과 심박수 등의 데이터를 모니터링하기 때문에 적절한 추론이다.
② AI 자동 급식기는 식습관을 분석하기 때문에 영양 균형을 맞출 수 있다.
③ 외출 중인 보호자가 카메라 기능을 통해 반려동물과 실시간 상호작용을 할 수 있다.
④ 기술적 결함이 소비자 기대에 미치지 못할 가능성이 있으며, 안전성 이슈를 야기할 수 있다는 내용에서 충분히 추론가능하다.

20 정답 ①

주어진 글은 GPS를 정의하고 GPS의 작동원리를 소개하며 활용 분야에 대해 설명한다. GPS의 장점은 언급이 되어 있으나 단점은 언급되어 있지 않다. 따라서 대상의 장단점을 분석하여 그 속성을 규명하는 서술방식은 나타나지 않는다.

오답풀이
② 자동차, 선박 등의 길 안내, 응급구조, 재해 예측과 같은 구체적인 사례를 들어 보이면서 설명하고 있다.
③ 미국 국방부에서 군용으로 사용하기 위해 위성을 궤도에 올렸다는 내용을 통해 GPS가 처음에는 군사용이었다가 향후 민간용으로 바뀐 변화 과정을 설명하고 있다.
④ GPS가 공전하면서 위치를 계산해 내는 작동원리를 설명하여 독자의 이해를 돕고 있다.
⑤ 서두에서 GPS를 정의하고 부연설명을 통해 구체화하고 있다.

21 정답 ③

주어진 글은 파라과이와 우리나라의 농업 기술교류에 대한 내용이다. 과거에는 파라과이가 농업이민국으로 한국에서 파라과이로 농업이민을 갔으나 지금은 한국이 좋은 품종과 재배기술을 개발하여 이를 전수하고 있다. [보기] 앞에는 농업이민을 시작했던 단계가 드러나는 것이 적절하고, 뒤에는 구체적으로 한국이 어떤 농업기술을 전수해 주었는지가 사례로 전개되는 것이 적절하다. 따라서 [보기]가 들어가기 적절한 위치는 ⓒ이다.

22 정답 ②

주어진 글은 18세기 진경산수화에 대해 소개한다. 진경산수화의 화풍, 정선의 기법 등을 제시하고 이러한 진경산수화가 어떻게 쇠퇴하게 되었는지에 대해 설명하고 있다. 따라서 일치하는 내용으로 가장 적절한 것은 정선은 산천의 특색을 남종화법을 토대로 표현하여 진경산수화풍의 정형을 수립하였다는 것이다.

오답풀이

① 종래의 산수화 전통이 있었다고 하였으므로 18세기부터 조선시대에 문인들이 산수화를 그리기 시작했다고 할 수 없다.

③ 남종화법이란 문인화를 뜻하는데, 그림을 통해 마음속의 사상을 표현하는 화법이라고 언급되어 있다. 우리나라의 바위산은 선으로, 흙산은 묵으로 묘사하는 기법이 남종화법인지는 알 수 없다.

④ 김홍도가 정선의 뒤를 이어 산수화와 풍속화의 새 경지를 열어놓은 화가였다고 언급되어 있을 뿐, 정선의 제자였고 중인이었는지는 알 수 없다.

⑤ 18세기 말에는 진경산수화의 화풍이 형식화 되면서 비판을 받았다고 언급이 되어 있을 뿐, 풍속화의 유행에 영향을 주었는지는 알 수 없다.

23 정답 ③

주어진 글은 우리나라 원전 산업의 전망에 대한 내용이다. 우선 새 정부가 출범 후에 탈원전 정책을 폐기하고 '원전 산업 재도약의 원년'을 규정하며 원전 산업의 방향성이 달라졌다고 설명하는 [나] 문단이 제시되고, 이에 대해 자세히 설명하는 [라] 문단이 연결되어야 한다. 그리고 [라] 문단에서 언급한 신한울 3·4호기 건설에 대한 부연 설명이 나오는 [다] 문단이 [라] 문단과 이어져야 하며, 원전 산업의 해외 수출 현황을 다루는 [가] 문단으로 글이 마무리되어야 한다.

따라서 글의 순서로 가장 적절한 것은 [나]−[라]−[다]−[가]이다.

24 정답 ③

주어진 글은 비만이 비후성 심근증의 발현위험을 높인다고 설명하고 있다. 특히 비후성 심근증은 젊은 연령에서 발생하는 심장 돌연사의 가장 흔한 원인 중의 하나라고 언급하고 있다. 따라서 비만일 경우 돌연사의 원인인 비후성 심근증이 발생할 위험이 높다는 추론은 적절하다.

오답풀이

① 과체중, 경도비만, 중등도비만 이상에 해당하면 표준 체중인 사람에 비해 비후성 심근증 발생위험이 높아진다고 설명하였을 뿐, 표준 체중인 사람의 경우 비후성 심근증이 발생하지 않을 것이라고 단정할 수는 없다.

② 비후성 심근증 발병에 유전적 요인 외의 요소가 있다고 하였으므로 올바른 추론이 아니다.

④ 당뇨, 이상지질혈증, 고혈압 등의 대사이상은 비후성 심근증 발현 위험을 높인다고 하였을 뿐, 심근 비후 발생의 합병증인지는 알 수 없다.

⑤ 주어진 글은 비후성 심근증은 유전적 요인 외의 요소로도 발병할 수 있다고 설명하고 있으며, 비후성 심근증은 좌심실 벽이 두꺼워지는 심장 질환이다.

25 정답 ⑤

주어진 글은 소크라테스와 데카르트의 철학적 특성을 설명하고 있다. 데카르트는 소크라테스와 정신을 강조한다는 측면이 공통점이다. 특히 데카르트는 '생각을 근거로 나는 존재한다'라고 말할 정도로 정신이 있기에 자신이 존재한다고 생각했고 이를 의심할 수 없는 최종점, 즉, 참된 이치라고 생각했다. 소크라테스는 육체와 분리될 때 철학적 생각에 깊이를 더 할 수 있다고 생각하여 죽음을 두려워하지 않았으므로 몸보다 '영혼'을 중요시했다는 것을 알 수 있다. 따라서 데카르트가 생각하는 인간의 정신 즉, 영혼이 곧 인간의 자아이고 진정한 '나'라고 반응하는 것은 적절하다.

오답풀이

① 데카르트는 의심하는 자신의 생각 자체를 통해 존재에 대해 깨달았으므로 물질적으로 만질 수 있는 우리 몸이라는 대상이 있으므로 인간은 존재한다는 것은 데카르트의 사상으로 보기 어렵다.

② 알고 있다는 생각에 대한 의심은 다른 모든 것들을 알게 해 주는 출발점이라는 내용은 데카르트의 철학보다 소크라테스의 철학에 가깝다.

③, ④ 데카르트의 철학과 관련이 없는 내용이다.

01	02	03	04	05	06	07	08	09	10
⑤	④	②	④	①	⑤	③	⑤	③	④

01 정답 ⑤

2024년에 월평균 명목임금의 전년 대비 상승률이 소비자물가지수의 전년 대비 상승률보다 낮다면 실질임금은 감소할 수 있다.

오답풀이

① 2023년 규모 300인 이상 사업장의 월평균 명목임금은 규모 300인 미만 사업장의 월평균 명목임금 대비 $\frac{6,071}{3,537}$ 늑 1.72(배)이므로 1.5배 이상 많다.

② 2021~2023년 동안 사업장 규모별 월평균 명목임금의 차이를 구하면 다음과 같다.
- 2021년: $5,582-3,316=2,266$(천 원)
- 2022년: $5,922-3,462=2,460$(천 원)
- 2023년: $6,071-3,537=2,534$(천 원)

따라서 2021~2023년 동안 사업장 규모별 월평균 명목임금의 차이는 증가한다.

③ 소비자물가지수는 2020년의 값을 기준으로 하여 나타낸 지수이다. 2023년 소비자물가지수는 111.59이므로 2020년 대비 $111.59-100=11.59(\%)$ 증가하였다.

④ 2024년 월평균 명목임금 증감률이 2023년과 같다면 2.5%이므로 2024년 월평균 명목임금은 $3,966\times1.025=4,065.15$(천 원)이다.

02 정답 ④

2019~2022년 (반도체 수출액－반도체 수입액)의 값은 다음과 같다.
- 2019년: $939-470=469$(억 달러)
- 2020년: $992-503=489$(억 달러)
- 2021년: $1,280-614=666$(억 달러)
- 2022년: $1,292-748=544$(억 달러)

(반도체 수출－반도체 수입)의 값은 2021년－2022년－2020년－2019년 순으로 높고, [표]에서 반도체 산업 매출액도 이와 같은 순서대로 높다.

오답풀이

① 2019년에 반도체 수출 증가율은 -26%이므로 전년 대비 감소하였다.

② [그래프]에서 반도체 수출 증가율 변화폭이 가장 큰 해는 반도체 수출 증가율이 6-(-26)=32(%p)로 변화한 2020년이고, 반도체 매출액이 가장 높은 해는 2021년이다.

③ 반도체 산업 매출액은 2021년-2022년-2020년-2019년 순으로 높고, 반도체 산업 생산액은 2022년-2021년-2020년-2019년 순으로 높다.

⑤ 2022년에 반도체 산업 수출 증가율이 전년 대비 감소하였으나, 반도체 산업 생산액은 전년 대비 증가하였다.

> ✓ 문제 해결 TIP
>
> 용어의 차이를 정확하게 파악해야 하는 형태이다. 증가율과 증감률, 증가율의 증가와 감소(증가율의 변화)의 차이를 구분해야 한다.

03 정답 ②

2016년 대비 2020년에 발전량이 감소한 에너지는 해양, 폐기율로 총 2개이다.

04 정답 ④

교원 1인당 학생 수는 (학생 수÷교원 수)이다. 따라서 학생 수는 (교원 1인당 학생 수×교원 수)이다. 이를 바탕으로 지역별 학생 수를 구하면 다음과 같다.
- P시의 학생 수: $(89{,}000+29{,}000+14{,}100)\times14.0=1{,}849{,}400$(명)
- Q시의 학생 수: $(33{,}800+19{,}600)\times15.0+26{,}500\times13.0=1{,}145{,}500$(명)

따라서 (P시 학생 수−Q시 학생 수)는 $1{,}849{,}400-1{,}145{,}500=703{,}900$(명)이다.

05 정답 ①

2022년 업종별 박사 전문 인력 수를 구하면 다음과 같다.
- 제조업: $43{,}143\times0.1=4{,}314.3$(명)
- 건설업: $5{,}186\times0.1=518.6$(명)
- 도매 및 소매: $10{,}583\times0.1=1{,}058.3$(명)
- 정보통신업: $7{,}484\times0.2=1{,}496.8$(명)
- 전문, 과학 및 기술서비스업: $5{,}212\times0.3=1{,}563.6$(명)

따라서 박사 전문 인력을 가장 많이 보유하고 있는 업종은 제조업이다.

오답풀이

② 2021년에 업종별 고졸 이하 전문 인력 보유인원은 제조업을 제외하고는 0명이므로, 2021년에 고졸 이하 전문 인력이 가장 많이 종사하는 업종은 제조업이다. 2022년에 고졸 이하 전문 인력 보유인원은 제조업과 도매 및 소매업에서 0.1명인데 기업체 수가 제조업이 더 많으므로 2022년에 고졸 이하 전문 인력이 가장 많이 종사하는 업종은 제조업이다.

③ 2021년과 2022년 모두 어느 업종이든 학사 전문 인력 수가 가장 많으므로 학사 전문 인력의 비중 또한 가장 높다.

④ 2021년과 2022년의 전문, 과학 및 기술서비스업의 박사 전문 인력 보유인원은 0.3명으로 동일하나, 기업체 수는 2022년에 증가하였으므로 박사 전문 인력도 전년 대비 증가하였다.

⑤ 2021~2022년 정보통신업의 박사 전문 인력 수를 구하면 다음과 같다.
- 2021년: $4{,}652\times0.4=1{,}860.8$(명)
- 2022년: $7{,}484\times0.2=1{,}496.8$(명)

따라서 2022년 정보통신업의 박사 전문 인력 수는 전년 대비 감소하였다.

⚓ **문제 해결 TIP**

많은 숫자가 제시되어 있으며, 숫자의 계산을 유도하는 문제 형태를 가지고 있으나, 어림산만으로 모든 보기를 읽을 수 있는 유형이다. 특히 전체 값과 부분 값, 증가와 감소처럼 비율과 관련한 부분, 변화를 제시한 경우, 정확한 계산을 하지 않아도 숫자의 크기 비교를 통해 어림산이 가능하다. 어림산으로 숫자의 크기, 비율과 관련한 감각을 키우는 방법은 기본적으로 필요한 식의 구성을 확실하게 익히는 것이 도움이 된다.

06 정답 ⑤

[표]에서 내국세, 목적세, 관세가 제시되어 있으므로 합산하여 연도별 총액을 구하면 다음과 같다.
- 2018년: $2{,}527{,}100+248{,}500+88{,}100=2{,}863{,}700$(억 원)
- 2019년: $2{,}525{,}500+236{,}000+78{,}800=2{,}840{,}300$(억 원)
- 2020년: $2{,}448{,}500+249{,}000+70{,}600=2{,}768{,}100$(억 원)
- 2021년: $2{,}930{,}000+306{,}000+82{,}200=3{,}318{,}200$(억 원)
- 2022년: $3{,}479{,}300+227{,}700+103{,}200=3{,}810{,}200$(억 원)

따라서 2022년의 세금이 가장 많다.

✓ **문제 해결 TIP**

자료에서 설명하는 부분에 대한 이해가 이 문제의 핵심이다. 자료에서 많은 것을 나열하여 자칫 주어진 [표]를 활용하는 데 있어 복잡해 보이지만, 자료를 정확하게 이해하여 정리할 수 있다면 표에서 필요한 수치를 빠르게 골라내어 필요한 계산만 할 수 있게 된다. 이러한 형태의 문제는 자료를 읽음과 동시에 해당 정보들을 자신이 알아보기 쉽게 정리하는 방법을 만드는 것도 필요하다. 또한, 필요한 수치를 정확하게 찾아냈다면 정확한 총액을 계산해야 하는 문제가 아니기 때문에 숫자의 크기를 어림잡아 계산하여 금액이 가장 높은 연도를 찾는 것도 방법이다.

07 정답 ③

강우량이 70mm 이상인 날은 7월에 17일, 18일, 22일로 총 3일이고, 8월에는 없으므로 호우주의보는 7월에 더 많이 발효되었다.

오답풀이

① 8월에 7월보다 일별 평균기온이 높은 날을 세면, 1~16일만 비교해도 8월의 일 평균기온이 7월 동일 대비 높은 것을 알 수 있다. 따라서 8월의 평균기온이 높은 날이 더 많다.

② 7월 월 평균기온은 26.6℃이며, 일 평균기온이 이보다 낮은 날은 4, 13, 14, 15, 16, 19, 20, 24, 25, 26, 27, 28, 29, 30, 31일로, 총 15일이다.

④ 불쾌지수가 쾌적한 경우는 불쾌지수 수치가 68 이하일 때이며, [표]에서 불쾌지수가 68 이하인 날은 없다.

⑤ 7월 불쾌지수 중 매우 불쾌를 느끼는 날짜 수와 8월 불쾌지수 중 상당히 불쾌를 느끼는 날짜 수를 비교하면 7일로 같다.
- 7월 '매우 불쾌' 날짜 수: 24, 25, 26, 27, 28, 30, 31일 → 총 7일
- 8월 '상당히 불쾌' 날짜 수: 23, 24, 27, 28, 29, 30, 31일 → 총 7일

08 정답 ⑤

2022년 1분기 대비 2023년 1분기 동종 업계 타 11개 기업의 누적 매출액 증가율은 $\frac{8,100,000-7,200,000}{7,200,000} \times 100 = 12.5(\%)$이므로 10%를 넘는다.

오답풀이

① 전년 동기 대비 T그룹의 2023년 1분기 누적 매출액은 $\frac{1,180,000-732,000}{732,000} \times 100 ≒ 61.2(\%)$ 증가했다.

② 전년 동기 대비 T그룹의 2023년 1분기 누적 당기순이익은 $\frac{424,000-199,000}{199,000} \times 100 ≒ 113.1(\%)$ 증가했고, 영업이익은 $\frac{539,000-258,000}{258,000} \times 100 ≒ 108.9(\%)$ 증가했다.

③ 전년 동기 대비 동종 업계 타 11개 기업의 2023년 1분기 누적 당기순이익 증가율은 $\frac{1,200,000-400,000}{400,000} \times 100 = 200(\%)$이다.

④ 2022년 1분기 대비 2023년 1분기 T그룹의 누적 당기순이익 증가량은 424,000−199,000=225,000(백만 원)이다.

09 정답 ③

2022년과 2023년의 당기순이익은 동일하므로 해마다 감소하지 않았다.

오답풀이

① 2020년 매출원가는 (매출액−매출총이익)으로 구할 수 있으므로 500−200=300(억 원)이다.

② 2020년도 (영업외수익−영업외비용)은 (당기순이익−영업이익)으로 구할 수 있으므로 100−105=−5(억 원)이다.

④ 2022년 영업이익률은 $\frac{50}{550} \times 100 ≒ 9.09(\%)$이다.

⑤ 2021년 이후 영업이익이 증가하고 있으나 당기순이익은 감소하였다가 반등하지 않았으므로 영업 외의 부분의 손실이 커지고 있음으로 알 수 있다.

10 정답 ④

[표]에서 휘발유, 경유, LPG 차량의 연간유류비는 각각 2,407,293원, 2,102,434원, 1,889,267원이므로 [보고서]는 240만 7,293원, 210만 2,434원, 188만 9,267원으로 작성되어야 한다.

오답풀이

① [표]의 전국 평균 연료 단가와 일치하는 내용이다.

② 휘발유 : 경유 : LPG의 가격비율은 100:92:58이고, 2차 에너지세제개편 가격체계는 100:85:50이므로, 2차 에너지세제개편 가격체계에 비해 경유는 92−85＝7(%p) 높고, LPG는 58−50＝8(%p) 높다.

③ [표]의 복합연비와 일치하는 내용이다.

⑤ LPG 차량의 5년간 15,000km 운행 기준 연간유류비와 차량 단가를 합하면 (5×1,889,267)＋33,800,000＝43,246,335(원)이므로 총 4,324만 6,335원이다.

03 | 창의수리

01	02	03	04	05	06	07	08	09	10
③	⑤	②	④	④	③	⑤	②	①	④
11	12	13	14	15	16	17	18	19	20
③	⑤	⑤	④	②	⑤	③	①	⑤	②
21	22	23	24	25	26	27	28	29	30
⑤	⑤	③	②	③	②	③	④	④	①

01 정답 ③

언덕을 내려올 때의 속력을 $x$km/h라 하면, 내려오는 데 걸린 시간은 $\dfrac{20}{x}$(시간)이다. 언덕을 왕복하는 데 총 90

분($=\dfrac{3}{2}$시간)이 걸렸으므로 $\dfrac{20}{24}+\dfrac{20}{x}=\dfrac{3}{2}$이 성립한다.

$\dfrac{20}{x}=\dfrac{3}{2}-\dfrac{5}{6}=\dfrac{2}{3}$ $\therefore x=30$

따라서 언덕을 내려올 때의 케이블카 속력은 30km/h이다.

02 정답 ⑤

첫 번째 시도에서 당첨 공을 뽑을 확률은 $\dfrac{2}{100}$, 첫 번째 공이 당첨 공인 상태에서 두 번째 공이 당첨 공일 확률은

$\dfrac{1}{99}$이므로 구하려는 확률은 $\dfrac{2}{100}\times\dfrac{1}{99}=\dfrac{1}{4950}$이다.

03 정답 ②

9명의 사람이 9개의 자리에 앉는 경우의 수는 9!가지이다. 이때 여자 4명이 통로 자리 4개에 앉는 경우의 수는 4!가지이고 남은 5자리에 남자가 앉는 경우의 수는 5!가지이므로 여자들이 통로 자리에 앉는 경우의 수는 4!×5!가지이다. 따라서 통로 자리 4개에 모두 여자들이 앉을 확률은 $\dfrac{4!\times5!}{9!}=\dfrac{1}{126}$이다.

04 정답 ④

표 한 장 가격이 x원이면 처음 돌려받은 금액은 $(x-2,000)$원이다. 이후 3장은 표 가격의 50%만 받고 환불받았으므로 돌려받은 금액은 $(3\times0.5x)$원이다. 최종적으로 돌려 받은 금액은 모두 38,000원이므로 다음과 같은 식이 성립한다.

$(x-2,000)+1.5x=38,000$ $\therefore x=16,000$

따라서 표 한 장의 가격은 16,000원이다.

05 정답 ④

구매하는 물건의 수를 x개라 하면 오프라인 쇼핑의 비용은 $(1,800\times x)$(원)이고, 온라인 쇼핑의 비용은 $(1,650\times x)+3,000=(1,650x+3,000)$(원)이므로 온라인 쇼핑몰에서 구매하는 것이 더 저렴한 경우를 구하기 위해 부등식을 세우면 다음과 같다.

$1,800x>1,650x+3,000$ $\therefore x>20$

따라서 물건을 21개 이상 주문할 때 온라인 쇼핑몰에서 더 저렴하게 구매할 수 있다.

06 정답 ③

농도 8%의 소금물 250g에는 $250 \times 0.08 = 20(\text{g})$의 소금이 들어 있다. 소금이 20g 들어간 소금물의 농도가 2%이려면 소금물은 $\frac{20}{0.02} = 1,000(\text{g})$이어야 하므로, $1,000 - 250 = 750(\text{g})$의 물을 첨가해야 한다.

따라서 1명당 $\frac{750}{5} = 150(\text{g})$씩 첨가해야 한다.

07 정답 ⑤

서류를 3장이나 5장씩 분류하면 2장이 남으므로 15장씩 분류하면 2장이 남는다. k가 자연수일 때, 서류는 모두 $(15k+2)$장이다. 그리고 서류를 4장씩 분류할 때는 3장이 남아야 하므로 자연수 m에 대하여 다음과 같은 식이 성립한다.

$k = 4m + 3$

→ 서류의 수: $15(4m+3) + 2 = 60m + 47$

이를 10으로 나누면 $\frac{(60m+47)}{10} = \frac{60m}{10} + \frac{47}{10}$이고, 이때 몫은 $(6m+4)$이고 나머지는 7이다.

따라서 서류를 10장씩 분류하면 서류는 7장이 남는다.

08 정답 ②

작년 여자 사원 수와 작년 남자 사원 수를 각각 a, b라고 하면 다음과 같은 식이 성립한다.

$a + b = 100$

$0.05 \times a - 0.05 \times b = (103 - 100) = 3$ ∴ $a = 80$

따라서 올해 여자 사원 수는 $80 \times 1.05 = 84(\text{명})$이다.

09 정답 ①

이익은 원가의 10%이므로 $1,400 \times 0.1 = 140(\text{원})$이고, 물건의 정가를 x원이라 하면 정가의 30% 할인 후 물건의 가격은 $0.7x$원이다. 정가의 30%를 할인하는 행사에서 할인가가 $1,400 + 140 = 1,540(\text{원})$이 되도록 해야 하므로 $0.7x = 1,540$이다.

따라서 원가의 1할을 이익으로 남기려면 정가는 $\frac{1,540}{0.7} = 2,200(\text{원})$으로 책정해야 한다.

10 정답 ④

철 9kg과 아연 15kg을 모두 사용하여 제작된 A와 B의 개수를 각각 x, y개라 하면 A를 만드는 데 사용되는 철의 양은 $(0.2x + 0.3y)$이므로 $0.2x + 0.3y = 9$이다.

양변에 10을 곱해 정리하면 $2x + 3y = 90$ …… ①

B를 만드는 데 사용되는 아연의 양은 $(0.4x + 0.3y)$이므로 $0.4x + 0.3y = 15$이다.

양변에 10을 곱해 정리하면 $4x + 3y = 150$ …… ②

②−①을 하면 $2x = 60$이므로 $x = 30$

$x = 30$을 ①에 대입하면 $y = 10$

따라서 철 9kg과 아연 15kg을 모두 사용하여 A는 30개, B는 10개를 만든다.

11 정답 ③

A, B, C가 하루에 하는 일의 양을 a, b, c라 하면, 다음과 같은 식이 성립한다.

- A와 B가 함께 하는 경우: $a+b=\dfrac{1}{2}$ ··· ㉠

- B와 C가 함께 하는 경우: $b+c=\dfrac{1}{2}$ ··· ㉡

- A와 C가 함께 하는 경우: $a+c=\dfrac{1}{3}$ ··· ㉢

위 ㉠식, ㉡식, ㉢식을 연립하여 계산하면, $2(a+b+c)=\dfrac{4}{3} \rightarrow a+b+c=\dfrac{2}{3}$

㉢식을 연립하여 계산하면, $b=\dfrac{2}{3}-\dfrac{1}{3}=\dfrac{1}{3}$이므로 B는 하루에 발표 자료를 $\dfrac{1}{3}$씩 만든다.

따라서 B가 혼자 했을 때 3일이 걸린다.

12 정답 ⑤

농도가 10%인 소금물 A의 양을 ag, 농도가 6%인 소금물 B의 양을 bg이라 할 때, 소금물 A와 소금물 B를 합쳐서 300g이 되므로 $a+b=300$ ··· ㉠

이때 들어 있는 소금의 양은 $(0.1a+0.06b)$g이므로, 농도가 8%가 되려면

$\dfrac{0.1a+0.06b}{300}\times100\geq8$ ··· ㉡

위 ㉠식과 ㉡식을 연립하면,

$10a+6(300-a)\geq2,400$ $\therefore a\geq150(g)$

따라서 소금물 A는 최소 150g이어야 한다.

13 정답 ⑤

햄버거 A의 단품 가격$=x$원

햄버거 B의 단품 가격$=(x+400)$원

햄버거 단품에서 세트로 변경 시 단품 가격에서 1,800원이 추가된다.

햄버거 A 세트 가격$=(x+1,800)$원

햄버거 B 세트 가격$=(x+400)+1,800=(x+2,200)$원

햄버거 A와 햄버거 B 모두 2세트씩 샀을 때 가격은 28,200원이므로 식으로 나타내면 다음과 같다.

$2(x+1,800)+2(x+2,200)=28,200$(원)

정리하면 햄버거 A 단품 가격 x는 5,050원이며, 햄버거 B의 단품 가격은 햄버거 A의 단품 가격보다 400원 비싸므로 5,450원이다.

14 정답 ④

남자 6명과 여자 2명이 지원했으므로 임원 후보는 총 8명이다. 이때 전체 경우의 수에서 3명 모두 남자를 뽑는 경우를 빼면 여자가 적어도 1명 이상 포함될 경우와 같으므로 식을 세우면 다음과 같다.

$1-\dfrac{{}_6\mathrm{C}_3}{{}_8\mathrm{C}_3}=1-\dfrac{\frac{6\times5\times4}{3\times2\times1}}{\frac{8\times7\times6}{3\times2\times1}}=1-\dfrac{5}{14}=\dfrac{9}{14}$

따라서 임원 중에 여자가 적어도 1명은 포함될 확률은 $\dfrac{9}{14}$이다.

📌 **문제 해결 TIP**

뽑힌 사람 중에서 여자가 적어도 1명은 포함되는 경우는 (여자 1명, 남자 2명), (여자 2명, 남자 1명), (여자 3명, 남자 0명)인데 고려하는 경우가 많으므로, 여사건으로 생각해서 뽑힌 3명이 모두 남자인 경우를 전체 확률 1에서 제외하도록 한다.

15 정답 ②

안경을 쓴 직원의 수는 $14+6=20$(명)이며, 이 중 여자는 6명이므로, 직원 한 명을 선택했을 때 그 직원이 안경을 쓰고 있고, 여자일 확률은 $\dfrac{6}{20}=\dfrac{3}{10}$이다.

📌 **문제 해결 TIP**

조건부 확률은 어떤 조건을 전체라고 생각했을 때, 특정 사건의 확률을 의미한다. 이때 안경 쓴 직원(B사건) 조건에서 여직원(A조건)인 사건을 기호로 나타내면 $P(A \mid B)=\dfrac{P(A \cap B)}{P(B)}$이다.

16 정답 ⑤

강물을 거슬러 올라갈 때의 속력은 배의 운행 속력에서 강의 속력만큼 **빼야** 하므로 $(20-2)$km/h이다. 강물을 따라 내려갈 때의 속력은 배의 운행 속력에서 강의 속력만큼 **더해야** 하므로 $(10+2)$km/h이다. 강의 길이가 $x$km이라고 할 때, 이동 시간이 총 6시간이므로 다음과 같은 식이 성립한다.

$$\frac{x}{18}+\frac{x}{12}=6 \qquad \therefore x=43.2$$

따라서 강의 길이는 43.2km이다.

📌 **문제 해결 TIP**

• 강물에서 배를 타는 문제
  – 강물을 거슬러 올라갈 때에는 유속(물의 속력)를 빼준 것이 배의 속력
  – 강물을 타고 내려올 때에는 유속(물의 속력)을 더해준 것이 배의 속력

17 정답 ③

한 회사에서 여자 직원 수는 30명이고, 평균 나이는 46세이므로 여자 직원들의 나이 총합은 $30 \times 46=1,380$이다. 남자 직원 수를 x명이라 하면, 평균 나이가 30세이므로 남자 직원들의 나이 총합은 $30x$이다.

전체 직원의 평균 나이는 $\dfrac{(1,380+30x)}{30+x}=36$이다. 이를 계산하면,

$$\rightarrow 6x=300 \qquad \therefore x=50$$

따라서 남자 직원이 50명은 되어야 회사 남녀 직원 전체의 평균 나이가 36살이 될 수 있다.

18 정답 ①

4개의 당첨 제비를 포함한 100개의 제비 중 임의로 제비를 1개씩 2번 뽑을 때, 2개 모두 당첨 제비일 확률은

$$\frac{4}{100} \times \frac{3}{99}=\frac{1}{25} \times \frac{1}{33}=\frac{1}{825}$$이다.

19 정답 ⑤

가격이 더 비싼 1,800원짜리 물건을 많이 산 기준으로 나열하면 다음과 같다.

1,800원짜리 물건 개수	1,100원짜리 물건 개수	구매 금액	거스름돈
13개	1개	24,500원	500원
12개	3개	24,900원	100원
11개	4개	24,200원	800원
10개	6개	24,600원	400원
9개	8개	25,000원	0원

즉, 1,800원짜리 물건을 9개, 1,100원짜리 물건을 8개 살 때 거스름돈이 0원으로 가장 적게 된다. 따라서 살 수 있는 물건의 개수는 9+8=17(개)이다.

20 정답 ②

A, B컵에 들어있는 알코올의 양을 각각 x, $(300-x)$라고 하면, A, B 두 컵에 들어있는 알코올을 섞었을 때의 농도는 $\dfrac{0.22x+0.1(300-x)}{x+(300-x)} \times 100$이므로 다음과 같은 식이 성립한다.

$$17 \leq \frac{0.22x+0.1(300-x)}{x+(300-x)} \times 100 \leq 19$$

$\rightarrow 51 \leq (0.12x+30) \leq 57$

$\therefore 175 \leq x \leq 225$

따라서 A컵에 들어있는 알코올은 최소 175g이어야 한다.

21 정답 ⑤

만들려고 하는 정육면체의 한 변의 길이는 20, 16, 6의 최소공배수이므로 이를 계산하면 다음과 같다.

```
4 | 20   16   6
2 |  5    4   6
      5    2   3
```

따라서 최소공배수는 $4 \times 2 \times 5 \times 2 \times 3 = 240$(cm)이므로 높이 방향으로 쌓는 직육면체의 상자는 $240 \div 6 = 40$(층)까지 쌓아야 한다.

22 정답 ⑤

A가 이동한 시간은 $\dfrac{1}{5}+\dfrac{30}{75}+\dfrac{1}{3}=\dfrac{14}{15}$(시간)이고 B가 이동한 시간은 $\dfrac{14}{15}+\dfrac{9}{60}=\dfrac{13}{12}$(시간)이다. B가 4km/h로 걸은 시간을 x시간이라고 하면, 6km/h로 걸은 시간은 $\left(\dfrac{13}{12}-x\right)$시간이므로 다음과 같은 식이 성립한다.

$$4x+6\left(\frac{13}{12}-x\right)=5$$

$$\therefore x=\frac{3}{4}$$

따라서 B가 4km/h로 걸은 시간은 45분$\left(=\dfrac{3}{4}시간\right)$이다.

23 정답 ③

15% 소금물 320g에 들어있는 소금의 양은 $320 \times 0.15 = 48(g)$이다. 그러므로 증발시켜야 하는 물의 양을 x라고 하면 다음과 같은 식이 성립한다.

$$\frac{48}{320-x} \times 100 = 16$$

$$\therefore x = 20$$

따라서 증발시켜야 하는 물의 양은 20g이다.

24 정답 ②

$1,000(oz) = 30(L)$이므로 100L는 $100(L) \times 1,000(oz) \div 30(L) = 3,333(oz)$이다. 또한, $1(gal) = 128(oz)$이므로 $3,333oz$는 $3,333(oz) \times 1(gal) \div 128(oz) = 26(gal)$이다. 따라서 100L는 약 26gal이다.

25 정답 ③

나무 사이의 간격을 구하기 위해 312와 216의 최대공약수를 계산하면 다음과 같다.

```
8 │ 312   216
3 │  39    27
       13     9
```

최대공약수는 $8 \times 3 = 24$이다. 이때, 나무 사이의 간격은 20m를 초과하지 않아야 하므로 20보다 작은 24의 공약수 중 가장 큰 수인 12(m)가 나무 사이의 간격이다.

따라서 필요한 나무는 $\{(312 \div 12) + (216 \div 12)\} \times 2 = 88$(그루)이다.

26 정답 ②

남녀 지원자 수의 비는 3:2이므로 남녀 지원자 수를 각각 $3k$, $2k$라고 하면, 전체 지원자 수는 $3k + 2k = 5k$이다. 또한, 남자 지원자 중 불합격자의 비율은 80%이므로 합격자의 비율은 20%이고, 남자 지원자 수가 $3k$이므로 남자 합격자 수는 $3k \times 0.2 = 0.6k$이다. 그리고 남녀 합격자 수의 비는 3:1인데, 남자 합격자 수가 $0.6k$이므로 여자 합격자 수는 $0.6k \div 3 = 0.2k$이다.

따라서 전체 지원자 중 여자 합격자의 비율은 $\frac{0.2k}{5k} \times 100 = 4(\%)$이다.

27 정답 ③

노선의 길이를 $x$km라고 하면, 버스 1대가 노선 1바퀴를 운행하는 데 걸리는 시간은 $\frac{x}{30}$시간이다. 버스가 4대, 5대일 때의 배차간격은 각각 $\frac{x}{30} \times \frac{1}{4}$, $\frac{x}{30} \times \frac{1}{5}$이고, 다음과 같은 식이 성립한다.

$$\left(\frac{x}{30} \times \frac{1}{4}\right) - \left(\frac{x}{30} \times \frac{1}{5}\right) = \frac{2}{60}$$

$$\frac{x}{120} - \frac{x}{150} = \frac{1}{30} \qquad \therefore x = 20$$

따라서 노선의 길이는 20km이다.

28 정답 ④

의자에 9명씩 앉으면 3명이 남는다고 했으므로 의자의 개수를 x라고 하면, 영업본부 전 직원의 수는 $(9x+3)$명이다. 또한 11명씩 앉으면 마지막 의자에는 7명이 앉고, 의자는 1개가 남는다고 했으므로 $(x-2)$번째 의자까지 11명씩 앉게 되면, 7명이 남는다. 영업본부 전 직원의 수는 $\{11(x-2)+7\}$명이고, 다음과 같은 식이 성립한다.

$9x+3=11(x-2)+7$

$-2x=-18$

$\therefore x=9$

따라서 영업본부 전 직원의 수는 $9x+3=9\times9+3=84$(명)이다.

29 정답 ④

하루에 생산되는 A제품과 B제품의 개수를 각각 x개, y개라고 하면,

$x\geq0$, $y\geq0$, $2x+3y\leq200$, $x+2y\leq110$이다.

하루에 생산하는 제품을 통해 얻는 전체 이익을 k원이라고 하면, $4x+3y=k$이고 k의 값이 최대일 때는 점 $(70, 20)$을 지날 때이다. 따라서 공장에서 얻을 수 있는 최대 이익은 $4\times70+3\times20=280+60=340$(만 원)이다.

> **🔗 문제 해결 TIP**
>
> 연립부등식을 만족하는 부등식의 영역은 A제품과 B제품을 생산할 수 있는 생산 가능 영역을 의미한다.

30 정답 ①

부품을 200개 미만으로 k개를 구입하는 경우에 지불해야 하는 금액은 $(0.9\times700\times k)$원이고, 부품을 200개 구입하는 경우 지불해야 하는 금액은 $(0.85\times700\times200)$원이다. k개를 구입할 때의 가격이 200개를 구입할 때의 가격보다 높다면 200개를 사는 것이 더 유리하므로, 다음과 같은 부등식을 세울 수 있다.

$0.9\times700\times k > 0.85\times700\times200$

$k>(0.85\times200)\div0.9$

$k>188.888\cdots$

따라서 부품 200개를 사는 것이 더 이익인 경우는 부품을 189개 이상 사게 될 때이다.

01	02	03	04	05	06	07	08	09	10
⑤	②	②	④	①	①	⑤	①	②	③

01 정답 ⑤

명제를 기호화하면 다음과 같다.
- 면도기 → 태블릿 (대우: ~태블릿 → ~면도기)
- 이어폰 → 카메라 (대우: ~카메라 → ~이어폰)
- 헤드폰 → 면도기 (대우: ~면도기 → ~헤드폰)
- 카메라 → ~태블릿 (대우: 태블릿 → ~카메라)
- ~면도기 → 노트북 (대우: ~노트북 → 면도기)

각 명제의 대우를 고려하여 다음과 같이 정리할 수 있다.
- ~노트북 → 면도기 → 태블릿 → ~카메라 → ~이어폰
- 헤드폰 → 면도기

노트북을 사용하지 않는 직원은 면도기를 사용하므로 정답은 ⑤이다.

오답풀이
① 면도기를 사용하는 직원은 이어폰을 사용하지 않는다.
② 태블릿을 사용하지 않는 직원은 노트북을 사용한다.
③ 주어진 조건에서 헤드폰→면도기→태블릿→카메라이므로 헤드폰을 사용하는 직원은 카메라를 사용하지 않는다.
④ 이어폰을 사용하는 직원은 카메라를 사용하지만, 그 역이 성립하는지는 알 수 없다.

02 정답 ②

첫 번째 명제의 대우는 'D가 7일에 휴가를 가지 않으면 8일에 C가 휴가를 간다'이다. 네 번째 명제에 의해 D는 7일에 휴가를 가지 않으므로 C는 8일에 휴가를 간다. C가 8일에 휴가를 가므로 세 번째 명제에 의해 A는 5일에 휴가를 간다. 이를 정리하면 다음과 같다.

4일	5일	6일	7일	8일
	A			C

두 번째 명제에 의해 휴가를 가는 순서가 A—D—E이므로 D는 6일에 휴가를 간다. E는 7일에 휴가를 가며, B는 4일에 휴가를 간다.

4일	5일	6일	7일	8일
B	A	D	E	C

따라서 B는 4일에 휴가를 가므로 정답은 ②이다.

03 정답 ②

두 번째 조건에 의해 E는 2층 또는 3층에 배치되는데 다섯 번째 조건에 의해 A와 E는 같은 층이 배치되므로 E는 1명만 배치되는 3층에 배치될 수 없다. 따라서 E는 2층에 배치되고, A 역시 2층에 배치된다. 2층에 2명이 배치되었으므로 D는 2층에 배치될 수 없다. 네 번째 조건에 의해 C는 1층에 배치된다. 이를 정리하면 다음과 같다.

층수	보안요원1	보안요원2
3층	B/D	
2층	A	E
1층	C	D/B

따라서 C는 무조건 A보다 낮은 층에 배치된다.

✔ 문제 해결 TIP
조건추리와 조건명제가 섞인 사고력 문항의 경우 확정적으로 주어진 조건을 우선적으로 고려하여 문제를 풀이하는 것이
좋다. 해당 문제에서는 두 번째와 다섯 번째 조건이 확정적으로 주어진 조건이므로 이를 중심으로 풀이하면 된다.

04 정답 ④

제주도와 부산에는 3명씩 근무하고 있다. 첫 번째 조건에 의해 A와 C는 근무지가 동일하고 D와 F도 근무지가 동
일하므로 나머지 두 명인 B와 E는 근무지가 동일할 수 없다. 두 번째 조건의 대우에 의해 F는 사원이고 세 번째
조건에 의해 C와 F는 직급이 동일하므로 C도 사원이다. 네 번째 조건에 의해 B는 과장이다. 근무지를 고려하지
않은 상태에서 과장인 B가 C와 근무지가 같을 경우와 F와 근무지가 같을 경우를 나누어 정리하면 다음과 같다.

과장	B	D/E
대리	A	E/D
사원	C	F

과장	A/E	B
대리	E/A	D
사원	C	F

여기서 다섯 번째 조건에 의해 A와 E의 직급이 동일하지 않으므로 다음과 같이 정리할 수 있다.

과장	B	E
대리	A	D
사원	C	F

과장	A/E	B
대리	E/A	D
사원	C	F

대리일 수 있는 직원은 A, D, E이다.

✔ 문제 해결 TIP
세 번째 조건을 통해 C와 F가 사원이고 네 번째 조건에 의해 B가 과장인 것을 추론할 수 있었다면 모든 경우의 수를 구할
것 없이 A, D, E 중 대리가 가능한 인원이 있을 것이며, 이들 중 대리가 불가한 인원을 찾는 것이 문제 해결의 지름길이다.

05 정답 ①

네 번째 조건에 의해 D와 E는 신청하지 않고, 두 번째 조건의 대우에 의해 C도 신청하지 않는다. 이를 정리하면
다음과 같다.

구분	A	B	C	D	E	F	G	H
신청			×	×	×			

나머지 5명 중 4명이 신청해야 한다. G와 H 중 한 명만 신청하므로 나머지 A, B, F는 반드시 신청해야 한다.

✔ 문제 해결 TIP
[조건]에 주어진 조건 말고 발문에 주어진 조건도 놓치지 않도록 해야 한다. 4명이 신청했다고 경우의 수를 한정해 두었으
므로 이를 놓치면 경우의 수가 너무 많이 나올 수 있다.

06 정답 ①

D는 C의 진술이 참이라고 하였으므로 C와 D의 진술은 진위 여부가 동일하다. 그러므로 A와 B의 진술이 거짓이
거나 C와 D의 진술이 거짓이다. A는 C가 당직근무를 선다고 하였고, B는 B와 C 중 당직근무를 서는 사람이 없
다고 하였으므로 두 사람의 진술은 동시에 참일 수 없다. 따라서 A와 B의 진술은 모두 거짓이고, C와 D의 진술
이 모두 참이다. D는 당직근무를 서지 않고, A의 진술에 의해 C는 수요일에 당직근무를 서지 않으므로 수요일에
당직근무를 설 수 있는 사람은 A와 B이다.

07 정답 ⑤

진호는 유경을 제외한 2명이 합격했다고 말하며, 유경은 수진 1명만 합격했다고 말하고 있다. 조건에 따라 3명이 합격한 경우는 없으므로 이 둘의 진술은 모순이다. 따라서 둘의 진술은 진위 여부가 서로 다르며, 한 명의 진술만 참이므로 수진의 진술은 거짓이다. 수진이 합격하지 못했으므로 유경의 진술이 거짓이고 진호의 진술은 참이다. 그리고 합격한 사람은 진호와 수진이다.

08 정답 ①

A의 첫 번째 진술이 거짓이면 두 번째 진술이 참이므로 C의 첫 번째 진술이 참이다. C의 두 번째 진술이 거짓이어야 하므로 D는 청소 당번이다.

오답풀이
② B의 두 번째 진술이 참이면 첫 번째 진술은 거짓이다. D는 청소 당번이고, A의 첫 번째 진술이 거짓이므로 B는 청소 당번이 아니고 C의 첫 번째 진술은 참이므로 C도 청소 당번이 아니다. 따라서 A가 청소 당번이다.
③ C의 첫 번째 진술이 참이면 A의 첫 번째 진술이 거짓이므로 B는 청소 당번이 아니다.
④ D의 두 번째 진술이 참이면 B의 첫 번째 진술이 참이므로 D는 청소 당번이 아니고 C의 두 번째 진술이 참이므로 첫 번째 진술은 거짓이 되어 C는 청소 당번이다.
⑤ D의 두 번째 진술이 거짓이면 B의 첫 번째 진술은 거짓, 두 번째 진술은 참이 된다. A의 첫 번째 진술이 거짓이므로 B는 청소 당번이 아니다.

  🔑 **문제 해결 TIP**
  모든 경우의 수를 파악할 것 없이 선택지에 주어진 상황만 확인하면서 논리를 이어가면 쉽게 옳은 답을 찾을 수 있다.

09 정답 ②

두 번째 조건과 네 번째 조건을 정리하면 다음과 같다.

구분	1팀	2팀	3팀	4팀	5팀
A					
B					
C	×		×	×	
D	×	×		×	
E					

첫 번째 조건에 의해 신입직원이 한 명도 배치되지 않은 팀을 제외하고, A와 B가 배치된 팀은 2명이 배치되고, 나머지 팀은 한 명씩만 배치된다는 것을 알 수 있다. 다섯 번째 조건에 의해 E는 5팀이므로 다음과 같이 정리된다.

구분	1팀	2팀	3팀	4팀	5팀
A					×
B					×
C	×		×	×	×
D	×	×		×	×
E	×	×	×	×	○

따라서 C는 2팀, D는 3팀에 배치되고, A와 B는 1팀 또는 4팀에 배치될 수 있다.

10 정답 ③

두 번째 조건에 의해 R, Q, S공정의 순서를 자유롭게 변경할 수 있다고 하였으므로 가능한 경우의 수는 다음과 같다.

1	R−Q−S
2	R−S−Q
3	S−R−Q
4	S−Q−R
5	Q−R−S
6	Q−S−R

세 번째 조건에 의해 첫 번째 공정은 모두 통과하고 두 번째 공정은 R공정을 제외하고 모두 통과하므로 다음과 같다.

1	R−Q−S	○−○
2	R−S−Q	○−○
3	S−R−Q	○−×
4	S−Q−R	○−○
5	Q−R−S	○−×
6	Q−S−R	○−○

다섯 번째 조건에 의해 두 번째 공정이 통과하면 세 번째 공정은 통과하지 못하므로 다음과 같다.

1	R−Q−S	○−○−×
2	R−S−Q	○−○−×
3	S−R−Q	○−×
4	S−Q−R	○−○−×
5	Q−R−S	○−×
6	Q−S−R	○−○−×

여섯 가지 경우의 수 중 3번과 5번은 마지막 공정은 통과 여부를 알 수 없다. 경우 1, 4, 6은 Q공정은 통과하고 R공정과 S공정 중 하나를 통과하므로 출하가 가능하다.
따라서 가능한 경우의 수는 총 3가지이다.

01	02	03	04	05	06	07	08	09	10
④	①	②	③	③	①	①	⑤	②	①
11	12	13	14	15	16	17	18	19	20
②	④	③	⑤	①	②	③	③	⑤	④
21	22	23	24	25					
①	③	②	③	④					

01 정답 ④

홀수항은 9, 11, B, 15 로 공차가 +2인 등차수열이므로 B는 11+2=13이다.
짝수항은 11, A, 17, 20으로 공차가 +3인 등차수열이므로 A는 11+3=14이다.
따라서 A+B=13+14=27 이다.

02 정답 ①

주어진 수열은 공차가 −1.5인 등차수열이므로 10번째 항은 17.6+(−1.5×9)=4.1이다.

03 정답 ②

주어진 수를 분자를 2로 바꾸어 나열하면 $\frac{2}{7}$ ( ) $\frac{2}{13}$ $\frac{2}{16}$ $\frac{2}{19}$ $\frac{2}{22}$이다. 이때 분모는 공차가 +3인 등차

수열이므로 빈칸에 알맞은 수의 분모는 7+3=10이다.

따라서 빈칸에 들어갈 알맞은 수는 $\frac{2}{10}$이므로 약분하면 $\frac{1}{5}$이다.

04 정답 ③

29646을 3으로 나눈 몫은 9882, 9882를 3으로 나눈 몫은 3294이고 3294를 3으로 나눈 몫은 1098이므로 주어진
수열은 이전 항을 3으로 나눈 몫에 해당한다. 366을 3으로 나눈 몫은 122이므로 빈칸에 들어갈 수는 122이다.

05 정답 ③

주어진 수열은 피보나치 수열의 규칙을 따르므로 빈칸에 들어갈 알맞은 수는 3.8+6.4=10.2이다.

06 정답 ①

주어진 수들은 ÷(−3)의 규칙을 따르므로 빈칸에 들어갈 수는 12÷(−3)=−4이다.

07 정답 ①

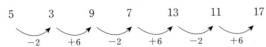

따라서 열 번째 항의 값은 17+(−2)+6+(−2)=19이다.

08 정답 ⑤

주어진 수들은 $\times\frac{1}{3}$, $\times\frac{3}{5}$, $\times\frac{5}{7}$, $\times\frac{7}{9}$, $\times\frac{9}{11}$의 규칙을 따른다.

$$10{,}395 \xrightarrow{\times\frac{1}{3}} 3{,}465 \xrightarrow{\times\frac{3}{5}} 2{,}079 \xrightarrow{\times\frac{5}{7}} 1{,}485 \xrightarrow{\times\frac{7}{9}} 1{,}155 \xrightarrow{\times\frac{9}{11}} (\quad)$$

따라서 빈칸에 들어갈 숫자는 $1{,}155 \times \frac{9}{11} = 945$이다.

09 정답 ②

주어진 수열은 공차가 $\frac{8}{25}$인 등차수열이므로, 빈칸에 들어갈 숫자는 $\frac{34}{25} + \frac{8}{25} = \frac{42}{25} = 1\frac{17}{25}$이다.

10 정답 ①

주어진 수열은 홀수 번째 항만 따로 나열하면 2, 20, 56, 110으로 $+18$, $+36$, $+54$, … 가 더해지는 규칙을 가진다.
짝수 번째 항만 따로 나열하면 3, 39, 111, 219로 $+36$, $+72$, $+108$, …가 더해지는 규칙을 가진다.
따라서 $A = 110 + 72 = 182$이고, $B = 219 + 144 = 363$이므로, $A + B = 182 + 363 = 545$이다.

11 정답 ②

세 숫자의 조합은 (가운데 숫자)²=(왼쪽 숫자)×(오른쪽 숫자)이다.
$(1,\ 3,\ 9)$의 조합은 $3^2 = 1 \times 9$이고, $(9,\ 15,\ 25)$의 조합은 $15^2 = 9 \times 25$이다. 따라서 빈칸에 들어갈 숫자는 $16^2 = 256 = 8 \times (\quad)$이므로, $256 \div 8 = 32$이다.

12 정답 ④

주어진 수열은 공차가 -0.7인 등차수열이므로, 빈칸에 들어갈 값은 $2.9 - 0.7 = 2.2$이다.

13 정답 ③

주어진 수열은 공비가 $\times \frac{1}{3}$인 등비수열이므로, 빈칸에 들어갈 값은 $\frac{4}{135} \times \frac{1}{3} = \frac{4}{405}$이다.

14 정답 ⑤

주어진 수열은 홀수 번째 항만 따로 나열하면 0.3, 1.4, 2.5, 3.6, 4.7로 공차가 $+1.1$인 등차수열이므로 $B = 4.7 + 1.1 = 5.8$이다.
짝수 번째 항만 따로 나열하면 0.2, 1.0, 1.8, A, 3.4로 공차가 $+0.8$인 등차수열이므로 $A = 1.8 + 0.8 = 2.6$이다.
따라서 $B - A = 5.8 - 2.6 = 3.2$이다.

15 정답 ①

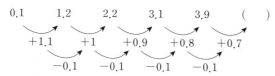

따라서 빈칸에 들어갈 값은 $3.9 + 0.7 = 4.6$이다.

16 정답 ②

주어진 수열은 분모가 7이고, 분자가 1, 3, 5, 7, … 즉, 홀수로 나열된 규칙을 보인다.
따라서 $A = \frac{3}{7}$이고, $B = \frac{11}{7}$이므로 $A + B = \frac{3 + 11}{7} = 2$이다.

17 정답 ③

홀수 번째 항만 따로 나열하면 -2, -8, -32로 공비가 $\times 4$인 등비수열이다. 짝수 번째 항만 따로 나열하면 2, 6, 10으로 공차가 $+4$인 등차수열이다.

따라서 여덟 번째 항의 값은 $10+4=14$이다.

18 정답 ③

주어진 수열의 분모를 20으로 통분하여, 분자에 해당하는 수의 규칙을 찾도록 한다.

$$\frac{5}{20} \quad \frac{8}{20} \quad \frac{14}{20} \quad \frac{24}{20} \quad (\ ) \quad \frac{60}{20}$$

$$5 \quad\quad 8 \quad\quad 14 \quad\quad 24 \quad\quad (\ ) \quad\quad 60$$

$$+3 \quad\quad +6 \quad\quad +10 \quad\quad +15 \quad\quad +21$$

$$+3 \quad\quad +4 \quad\quad +5 \quad\quad +6$$

19 정답 ⑤

주어진 수열에 대해, 연이은 세 개의 숫자를 각각 a, b, c라고 하면, $a-2b=c$와 같은 식이 성립한다.

A는 $-13+(-2)\times 32=-77$이다.

B는 $32+(-2)\times(-77)=186$이다.

따라서 $A+B=-77+186=109$이다.

20 정답 ④

홀수 번째 항은 $+\frac{2}{3}$, 짝수 번째 항은 $\times \frac{2}{3}$인 수열이다. 따라서 빈칸에 들어갈 숫자는 $\frac{7}{6}+\frac{2}{3}=\frac{11}{6}$이다.

21 정답 ①

- 정수부분: 연이은 세 개의 숫자를 각각 a, b, c라고 하면, $|a-b|-1=c$, $|a-b|-2=c$, $|a-b|-3=c$, $|a-b|-4=c$, $|a-b|-5=c$와 같은 규칙이 성립한다. 따라서 빈칸에 들어갈 숫자의 정수부분은 $|17-10|-5=2$이다.
- 소수부분: 연이은 세 개의 숫자를 각각 a, b, c라고 하면, $a+b+0.05=c$, $a+b+0.04=c$, $a+b+0.03=c$, $a+b+0.02=c$, $a+b+0.01=c$와 같은 규칙이 성립한다. 따라서 빈칸에 들어갈 숫자의 소수부분은 $0.26+0.42+0.01=0.69$이다.

따라서 빈칸에 들어갈 숫자는 2.69이다.

22 정답 ③

주어진 수열은 $\square \times 2+0.11$, $\square \times 2+0.22$, $\square \times 2+0.33$, …인 수열이다.

따라서 빈칸에 들어갈 숫자는 $1.45\times 2+0.44=3.34$이다.

23 정답 ②

주어진 수열의 분자를 75로 나타내면 다음과 같다.

$$\frac{75}{4} \quad \frac{75}{3} \quad \frac{75}{7} \quad \frac{75}{10} \quad \frac{75}{17} \quad (\ )$$

이때, 분모들에 대해 연이은 세 개의 숫자를 각각 a, b, c라고 하면, $a+b=c$와 같은 식이 성립한다(피보나치 수열). 따라서 빈칸에 들어갈 숫자는 $\frac{75}{10+17}=2\frac{7}{9}$이다.

24 정답 ③

- 분자부분: 연이은 세 개의 숫자를 각각 a, b, c라고 하면, $(a+b)\div4=c$와 같은 식이 성립한다. 빈칸에 들어갈 수의 분자부분은 $(14+10)\div4=6$이다.
- 분모부분:

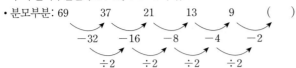

빈칸에 들어갈 수의 분모는 7이다.

따라서 빈칸에 들어갈 숫자는 $\dfrac{6}{7}$이다.

25 정답 ④

주어진 수열은 $\div(-2)+1$인 수열이므로 여섯 번째 항은 $0.92\div(-2)+1=0.54$이다.
따라서 일곱 번째 항은 $0.54\div(-2)+1=0.73$이다.

01 | 실전모의고사 1회

01	언어이해								본문 P. 146
01	02	03	04	05	06	07	08	09	10
②	③	④	③	④	⑤	②	④	④	②
11	12	13	14	15	16	17	18	19	20
④	④	④	④	①	②	③	①	①	④

01 정답 ②

주어진 글은 특정 장소에서의 경험과 감정이 자아 형성에 중요한 역할을 한다고 설명하고 있다.

오답풀이
① 장소에서의 경험이 시간이 지나도 자아 형성에 영향을 미친다고 설명하고 있다.
③ 장소는 물리적 공간을 넘어 심리적·사회적 의미를 가진다고 설명하고 있다.
④ 특정 장소에서의 행동 패턴의 반복은 오히려 개인의 정체성을 강화하는 요소로 작용한다.
⑤ 장소는 사회적 자아 형성에도 영향을 미친다고 설명하고 있다.

02 정답 ③

베블런 효과는 사치품과 같은 특정 시장에서 두드러진다고 설명하고 있으나, 반드시 사치품 시장에서만 나타나는 것은 아니다.

오답풀이
① 베블런 효과는 가격이 높으면 수요가 감소하는 일반적인 수요 법칙과 다르다.
② 소비자들은 높은 가격을 제품의 품질과 상징적 가치로 받아들여, 이를 통해 자신의 경제적 지위와 사회적 지위를 과시하려는 경향이 있다고 설명하고 있다.
④ 무리한 소비는 결과적으로 경제적 불평등을 초래한다.
⑤ 베블런 효과는 소비자가 무리하게 비싼 상품을 구매하려는 경향이므로 소득 계층과 관계 없이 나타날 수 있는 현상이다.

🖈 문제 해결 TIP
일치/불일치 문제에서는, '사치품 시장에서만'과 같은 대상을 한정하는 표현이 등장하면, 이는 반박의 여지가 있는 중요한 힌트가 될 수 있다. 이러한 선택지를 먼저 찾아내면 문제 풀이 시간을 효율적으로 사용할 수 있다.

03 정답 ④

주어진 글은 고령세대는 상품 대비 서비스에 더 많은 지출을 하는 경향이 있는데, 서비스 가격은 일반적인 물가수준보다 빠르게 상승하는 경향이 있다고 설명하고 있다. 즉, 인구가 고령화됨에 따라 서비스부문에 인플레이션이 심해질 것이라는 것을 알 수 있다. 따라서 글의 제목으로 '인구구조 변동과 인플레이션의 관계'가 가장 적절하다.

오답풀이
① 고령세대의 노동이 사회에 미치는 영향에 대해서는 주어진 글을 통해 알 수 없다.
② 서비스업과 제조업을 비교하여 제조업은 상대적으로 인플레이션이 가파르지 않을 것이라는 것을 추론할 수 있으나 딜레마는 주어진 글을 통해 알 수 없다.
③ 수요견인형 물가변동요인이라는 단어가 언급되어 있으나 주어진 글의 제목으로 적절하지 않다.
⑤ 제조업에서는 자동화를 통한 한계비용 문제를 해소할 수 있음을 추론할 수 있지만 이는 글 전체의 핵심내용은 아니다.

04 정답 ③

주어진 글은 친환경 패션이 자원 절약과 환경 보호에 기여할 수 있으며, 패션 산업에 긍정적인 변화를 가져올 것이라고 주장하고 있다. ③은 친환경 패션의 소비가 패션 산업 전체에 큰 변화를 주기 어렵다고 하면서 주어진 글을 반박하는 내용이다.

오답풀이
①, ②, ④, ⑤ 지속 가능한 패션 및 친환경 패션의 장점과 필요성을 설명하므로 글의 주장과 일치하는 내용이다.

05 정답 ④

[보기]는 가독성과 접근성이 높아짐에 따라 이용자 간의 자발적인 콘텐츠 생산과 공유가 이루어졌다는 내용이므로, 쇼트폼 콘텐츠의 등장과 확산으로 가독성과 접근성이 높아진 배경을 설명하는 내용 뒤에 이어지는 것이 자연스럽다. 따라서 [보기]가 들어갈 위치로 가장 적절한 것은 ②이다.

06 정답 ⑤

거대 언어 모델은 텍스트 생성에 특화된 생성형 AI라고 설명하였으나, 오디오 및 이미지에 특화된 생성형 AI인지는 주어진 글을 통해 알 수 없다.

오답풀이
① 언어 모델은 입력된 텍스트에 대해 가장 적절한 결과를 출력하도록 훈련된 인공지능으로 연관 검색어 기능을 대표적인 예로 들 수 있다.
② 언어 모델은 파라미터를 이용해 텍스트 데이터를 학습한다.
③ 언어 모델은 많은 데이터를 학습할수록 사용자가 원하는 정확한 답변을 생성해 낼 수 있다.
④ 파라미터가 1,000억 개 미만이면 소형 언어 모델로 따로 구분한다.

07 정답 ②

주어진 글은 기업의 성장 전략 중 전후방 시장 확대 전략과 유관산업 시너지 전략에 관한 내용이다. ②는 새로운 시장이 아닌 기존 시장의 점유율을 확대한 경우이다.

오답풀이
①, ④ 전방확대 전략에 관한 사례이다.
③, ⑤ 유관산업 시너지 전략에 관한 사례이다.

> ✒️ 문제 해결 TIP
> 전후방 시장 확대가 현 시장을 확대하는 것과는 다르다는 것을 파악하면 쉽게 답을 찾을 수 있다.

08 정답 ④

주어진 글은 QWERTY 키보드의 발전 과정에 대한 글이다. 우선 QWERTY 키보드가 등장한 배경을 설명하는 [라] 문단이 나오고, 표준화 과정을 설명한 [다] 문단이 이어져야 한다. 그리고 QWERTY 키보드의 단점을 설명하는 [가] 문단과 그에 대한 대안인 드보락 키보드를 소개하는 [마] 문단이 차례대로 서술되고 글의 결론에 해당되는 [나] 문단으로 마무리되어야 한다.
따라서 적절한 문단 순서는 [라]-[다]-[가]-[마]-[나] 순이다.

09 정답 ④

주어진 글은 러시아 재벌인 리볼로프레프가 소더비에서 부비에를 통해 모딜리아니 작품을 구매했는데, 터무니없이 낮은 원가를 알게 된 후 소를 제기했으나 소더비에 패소했다는 내용이다. 주어진 글에서 '부비에를 통해 1억

1,180만 달러를 지불한 모딜리아니 작품의 실제 판매가격이 9,350만 달러였다는 것을 알게 되었다.'는 내용을 통해 부비에가 모딜리아니 작품을 통해 15% 이상의 이익을 챙겼음을 알 수 있다.

오답풀이
① 리볼로프레프는 구매가격보다 서너 배 비싸게 작품을 팔아서 큰 이익을 챙겼음을 알 수 있다.
② 모딜리아니 작품에 관한 소송에서 소더비가 이겼음은 알 수 있으나 부비에와의 소송 결과에 대해서는 주어진 글을 통해 알 수 없다.
③ 리볼로프레프와의 소송에서 소더비는 승소했으므로 그로 인한 큰 손해를 입었다는 내용은 추론할 수 없다.
⑤ 경매에 나온 작품의 가치 추정을 둘러싸고 소더비와 주고받은 이메일이 소송에 증거로 제시되었으나, 소더비 경매소가 많은 작품이 거래되도록 도왔을 뿐, 고객을 속였다는 확실한 정황이 없다고 결론이 났으므로 가치추정에 대한 책임을 지지 않았다.

10 정답 ②
주어진 글은 여성의 정치 참여에 대한 두 철학자의 생각을 중심으로 남녀평등의 이념을 지닌 아테네의 이상 이념을 설명하고 있다.

오답풀이
① 소크라테스가 생각한 이상 국가의 모습을 설명하고 있으나, 해당 내용은 주어진 글의 일부에 해당한다.
③ 균형 정치의 이상에 대한 내용은 글의 일부에 해당한다.
④ 플라톤의 국가론과 당대 아테네의 정치 현실 모두 글의 일부에 해당한다.
⑤ 플라톤과 소크라테스 이상의 공통점과 차이점에 대한 내용은 설명하고 있지 않다.

11 정답 ④
빛은 파동의 가장 높은 부분인 마루 사이의 거리가 짧을수록 많이 산란된다고 하였으며, 가시광선 영역에서 가장 적게 산란되는 색은 붉은색이라고 하였다. 따라서 붉은색은 파란색보다 파동의 마루 사이의 거리가 길다.

오답풀이
① 가시광선 영역에서 색마다 산란되는 정도를 예시로 들었으며 가시광선 영역 밖의 빛이 산란에 대한 내용은 나와있지 않다.
② 습한 여름에는 수증기 입자가 햇빛을 흡수하고 빛의 산란을 방해한다고 하였다.
③ 산란은 빛이나 중간에 어떤 매질을 만나 퍼지는 현상을 뜻한다고 하였으므로 매질이 없는 상태에서는 산란이 일어날 수 없음을 알 수 있다.
⑤ 산란은 빛이나 소리가 매질을 만나 여러 방향으로 퍼지는 현상이라고 하였다.

12 정답 ④
두 번째 문단에서 '달의 자전 주기가 점점 느려지기 때문에 지구의 1년의 날수는 점차 줄어들 수밖에 없다'라고 하였으므로 적절하지 않다.

오답풀이
① 첫 번째 문단에서 지구와 달은 서로의 인력 때문에 자전 속도가 줄게 된다고 서술되어 있다.
② 지구와 달의 자전 주기가 점점 느려지기 때문에 먼 미래에는 지구의 하루가 24시간을 넘게 되는 날이 올 것이다.
③ 달이 지구로부터 점점 멀어지더라도 외부에서 작용하는 힘이 없다면 운동량은 보존되기 때문에 '지구-달 계'의 운동량은 변함없다.
⑤ 두 번째 문단에서 '지구의 자전 주기는 매년 100만 분의 17초 정도 느려지고, 달은 매년 38mm씩 지구에서 멀어지고 있다'고 서술되어 있다.

13 정답 ④
스마트폰 의존과 중독에서 벗어나려면 과도한 사용을 단번에 제한하는 것이 아니라 스마트폰에 의존적인 뇌가 거세게 저항하지 않도록 서서히 사용 시간을 줄이고 휴식을 갖는 것이 좋다.

오답풀이
① 스마트폰을 신체 일부로 인식하기 어려운 세대는 디지털 문명 격차가 생겨 소외감을 느낄 수 있다고 하였다.

② 뇌과학적으로 중독은 정상적인 기능을 상실하는 것이기 때문에 스마트폰 중독, 알코올 중독, 마약 중독 등 모두 위험성은 비슷하다고 볼 수 있다고 하였다.

③ 스마트폰을 통한 자극이 반복될수록 처음과 같은 쾌락을 느끼지 못하고 더 강한 자극을 원하게 되는 것은 스마트폰 중독 이라고 볼 수 있다고 하였다.

⑤ 중독은 중뇌 변연계의 보상 회로를 강하게 자극하여 보상체계를 무너트리는 것인데 정상적인 보상 회로가 작동되어 보 상체계를 회복하게 된다면 자연스럽게 스마트폰 중독에서 벗어날 수 있다고 하였다.

14 정답 ④

도로명주소의 문제점과 그 문제점을 해결하는 방법에 대한 글이다. [가] 문단과 [다] 문단을 비교해 보면, [가] 문 단은 도로명주소의 문제점과 해결방안에 관한 내용이고, [다] 문단은 도로명주소의 정의에 관한 내용이므로 글의 흐름상 핵심 제재의 개념을 정의한 [다] 문단이 첫 번째 문단으로 적절하다. 다음으로 [가], [나], [라] 문단의 상관 관계를 살펴보면, [나] 문단은 현재 도로명주소의 문제점에 관한 내용이므로 먼저 나와야 하고, [라] 문단의 '그럼 에도 불구하고'가 문맥상 [나] 문단의 내용과 직접적으로 연결되므로 [나] 문단 뒤에 [라] 문단이 바로 연결되어야 한다.

따라서 '[다] – [나] – [라] – [가]'의 순으로 연결되는 것이 자연스럽다.

> ⚓ **문제 해결 TIP**
> 문단 배열 문제의 경우 제시문의 내용을 먼저 보지 말고, 선택지에서 제시된 순서를 바탕으로 오답을 소거하면서 정답을 찾아야 문제를 빠르게 풀 수 있다.

15 정답 ①

주어진 글은 연령 간의 세대 차이를 가져오는 언어의 특성을 설명하고 있다. 보릿고개와 새마을 운동을 겪지 않았 던 세대가 '보리피리'와 '신작로'라는 단어에 낯설어하고, 컴퓨터를 만나지 못했던 50대 이상의 기성세대가 컴퓨 터 관련 용어들에 어색해한다는 예시를 통해 빈칸에 들어갈 내용은 '언어의 세대 차는 사물의 변화 및 환경의 변 화와 밀접한 상관성을 갖는다.'가 가장 적절하다.

> ⚓ **문제 해결 TIP**
> 빈칸 앞 문장의 키워드를 바탕으로 빈칸 뒷부분과의 연결고리를 찾으면 보다 쉽게 답을 찾을 수 있다.

16 정답 ②

주어진 글은 영화 장르에 대한 개념을 살펴보고, 그 장르를 통해 영화를 고찰하면 얻을 수 있는 이익에 대해서 설 명하고 있다. 따라서 이를 비판하기 위해서는 장르를 통해 영화를 고찰할 때의 단점을 언급해야 한다. 그런데 첫 번째 문단을 보면, 영화의 장르는 오랜 시간에 걸쳐 일정한 유형의 영화들이 양산되어 생기는 것임을 알 수 있다. 따라서 만약 장르의 틀 안에서 영화를 고찰하면 앞서 만들어진 영화와 무엇이 같은지 따지게 되어 틀에 박힌 관점 에서만 작품을 이해하는 한계를 지니게 되는 점을 비판할 수 있다.

오답풀이
① 장르를 통해 영화를 '제작'할 때 발생할 수 있는 문제이다.

③ 두 번째 문단을 보면, 영화 장르가 만들어진 시공간적 맥락을 파악하여 영화와 사회가 어떻게 연관되는지를 고찰할 수 있 다. 따라서 장르를 통해 영화를 고찰하면 영화와 사회의 관계를 도외시할 가능성이 높지 않다.

④ 첫 번째 문단을 보면, 영화의 장르는 대중적 동의가 전제되어야 한다. 따라서 장르를 통해 영화를 고찰한다고 대중적 동의 를 얻기 힘든 것은 아니다.

⑤ 첫 번째 문단에서 장르를 통해 영화를 분류함으로써 해당 영화를 이해하는 데 도움을 얻을 수 있다고 하였다.

17 정답 ③

주어진 글은 단일 민족의식을 지나치게 강조할 때 발생할 수 있는 부작용에 대해 설명하고 있다. 첫 번째 문단에서는 단군이 한민족의 공통 조상이고, 우리가 단일 민족이라는 주장에 대해 비판하고 있으며, 두 번째 문단에서는 단일 민족의식의 긍정적 기능에 대해 비판하고 있다. 마지막으로 세 번째 문단에서는 독일 나치의 예를 통해 단일 민족의식 속에 있는 억압, 차별, 불관용에 대해 언급하고 있다. 따라서 주어진 글의 핵심 논지로는 '지나친 단일 민족의식은 바람직하지 않다.'가 가장 적절하다.

오답풀이
① 단일 민족의식을 강화해야 한다는 내용은 주어진 글의 핵심 논지와 상반되는 내용이다.
② 조선족 동포들의 처지가 나쁘다는 것은 두 번째 문단을 통해 확인할 수 있지만, 맥락상 이를 개선해야 한다는 주장을 글의 전체 내용을 포괄하는 핵심 논지로 보기는 어렵다.
④ 구한말 이후에 나온 전통을 계승할 필요가 없다는 내용은 주어진 글을 통해 확인할 수 없다.
⑤ 고조선의 건국 시조로서의 단군을 인정할 수 있다는 것은 첫 번째 문단을 통해 확인할 수 있지만, 글의 전체 내용을 포괄하지 못하므로 이를 핵심 논지로 보기는 어렵다.

18 정답 ①

재개념주의자는 종래의 교육과정 활동의 부적절성을 비판하고 현행 교육과정을 다시 분석하고 판단하여 재개념화한다. 전통주의자들은 교육과정의 개발과 실천이 공장에서 생산성 제고를 위한 노력과 다를 것이 없다고 생각하고 교육 목적을 표준화된 행동의 변화로 보고 있다. 따라서 이들은 기존 질서를 유지하기 위한 수단으로 교육을 활용하고 있음을 알 수 있다. 반면 재개념주의자는 교육과정의 주체를 학습자로 보고 학습자에게 의미가 있는지가 주요 척도가 되므로 이 부분에 대해서 지적한 '기존 질서를 유지하기 위한 수단으로 경험하게 되는 교육과정은 학생에게 의미가 없다.'가 전통주의자에 대한 비판으로 가장 적절하다.

오답풀이
②, ③, ④, 주어진 글에서 확인할 수 없는 내용이므로 적절하지 않다.
⑤ 학교에서는 목표달성에 대한 객관적인 평가가 이루어져야 한다는 것은 전통주의자의 '목표 중심 모형이 선호되는 이유는 평가 중심 모형이라는 점에 있다.'와 일맥상통하는 내용이다.

19 정답 ①

혈관이 깨끗하지 않은 비만인 사람은 탈모가 있을 가능성이 있다는 것이지, 비만인 사람 모두가 탈모성 질환을 갖고 있다고 단정 지을 수는 없다.

오답풀이
② 올바른 식습관을 가지고 기초대사량을 올릴 수 있는 균형적인 운동을 병행한다면 두피 모세혈관을 통해 모발에 필요한 영양분을 흡수할 수 있으므로 탈모 예방에 도움이 된다.
③ 우리가 섭취한 영양분 상태에 따라 모발이 푸석푸석하거나 튼튼할 수 있다.
④ 혈액 순환을 개선하여 혈액의 흐름이 방해를 받지 않으면 양질의 영양분이 두피 모세혈관을 통해 모발로 간다.
⑤ 주어진 글에서는 비만을 만병의 근원으로 보고 있다.

20 정답 ④

주어진 글은 유명인 광고 모델이 여러 상품의 광고에 중복 출연하면 광고 효과가 있지 않다고 주장하고 있다. 이 주장에 대한 반박의 근거로는 유명인이 광고에 중복 출연하더라도 효과가 있음을 들어야 한다.

오답풀이
① 유명인 광고 모델과 일반인 광고 모델이 하는 광고의 효과는 주어진 글의 주장과 상관없다.
② 상품의 특성에 적합한 이미지를 갖는 광고 모델을 선정해야 한다는 주장은 주어진 글의 주장과 상관없다.
③ 유명인 광고 모델의 이미지가 광고 이미지로 이어질 수 있다는 주장은 주어진 글의 주장과 상관없다.
⑤ 유명인 광고 모델의 광고 중복 출연이 주는 부작용에 대한 근거이므로 반박의 근거가 될 수 없다.

02	자료해석								
01	02	03	04	05	06	07	08	09	10
④	⑤	②	②	④	⑤	②	①	⑤	④
11	12	13	14	15	16	17	18	19	20
③	②	①	⑤	①	④	⑤	③	④	①

01 정답 ④

제품별로 연령대 구매자 수를 표로 나타내면 다음과 같다.

(단위: 명)

구분	10대 이하	20대	30대	40대	50대 이상
제품 A	133	380	342	589	456
제품 B	252	288	342	666	252
제품 C	420	378	294	567	441
제품 D	160	480	300	320	740
제품 E	264	220	748	572	396

제품 B의 20대 이하 구매자 수는 $252+288=540$(명)이고 제품 C의 40대 구매자 수는 567명이다. 따라서 제품 B의 20대 이하 구매자 수는 제품 C의 40대 구매자 수보다 적다.

오답풀이

① 제품 A, B의 30대 구매자 수는 342명으로 같다.
② 제품 E의 20~30대 구매자 수는 $220+748=968$(명)이므로 1,000명 미만이다.
③ 제품 A의 20대 구매자 수는 380명이고 제품 C의 20대 구매자 수는 378명이므로 제품 A의 20대 구매자 수는 제품 C보다 2명 많다.
⑤ 제품 D의 50대 이상 구매자 수는 740명이고 제품 E의 30대 구매자 수는 748명이므로 제품 D의 50대 이상 구매자 수는 제품 E의 30대 구매자 수보다 적다.

02 정답 ⑤

ⓒ CATV 가입자 수가 가장 많은 해는 2021년이고, 방송사업 해지율이 가장 높은 해는 2023년이다.
ⓔ 2021년과 2024년 방송사업 해지율은 0.8%로 동일하지만 방송사업 가입자 수 합계는 다르므로 해지 고객 수도 다르다.

오답풀이

ⓐ 유료방송 가입자 수가 가장 적은 해와 방송사업 가입자 수 합계가 가장 적은 해는 모두 2021년이다.

03 정답 ②

특수 작업화 1켤레 정가를 1원이라고 하면 하절기 특수 작업화의 할인된 가격은 0.8원이다. 1~8월 매출을 계산하면 다음과 같다.

(단위: 켤레, 원)

구분	판매량	매출
1월	180	$180 \times 1 = 180$
2월	140	$140 \times 1 = 140$
3월	120	$120 \times 1 = 120$
4월	160	$160 \times 1 = 160$
5월	170	$170 \times 1 = 170$

6월	310	$310 \times 0.8 = 248$
7월	300	$300 \times 0.8 = 240$
8월	360	$360 \times 0.8 = 288$

하절기 매출은 $248 + 240 + 288 = 776$(원)이고, 1~5월 매출은 $180 + 140 + 120 + 160 + 170 = 770$(원)이므로 하절기 매출이 더 많다.

오답풀이

① 전월 대비 판매량이 감소한 달은 2월, 3월, 7월로 3개월이다.

③ 하절기 월평균 매출은 $\left(\dfrac{248 + 240 + 288}{3}\right) ≒ 259$(원)이고, 판매량이 가장 적은 달인 3월의 매출은 120원이므로 2배 이상 많다.

④ 전월 대비 5월 매출 증가액은 $170 - 160 = 10$(원)이고, 전월 대비 7월 매출 감소액은 $0.8 \times (310 - 300) = 8$(원)으로 서로 다르다.

⑤ 8월 매출은 288원이고, 2월 매출은 140원이므로 2배 이상 많다.

04 정답 ②

ⓒ 1~10위 기업 중 2022년 상반기 배터리 판매량이 2021년 상반기 대비 10% 미만으로 성장한 기업은 2022년 상반기 2위인 기업 1개이다.

ⓔ 2021년 상반기 배터리 총 판매량 30%는 $115 \times 0.3 = 34.5$(GWh)이고, 이때 1위인 기업의 배터리 판매량은 35GWh이므로 해당 기간 동안 1위인 기업의 배터리 판매량은 시장점유율이 30% 이상이다. 2022년 상반기 배터리 총 판매량 30%는 $204 \times 0.3 = 61.2$(GWh)이고, 이때 1위인 기업의 배터리 판매량은 70GWh이므로 해당기간 동안 1위인 기업의 배터리 판매량은 시장점유율이 30% 이상이다.

오답풀이

㉠ 1~10위 기업에서 2022년 상반기 배터리 판매량이 2021년 상반기 대비 100% 이상 증가한 기업은 2021년 상반기 배터리 판매량 1, 3, 5, 7, 8, 9, 10위 기업으로 총 7개이다.

ⓒ 11위 이하 기업들의 2021년 상반기 배터리 판매량은 115−(1위부터 10위 회사의 배터리 판매량)=8(GWh)이고, 2021년 상반기 5위 기업의 판매량과 같지 않다.

🔧 문제 해결 TIP

ⓔ에서 2021상반기, 2022상반기 배터리 사용량 1위인 기업의 시장점유율은 각각 $\dfrac{35}{115} \times 100 ≒ 30.4$(%), $\dfrac{70}{204} \times 100 ≒ 34.3$(%)이므로 모두 30%가 넘는다.

05 정답 ④

가을 강수량이 가장 많았던 연도는 2019년으로 이 해에 여름 강수량은 508mm로 가장 적었다.

오답풀이

① 연 합계 강수량은 2021년과 2022년에 감소하였으므로 매년 증가하고 있는 추세라고 할 수 없다.

② 봄 강수량이 가장 많았던 연도는 2021년이며 여름 강수량이 가장 많은 연도는 2020년이다.

③ 여름 강수량이 가장 많았던 연도는 2020년이며 겨울 강수량이 가장 적었던 연도는 2021년이다.

⑤ 겨울 강수량이 가장 적었던 연도는 2021년인데 이때의 연 합계 강수량은 2022년에 가장 적었다.

06 정답 ⑤

2021년 제조용 로봇의 매출액은 $45,972 - 6,358 - 11,499 = 28,115$(억 원)이다. 따라서 2021년 전체 매출액에서 차지하는 비중은 $\dfrac{28,115}{45,972} \times 100 ≒ 61.2$(%)이므로 60% 이상이다.

오답풀이
① 2022년 서비스용 로봇 매출액은 $55,255 - 34,017 - 13,092 = 8,146$(억 원)이다.

② 2022년 서비스용 로봇 매출액이 8,146억 원이므로 4년간 서비스용 로봇의 매출액은 $6,277 + 6,358 + 8,146 + 6,650 = 27,431$(억 원)이다. 즉, 2조 7,500억 원 미만이다.

③ 2020년 로봇 시장 매출액이 $25,831 + 6,277 + 10,061 = 42,169$(억 원)이므로 2021년 전체 로봇 시장 매출액은 전년 대비 $\left(\dfrac{45,972 - 42,169}{42,169}\right) \times 100 ≒ 9.0(\%)$ 증가하였다.

④ 2023년 로봇 부품의 매출액은 $58,019 - 34,202 - 6,650 = 17,167$(억 원)이다. 따라서 전년 대비 $17,167 - 13,092 = 4,075$(억 원) 증가하였다.

> **🗡 문제 해결 TIP**
> ③ [해설]에 제시된 것처럼 복잡한 나눗셈식으로 접근하지 않는 방법도 있다. 2020년 로봇 시장 매출액 42,169억 원 대비 2021년 매출액이 전년 대비 10% 이상 성장하였다면 2020년 매출액과 그 매출액의 10%에 해당하는 액수를 더한 값보다 커야 한다. 그런데, $42,169 + 4,217 = 46,386$)45,972이므로 10% 미만으로 증가하였음을 알 수 있다.
> ⑤ [해설]에 제시된 것처럼 비중을 나눗셈식으로 구하지 말고 전체 매출액의 어림값에 해당하는 수치의 60%에 해당하는 금액과 비교하면 좋다. 즉, 2021년 제조용 로봇의 매출액을 28이라고 생각할 때, $46 \times 0.6 = 27.6$⟨28이므로 선택지의 문장이 옳다는 것을 쉽게 알 수 있다.

07 정답 ②

2021년 휴대전화 도박 스팸 수신량은 불법의약품 스팸 수신량의 $\dfrac{12.8}{0.4} = 32$(배)이다.

오답풀이
① 2021~2023년 휴대전화 스팸 수신량에서 가장 큰 비중을 차지하는 광고유형은 금융이고, 2023년에 전년 대비 증가했다.

③ 이메일 스팸 수신량에서 가장 적은 비중을 차지하는 광고유형은 2021년은 도박, 2022년은 도박과 불법대출, 2023년은 불법대출이다.

④ 2023년 이메일 불법대출 스팸 수신량 비중은 0.1%로 2022년과 동일하지만 수신량은 같은지 알 수 없다.

⑤ 2023년 휴대전화 불법대출 스팸 수신량 비중은 5.4%이고, 2023년 이메일 도박 스팸 수신량 비중은 4.5%이므로 비중은 더 크지만 수신량이 더 많은지는 알 수 없다.

08 정답 ①

㉠ [그래프1]이 6월 미용실 시술 비율이면 6월 염색 고객 수는 $40 \times 0.15 = 6$(명)이다.

㉢ [그래프1]이 8월 미용실 시술 비율이면 8월 커트 고객 수와 드라이 고객 수의 합은 $60 \times 0.5 = 30$(명)이다.

오답풀이
㉡ [그래프1]이 7월 미용실 시술 비율이면 7월 파마 고객 수는 $50 \times 0.32 = 16$(명)이다.

㉣ 7월의 전월 대비 월별 고객 수 증가율은 $\dfrac{50-40}{40} \times 100 = 25(\%)$, 8월의 전월 대비 월별 고객 수 증가율은 $\dfrac{60-50}{50} \times 100 = 20(\%)$이므로 서로 다르다.

09 정답 ⑤

2016년 경기도의 아파트 호수는 제주도의 $\dfrac{2,314}{51} ≒ 45.4$(배)이므로 약 45배이다.

오답풀이
① 2019년 아파트 주차 대수가 아파트 호수보다 많은 지역은 경기도뿐이다.

② 2018년 전라북도의 아파트 주차 대수는 전년 대비 $\dfrac{343-327}{327} \times 100 ≒ 4.9(\%)$ 증가하였다.

③ 경상남도의 아파트 호수는 2017년에 전년 대비 $741 - 710 = 31$(천 호), 2018년에 전년 대비 $775 - 741 = 34$(천 호), 2019년에 전년 대비 $812 - 775 = 37$(천 호) 증가하였다.

④ 2017년 주차 대수는 제주도, 강원도, 전라남도, 충청북도, 전라북도, 충청남도 순으로 적으므로 6번째로 적은 지역은 충청남도이다.

📌 문제 해결 TIP

2017년 주차 대수가 6번째로 적은 지역은 주차 대수가 4번째로 많은 지역과 같다. 2017년 주차 대수는 경기도, 경상남도, 경상북도, 충청남도 순으로 많으므로 2017년 주차 대수가 6번째로 적은 지역은 충청남도이다.

10 정답 ④

취득한 자격증이 3개인 취업 준비생 중에서 연구개발직 지망률은 $\dfrac{340}{340+410+100}\times100=40(\%)$이다.

오답풀이

① 취득한 자격증이 3개인 취업 준비생 수가 가장 많은 직군은 연구개발직과 생산관리직이다. 영업직은 2개를 취득한 사람이 가장 많다.

② 연구개발직을 지망하는 취업 준비생 중에서 취득한 자격증이 2개인 사람은 $\dfrac{168}{82+168+340+110}\times100=24(\%)$이다.

③ 생산관리직을 지망하는 취업 준비생 중에서 취득한 자격증이 3개 이상인 사람은

$\dfrac{410+218}{92+280+410+218}\times100=62.8(\%)$이다.

⑤ 영업직을 지망하는 취업 준비생 중에서 취득한 자격증이 3개인 사람은 100명이고, 2개인 사람은 212명이므로 3개인 사람은 2개인 사람의 $\dfrac{100}{212}\times100≒47(\%)$이다. 즉, 45% 이상이다.

11 정답 ③

폐신문지의 수입단가와 수입량이 매달 감소하므로 수입비용 또한 매달 감소하였음을 알 수 있다.

오답풀이

① 2021년 12월 폐골판지 수입비용은 $310.0\times33,440=10,366,400(\$)$이므로 1천만 달러 이상이다.

② 2022년 1월까지는 침엽수류의 수입단가가 가장 높았지만, 2022년 2월에는 철스크랩의 수입단가가 1,059.0\$/톤으로 가장 높았다.

④ 2022년 1월과 2월에 전월 대비 수입단가가 증가하였으나, 전월 대비 수입량은 1월에는 감소, 2월에는 증가하였다.

⑤ 매달 수입량이 가장 많은 품목은 철스크랩이다.

12 정답 ②

㉠ 20대 남성 평균 임금을 100이라고 하면, 20대의 여성 임금비가 90이므로 20대 여성 평균 임금은 90이다. 또한 60대 여성 평균 임금은 20대 여성 평균 임금의 70% 수준이므로 20대 남성 평균 임금을 100으로 두었을 때 60대 여성 평균 임금은 $90\times0.7=63$이다. 따라서 60대의 여성 임금비는 $\dfrac{63}{126}\times100=50(\%)$이다.

㉣ 남성은 40대가 200, 여성도 40대가 160으로 가장 높으므로 남성과 여성 모두 40대의 평균 임금이 다른 모든 연령대보다 높다.

오답풀이

㉡ 10대의 여성 임금비가 90%이므로 10대는 여성 평균 임금이 남성 평균 임금보다 10% 낮다.

㉢ 20대 남성 평균 임금을 100이라 하였을 때 20대 여성 평균 임금은 90이고, 50대 여성 평균 임금은 20대 여성 평균 임금보다 10% 높으므로 99이다. 따라서 20대 남성 평균 임금이 더 높다.

📌 문제 해결 TIP

㉠ [표]에서 20대 기준 연령대별 상대적 평균 임금의 여성 부분 숫자는 20대 여성 평균 임금을 1000이라고 할 때의 연령대별 평균 임금이므로 남성 평균 임금과 기준점이 다르다. 따라서 남성 평균 임금과 비교하려면 남성 평균 임금과 기준점

을 동일하게 맞춰야 한다. 남성 평균 임금 부분의 숫자는 20대 남성 평균 임금을 100이라고 할 때의 연령대별 평균 임금이므로, 비교를 위해선 여성 부분도 20대 남성 평균 임금을 기준으로 다시 산출하는 것이 편하다. 모든 숫자를 20대 남성 평균 임금을 기준으로 다시 표시하면 다음과 같다.

구분	여성 임금비	20대 남성 기준 성별·연령대별 상대적 평균 임금	
		남성	여성
10대	90	40	36
20대	90	100	90
30대	72	175	126
40대	72	200	144
50대	55	180	99
60대	( )	126	63

13 정답 ①

D대학 전체 500명의 학생 중 여학생의 비율이 40%이고 그중 60%의 학생이 취업을 했으므로 취업한 여학생 수는 $500 \times 0.4 \times 0.6 = 120$(명)이다.

14 정답 ⑤

2018년 수도권의 면적은 11,856km²이고, 2020년 수도권의 면적은 12,685km²이다. 따라서 2018년 대비 2020년 수도권의 면적은 $12,685 - 11,856 = 829$(km²) 증가하였다.

오답풀이

① 성장관리권역의 면적은 2019년 6,010km² → 2020년 6,838km²로 증가하였다.

② 2018년 과밀억제권역 인구수는 19,023천 명이고, 2020년 과밀억제권역 인구수는 18,981천 명이다. 따라서 2018년 해당 인구수는 2020년 해당 인구수보다 많다.

③ 주어진 기간 동안 자연보전권역의 면적 대비 인구 비율은 $\frac{1,215}{3,830} \rightarrow \frac{1,230}{3,830} \rightarrow \frac{1,252}{3,830}$로 매년 꾸준히 증가하였다.

④ 2020년의 과밀억제권역의 인구수가 가장 적고 자연보전권역의 인구수는 가장 많다.

15 정답 ①

시공사별로 가장 높은 점수와 가장 낮은 점수를 제외한 나머지 점수의 합산 결과를 구해 보면 다음과 같다.
• 시공사 A : $8.2 + 7.9 + 8.0 + 8.1 + 9.4 = 41.6$(점)
• 시공사 B : $8.5 + 8.7 + 7.9 + 9.1 + 6.7 = 40.9$(점)
• 시공사 C : $7.4 + 7.8 + 8.6 + 8.1 + 7.5 = 39.4$(점)
• 시공사 D : $8.6 + 7.4 + 8.5 + 8.4 + 6.9 = 39.8$(점)
• 시공사 E : $7.4 + 8.9 + 9.0 + 8.1 + 7.4 = 40.8$(점)
이때, 평가 결과의 합산이 높으면 평균 또한 높으므로 평균을 별도로 계산할 필요 없이 합산 점수가 가장 높은 시공사 A가 선정된다.

16 정답 ④

전년 대비 2020년에 부채가 있는 사람의 비율이 증가한 연령대는 20대 이하와 60대 이상이다. 20대 이하의 증가폭은 $60 - 38.2 = 21.8$(%p)이고, 60대 이상의 증가폭은 $75.1 - 29 = 46.1$(%p)이므로 60대 이상의 증가폭이 더 크다.

오답풀이

① 2018~2019년의 경우 50대의 '부채 없음' 응답 비율이 '부채 있음' 응답 비율보다 작지만, 2020년 50대의 '부채 없음' 응답 비율은 53.9%로 '부채 있음' 응답 비율인 46.1%보다 크다.

② 20대 이하는 부채가 있는 사람의 비중이 34.7% → 38.2% → 60%로 매년 증가한다.

③ 2018년 연령별 부채가 있는 사람의 비중이 가장 큰 연령은 63.3%인 40대이다.

⑤ 2018년 대비 2020년 40대의 부채가 없는 사람 비율의 증가폭은 59.2 − 36.7 = 22.5(%p)이다.

17 정답 ⑤

[그래프]는 증감률에 대한 그래프이므로 해당 연도 값이 0보다 크면 여행자 수가 전년 대비 증가, 0보다 작으면 여행자 수가 전년 대비 감소한 것이다. 즉, 직선 그래프의 기울기가 우상향해도 해당 연도 값이 음수이면 여행자 수는 감소한 것이다. 따라서 여행자 수가 전년 대비 감소한 해는 2019년, 2020년, 2021년의 3개 연도이다.

오답풀이

① 2019년, 2020년은 전년 대비 증감률이 음수이므로 여행자 수는 전년 대비 감소했다.

② 2021년 전년 대비 증감률이 −10%이므로 여행자 수는 2020년보다 10% 감소하였다.

③ 2022년 여행자 수는 전년 대비 증가하였으나, 2022년 전년 대비 증감률과 2018년 전년 대비 증감률이 같다고 해서 2022년 여행자 수가 2018년 여행자 수와 같아졌다고 할 수는 없다.

④ 2023년 여행자 수는 전년 대비 20% 증가하였다.

> **✎ 문제 해결 TIP**
> ③ 2017년 여행자 수를 x명이라고 하면 2018년 여행자 수는 $(1+0.3)x = 1.3x$명이고, 2022년 여행자 수는 $\{(1+0.3) \times (1-0.2) \times (1-0.2) \times (1-0.1) \times (1+0.3)\}x ≒ 0.97x$(명)이다. 따라서 2022년 여행자 수는 2018년 여행자 수와 같지 않음을 확인할 수 있다.

18 정답 ③

ⓒ 2020년 대비 2025년 시공능력 평가액의 증가액은 다음과 같다.
- A: 3,320 − 2,085 = 1,235(백억 원)
- B: 2,540 − 1,160 = 1,380(백억 원)
- C: 2,155 − 1,045 = 1,110(백억 원)
- D: 2,065 − 1,240 = 825(백억 원)
- E: 1,470 − 860 = 610(백억 원)

즉, 2025년 시공능력 평가액이 2020년 대비 가장 많이 증가한 것으로 예측되는 종합건설사는 B이다.

ⓒ 시공능력 평가액이 100% 이상 증가한 것은 2025년 시공능력 평가액이 2020년의 2배 이상인 것이다. 즉, 2025년 시공능력 평가액 상위 5개 종합건설사 중 2020년 대비 2025년 시공능력 평가액이 100% 이상 증가한 종합건설사는 B, C 2개이다.

오답풀이

㉠ 2020년 시공능력 평가액 상위 3개 종합건설사는 A, B, D로 이들의 2020년 시공능력 평가액 합은 2,085 + 1,160 + 1,240 = 4,485(백억 원)이다.

㉣ 2025년 매출액 상위 5개 종합건설사의 시공능력 평가액 합이 전체 종합건설사 시공능력 평가 총액에서 차지하는 비중은 2025년에 $\frac{11,550}{28,875} \times 100 = 40(\%)$, 2020년에 $\frac{6,390}{12,780} \times 100 = 50(\%)$이므로 2025년이 2020년보다 작다.

19 정답 ④

2016년과 2018년의 유방암 사망률은 4.8명/십만 명으로 동일하지만, 총인구는 매년 증가하므로 2018년의 유방암 사망자 수가 2016년보다 많다.

오답풀이

① 2015년 이후 '모든 암'의 사망률은 150.7 → 152.9 → 153.9 → 154.3 → 158.2 → 160.1로 매년 증가하였다.

② 2020년 '모든 암'의 십만 명당 암 사망률은 전년 대비 160.1 − 158.2 = 1.9(명/십만 명) 증가하였다.

③ 2015년 대비 2020년 사망률이 감소한 암은 위암, 간암, 자궁암이다.
- 위암: 16.7 − 14.6 = 2.1(명/십만 명)
- 간암: 22.2 − 20.6 = 1.6(명/십만 명)

- 자궁암: $2.7 - 2.5 = 0.2$(명/십만 명)

　따라서 위암이 가장 크게 감소하였다.

⑤ 2014~2018년 대장암 사망률을 소수점 첫째 자리에서 반올림하면 모두 17 이하이고 $17 \times 2 = 34$이므로 2014~2018년 폐암 사망률이 대장암 사망률의 두 배보다 항상 크다는 것을 알 수 있다. 마찬가지로 2019~2020년 대장암 사망률을 소수점 첫째 자리에서 반올림하면 모두 18 이하이고 $18 \times 2 = 36$이므로 2019~2020년 폐암 사망률이 대장암 사망률의 2배보다 높다는 것을 알 수 있다.

20 정답 ①

㉠ 일주일 평균 운동시간이 가장 짧은 특성화고등학교는 하루 평균 수면시간이 가장 길다.

㉡ 아침식사를 한다고 응답한 비중이 가장 높은 학교는 아침식사를 안 한다고 응답한 비중이 가장 낮은 과학고등학교이며 음주경험이 있다고 응답한 비율이 가장 낮은 고등학교도 과학고등학교이다.

오답풀이

㉢ 하루 평균 수면시간이 가장 짧은 예술고등학교에서 아침식사를 안 한다고 응답한 학생들은 $250 \times 0.41 = 102.5$(명)이다. 일반고등학교 총 응답자 수는 5,000명이므로 아침식사를 안 한다고 응답한 학생 수는 $5,000 \times 0.332 = 1,660$(명)으로 일반고등학교가 가장 많다.

㉣ 음주경험이 있다고 응답한 체육고등학교 학생이 외국어고등학교 학생보다 $250 \times 68.8\% - 250 \times 58.8\% = 250 \times (68.8\% - 58.8\%) = 250 \times 10\% = 25$(명) 많다.

01	02	03	04	05	06	07	08	09	10
①	②	⑤	⑤	④	②	③	④	⑤	④
11	12	13	14	15	16	17	18	19	20
②	①	⑤	⑤	⑤	⑤	②	②	⑤	⑤

01 정답 ①

· A, B가 모두 당첨 제비를 뽑을 확률: $\dfrac{2}{20} \times \dfrac{1}{19}$

· B만 당첨 제비를 뽑을 확률: $\dfrac{18}{20} \times \dfrac{2}{19}$

따라서 두 확률을 더하면 $\dfrac{2}{20} \times \dfrac{1}{19} + \dfrac{18}{20} \times \dfrac{2}{19} = \dfrac{38}{20 \times 19} = \dfrac{1}{10}$이다.

02 정답 ②

A제품의 원가를 x원, B제품의 원가를 y원이라 하면 다음과 같은 식이 성립한다.

$$\begin{cases} x + y = 60000 \\ \dfrac{4}{100}x + \dfrac{8}{100}y = 3000 \end{cases} \quad \therefore x = 45,000, \ y = 15,000$$

따라서 B제품의 원가는 15,000원이다.

03 정답 ⑤

작년 남자 신입사원 수를 x명이라고 하면, $x : (x-14) = 5 : 3$이므로 $x = 35$이다. 이때 작년 남자 신입사원 수와 올해 남자 신입사원 수가 같으므로 올해 여자 신입사원 수는 35 : (올해 여자 신입사원 수) $= 7 : 8$라는 비례식이 성립한다.

따라서 올해 여자 신입사원 수는 40명이다.

04 정답 ⑤

돼지가 x마리, 닭이 y마리가 있다고 할 때, 다음과 같은 식이 성립한다.

$$\begin{cases} x + y = 23 & \cdots \ \bigcirc \\ 4x + 2y = 76 & \cdots \ \bigcirc\!\!\bigcirc \end{cases}$$

$2 \times \bigcirc - \bigcirc\!\!\bigcirc$을 계산하면 $-2x = -30$이므로 $x = 15$이다.

따라서 돼지는 총 15마리이다.

05 정답 ④

85,000원의 일급에서 세금으로 $85,000 - 82,450 = 2,550$(원)을 제하였으므로 적용된 세율은 $\dfrac{2,550}{85,000} \times 100$ $= 3(\%)$이다.

1,930,000원의 월급을 벌었을 때의 세금은 $1,930,000 \times 0.03 = 57,900$(원)이다.

따라서 혜민이가 받는 실수령액은 $1,930,000 - 57,900 = 1,872,100$(원)이다.

06 정답 ②

상류에서 하류로 갈 때 배의 속력은 $4 + 2 = 6$(km/h)이고, 하류에서 상류로 갈 때 배의 속력은 $4 - 2 = 2$(km/h)이다. 두 나루터 사이의 거리를 $x$km라고 하면 다음과 같은 식이 성립한다.

$$\frac{x}{6}+\frac{48}{60}=\frac{x}{2} \qquad \therefore x=2.4(\text{km})$$

따라서 두 나루터 사이의 거리는 2.4km이다.

> **✐ 문제 해결 TIP**
> - 흐르는 강물 위를 움직이는 문제에서는 강물을 타고 움직일 때와 강물을 거슬러 움직일 때의 속력이 다르다는 것에 초점을 맞춰야 한다.
> - 속력의 단위가 km/h일 때, 거리와 시간의 단위는 모두 km와 h로 통일해야 한다.

07 정답 ③

트럭과 고속버스가 만날 때까지 이동한 시간을 x시간이라고 할 때, 고속버스는 30분$\left(=\frac{1}{2}\text{시간}\right)$ 후에 출발한다.

이때, 트럭과 고속버스가 간 거리의 합이 400km가 되면 서로 만나므로 다음과 같은 식이 성립한다.

$$80x+100\left(x-\frac{1}{2}\right)=400$$

$$180x=450 \qquad \therefore x=2.5$$

따라서 15시의 2시간 30분 후인 17시 30분에 만나게 된다.

> **✐ 문제 해결 TIP**
>
>
>
> - (거리)=(속력)×(시간)
> - (속력)=$\frac{(거리)}{(시간)}$
> - (시간)=$\frac{(거리)}{(속력)}$
>
> - A와 B가 시간 차를 두고 같은 지점에서 같은 방향으로 가다가 만나는 문제
>   → (A가 이동한 거리)=(B가 이동한 거리)
> - A와 B가 각기 다른 지점에서 서로를 향해 가다가 만나는 문제
>   → (두 지점 사이의 거리)=(A가 이동한 거리)+(B가 이동한 거리)
> - A와 B가 원형 트랙의 같은 지점에서 반대 방향으로 가다가 만나는 문제
>   → (원형 트랙의 길이)=(A가 이동한 거리)+(B가 이동한 거리)
> - A와 B가 원형 트랙의 같은 지점에서 같은 방향으로 가다가 만나는 문제
>   → (원형 트랙의 길이)=|(A가 이동한 거리)-(B가 이동한 거리)|
> - 기차가 다리 또는 터널을 통과하는 문제
>   → (기차가 다리 또는 터널을 완전히 통과할 때까지 이동한 거리)=(다리 또는 터널의 길이)+(기차의 길이)

08 정답 ④

농도가 20%인 소금물의 양을 xg이라고 할 때, 농도가 5%인 소금물의 양은 $(500-x)$g이다. (소금의 양)=$\frac{(농도)}{100}$×(소금물의 양)이고, 소금물을 섞기 전후의 소금의 양은 같으므로, 다음과 같은 식이 성립한다.

$$\frac{5}{100}\times(500-x)+\frac{20}{100}x=\frac{14}{100}\times500$$

$$2,500-5x+20x=7,000$$

$$\therefore x=300$$

따라서 농도가 20%인 소금물의 양은 300g이다.

09 정답 ⑤

전체 일의 양을 1이라고 하면, A 혼자서는 1시간에 $\frac{1}{2}$만큼의 일을 하고, A와 B가 함께하면 1시간에 $\frac{3}{4}$만큼의 일을 한다. 따라서 B 혼자서는 1시간에 $\frac{3}{4}-\frac{1}{2}=\frac{1}{4}$만큼의 일을 한다. B와 C가 함께하면 1시간에 1만큼의 일을 하므로, C 혼자서는 1시간에 $1-\frac{1}{4}=\frac{3}{4}$만큼의 일을 한다. 따라서 A와 C가 일을 함께하면 1시간에 $\frac{1}{2}+\frac{3}{4}=\frac{5}{4}$만큼의 일을 하므로, 일을 끝마치는 데 걸리는 시간은 $\frac{4}{5}=0.8$(시간)$=48$(분)이다.

> ⚲ **문제 해결 TIP**
> - 한 시간 동안의 작업량$=\dfrac{\text{전체 작업량}}{\text{소요 시간}}$
> - 1시간은 60분이므로 0.1시간은 6분이다.

10 정답 ④

A공장과 B공장에서 총 100개의 제품을 생산한다고 가정할 경우 A공장에서 80개, B공장에서 20개를 생산하며, 각 공장에서 생산하는 불량품과 정상품의 개수는 다음과 같다.

(단위: 개)

구분	불량품	정상품	합계
A공장	$80\times0.05=4$	$80\times0.95=76$	80
B공장	$20\times0.1=2$	$20\times0.9=18$	20

따라서 조건부확률 $\dfrac{\text{P(A공장에서 생산된 불량품)}}{\text{P(불량품)}}$을 구해 보면 $\dfrac{4}{4+2}=\dfrac{2}{3}$이다.

11 정답 ②

백의 자리 숫자가 6인 세 자리 수의 개수는 6을 제외한 나머지 1, 2, 3, 4, 5 중 2개를 골라 나열하는 경우의 수 $_5P_2=\dfrac{5!}{(5-2)!}=\dfrac{5\times4\times3\times2\times1}{3\times2\times1}=20$(가지)이다. 백의 자리 숫자가 6인 세 자리 수의 개수가 20개이므로, 23번째에 위치하는 수는 백의 자리 숫자가 5인 세 자리 수임을 알 수 있다. 5를 제외한 1, 2, 3, 4, 6 중 2개를 골라 큰 순서대로 나열해보면, 21번째는 564, 22번째는 563, 23번째는 562임을 알 수 있다. 따라서 23번째에 위치하는 수는 562이다.

12 정답 ①

5명의 학생을 한 줄로 세우는 경우의 수는 $5!=5\times4\times3\times2\times1=120$(가지)이다. 이때 E가 반드시 C의 앞에 서야 하므로 C가 E의 앞에 선 절반의 경우를 제외하면 $120\div2=60$(가지)이다.

13 정답 ⑤

- 김 과장과 박 대리가 이웃하여 앉는 경우: 두 사람을 한 묶음으로 생각하면 5명이 원탁에 둘러앉는 경우의 수는 $(5-1)!=4!=24$(가지)이다. 이때, 두 사람이 자리를 바꾸는 경우가 $2!=2$(가지)이므로 $a=24\times2=48$이다.
- 김 과장과 박 대리가 마주 보고 앉는 경우: 두 사람이 마주 보고 앉은 다음 나머지 4명이 서로 다른 네 자리에 앉게 되므로 $b=4!=24$이다.

따라서 $a+b=48+24=72$이다.

✏️ **문제 해결 TIP**

원순열의 개념을 활용한 문제이다. n명을 한 줄로 세우는 방법의 수는 $n!$가지이고, n명을 원형으로 배치하는 방법의 수는 $\frac{n!}{n}=(n-1)!$가지이다. 이때, 이웃하여 배치하는 경우는 이웃하는 사람들을 묶어서 한 사람인 것처럼 배열하면 쉽게 해결할 수 있다. 또한, 마주 보는 사람이 있는 경우는 마주 보는 사람을 먼저 배치하고 나서 나머지 사람들을 배치하도록 한다. 마주 보는 사람의 자리가 확정되면 나머지 사람들의 자리는 서로 다른 자리라고 볼 수 있다.

14 정답 ⑤

원가를 x원이라 하면 정가는 $1.2x$원이다. 판매가격은 $(1.2x-300)$원이므로 다음과 같은 식이 성립한다.
$(1.2x-300)-x=700$
$0.2x=1,000$ $\therefore x=5,000$
따라서 판매 가격은 $1.2\times5,000-300=5,700$(원)이다.

✏️ **문제 해결 TIP**

정가에서 300원 할인한 금액이 원가에서 700원의 이익을 남기므로 정가는 원가에 1,000원을 더한 금액이다. 따라서 원가의 20%는 1,000원이 되고, 원가(즉 100%)는 5,000원이 된다. 판매 가격은 원가의 20% 이익을 붙인 정가 6,000원에서 300원을 할인한 5,700원이다.

15 정답 ⑤

열차 A, B의 속력을 각각 am/s, bm/s라 하고 편의상 열차 B가 빠르다고 가정한다. 두 열차가 서로 마주보는 방향으로 달리는 경우에 열차의 상대속력은 $(a+b)$m/s이며, 만난 순간부터 완전히 엇갈릴 때까지 각 열차가 이동한 상대거리는 두 열차 몸체 길이의 합인 $250+250=500$(m)이다. 완전히 엇갈릴 때까지 10초가 걸렸으므로 $\frac{500}{a+b}=10$이 성립한다. 따라서 $a+b=50$이다.

한편 같은 방향으로 달리는 경우에 열차의 상대속력은 $(b-a)$이며, 빠른 열차가 느린 열차를 따라잡은 순간부터 앞지를 때까지 이동한 상대거리는 열차의 길이인 250m이다. 이때 걸린 시간은 25초이므로 $\frac{250}{b-a}=25$가 성립한다. 따라서 $b-a=10$이다.

두 식을 연립하면 $b=30$(m/s), $a=20$(m/s)이므로 빠른 열차의 속력은 30m/s이다.

✏️ **문제 해결 TIP**
- 두 열차가 동시에 움직이는 문제에서는 두 열차 간 상대속력과 상대거리에 초점을 맞춰야 한다.
- 두 열차가 움직이는 상황에서의 상대거리를 측정하기 어렵다면, 한 열차는 멈춰 있고 다른 열차가 (a+b) 또는 (b−a)의 속력으로 멈춘 열차를 지나치는 상황을 상상하면 더 직관적으로 이해할 수 있다.

16 정답 ⑤

2021년 정시 지원자 수를 x라고 하면 다음과 같은 식이 성립한다.
$0.8x+1.15\times(1,500-x)=1,487$
$0.35x=238$ $\therefore x=680$

따라서 2022년 정시와 수시 지원자 수의 차이는 $1.15\times(1,500-680)-0.8\times680=399$(명)이다.

17 정답 ②

용량이 20L인 물통 48개에 들어 있는 물의 양은 $20\times0.75\times48=720$(L)이다. 20L보다 용량이 10% 작은 물통 1

개의 80%에 해당하는 용량은 $20 \times 0.9 \times 0.8 = 14.4$(L)이므로 채울 수 있는 물통의 개수는 $720 \div 14.4 = 50$(개)이다.

18 정답 ②

과수원의 과일을 모두 수확하는 일의 양을 1이라고 하면, A가 하루에 하는 일의 양은 $\frac{1}{10}$이고, B가 하루에 하는 일의 양은 $\frac{1}{2.5}$이다. 함께 과수원의 과일을 모두 수확하는 데 걸리는 일수를 x일이라고 하면, 다음과 같은 식이 성립한다.

$\frac{1}{10}x + \frac{1}{2.5}x = 1$

$x + 4x = 10$ $\therefore x = 2$

따라서 A, B가 함께 과수원의 과일을 모두 수확하는 데 걸리는 일수는 2일이다.

19 정답 ⑤

소금물 B의 처음 농도를 $x\%$라 하면, 소금물 B에는 소금이 xg 들어있고 소금물 A에는 소금이 6g 들어있다. 소금물 A의 50g을 소금물 B로 옮기면 소금물 B는 총 150g이 되며, 그 안에는 $(x+3)$g의 소금이 들어 있다. 소금물 B의 $\frac{1}{3}$인 50g을 다시 소금물 A로 옮기면 소금물 A는 100g이 되며 그 안에는 $3 + \frac{1}{3}(x+3) = \frac{1}{3}x + 4$(g)의 소금이 들어 있다. 소금물 A의 소금의 양은 11g이므로 $\frac{1}{3}x + 4 = 11$이 성립하며, 이를 풀면 $x = 21$이다.

따라서 소금물 B 100g의 처음 농도는 21%이다.

20 정답 ⑤

직원 수가 총 150명이고, 남자와 여자의 비율이 8 : 7이므로 남자 수는 80명, 여자 수는 70명이다. 남자 직원은 80명 중 48명이 통근 버스를 타지 않고 출근하므로 $80 - 48 = 32$(명)은 통근 버스를 타고 출근한다. 여자 직원은 70명 중 52명이 통근 버스를 타지 않고 출근하므로 $70 - 52 = 18$(명)이 통근 버스를 타고 출근한다. 따라서 통근 버스를 타고 출근하는 사람은 총 $32 + 18 = 50$(명)이고, 이 중 32명이 남자이므로 구하고자 하는 확률은 $\frac{32}{50} = \frac{16}{25}$이다.

04	언어추리								
01	02	03	04	05	06	07	08	09	10
⑤	①	④	⑤	②	③	④	①	⑤	①
11	12	13	14	15	16	17	18	19	20
④	④	②	③	②	⑤	④	③	②	③

01 정답 ⑤

주어진 명제를 기호화하면 다음과 같다
- ×학생 → ×영화 (대우: 영화 → 학생)
- 공연 → ×직장인 (대우: 직장인 → ×공연)
- ×영화 → 직장인 (대우: ×직장인 → 영화)
- 직장인 → ×음악회 (대우: 음악회 → ×직장인)

이를 정리하면 다음과 같다.

```
공연
     ×직장인 → 영화 → 학생
음악회
```

따라서 음악회에 가는 사람은 영화에 관심이 있다.

오답풀이
① 직장인이 아닌 사람은 학생이지만, 그 역이 참인지는 알 수 없다.
② 공연을 보는 사람은 직장인이 아니지만, 그 역이 참인지는 알 수 없다.
③ 음악회에 가는 사람은 영화에 관심이 있지만, 그 역이 참인지는 알 수 없다.
④ 공연을 보는 사람은 영화에 관심이 있다.

02 정답 ①

A와 D의 발언에 의해 아래층부터 D−C−A의 순서임을 알 수 있다. 그리고 F의 발언에 의해 아래층부터 D−C−A−F−B의 순서임을 알 수 있다. 즉, E는 1층 또는 6층에 산다. B의 발언에 의해 B와 E의 층수의 합이 A와 C의 층수의 합과 같기 위해서는 E의 층수는 C의 층수보다 2층 이상 낮아야 한다.
따라서 순서는 E−D−C−A−F−B이므로 4층에 사는 사람은 A이다.

03 정답 ④

A가 참 마을 주민이라면 참말만 해야 하므로 "나는 참 마을 주민입니다."라고 말할 것이다. 그런데 A가 거짓 마을 주민이더라도 항상 거짓말만 해야 하므로 "나는 참 마을 주민입니다."라고 말한다. 즉, A가 참 마을 또는 거짓 마을 주민 중 어느 쪽 주민이더라도 무조건 "나는 참 마을 주민입니다."라고 말한다. 즉, A는 어느 마을 주민인지 알 수 없다.
B는 A의 말이 '무조건' 항상 거짓말이라고 하였다. 그러나 A가 참 마을 주민이었다면 A는 참말을 한 것이므로 항상 A가 '무조건' 거짓말을 한다는 B의 말은 거짓말이다. 즉, B는 거짓 마을 주민이다.
따라서 A는 어느 마을 주민인지 알 수 없고, B는 거짓 마을 주민이다.

04 정답 ⑤

주어진 [조건]을 바탕으로 하여 표를 그려 보면 다음과 같다.

구분	아메리카노	밀크티	녹차라테	오렌지주스	딸기주스
A			×	×	×

구분				
B	×	×	×		
C		×			
D		×		×	×
E	×		×	×	

이때, A의 주문에 따라 2가지의 경우로 나누어 생각할 수 있다.

1) A가 아메리카노를 주문한 경우

구분	아메리카노	밀크티	녹차라테	오렌지주스	딸기주스
A	○	×	×	×	×
B	×	×	×		
C	×	×	×		
D	×	×	○	×	×
E	×	○	×	×	

2) A가 밀크티를 주문한 경우

구분	아메리카노	밀크티	녹차라테	오렌지주스	딸기주스
A	×	○	×	×	×
B	×	×		○	×
C		×		×	×
D		×		×	×
E	×	×	×	×	○

따라서 E가 밀크티를 주문하였을 때 D는 녹차라테를 주문하므로 항상 거짓이다.

오답풀이

① A는 밀크티를 주문할 수 있으므로 항상 거짓인 명제는 아니다.
② 경우 1)에서 B는 딸기주스를 주문할 수 있으므로 항상 거짓인 명제는 아니다.
③ 경우 2)에서 C는 아메리카노를 주문할 수 있으므로 항상 거짓인 명제는 아니다.
④ 경우 2)에서 D가 녹차라테를 주문하였을 때, A가 밀크티를 주문할 수 있으므로 항상 거짓인 명제는 아니다.

05 정답 ②

보컬인 H는 보컬과 기타리스트가 아닌 사람과 밴드를 구성하므로 드러머인 L과 밴드가 된다. 같은 역할끼리는 밴드를 구성하지 않고, J와 I는 같은 밴드가 아니므로 I와 K, G와 J가 같은 밴드가 된다.
따라서 (H, L), (G, J), (I, K) 조합으로 밴드가 구성된다.

오답풀이

① L은 H와 밴드를 구성한다.
③ G는 J와 같은 밴드이다.
④ 같은 역할끼리는 밴드를 구성하지 않는다.
⑤ 밴드를 구성하는 경우의 수는 1가지이다.

06 정답 ③

두 번째 및 세 번째 [조건]을 기호화하면 다음과 같다.
• ×요청 → ×환불 (대우: 환불 → 요청)
• ×환불 → ×쿠폰 (대우: 쿠폰 → 환불)
'×요청 → ×환불 → ×쿠폰'이 성립하고, 대우인 '쿠폰 → 환불 → 요청'도 성립한다. 마지막 [조건]에 따르면 다음 구매 시 할인 쿠폰을 받지 못한 고객 중 한 명 이상은 반품 요청을 하지 않은 고객이라고 하였으므로 다음과 같은 그림을 그릴 수 있다.

따라서 '환불을 받을 수 없는 고객이 한 명 이상이다.'는 항상 참이다.

오답풀이

① 모든 고객은 제품을 구매한 후 반품 요청을 할 수 있으나, 반품 요청과 할인 쿠폰 사이에는 '×요청 → ×쿠폰'과 그 대우인 '쿠폰 → 요청'의 관계만 성립하므로 모든 고객이 할인 쿠폰을 받을 수 있는지는 알 수 없다.

② 반품 요청과 환불 사이에는 '×요청 → ×환불'과 그 대우인 '환불 → 요청'은 성립하나, 명제의 이인 '요청 → 환불'이 성립하는지는 알 수 없다. 또한 다음과 같은 반례가 존재한다.

④ 모든 고객이 반품 요청을 하지 않았는지는 주어진 명제로 알 수 없다.

⑤ 반품 요청과 할인 쿠폰 사이에는 '×요청 → ×쿠폰'과 그 대우인 '쿠폰 → 요청'은 성립하나, 명제의 역인 '×쿠폰 → ×요청'이 성립하는지는 알 수 없다. 또한 다음과 같은 반례가 존재한다.

07 정답 ④

D가 첫 번째로 도착하였다는 E의 말이 참이면 D의 말은 반드시 거짓이므로 둘 중에 한 사람은 거짓을 말하였고, 나머지 A~C는 참을 말하였다. A~C의 말에 따라 도착 순서를 정리하면 다음과 같다.

1	2	3	4	5
	C	A	E	

첫 번째나 마지막으로 도착한 사람은 B 또는 D이다. 이때 E의 말이 참이고, D의 말이 거짓이면 첫 번째로 도착한 사람은 D이고, 마지막으로 도착한 사람은 B이며 모순이 발생하지 않는다.

따라서 거짓을 말한 사람은 D이다.

08 정답 ①

결론이 성립하려면 '새'가 '공룡'을 포함하면 된다.

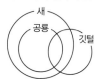

따라서 정답은 '공룡 → 새'를 문장으로 바꾼 ①이다.

오답풀이

② 다음과 같이 결론을 만족하지 않는 반례가 존재하므로 정답이 될 수 없다.

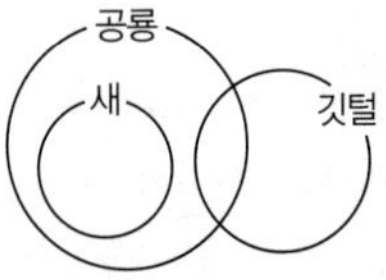

③, ⑤ 다음과 같이 결론을 만족하지 않는 반례가 존재하므로 정답이 될 수 없다.

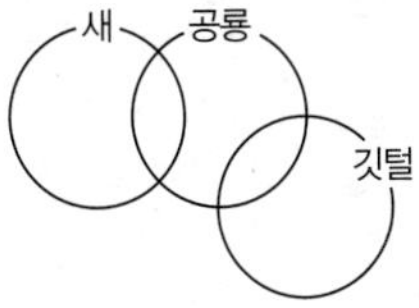

④ 다음과 같이 결론을 만족하지 않는 반례가 존재하므로 정답이 될 수 없다.

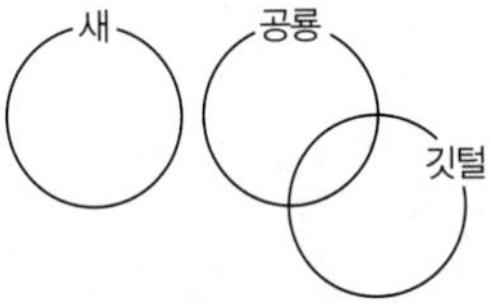

문제 해결 TIP

전제1의 기본적인 벤다이어그램은 다음과 같다.

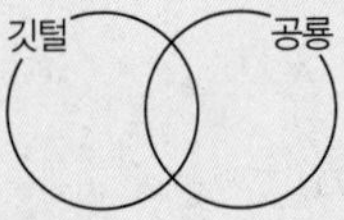

여기서 ①~⑤를 만족하는 벤다이어그램을 각각 그려가며 선택지마다 존재할 수 있는 모든 벤다이어그램이 결론을 만족하는지를 확인하며 소거하는 방식으로 문제를 해결하면 실수를 줄이면서 확실하게 정답을 찾을 수 있다.

09 정답 ⑤

A와 B의 주장이 상반되고, E와 F의 의견이 상반되는 상황이다. 6명 중 4명이 참말을 한다고 하였으므로 A와 B 중 한 명이 거짓말을 하고 있고, E와 F 중 한 명이 거짓말을 하고 있다는 것을 알 수 있다. 즉, C와 D는 모두 참말을 하고 있어 대통령 후보로 확정된다. 따라서 A, B, E, F 중에서 2명만 대통령 후보가 될 수 있으므로 대통령 후보를 결정하는 방법은 ${}_4C_2=\frac{4\times3}{2\times1}=6$(가지)이다.

10 정답 ①

주어진 명제들을 대우 명제로 변환하면 다음과 같다.

- ~부동산 → 현금(~현금 → 부동산)
- ~채권 → ~주식(주식 → 채권)
- 부동산 → ~보험(보험 → ~부동산)
- ~보험 → 주식(~주식 → 보험)

주어진 명제와 대우 명제들의 관계를 정리하면 '~현금 → 부동산 → ~보험 → 주식 → 채권'이 성립하고, 이 관계의 대우 명제인 '~채권 → ~주식 → 보험 → ~부동산 → 현금'도 성립한다.
따라서 항상 참인 결론은 '현금을 좋아하지 않는 사람은 채권을 좋아한다.'이다.

오답풀이

② 주식을 좋아하지 않는 사람은 부동산을 좋아하지 않는다.
③ 채권을 좋아하지 않는 사람은 현금을 좋아한다.
④ 현금을 좋아하지 않는 사람은 보험을 좋아하지 않지만, 그 역이 성립하는지는 알 수 없다.
⑤ 현금을 좋아하지 않는 사람은 채권을 좋아하지만, 그 역이 성립하는지는 알 수 없다.

11 정답 ④

A와 C의 말이 서로 모순되고, B와 E의 말이 모순되므로 A와 C 중 한 명과 B와 E 중 한 명이 거짓을 말함을 알수 있다. 따라서 D의 말은 항상 참이므로 E는 거짓을 말하고 B는 참을 말한다. 이에 따라 E가 재시험 대상자이고 A의 말은 참, C의 말은 거짓이 된다. 따라서 거짓을 말한 사람은 C와 E이다.

12 정답 ④

B와 D 사이에 들어온 학생이 2명 있는데, D는 3등 안에 들었으므로 가능한 경우는 다음과 같다.

1등	2등	3등	4등	5등
D			B	
	D			B

B와 C 사이에 들어온 학생이 1명 있으므로 C의 위치는 다음과 같다.

1등	2등	3등	4등	5등
D	C		B	
	D	C		B

두 번째 경우는 A와 E 사이에 들어온 학생이 2명이 되므로 불가능하다. 따라서 첫 번째 경우만 가능하며, 이때 가장 먼저 들어온 학생은 D이다.

> ✒ **문제 해결 TIP**
>
> 조건을 적용할 때는 확실한 조건부터 우선 적용하고, 그다음에는 공간을 넓게 차지하는 조건부터 적용한다. 주어진 문제에서는 사이에 학생이 1명 있는 것보다 2명 있는 것이 공간을 넓게 차지하므로 사이에 학생이 2명 있는 조건부터 적용하면 더 수월하게 문제를 해결할 수 있다.

13 정답 ③

주어진 조건에 의해 C > A > D로 순위가 정해지고, E > B의 순위도 정해진다. 이때 E > C라는 조건이 주어지면 E > C > A > D이며 E > B이기 때문에 최종 기획안은 E로 확정될 수 있다.

14 정답 ③

주어진 명제를 벤다이어그램으로 표시하면 다음과 같다.

따라서 '어떤 직장인은 바쁘면서 행복하다.'가 옳은 결론이 된다.

15 정답 ②

주어진 보기에 팀원별로 일정을 채워 넣으면 다음과 같다.

팀원	월요일 오전	화요일 오전	수요일 오후	목요일 오후	금요일 오전
A	외부 미팅				
B					

				외근		
C				외근		
D						고객 미팅
E					연차	연차

따라서 모두 참석 가능한 미팅시간은 화요일 오전이다.

16 정답 ⑤

C는 신청하고, B, E 중 1개 이상 신청하므로 B를 기준으로 경우를 나누면 다음과 같다.
1) B를 신청하는 경우
   B를 신청하면 A 또는 D도 신청해야 하므로 나머지 하나의 수업에 E를 신청할 수 없다. 이에 따라 가능한 경우는 A, B, C 또는 B, C, D이다.
2) B를 신청하지 않는 경우
   B를 신청하지 않으면 E를 신청해야 한다. 이에 따라 가능한 경우는 A, C, E 또는 C, D, E이다.
따라서 A를 신청하면 B 또는 E도 신청한다.

오답풀이
① B를 신청하면 E를 신청하지 않는다.
② A, B, C를 신청한다면 D를 신청하지 않을 수 있다.
③ B, C, D를 신청한다면 E를 신청하지 않을 수 있다.
④ 가능한 경우의 수는 4가지이다.

17 정답 ④

E는 가장 처음에 작성하고, B는 A와 D 사이에 작성하며, B와 E 사이에 C를 작성하므로 B를 네 번째로 작성한다. 이때 B와 C는 연속으로 작성하지 않으므로 C는 두 번째로 작성하고, A 또는 D를 세 번째 또는 마지막으로 작성한다.

첫 번째	두 번째	세 번째	네 번째	다섯 번째
E	C	A 또는 D	B	D 또는 A

따라서 A와 C를 연속으로 작성한다면, 작성 순서가 E−C−A−B−D로 확정되므로 정답은 ④이다.

오답풀이
① 주어진 조건만으로 A는 E보다 나중에 작성하므로 해당 선택지가 조건에 추가되어도 순서를 확정지을 수 없다.
② 주어진 조건만으로 C는 E보다 나중에 작성하므로 해당 선택지가 조건에 추가되어도 순서를 확정지을 수 없다.
③ 주어진 조건만으로 D는 E보다 나중에 작성하므로 해당 선택지가 조건에 추가되어도 순서를 확정지을 수 없다.
⑤ B와 D는 항상 연속으로 작성하므로 해당 선택지를 조건에 추가하면 모순이 발생한다.

18 정답 ③

만일 A의 말이 사실이라면 C의 말도 사실이 되므로 바른 말을 한 학생이 한 명뿐이라는 조건에 모순이 생긴다. 마찬가지로 B 또는 E의 말이 사실이라면 C의 말도 사실이 되어 조건에 맞지 않는다. 즉, A, B, E의 말은 모두 거짓이다. 만일 C의 말이 사실이라면 B의 말이 거짓이므로 D의 말이 사실이 되어 역시 모순이 생긴다. 따라서 C의 말도 거짓이다. 결국 사실을 말한 사람은 D뿐이고 나머지는 모두 거짓을 말했으므로 화분을 깨뜨린 학생은 C이다.

19 정답 ②

훈아는 바위를 내지 않았으므로 가위 또는 보를 내었다. 진아는 훈아를 상대로는 승리했고, 3명은 각자 서로 다른 것을 내었으므로 가능한 경우는 다음과 같다.

훈아	진아	대관
가위	바위	보
보	가위	바위

경우에 따라 대관은 보를 냈을 수도, 내지 않았을 수도 있다. 반면 어떤 경우에도 대관은 진아를 상대로 반드시 승리한다. 따라서 B만 확실히 옳다.

> **✒ 문제 해결 TIP**
>
> 여러 경우가 발생할 수 있더라도, 발생 가능한 모든 경우에서 참인 문장이라면 확실히 옳다고 볼 수 있다. 그러나 어떤 경우에서는 참이고 어떤 경우에서는 거짓인 문장이라면 확실히 옳다는 보장은 없다.

20 정답 ③

두 번째 [조건]에 따라 C가 운전석에 앉고, A와 F가 서로 옆자리에 앉는다고 하였으므로 왼쪽 자리에 앉는 D의 오른쪽 자리에는 B 또는 E가 앉게 된다. 이때, E가 조수석(오른쪽)에 앉지 않는다고 하였으므로 결국 조수석에는 B가 앉는다는 것을 알 수 있다. 이를 그림으로 나타내면 다음과 같다.

[경우1]

조수석 B	F(A)	E
운전석 C	A(F)	D

[경우2]

조수석 B	E	F(A)
운전석 C	D	A(F)

따라서 B가 가장 뒷자리에 앉는 경우는 없다.

오답풀이
① [경우1]에서 A는 B의 바로 뒤에 앉을 수 있다.
② [경우2]에서 A는 E의 바로 뒤에 앉을 수 있다.
④ 모든 경우에서 E는 오른쪽 자리에 앉는다.
⑤ F는 왼쪽 또는 오른쪽 자리에 앉을 수 있다.

01 정답 ④

홀수항은 2, 5, B, 11, 14로 공차가 3인 등차수열이므로 B=5+3=8이고, 짝수항은 3, A, 7, 9으로 공차가 2인 등차수열이므로 A=3+2=5이다.
따라서 A+B=8+5=13이다.

02 정답 ④

주어진 수열은 공차가 −1.6인 등차수열이므로 아홉 번째 항은 18.1−(1.6×8)=5.3이다.

03 정답 ⑤

주어진 분수에서 분자의 규칙을 확인해 보면 다음과 같다.

그리고 분모의 규칙을 확인해 보면 다음과 같다.

따라서 빈칸에 들어갈 분수는 $\dfrac{96}{243}$이므로 기약분수는 $\dfrac{32}{81}$ 분모와 분자의 합은 32+81=113이다.

04 정답 ③

1을 $\dfrac{3}{3}$으로 바꾸면 다음과 같은 규칙을 찾을 수 있다.

$$\dfrac{1}{2} \quad \dfrac{3}{3} \quad \dfrac{5}{4} \quad \dfrac{5}{7} \quad (A) \quad \dfrac{7}{11} \quad (B)$$

즉, 분모에서 시작하여 분자와 분모를 번갈아 가며 +1씩 커지는 규칙이 있고, 다른 하나는 분자에서 시작하여 분모와 분자가 번갈아 가며 +2씩 커지는 규칙이 있다. A=$\dfrac{9}{6}=\dfrac{3}{2}$이고 B=$\dfrac{13}{8}$이다.
따라서 B−A=$\dfrac{13}{8}-\dfrac{3}{2}=\dfrac{1}{8}$이다.

05 정답 ②

주어진 소수 수열의 규칙은 다음과 같다.

0.7 1.3 1.7 1.8 1.5 0.7 ( )
　　+0.6　+0.4　+0.1　−0.3　−0.8　−1.4
　　　−0.2　−0.3　−0.4　−0.5　−0.6

따라서 빈칸에 들어갈 수는 −0.7이다.

06 정답 ③

주어진 수열의 규칙은 다음과 같다.

$\dfrac{11}{6} - \dfrac{4}{3} = \dfrac{1}{2}$

$\dfrac{13}{6} - \dfrac{11}{6} = \dfrac{1}{3}$

$\dfrac{29}{12} - \dfrac{13}{6} = \dfrac{1}{4}$

$(\ \ ) - \dfrac{29}{12} = \dfrac{1}{5}$

따라서 빈칸에 들어갈 수는 $\dfrac{157}{60}$이다.

07 정답 ②

$+3$, -1을 더하는 규칙이 번갈아 나타나는 수열이므로 $(\ \ )=23-1=22$

따라서 빈칸에 들어갈 수는 22이다.

08 정답 ⑤

주어진 분수들의 분자를 3으로 바꾸어 나열하면 $\dfrac{3}{6}$, $\dfrac{3}{8}$, $(\ \ )$, $\dfrac{3}{12}$, $\dfrac{3}{14}$이다. 이때 분모는 공차가 2인 등차수열이므로 빈칸의 분모는 10이다.

따라서 빈칸에 들어갈 수는 $\dfrac{3}{10}$이다.

09 정답 ②

$$-2 \quad 2 \quad 4 \quad 8 \quad 16 \quad (\ \ ) \quad 40$$
$$+4 \quad \times 2 \quad +4 \quad \times 2 \quad +4 \quad \times 2$$

따라서 빈칸에 들어갈 숫자는 20이다.

10 정답 ①

나열된 수를 홀수항과 짝수항으로 나누어 생각해 보면 다음과 같다.

• 홀수항: 18 -12 6 -6 0 -6 (B)
• 짝수항: 6 3 9 12 21 (A)

이때, 홀수항과 짝수항은 각각 피보나치 수열의 형태인 $a_{n+2}=a_{n+1}+a_n$을 만족한다.

따라서 $B=0+(-6)=-6$, $A=12+21=33$이므로 $A+B=33+(-6)=27$이다.

11 정답 ④

주어진 소수 수열에서 자연수 부분을 따로 생각하면 다음과 같은 규칙이 성립한다.

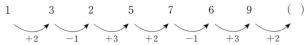

$$1 \quad 3 \quad 2 \quad 5 \quad 7 \quad 6 \quad 9 \quad (\ \ )$$
$$+2 \quad -1 \quad +3 \quad +2 \quad -1 \quad +3 \quad +2$$

그리고 소수점 이하 첫째 자리 부분을 따로 생각하면 다음과 같은 규칙이 성립한다.

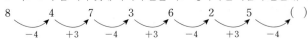

$$8 \quad 4 \quad 7 \quad 3 \quad 6 \quad 2 \quad 5 \quad (\ \ )$$
$$-4 \quad +3 \quad -4 \quad +3 \quad -4 \quad +3 \quad -4$$

따라서 빈칸에 들어갈 수는 11.1이다.

12 정답 ⑤

짝수항은 2, −4, 8으로 공비가 −2인 등비수열이고, 홀수항은 1, 3, 9, ( )으로 공비가 3인 등비수열이다.

따라서 빈칸에 들어갈 수는 27이다.

13 정답 ②

주어진 수열은 앞 항의 분모와 앞앞 항의 분모의 합이 다음 항의 분모이고, 앞 항의 분자에 2를 곱한 값에 앞앞 항의 값을 더한 값이 다음 항의 분자이다.

따라서 규칙에 따라 여섯 번째 수부터 나열하면 $\frac{95 \times 2 + 39}{11 + 19} = \frac{229}{30}$, $\frac{229 \times 2 + 95}{19 + 30} = \frac{553}{49}$이므로 처음으로 10을 초과하는 수는 $\frac{553}{49}$이다.

14 정답 ⑤

주어진 수열은 자연수의 자리가 +1, −2, +3, −4 …인 규칙과, 소수점 아래 자리는 +0.07, +0.08, +0.09 …인 규칙을 갖고 있다.

따라서 A의 자연수의 자리는 9−6=3, 소수점 아래 자리는 0.56+0.12=0.68, B의 자연수의 자리는 3+7=10, 소수점 아래 자리는 0.68+0.13=0.81이므로 100A+100B=368+1,081=1,449이다.

15 정답 ③

×2, +3, ×2, +3, …의 규칙을 지닌다.
따라서 빈칸에 들어갈 수는 8×2=16이다.

16 정답 ①

앞의 세 도형에서 5+3+2=2×5, 12+11+3=2×13, 7+2+15=2×12가 성립하므로 주어진 도형의 각 칸에 들어갈 수를 다음과 같이 a, b, c, d라고 하면 $a+b+d=2c$가 성립함을 알 수 있다.

이때, 괄호 안에 들어갈 수를 x라고 하면
6+4+x=2×5 ∴ x=0
따라서 빈칸에 들어갈 수는 0이다.

17 정답 ②

각 칸에 쓰인 수를 다음과 같이 a, b, c, d, e라고 하면

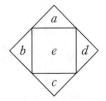

주어진 세 그림에서 $\dfrac{a+b+c}{d}=e$임을 확인할 수 있고, $\dfrac{2+5+(-10)}{1}=-3$, $\dfrac{8+(-1)+11}{-2}=-9$, $\dfrac{7+3+14}{4}=6$이다.

따라서 마지막 그림에서 빈칸에 들어갈 수는 $\dfrac{(-3)+(-4)+(-5)}{-6}=2$이다.

18 정답 ④

주어진 2×2 정사각형 수열 칸을 위의 왼쪽부터 ㉠, ㉡, ㉢, ㉣이라고 표시하면 다음과 같다.

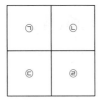

위의 그림과 첫 번째, 두 번째 2×2 정사각형의 숫자를 참고하면, ㉠과 ㉡의 관계는 ㉠$-6=$㉡이고, 아래의 ㉢과 ㉣의 관계는 ㉢$+6=$㉣이다. 또한, 위아래 수끼리 더하면 ㉠$+$㉢$=$㉡$+$㉣$=15$가 나오는 규칙을 보인다.

따라서 빈칸에 들어갈 숫자는 $9+(\quad)=15$여야 하고, $(\quad)+6=12$여야 하므로 '6'이다.

19 정답 ①

마주 보는 수의 곱은 24이다.

따라서 빈칸에 들어갈 수는 6이다.

20 정답 ④

마주 보는 수의 합은 15이다.

따라서 빈칸에 들어갈 수는 14이다.

01		언어이해							본문 P. 206
01	02	03	04	05	06	07	08	09	10
⑤	④	③	④	⑤	⑤	⑤	②	⑤	⑤
11	12	13	14	15	16	17	18	19	20
②	⑤	④	③	③	③	③	②	④	③

01 정답 ⑤

후드티의 기원과 그 발전 과정을 설명하며, 후드티가 현재 패션과 문화에서 어떻게 중요한 역할을 하는지에 대해 논의하고 있다.

오답풀이
①, ②, ③, ④ 모두 주어진 글의 일부 내용을 반영하고 있지만, 글 전체 내용을 아우르는 주제로 적절하지 않다.

02 정답 ④

조부모에서 부모까지 1촌, 부모에서 손자로 1촌이므로 조부모와 손자 간의 관계는 1＋1＝2(촌)이 된다.

오답풀이
① 부모와 자식은 직접적으로 이어진 직계 관계로, 가장 가까운 촌수인 1촌이다.
② 형제는 부모를 공통 조상으로 두고, 각각 부모와 1촌씩의 거리가 있다. 두 사람 모두 부모와 1촌 관계이므로 합산하여 2촌이 된다.
③ 사촌 관계에서는 공통 조상이 조부모이며, 각자의 부모가 형제 관계이다. 부모와 조부모 간의 관계가 1촌이고, 형제의 자녀인 사촌과의 관계도 각각 1촌씩 더해져 총 4촌이 된다.
⑤ 공통 조상인 부모가 기준이 되며, 혼인 금지 범위를 설정하는 데 영향을 끼쳤다.

03 정답 ③

액티브 시니어는 경제적 여유를 바탕으로 자신의 취향과 가치관에 따라 왕성한 소비활동을 보인다고 언급되어 있다. 소득 창출에 적극적으로 참여한다는 것은 돈을 버는 활동에 적극적이라는 것인데, 글의 내용을 통해서 이들을 노후가 여유로운 만큼 여가 생활에 적극적이라는 것을 알 수 있다.

오답풀이
① 주어진 글에서 이들을 겨냥한 산업의 키워드가 자기계발 욕구라고 언급되어 있는 부분을 통해 액티브 시니어의 특징임을 알 수 있다.
② 액티브 시니어의 대표 연령대인 50·60세대는 1,600만 명으로 전인구의 30%가 넘는다.
④ 액티브 시니어가 경제적 여유가 있으며 왕성한 소비 활동을 보인다고 하였으므로 옳은 내용이다.
⑤ 가족만큼 자신의 삶도 소중히 생각하기 때문에 자신의 취향과 가치관에 따라 왕성한 소비활동을 보인다고 언급되어 있으므로 옳은 내용이다.

04 정답 ④

주어진 글은 과도한 영어 교육과 영어 유치원의 폐해를 지적하고 유아기 영어유치원에 보내는 것을 경계하는 글이다. 따라서 이와 반대되는 내용은 영어 교육을 유아기에 하는 것이 좋은 이유를 밝히는 것이다. 아이가 언어를 쉽게 습득할 수 있는 시기가 생후 12개월부터 5세까지이므로 그 시기에 영어교육을 하는 것이 최적기라는 것은 영어 유치원을 보내는 이유를 근거로 하여 반박하는 것은 적절하다.

오답풀이
① 외국어에 너무 일찍 과도하게 노출될 경우 모국어에 학습에 어려움을 느낄 수 있다는 것은 영어 유치원을 보냈을 때 생길 수 있는 문제점이므로 필자의 주장의 근거가 된다.

② 최근 '영어 코딩'과 같이 교과목에 다양한 전문 과정을 넣는 영어 유치원이 늘고 있다는 것은 영어 유치원의 과도한 경쟁과 학습수준 높이기로 인해서 미취학 아동들이 고통을 받을 수 있다는 근거가 된다.

③ 극심한 학습 스트레스에 시달리는 미취학 아동들이 급기야 정신과 치료를 받고 있다는 내용은 주어진 글의 주장과 일맥상통한다.

⑤ 영어 유치원에서 사용하는 교재에 어린이들에게 생소한 내용이 포함하는 경우가 많다는 내용은 영어 유치원 교재에 대한 내용으로 글의 논지와 관련성이 적으며 반박으로 보기에도 적절하지 않다.

05 정답 ⑤

주어진 글은 면역력을 군대에 비유하면서 면역력을 강화시킬 수 있는 방법에 대해 전반적으로 서술하고 있다. 따라서 면역력의 역할에 대한 내용인 [다] 문단이 가장 먼저 오고, 면역력을 강화하기 위한 요소인 식사와 잠에 대해 이야기하고 있는 [라] 문단과 [가] 문단이 차례대로 이어져야 한다. 마지막으로 식사와 잠뿐만 아니라 운동도 면역력 강화에 중요한 요소라는 내용의 [나] 문단으로 글이 마무리되는 것이 자연스럽다.

따라서 논리적인 순서에 맞게 배열하면 [다]－[라]－[가]－[나]이다.

06 정답 ⑤

주어진 글은 아침에 커피를 마시는 섭취 시간과 코르티솔 수치가 어떻게 연관되는지 설명하고 있다. '아침 커피 섭취 시간과 코르티솔 수치의 관계'는 두 내용을 모두 담고 있어 제목으로 가장 적절하다.

오답풀이
① 코르티솔 수치에 대해 언급하지만, 섭취 시간에 대한 구체적인 내용이 없어 제목으로는 적절하지 않다.

② 카페인의 각성 효과와 스트레스에 대해 언급하고 있지만 전반적인 내용을 담지 못한다.

③ 건강한 커피 섭취에 대한 언급은 일부 있지만, 아침 기상시간과는 거리가 멀다

④ 카페인 섭취로 인한 스트레스에 대한 구체적인 언급이 없고 전반적인 내용을 담지 못하고 있다.

07 정답 ⑤

주어진 글은 나노테크놀로지를 통한 나노 의학 치료 기술에 대한 내용이다. 빈칸의 앞부분에서는 현재의 치료 기술이 획일적이라는 내용이고, 뒷부분에서는 유전 정보에 따른 치료약을 선택하는 방법의 필요성을 언급하고 있다. 따라서 빈칸에는 동일한 약물을 사용하더라도 개인에 따라 치료 효과가 다를 수 있다는 내용이 적절하다.

오답풀이
① 질환의 징후에 따른 추가적인 약물 치료의 불가능성은 빈칸의 앞부분과 뒷부분 내용과 관련이 없다.

② 획일적인 치료법이 약물의 조정 수준을 측정하기 어렵다는 내용과 이어지는 것은 자연스럽지 않다.

③ 앞부분에서 질병의 이상 유무를 확인하고 맞춤형 의료시스템을 구축할 수 있음을 알 수 있기 때문에 약물의 영향이 인체 내에서 나타나지 않는다는 설명은 적절하지 않다.

④ 현재의 치료 기술이 획일적이라는 문제를 다룬 다음 내용으로 약물 분해 과정에서의 부작용 발생을 언급하는 것은 적절하지만, 자신의 유전 정보에 따라 가장 잘 맞는 치료약을 선택해야 한다는 뒷부분의 내용과는 이어지지 않는다.

✔ 문제 해결 TIP

빈칸에 들어갈 말을 찾는 문항은 해당 문단의 전체적인 내용의 흐름을 파악하고, 빈칸 앞뒤 문장의 논리적 흐름을 살펴보는 것이 유용하다.

08 정답 ②

주어진 글은 육상 경기의 다양한 종목과 각 종목의 신체적 요구를 설명하는 내용이다. 글의 맨 앞에 들어갈 문장은 육상 경기에 대한 전반적인 배경 설명이므로, '가장 오래된 스포츠 중 하나'라는 역사적 배경을 다룬 ②가 가장 적절하다.

오답풀이
① 체력보다 기술적인 요소가 더 중요하다는 내용은 문맥상 맞지 않다. 또한 내용상 육상 경기는 다양한 신체 능력을 시험하는 종목으로 체력과 기술 모두 중요하다.
③ 현대 올림픽에서의 인기 종목이라는 내용은 글 내용의 흐름과 관련이 없다.
④ 체력과 기술의 중요성을 비교하는 내용으로 글의 순서상 적절하지 않다.
⑤ 특정 장비 없이 신체 능력에 의존한다는 내용은 빈칸 다음에 전개되는 내용을 고려할 때 적절하지 않다.

09 정답 ⑤

지자체가 대체 부지 마련이나 보상 제도를 통해 님비현상을 해결하려 노력하지만, 이러한 방법만으로는 님비현상이 쉽게 해결되지 않는 경우가 많다고 설명하고 있다. 따라서 갈등을 완전히 해소할 수 있다는 추론은 적절하지 않다.

오답풀이
① 지자체가 대체 부지 모색이나 보상 제도를 도입하는 등의 추가적인 조치를 취해야 한다고 설명하고 있어, 추가적인 비용 발생 가능성에 대한 추론은 적절하다.
② 대도시에서는 인구 밀집도가 높아지면서 갈등이 더 심각해질 수 있다고 설명하고 있으므로 공공시설 설치에 대한 반발이 강해질 가능성을 추론한 것은 적절하다.
③ 지자체의 노력이 항상 성공적으로 이어지지 않는다고 설명했기 때문에 보상 제도를 도입해도 효과적으로 실행하지 않으면 님비현상을 완화하기 어려울 수 있다는 추론은 적절하다.
④ 님비현상을 해결하기 위해 주민과의 소통과 협력이 중요하다고 언급하고 있으므로 시설의 필요성을 주민들에게 효과적으로 전달하는 과정이 중요하다는 추론은 적절하다.

10 정답 ⑤

첫 번째 문단의 마지막 문장에서 학자들이 라파엘로의 작품 세계를 칭송하는 진정한 이유는 기법 때문이 아니라 '인간의 표현'이라는 르네상스 예술의 가치가 그의 작품에 담겨 있기 때문이라고 설명하였고, 마지막 문단에서는 디지털 기술을 응용한 문화 사업에서도 라파엘로의 경우처럼 인문학적 세계관을 가져야 한다고 설명하고 있다. 따라서 글의 중심 내용으로 '기술이나 기법은 인간적 가치와 결합됨으로써 의미나 생명력을 지닐 수 있다.'가 적절하다.

오답풀이
① '기술을 세계관의 차원으로 승화시키는 것'에 대한 내용은 제시되어 있지 않다.
② 제시된 글은 라파엘로의 경우처럼 '인문학적 세계관'을 가져야 한다는 것이지 '과거의 가치'를 새롭게 받아들이자는 내용이 아니다.
③ 라파엘로만의 수학적 두뇌는 인간의 아름다움을 표현하는 데 일조하였다는 설명만 제시되었을 뿐 '인문학적 가치'와 '수학적 가치'의 결합에 대해서 설명한 것은 아니다.
④ 제시된 글의 중심 내용과 거리가 멀다.

11 정답 ②

주어진 글은 컴퓨터 모니터의 해상도에 대한 정의와 적절한 모니터를 선택하는 기준에 대한 내용이다. 두 번째 문단의 '모니터 화면이 커질수록 화면이 뿌옇게 보이기 때문에 고해상도가 필요하다.'의 내용을 확인할 수 있으나, 세 번째 문단의 '모니터 크기에 따른 적절한 해상도는 27인치 이하는 FHD, 27~32인치는 QHD, 32인치 이상은 4K UHD가 적절하다.'와 27인치 모니터를 4K UHD 해상도로 사용할 경우 글씨가 작게 보여 사용하는 데 불편함이 더 많다는 내용을 통해 모니터의 크기별로 적합한 해상도가 다름을 확인할 수 있으므로 ②는 글의 내용과 일치하지 않는다.

오답풀이
① 첫 번째 문단의 'FHD 해상도인 1920×1080은 가로에 1,920개, 세로에 1,080개의 점이 나열돼 있는 것이다. FHD는 총 2,073,600개의 픽셀, QHD는 총 3,686,400개의 픽셀, 4K UHD는 총 8,294,400개의 픽셀이 한 화면에 동시 표현된다.'를 통해 확인할 수 있다.
③ 세 번째 문단의 '시중에 27인치의 4K UHD 모니터가 출시돼 있는데, 실제 이 제품을 4K UHD 해상도로 사용하면 많은 정보량을 한눈에 볼 수는 있을지언정 글씨가 작게 보여 사용하는 데 불편함이 더 많다.'를 통해 확인할 수 있다.
④ 세 번째 문단의 '실제로 32인치 모니터를 사용하지만 1m 떨어진 거리에서 게임을 즐기는 용도기 때문에 FHD 해상도로도 충분하게 사용할 수 있다.'와 마지막 문단의 '단순히 TV와 게임기 연결 용도로 쓴다면 크기가 아무리 커도 FHD 해상도로도 충분하다'를 통해 확인할 수 있다.
⑤ 세 번째 문단의 '모니터 크기에 따른 적절한 해상도는 27인치 이하는 FHD, 27~32인치는 QHD, 32인치 이상은 4K UHD가 적절하다. 아무리 모니터가 커더라도 일반적으로 사무용 책상에서 사용하는 거리(약 80cm 이내)보다 더 먼 거리에서 사용한다면 좀 더 낮은 해상도도 문제없다.'와 마지막 문단의 'PC에 연결하는 용도라면 모니터 크기에 따라 QHD나 4K UHD 해상도를 지원하는 제품을 구매하는 것이 합리적이다.'를 통해 확인할 수 있다.

✔ 문제 해결 TIP
모니터의 크기별로, 사용 거리별로 추천하는 해상도가 달라지는 부분을 잘 파악해야 한다.

12 정답 ⑤
마지막 문단에서 잎 표면에 먼지가 쌓이게 되면 병충해에 대한 저항력을 약화시켜 곡식 및 과실류의 수확량의 감소를 가져온다고 하였으므로 적절하지 않다.

오답풀이
① 두 번째 문단의 '비교적 큰 크기의 먼지는 일반적으로 폐까지 도달하기 전 우리 몸 안에서 스스로 방어기전(기침이나 가래 등)에 의해 제거되지만, 인위적 발생원에서 비롯된 미세먼지는 폐포까지 침투하여 각종 면역질환 및 암까지도 유발한다.'를 통해 추론할 수 있다.
② 두 번째 문단의 '폐포는 모세혈관에 싸여 있는데 미세먼지에 달라붙어 있는 독성물질이 모세혈관을 따라 들어가게 되면 우리 몸은 독성물질에 반응하여 백혈구 등 면역반응 물질을 내놓기 때문에 혈액의 점도가 증가하여 심장에 부담을 주게 된다.'를 통해 추론할 수 있다.
③ 마지막 문단의 '식물의 생장에 가장 중요한 광합성은 식물의 잎 부분에서 이루어진다.'를 통해 추론할 수 있다.
④ 마지막 문단의 '식물은 잎을 통해 빛을 흡수할 뿐만 아니라, 식물의 잎 표면에는 유기물 합성에 필요한 공기 중의 탄산가스를 들여오고 산소를 내보낼 수 있는 기공이 있다. 이러한 잎 표면에 먼지가 쌓이게 되면 필요한 영양분 합성을 방해하여 식물 성장이 원활하게 이루어질 수 없게 된다.'를 통해 추론할 수 있다.

13 정답 ④
주어진 글은 축제를 바라보는 두 가지 관점을 소개하는 내용이다. 축제에 대한 정의와 뒤르켐적인 모델과 프로이트적인 모델이 있음을 설명하고, 먼저 뒤르켐적인 모델에서의 축제를 정의하는 [나] 문단이 서두로 제시되어야 한다. 그리고 이와 대비되는 '프로이트적인 모델'을 설명하는 [가] 문단이 이어져야 하고, 프로이트적인 모델을 계승한 바흐친의 관점을 소개하는 [라] 문단이 제시되어야 한다. 마지막으로 이에 대한 부연설명이 나오는 [다] 문단으로 글이 마무리되어야 한다.
따라서 논리적인 순서에 맞게 배열하면 [나]−[가]−[라]−[다] 순이다.

14 정답 ③
이카리딘은 알레르기 반응을 덜 유발하는 성분으로, 민감한 피부나 어린이에게 적합하다고 설명하고 있다.

오답풀이
① DEET는 모기가 이산화탄소를 감지하는 능력을 차단한다고 되어 있으며, 이 능력을 향상시키지 않는다.

② 이카리딘은 DEET보다 덜 강력하지만 여전히 충분한 효과를 발휘한다고 설명되어 있다.

④ 모기약의 성분은 모기를 직접 죽이는 것이 아니라, 모기의 후각을 교란하거나 모기의 접근을 차단하여 모기를 쫓는 방식으로 작용한다.

⑤ DEET는 처음에는 군사용으로 개발되었다.

15 정답 ③

젊은 층에서 돌발성 난청 환자가 증가하는 이유로 무선 이어폰의 장시간 사용을 지목하여, 건강을 위해 보조적 청력보호기구 사용 등의 해결책이 필요함을 보여 주는 논지 전개 방식을 사용하였다.

오답풀이
① 중심 화제에 대한 구체적인 예시를 주어진 글에서 찾을 수 없다.

② 중심 화제에 대한 개념 정의는 주어진 글에서 찾을 수 없다.

④ 중심 화제와 비슷한 대상을 비교하여 특징을 서술하지 않았다.

⑤ 안전한 무선 이어폰 사용 방법에 대한 세계보건기구의 견해를 제시하고 있으나 상반된 입장은 주어진 글에서 확인할 수 없다.

16 정답 ③

콘텐츠 마케팅은 잠재 고객들의 구매 행동을 이끌어 내는 것이다. ③은 사내 교육을 위한 영상이므로 콘텐츠 마케팅의 사례로 적절하지 않다. ①, ②, ④, ⑤는 브랜드의 제품 및 서비스를 잠재 고객들에게 적극적으로 홍보함으로써 잠재 고객들의 구매 행동을 이끌어 내려는 것이므로 콘텐츠 마케팅의 사례에 해당한다.

17 정답 ③

소수 계층만 통용되는 언어는 모든 연령대가 의사소통을 원활하게 할 수 없으므로 참다운 언어라고 보기 어렵다.

오답풀이
① 신조어는 사회상을 풍자하며 시대를 비추는 거울과 마찬가지이므로 사회구조적인 문제가 언어에 반영된다고 볼 수 있다.

② 언어는 사회와 시대 흐름에 따라 생성, 소멸, 변화의 과정을 반복적으로 겪는다.

④ 특정 세대만 아는 언어로 인해 세대 간 의사소통의 어려움을 겪고 소외감을 느낄 수 있다.

⑤ 청소년기에 나쁜 언어 습관을 들이지 않아야 우리말이 파괴되는 상황을 예방할 수 있다.

18 정답 ②

주어진 글은 시장은 자원배분의 효율성에 의해 돌아가며, 효율성이 떨어지는 부분은 외면한다고 주장한다. 이에 대해 자원배분의 효율성이 떨어져도 사회적으로 반드시 필요한 부분이 있다는 반론이 나올 수 있다.

오답풀이
① 생산자는 소비자가 원하는 상품을 원하는 수량만큼만 생산하게 되고 이로 인해 가격도 결정된다고 하였으므로 비판이 아니라 지지하는 내용임을 알 수 있다.

③ 생산자들은 소비자가 원하는 상품을 생산한다는 글의 주장과 같은 맥락이다.

④ 시장의 자유성을 표현했다는 점에서 글의 주장과 같은 맥락이다.

⑤ 시장에 대한 옹호, 정부 개입 반대는 글의 주장과 같은 맥락이다.

19 정답 ④

주어진 글은 과거의 가습기 살균제 사태 이후로 소비자들이 화학물질에 대해 위험하다는 인식을 갖게 되었다는 조사 결과를 근거로 들어, 정보 감염으로부터 소비자가 깨우쳐 스스로의 안전을 지킬 수 있도록 화학물질에 대해 정확히 알려는 노력뿐 아니라 생산 기업의 제품 생산 및 관리, 언론의 정보 전달, 전문가들의 인식 개선 노력이 필요하다고 이야기하고 있으므로 '화학물질에 대한 불안감 해소를 위한 노력'이 적절한 주제이다.

오답풀이
① 제품의 안전성을 높이기 위해 화학물질이 첨가된다고 언급되어 있으나 전반적인 내용을 포괄하는 주제로 적절하지 않다.
② 가습기 살균제 사태 이후로 화학물질에 대한 불안감을 소비자가 느끼고 있으나 구체적으로 화학물질의 위험성에 대해서는 언급하지 않으므로 주제로 적절하지 않다.
③ 소비자가 수많은 화학물질 이름의 성분과 용도를 알기 어렵다고 언급되어 있으나 전반적인 내용을 포괄하는 주제로 적절하지 않다.
⑤ 안정성 인식 조사는 소비자의 불안감의 정도를 확인하려는 일부 근거로 사용되어 정보 감염 실태조사와 성격이 다르므로 전반적인 내용을 포괄하는 주제로 적절하지 않다.

20 정답 ③

조산 위험을 줄이기 위해 혈액순환을 원활하게 하는 적절한 운동은 필수이며 건강한 식습관을 바탕으로 한 체중 관리에도 신경써야 한다. 활동을 줄이거나 중단하는 것은 오히려 조산 위험을 높이는 행동이다.

오답풀이
① 만 35세 이후의 고령임신은 조산의 원인 중 하나이다.
② 영양 섭취가 지나쳐 고혈압, 당뇨 질환으로 이어지면 조산 위험이 높아진다.
④ 제한된 공간에서 같은 자세로 오래 앉아 있으면 배에 압박이 가해지거나 몸에 흔들거림이 전해질 수 있으므로 좋지 않다.
⑤ 조산은 출산 준비가 충분히 이루어지지 않은 상태에서 40주에 못 미치는 20~37주 사이에 분만이 이루어지는 것을 일컫는다.

01 정답 ④

매출 총액의 60%는 178×0.6＝106.8(조 원)이므로 사업영역 B의 매출액은 104조 원으로 매출 총액의 60% 미만이다. 투자 총액의 60%는 30×0.6＝18(조 원)이므로 사업영역 B의 투자액은 15.5조 원으로 투자 총액의 60% 미만이다.

오답풀이

① 매출 총액은 38＋104＋32＋4＝178(조 원)이고, 투자 총액은 8.5＋15.5＋4.8＋1.2＝30(조 원)이므로 5배 이상이다.

② 사업영역 A 매출액은 38조 원이고, 사업영역 D 매출액은 4조 원이므로 9배 이상이다.

③ 매출액이 투자액의 5배 이상인 사업영역은 B, C로 총 2개이다.

⑤ 사업영역 C의 투자액은 매출액의 $\frac{4.8}{32}×100＝15(\%)$이다.

02 정답 ③

ⓒ 36개월간 공장용 기계 P를 사용했을 때 네 회사에 대하여 사용 총액을 확인해 보면 다음과 같다.

• A사: 3,000＋30×36＝4,080(만 원)

• B사: 2,800＋40×36＝4,240(만 원)

• C사: 2,900＋50×36＝4,700(만 원)

• D사: 2,850＋35×36＝4,110(만 원)

따라서 36개월간 사용했을 때 사용 총액이 두 번째로 낮은 것은 D사 제품이다.

ⓒ 18개월간 A사 제품으로 사용했을 때 사용 총액은 3,000＋30×18＝3,540(만 원)이다. 따라서 3,500만 원 이상이다.

오답풀이

㉠ 1년간 공장용 기계 P를 사용했을 때 네 회사에 대하여 사용 총액을 확인해 보면 다음과 같다.

• A사: 3,000＋30×12＝3,360(만 원)

• B사: 2,800＋40×12＝3,280(만 원)

• C사: 2,900＋50×12＝3,500(만 원)

• D사: 2,850＋35×12＝3,270(만 원)

따라서 사용 총액이 가장 낮은 것은 D사 제품이다.

㉣ 3개월간 공장용 기계 P를 사용했을 때 두 회사 A, C에 대하여 사용 총액을 확인해 보면 다음과 같다.

• A사: 3,000＋30×3＝3,090(만 원)

• C사: 2,900＋50×3＝3,050(만 원)

따라서 3개월간 사용했을 때 C사 제품의 사용 총액은 A사 대비 40만 원 더 저렴하다.

03 정답 ③

2020년에 공공 도서관의 수는 늘었지만 공공 도서관의 방문자 수는 줄었다.

오답풀이

① 방문자 수의 단위는 '천 명'이므로 2023년의 공공 도서관 방문자 수는 202,263,000명이다.

② 1인당 도서 수는 2019년의 2.22권에서 2023년의 2.41권으로 꾸준히 증가하고 있다.

④ 1관당 인구수는 2019년의 45,723명부터 2023년의 40,382명으로 꾸준히 하락하고 있다.

⑤ 2023년의 1관당 인구 수는 40,382명이고 2020년의 1관당 인구 수는 44,223명으로 44,223−40,482=3,841(명)이므로 3,500명 이상 감소하였다.

> ✎ **문제 해결 TIP**
> ① 표에서 단위를 반드시 확인해야 한다.
> ② 연도별 자료의 변화 추세를 확인하는 것이 중요하다.

04 정답 ④

2022년의 총 봉사활동 참여 인원은 2,210,000명이므로 개인 봉사활동 참여 인원이 차지하는 비율을 계산하면 $\frac{720}{2,210} \times 100 ≒ 32(\%)$이다. 2023년의 총 봉사활동 참여 인원은 3,020,000명이므로 개인 봉사활동 참여인원이 차지하는 비율을 계산하면 $\frac{910}{3,020} \times 100 ≒ 30(\%)$이다.

따라서 2022년 대비 2023년 총 봉사활동 참여 인원에서 개인 봉사활동 참여 인원이 차지하는 비율은 2%p 감소하였다.

[오답풀이]
① 2020년의 개인 봉사활동 참여인원은 324,000명이므로 약 32만 명이다.
② 2021년의 봉사활동 참여 인원은 1,315,000명이며 2022년은 720,000+1,490,000=2,210,000(명)이다. 2021년과 2022년의 봉사활동 참여인원을 비교하면 $\frac{(2,210-1,315)}{1,315} \times 100 ≒ 68(\%)$이다. 따라서 봉사활동 참여 인원은 약 68% 증가하였다.
③ 2022년의 총 인구는 51,673,000명이고 봉사활동 참여 인원은 2,210,000명이다. 따라서 총 인구 대비 비중은 $\frac{2,210}{51,673} \times 100 ≒ 4(\%)$이다.
⑤ 2023년의 단체 봉사활동 참여 인원은 3,020,000−910,000=2,110,000(명)이다. 2021년에는 912,000−893,000=19,000(명)이 증가하였고, 2022년에는 1,490,000−912,000=578,000(명)이 증가하였으며, 2023년에는 2,110,000−1,490,000=620,000(명)이 증가하였다. 따라서 2023년에 단체 봉사활동 참여 인원이 가장 많이 증가하였다.

05 정답 ③

연간 인당 자기개발 교육시간 전년 대비 증가율을 구하면 다음과 같다.

(단위: 시간, %)

구분	교육시간	전년 대비 증가 시간	전년 대비 증가율
2019년	111	−	−
2020년	120	120−111=9	$\frac{9}{111} \times 100 ≒ 8.1$
2021년	130	130−120=10	$\frac{10}{120} \times 100 ≒ 8.3$
2022년	140	140−130=10	$\frac{10}{130} \times 100 ≒ 7.7$
2023년	151	151−140=11	$\frac{11}{140} \times 100 ≒ 7.9$

따라서 전년 대비 연간 인당 자기개발 교육시간의 증가율이 가장 낮은 연도는 2022년이다.

[오답풀이]
① 2019년 이후 연간 인당 자기개발 교육시간은 전년 대비 9, 10, 10, 11시간 증가했으므로 매해 꾸준히 증가하였다.
② 2019년 이후 전년 대비 연간 인당 자기개발 교육시간이 가장 많이 증가한 해는 11시간 증가한 2023년이다.

④ 2021년, 2022년 연간 인당 자기개발 교육시간은 전년 대비 증가 시간은 같지만 증가율은 다르다.

⑤ 2019년 이후 2023년까지 연간 인당 자기개발 교육시간은 평균 $\frac{9+10+10+11}{4}=10$, 즉 10시간씩 증가하였다.

⌖ 문제 해결 TIP

전년 대비 증가율은 $\frac{(당해\ 연도\ 값)-(전년도\ 값)}{(전년도\ 값)}\times100(\%)$로 계산한다.

06 정답 ①

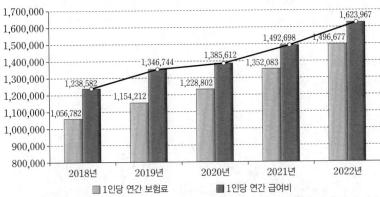

□ 1인당 연간 보험료　■ 1인당 연간 급여비

1인당 연간 급여비를 위 그림과 같이 선으로 연결했을 때, 직선의 기울기가 가장 작은 해의 전년 대비 1인당 연간 급여비 증가액이 가장 적다. 즉, 2019년과 2020년을 연결한 직선의 기울기가 가장 작으므로 1인당 연간 급여비 증가액이 가장 적은 해는 2020년이다.

따라서 2020년의 전년 대비 1인당 연간 보험료 증가액은 $1,228,802-1,154,212=74,590$(원)이다.

07 정답 ④

광물 Au를 다루는 제련소는 전체 제련소의 $\frac{40}{250}\times100=16(\%)$이다.

오답풀이

① 협력사는 총 80개이고, 광물별 사용 협력사의 수(중복포함)는 170개로 한 협력사당 두 개 이상의 광물을 사용하는지는 알 수 없다.

② 광물 Sn을 다루는 협력사는 전체 협력사의 $\frac{50}{80}$, 즉 $\frac{5}{8}$이다.

③ 광물 Co를 다루는 제련소는 광물 Co를 다루는 협력사의 $\frac{90}{40}$, 즉 $\frac{9}{4}$이다.

⑤ 광물 W를 다루는 제련소가 전체 제련소의 $\frac{30}{250}\times100=12(\%)$이고, 광물 W를 사용하는 협력사는 전체 협력사의 $\frac{30}{80}\times100=37.5(\%)$이다.

⌖ 문제 해결 TIP

⑤ 특정량이 기준량(전체양)에서 차지하는 비중은 $\frac{특정량}{기준량}\times100(\%)$으로 구한다. 광물 W의 제련소는 30개이고, 협력사도 30개이므로 서로 같다. 그러나 전체 제련소는 250개, 전체 협력사는 80개로 기준량이 서로 다르다. 즉, 광물 W를 다루는 제련소가 전체 제련소에서 차지하는 비중과 광물 W를 사용하는 협력사가 전체 협력사에서 차지하는 비중은 서로 다르다.

08 정답 ④

㉠ A지역의 주차장 수는 3,054 → 3,122 → 3,320 → 3,324로 매년 전년 대비 증가하였다. 반면 B지역은 2020, 2021년에 전년보다 감소하였고 C지역은 2022년에 전년보다 감소하였다.

㉢ A지역 주차가능 대수의 4배와 B지역 주차가능 대수는 다음과 같다.

구분	2019년	2020년	2021년	2022년
A지역×4	816	852	900	904
B지역	934	985	956	951

따라서 매년 4배 이상이다.

㉣ C지역 주차장 1개당 주차가능 대수는 다음과 같다.

- 2019년: $\dfrac{888 \times 1,000}{8,524} ≒ 104.2$(대)
- 2020년: $\dfrac{897 \times 1,000}{8,852} ≒ 101.3$(대)
- 2021년: $\dfrac{914 \times 1,000}{9,131} ≒ 100.1$(대)
- 2022년: $\dfrac{911 \times 1,000}{9,129} ≒ 99.8$(대)

따라서 매년 전년 대비 감소하였다.

오답풀이

㉡ $\dfrac{3,324 - 3,054}{3,054} \times 100 ≒ 8.8$(%)이므로 증가율은 10% 미만이다.

> **✎ 문제 해결 TIP**
>
> 해가 지날수록 주차장 수가 주차가능 대수의 10배에 근접하다가 결국 역전하므로 주차장 1개당 주차가능 대수는 계속해서 감소함을 알 수 있다. 또한 ㉠은 맞고 ㉡은 틀린 선지이므로 ①, ③, ⑤는 답이 될 수 없다. 따라서 ㉢의 정오 예부를 확인하면 ㉣을 확인하지 않아도 답을 알 수 있다.

09 정답 ⑤

90세 이상의 여자 사망자 수와 40~49세 남자 사망자 수만 보면 서로 비슷하지만, 50세 미만의 남자 사망자 수에는 0~49세까지의 남자가 포함되므로 50세 미만의 남자 사망자 수가 더 많다.

10 정답 ⑤

증가율의 기준이 되는 값이 2020년 3분기이고, 2023년 3분기의 전년 동분기 대비 증가율의 증가폭은 52-28=24(%p), 2024년 3분기의 전년 동분기 대비 증가율의 증가폭은 76-52=24(%p)이므로 두 증가율의 증가폭은 서로 같다.

오답풀이

① 2021년 3분기 로밍 이용자 수는 2020년 3분기보다 850×0.2=170(천 명) 많다.

② 2022년 3분기 로밍 이용자 수는 전년 동분기보다 850×(0.28-0.2)=68(천 명) 증가하였다.

③ 2023년 3분기 로밍 이용자 수는 850×(1+0.52)=1,292(천 명)으로 1,300천 명 미만이다.

④ 2024년 3분기 로밍 이용자 수=850×1.76=1,496(천 명)

2021년 3분기 로밍 이용자 수=850×1.2=1,020(천 명)

2021년 3분기 로밍 이용자 수의 1.5배는 1,020×1.5=1,530(천 명)

따라서 2024년 3분기 로밍 이용자 수는 2021년 3분기 로밍 이용자 수의 1.5배 보다 적다.

문제 해결 TIP

2020년 3분기 로밍 이용자 수를 k천 명이라고 하면 매해 3분기 로밍 이용자 수는 다음과 같이 나타낼 수 있다.

2020년 3분기	2020년 3분기	2020년 3분기	2020년 3분기	2020년 3분기
k천 명	$1.2k$천 명	$1.28k$천 명	$1.52k$천 명	$1.76k$천 명

매해 3분기 증가율의 기준이 되는 값이 2020년 3분기로 모두 동일하므로 증가율의 합 또는 차를 이용해서 문제를 해결할 수 있다. 만약 증가율의 기준이 되는 값이 항목마다 다르다면 증가율의 합 또는 차를 할 수 없다.

11 정답 ③

㉠ 2023년 TV수상기를 이용한 비율은 71.4%로 전년 대비 75.5−71.4=4.1(%p) 감소하였다.

㉣ 3개년 동안 꾸준히 이용 빈도가 감소한 매체는 노트북과 종이 신문의 2가지 매체이다.

오답풀이

㉡ 2023년 TV수상기를 이용하는 사람이 모두 스마트폰을 이용하는 사람인 것은 아니므로 2023년 스마트폰을 이용하는 사람 중 71.4%는 TV수상기를 이용한다고 할 수 없다.

㉢ 2021년부터 2023년까지 3개년 동안 꾸준히 이용 빈도가 증가한 매체는 태블릿 PC 1가지 매체뿐이다.

12 정답 ②

폭력 피해를 당한 이유 중 매년 비율이 감소한 경우는 11.4% → 9.6% → 9.2% → 6.7%로 변화한 '내가 잘못해서'가 유일하다.

오답풀이

① 2015년과 2016년은 남학생과 여학생을 구분하지 않았으므로 2015년과 2016년의 남학생과 여학생의 학교 폭력 피해 경험률은 알 수 없다.

③ 2018년 학교 폭력을 경험한 남학생의 비율은 7.8%이다. 따라서 1,000명의 남학생 중 78명이 학교 폭력을 경험했고, 이 중 14.4%인 약 11명이 몸이 작고 힘이 약하다는 이유로 학교 폭력을 당했다.

④ 2015년과 2016년에는 '몸이 작고 힘이 약해서'가 가장 높은 비율을 보이지만, 2017년과 2018년에는 '성격 때문'이 가장 높은 비율을 보인다.

⑤ 정확한 수치가 아닌 비율이 주어져 있으므로, 구체적인 남성과 여성의 수는 알 수 없다.

13 정답 ③

2018년 서울특별시의 교원 수는 광주광역시의 $\frac{954}{194}$≒4.9(배)이다.

오답풀이

① 2021년 교원 1인당 학생 수가 2019년 대비 증가한 지역은 없다.

② 2022년 인천광역시의 학생 수는 14.19×28,600=405,834(명)이다.

④ 2022년 대전광역시의 교원 1인당 학생 수는 2018년 대비 16.7−14.87=1.83(명) 감소했다.

⑤ 대구광역시의 교원 1인당 학생 수가 인천광역시보다 많은 연도는 2018년, 2020년으로 햇수로 2년이다.

문제 해결 TIP

③ 2018년 광주광역시 교원 수의 5배는 194×5=970(백 명)으로 2018년 서울특별시 교원 수인 954백 명보다 많다. 따라서 2018년 서울특별시의 교원 수는 광주광역시의 5배 미만이다.

14 정답 ④

성장률과 순익은 높은 것이 우위이고 손해율은 낮은 수록 우위이다. 따라서 2024년 1분기에 성장률 면에서는 S사, 순익 면에서는 D사, 손해율 면에서는 S사가 가장 우위를 점하고 있다.

오답풀이

① H사의 순위는 매년 동일하나 2022년 D사와 S사의 순위가 바뀐다.
② 2024년 1분기에 H사의 매출액과 성장률은 D사에 앞섰으며, 순이익도 2023년과 2024년 모두 S사에 앞섰다.
③ 2020년 3사 점유율 합=25+23+19=67(%)
   2021년 3사 점유율 합=26+21+20=67(%)
   2022년 3사 점유율 합=27+18+23=68(%)
   2024년 3사 점유율 합=28+15+25=68(%)
   따라서 3사의 점유율 합은 매년 60% 이상이다.
⑤ S사가 손해율이 가장 적지만 매출액은 H사가 가장 높으므로 각 기업의 매출액 순위와 손해율이 적은 순서는 일치하지 않는다.

15 정답 ④

주어진 자료를 정리하면 다음과 같다.

(단위: 개)

출발지＼도착지	A항구	B항구	C항구	D항구	E항구	합계
A항구	−	17	29	8	16	70
B항구	19	−	26	8	10	63
C항구	28	25	−	27	46	126
D항구	9	7	27	−	36	79
E항구	18	9	45	34	−	106
합계	74	58	127	77	108	444

㉠ 출발 컨테이너의 수는 오른쪽의 합계이며, 도착 컨테이너의 수는 아래쪽의 합계이다. 따라서 출발 컨테이너의 수가 도착 컨테이너 수보다 많은 것은 B항구(63>58)와 D항구(79>77)로 2개이다.
㉢ 도착 컨테이너 수가 가장 적은 2개 항구는 74개인 A항구와 58개인 B항구이다.
㉣ 항구별 도착 컨테이너 중 B항구에서 출발한 컨테이너 비중은 A항구가 $\frac{19}{74} \times 100 = 26(\%)$, C항구가 $\frac{26}{127} \times 100 = 20(\%)$, D항구가 $\frac{8}{77} \times 100 = 10(\%)$, E항구가 $\frac{10}{108} \times 100 = 9(\%)$로, A항구가 가장 크다.

오답풀이

㉡ E항구는 106+108=214(개)이나, C항구는 이보다 더 많은 126+127=253(개)로 물동량이 가장 많은 항구이다.

16 정답 ③

2015년 대비 2022년 기관 수가 감소한 곳은 강원특별자지도의 1개와 충청남도의 4개이므로 A는 1+4=5이고, 증가량 B는 전국 기관 수의 변화량에서 A만큼 더하면 구할 수 있으므로 (231−206)+5=30이다.
따라서 $\frac{B}{A} = \frac{30}{5} = 6$이다.

⚙ 문제 해결 TIP

문제에서 증가율, 감소율이 아닌 증가량과 감소량이라고 하였다. 증가량과 감소량은 단순히 제시된 자료의 수치 크기 변화를 나타내는 값으로 용어를 정확하게 파악해야 한다.

17 정답 ②

ⓗ 베트남 국적의 여성이 620명으로 가장 많았으며 이는 조사 대상 전체의 $\frac{620}{800} \times 100 = 77.5(\%)$이므로 80% 미만이다.

ⓔ 여성 결혼이민자 중 수도권에 거주하는 여성이 가장 많았으며 이는 영남권에 거주하는 여성의 $\frac{320}{240} = 1.33(배)$이다.

오답풀이

ⓒ 30세 미만의 여성이 조사 대상 전체의 $\frac{360+240}{800} \times 100 = 75(\%)$이므로 70% 이상을 차지한다.

ⓒ 대학교 이상의 고학력자 여성은 조사 대상 전체의 $\frac{160}{800} \times 100 = 20(\%)$를 차지한다.

18 정답 ③

2019년과 2020년에는 전년 대비 수입 건수가 증가했지만 수입 물량은 감소했다.

오답풀이

① [표]를 보면 매년 수입 건수와 검사 건수가 동일함을 알 수 있다.
② 2018년 부적합 건수는 728,114－726,636＝1,478(건)으로 조사 기간 중 부적합 건수가 가장 많다.
④ 조사 기간 동안 수입 식품 검사 건수의 부적합률은 1% 미만이다. 따라서 적합률은 99% 이상이다.
⑤ 전년 대비 수입 물량과 부적합 건수는 2017~2018년에는 증가하다가 2019~2020년에는 감소한다.

19 정답 ①

[표]에서 취업자 증감을 보면 2017~2019년까지는 양수 값이고 2020년에는 음수 값이다. 따라서 2019년까지 취업자 수는 증가하였음을 알 수 있고 2020년 취업자 수는 감소하였음을 알 수 있다.

오답풀이

② 2021년 전체 실업자 수는 103.7만 명이고 청년실업자 수는 32.6만 명이다. 따라서 청년실업자가 아닌 실업자 수는 103.7－32.6＝71.1(만 명)이므로, 70만 명을 넘는다.
③ 청년실업률은 2019년까지 감소하다 2020년에는 증가하였다.
④ 2020년에 실업률이 4%로 가장 높았고 2017년에 청년실업자 수가 42.6만 명으로 가장 많았다.
⑤ 전년 대비 실업자 수가 증가한 해는 2018년과 2020년이다. 2018년 증가폭은 107.3－102.3＝5(만 명)이고 2020년 증가폭은 110.8－106.3＝4.5(만 명)이므로 2018년 증가폭이 더 크다.

20 정답 ②

ⓗ 지난 1년 동안 지출한 여가비용에 대해 '매우부족'으로 평가한 가구 중 비율이 가장 큰 가구는 2.8%인 가구소득 100만 원 미만인 가구이다.

ⓒ 소득이 600만 원 이상인 가구는 여가비용에 대한 평가가 '부족' 3.2%, '다소부족' 11.9%, '보통' 36.0%로 모두 각각 다른 소득의 가구비율보다 낮다.

오답풀이

ⓒ 가구소득 500만 원 이상 600만 원 미만의 가구가 '매우부족'과 '부족'으로 평가한 비율은 1＋3.9＝4.9(%)이고, '매우충분'으로 평가한 비율은 4.1%이므로 '매우부족'과 '부족'으로 평가한 비율이 더 높다.

01	02	03	04	05	06	07	08	09	10
⑤	②	④	②	③	③	③	④	①	④
11	12	13	14	15	16	17	18	19	20
④	④	①	②	⑤	①	③	②	②	③

01 정답 ⑤

지희와 완규가 가장 앞자리와 가장 뒷자리를 제외한 다섯 자리에 앉는 경우의 수는 $_5P_2=5\times4=20$(가지)이고 남은 다섯 자리에 지희와 완규를 제외한 다섯 명의 학생이 앉는 경우의 수는 5!이다.

따라서 지희와 완규가 가장 앞자리와 뒷자리를 제외한 위치에 앉을 확률은 $\dfrac{_5P_2\times5!}{7!}=\dfrac{5\times4}{7\times6}=\dfrac{10}{21}$이다.

02 정답 ②

음료수를 4개씩 묶어 판매하면 2개가 남는다고 하였다. k가 자연수일 때, 음료수는 모두 $(4k+2)$개이다. 그리고 음료수를 3개씩 묶어서 판매하면 2개가 남으므로 자연수 m에 대하여 $k=3m+2$으로 정리된다.
두 경우 모두 나머지는 2로 같으며 4와 3의 최소공배수는 12이다.
→ 음료수의 개수: $12m+2$

이를 6으로 나누면 $\dfrac{12m+2}{6}=2m+\dfrac{2}{6}$

이 때, 몫은 $2m$이고, 나머지는 2이다.
따라서 음료수를 6개씩 묶어 판매하면 음료수가 2개 남는다.

03 정답 ④

합격자의 평균 점수를 x점, 불합격자의 평균 점수를 y점이라고 하면, 응시자 전체의 평균 점수는 $\dfrac{10x+30y}{40}$ $=\dfrac{x+3y}{4}$이다. 이를 바탕으로 주어진 조건을 정리하면 다음과 같이 나타낼 수 있다.

$x=2y-20 \cdots \ominus$

$y=\dfrac{x+3y}{4}-15 \cdots \bigcirc$

㉠과 ㉡을 연립하면 $x=140$, $y=80$이다.

따라서 응시자 전체의 평균 점수는 $\dfrac{140+240}{4}=95$(점)이다.

04 정답 ②

둘레의 길이가 480m인 원형 트랙의 같은 지점에서 동시에 같은 방향으로 자전거를 타기 시작한 두 사람이 처음으로 다시 만나기 위해서는 두 사람이 자전거를 탄 거리의 차가 원형 트랙의 둘레의 길이와 같아야 한다. 현구와 영수가 처음으로 다시 만나는 데 소요된 시간을 x초라고 하면, 두 사람이 자전거를 탄 거리의 차가 480m이므로 다음과 같은 식이 성립한다.
$13x-7x=480$　　∴ $x=80$
따라서 현구와 영수가 처음으로 다시 만나는 데 소요된 시간은 80초, 즉 1분 20초이다.

05 정답 ③

100개를 판매하여 얻은 이윤은 $(1,500-555)\times100=94,500$(원)이다. 할인판매가를 x원이라 할 때, 1개당 손해액은 $(555-x)$원이므로 남은 900개를 팔았을 때의 손해액은 $900\times(555-x)$원이다. 손해를 보지 않는 선에서 할인 판매가를 최대한 낮추는 경우는 손해액이 이윤과 동일해질 때이므로 $900\times(555-x)=94,500$이다.
따라서 할인 시 손해를 보지 않는 최소 판매가는 450원이다.

06 정답 ③

농도가 5%인 설탕물 600g에 들어 있는 설탕의 양은 $600\times\dfrac{5}{100}=30$(g)이고, 농도가 10%인 설탕물 xg에 들어 있는 설탕의 양은 $x\times\dfrac{10}{100}=0.1x$(g)이다. 이때, 두 설탕물을 섞어 만들어진 농도 8% 설탕물의 양은 $(600+x)$g 이므로, 이 설탕물에 들어 있는 설탕의 양은 $(600+x)\times\dfrac{8}{100}=48+0.08x$(g)이다. 두 설탕물을 섞어 만들어진 설탕물에 들어 있는 설탕의 양은 농도가 5%인 설탕물과 농도가 10%인 설탕물에 들어 있는 설탕의 양의 합과 같아야 한다.
$30+0.1x=48+0.08x$
$0.02x=18$ $\quad\therefore x=900$
따라서 농도가 8%인 설탕물의 양은 $600+900=1,500$(g)이다.

07 정답 ③

작년의 남자 신입사원 수를 x명이라고 할 때, 작년의 여자 신입사원 수는 $(850-x)$명이다. 올해 남자 신입사원 수는 $x\times(1-0.08)=0.92x$(명)이고, 올해 여자 신입사원 수는 $(850-x)\times(1+0.06)=1.06(850-x)$(명)이다. 이를 통해 식을 세우면 다음 식이 성립한다.
$0.92x+1.06(850-x)=850-12$
$0.14x=901-838$ $\quad\therefore x=450$
따라서 올해 남자 신입사원 수는 $0.92x=0.92\times450=414$(명)이다.

08 정답 ④

전체 일의 양을 1이라고 하면, 원래의 계획대로 일을 완성하는 데 x일이 필요하다고 할 때,
하루 동안 하는 일의 양은 $\dfrac{1}{x}$이다.
그런데 계획보다 12일 전에 일을 완성해야 하므로 $(x-12)$일 동안 일을 완성해야 하고,
이때 1일 동안 하는 일의 양은 $\dfrac{1}{x-12}$이다.
이것은 원래의 작업 효율보다 효율을 20% 높인 것이므로
$\dfrac{1}{x-12}=(1+0.2)\times\dfrac{1}{x}$이다.
$\dfrac{1}{x-12}=\dfrac{6}{5x}$
$6(x-12)=5x$ $\quad x=72$
따라서 원래의 계획대로 일을 완성하는 데는 72일이 걸린다.

✐ 문제 해결 TIP

원래 계획대로 하루에 하는 일의 양을 1이라 하고 x일이 필요하다고 할 때, 하루에 20%인 $\dfrac{1}{5}$씩 일을 더해서 12일을 줄였으므로 하루에 1씩 12일 동안 한 일의 양과 $\dfrac{1}{5}$씩 $(x-12)$일 동안 한 일의 양은 같다. 따라서 $1 \times 12 = \dfrac{1}{5} \times (x-12)$이므로 $x=72$이다.

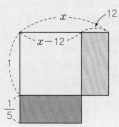

09 정답 ①

같은 직급끼리 하나의 묶음으로 보면, 세 묶음을 일렬로 배열하는 경우의 수는 $3!=3 \times 2 \times 1 = 6$(가지)이다. 이때, 주임 2명과 사원 4명끼리는 서로 자리를 바꿔 앉을 수 있으므로 각각 $2!=2 \times 1 = 2$(가지), $4!=4 \times 3 \times 2 \times 1 = 24$(가지)의 경우가 가능하다. 이에 따라 같은 직급의 직원끼리 이웃하여 앉는 경우의 수는 $6 \times 2 \times 24 = 288$(가지)이며, 기획팀 소속 7명을 일렬로 배열하는 경우의 수는 $7!=7 \times 6 \times 5 \times 4 \times 3 \times 2 \times 1 = 5{,}040$(가지)이다.

따라서 같은 직급의 직원끼리 이웃하여 앉을 확률은 $\dfrac{288}{5{,}040} = \dfrac{2}{35}$이다.

10 정답 ④

• 500원짜리 0개가 앞면인 경우: 100원짜리가 모두 앞면이 나와야 한다.
   즉, 경우의 수는 1가지이다.
• 500원짜리 1개가 앞면인 경우: 100원짜리가 어떻게 나오든 상관없다.
   즉, 경우의 수는 $2^3=8$(가지)인데, 500원짜리가 2개이므로 2개 중 1개가 앞면일 경우는 2가지이다.
   따라서 해당 경우의 수는 $8 \times 2 = 16$(가지)이다.
• 500원짜리 2개가 앞면인 경우: 100원짜리가 어떻게 나오든 상관없다.
   즉, 경우의 수는 $2^3=8$(가지)이다.
따라서 300원 이상을 상품으로 받게 되는 경우의 수는 $1+16+8=25$(가지)이다.

11 정답 ④

두 사람이 처음으로 다시 만난 시간을 x분 후라고 하면, 두 사람이 x분 동안 걸은 거리의 합은 호숫가의 둘레의 길이와 같다. 즉, 다음과 같은 식이 성립한다.
$80x+70x=3{,}000 \rightarrow 150x=3{,}000 \qquad \therefore x=20$
두 사람은 20분 후에 처음 만나므로 A, B 두 사람이 두 번째로 만나는 시간은 출발한 지 $20 \times 2 = 40$(분) 후이다.

12 정답 ④

두 상품 A, B의 정가를 각각 a원, b원이라고 하면, 두 상품 A, B의 판매가를 각각 $1.2a$원, $(b-130)$원으로 하면 총 1,700원이므로 다음과 같은 식이 성립한다.
$1.2a+(b-130)=1{,}700 \cdots \bigcirc$
두 상품 A, B의 판매가를 각각 $(a-130)$원, $1.2b$원으로 하면 총 1,670원이므로 다음과 같은 식이 성립한다.
$(a-130)+1.2b=1{,}670 \cdots \bigcirc\!\!\!\bigcirc$
$\bigcirc \times 10 - \bigcirc\!\!\!\bigcirc \times 10$을 하면 $2a-2b=300 \cdots \bigcirc\!\!\!\bigcirc\!\!\!\bigcirc$

ⓒ 식을 다시 ⓝ 식 또는 ⓛ 식에 대입하여 정리하면, $a=900$, $b=750$이다.
따라서 두 상품 A, B의 정가의 합은 $900+750=1,650$(원)이다.

13 정답 ①

합격품의 개수를 x개, 불량품의 개수를 y개라고 하면 다음과 같은 식이 성립한다.
$x+y=250 \cdots$ ⓝ
$50x-100y=6,500 \cdots$ ⓛ
ⓝ$\times 50-$ⓛ을 하면 $y=40$이므로 불량품의 개수는 40개이다.

> **🔎 문제 해결 TIP**
> 불량품이 0개라면 $50\times 250=12,500$(원)의 이익을 얻는다. 이는 6,500원과 $12,500-6,500=6,000$(원) 차이가 나는데, 50원의 이익과 100원의 손해는 150원 차이가 나므로 불량품의 개수는 $6,000\div150=40$(개)이다.

14 정답 ②

일일 평균 통화시간이 10분 이상 15분 미만인 여자 사원 수는 400명 중 21%이므로 84명이고, 일일 평균 통화시간이 20분 이상인 남자 사원 수는 600명의 10%이므로 60명이다. 따라서 $84\div60=1.4$(배)이다.

15 정답 ⑤

A, B, C가 하루에 하는 일의 양을 각각 a, b, c라 하고, 전체 프로젝트(일)의 양을 1이라고 하면, 다음과 같은 식을 세울 수 있다.
$5(a+b)=1 \cdots$ ⓝ
$10(b+c)=1 \cdots$ ⓛ
$8(a+c)=1 \cdots$ ⓒ
ⓝ$\times 2-$ⓛ을 하면 $10a-10c=1$이므로 ⓒ 식과 연립하여 정리하면 $c=\dfrac{1}{80}$이다.
따라서 사원 C가 혼자 프로젝트를 끝내려면 80일 동안 작업을 해야 한다.

16 정답 ①

반대 방향으로 갈 때는 두 사람이 이동한 거리의 합이 산책로의 길이가 되고, 같은 방향으로 갈 때는 두 사람이 이동한 거리의 차가 산책로의 길이가 된다. 따라서 다음과 같은 식을 세울 수 있다.
$$\begin{cases} 10(a+b)=2,000 \cdots \text{ⓝ} \\ 40(a-b)=2,000 \cdots \text{ⓛ} \end{cases}$$
위의 ⓝ 식과 ⓛ 식을 정리하면, $a=125$이고, $b=75$이다.
따라서 $a-b=125-75=50$이다.

17 정답 ③

두 마을 A, B 사이의 거리를 $x$km라고 하면, 올 때 걸린 시간이 갈 때 걸린 시간보다 12분 더 걸렸으므로 다음과 같은 식을 세울 수 있다.
$$\frac{x}{40}-\frac{x}{60}=\frac{12}{60}$$
$3x-2x=24 \quad \therefore x=24$
따라서 자동차로 왕복 이동한 거리는 $24\times2=48$(km)이다.

18 정답 ②

정가를 정할 때 원가의 $a\%$ 이익을 붙인다면 다음과 같은 식을 세울 수 있다.

(원가)$\times(1+0.01a)\times0.9=$(원가)$\times(1+0.08)$

양변을 (원가)로 나누고 식을 정리하면, $0.009a=0.18$ ∴ $a=20$

따라서 처음에 정가를 정할 때 원가의 20% 이익을 붙여 판매하면 된다.

19 정답 ②

2013년 아버지의 나이를 a살, 아들의 나이를 b살이라고 하면, 2007년 아버지의 나이는 $(a-6)$살, 아들의 나이는 $(b-6)$살이고, 2007년에 아버지의 나이는 아들의 나이의 4배였으므로 다음과 같은 식이 성립한다.

$a-6=4(b-6)$ ∴ $a=4b-18$ ⋯ ㉠

2020년 아버지의 나이는 $(a+7)$살, 아들의 나이는 $(b+7)$살이고, 2020년에 아버지의 나이와 아들의 나이의 차가 30이므로 다음과 같은 식이 성립한다.

$(a+7)-(b+7)=30$ ∴ $a-b=30$ ⋯ ㉡

㉠식과 ㉡식을 연립하면 $a=46$, $b=16$이다.

따라서 2013년에 아버지와 아들의 나이의 합은 $46+16=62$(살)이다.

20 정답 ③

두 제품 X, Y의 생산량을 각각 x개, y개라고 하자.

두 제품 X, Y를 만드는 데 사용되는 원료 A의 양은 $4x+5y=400$ ⋯ ㉠

두 제품 X, Y를 만드는 데 사용되는 원료 B의 양은 $2x+3y=220$ ⋯ ㉡

㉡$\times2-$㉠을 하여 정리하면, $x=50$이고, $y=40$이다.

따라서 두 제품 X, Y를 생산하였을 때의 총이익은 $50\times5+40\times8=570$(만 원)이다.

01	02	03	04	05	06	07	08	09	10
①	①	③	①	③	②	②	④	③	②
11	12	13	14	15	16	17	18	19	20
④	①	③	③	④	③	②	⑤	③	④

01 정답 ①

김 씨는 티켓이 있으므로 영화관에 입장하고, 영화관에 입장한 사람은 음료를 구매할 수 있으므로 김 씨는 음료를 구매할 수 있다.

오답풀이

② 첫 번째, 두 번째 명제를 기호화하면 다음과 같다.
- 티켓 → 영화관 (대우: ×영화관 → ×티켓)
- 영화관 → 음료 (대우: ×음료 → ×영화관)

  삼단논법에 따라 '티켓 → 영화관 → 음료'와 대우인 '×음료 → ×영화관 → ×티켓' 성립한다. 따라서 티켓이 있는 사람은 음료를 구매할 수 있다.

③ 티켓이 있는 사람은 음료를 구매할 수 있으나, 음료를 구매한 사람 중에 티켓이 없는 사람이 있는지는 알 수 없다.

④ 영화관에 입장한 사람은 음료를 구매할 수 있으나, 영화관에 입장하지 않은 사람이 음료를 구매할 수 있는지는 알 수 없다.

⑤ 영화관에 입장한 사람은 음료를 구매할 수 있으나, 그 역이 성립하는지는 알 수 없다.

02 정답 ①

두 번째, 세 번째 명제를 기호화하면 다음과 같다.
- ×교육 → 불이익 (대우: ×불이익 → 교육)
- 교육 → 가점 (대우: ×가점 → ×교육)

따라서 [×불이익 → 교육 → 가점]이 성립한다.

박 사원은 직원이고 교육 프로그램에 참여하므로 인사 평가에서 가점을 받는다

오답풀이

② 교육 프로그램에 참여하지 않으면, 상반기 평가에서 불이익을 받는다.

③ 세 번째 조건에서 교육 프로그램에 참여 해야만 가점을 받을 수 있다고 하였으므로 항상 옳지 않다.

④ 세 번째 조건에 따라 교육 프로그램에 참여하면 인사 평가에서 가점을 받는다. 따라서 항상 옳지 않다.

⑤ 네 번째 조건에 따라 박 사원은 교육 프로그램에 참여했고, 두 번째 조건에 의해 상반기 평가에서 불이익을 받지 않는다. 따라서 항상 옳지 않다.

03 정답 ③

아이스 티를 주문한 사람에 대해 B와 E가 다르게 말하고 있다. 두 가지 경우로 나누어 살펴보면 다음과 같다.

1) B가 거짓을 말한 경우
: 아이스 티를 주문한 사람은 B이고, 나머지 4명의 말은 모두 참이므로 카페라테를 주문한 사람은 C이며, 나머지 A, D, E는 아메리카노를 주문한 사람이어야 한다. 이때 아메리카노를 주문하지 않았다는 D의 말이 참일 수 없으므로 B는 거짓을 말한 것이 아니다.

2) E가 거짓을 말한 경우
: 아이스 티를 주문한 사람은 D이고, 나머지 4명의 말은 모두 참이므로 카페라테를 주문한 사람은 C이며, 나머지 A, B, E는 아메리카노를 주문한 사람이어야 한다.

아메리카노	카페라테	아이스 티
A, B, E	C	D

이때, 모순이 발생하지 않으므로 E가 거짓을 말한 것이다.
따라서 아메리카노를 주문한 사람은 A, B, E이다.

04 정답 ①

A~E의 일정을 정리하면 다음과 같다.

구분	월요일 저녁	화요일 저녁	수요일 저녁	목요일 저녁	금요일 저녁
A		운동 모임			
B			약속 있음		약속 있음
C				회식	
D		개인 약속		개인 약속	
E		회의			회의

따라서 모두 참석 가능한 모임시간은 월요일 저녁이다.

05 정답 ③

두 번째 [조건]과 세 번째 [조건]에 따라 A는 수비수인 E 또는 F와 같은 팀이 된다.
1) A와 E가 같은 팀인 경우
  : 다음과 같은 2가지 조합이 가능하다.

A	B	C
E	D	F
	F	D

2) A와 F가 같은 팀인 경우
  : 마지막 [조건]에서 C는 E와 같은 팀이 아니라고 하였으므로, C는 미드필더인 D와 같은 팀이다.

A	B	C
F	E	D

따라서 B와 D가 같은 팀이라면, C는 F와 같은 팀이다.

오답풀이
① F가 A와 같은 팀이라면, B는 E와 같은 팀이다.
② E와 A가 같은 팀일 때, C는 D와 같은 팀일 수 있으므로 항상 참은 아니다.
④ B는 D 또는 E와 같은 팀일 수 있으므로 항상 참은 아니다.
⑤ C와 D가 같은 팀일 때, F는 B 또는 A와 같은 팀일 수 있으므로 항상 참은 아니다.

06 정답 ②

1명만 참을 말한다고 하였으므로, 발표자가 B라고 말한 A와 D의 발언은 반드시 둘 다 거짓이어야 한다. 따라서 A가 거짓을 말하고 있다고 한 B는 참을 말한 사람이고, C도 거짓을 말한 사람이다. 오늘 발표를 맡지 않았다는 C의 발언은 거짓이므로 발표자는 C이다.
따라서 참을 말한 사람과 발표자가 순서대로 짝지어진 것은 B, C이다.

07 정답 ②

B는 E가 과제를 제출하지 않았다고 하였고, D는 B가 과제를 제출하지 않았고, 거짓을 말하고 있다고 하였으므로, 둘 중 한 사람은 거짓을 말한 사람이다. 만약 B가 거짓을 말하였으면, 남은 4명은 참을 말한 것인데, 모순이 발생하지 않으므로 B는 과제를 제출하지 않았고 거짓을 말하였다. 만약 D가 거짓을 말하였으면, B는 참을 말한 것이므로 과제를 제출하지 않은 사람은 E다. 이때 과제를 제출하였다는 E의 발언도 거짓이 되므로 모순이 발생

한다.
따라서 거짓을 말한 사람은 B이다.

08 정답 ④

1개 업체만 단독으로 계약하지 않으며, P사와는 계약하지 않는다고 하였으므로 X사는 Q, R, S사 중에서 두 곳 이상과 계약을 한다. 네 번째 [조건]에서 Q사와 계약 시 반드시 P사를 포함하여 계약한다고 하였으므로 Q사도 계약을 할 수 없다.
따라서 X사는 R사와 S사와 계약을 하는 경우만 가능하다.

오답풀이
①, ②, ③, ⑤ P사와 계약하지 않으며, Q사와 계약 시 반드시 P사를 포함하여야 하므로 Q사와 계약할 수 없다

09 정답 ③

'이산화탄소 배출량 증가 → 온도↑', '온도↑ → 생태계 파괴'이므로 삼단논법에 의해 '이산화탄소 배출량 증가 → 생태계 파괴'가 성립한다. 이때 '~이산화탄소 배출량 증가 → ~생태계 파괴'이므로 그 대우명제인 '생태계 파괴 → 이산화탄소 배출량 증가'도 옳다. 그러므로 '이산화탄소 배출량 증가 → 온도↑ → 생태계 파괴 → 이산화탄소 배출량 증가'의 순환고리가 만들어진다. 따라서 '온도↑ → 이산화탄소 배출량 증가'는 확실히 옳다.
'이산화탄소 배출량 증가 → 온도↑ → 생태계 파괴 → 이산화탄소 배출량 증가'가 참이므로 대우명제 '~이산화탄소 배출량 증가 → ~생태계 파괴 → ~온도↑ → ~이산화탄소 배출량 증가'의 순환고리도 참이다. 따라서 '~생태계 파괴 → ~이산화탄소 배출량 증가'도 확실히 옳다.
따라서 A, B 모두 확실히 옳다.

✓ 문제 해결 TIP
'p → q → r → p'라는 순환고리가 형성될 경우 'p → q'의 역에 해당하는 'q → p'도 반드시 참이다. 또한 순환고리의 대우명제인 '~p → ~r → ~q → ~p'도 참이므로 'p → q'의 이에 해당하는 '~p → ~q'도 반드시 참이다.

10 정답 ②

A와 E의 진술이 서로 모순되므로 둘 중 한 명은 거짓을 말하고 있다. 만약 A의 진술이 거짓이라면 B와 D의 진술이 모두 거짓이므로 모순이다. 즉, A의 진술은 참이고, E의 진술이 거짓이다. 따라서 A, B, D의 진술이 참이고, C, E의 진술이 거짓이다.
이를 바탕으로 확인해 보면 출근한 사람은 A, C, D, E이고, 결근한 사람은 B임을 알 수 있다.

✓ 문제 해결 TIP
참/거짓 문제를 해결하는 방법 중 가장 보편적인 것은 서로 모순되는 의견을 말하는 두 사람을 찾는 것이다. 그들의 의견 중 하나는 참이고 다른 하나가 거짓이라는 것에서부터 시작하면 관련 문항을 빠르게 해결할 수 있다.

11 정답 ④

D와 E는 바로 옆자리에, A는 D의 바로 앞자리에 앉고 E는 2열에 앉지 않으므로 가능한 경우는 다음과 같다.

	A	
	D	E

	A	
E	D	

이때 B는 2행에 앉고 A, B, C는 모두 다른 열에 앉으므로 가능한 경우는 다음과 같다.

F	A	C
B	D	E

C	A	F
E	D	B

따라서 B는 항상 F의 바로 뒷자리에 앉는다.

12 정답 ①

국어와 영어의 평균점수가 99점이고, 점수가 동일한 과목은 없으므로 어느 한쪽이 100점, 다른 한쪽이 98점이다. 만약 영어가 100점이라면 영어와 수학의 평균점수가 79점이므로 수학은 58점일 것이다. 그런데 민수는 낙제 과목이 없으므로 영어가 100점이라는 전제가 잘못되었다. 따라서 국어가 100점, 영어가 98점이고, 영어가 98점이므로 수학은 60점이다.

한편 사회 점수는 과학 점수보다 1점이 높은데, 점수가 동일한 과목이 없으므로 사회 점수가 99점일 수는 없다. 따라서 사회 점수는 97점 이하이며, 수학이 최하점인 60점이므로 점수가 높은 과목부터 순서대로 나열하면 국어—영어—사회—과학—수학이다.

> **✔ 문제 해결 TIP**
>
> 국어와 영어가 각각 1위, 2위, 수학이 60점으로 5위인 것만 파악하면 선택지 중에서 정답이 될 수 있는 것은 ①뿐이라는 것을 알 수 있다.

13 정답 ③

전제1과 전제2를 벤다이어그램으로 나타내면 다음과 같다.

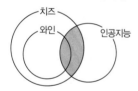

'치즈'와 '인공지능' 사이에는 반드시 색칠된 부분만큼의 공통영역이 존재한다.
따라서 이에 해당하는 ③이 정답이다.

오답풀이

① 인공지능을 전공했지만 치즈를 좋아하지 않는 사람도 존재할 수 있다.
② 치즈를 좋아하지만 인공지능을 전공하지 않은 사람도 존재할 수 있다.
④ 다음과 같은 벤다이어그램도 가능하다.

이 경우에는 인공지능을 전공한 모든 사람이 치즈를 좋아하므로 정답이 될 수 없다.
⑤ 치즈를 좋아하고 인공지능을 전공한 사람도 존재할 수 있다.

◀ 문제 해결 TIP

전제2에서 some 개념이 사용되었으므로 삼단논법을 활용하여 문제를 해결할 수 없으며 벤다이어그램으로 접근해야 한다.
전제1과 전제2 중에서 all 개념이 사용된 전제1부터 벤다이어그램으로 표시하면 다음과 같다.

전제2는 '와인'과 '인공지능' 사이에 공통영역이 존재한다는 의미이므로, 공통영역이 존재한다는 조건만 유지된다면 '인공지능'의 크기를 자유자재로 늘리거나 줄일 수 있다. 머릿속에서 '인공지능'의 벤다이어그램을 자유롭게 늘리거나 줄이면서 ①∼⑤에 대한 반례가 존재하는지를 확인하며 소거하는 방식으로 문제를 해결하면 실수를 줄이면서 확실하게 정답을 찾을 수 있다.

14 정답 ③

비어있는 타순은 1번, 3번, 5번, 7번, 9번이다. 주어진 [조건]에 의해 확정된 순서는 두 가지로, A, B, C와 D, E 이다. 또한, E의 뒤에 A가 없고 A와 D 사이에 5명이 있으려면 짝수 타순 3명과 홀수 타순 2명이 있어야 한다. 이를 종합해 보면 1번, 3번, 5번, 7번, 9번 타순에는 각각 A, B, C, D, E의 순으로 배치되어야 한다.
따라서 5번 타순인 C와 9번 타순인 E 사이에는 3명이 있게 된다.

오답풀이

① B는 D보다 앞 타순에 있다.
② E는 B보다 뒤 타순에 있다.
④ A와 E 사이에는 짝수 타순 4명과 홀수 타순 3명으로 총 7명이 있다.
⑤ A와 D 사이에는 짝수 타순 3명과 홀수 타순 2명으로 총 5명이 있다.

15 정답 ④

이 대리의 이야기가 진실인 경우와 거짓인 경우로 나누어 생각해 볼 수 있다.
ⅰ) 이 대리의 이야기가 진실인 경우
　지각한 사람은 유 차장이고, 박 사원이 이를 보았다. 이때 엄 주임은 유 차장이 지각하지 않았다고 했으므로 거짓말을 한다. 또한 박 사원은 지각한 사람을 보지 못했다고 했으므로 거짓말을 한다. 2명의 이야기가 거짓이므로 강 부장과 유 차장의 이야기는 진실이다. 이를 정리하면 다음과 같다.

강 부장	이 대리	엄 주임	유 차장	박 사원
T	T	F	T	F

이때 유 차장은 지각한 사람을 3명이 보았다고 했는데, 이는 강 부장의 발언과 모순이 된다.
ⅱ) 이 대리의 이야기가 거짓인 경우
　강 부장의 이야기도 거짓이므로 진실을 말한 사람은 엄 주임, 유 차장, 박 사원이고, 정리하면 다음과 같다.

강 부장	이 대리	엄 주임	유 차장	박 사원
F	F	T	T	T

엄 주임의 이야기가 참이므로 유 차장은 지각하지 않았고, 유 차장의 말이 참이므로 이 대리도 지각하지 않았으며, 박 사원의 말이 참이므로 강 부장과 박 사원은 지각하지 않았다. 따라서 지각한 사람은 엄 주임이다. 이 경우 모순이 발생하지 않는다.
따라서 ⅰ), ⅱ)로부터 지각한 사람은 엄 주임이라는 것을 알 수 있다.

16 정답 ③

주어진 명제들을 대우 명제로 변환하면 다음과 같다.

- 턱 → 딱딱한 음식(~딱딱한 음식 → ~턱)
- ~과일 → 턱(~턱 → 과일)
- ~잇몸 → 견과류(~견과류 → 잇몸)
- 딱딱한 음식 → ~잇몸(잇몸 → ~딱딱한 음식)

주어진 명제와 대우 명제들의 관계를 정리하면, '~과일 → 턱 → 딱딱한 음식 → ~잇몸 → 견과류'가 성립하고, 이 것의 대우 명제인 '~견과류 → 잇몸 → ~딱딱한 음식 → ~턱 → 과일'도 성립한다.

따라서 도출할 수 없는 결론은 ③이다.

17 정답 ②

E의 참석 여부는 F의 참석 여부에 따라 결정되는데, F가 참석 여부를 결정하지 못하였으므로 E 역시 참석 여부를 알 수 없다.

오답풀이

① D가 참석하는 것이 C의 참석에 영향을 주는 근거는 찾을 수 없다.

③ B가 말한 진술인 '~C → ~B'의 역 명제가 되므로 항상 옳은 것은 아니다.

④ A의 참석 여부에 영향을 받는 사람은 D가 아닌 C이다.

⑤ E가 참석하면 D는 참석하고 F는 참석하지 않으므로 D와 F 중 한 사람만 참석한다.

18 정답 ⑤

네 번째 조건에서 총무팀이 1층이며, 두 번째 조건에서 총무팀과 홍보팀이 위치한 층 사이에 3개의 층이 있다고 하였으므로 홍보팀은 5층에 위치하고 있음을 알 수 있다.

첫 번째 조건에서 인사팀과 마케팅팀이 위치한 층 사이에 2개 층이 있다고 하였는데, 1층과 5층에 다른 부서의 사무실이 확정되어 있는 상태이므로 3층과 6층의 경우밖에 없게 된다. 따라서 인사팀과 마케팅팀은 각각 3층, 6층 또는 6층, 3층에 위치하게 된다. 그런데 세 번째 조건에서 마케팅팀보다 낮은 층에 회계팀이 있지만 생산팀은 없다고 하였으므로, 마케팅팀은 6층이 아닌 3층에, 인사팀이 6층에, 회계팀이 2층에 위치하게 되고, 마케팅팀보다 높은 층 중 결정되지 않은 4층에는 생산팀이 위치하게 된다.

정리하면 1층부터 6층까지 총무팀, 회계팀, 마케팅팀, 생산팀, 홍보팀, 인사팀이 각각 순서대로 위치하게 되며, 홍보팀과 마케팅팀 사이의 층에는 회계팀이 아닌 생산팀이 있다.

19 정답 ③

A 또는 B가 범인이라면 E의 진술은 반드시 참이 된다. 이때 2명이 참을 말하게 되므로, A, B는 모두 범인이 아니고, A, B, E의 진술은 모두 거짓이다. 따라서 참을 말하는 사람은 C 또는 D이다.

C의 진술이 참이라고 가정하면 D, E의 진술은 거짓이다. 이 경우 참을 말한 C의 진술에 따라 C가 범인이어야 한다. 그런데 D의 진술이 거짓이므로 C는 자료를 유출한 범인이 아니다. 즉, 모순이 발생하므로 C의 진술은 거짓이다.

따라서 D의 진술이 참이고, D의 말에 의해 C가 자료를 유출한 범인이다.

20 정답 ④

B는 영국으로 출장을 가고, F는 중국으로 출장을 가지 않으므로 다음과 같이 정리할 수 있다.

구분	미국	영국	중국
차장(A, B, C)		B	
대리(D, E, F)			

F

그리고 A와 E는 함께 출장을 가는데, 만약 F가 영국으로 출장을 간다면 남은 C와 D는 함께 출장을 가야 한다. 그러나 C와 D는 함께 출장을 가지 않는다는 조건이 있으므로 F는 미국으로 출장을 갈 수밖에 없다. 따라서 함께 출장을 가는 A와 E는 중국으로 출장을 가야 하고, 남은 C와 D를 배치하면 최종 결과는 다음과 같다.

구분	미국	영국	중국
차장(A, B, C)	C	B	A
대리(D, E, F)	F	D	E

따라서 미국 출장을 간 직원은 C, F이다.

✔ 문제 해결 TIP

A는 E와 함께 출장을 가므로 ①은 정답이 될 수 없다. 또한 B는 영국으로 출장을 가므로 ③도 정답이 될 수 없으며, 대리끼리 출장을 가지 않으므로 ⑤도 정답이 될 수 없다. 따라서 정답은 ② 또는 ④이므로 둘 중 하나를 대입하여 모순이 발생하지 않는 쪽을 선택하면 정답을 쉽게 고를 수 있다.

01	02	03	04	05	06	07	08	09	10
①	④	④	①	②	⑤	③	②	③	③
11	12	13	14	15	16	17	18	19	20
④	①	②	②	④	④	②	③	⑤	⑤

01 정답 ①

주어진 수열의 규칙은 다음과 같다.

$3 = 2^2 - 1$

$26 = 3^3 - 1$

$15 = 4^2 - 1$

$124 = 5^3 - 1$

$(\quad) = 6^2 - 1 = 35$

$342 = 7^3 - 1$

따라서 빈칸에 들어갈 수는 35이다.

02 정답 ④

분모를 500으로 통분하면 $\frac{2}{500}$, $\frac{3}{500}$, $(\quad)$, $\frac{8}{500}$, $\frac{12}{500}$, $\frac{17}{500}$이다. 이때 분자는 $+1$, $+2$, $+3$, $+4$, $+5$로 증가하므로 빈칸에 들어갈 수는 $\frac{(3+2)}{500} = \frac{1}{100}$이다.

03 정답 ④

주어진 분수에서 음수 기호를 분자에 놓은 뒤 분자의 규칙을 확인해 보면 다음과 같다.

$$-1 \quad 2 \quad -2 \quad 1 \quad -3 \quad (\quad) \quad (\quad)$$
$$+3 \quad -4 \quad +3 \quad -4 \quad +3 \quad -4$$

그리고 분모의 규칙을 확인해 보면 다음과 같다.

$$2 \quad 5 \quad 3 \quad 6 \quad 4 \quad (\quad) \quad (\quad)$$
$$+3 \quad -2 \quad +3 \quad -2 \quad +3 \quad -2$$

$A = \frac{0}{7} = 0$, $B = -\frac{4}{5}$이다. 따라서 $3A - B$는 $3 \times 0 - \left(-\frac{4}{5}\right) = \frac{4}{5}$이다.

04 정답 ①

주어진 분수에서 분자는 앞의 분수에서 분모와 분자의 합이고, 분모는 앞선 분모를 (-2)로 나눈 값이다.

두 번째 분수는 $\frac{3+32}{32 \div (-2)} = \frac{35}{-16}$

세 번째 분수는 $\frac{35 + (-16)}{(-16) \div (-2)} = \frac{19}{8}$

네 번째 분수는 $\frac{19+8}{8 \div (-2)} = \frac{27}{-4} = -\frac{27}{4}$

다섯 번째 분수는 $\frac{27 + (-4)}{(-4) \div (-2)} = \frac{23}{2}$

$A = \frac{23+2}{2 \div (-2)} = \frac{25}{-1} = -25$, $B = \frac{25 + (-1)}{(-1) \div (-2)} = \frac{24}{\frac{1}{2}} = 48$이다.

따라서 A+B는 (−25)+48=23이다.

05 정답 ②

주어진 식 전체에 100을 곱하면 $1+4+7+10+\cdots+202$이다. 이때 항의 개수는 $\frac{202-1}{3}+1=68$(개)이므로 식

의 값은 $\frac{68(1+202)}{2}=6902$이다.

따라서 구하는 값은 $\frac{6902}{100}=69.02$이다.

06 정답 ⑤

주어진 수열의 규칙은 각 항이 이전 항에 3을 곱하고 3을 더한 것이다.
$9=2\times3+3$, $30=9\times3+3$, $93=30\times3+3$이므로 다섯 번째 항은 $93\times3+3=282$이다.

07 정답 ③

짝수 번째 항은 6, 12, 24, 48이므로 공비가 2인 등비수열이고 홀수 번째 항은 5, 8, 11, (   )이므로 공차가 3인
등차수열이다. 따라서 빈칸에 들어갈 수는 $11+3=14$이다.

08 정답 ②

주어진 수열은 각 항이 이전 두 항의 합으로 이루어진 피보나치 수열의 규칙을 따르므로 빈칸에 들어갈 값은
$3.8+6.3=10.1$이다.

09 정답 ③

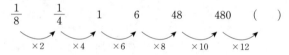

따라서 빈칸에 들어갈 숫자는 $480\times12=5760$이다.

10 정답 ③

주어진 수열은 자연수의 자리는 이전 항의 자연수에 1을 더한 뒤 10으로 나누었을 때의 나머지, 소수점 첫째 자리
는 이전 항의 소수점 첫째 자리에 2를 더한 뒤 10으로 나누었을 때의 나머지, 소수점 둘째 자리는 이전 항의 소수
점 둘째 자리에 3을 더한 뒤 10으로 나누었을 때의 나머지인 규칙을 갖고 있다.
따라서 A의 자연수의 자리는 $0+1=1$, 소수점 첫째 자리는 $9+2=11$이므로 10으로 나눈 나머지인 1, 소수점 둘
째 자리는 $8+3=11$이므로 10으로 나눈 나머지인 1이므로 A는 1.11이다. B의 자연수의 자리는 $3+1=4$, 소수
점 첫째 자리는 $5+2=7$, 소수점 둘째 자리는 $7+3=10$이므로 10으로 나눈 나머지인 0이므로 B는 4.7이다.
따라서 $A+B=1.11+4.7=5.81$이다.

11 정답 ④

나열된 세 수를 각각 a, b, c라고 하면 $a-2b=c$라는 규칙을 따른다.
$14-2\times3=8$, $15-2\times2=11$, $6-2\times1=($ $)$
따라서 빈칸에 들어갈 숫자는 4이다.

12 정답 ①

n번째 나열된 수를 a_n이라고 하면 $a_{n+2}=(a_{n+1}+a_n)$의 규칙, 즉 피보나치 수열을 따르고 있음을 알 수 있다.
A는 $10+19=29$이고, B는 $48+77=125$이다.
따라서 A와 B의 차는 $125-29=96$이다.

13 정답 ②

주어진 수열은 초항이 7이고, 공비가 3인 등비수열이다.
따라서 빈칸에 들어갈 숫자는 $7\times3=21$이다.

14 정답 ②

$\underline{1}\quad \underline{1\ 3}\quad \underline{1\ 3\ 5}\quad \underline{1\ 3\ 5\ 7}\quad \underline{1\ 3\ 5\ 7\ (\quad)}$
주어진 수열은 군수열이다. 따라서 빈칸에 들어갈 수는 9이다.

15 정답 ④

주어진 수열은 자연수의 자리가 앞 항의 소수점 첫째 자리 수와 소수점 둘째 자리 수의 합만큼 증가하고, 소수점 아래 자리가 0.07씩 증가하는 규칙을 갖고 있다.
따라서 A에 들어갈 값의 자연수의 자리는 $4+2+8=14$, 소수점 아래 자리는 $0.28+0.07=0.35$이다.
따라서 빈칸에 들어갈 수는 14.35이다.

16 정답 ④

앞의 두 도형에서 $7+6+5-17=12$, $10+1+7-2=42$이 성립하므로 주어진 도형의 각 칸에 들어갈 수를 다음과 같이 a, b, c, d, e라고 하면 $a+b+c-d=e^2$이 성립함을 알 수 있다.

$A+20+B-24=6^2$이다. 따라서 $A+B=40$이다.

17 정답 ②

주어진 2×2 정사각형 수열 칸을 위의 왼쪽부터 ㉠, ㉡, ㉢, ㉣이라고 표시하면 다음과 같다.

㉠	㉡
㉢	㉣

위의 그림과 첫 번째, 두 번째 2×2 정사각형의 숫자를 참고하면, ㉠과 ㉣, ㉡과 ㉢의 관계는
㉠×㉣=㉡×㉢이다. 따라서 $9\times(\quad)=6\times6=36$이므로 빈칸에 들어갈 수는 $36\div9=4$이다.

18 정답 ③

주어진 세 도형에서 규칙을 찾아 정리하면 다음 두 가지 경우가 가능하다.
경우 1)

$\cdot \dfrac{12}{1+5}=2$ $\cdot \dfrac{32}{5+3}=4$ $\cdot \dfrac{100}{8+12}=5$ $\cdot \dfrac{(\quad)}{6+7}=4$

이에 따라 빈칸에 들어갈 수는 $4 \times (6+7)=52$이다.

경우 2)

  $\cdot 1 \times 2+2 \times 5=12$ $\cdot 5 \times 4+4 \times 3=32$ $\cdot 8 \times 5+5 \times 12=100$ $\cdot 6 \times 4+4 \times 7=(\quad)$

  이에 따라 빈칸에 들어갈 수는 $6 \times 4+4 \times 7=52$이다.

따라서 빈칸에 들어갈 수는 52이다.

19 정답 ⑤

삼각형에서 마주보는 수를 서로 곱한 값은 30이다. 따라서 빈칸에 들어갈 수는 $30 \div 2=15$이다.

20 정답 ⑤

각 칸에 쓰인 수를 다음과 같이 a, b, c, d, e라고 하면

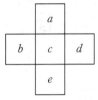

규칙이 $a+c \times e=b-d-1$임을 확인할 수 있다.

$3+1 \times 4=13-5-1$, $(-2)+3 \times 6=7-(-10)-1$, $6+5 \times 1=4-(-8)-1$, $A+3 \times 4=10-B-1$

따라서 $A+B$는 -3이다.

03 | 실전모의고사 3회

01 정답 ⑤

주어진 글은 분노를 달래는 방법에 대해 전반적으로 서술하고 있다. 연구팀 분석 결과, 높은 강도로 각성을 높이는 활동보다 심호흡, 명상, 요가 등 각성 상태를 잠재우는 운동이 분노를 비롯한 적대감, 공격성을 낮추는 데 효과적이라고 하였다.

02 정답 ④

한국의 법인이나 단체 저작물은 해당 저작물을 창작한 해가 아닌 공표한 때를 기준으로 70년간 보호된다.

오답풀이

① 상표권은 보호 기간이 종료되더라도 10년 단위로 갱신할 수 있다고 하였다.
② 한국과 미국에서 저작물의 보호 기간은 저작자가 생존한 동안과 사망 후 70년 동안으로 동일하다.
③ 1928년 증기선 윌리의 초기 미키마우스 이후 변형된 미키마우스는 저작권 보호 기간이 남아 있다고 하였다.
⑤ 개인 저작물은 저작자가 사망한 이후 70년간 보호된다고 하였다.

03 정답 ②

주어진 글은 다른 정신질환과의 차이를 통해 우울증을 소개하고, 우울증으로 진단할 수 있는 상황에 대해서 구체적으로 설명한 다음 대처방안을 알려주는 글이다. 그러므로 가장 먼저 우울증에 대해 소개하는 내용이 문두에 오는 것이 적절하다. 주어진 단락 중에서 '[나] 타 정신질환과 달리 환경적 요인이 중요하게 작용하는 우울증'이 가장 먼저 오는 것이 적절하다. 주어진 단락 중에서 환경적 요인이 중요하게 작용한다는 증거가 되는 사례가 바로 [다]이다. 그러므로 '[다] 한국에서 우울증 환자 급증－환경적 요인이 중요함을 보여주는 사례'가 이어지는 것이 적절하다. 다음으로 [가]와 [라]가 있는데 [가]의 경우 우울증의 증상을 설명하고 우울감과의 차이점에 대해서 설명한다. [라]는 의학적인 우울증의 기준을 구체적으로 제시했고 병원에 방문해야 하는 기준에 대해서도 언급했으므로 [가] 뒤에 [라]가 오는 것이 적절하다. 그러므로 순서에 맞게 배열한 것은 [나]－[다]－[가]－[라]이다.

04 정답 ③

[보기]는 행성 차양막의 규모가 중요함을 언급하고 있으므로 [보기] 다음에는 구체적인 면적에 대한 설명이 이어지는 것이 적절하다. 따라서 '지구온도를 1도 낮추려면 100만km² 정도는 되어야 하며 질량은 국제우주정거장의 최소 10만 배에 달한다.'의 내용 바로 앞 ⓒ에 [보기]가 위치하는 것이 적절하다.

05 정답 ④

프로젝트 라이라는 오무아무아와의 랑데부를 위해 태양의 중력 혹은 목성의 중력을 이용하여 속도를 높이려고 하고 있다. 따라서 중력을 이용하여 지구로부터 멀어지고 있다는 내용을 적절하지 않다.

오답풀이

① 일각에서는 고등 문명이 보낸 외계 탐사선일 수도 있다고 주장을 제기했으므로 오무아무아가 지적 생명체의 탐사선으로 의심된다는 내용은 적절하다.

② 현재의 화학 로켓은 자체적으로 오무아무아의 속도에조차 도달할 수 없다는 내용을 통해 지구상의 그 어떤 화학 로켓보다 빠르다는 것을 알 수 있다.

③ 주어진 글에 오무아무아는 강력한 망원경으로도 탐사를 할 수 없어서 정찰 임무를 보내서 정확한 위치를 파악해야 한다고 언급되어 있다.

⑤ 오무아무아를 관찰하기 위한 프로젝트가 바로 프로젝트 라이라이다.

06 정답 ③

혈전은 빠른 혈액의 흐름에서 거품세포와 염증물질이 합쳐진 것들이 떨어져 나온 것이라고 하였다.

> 오답풀이

① 불룩한 모양의 거품세포가 많아지면 혈관 내피세포들 사이에 틈이 생긴다고 하였다.

② 콜레스테롤 약물은 혈액 속의 콜레스테롤을 없애는 것이 아니라 간에서의 합성을 못하게 하는 작용을 한다고 하였다.

④ 대식세포로도 불리는 세포는 외피세포가 아닌 내피세포이다.

⑤ 동맥경화일 경우 혈관 지름이 줄어들고 혈액 흐름 속도가 빨라진다고 하였다.

07 정답 ④

음력이 19년마다 7번의 윤달을 추가하는 것이지, 양력이 윤달을 추가하는 것은 아니다. 양력은 4년마다 하루를 추가하는 윤년을 사용한다.

> 오답풀이

① 음력은 달의 공전 주기를 기준으로 한 달을 계산하며, 이는 29일 또는 30일로 구성된다.

② 양력은 지구의 공전 주기를 기준으로 1년을 나눈다. 이는 365일, 또는 윤년의 경우 366일로 맞춘다.

③ 음력은 윤달을 사용해 양력과의 차이를 조정한다. 이는 음력이 19년마다 7번의 윤달을 추가해 음력과 양력 사이의 오차를 줄이는 방식이다.

⑤ 현대 사회에서는 공식적으로 양력을 사용하지만, 전통 행사에서는 음력을 사용하는 경우도 많다. 설날과 추석 등이 대표적인 예이다.

08 정답 ④

바퀴가 증기기관과 결합되었을 때 그 혁신적 잠재력이 발휘되었다고 설명하고 있다. 이는 증기기관이 바퀴의 역할을 강화해준 중요한 요소였음을 나타내며, 바퀴의 영향이 독립적이지 않았다는 비판이 가능하다. 따라서 바퀴의 기여가 증기기관에 의존했음을 지적하는 ④가 주어진 글의 주장을 효과적으로 반박하고 있다.

> 오답풀이

① 바퀴가 단순히 이동 수단에만 영향을 미친 것이 아니라, 기계와 산업 기술의 핵심 요소로 자리 잡았으며, 공장의 생산성 향상에도 중요한 역할을 했다고 설명하고 있다. 따라서 바퀴가 현대 산업에 큰 영향을 미치지 않았다는 주장은 성립되지 않는다.

② 바퀴가 대량 생산 체제를 가능하게 만든 핵심 요소로 언급되고, 산업 혁명 시기에 등장한 기계들에서 바퀴가 중요한 역할을 했다고 설명하고 있다. 산업 혁명 이전에도 대량 생산이 가능했다는 주장은 옳지 않다.

③ 바퀴가 현대뿐만 아니라 미래의 기술 발전에도 계속해서 영향을 미칠 수 있는 핵심 기술이라고 설명하고 있기에 적절한 반박이 아니다.

⑤ 바퀴가 교통, 산업, 그리고 기술 전반에 걸쳐 중대한 변화를 이끌었다고 설명하며, 이러한 변화를 '혁명'이라고 표현할 충분한 이유를 제시하고 있다.

09 정답 ③

열매의 색깔이 동물들과의 상호작용, 씨앗 확산, 그리고 숙성도에 따라 어떻게 달라지는지와 관련된 전략을 설명하고 있다. 열매 색깔의 역할과 이를 통해 식물이 동물들과 공생하는 방식을 강조하고 있어, ③이 중심 내용을 잘 반영한 제목으로 적절하다.

①, ②, ④, ⑤ 모두 주어진 글의 일부 내용을 반영하고 있지만, 전체를 아우르지는 못한다.

10 정답 ⑤

주어진 글은 철학은 이성적 사고와 논리적 분석, 예술은 감정적 표현과 창의성으로 구분되며 각각 상호 보완적인 역할을 한다는 내용이다. ⑤는 철학과 예술의 차이에 대해 명확하게 설명하지 않으며 주어진 글의 내용과 일치하지 않는다.

오답풀이
① 철학은 이성적 사고와 논리적 분석을 다룬다는 내용과 일치한다.
② 문학이 철학적 주제를 예술적으로 표현하며 철학과 예술을 연결한다는 내용과 일치한다.
③ 도스토옙스키과 톨스토이에 대한 설명과 일치한다.
④ 철학과 예술의 관계에 대한 설명과 일치한다.

11 정답 ③

과거에는 음식물을 오랫동안 보관하기 위해 식재료를 발효시켰다면 현대 사회는 소비자의 취향을 고려하여 발효균이나 발효 방법에 따라 다양한 제품을 생산한다.

오답풀이
① 과거로부터 전통적인 발효 기술이 이어 내려왔을 뿐 과학이 발전하면서 발효의 정확한 원리를 알게 되었다.
② 우유 속 락토오스를 소화시키기 어려운 사람이 많은데 락토오스를 발효하면 소화하기 쉬운 유산으로 변해 인체에 쉽게 소화, 흡수될 수 있는 상태가 된다. 그래서 우유 관련 발효식품의 종류가 다양하다.
④ 유통되는 발효 상품들은 살균과정을 거치기 때문에 발효 과정에서 생긴 균들은 다소 사라진다.
⑤ 식재료 속의 해로운 균을 유익균이 완전히 몰아냈을 때 식재료가 부패하지 않고 발효가 되었다고 할 수 있다.

12 정답 ③

격자 착시의 예시를 통해 명암 대비가 뚜렷할 때 자극이 높은 부위는 오히려 막대세포의 인식 반응도가 떨어질 수 있음을 알 수 있다.

오답풀이
① 뇌가 눈에서 오는 모든 정보들을 빠짐없이 처리하기 어렵기 때문에 선택과 집중 전략을 선택했다고 하였다.
② 생리적 착시는 명암, 기울기, 색, 움직임 등의 시각적 자극이 과도한 경우 나타날 수 있다고 하였다.
④ 애매모호한 이미지에서 익숙한 부분을 보거나 주변 환경과 대비하여 짐작하는 등 무의식적인 추론 과정에서 나타나는 착시는 인지적 착시라고 하였으므로 적절하다.
⑤ 착시가 일어나는 이유는 여러 가지가 있으며 그 중 생리적 착시와 인지적 착시를 꼽을 수 있다고 하였으므로 이외의 요인으로도 착시가 발생할 수 있음을 알 수 있다.

13 정답 ⑤

주어진 글은 자기 냉각 기술로 인해 실온 자기 냉장고를 만들 수 있음을 밝히고 있다. 따라서 자기 냉각 기술에 대해 소개하는 [마]가 가장 먼저 와야 하고, 일반 냉장고의 원리와 일반 냉장고의 한계를 설명하는 [라]와 [가]가 순서대로 와야 한다. 마지막으로 일반 냉장고를 대신할 수 있는 냉장고의 개발과 그 개발에 자기 물질의 개발이 필요함을 설명하는 [나]와 [다]가 순서대로 와야 한다.

14 정답 ⑤

세 번째 문단의 '반면 화이트 와인은 차가울 때 최고의 맛이 나는데'와 '작고 볼이 좁을수록 표면적 또한 좁아져 외부 온도에 받는 영향을 최소화할 수 있기 때문이다.'를 통해 화이트 와인은 온도에 예민하여 잔 크기에 따라 맛에 영향을 받는다는 것을 알 수 있다.

오답풀이

① 레드 와인의 떫은맛이 강할수록 그 가격이 비싸다는 내용은 주어진 글에서 찾을 수 없다.

② 첫 번째 문단을 통해 와인의 종류만큼 와인 잔의 종류도 다양하다는 것을 알 수 있다. 두 번째 문단부터는 그럼에도 불구하고 와인 잔의 종류를 굳이 세 가지로 나눠 설명한 것이다.

③ 마지막 문단을 보면 스파클링 와인 특유의 맛인 거품을 오랫동안 지속시키기 위해서 잔 형태가 디자인되었음을 알 수 있다. 이러한 특징 때문에 축제나 파티장에서 주로 이용된 것이므로, 맛이 아닌 파티 분위기를 고려하여 디자인되었다는 것은 적절하지 않다.

④ 두 번째, 세 번째 문단을 통해 와인의 맛에 따라 혀에 먼저 닿는 부분을 조절하면 와인의 맛을 더 잘 느낄 수 있음을 알 수 있다. 그러나 와인이 혀에 닿는 각도에 따라 그 맛이 바뀐다는 내용은 찾아볼 수 없다.

15 정답 ②

'사진에서의 클라이맥스가 반드시 드라마에서의 클라이맥스와 일치하는 것은 아니다.'라고 하였으므로 사진과 드라마의 클라이맥스는 일치하지 않을 수도, 일치할 수도 있다는 것을 알 수 있다.

오답풀이

① '셔터찬스는 대체로 모든 상황의 클라이맥스를 잡는 것을 원칙으로 한다.'라고 서술되어 있다.

③ 클라이맥스는 벌어지는 상황의 가장 핵심이 되는 시간과 공간이 만나는 지점이고, 그 상황의 핵심이 어디인가는 작가의 주관적 판단이라고 서술되어 있다.

④ 앙리 카르티에 브레송의 '결정적 순간'은 사건으로서의 극적 순간이 아니라 상황과 작가의 심정이 일치되는 순간으로서 보다 내면적인 순간이라고 서술되어 있다.

⑤ 클라이맥스에서 약간 벗어났다고 보이는 시점이나 소위 절정이라 할 만한 어떤 동적 순간이 없는 사진 또한 클라이맥스라고 생각할 수 있다고 서술되어 있다.

16 정답 ③

프록시 방화벽이 여러 대의 PC들이 하나의 주소를 공유할 때 활용할 수 있다는 내용은 나와 있지 않으므로 주어진 글을 통해 추론하기 어렵다.

오답풀이

① 패킷 분석형 방화벽은 헤더 주소만을 검사하여 미리 허용된 주소에 대해서는 차단하지 않고 예외적으로 방화벽을 통과하도록 허용하는 방식이다. 따라서 주소가 조작된다면 보안이 취약해진다.

② 패킷 분석형 방화벽은 벽에 일종의 구멍을 내는 것과 유사하기 때문에 한번 열린 포트는 계속해서 열리게 되는 단점이 있다. 즉, 포트가 한번 열리면 보안이 취약해진다.

④ 프록시 방화벽은 내부 네트워크 사용자와 외부 네트워크 사이에서 서로의 요청과 응답을 대신 수행해 준다. 따라서 내부 네트워크 사용자가 외부 네트워크에 직접 접속하는 것을 막아 준다.

⑤ 프록시 방화벽은 내부 네트워크 사용자와 외부 네트워크 사이에서 서로의 요청과 응답을 대신 수행해 주기 때문에, 허가되지 않은 사용자나 컴퓨터가 내부 네트워크 자원에 직접 접속하는 것을 차단할 수 있으므로 패킷 분석형 방화벽보다 보안성을 높일 수 있다.

17 정답 ③

사회주의 체제에서는 계획 경제를 통해 자원을 분배하기 때문에 효율성이 저하되고 이는 곧 경제적 동기 부여를 약화시키는 계기가 된다.

오답풀이

① 사회주의가 빈부격차와 불평등 문제를 해결하는 이념임을 강조하지만 유일한 방법이라고 단정할 수 없다.

② 사회주의는 사적 소유를 부정하므로 언급된 내용과 다르며 적절한 비판이 아니다.

④ 일부 사회주의 국가에서는 권력 집중과 인권 침해가 발생한다고 설명하고 있다.

⑤ 초기 산업혁명 이후 열악한 노동자들의 생활조건을 개선하기 위해 사회주의가 등장했다고 하였으므로 사회주의에 대한 비판과는 거리가 먼 내용이다.

18 정답 ⑤

주어진 글에서는 미시경제학에서 제시하는 경제주체의 합리성을 전제로 오로지 물질에 대한 끝없는 욕망을 추구하는 인간상인 '호모이코노미쿠스'의 개념을 최근 등장한 행동경제학에서 어떻게 해석하고 있는지 설명하고 있다. 행동경제학에 따르면 인간은 항상 합리적인 것은 아니며 감정과 주변 환경의 영향을 받는다. 따라서 빈칸에는 '계산과 분석을 통해 얻어진 합리적 선택이라기보다는 오랜 습관에 의한 결과로 볼 수 있다'가 들어가는 것이 가장 적절하다.

오답풀이

① 행동경제학은 심리학을 경제학에 적용한 것이다.
② 감정이 영향을 주는 것이지 합리성을 배제한다고는 볼 수 없다.
③ 호모이코노미쿠스에 더 가까운 내용이다.
④ 주어진 글을 통해 확인할 수 없는 내용이다.

19 정답 ③

주어진 글은 쌍성 연구의 중요성을 설명하고 있다. [보기]는 쌍성이 만유인력의 작용에 의해 궤도 운동을 하고 있다는 내용이다. 서로 궤도 운동을 하게 되면 이를 통해 쌍성의 질량을 구할 수 있으므로 문맥상 [보기]가 들어가기에 가장 적절한 위치는 ⓒ이다.

20 정답 ②

주어진 글은 신장이 몸에서 노폐물을 걸러내는 과정을 설명하고 있다. 따라서 이 글의 제목으로 '신장의 역할'이 가장 적절하다.

오답풀이

① 네프론이라는 장치가 신장에 있고, 네프론의 구조에 대해 나오고 있지만 '신장의 구조'를 주어진 글의 제목으로 보기는 어렵다.
③ 소변에 포도당이 섞여 나오면 당뇨병을 의심해 볼 수 있다고 언급하고 있지만 '신장과 당뇨병'을 주어진 글의 제목으로 보기는 어렵다.
④ 주어진 글을 통해 신장 건강이 중요하다는 것을 추론할 수 있지만, 이를 제목으로 보기는 어렵다.
⑤ 신장이 몸에서 노폐물을 걸러내는 역할을 한다고 했을 뿐, 신장과 노폐물의 관계를 설명하고 있는 글은 아니다.

01	02	03	04	05	06	07	08	09	10
⑤	②	③	②	③	①	⑤	⑤	①	①
11	12	13	14	15	16	17	18	19	20
④	①	③	④	②	③	②	②	②	⑤

01 정답 ⑤

㉠ A지역의 경제활동인구는 $15,000-3,000=12,000$(명)이므로 실업자 수는 $12,000 \times 0.3=3,600$(명)이다. 따라서 취업자 수는 $12,000-3,600=8,400$(명)으로 8,500명 미만이다.

㉡ B지역의 고용률은 $\dfrac{9,000}{20,000} \times 100=45(\%)$이다.

㉢ C지역의 경제활동인구는 $18,000-6,000=12,000$(명)이므로 실업자 수는 $12,000-8,100=3,900$(명)이다. 따라서 C지역의 실업률은 $\dfrac{3,900}{12,000} \times 100=32.5(\%)$이다.

㉣ D지역의 경제활동인구는 $24,000-4,000=20,000$(명)이므로 실업자 수는 $20,000-12,000=8,000$(명)이다.

㉤ B지역의 경제활동인구는 $20,000-5,000=15,000$(명)이므로 실업자 수는 $15,000-9,000=6,000$(명)이다. 따라서 네 지역의 실업자 수는 $3,600+6,000+3,900+8,000=21,500$(명)이다.

따라서 [보기]에서 옳은 것은 5개이다.

♂ 문제 해결 TIP

주어진 자료와 주석에 따라 경제활동인구 및 고용률을 표에 추가하여 나타내면 다음과 같다.

[표] 지역별 경제활동인구 현황 (단위: 명, %)

구분	A 지역	B 지역	C 지역	D 지역
생산가능인구	15,000	20,000	18,000	24,000
경제활동인구	12,000	15,000	12,000	20,000
비경제활동인구	3,000	5,000	6,000	4,000
취업자 수	8,400	9,000	8,100	12,000
실업자 수	3,600	6,000	3,900	8,000
고용률	56	45	45	50
실업률	30	40	32.5	40

---

02 정답 ②

거래 기간 동안 매년 거래량이 2023년 거래량과 같다면 A~E사의 총 거래량은 다음과 같다.

구분	2023년 거래량 (만 톤)	거래 시작 연도(년)	거래 기간(년)	총 거래량(만 톤)
A사	140	2019	5	700
B사	160	2020	4	640
C사	190	2021	3	570
D사	120	2016	8	960
E사	90	2014	10	900

2023년 거래량이 가장 많은 기업은 C사이고, 총 거래량이 가장 많은 기업은 D사이다.

오답풀이

① 2023년 거래량이 가장 많은 기업 C사와 가장 적은 기업 E사의 거래 기간 차는 $10-3=7$(년)이다.

③ 거래 기간 동안 매년 거래량이 2023년 거래량과 같다면 총 거래량이 가장 많은 기업 D사와 가장 적은 기업 C사의 총 거래량 차는 $960-570=390$(만 톤)이다.

④ 거래 기간 동안 매년 거래량이 2023년 거래량과 같다면 거래 기간이 가장 긴 기업 E사와 가장 짧은 기업 C사의 총 거래량 차는 $900-570=330$(만 톤)이다.

⑤ 거래 기간 동안 매년 거래량이 2023년 거래량과 같다면 총 거래량이 가장 많은 기업은 D사이고, 거래 기간이 가장 긴 기업은 E사이다.

03 정답 ③

제품 C와 D의 2020년 대비 2024년의 수출량 변화율은 다음과 같다.

- 제품 C: $\dfrac{(78,000-60,000)}{78,000}\times100 ≒ 23.1(\%)$

- 제품 D: $\dfrac{(91,000-85,000)}{85,000}\times100 ≒ 7.1(\%)$

따라서 2020년 대비 2024년 수출량 변화율은 제품 C가 제품 D보다 높다.

오답풀이

① 제품 A의 2020년 대비 2024년 수출량 감소율은 $\dfrac{(26,600-18,620)}{26,600}\times100=30(\%)$이다.

② 제품 B의 2020년 대비 2024년 수출량 증가율은 $\dfrac{(64,800-54,000)}{54,000}\times100=20(\%)$이다.

④ 2020년에 비해 2024년에 수출량이 증가한 제품은 B, D, E이고, 2020년 대비 2024년의 수출량 증가율은 다음과 같다.

- 제품 B: $\dfrac{(64,800-54,000)}{54,000}\times100=20(\%)$

- 제품 D: $\dfrac{(91,000-85,000)}{85,000}\times100 ≒ 7.1(\%)$

- 제품 E: $\dfrac{(34,000-32,000)}{32,000}\times100=6.25(\%)$

따라서 2020년 대비 2024년의 수출량 증가율은 제품 B가 가장 높다.

⑤ 2020년의 총 수출량은 $26,600+54,000+78,000+85,000+32,000=275,600$(톤)이고, 2024년의 총 수출량은 $18,620+64,800+60,000+91,000+34,000=268,420$(톤)이다.

04 정답 ②

[표]에서 판매·관리비는 1분기＞2분기＞4분기＞3분기 순으로 크다. 영업이익은 (매출총이익－판매·관리비)로 구할 수 있으며, 분기별 영업이익을 계산하면 다음과 같다.

- 1분기: $(480+280+340)-1,020=80$(십억 원)
- 2분기: $(480+270+330)-1,010=70$(십억 원)
- 3분기: $(470+270+320)-960=100$(십억 원)
- 4분기: $(460+280+320)-1,000=60$(십억 원)

분기별 영업이익은 3분기＞1분기＞2분기＞4분기 순으로 크다. 따라서 분기별 판매·관리비가 클수록 영업이익이 크지 않다.

오답풀이

① 제품 A~C 모두 1분기에 매출총이익이 가장 크므로 매출총이익의 합도 1분기에 가장 크다.

③ 영업이익은 3분기에 $(470+270+320)-960=100$(십억 원)으로 가장 크고, 순이익도 3분기에 70십억 원으로 가장 크다.

④ [표]에서 순이익은 4분기에 42십억 원으로 가장 작다. (영업외수익－영업외비용)은 (영업이익－순이익)으로 구할 수 있으며, 분기별로 계산하면 다음과 같다.

- 1분기: $80-56=24$(십억 원)
- 2분기: $70-49=21$(십억 원)

- 3분기: $100-70=30$(십억 원)
- 4분기: $60-42=18$(십억 원)

따라서 (영업외수익－영업외비용)도 4분기에 18십억 원으로 가장 작다.

⑤ (영업외수익－영업외비용)은 3분기에 30십억 원으로 가장 크며, 영업이익도 3분기에 100십억 원으로 가장 크다.

05 정답 ③

P, Q사의 영양제의 총량을 알 수 없으므로 영양소 D가 Q사 영양제보다 P사 영양제에 더 적게 포함되어 있다고 할 수 없다.

오답풀이

① P사 영양제에 포함된 영양소 중 비중이 가장 작은 것은 18%인 영양소 A이고, Q사 영양제에 포함된 영양소 중 비중이 가장 작은 것도 15%인 영양소 A이다.

② 영양소 B는 기업 P에 22%, 기업 Q에 19% 포함되어 있으므로 $22-19=3$(%p) 적게 포함되어 있다.

④ P사의 영양제에 포함된 영양소 E의 비중과 기업 Q의 영양제에 포함된 영양소 B의 비중은 모두 22%로 같다.

⑤ Q사의 영양제에 영양소 C는 18%, 영양소 A는 15% 포함되어 있으므로 $\frac{18-15}{15}\times100=20$(%) 많이 포함되어 있다.

> ✎ **문제 해결 TIP**
>
> ②에서 두 기업 P, Q의 영양제 양이 서로 같다고 할 수 없으므로 두 영양소의 비중(함유율)의 기준 값이 같다고 할 수 없다. 따라서 그 차는 %p로 나타낸다. 그러나 ⑤에서 두 영양소의 기준 값은 기업 Q의 영양제 양으로 같으므로 두 영양소의 차는 %로 나타낸다.

06 정답 ①

[표]에서 형법범의 합계는 32,720명이므로 다음과 같은 식이 성립한다.

$80+A+180+\frac{1}{2}A+32,400=32,720$(명)

이를 계산하면 $A=40$(명)이다. [표]에서 대마 마약류 상용 범죄자 수의 합계는 1,050명이므로 B는 $1,050-40=1,010$(명)이고, 본드·신나 등 상용 범죄자 수의 합계는 110명이므로 C는 $110-\frac{1}{2}\times40=90$(명)이다.

따라서 $(B-C)=1,010-90=920$이다.

07 정답 ⑤

ⓒ [표]에서 '4인 이내' 가구의 비중은 1인 가구, 2인 가구, 3인 가구, 4인 가구 각각의 비중을 모두 합한 것이므로 4인 가구 비중은 (4인 이내 가구 비중)－(3인 이내 가구 비중)으로 구할 수 있으며, 4인 이상 가구의 비중은 (4인 가구 비중)＋(4인 초과 가구 비중)으로 구한다. 이를 통해 A~D구의 4인 이상 가구의 비중을 구하면 다음과 같다.

- A구: $(82-59)+18=41$(%)
- B구: $(88-61)+12=39$(%)
- C구: $(65-55)+35=45$(%)
- D구: $(75-57)+25=43$(%)

따라서 4인 이상 가구의 비중은 C구가 가장 높다.

ⓒ A~D구의 2인 가구 비중을 구하면 다음과 같다.

- A구: $28-10=18$(%)
- B구: $23-7=16$(%)
- C구: $28-8=20$(%)
- D구: $39-8=31$(%)

따라서 2인 가구 비중이 가장 낮은 곳은 B구이다.

㉣ C구의 1~4인 이내 가구 비중을 통해 가구 수 간의 비교를 할 수 있다. C구의 1~4인 가구 비중을 구하면 다음과 같다.
- 1인 가구: 8%
- 2인 가구: 28−8=20(%)
- 3인 가구: 55−28=27(%)
- 4인 가구: 65−55=10(%)

비중은 3인 가구＞2인 가구＞4인 가구＞1인 가구 순으로 높으므로 가구 수도 동일한 순서대로 많다.

오답풀이

㉠ 주어진 [표]의 값은 비중이며, C구와 D구의 총 가구 수는 알 수 없으므로 각 구의 1인 이내 가구 수도 알 수 없다.

08 정답 ⑤

[표]에서 2019년 이후 100명당 가입자 수는 42.4 → 43.1 → 44.4 → 45.8 → 47.0(명)으로 꾸준히 증가하였다.

오답풀이

① [표]에서 전년 대비 증감률이 가장 높은 연도는 2019년이지만, 가입자 수는 2023년에 가장 많다.
② 100명당 가입자 수가 가장 많은 연도는 2023년이고, 전년 대비 증감률은 2019년에 가장 높다.
③ [표]에서 가입자 수는 21,906 → 22,327 → 22,944 → 23,537 → 24,098(천 명)으로 지속적으로 증가하였다.
④ 2023년 초고속 인터넷 가입자 수는 24,098천 명, 즉 24,098,000명이다.

09 정답 ①

각 브랜드별 식용유의 변경 후 판매 용량에 대한 가격에서 변경 전 가격을 빼면 다음과 같다.
- A 브랜드: (5,000×1.2)−(5,200×0.9)=6,000−4,680=1,320(원) → 1,320원 증가
- B 브랜드: (4,800×1.5)−(4,900×1.4)=7,200−6,860=340(원) → 340원 증가
- C 브랜드: (4,300×3.1)−(4,500×3)=13,330−13,500=−170(원) → 170원 감소
- D 브랜드: (4,100×3)−(3,900×4)=12,300−15,600=−3,300(원) → 3,300원 감소

따라서 A브랜드는 1,320원 증가, B브랜드는 340원 증가, C브랜드는 170원 감소, D브랜드는 3,300원 감소로 바르게 나열한 것은 ①이다.

10 정답 ①

2021~2024년 A사의 시장점유율은 전년 대비 '감소−증가−증가−증가'하고, C사의 시장점유율도 이와 동일한 추이를 보이므로 A사와 C사의 시장점유율 증감 추이는 동일하다.

오답풀이

② 시장점유율이 가장 높은 연도는 A사는 2024년이고, B사는 2021년이다.
③ 2021년 이후 B사의 시장점유율은 전년 대비 '증가−감소−감소−감소'한다.
④ A사는 2024년에 시장점유율이 가장 높았고, C사는 2021년에 시장점유율이 가장 낮았다.
⑤ B사의 시장점유율은 2024년에 7%로 가장 낮고, 2021년에 20%로 가장 높다. 따라서 두 해의 시장점유율 차이는 20−7=13(%p)이므로 15%p 미만이다.

11 정답 ④

2018~2021년 구인 일자리 수는 2020년까지는 감소하다가 2021년에 증가한 반면, 취업자 수는 2018년에 감소하였다가 매년 증가한다.

오답풀이

① 2017년 구직자 1인당 구인 일자리 수는 $\frac{1,747}{2,670}$≒0.65(개)이므로 0.6개보다 많다.

② 2019년 구인 일자리 수의 절반은 $1,352 \div 2 = 676$(천 명), 2020년 구인 일자리 수의 절반은 $1,302 \div 2 = 651$(천 명), 2021년 구인 일자리 수의 절반은 $1,969 \div 2 = 984.5$(천 명)으로 취업자수는 매년 구인 일자리 수의 절반보다 많다.

③ 2021년 구인 일자리 수는 2020년 대비 $1,969 - 1,302 = 667$(천 개)로 60만 개 이상 증가하였다.

⑤ 2017년 취업률은 $\frac{724}{2,670} \times 100 ≒ 27(\%)$이고, 2018년 취업률은 $\frac{692}{2,691} \times 100 ≒ 26(\%)$이다. 따라서 2017년 취업률보다 2018년 취업률이 낮다.

✔ 문제 해결 TIP

① '구직자 1인당 일자리 수 $= \frac{\text{구인 일자리 수}}{\text{구직자 수}} > 0.6$'이라고 하면 '구인 일자리 수 $>$ 구직자 수 $\times 0.6$'이다. 2017년의 경우 $1,747 > 2,670 \times 0.6 = 1,602$이므로 2017년 구직자 1인당 구인 일자리 수는 0.6개보다 많음을 알 수 있다.

⑤ 2017년 취업률은 $\frac{724}{2,670} \times 100$이고, 2018년 취업률은 $\frac{692}{2,691} \times 100$이다. 이때 $\frac{724}{2,670}$와 $\frac{692}{2,691}$를 비교하면 분모는 증가하고 분자는 감소하였으므로 $\frac{724}{2,670} > \frac{692}{2,691}$임을 알 수 있다.

12 정답 ①

㉠ 3월 천연가스 수입량의 전월 대비 증가율은 $\frac{6,468 - 4,538}{4,538} \times 100 ≒ 42.5(\%)$이고, 3월 석탄 수입량의 전월 대비 증가율은 $\frac{5,685 - 5,159}{5,159} \times 100 ≒ 10.2(\%)$이므로 천연가스 수입량의 전월 대비 증가율은 석탄보다 크다.

오답풀이

㉡ 5월 석탄과 석유제품의 수입량은 전월 대비 증가하지만, 천연가스의 수입량은 전월 대비 감소한다.

㉢ 6월 석탄과 석유제품의 평균 수입량은 $\frac{16,479 + 5,608}{2} = 11,043.5$(천 TOE)이다.

✔ 문제 해결 TIP

㉠ 전월 대비 증가율(%) $= \frac{\text{전월 대비 증가량}}{\text{전월 수치}} \times 100$이다. 천연가스의 전월 대비 증가량은 약 2,000이고 석탄의 전월 대비 증가량은 약 500이므로 분자는 천연가스가 석탄의 4배 정도인 반면, 분모는 거의 차이나지 않으므로 천연가스의 증가율이 석탄보다 크다는 것을 쉽게 알 수 있다.

13 정답 ③

㉠ 단독주택 대비 아파트의 연료비 증가율은 11.9%이나, 평균 가구 소득 증가율은 64.4%에 이르고 있어 연료비 증가율이 평균 가구 소득 증가율보다 더 작다.

㉡ 가장 큰 비율을 나타내는 주택 유형과 난방 연료는 각각 아파트(48.1%)와 LNG(59.3%)이다.

㉢ 주택 유형별 구분에서는 평균 가구 소득은 단독주택, 연립/다세대, 아파트 순으로 증가하고 소득에서 연료비가 차지하는 비중은 단독주택 $\frac{100,062}{2,477,322} \times 100 ≒ 4.0(\%)$, 아파트 $\frac{111,942}{4,072,622} \times 100 ≒ 2.7(\%)$, 연립/다세대 $\frac{109,039}{3,050,560} \times 100 ≒ 3.6(\%)$이므로 단독주택, 연립/다세대, 아파트 순으로 낮아진다.

오답풀이

㉣ 여러 항목을 살펴보면 평균 가구 소득이 더 높은 가구에서 난방 연료에 지출하는 연료비가 더 적은 경우를 볼 수 있다. 예를 들어, 평균 가구 소득이 440여만 원인 공동난방 사용 가구에서는 111,287원의 연료비를 지출하고 있으나, 평균 가구 소득이 350여만 원인 LNG 사용 가구에서는 이보다 큰 112,808원의 연료비를 지출하고 있다.

14 정답 ④

업무 자유도 항목은 '높음'과 '매우 높음'의 비중이 44.7＋32.5＝77.2(%)이나, 책임 수준 항목은 47.2＋33.9＝81.1(%)로 전체 항목 중 직장 만족도가 가장 높다.

오답풀이

① 조사 항목 중 근로 소득(62.1%), 혜택(65.6%), 승진 기회(56.9%) 3개의 항목에서 '보통' 이하의 비중이 50%를 넘는다.

② 조사 항목 중 근로 소득, 혜택, 승진 기회의 경우 '보통'에서 가장 큰 비중을 보이며, 나머지 항목은 모두 '높음'에서 가장 큰 비중을 보인다.

③ '보통'의 비중이 가장 큰 2개 항목은 혜택(42.9%)과 승진 기회(42.8%)이며, 이들 항목은 '매우 낮음'의 비중도 각각 4.7%와 5.8%로, 주어진 항목 중 가장 큰 2개 항목이다.

⑤ 직업 안정성을 '매우 높음'이라고 표시한 사람은 33.9%이고, '매우 낮음'이라고 표시한 사람은 3.2%이므로 3.2×10＝32＜33.9가 되어 10배 이상이다.

15 정답 ②

원/달러 환율의 1월 대비 3월의 증가율은 $\frac{1{,}063.5-1{,}067.9}{1{,}067.9}\times100 ≒ -0.41$(%)이다. 음수인 증가율(＝감소율)을 상회한다는 것은 더 큰 폭으로 감소하였다는 것을 의미하므로, −0.41%은 −1.0%를 상회한다고 볼 수 없다.

오답풀이

㉠ 2017년 4/4분기 대비 2018년 1/4분기에 1,070.5−1,063.5＝7(원) 하락하였다.

㉢ 원/엔 환율(100엔당)과 원/위안 환율은 각각 1,001.4−982.8＝18.6(원), 169.74−169.26＝0.48(원) 상승하였다.

㉣ 2017년 4/4분기 대비 2018년 1/4분기의 원/엔 평균 환율(100엔당)은 989.5−978.4＝11.1(원) 상승하였다.

㉤ 2017년 4/4분기 대비 2018년 1/4분기의 원/위안 평균 환율은 168.69−167.05＝1.64(원) 상승하였다.

16 정답 ③

광로는 $\frac{0.5}{10.7}\times100 ≒ 4.7$(%)로 4개의 도로 중 가장 많은 비중을 차지하며, 대로, 중로, 소로는 각각 약 2.3%, 약 3.9%, 약 3.5%의 비중을 차지한다.

오답풀이

① 갑구와 서울시의 전체 도로 총 연장은 각각 248.3km과 8,245.7km이다. 따라서 $\frac{248.3}{8{,}245.7}\times100 ≒ 3.0$(%)로 2.5% 이상이다.

② 서울시의 도로 중 폭이 12m가 넘는 도로는 광로, 대로, 중로를 의미한다. 이 도로의 전체 면적은 10.7＋21.9＋15.3＝47.9(km²)이므로, $\frac{47.9}{82.2}\times100 ≒ 58$(%)로 50% 이상이다.

④ 갑구를 제외한 전 지역의 도로 총 연장은 서울시의 도로별 연장에서 갑구의 도로별 연장을 뺀 수치이다. 따라서 광로, 대로, 중로, 소로가 각각 225.7km, 726.1km, 877.3km, 6,168.3km이 되어 소로＞중로＞대로＞광로의 순이다.

⑤ 도로별 면적은 서울시가 '소로＞대로＞중로＞광로' 순이고, 서울시 내 갑구가 '소로＞중로＞광로＝대로' 순으로 넓다.

17 정답 ②

2023년 10월 전국의 월강수량은 2.6mm(양산시)~59.6mm(강화)이므로 최고와 최저의 차는 59.6−2.6＝57.0mm이다.

오답풀이

① 전국 평년 평균기온은 14.7−0.4＝14.3(℃)이고, 2023년 10월 전국의 월 평균기온은 9.0℃(대관령)~19.9℃(서귀포)이다.

③ 2023년 10월 양산의 기온은 평년보다 0.2℃ 증가했지만 월강수량은 평년보다 109.8mm 감소했다.

④ 함양의 평년 기온은 14.1−0.5＝13.6(℃)이고, 평년 월강수량은 5.4＋110.2＝115.6(mm)이었다.

⑤ 평년 월강수량이 가장 많았던 곳은 평년 월강수량이 115.6mm인 함양이다.

18 정답 ②

그래프를 보면 2020년에 가장 큰 폭으로 감소함을 확인할 수 있다. 따라서 전년 대비 감소율이 가장 큰 폭으로 오른 해는 2020년이다.

오답풀이
① 2013~2019년까지는 내국인 출국자 수가 꾸준히 증가했지만 2020년부터 감소했다.
③ 2014년 대비 2019년의 내국인 출국자 수 증가폭은 $2,871.4-1,608.1=1,263.3$(만 명)으로 1,500만 명 미만이다.
④ 조사 기간 중 내국인 출국자가 가장 적은 경우는 122.3만 명으로 120만 명보다 많다.
⑤ 주어진 자료를 통해 알 수 없다.

19 정답 ②

배, 사과, 포도, 매실 4가지는 저온에 의한 피해 면적이 우박에 의한 피해 면적보다 더 넓다.

오답풀이
① 주어진 자료는 피해 면적에 대한 피해 정도별 면적을 나타낸 것으로 특정 작물의 전체 재배 면적을 알 수는 없다.
③ 우박에 의한 피해 수준이 50% 이상인 면적의 비율은 자두는 $\frac{27.6}{30.2}\times100 ≒ 91.4(\%)$이지만, 복숭아는 $\frac{99.9}{106.4}\times100 ≒$ 93.9(%)로 더 크다.
④ 저온에 의한 피해 수준이 30% 미만인 면적의 비율은 사과는 $\frac{452.5}{787.1}\times100 ≒ 57.5(\%)$이지만, 포도는 $\frac{44.6}{73.5}\times100 ≒ 60.7$ (%)로 더 크다.
⑤ 사과의 경우 저온에 의한 피해 수준이 30% 미만인 면적이 $\frac{452.5}{787.1}\times100 ≒ 57.5(\%)$이다.

20 정답 ⑤

은행의 자기 자본은 2004년 42.8조 원에서 2017년 168.8조 원으로 약 3.9배 증가하였으며, 자산은 2004년 915.1조 원에서 2017년 2,288.3조 원으로 증가하였으므로, 자산 증가율은 $\frac{2,288.3}{915.1} ≒ 2.5$(배)이다.

오답풀이
㉠ 금융업권별 자산 합계는 3,756.5조 원으로 2017년 대비 3배($1,272.4\times3=3817.2$) 가까이 성장하였다.
㉡ 여신전문 회사는 2017년에 2004년 대비 $185.5\div76.1 ≒ 2.4$(배) 증가하였다.
㉢ 보험회사는 2017년에 2004년의 400%($171.2\times4=684.8$)를 상회하는 증가율을 기록하였고 금융투자 회사는 $321.9\div$ 64.8≒5(배) 증가하였다.
㉣ 금융업 전체의 자기 자본은 2017년에 348.6조 원으로 2004년 대비 4배($75.8\times4=303.2$) 이상 증가했다.

01 정답 ②

엄마의 나이가 지효 나이의 3배가 되는 해를 2022년으로부터 x년 후라고 하면, 그 해 지효의 나이는 $(12+x)$세이고, 지효 엄마의 나이는 $(46+x)$세이므로 다음과 같은 식이 성립한다.

$(12+x)\times3=46+x$

$2x=10$　　$\therefore x=5$

따라서 엄마의 나이가 지효 나이의 3배가 되는 해는 2022년으로부터 5년 후인 2027년이다.

02 정답 ④

은재가 집에서 문구점을 갈 때의 속력을 $x$km/h라고 하면 $\dfrac{8}{x}+\dfrac{24}{2x}=\dfrac{5}{4}$이다.

따라서 $x=16$이므로 집에서 문구점을 갈 때 속력은 16km/h이다.

03 정답 ②

2020년 대비 전체 매출액이 25% 늘어 2021년 전체 매출액이 500억 원이 되었으므로 2020년 전체 매출액을 x원이라 하면 $x(1+0.25)=500 \rightarrow x=\dfrac{500}{1.25}=400$(억 원)이다.

이때 2020년 C제품의 매출액은 전체 매출액의 40%를 차지하므로 $400\times0.4=160$(억 원)이다.

04 정답 ④

농도가 31%인 소금물의 양을 xg이라고 할 때 소금의 양을 기준으로 식을 세우면 다음과 같다.

$\dfrac{6}{100}\times120+\dfrac{31}{100}x=\dfrac{16}{100}\times(120+x)$

$15x=1,200$　　$\therefore x=80$

따라서 농도 31%인 소금물을 80g 더 넣어야 한다.

05 정답 ⑤

하나의 점에 A라 기호를 정한 후 다른 두 점을 택하면 하나의 삼각형이 만들어지므로 삼각형을 만들 수 있는 경우의 수는 $_8C_3=\dfrac{8\times7\times6}{3\times2\times1}=56$(가지)이다. 이때 한 점에서 이등변삼각형을 만드는 경우의 수는 다음과 같이 3가지이므로 이등변삼각형을 만드는 경우의 수는 총 $3\times8=24$(가지)이다.

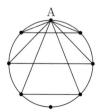

따라서 이등변삼각형이 될 확률은 $\dfrac{24}{56}=\dfrac{3}{7}$이다.

06 정답 ⑤

어떤 사건 A가 일어날 확률이 p일 때, 사건 A가 일어나지 않을 확률은 $(1-p)$임을 이용하여 해결한다. 즉, 1에서 임의로 선택한 2명이 모두 버스를 타고 등교하는 학생일 확률을 빼서 구한다. $6+10=16$(명) 중 2명을 선택하는 경우의 수는 $_{12}C_2=\dfrac{16\times15}{2}=120$(가지)이고, 버스를 타고 등교하는 $2+4=6$(명) 중 2명을 선택하는 경우의 수는 $_6C_2=\dfrac{6\times5}{2}=15$(가지)이므로 임의로 선택한 2명이 모두 버스를 타고 등교하는 학생일 확률은 $\dfrac{15}{120}=\dfrac{1}{8}$이다.

따라서 학생 중에서 임의로 2명을 선택할 때, 적어도 1명은 도보로 등교하는 학생일 확률은 $1-\dfrac{1}{8}=\dfrac{7}{8}$이다.

07 정답 ②

전체 일의 양을 1로 두고 A, B가 하루 동안 할 수 있는 일의 양을 각각 x, y라 하면 다음과 같은 식이 성립한다.
$$\begin{cases} 4x+4y=1 \\ 3x+6y=1 \end{cases}$$
$\therefore\ x=\dfrac{1}{6},\ y=\dfrac{1}{12}$

따라서 A가 혼자서 이 일을 시작하여 완료하는 데 6일이 걸린다.

08 정답 ⑤

구리 40kg과 아연 23kg을 모두 사용하여 만든 A와 B의 개수를 각각 x, y개라 하면 두 제품을 만드는 데 필요한 구리의 양은 $(0.4x+0.5y)$이므로 $0.4x+0.5y=40(\text{kg})$이고, 아연의 양은 $(0.2x+0.3y)$이므로 $0.2x+0.3y=23(\text{kg})$이다.
두 식을 연립하여 계산하면 $x=25$, $y=60$이다.
따라서 A는 25개, B는 60개를 만들었고, 총이익은 $25\times5+60\times7=545$(만 원)이다.

09 정답 ⑤

유리 벽에는 커튼만 달 수 있고 커튼은 3종이 있으므로, 유리 벽면을 장식하는 경우의 수는 3가지이다. 콘크리트 벽에는 그림만 한 개씩 걸 수 있고 그림은 7종이 있으므로, 콘크리트 벽에 그림을 거는 경우의 수는 $_7P_3=7\times6\times5=210$(가지)이다.
따라서 가능한 실내 장식은 모두 $3\times210=630$(가지)이다.

10 정답 ③

먼저 6개 팀을 4개 팀과 2개 팀으로 분류하는 경우의 수는 $_6C_4\times{_2}C_2=\dfrac{6\times5\times4\times3}{4\times3\times2\times1}\times\dfrac{2\times1}{2\times1}=\dfrac{6\times5}{2\times1}=15$(가지)

이고, 4개 팀을 다시 각각 2개 팀으로 분류하는 경우의 수는 $_4C_2\times{_2}C_2\times\dfrac{1}{2!}=\dfrac{4\times3}{2\times1}\times\dfrac{1}{2}=3$(가지)이다.
따라서 6개국을 배치하는 경우의 수는 $15\times3=45$(가지)이다.

11 정답 ②

전체 일의 양을 1이라 하면, 최 대리가 하루 동안 하는 일의 양은 $\dfrac{1}{16}$, 김 사원이 하루 동안 하는 일의 양은 $\dfrac{1}{12}$이다.
이때, 김 사원이 혼자 일한 날이 x일이라고 하면, 다음과 같은 식을 세울 수 있다.

$$\frac{1}{12}x+\left(\frac{1}{16}+\frac{1}{12}\right)4=1$$

$$4x+28=48 \qquad \therefore \ x=5$$

따라서 김 사원이 혼자서 일한 날은 5일이다.

12 정답 ④

K씨의 근무 태도에 대한 근무 평점을 a점이라고 하면, 근무 평점에 대한 평균은 $(a+3)$점이다.

네 가지 항목에 대하여 평균을 구하면 $\dfrac{a+65+83+80}{4}=a+3$이다.

$$a+228=4a+12 \qquad \therefore \ a=72$$

즉, 네 가지 항목에 대한 평균은 $72+3=75$(점)이다.

이때, 프로젝트 2에 대한 근무 평점을 b점이라 하고, 다섯 가지 항목에 대한 근무 평점의 평균을 구하면

$$\frac{72+65+83+80+b}{5}=75-0.6$$이다.

$$b+300=372 \qquad \therefore \ b=72$$

따라서 K씨의 프로젝트 2에 대한 근무 평점은 72점이다.

13 정답 ④

두 사람이 처음으로 만날 때까지 걸린 시간을 x분이라고 하면 두 사람이 걸은 거리의 차이가 운동장의 둘레와 같을 때 서로 만나게 된다. 식으로 나타내면 다음과 같다.

$$60x-40x=400 \qquad \therefore \ x=20$$

따라서 두 사람은 출발한 지 20분 후에 만나게 된다.

14 정답 ③

컴퓨터의 원가를 x원이라고 할 때, 총 10대를 팔았으므로 원가의 합은 $10x$원이다. 매출액은 6대는 40%의 이익으로 팔았으므로 $6\times(1+0.4)\times x$원이고, 4대는 원가로 팔았으므로 $4x$원이다.

매출액의 합은 $6\times(1+0.4)\times x+4x$이므로 수익률은 $\dfrac{6\times(1+0.4)\times x+4x-10x}{10x}\times100$이다.

따라서 $\dfrac{2.4x}{10x}\times100=24$(%)이다.

> **🔑 문제 해결 TIP**
>
> 10대를 팔아서 이익으로 얻은 부분은 6대를 40%의 이익으로 판매한 양만큼에 해당하므로, 그 부분만 생각해서 계산하면
> 수익률은 $\left(6\times\dfrac{40}{100}\div10\right)\times100=24$(%)가 된다.

15 정답 ③

농도 8%의 소금물 400g에 들어 있는 소금의 양은 $400\times\dfrac{8}{100}=32$(g)이다. 농도 5%의 소금물의 양을 xg이라고

하면 소금의 양은 $\dfrac{5}{100}x=0.05x$(g)이다. 이때 $\dfrac{32+0.05x}{400+x}\times100=7$이므로 $x=200$이다.

따라서 농도 5%의 소금물 200g에 들어 있는 소금의 양은 10g이며, 농도 7%의 소금물에 들어 있는 소금의 양은 $32+10=42$(g)이다.

16 정답 ③

6표를 받은 C는 1등을 하고 있는 A를 따라잡고 남은 표 중 절반 넘게 받으면 확실하게 당선이 가능하다. 즉, 9표를 더 받아 15표를 만든 후 남은 표인 $50-(15+8+15)=12$(표)의 절반인 6표보다 1표 더 받아야 한다.

따라서 $9+6+1=16$(표)를 더 받아야 당선이 확실하다.

17 정답 ③

처음 고여 있는 물의 양을 p, 1분 동안 솟아 나오는 물의 양을 q, 한 사람이 일정 시간 동안 하는 일의 양을 r, 5분 만에 물을 다 퍼 올리는 데 필요한 인원을 x명이라 하면, 다음과 같은 식을 세울 수 있다.

$$\begin{cases} p+30q=4r\times 30 \quad\cdots\ \text{㉠} \\ p+10q=8r\times 10 \quad\cdots\ \text{㉡} \\ p+5q=xr\times 5 \quad\cdots\ \text{㉢} \end{cases}$$

㉠$-$㉡을 하면, $20q=40r$ $\quad\therefore q=2r$

$q=2r$을 다시 ㉠식에 대입하면, $p+60r=120r$ $\quad\therefore p=60r$

$q=2r$과 $p=60r$을 ㉢식에 대입하면, $60r+10r=5xr$

위 식을 정리하면 $x=14$이므로 5분 만에 우물의 물을 다 퍼 올리려면 적어도 14명이 필요하다.

18 정답 ②

남자 회원들은 모든 여자 회원들하고만 한 번씩 악수하므로, 남자 회원 5명이 악수한 횟수는 $5\times 6=30$(번)이다. 그리고 여자 회원 6명이 악수한 횟수를 구할 때, 남자 회원과 악수한 것을 중복하지 않도록 여자 회원끼리만 악수한 경우만 생각하면 되므로, 여자 회원끼리 악수한 횟수는 $_6C_2=\dfrac{6\times 5}{2\times 1}=15$(번)이다.

따라서 이 모임의 회원들이 악수한 총횟수는 $30+15=45$(번)이다.

19 정답 ④

지난달 두 제품 A, B의 생산량을 각각 a개, b개라고 하면, 지난달 A, B 두 제품을 합하여 모두 200개를 생산하였다. $\rightarrow a+b=200\ \cdots\ \text{㉠}$

이번 달은 지난달과 비교하여 제품 A는 100% 증가하였고 제품 B는 20% 감소하였으므로, A, B 두 제품의 생산량은 각각 $2a$개, $\dfrac{4}{5}b$개이고, 두 제품을 모두 합하여 지난달에 비해 7% 증가하였으므로 다음과 같은 식이 성립한다.

$2a+\dfrac{4}{5}b=200\times 1.07=214\ \cdots\ \text{㉡}$

㉠식과 ㉡식을 정리하면, $6a=270$ $\quad\therefore a=45$

따라서 이번 달 제품 A의 생산량은 $45\times 2=90$(개)이다.

20 정답 ②

귤 150개 중 2할이 썩었으므로 남은 귤은 $150\times 0.8=120$(개)이다. 그리고 구입가의 2할의 이익을 얻으려면 $20,000\times 1.2=24,000$(원)에 재판매를 해야 한다.

따라서 귤 1개의 가격을 $\dfrac{24,000}{120}=200$(원)으로 정해야 한다.

01	02	03	04	05	06	07	08	09	10
④	④	③	①	③	③	②	⑤	②	④
11	12	13	14	15	16	17	18	19	20
③	②	④	②	④	①	④	①	④	③

01 정답 ④

이 대리는 차량 사용 보고서를 작성하였으므로 세 번째 조건에 따라 회사 차량을 이용한 적이 있다.

오답풀이

① 업무시간 사용했는지 알 수 없다.

② 이 대리는 보고서를 작성했기 때문에 회사 차량을 사용했지만, 개인 비용이 청구되었는지 알 수 없다.

③ 보고서 작성여부에 따라 개인 비용이 청구되는지는 알 수 없다.

⑤ 이 대리가 업무시간 외에도 사용했는지 알 수 없다.

02 정답 ④

첫 번째 조건과 네 번째 조건에 따라 A와 C는 같은 구역에 앉고, D는 다른 구역에 앉는 것을 알 수 있다. 그리고 마지막 조건에 따라 E와 F는 서로 다른 구역에 앉아야 하므로, E나 F 중 한 사람은 A와 C와 같은 구역에 앉으며, B는 D와 같은 구역이다. 따라서 같은 구역에 앉는 조합은 [A, C, E 또는 F], [B, D, F 또는 E]이다. 첫 번째 조건과 세 번째 조건에 따라 I−3과 I−4는 C 또는 D가 앉는다. 따라서 가능한 좌석 배치 경우는 다음과 같다.

- A−E/F−C−복도−D−F/E−B
- E/F−A−C−복도−D−F/E−B
- B−F/E−D−복도−C−E/F−A
- B−F/E−D−복도−C−A−E/F

따라서 F가 I−6에 앉아 있다면, E는 I−2에 앉아 있으므로 항상 거짓이다.

오답풀이

① I−3에는 C 또는 D가 앉아 있으므로 참이다.

② I−5에는 E 또는 F 또는 A가 앉아 있으므로 참이다.

③ A가 I−1에 앉아 있다면, D는 I−4에 앉아 있으므로 참이다.

⑤ E가 I−2에 앉아 있다면, I−6에는 A 또는 B 또는 F가 앉아 있을 수 있으므로 참이다.

03 정답 ③

가장 먼저 D, B와 D사이에 A를 배정하므로 D−A−B순이 된다. C는 A보다 나중에 배정되므로 가능한 경우는 D−A−C−B 또는 D−A−B−C이다. 이때, 'C는 B보다 나중에 배정한다'라는 추가 조건이 있으면 B−A−B−C로 확정할 수 있다.

04 정답 ①

주어진 조건을 정리하면 다음과 같다.

- 등산 동호회: X( )
- 요리 동호회: _ _(개발팀)
- 독서 동호회: _ _(마케팅팀)
- 음악 동호회: W(인사팀)

따라서 독서 동호회와 요리 동호회는 Y 또는 Z이고 X는 영업팀이다.

05 정답 ③

시계 반대 방향으로 발언하였으므로 A부장을 기준으로 오른쪽으로 발언하였다. C과장은 B차장 직전에 발언하였고, B차장은 주임 직전에 발언하였으므로 B차장은 C과장과 주임 사이에 앉아 있다. 그런데 G주임은 직급이 같은 사람의 사이에 앉아 있으므로 B차장의 옆에 앉지 않았다. 따라서 B차장의 오른쪽에는 H주임이 앉아 있다. 한편, 주임끼리는 마주 보고 있으므로 H주임의 맞은편에는 G주임이 앉아 있고, B차장의 맞은편에는 F대리가 앉아 있다. 이를 그림으로 나타내면 다음과 같다.

이때, A부장의 양옆에는 대리가 앉아 있으므로 F대리의 옆에 A부장이 앉아 있고, 나머지 두 자리에 대리가 앉는다. 그런데, A부장의 왼쪽에 있는 대리가 가장 늦게 발언하였으므로 A부장의 왼쪽에 D대리가 앉아 있고, D대리의 맞은편에 E대리가 앉아 있다. 이를 그림으로 나타내면 다음과 같다.

그리고 발표순서는 A부장—F대리—G주임—E대리—C과장—B차장—H주임—D대리이다.

오답풀이

① 세 번째로 발언한 사람은 G주임이다.
② B차장의 오른쪽에는 H주임이 앉아 있다.
④ D대리와 E대리는 서로 마주 보고 앉아 있다.
⑤ 대리 직급에서는 F대리가 가장 먼저 발언하였다.

06 정답 ③

A와 B는 1층에서 탑승하였고, C는 3층에서 탑승하였다. 그리고 9층에서 탑승한 사람은 없고 D는 혼자 엘리베이터에 탑승했다고 하였으므로 D는 5층 또는 7층에서 혼자 탔음을 알 수 있다. 두 가지 경우로 나누어 보면 다음과 같다.

1) D가 5층에서 타는 경우

구분	탄 사람	내리는 사람
9층		A(B), D, E
7층		C
5층	D	
3층	C, E	A 또는 B
1층	A, B	

즉, 2가지가 있다.

2) D가 7층에서 타는 경우

구분	탄 사람	내리는 사람
9층		A(B), D, E
7층	D	C
5층		
3층	C, E	A 또는 B
1층	A, B	

구분	탄 사람	내리는 사람
9층		A(B), D, E
7층	D	C
5층		A 또는 B
3층	C, E	
1층	A, B	

구분	탄 사람	내리는 사람
9층		A(B), D, E
7층	D	C
5층	E	
3층	C	A 또는 B
1층	A, B	

구분	탄 사람	내리는 사람
9층		A(B), D, E
7층	D	C
5층	E	A 또는 B
3층	C	
1층	A, B	

즉, 8가지가 있다.

이때, 1)에 의해 D가 탑승할 때 누군가가 반드시 내리지는 않는다.

오답풀이

① 9층에서 내리는 사람의 수는 3명으로 일정하다.

② 1), 2)에 의해 가능한 경우의 수는 2+8=10(가지)이므로 10가지이다.

④ 1), 2)에서 A 또는 B가 3층 또는 5층에서 내린다는 것을 알 수 있다.

⑤ 1)에서 D가 5층에서 탑승하면 E는 3층에서 탑승해야 함을 알 수 있다.

07 정답 ②

C의 진술 형태가 나머지 두 사람과 다르므로 C의 진술을 먼저 살펴보자. 만약 '나는 오페라를 보지 않았다.'가 거짓이라면, C는 오페라를 본 것이며, '누가 보았는지 모른다.'는 말이 참이 되어야 한다. 그러면 모순이므로 C의 '나는 오페라를 보지 않았다.'는 말은 참이다. 이때, 'C도 오페라를 보지 않았다.'고 말한 B의 진술이 참이 되므로 B의 앞 진술은 거짓이어야 한다. 따라서 오페라를 본 사람은 B이다. 남은 A의 진술을 확인해 보면, 'B도 오페라를 보지 않았다.'가 거짓이어야 하므로 앞 진술인 '나는 오페라를 보지 않았다.'는 참이다.

08 정답 ⑤

주어진 조건을 기호화하면 다음과 같다.

• 웃음 → 식욕 (대우: × 식욕 → × 웃음)

• 배 → × 식욕 (대우: 식욕 → × 배)

• × 배 → × 홍차 (대우: 홍차 → 배)

이를 정리하면 [웃음 → 식욕 → × 배 → × 홍차]이고 대우인 [홍차 → 배 → × 식욕 → × 웃음]도 성립한다.

따라서 홍차를 좋아하는 사람은 웃음이 많지 않다.

오답풀이

① 웃음이 많은 사람은 식욕이 좋지만, 그 역이 참인지는 알 수 없다.

② 배가 아프지 않은 사람은 홍차를 좋아하지 않지만, 그 이가 참인지는 알 수 없다.

③ 배가 아픈 사람은 식욕이 좋지 않지만, 그 역이 참인지는 알 수 없다.

④ 웃음이 많은 사람은 배가 아프지 않지만, 그 역이 참인지는 알 수 없다.

09 정답 ②

바다와 나무의 경기가 6 : 7로 종료됐다면, 3등은 하늘이므로 A는 옳은지 옳지 않은지 알 수 없다. 바다와 나무가 2 : 3으로 경기가 종료됐다면, 승점은 하늘이 5점, 바다가 2점, 나무가 4점이므로 하늘이 1등이다. 따라서 B만 옳다.

10 정답 ④

A가 참을 말하였으면 나머지는 모두 거짓을 말한 것이다. 이 경우에 MVP는 A이고, MVP는 본인이 아니라고 말한 C의 발언이 참이 되므로 모순이 발생한다. 따라서 A는 참을 말하지 않았다.

B가 참을 말하였으면 나머지는 모두 거짓을 말한 것이므로 MVP는 본인이 아니라는 C의 발언은 거짓이다. 따라서 이 경우에 MVP는 C가 된다.

C가 참을 말하였으면 나머지는 모두 거짓을 말한 것인데, 이 경우에 A가 거짓말을 하고 있다는 B의 발언이 참이 되므로 모순이 발생한다. 따라서 C는 참을 말하지 않았다.

D도 C가 참인 경우와 마찬가지로 B의 발언이 참이 되어 모순이 발생한다. 따라서 D는 참을 말하지 않았다.

따라서 참을 말한 사람은 B이고, MVP는 C이다.

11 정답 ③

김 선생님과 이 선생님의 말은 서로 모순이며, 정 선생님은 최 선생님이 거짓을 말한다고 했다. 따라서 정 선생님의 말은 참이다. 박 선생님이 거짓을 말한 경우 결석한 학생은 2명이므로 박 선생님은 참을 말하였다. 김 선생님, 최 선생님이 거짓을 말한 경우, 철수는 결석하지 않았고, 민수는 결석이다. 이 선생님, 최 선생님이 거짓을 말한 경우는 모순이 발생한다.

따라서 김 선생님과 최 선생님이 거짓을 말하였고, 결석한 학생은 민수이다.

12 정답 ②

주어진 [조건]에 따라 소비자 선호도 조사 결과가 5위 이하인 상품은 새로운 주력상품으로 선정될 수 없다. 이에 따라 가능한 순위는 1위부터 4위까지이다.

따라서 K의 소비자 선호도는 4위가 아닐 수도 있다.

오답풀이

①, ③ 개발된 지 3년을 초과했거나 이익률이 10% 미만인 상품은 새로운 주력상품으로 선정될 수 없으므로 K는 개발된 지 3년을 초과하지 않았고, 이익률이 10% 이상이다.

④, ⑤ 지난해 매출액이 10억 원 이상인 제품만이 새로운 주력상품으로 선정될 수 있으므로 K의 지난해 매출액은 10억 원 이상이다.

13 정답 ④

주어진 [조건]에 의하면 정 – 경의 순서, 경 – 을의 순서, 기의 순서, 병 – 을 – 무 또는 갑의 순서 등을 알 수 있다. 이를 정리하면 정 또는 병 → 경 → 을 → 무 또는 갑 → 기의 순서가 되므로 정과 병, 무와 갑의 휴가 순서는 알 수 없다.

14 정답 ②

첫 번째 조건에서 서 과장 선정 시 이 대리는 반드시 선정되며, 두 번째 조건에서 이 대리가 선정되면 엄 대리는 선정되지 않으므로 결국 이 대리와 엄 대리, 서 과장과 엄 대리는 함께 선정될 수 없다.

세 번째 조건에서 최 사원 선정 시 서 과장은 반드시 선정되며, 네 번째 조건의 대우 명제에 따라 엄 대리가 선정될 때 조 사원도 선정된다는 것을 알 수 있다.

따라서 서 과장과 이 대리, 최 사원과 서 과장은 반드시 함께 선정되므로 '서 과장＋이 대리＋최 사원'이 함께 선정되며, 엄 대리와 조 사원 역시 함께 선정된다.

따라서 2명을 선정할 경우, 항상 함께 선정되는 인원과 제한 인원 2명과의 모순 관계가 없는 엄 대리와 조 사원이 선정된다는 것을 알 수 있다.

15 정답 ④

B는 D 바로 다음으로 팔로워 수가 많고, E는 B 바로 다음으로 팔로워 수가 많고, D는 H 바로 다음으로 팔로워 수가 많으므로 팔로워 수는 H－D－B－E 순으로 많다. H는 코미디언이고, 각 코미디언은 배우 바로 다음으로 팔로워 수가 많으므로 배우－H－D－B－E가 되어야 한다. 배우 D, E의 순서가 이미 나와 있으므로 H 바로 위로 팔로워 수가 많은 사람은 F이다. A는 G 바로 다음으로 팔로워 수가 많으므로 G－A 순이다. 팔로워 수가 가장 많은 사람과 가장 적은 사람은 모두 가수인데 B는 가장 많지도, 적지도 않으므로 A 또는 C가 가장 많거나 적다. 그런데 A는 G보다 팔로워 수가 적으므로 팔로워 수가 가장 적은 사람이 되고, C가 팔로워 수가 가장 많은 사람이 된다. 따라서 C－F－H－D－B－E－G－A 순으로 팔로워 수가 많고, 팔로워 수가 세 번째로 적은 사람은 E이다.

16 정답 ①

①을 전제2로 세우고 전제1과 전제2를 벤다이어그램으로 나타내면 다음과 같다.

이는 항상 결론을 만족하므로 정답은 ①이다.

오답풀이
②, ⑤ 다음과 같이 결론을 만족하지 않는 반례가 존재하므로 정답이 될 수 없다.

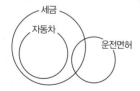

③ 다음과 같이 결론을 만족하지 않는 반례가 존재하므로 정답이 될 수 없다.

④ 다음과 같이 결론을 만족하지 않는 반례가 존재하므로 정답이 될 수 없다.

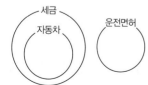

17 정답 ④

5명의 진술 중 A와 C는 C가 가장 먼저 왔다는 말과 그렇게 말한 A의 말이 거짓이라는 상반된 주장을 하고 있다. 이는 A와 C 중 한 명은 거짓을 말하고 나머지 한 명은 참을 말하고 있다는 것을 의미하며, 나머지 3명은 모두 거짓을 말하는 것이 된다. 그렇다면 D의 말도 거짓이므로 D가 가장 먼저 매표소에 도착한 것이 되며, 참을 말한 사람은 A와 C 중 C이다.

18 정답 ①

주어진 [조건]의 대우 명제를 정리해 보면 다음과 같다.
• B창고를 얻으면 E창고도 얻는다.
• A창고를 얻으면 C창고도 얻는다.
• D창고를 얻으면 B창고도 얻는다.
이를 정리하면 D → B → E창고는 항상 함께 얻으므로, 2개의 창고가 필요하다면 A창고와 C창고를 얻어야 한다.

19 정답 ④

첫 번째 명제의 대우 명제와 세 번째 명제, 두 번째 명제의 대우 명제를 차례대로 정리하면 다음과 같다.
• B가 불고기를 먹었다면 A는 냉면을 먹었다.
• A가 냉면을 먹었다면 그날 A는 낮잠을 자지 않았을 것이다.
• A가 낮잠을 자지 않았다면 A와 B 둘 다 피자를 먹지 않았다.
이를 연결하면 'B가 불고기를 먹었다면 A와 B 둘 다 피자를 먹지 않았다.'의 결론을 얻을 수 있다.

20 정답 ③

8개의 좌석 중 2개의 좌석이 빈자리라면 첫 번째 조건에 의해서 나머지 한쪽 공간에는 4명이 연달아 앉게 된다. 세 번째 조건과 네 번째 조건을 통해 을의 한쪽은 빈자리이며, 나머지 한쪽은 병임을 알 수 있다.
을이 정과 마주 보는 자리에 앉아 있다는 사실은, 을의 한쪽 옆이 빈자리이기 때문에 나머지 하나의 빈자리가 정의 위치가 아닌 을과 병을 가운데 둔 한쪽 끝자리가 되어야 함을 알 수 있다.
이를 종합하면 을의 자리를 기준으로 반시계 방향으로 봤을 때 '을—빈자리—( )—( )—정—( )—빈자리—병'의 순서가 된다. 따라서 갑, 기, 무 중 누가 빈자리 옆에 앉아 있는지는 알 수 없다.

오답풀이
① 병은 빈자리와 마주 보고 앉아 있지 않다.
② 정의 양 옆 자리에는 빈자리가 없다.
④ 빈자리 2개 중 한쪽 공간이 있는 2개 좌석에는 을과 병이 앉아 있다.
⑤ 빈자리 2개는 을과 병을 사이에 두고 떨어져 있다.

01 정답 ④

주어진 수열은 피보나치 수열의 규칙을 따르므로 빈칸에 들어갈 알맞은 수는 $\dfrac{19}{6}+\dfrac{29}{6}=8$이다.

02 정답 ①

주어진 수열의 규칙은 다음과 같다.
$56=7\times8$
$72=8\times9$
$110=10\times11$
$132=11\times12$
$(\quad)=9\times10=90$
따라서 빈칸에 들어갈 알맞은 수는 90이다.

03 정답 ②

두 항 사이의 차이를 구하면 $9-5=4$, $17-9=8$, $129-65=64$이므로 주어진 수열은 계차가 2배씩 증가하는 수열이다. $(\quad)-17=16$이고, $65-(\quad)=32$이므로 이를 동시에 만족하는 수는 33이다.
따라서 빈칸에 들어갈 알맞은 수는 33이다.

04 정답 ④

주어진 분수에서 분모는 앞의 두 항의 분모를 더한 값이다.
세 번째 항의 분모는 $4+3=7$
네 번째 항의 분모는 $3+7=10$
다섯 번째 항의 분모는 $7+10=17$
여섯 번째 항의 분모는 $10+17=27$
일곱 번째 항의 분모는 $17+27=44$
그리고 분자는 앞선 분자에서 다음 항의 분자를 뺀 값이다.
세 번째 항의 분자는 $1-2=-1$
네 번째 항의 분자는 $2-(-1)=3$
다섯 번째 항의 분자는 $-1-3=-4$
여섯 번째 항의 분자는 $3-(-4)=7$
일곱 번째 항의 분자는 $-4-7=-11$
따라서 빈칸에 들어갈 알맞은 수는 $-\dfrac{11}{44}=-\dfrac{1}{4}$이다.

05 정답 ⑤

주어진 수열의 규칙은 다음과 같다.

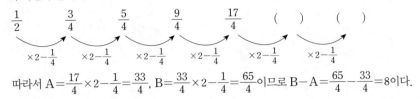

따라서 $A=\dfrac{17}{4}\times 2-\dfrac{1}{4}=\dfrac{33}{4}$, $B=\dfrac{33}{4}\times 2-\dfrac{1}{4}=\dfrac{65}{4}$이므로 $B-A=\dfrac{65}{4}-\dfrac{33}{4}=8$이다.

> ### 🔑 문제 해결 TIP
>
> 처음 분수를 $\dfrac{2}{4}$로 바꾸면 분자 사이에 다음과 같은 규칙이 있다.
>
>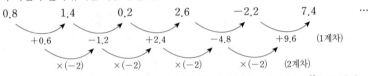
>
> 따라서 $A=\dfrac{33}{4}$, $B=\dfrac{65}{4}$이므로 $B-A=\dfrac{65}{4}-\dfrac{33}{4}=8$이다.

06 정답 ②

주어진 수열의 규칙은 다음과 같다.

$$0.8 \qquad 1.4 \qquad 0.2 \qquad 2.6 \qquad -2.2 \qquad 7.4 \qquad \cdots$$

$$+0.6 \quad -1.2 \quad +2.4 \quad -4.8 \quad +9.6 \quad \text{(1계차)}$$

$$\times(-2) \quad \times(-2) \quad \times(-2) \quad \times(-2) \quad \text{(2계차)}$$

이때, 12번째 항까지는 0.8에 1계차 수열의 첫 번째 항인 0.6에 $(-2)^{10}$을 곱한다는 것을 알 수 있다. 따라서 12번째 항은 $0.8+0.6\times(-2)^{10}=0.8+0.6\times 1024=615.2$이다.

> ### 🔑 문제 해결 TIP
>
> 계차수열의 합을 이용하여 일반항을 구하기 어렵다면 계차수열의 규칙성만 찾아서 12번째 항을 찾으면 된다. 그리고 소수 수열의 규칙성을 다음과 같이 생각하여 12번째 항을 찾을 수도 있다.
>
> $$0.8 \quad 1.4 \quad 0.2 \quad 2.6 \quad -2.2 \quad 7.4$$
>
> $$\times(-2)+3 \;\; \times(-2)+3 \;\; \times(-2)+3 \;\; \times(-2)+3 \;\; \times(-2)+3$$

07 정답 ③

주어진 수열에서 자연수 부분을 따로 생각하면 다음과 같은 규칙이 있음을 알 수 있다.

그리고 소수 부분을 따로 생각하면 다음과 같은 규칙이 있음을 알 수 있다.

$A=-91.8$, $B=-187.4$이다.

따라서 $|B-2A|$의 값은 $|-187.4-2\times(-91.8)|=3.8$이다.

08 정답 ⑤

주어진 수열의 규칙은 다음과 같다.

$20 = 22 \times 1 - 2$

$37 = 20 \times 2 - 3$

$107 = 37 \times 3 - 4$

$423 = 107 \times 4 - 5$

$(\quad) = 423 \times 5 - 6 = 2109$

따라서 빈칸에 들어갈 수는 2109이다.

09 정답 ⑤

주어진 수열의 규칙은 다음과 같다.

$12 = 24 \times \dfrac{1}{2}$

$12 = 12 \times \dfrac{2}{2}$

$18 = 12 \times \dfrac{3}{2}$

$36 = 18 \times \dfrac{4}{2}$

$(\quad) = 36 \times \dfrac{5}{2} = 90$

따라서 빈칸에 들어갈 알맞은 수는 90이다.

10 정답 ③

주어진 수열에서 자연수 부분을 따로 생각하면 다음과 같은 규칙이 있음을 알 수 있다.

그리고 소수 부분을 따로 생각하면 7과 4가 번갈아 등장한다는 것을 알 수 있으므로 A는 -3.7이다.

따라서 A$+4$는 $(-3.7) + 4 = 0.3$이다.

11 정답 ②

주어진 수열은 자연수의 자리의 수가 짝수면 $+1.2$, 홀수면 -0.5인 규칙을 갖고 있다.

A는 $4.8 + 1.2 = 6$, B는 $6 + 1.2 = 7.2$이다.

따라서 $10B - 9A = 72 - 54 = 18$이다.

12 정답 ①

각 항들의 차는 소수의 집합인 수열이다.

$3 \underset{+2}{\frown} 5 \underset{+3}{\frown} 8 \underset{+5}{\frown} 13 \underset{+7}{\frown} 20 \underset{+11}{\frown} 31 \underset{+13}{\frown} 44 \underset{+17}{\frown} (\quad)$

따라서 빈칸에 들어갈 알맞은 수는 $44 + 17 = 61$이다.

13 정답 ②

앞의 항에 차례대로 $\times 8$, $+7$, $\times 6$, $+5$, $\times 4$ …인 수열이다.

따라서 빈칸에 들어갈 알맞은 수는 $452 + 3 = 455$이다.

14 정답 ②

주어진 수열은 −1, ×2가 반복되는 규칙을 갖고 있다.
따라서 빈칸에 들어갈 알맞은 수는 6−1=5이다.

15 정답 ②

주어진 수열은 피보나치 수열이다.
따라서 빈칸에 들어갈 알맞은 수는 43+69=112이다.

16 정답 ④

3개씩 묶이는 군수열로 $b=a+c$의 규칙을 지닌다.
5+9=( )이므로 빈칸에 들어갈 알맞은 수는 14이다.

17 정답 ④

다음 그림과 같이 동심원의 4분의 1 부분을 각각 a, b, c, d라고 할 때, $a\times b=c\times d$와 같은 규칙이 있다.

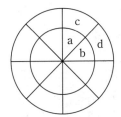

A×2=4×4이므로 A=8이고, B×3=5×9이므로 B=15이다.
따라서 A+B=8+15=23이다.

18 정답 ①

각 칸에 쓰인 수를 다음과 같이 a, b, c, d, e라고 하면 $a+d+e=b\times c$임을 확인할 수 있다.
2+6+7=3×5, (−2)+(−5)+(−9)=2×(−8), (−5)+(−3)+(−1)=1×(−9), 1+4+( )=2×3
따라서 빈칸에 들어갈 수는 1이다.

19 정답 ①

마주 보는 수의 합은 30이다.
따라서 빈칸에 들어갈 숫자는 30−5=25이다.

20 정답 ②

첫 번째 도형과 세 번째 도형을 살펴보면, 가운데 숫자는 아래의 2개의 숫자를 합한 다음 위의 숫자를 뺀 값임을 알 수 있다.
따라서 빈칸에 들어갈 알맞은 수는 19+5−14=10이다.

01		언어이해							본문 P. 318
01	02	03	04	05	06	07	08	09	10
④	④	⑤	④	①	②	①	④	③	④
11	12	13	14	15	16	17	18	19	20
③	②	②	①	③	④	①	③	③	④

01 정답 ④

대동여지도는 산맥뿐만 아니라 주요 도로를 직선으로 표시하여 도로망을 한눈에 볼 수 있게 만들었다.

오답풀이
① 대동여지도는 22첩으로 나뉜 대형 지도의 형태로 한반도 전역의 지리 정보를 확인할 수 있다.
② 대동여지도는 당시 다른 지도와 다르게 군사적 목적보다는 일반 백성을 위한 지도였다.
③ 대동여지도는 목판 인쇄 방식이 주된 특징이다.
⑤ 대동여지도는 조선 후기의 과학적, 문화적 중요 유산이다.

02 정답 ④

주어진 글은 성공적인 sLLM 구축을 위해서 해야 하는 일은 단계별로 나열한 글이다. 가장 먼저 글의 목적을 드러낸 [마] 문단의 내용인 성공적인 sLLM 구축을 위한 첫 단계로 시작하는 것이 적절하다. [마] 문단의 마지막에는 학습에 사용할 문서를 신중하게 선별하는 작업이 필요하다고 언급되어 있으므로 뒤에는 이와 관련된 구체적인 사례 혹은 이유를 설명한 [나] 문단과 이어지는 것이 적절하다. 다음으로는 선별작업을 한 다음 단계가 이어지는 것이 자연스러우므로 선별된 문서를 어떻게 활용해야 하는지를 서술한 [가] 문단과 구분한 파일을 구조화하는 파일 포맷에 대해 설명하는 [라] 문단으로 이어지는 것이 적절하다. 마지막으로 [다] 문단에 언급된 태깅 작업이 연결되는 것이 자연스럽다. 따라서 논리적인 순서대로 배열하면 [마]-[나]-[가]-[라]-[다] 순이다.

03 정답 ⑤

주어진 글은 코로나19 이후 여행공급자의 열악한 상황과, 여행자의 수요를 악용하는 OTA의 잘못된 사례를 지적하는 글이다. 따라서 글의 중심 내용으로 가장 적절한 것은 여행 산업의 혁신이 여행자와 여행공급자 모두를 자유롭게 하는 것에서 시작한다는 내용이다.

오답풀이
① 디지털 전환을 중심으로 이루어진 여행 산업의 변화 자체를 부정하고 있지는 않다. 다만 OTA의 횡포를 지적하고 있으므로 여행을 하기 위해서는 항공사, 여행사 카운터 그리고 숙소에 직접 문의하고 예약해야 한다는 내용은 글의 내용과 맞지 않다.
② 디지털 전환을 중심으로 이루어진 여행 산업의 변화 자체를 부정하고 있지는 않으므로 오프라인 시절의 예약 절차가 온라인으로 바뀐 것은 여행의 진정한 혁신이라고 볼 수 없다는 것 또한 주장이라고 볼 수 없다.
③ 여행 자체를 강조하기보다는 OTA의 횡포에 대해 지적하고 있다. 따라서 일상에서 벗어나 낯선 장소와 문화를 경험하며 나 자신을 새롭게 발견하는 과정이 바로 여행이다라는 내용은 글의 주장이라고 볼 수 없다.
④ OTA의 횡포를 지적하고 있을 뿐, 여행자가 OTA를 이용하여 미리 예약하는 것에 대해 문제를 제기하고 있지는 않으므로 주장으로 볼 수 없다.

04 정답 ④

고령 운전자에게 연령만으로 일률적인 제한을 가하기보다는, 적절한 검사와 안전 조치를 통해 운전 권리를 존중해야 한다고 주장하고 있다. ④는 단순히 나이에 따른 제한을 주장하므로 필자의 주장과 반대된다.

오답풀이
①, ②, ③, ⑤ 모두 필자의 주장과 일치한다.

05 정답 ①

김홍도는 서민들의 일상적인 삶을 사실적으로 묘사하였으며, 그의 그림에는 따뜻한 시선과 유머가 담겨있다고 설명하고 있다.

오답풀이
② 인물의 표정과 움직임을 사실적으로, 생동감 있게 표현했다고 설명하고 있다.
③ 김홍도는 주로 서민의 삶을 그린 화가이다.
④ 산수화와 초상화에서 모두 뛰어난 기량을 발휘하였다.
⑤ 추상적인 표현보다는 사실적인 묘사를 표현한 화가이다.

06 정답 ②

주어진 글에서는 건강을 유지하기 위해 균형 잡힌 식습관, 규칙적인 운동, 충분한 수면을 지속적으로 실천하는 것이 중요하다고 설명하고 있다. 특히 건강관리에서 장기적인 노력이 필요하며, 일시적인 변화보다 꾸준한 실천이 핵심이라는 주제를 강조하고 있다. 따라서 ②는 글의 내용을 마무리하는 내용으로는 ②가 가장 적절하다.

오답풀이
① 다이어트도 건강관리의 중요한 요소이지만 주어진 글은 전반적인 생활습관에 초점을 맞추고 있으며, 특정 다이어트보다는 지속적인 관리가 중요하다는 점을 강조하고 있다.
③ 스트레스 관리와 정신 건강이 신체 건강에 중요하다는 내용은 글의 내용과 관련이 있지만, 주어진 글의 주요 초점은 규칙적인 운동과 식습관, 수면 습관 등 물리적 건강 유지에 있다고 설명한다.
④ 수면 습관 역시 중요한 요소로 언급되었으나, 빈칸에는 지속적인 관리의 중요성을 요약하는 내용이 필요하다.
⑤ 규칙적인 건강관리가 중요하다는 것은 주어진 글의 주요 논점 중 하나이지만, '수면이나 운동만으로는 유지하기 어렵다'는 결론은 글의 흐름과 맞지 않는다.

07 정답 ①

[다] 문단은 마라톤의 기원과 역사적 배경을 소개하며 페이디피데스의 전설적인 이야기를 통해 마라톤이 어떻게 시작되었는지 설명한다. 이어서 [가] 문단은 근대 올림픽에서 마라톤이 공식 종목으로 자리 잡은 과정을 다루며, 마라톤이 어떻게 현대적인 스포츠로 발전했는지를 구체적으로 설명한다. [마] 문단은 마라톤의 특성과 참가자들이 준비해야 하는 전략적 요소를 제시하여, 마라톤이 단순한 경기가 아닌 체력과 정신력을 시험하는 도전임을 강조한다. [나] 문단은 마라톤이 최근에는 사회적 목적을 가진 행사로 발전하며, 자선이나 환경 보호와 같은 다양한 활동과 연결되어 있음을 설명한다. 마지막으로 [라] 문단은 마라톤이 개인의 한계를 극복하는 도전이자 사회적 메시지를 전달하는 수단으로 자리 잡았음을 종합적으로 정리하며 마무리한다. 따라서 논리적인 순서대로 배열하면 [다]−[가]−[마]−[나]−[라] 순이다.

08 정답 ④

양자역학은 고전 물리학으로는 설명되지 않는 미시적 현상들을 설명하기 위해 발전한 이론이라고 설명하고 있다. 특히 파동−입자 이중성이나 불확정성 원리 등은 고전 물리학의 한계를 보완하는 중요한 개념들이다.

오답풀이
① 양자역학에서는 물질의 위치와 운동량을 동시에 정확하게 알 수 없다고 설명하며 이는 불확정성 원리의 핵심이다.
② 파동−입자 이중성은 입자가 파동처럼 행동할 수도 있고, 입자처럼 행동할 수도 있다. 입자가 오직 파동처럼만 행동한다는 설명은 잘못되었다.
③ 전자는 특정 경로를 따르기보다는 여러 경로를 동시에 통과하는 것처럼 행동한다고 설명하고 있다.
⑤ 양자역학은 미시세계, 거시세계 양쪽 모두 중요한 역할을 하며 다양한 분야에 활용되고 있다.

09 정답 ③

성체 개구리는 폐뿐만 아니라 피부를 통해 산소와 이산화탄소를 교환한다. 피부는 얇고 점액으로 덮여 있어 공기와 물속에서 산소를 흡수하는 데 중요한 역할을 한다.

오답풀이

① 성체 개구리는 아가미가 아닌 폐와 피부로 호흡한다. 올챙이 시기에만 아가미를 사용한다.

② 성체 개구리는 폐뿐만 아니라 피부 호흡도 함께 한다.

④ 개구리는 물속에서도 피부 호흡을 하며, 습한 환경에서 피부를 통해 산소를 흡수하기 때문에 피부 호흡은 중요하다.

⑤ 개구리의 폐는 포유류와 달리 작고 산소 흡수율이 낮기 때문에, 피부 호흡이 보완적 역할을 한다.

10 정답 ④

주어진 글은 예술과 문화 활동이 현대인의 여가 활동에서 중요한 역할을 하고 있으며, 특히 창의적 영감을 주고 정서적 안정을 돕는다고 강조하고 있다. 글에서 스포츠 활동에 대한 언급은 없으며, 예술 활동이 창의적 영감의 원천임을 설명하고 있다.

오답풀이

① 예술 활동이 단순한 여가 시간의 소모를 넘어 감정적 해소와 정서적 안정에 기여한다고 설명하고 있다.

② 기술 발전으로 온라인과 VR을 통해 물리적 장소에 구애받지 않고 예술을 경험할 수 있게 되었음을 언급하고 있다.

③ 미술 전시회, 연극, 음악회 같은 문화 예술 행사는 감정적 해소에 유용하다.

⑤ 가상현실과 같은 기술발전의 혜택으로 예술 활동의 접근이 쉬워졌다.

11 정답 ③

기계 고객은 인간의 개입 정도에 따라 경계형, 적응형, 자율형 3단계로 진화하며, 자율형으로 갈수록 인간의 개입 수준이 낮아진다. 따라서 경계형은 적응형보다 인간의 개입 수준이 높다.

오답풀이

① 적응형 기계 고객은 특정 작업에 대해 사람 대신 선택하고 행동한다고 하였다.

② 기계 고객은 사람이 아닌 기계가 상품이나 서비스를 구매하는 것이라고 하였다.

④ 기계 고객은 인공지능(AI)과 사물인터넷(IoT) 소비자 대신 구매하는 기술이다.

⑤ 자율형 기계 고객은 소비자의 선호나 패턴 등을 추론해 구매를 결정한다고 하였다.

12 정답 ②

일신전속성을 가진 것, 즉 일신전속적인 것은 법률에 따라 특정한 자에게만 귀속되며 타인에게 양도할 수 없는 것을 의미한다. 부동산은 재산이고, 채무는 특정인에게 어떤 행위를 하여야 하는 의무로 재산권의 하나이다. 그러므로 일신전속적이 아닌 것에 속한다.

오답풀이

① 디지털 유산에는 상속재산에 속하는 것과 속하지 않는 것이 있으므로 디지털 유산은 일신전속권인지에 따라 상속 여부가 결정된다.

③ 독일에서는 계정 ID 등에 대한 접속권은 망자와 서비스제공업체 간 계약상 권리인 채권으로서 재산에 관한 사항이므로 상속의 대상이 된다는 판례가 있었다고 언급되어 있으므로 독일에서는 특정 사이트의 계정을 일신전속적이지 않은 것으로 판단한 사례가 있다.

④ 계정 내에 일상의 생활을 기록한 글과 같이 인격적인 요소가 강한 것은 상속재산에 포함되기 어렵다고 하였으므로 사람들이 자신의 SNS 계정에 흔하게 올리는 일상 게시물은 통상 상속재산에 포함되지 않는다고 볼 수 있다.

⑤ 유언과 같이 생전에 본인의 의사에 의한 처리가 가능하도록 하는 방안으로 서비스 이용계약 체결 시 디지털 유산의 처리에 관한 의사를 미리 설정한다면 혼란을 줄일 수 있다.

13 정답 ②

3D프린터가 의료, 교육, 창업 등의 다양한 분야에서 사용되며, 그 활용도가 높아지고 있다는 내용을 중심으로 설명하고 있다.

오답풀이
① 글의 일부 내용을 반영하고 있지만, 전체 중심 내용을 반영하지 못한다.
③ 전체 내용을 반영하지 못하고, 대량 생산의 내용 또한 나타나지 않는다.
④ 일부분을 다루고 있지만, 3D프린터의 전체적인 중요성과 다양한 분야에서의 활용을 모두 반영하지는 않는다.
⑤ 글의 내용과 관련이 없다.

14 정답 ①

주어진 글에 따르면 창조 도시의 주된 동력을 창조 산업으로 볼 것인지, 창조 계층으로 볼 것인지 견해가 엇갈리고 있다고 하였다. 창조 도시를 개발한다면 창조 산업을 위한 도시를 개발할지, 창조 계층을 위한 도시를 개발할지 의견이 나뉠 수는 있지만, 이 동력이 무엇인지 확실하지 않다고 해서 창조 도시 개발이 필요 없는 것은 아니다. 따라서 근본 동력이 무엇이든 창조 도시 개발의 필요성과는 상관없다.

오답풀이
② 창조 도시는 하루아침에 인위적으로 만들어지는 것이 아니므로 정부가 나선다고 바로 만들어지는 것이 아니라는 비판은 적절하다.
③ 창조 산업의 산출물은 크게 성공할 수도 있지만 실패할 수도 있다. 이것에 대한 수요와 가치 평가의 예측이 어렵다는 것은 창조 도시 개발의 위험성으로 작용할 수 있다.
④, ⑤ 창의력은 좋은 장소에 모아 둔다고 발동되는 능력이 아니므로, 창조 계층을 한 곳에 모아두고 인프라를 만들어 준다 하더라도 좋은 창의력이 반드시 발생되는 것은 아니다.

15 정답 ③

주어진 글은 쇼펜하우어의 염세주의적 세계관에 대해 그가 긍정하고 부정했던 개념을 들어 설명한 글이다. 특히 글의 마지막 부분을 통해 쇼펜하우어의 철학이 삶의 의지를 부정하게 하고 금욕적인 삶의 길로 이끈다는 내용이 주제에 해당함을 알 수 있다.

오답풀이
① 마지막 문장에서 쇼펜하우어는 금욕적인 삶의 길로 우리를 이끌었다고 언급하고 있으므로 적절하지 않다.
② 표상의 세계는 근원적인 세계가 아니며 표상의 세계가 실제로는 의지의 세계라는 점을 통찰해야 한다고 언급되어 있으므로 문맥상 글의 주제로 적절하지 않다.
④ 삶에 대한 맹목적인 의지를 받아들이는 것이 아니라 거기서 벗어나야 한다고 언급되어 있으므로 적절하지 않다.
⑤ 삶의 의미를 탐구한다는 내용은 주어진 글을 통해 확인할 수 없으므로 적절하지 않다.

16 정답 ④

두 번째 문단에서 오버투어리즘이 발생하면 임대료 상승으로 세입자에게 부담이 될 수 있다고 하였다.

오답풀이
① 마지막 문단을 통해 관광세 부과는 사업체 대상 정책에 해당함을 알 수 있으며, 지역주민 대상 정책에는 공동체 강화, 혜택 제공, 공공시설 지원 등이 있다.
② 첫 번째 문단에서 오버투어리즘은 주민의 생활공간과 관광객의 관광공간이 분리되지 않아 나타나는 문제라고 하였다.
③ 첫 번째 문단을 통해 보라카이 섬에 대한 내용임을 확인할 수 있다.
⑤ 수익을 창출하려는 입장과 반대로, 정주권이 우선인 입장은 오버투어리즘에 부정적인 입장이다.

17 정답 ①

필자는 주어진 글을 통해 범법행위를 한 사람들에 대해서 책임을 물어야 하지만, 교육을 통해 교화 · 개선할 수 있음을 주장하고 있다. 특히 14세 미만에 해당하는 촉법소년의 경우에는 전 세계적으로 사형법이 적용되지 않는 만큼, 교육을 통해 올바른 삶을 할 수 있도록 도와야 한다고 언급하고 있다. 따라서 14세 미만의 촉법소년들은 의지가 약하므로 강력하게 법의 처벌을 받도록 해야 한다는 내용은 필자의 주장과 반대되는 내용에 해당한다.

오답풀이

②, ③, ④, ⑤ 필자의 주장과 상통하는 내용으로 제시되어 있다.

18 정답 ③

주어진 글은 전통시장의 위기를 극복하기 위한 대형마트 규제가 전통시장의 활성화로 이어지지 못한 결과를 언급하며, 더 이상 대형마트와 전통시장의 대결 구도로 이 문제에 접근해서는 안 된다고 지적하고 있다. 이에 따라 소비의 중심축이 온라인으로 넘어간 데 대응하여 전통시장도 디지털 플랫폼을 구축하는 등 시대에 발맞춰야 한다고 강조하며 글을 마무리하고 있다. 따라서 글을 읽고 보일 수 있는 반응으로 적절한 것은 ③이다.

오답풀이

① 편의점 매출에 관한 내용은 주어진 글에서 제시되지 않았다.

②, ④, ⑤ 주어진 글의 내용과 반대되는 내용이다.

19 정답 ③

투자에 성공했다는 누군가의 이야기를 듣고 따라서 투자한 비트코인은 '펭귄 효과'에 해당한다. 펭귄 효과란 펭귄한 마리가 바다에 뛰어들면 다른 펭귄들도 우르르 뛰어들듯이 누군가가 유행을 주도하면 그 유행을 따라 도미노처럼 구매가 일어나는 것을 일컫는다. 비트코인으로 누가 성공했다고 얘기를 듣고 나머지 사람들이 우르르 투자에 나선 것도 이에 해당한다고 할 수 있다.

20 정답 ④

⊙ '놀이가 창조성을 기르게 도와준다는 보고는 흔히 눈에 띈다.'라고 하였다.

ⓒ, ⓔ 놀이는 아이들만을 위한 것이 아니며, 초고령화되어 가는 사회에서 어른도 일과 놀이가 접목되지 않으면 즐겁고 건강하게 일을 계속하기 어렵다고 하였다.

오답풀이

ⓛ 글쓴이는 일만 하고 놀지 않는 사람은 자신도 지루하지만, 남에게도 지루한 사람이 되어 인간관계에 문제가 생긴다고 지적하였다. 놀이 때문에 인간관계에 문제가 생기는 것이 아니라 잘 놀지 못하기 때문에 문제가 생길 수 있다는 것이다.

01	02	03	04	05	06	07	08	09	10
⑤	①	①	⑤	⑤	③	③	②	①	②
11	12	13	14	15	16	17	18	19	20
④	③	④	③	①	③	⑤	④	③	②

01 정답 ⑤

- 2020년 총지출이 k억 원이라면, $k=45\div0.09=500$(억 원)이다.
- 2021년 총 지출이 k억 원이라면, $k=30\div0.08=375$(억 원)이다.
- 2022년 총지출이 k억 원이라면, $k=35\div0.07=500$(억 원)이다.
- 2023년 총지출이 k억 원이라면, $k=50\div0.06≒833$(억 원)이다.

따라서 2020~2023년 동안 S사의 총지출은 꾸준히 증가하지 않았다.

오답풀이

① 2024년 총지출이 k억 원이라면, $k=35\div0.05=700$(억 원)이므로 총지출은 700억 원이다.

② 2022년 AI 분야 투자 규모의 전년 대비 증가율은 $\{(35-30)\div30\}\times100≒16.7(\%)$이다.

③ • 2024년 전년 대비 감소율 : $\dfrac{50-35}{50}\times100≒30(\%)$

　• 2021년 전년 대비 감소율 : $\dfrac{45-30}{45}\times100≒33(\%)$

　따라서 2024년에 2021년보다 더 적게 감소하였다.

④ 2020~2024년 동안 AI분야 투자 규모의 합은 $45+30+35+50+35=195$(억 원)이다.

02 정답 ①

(단위: 건, %)

구분		개선 필요 과제	이행 완료 과제	이행률
이행 기간	1기	18	$18\times100\%=18$	100%
	2기	$66-(18+20)=28$	21	$\dfrac{21}{28}\times100=75\%$
	3기	$\dfrac{19}{95\%}=\dfrac{19}{(19\times5)\%}=20$	$58-(18+21)=19$	95%
합계		66	58	$\dfrac{58}{66}\times100≒87.8\%$

개선 과제 이행률은 1기에서 3기로 갈수록 $100\%\to75\%\to95\%$이므로 꾸준히 감소하지 않았다.

오답풀이

② 1기 개선 과제 이행률이 100%이므로 이행 완료 과제는 개선 필요 과제와 같은 18건이다.

③ 3기 이행 완료 과제는 $58-(18+21)=19$(건)이고, $\dfrac{19}{3\text{기 개선 필요 과제 건수}}\times100=95(\%)$이므로 개선 필요 과제는 20건이다. 따라서 이행하지 못한 과제는 1건이다.

④ 1기부터 3기까지의 이행 완료 과제 건수는 2기가 21건으로 가장 많다.

⑤ 1기부터 3기까지 개선 과제 전체 이행률은 $\dfrac{58}{66}\times100≒87.8\%$로 90% 미만이다.

03 정답 ①

5년간 B사와 C사의 총매출액을 구하면 다음과 같다.

- B사: $900+500+600+800+1,000=3,800$(억 원)
- C사: $1,500+1,800+1,600+1,400+1,200=7,500$(억 원)

이때, $3,800 \times 2 = 7,600 > 7,500$이므로 5년간 B사의 총매출액은 C사의 절반보다 크다.

오답풀이

② 2019년 A~C사의 총매출액은 $1,200 + 900 + 1,500 = 3,600$(억 원)이다. 따라서 A사가 차지하는 비중은 $\frac{1,200}{3,600} \times 100 =$ 33.3(%)이므로 35% 미만이다.

③ B사의 증감 추이는 감소 – 증가 – 증가 – 증가이고, C사는 증가 – 감소 – 감소 – 감소이므로 서로 반대이다.

④ A사의 전년 대비 매출액 증감률을 연도별로 확인하면 다음과 같다.

- 2020년: $\frac{1,500 - 1,200}{1,200} \times 100 = 25.0(\%)$
- 2021년: $\frac{1,000 - 1,500}{1,500} \times 100 = -33.3(\%)$
- 2022년: $\frac{800 - 1,000}{1,000} \times 100 = 20.0(\%)$
- 2023년: $\frac{1,200 - 800}{800} \times 100 = 50.0(\%)$

따라서 A 회사의 전년 대비 매출액 변화율|증감률|이 가장 큰 해는 2023년이다.

⑤ 2021~2023년의 전년 대비 매출액 감소율을 확인하면 다음과 같다.

- 2021년: $\frac{1,800 - 1,600}{1,800} \times 100 = 11.1(\%)$
- 2022년: $\frac{1,600 - 1,400}{1,600} \times 100 = 12.5(\%)$
- 2023년: $\frac{1,400 - 1,200}{1,400} \times 100 = 14.3(\%)$

따라서 2021년부터 2023년까지 C 회사의 전년 대비 매출액 감소율은 해마다 꾸준히 증가한다.

⚡ 문제 해결 TIP

⑤ 2021년부터 2023년까지 C 회사의 매출액은 꾸준히 200억 원씩 감소한다. 그런데 매출액이 다르므로 감소율은 다를 수밖에 없다. 특히, 매출액이 감소하고 있으므로 감소율이 계속 높아진다는 것 또한 알 수 있다.

04 정답 ⑤

ⓒ 강원/제주권의 농촌관광 횟수는 $1.88 + 1.78 + 1.98 + 1.97 + 2.91 + 0.48 = 11$(회)이다.

ⓒ 농촌관광 횟수가 가장 많은 지역은 [표]의 좌측 항목부터 각각 수도권, 강원/제주권, 강원/제주권, 강원/제주권, 강원/제주권, 수도권이므로 충청권은 해당하지 않는다.

ⓔ 농촌관광 횟수가 세 번째로 많은 항목은 수도권이 농촌 숙박, 충청권이 농촌 지역 맛집 방문, 호남권이 농촌 체험 활동, 영남권이 농촌 지역 캠핑, 강원/제주권이 농촌 둘레길 걷기이므로 지역마다 서로 다르다.

오답풀이

ⓒ 농촌 지역 캠핑은 호남권이 영남권보다 적다.

05 정답 ⑤

노년부양비의 전년 대비 증가 폭은 2017년의 경우 $18.8 - 18 = 0.8$, 2018년의 경우 $19.6 - 18.8 = 0.8$로 동일하다.

오답풀이

① 2021년 생산가능인구 100명당 부양해야 하는 고령인구는 전년 대비 $23.1 - 21.8 = 1.3$(명) 증가하였다.

② 2015~2021년 노년부양비는 17.5 → 18 → 18.8 → 19.6 → 20.4 → 21.8 → 23.1로 매년 증가하였다.

③ 전년 대비 2021년 노년부양비의 증가 폭은 $23.1 - 21.8 = 1.3$, 전년 대비 2020년 노년부양비의 증가 폭은 $21.8 - 20.4 = 1.4$이다. 따라서 2021년보다 2020년에 더 크다.

④ 생산가능인구 100명당 부양해야 하는 고령인구는 2018년 19.6명에서 2019년 20.4명으로, 2019년에 처음으로 20명을 넘었다.

06 정답 ③

㉠ 2017년 A제품 생산량을 a만 TOE라 하면, 2018~2021년 A제품 생산량은 다음과 같다.

(단위: 만 TOE)

구분	2018년	2019년	2020년	2021년
생산량	$a+80$	$a+200$	$a+420$	$a+300$

따라서 2019년과 2021년 A제품 생산량은 $a+300-(a+200)=100$(만 TOE) 차이 난다.

㉢ 2017년 대비 2021년 A제품 생산량 증가량을 나타낸 자료이므로, 2020년 A제품 생산량이 1,000만 TOE라면 2017년 A제품 생산량은 $1,000-420=580$(만 TOE)이다. 따라서 2018년 A제품 생산량은 $580+80$ $=660$(만 TOE)이다.

> **오답풀이**
> ㉡ 2017년 대비 2021년 A제품 생산량의 증가량은 2020년 생산량의 증가량보다 적으므로 2017년 이후 A제품의 생산량은 2020년까지 꾸준히 증가하다가 2021년에는 감소하였다.

07 정답 ③

㉢ 30대는 흡연율이 30.4%이고, 고위험 음주율이 16.4%로 모든 연령대 중 가장 높다.

㉣ 59세까지는 나이가 들수록 흡연율과 고위험 음주율이 낮아진다고 볼 수 없으나, 60세 이후부터는 두 항목에서 남녀 모두 이전 연령대보다 낮아지는 비율을 보이고 있다.

> **오답풀이**
> ㉠ 여자의 고위험 음주율은 높아졌으나, 흡연율은 6.5%에서 6.1%로 낮아졌다.
> ㉡ 2018년 남자의 고위험 음주율이 21.2%이므로 전체 남자 인구 100명당 20명 이상은 주 평균 14잔(7잔 이상씩 2회) 이상의 음주를 한다고 볼 수 있다. 하지만 이 고위험 음주군에 속하는 21.2%의 인원이 반드시 흡연을 한다고 볼 수는 없으며, 이와는 별개로 남자 인원의 39.4%가 흡연을 한 것이다.

08 정답 ②

2015년을 제외한 연도에는 모두 남학생의 평균 점수가 여학생의 평균 점수보다 더 높지만, 2015년에는 여학생의 평균 점수가 528점으로 남학생의 평균 점수인 521점보다 더 높다.

> **오답풀이**
> ① 2012년 이후 OECD 평균은 읽기 분야에서는 496점 → 493점 → 487점, 수학 분야에서는 494점 → 490점 → 489점, 과학 분야에서는 501점 → 493점 → 489점으로 낮아지고 있으므로 OECD 평균은 3개 분야에서 모두 계속 낮아지고 있다.
> ③ 읽기 분야에서 남학생과 여학생의 평균 점수 차이가 연도별로 각각 35점, 35점, 23점, 41점, 23점으로 매년 가장 큰 차이를 보이고 있다.
> ④ 연도별로 각 분야에 대한 우리나라 순위의 평균을 정리하면 다음과 같다.
>
> | 구분 | 2006년 | 2009년 | 2012년 | 2015년 | 2018년 | 합계 | 평균 |
> |------|--------|--------|--------|--------|--------|------|------|
> | 읽기 | 1 | 2 | 2 | 5 | 5 | 15 | 3.0 |
> | 수학 | 2 | 2 | 1 | 3 | 3 | 11 | 2.2 |
> | 과학 | 7 | 3 | 3 | 6 | 4 | 23 | 4.6 |
>
> 따라서 각 분야에 대한 우리나라 순위의 평균은 수학, 읽기, 과학 순으로 높은 것을 알 수 있다.
> ⑤ 2018년 한국의 읽기, 수학, 과학 점수 평균은 $\dfrac{514+526+519}{3} ≒520$(점)이므로, 522점 미만이다.

09 정답 ①

㉡ 자체수입 수치는 매년 경상사업비와 융자사업비를 합한 사업비 수치보다 크므로 자체 수입만으로 사업비 지출을 충당할 수 있다.

오답풀이
㉠ 2012년과 2013년에는 95% 이상이지만, 2014년부터 95% 미만으로 감소하였다.

㉢ 지출 항목에서는 15,256−7,881=7,375(억 원) 증가한 여유자금운용이 가장 큰 증가 항목이지만, 수입 항목에서는 12,287−8,976=3,311(억 원) 증가한 여유자금회수가 가장 큰 증가 항목이다.

㉣ 정부내부지출의 지출 증가율은 $\dfrac{9,000-2,000}{2,000}\times100=350$(%), 여유자금운용의 지출 증가율은 $\dfrac{15,256-3,208}{3,208}\times100\fallingdotseq376$(%)로 400%에 미치지 못한다. 참고로 2,000이 8,000으로 4배 증가한 경우에 증가율은 400%가 아닌 300%이며, 10,000으로 5배 증가한 경우 역시 500%가 아닌 400%이다.

10 정답 ②

사회가 청렴하다고 생각하지 않는 사람 수는 일반 국민이 $1,400\times(0.391+0.534)=1,295$(명)이고, 공무원이 $1,400\times(0.286+0.191)\fallingdotseq668$(명)이므로 2배 미만이다.

오답풀이
① 청렴과 부패에 대한 응답 비율을 통해 알 수 있다.

③ 부패의 비율이 높은 집단일수록 청렴의 비율이 더 낮다.

④ 부패 정도가 보통이라고 생각하는 기업인은 $700\times0.367\fallingdotseq257$(명)이고, 전문가는 $630\times0.379\fallingdotseq239$(명)이므로 기업인이 더 많다.

⑤ 사회가 부패했다고 응답한 전문가는 $630\times0.49=308.7$(명)이므로, 305명 이상이다.

11 정답 ④

2인 가구의 비중이 두 번째로 높은 해는 26.7%인 2017년이다. 2017년의 부부와 미혼 자녀로 구성된 핵가족 비중은 44.8%로 조사 기간 중 두 번째로 낮다.

오답풀이
① 2015년은 핵가족의 비중이 $18.1+53.7+11.0=82.8$(%)로 가장 높은 시기이다.

② [표1]의 수치를 통해 2015~2018년에 1인 가구의 비중이 가장 높은 것을 알 수 있다.

③ 4인 가구는 비중이 매 시기 지속적으로 감소하였다.

⑤ 평균 가구원 수가 가장 많은 해는 2000년으로, 1인 가구 수의 비중이 가장 적은 시기도 2000년 이다.

12 정답 ③

㉠ 2개 연도의 임금 근로자 수치가 주어져 있으므로 알 수 있다.

㉡ 종사자 규모별 전년 대비 2017년에 종사자가 가장 많이 증가한 3개의 종사자 규모를 알 수 있다.

㉣ 임금 근로자 수치와 비중이 주어져 있으므로 알 수 있다.

오답풀이
㉢ 주어진 자료는 산업별로 구분되어 있지 않으므로, 산업별 증감 현황에 관한 내용은 알 수 없다.

13 정답 ④

㉠ 전년 대비 2012년 살해 발생 건수는 남성의 경우 723−584=139(건), 여성의 경우 477−413=64(건)이 각각 감소하여 조사 기간 동안 가장 크게 달라졌다.

㉡ 2010년 대비 2016년 살해 발생 건수 감소율은 남성의 경우 $\dfrac{700-521}{700}\times100\fallingdotseq25.6$(%), 여성의 경우 $\dfrac{465-379}{465}\times100\fallingdotseq18.5$(%)이므로, 남성의 감소율이 여성보다 더 크다.

㉢ 2010~2015년 동안 여성의 살해 발생 건수와 발생률의 증감 추이는 모두 증가 → 감소 → 감소 → 증가 → 감소인 것을 알 수 있다.

오답풀이

② 남녀 주민 등록 인구수$=\dfrac{\text{남녀 살해 발생 건수}}{\text{남녀 살해 발생률}}\times 100{,}000$의 식에 따라 2016년 남녀의 주민 등록 인구수를 구해 보면, 남성은 $\dfrac{521}{2.0}\times 100{,}000=26{,}050{,}000$(명)이고, 여성은 $\dfrac{379}{1.5}\times 100{,}000≒25{,}266{,}667$(명)이다. 따라서 2016년 남녀 주민 등록 인구수의 차이는 $26{,}050{,}000-25{,}266{,}667=783{,}333$(명)으로 80만 명 미만이다.

14 정답 ③

㉠ 5개 시즌 전체의 골과 도움은 각각 53골과 29개이며, 2017년 이후 3개 시즌 동안의 골과 도움은 각각 35골과 22개를 기록하였다. 따라서 5개 시즌 전체에서 3개 시즌의 골과 도움이 차지하는 비중은 각각 $\dfrac{35}{53}\times 100≒66(\%)$, $\dfrac{22}{29}\times 100≒76(\%)$로, 모두 65% 이상을 기록하고 있다.

㉢ 5개 시즌 유럽 무대 전체에서 기록한 시즌별 골과 도움의 합은 각각 $53+12+3+17=85$(골)과 $29+7+2+7=45$(도움)이다. 시즌별 골의 평균과 도움의 평균은 각각 $85÷5=17$(골)과 $45÷5=9$(도움)이므로 합은 26개이다.

오답풀이

㉡ 2017~2018년 시즌은 전 시즌보다 골과 도움의 합계가 적다.

㉣ FA컵과 챔피언스 리그의 성적은 시즌별로 주어지지 않았으므로, 매 시즌 적어도 1골 이상을 기록하였다고 단정지을 수 없다.

15 정답 ①

2016년 남성의 췌장암 발생자 수는 $120{,}068\times 0.028≒3{,}362$(명)이고, 여성의 췌장암 발생자 수는 $109{,}112\times 0.03≒3{,}273$(명)으로 남성이 더 많다.

오답풀이

② 2016년 남성의 간암 발생자 수는 $120{,}068\times 0.098≒11{,}767$(명)이고, 여성의 간암 발생자 수는 $109{,}112\times 0.037≒4{,}037$(명)으로 남성이 여성의 3배 이하이다.

③ 2016년 10대 암종 중 남성에게만 포함된 암종은 전립선암, 방광암, 신장암 3개가 해당된다.

④ 2016년 10대 암종 중 여성에게만 포함된 암종은 자궁체부암, 자궁경부암, 유방암으로 $2.7+3.3+19.9=25.9(\%)$이다. 따라서 총 발생자 수는 $109{,}112\times 0.259≒28{,}260$(명)으로 2.5만 명 이상이다.

⑤ 2016년의 폐암 발생자 수는 25,780명이고, 전립선암 발생자 수는 11,800명이므로 $11{,}800\times 2=23{,}600<25{,}780$이다. 따라서 2016년의 폐암 발생자 수는 전립선암 발생자 수의 2배 이상이다.

16 정답 ③

2010년부터 2013년까지는 총 인명 피해에서 사망자가 차지하는 비율이 모두 10% 이상이었으나, 2014년에는 $\dfrac{31}{31+295}\times 100≒9.5(\%)$로 처음 10% 이하로 떨어진 비율을 보였다.

오답풀이

㉠ 총 화재 발생 건수는 40,932건에서 42,135건으로 증가하였으나, 전기 화재 건수는 8,889건에서 8,287건으로 602건 감소하였다.

㉡ 사망과 부상이 각각 31명과 295명으로 총 $31+295=326$(명)의 피해가 발생하였다.

㉣ 2014년의 화재 인명 피해자 수는 총 $31+295=326$(명)이고, 전년은 $43+285=328$(명)이다. 따라서 2014년에 전년 대비 $328-326=2$(명) 감소하였다.

㉤ 인구 백만 명당 감전 사망자 수는 우리나라가 0.75명으로 호주, 일본, 영국은 각각 1.14명, 0.12명, 0.03명이므로 호주보다 낮으나 일본, 영국보다 높다.

17 정답 ⑤

학교성적 구간별 학생 수를 알 수 없으므로 서로 다른 학교성적 구간의 사교육을 받는 학생 수가 동일한지 알 수 없다.

오답풀이

① 학교성적 상위 80% 초과인 학생은 '사교육을 받지 않음' 비중이 48.3%이고, '사교육을 받음' 비중은 $100-48.3=$ 51.7(%)로 '사교육을 받지 않음' 비중이 더 작다.

② 학교성적이 상위 10% 초과 30% 이내인 학생이 사교육에 60만 원 이상 사용하는 비중은 36.7%로 30%를 넘는다.

③ 학교성적 상위 10% 이내 학생이 사교육에 40만 원 이상 쓰는 비중은 $13.9+40.8=54.7$(%)로 절반 이상이다.

④ 학교성적 상위 30% 초과 60% 이내 학생이 사교육에 20만 원 이상 쓰는 비율은 $13.1+14.5+31.8=59.4$(%)로 절반 이상이다.

18 정답 ④

2024년에 전년과 다른 가치를 선택한 임원이 총 33명이므로 $B+C=33$이다. [표]에서 $A+B=50$이므로 두 식을 연립하여 계산하면 $A-C=17$이다. 이때 $A+C=55$이므로 두 식을 더하면 $2A=72$이다.

따라서 A는 36이다.

19 정답 ③

2023년 일자리 수는 $24,000,000\times(1+0.04)=24,960,000$(개)이고, 2024년 일자리 수는 $24,000,000\times(1+0.055)=25,320,000$(개)이다.

따라서 전년 대비 2024년 일자리 수 증가율은 $\dfrac{25,320,000-24,960,000}{24,960,000}\times100\fallingdotseq1.4$(%)이다.

20 정답 ②

연도별 에너지원 A의 사용량을 구하면 다음과 같다.

- 2020년: $90,500-2,000-5,500=83,000$(GJ)
- 2021년: $103,200-2,200-6,500=95,000$(GJ)
- 2022년: $110,000-3,500-6,500=100,000$(GJ)
- 2023년: $110,000-24,000-7,000=80,000$(GJ)

에너지원 A의 사용량은 2022년에 가장 많다. 2022년에 에너지 C의 사용량은 6,500GJ이며, [표2]에서 2022년 에너지 C의 원단위 사용량은 20GJ/억 원이다.

따라서 2022년 에너지 C의 사용 비용은 $\dfrac{6,500}{20}=325$(억 원)이다.

01	02	03	04	05	06	07	08	09	10
①	②	③	⑤	②	④	③	②	③	③
11	12	13	14	15	16	17	18	19	20
①	①	①	①	①	④	③	①	②	④

01 정답 ①

농도 5%의 소금물 180g에 녹아 있는 소금의 양은 $180 \times 0.05 = 9(\text{g})$이다. 소금의 양이 9g일 때 농도가 2%이려면 소금물의 양은 $\dfrac{9\text{g}}{0.02} = 450(\text{g})$이어야 한다. 이때, 첨가할 물의 양은 $450 - 180 = 270(\text{g})$이다.

따라서 3명의 사람은 각각 90g의 물을 첨가해야 한다.

02 정답 ②

1년에 x번 물건을 주문한다면 구독 서비스를 이용하는 경우 구독료와 배송비의 합은 $(19{,}900 + 3{,}000 \times 0.4 \times x = 19{,}900 + 1{,}200x)$원이다. 구독 서비스를 이용하지 않는 경우 배송비는 $3{,}000x$원이므로 부등식을 세우면 다음과 같다.

$19{,}900 + 1{,}200x < 3{,}000x \qquad \therefore x > 11.06$

따라서 연간 12번 이상 주문하는 경우 구독 서비스를 이용하는 것이 유리하다.

03 정답 ③

대진표가 비대칭이므로 다음과 같이 구분하여 부서를 나눠야 한다.

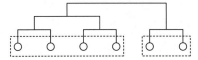

6개의 부서를 4개, 2개로 나누는 방법의 수는 $_6\text{C}_4 \times _2\text{C}_2 = _6\text{C}_2 \times _2\text{C}_2 = \dfrac{6 \times 5}{2} = 15(\text{가지})$이다.

분할된 4개의 부서를 다시 2개, 2개로 나누는 방법의 수는 $_4\text{C}_2 \times _2\text{C}_2 \times \dfrac{1}{2!} = \dfrac{4 \times 3}{2} \times \dfrac{1}{2} = 3(\text{가지})$이다.

따라서 6개 부서가 배치될 방법의 수는 $15 \times 3 = 45(\text{가지})$이다.

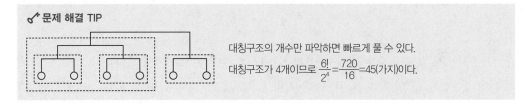

⚲ 문제 해결 TIP

대칭구조의 개수만 파악하면 빠르게 풀 수 있다.

대칭구조가 4개이므로 $\dfrac{6!}{2^4} = \dfrac{720}{16} = 45(\text{가지})$이다.

04 정답 ⑤

남은 거리를 이동한 평균 속력을 $x$km/h라고 하면, 다음과 같은 식이 성립한다.

$$\frac{135}{90} + \frac{(555 - 135)}{x} = 5$$

$$\frac{420}{x} = \frac{5 \times 90 - 135}{90}$$

$315x = 420 \times 90 \qquad \therefore x = 120$

따라서 남은 거리를 이동한 평균 속력은 120km/h이다.

05 정답 ②

행사 기간 동안 케이크의 판매가는 $35{,}000 \times 0.8 = 28{,}000$(원)이다. 행사 기간 동안 총 75개의 케이크를 팔아 187,500원의 이익을 남겼으므로 케이크 1개당의 이윤은 $187{,}500 \div 75 = 2{,}500$(원)이다.
따라서 케이크의 1개의 원가는 $28{,}000 - 2{,}500 = 25{,}500$(원)이다.

> ✔ **문제 해결 TIP**
>
> 원가와 정가의 관계를 외워 두면 빠르게 계산할 수 있다. 원가와 정가의 관계를 식으로 정리하면 다음과 같다.
>
> • 정가에서 x% 할인한 가격: $(정가) \times \left(1 - \dfrac{x}{100}\right)$
>
> • 원가에서 y% 이윤을 적용한 정가: $(원가) \times \left(1 + \dfrac{y}{100}\right)$

06 정답 ④

작년 남자 신입사원 수를 x, 작년 여자 신입사원 수를 y, 올해 남자 신입사원의 작년 대비 비율을 a라 하면 다음과 같은 식이 성립한다.

$x + y = 213 \cdots$ ㉠

$ax + 1.25y = 240 \cdots$ ㉡

$ax : 1.25y = 13 : 11 \cdots$ ㉢

㉢을 정리하면 $ax = \dfrac{13 \times 1.25y}{11}$이며, 이를 ㉡에 대입하면 다음과 같다.

$\dfrac{13}{11} \times 1.25y + 1.25y = 1.25y\left(\dfrac{13}{11} + 1\right) = 1.25y \times \dfrac{24}{11} = 240$

$\dfrac{5}{4}y = 10 \times 11 = 110$

$y = 110 \times \dfrac{4}{5} = 88$

$y = 88$이므로 ㉠, ㉡을 정리하면 다음과 같다.

$x = 213 - 88 = 125$

$ax = 240 - 110 = 130 \qquad \therefore a = \dfrac{130}{125} = 1.04$

따라서 올해 남자 신입사원의 작년 대비 증가율은 4%이다.

07 정답 ③

$\dfrac{b}{a}$가 자연수가 되기 위해서는 a가 b의 약수여야 한다. a가 b의 약수인 경우를 순서쌍으로 나타내 보면,

$(1, 1)$, $(1, 2)$, $(2, 2)$, $(1, 3)$, $(3, 3)$, $(1, 4)$, $(2, 4)$, $(4, 4)$, $(1, 5)$, $(5, 5)$, $(1, 6)$, $(2, 6)$, $(3, 6)$, $(6, 6)$으로 총 14가지이다.

08 정답 ②

물건을 사는 데 10분이 걸리므로 최대 50분 동안 상점을 다녀올 수 있다. 그런데 상점에 갔다가 다시 터미널로 왕복해야 하므로 편도로 최대 $\dfrac{50}{2} = 25$(분) 동안 갈 수 있다.

따라서 25분 동안 갈 수 있는 최대 거리는 $4 \times \dfrac{25}{60} = \dfrac{5}{3}$(km)이다.

09 정답 ③

전체 일의 양을 1이라 하면, 1시간 동안 두 사람 A, B가 하는 일의 양은 각각 $\frac{1}{30}$, $\frac{1}{45}$이다. 두 사람이 함께 작업하면 일의 효율이 20% 향상되므로, 1시간 동안 하는 일의 양은 $1.2 \times \left(\frac{1}{30} + \frac{1}{45} \right) = \frac{1}{15}$이다.

따라서 두 사람이 함께 작업하면 15시간 만에 일을 마칠 수 있다.

10 정답 ③

180개 중 정상 도자기의 개수를 x개라 하면, 불량 도자기의 개수는 $(180-x)$개이다. 이때, 이 직원이 정상 도자기 1개를 만들면 1,000원을 받고, 불량 도자기 1개를 만들면 2,200원을 변상해야 하므로 다음과 같은 식을 세울 수 있다.

$1,000x - 2,200(180-x) = 132,000$ ∴ $x = 165$

따라서 불량 도자기의 개수는 $180 - 165 = 15$(개)이다.

11 정답 ①

5명이 각각 적어도 한 장씩 상품권을 가져야 하므로 우선 1명당 1장씩 상품권을 나눠준다. 이제 남은 상품권 5장을 5명에게 나눠주면 된다.

따라서 구하는 경우의 수는 $_5H_5 = _9C_4 = \frac{9 \times 8 \times 7 \times 6}{4 \times 3 \times 2 \times 1} = 126$(가지)이다.

> **✔ 문제 해결 TIP**
>
> 이 문제는 중복조합 문제로 다음과 같은 공식이 성립한다.
>
> $$_nH_r = _{n+r-1}C_{n-1} = _{n+r-1}C_r$$
>
> 다른 풀이 방법으로 5개의 상품권을 개수에 상관없이 5명에게 나누어 주면 되므로, 아래와 같이 5개의 상품권을 5명에게 나누어 줄 수 있도록 4개의 칸막이가 있다고 생각하여 칸막이와 상품권을 배열하는 경우의 수를 구하면 된다.
>
> □ | □ | □ | □ | □
>
> |는 4개 있고, □는 5개 있으므로 배열하는 경우의 수는 $\frac{9!}{4! \times 5!} = \frac{9 \times 8 \times 7 \times 6}{4 \times 3 \times 2 \times 1} = 126$(가지)이다.

12 정답 ①

두 제품 A, B의 할인하기 전 가격을 각각 a원, b원이라고 하면 할인하기 전 두 제품의 가격의 합은 58,000원이다.

$a + b = 58,000$ … ㉠

할인한 뒤 두 제품의 가격의 합은 할인하기 전 두 제품의 가격의 합의 $\frac{21}{29}$이므로 다음과 같은 식이 성립한다.

$(1-0.2)a + (1-0.3)b = 58,000 \times \frac{21}{29}$ 즉, $0.8a + 0.7b = 42,000$ … ㉡

위의 ㉠ 식과 ㉡ 식을 연립하면, $a = 14,000$

따라서 제품 A의 할인가는 $14,000 \times 0.8 = 11,200$(원)이다.

13 정답 ①

정가를 x원이라고 하면, 다음과 같은 식을 세울 수 있다.

$(1-0.2)x \geq 8,000(1+0.1) \rightarrow 0.8x \geq 8,800$ ∴ $x \geq 11,000$

따라서 정가의 최솟값은 11,000원이다.

14 정답 ①

전기자전거를 타고 이동한 시간을 x시간이라고 하면, 전기자전거를 타고 이동한 거리는 $10x$km이고, 버스를 타고 이동한 거리는 $30 \times (1.5-x)$km이므로 다음과 같은 식이 성립한다.

$30 \times (1.5-x) + 10x = 40$

$45 - 30x + 10x = 40$ $\therefore x = \dfrac{1}{4}$

따라서 전기자전거를 타고 이동한 시간은 $\dfrac{1}{4}$시간, 즉 15분이다.

15 정답 ①

가방의 원가를 x원이라고 하면 다음과 같은 식이 성립한다.

$50,000 \times 0.7 = x + 0.4x$

$35,000 = 1.4x$ $\therefore x = 25,000$

따라서 가방의 원가는 25,000원이다.

16 정답 ④

비가 올 확률은 10%이고, 비가 오는 경우 E를 제외한 나머지 4가지 코스 중 C를 고를 확률은 25%이다.

따라서 비가 내리고 C코스를 선택할 확률은 $\dfrac{10}{100} \times \dfrac{25}{100} \times 100 = 2.5(\%)$이다.

17 정답 ③

상반기 입사자의 언어 평균 점수를 x점, 상반기 입사자의 수리 평균 점수를 y점이라고 할 때, 하반기 입사자의 언어 평균 점수는 $(x+3)$점, 하반기 입사자의 수리 평균 점수는 $(y-2)$점이다. 상반기 입사자의 평균은 $\dfrac{x+y}{2}$ $= 78.5$이고, 하반기 입사자의 언어 평균 점수와 수리 평균 점수의 평균이 a점이면, $\dfrac{(x+3)+(y-2)}{2} = a$이다.

이를 정리하면 다음과 같다.

$x+y+1 = 2a \cdots \bigcirc$

$x+y = 157 \cdots \bigcirc\!\!\bigcirc$

$\bigcirc - \bigcirc\!\!\bigcirc$을 계산하면 $2a = 158$이므로 $a = 79$이다.

따라서 하반기 입사자의 언어 평균 점수와 수리 평균 점수의 평균은 79점이다.

18 정답 ①

농도가 2%인 소금물의 양을 xg이라고 하면, 농도가 6%인 소금물의 양은 $(400+x)$g이다. (소금의 양)$=\dfrac{(\text{농도})}{100}$ $\times$ (소금물의 양)이고, 소금물을 섞기 전후의 소금의 양은 같으므로 $\dfrac{7}{100} \times 400 + \dfrac{2}{100}x = \dfrac{6}{100} \times (400+x)$이다.

계산하면 $x = 100$(g)이므로 농도가 2%인 소금물의 양은 100g이다.

> **🗡 문제 해결 TIP**
>
> 농도가 다른 두 소금물을 섞었을 때 농도의 변화를 보면 농도가 7%인 소금물은 6%로 농도가 1% 감소했고, 농도가 2%인 소금물은 6%로 농도가 4% 증가했다. 이에 따라 농도가 7%, 2%인 소금물의 양은 4 : 1임을 생각할 수 있다. 따라서 농도가 2%인 소금물의 양은 400g의 $\dfrac{1}{4}$인 100g이다.

19 정답 ②

B가 걸어간 시간을 x분이라 하면, A가 걸어간 시간은 $(x+10)$분이다. A와 B가 만날 때까지 걸어간 거리는 같으므로, 다음과 같은 식을 세울 수 있다.

$80 \times (x+10) = 120x$ $\therefore x = 20$

따라서 B가 출발한 지 20분 후에 A를 만난다.

20 정답 ④

두 양수기 A, B로 시간당 공급할 수 있는 물의 양을 각각 $(x+4)$톤, x톤이라 하면, 논 P에 480톤의 물을 공급하는 데 걸리는 시간은 양수기 A가 $\dfrac{480}{x+4}$시간, 양수기 B가 $\dfrac{480}{x}$시간이다.

양수기 A로 공급하는 데 걸리는 시간은 양수기 B로 공급하는 데 걸리는 시간보다 10시간이 덜 걸리므로 다음과 같은 식이 성립한다.

$\dfrac{480}{x} - \dfrac{480}{x+4} = 10$

x와 $x+4$가 모두 480의 약수가 되는 경우는 $x=12$일 때이다.

두 대의 양수기 A, B를 모두 이용하여 시간당 공급할 수 있는 물의 양은 $(x+4)+x=2x+4=28$(톤)이므로 두 대의 양수기 A, B를 모두 이용하여 논 Q에 560톤의 물을 공급하는 데 걸리는 시간은 $\dfrac{560}{28}=20$(시간)이다.

✓ **문제 해결 TIP**

$\dfrac{480}{x} - \dfrac{480}{x+4} = 10$

$\rightarrow 48(x+4) - 48x = x(x+4)$

$\rightarrow x^2 + 4x - 192 = 0$

$\rightarrow (x+16)(x-12) = 0$

$\therefore x = 12 (\because x > 0)$

01 정답 ③

A~E가 각각 거짓을 말한 경우를 나누어 살펴보면 다음과 같다.

1) A가 거짓을 말한 경우

A는 목요일에 휴가를 간 것이며, 나머지 4명은 참을 말한 것이므로 월요일에는 A, 화요일에는 C, 수요일에는 D, 금요일에는 E가 휴가를 간 것이고, 목요일에는 휴가를 간 사람은 B이어야 한다. 이때, 목요일에 휴가를 간 사람이 A와 B로 총 2명이 되므로 각기 다른 날 휴가를 갔다 왔다는 전제와 모순된다. 따라서 A는 거짓을 말하지 않았다.

2) B가 거짓을 말한 경우

C는 화요일에 휴가를 가지 않은 것이며, 나머지 4명은 참을 말한 것이므로 월요일에는 A, 수요일에는 D, 금요일에는 E가 휴가를 간 것이다. 목요일에는 휴가를 간 사람은 C이고 화요일에 휴가를 간 사람은 B이다. 모순이 발생하지 않으므로 거짓을 말한 사람은 B이다.

3) C가 거짓을 말한 경우

E는 금요일에 휴가를 가지 않았고, B는 수요일에 휴가를 간 것이다. 이때, 수요일에 휴가를 간 사람이 B와 D로 총 2명이 되므로 각기 다른 날 휴가를 갔다 왔다는 전제와 모순된다. 따라서 C는 거짓을 말하지 않았다.

4) D가 거짓을 말한 경우

D는 수요일에 휴가를 가지 않았고, E는 목요일에 휴가를 간 것인데, C가 E는 금요일에 휴가를 갔다고 한 것과 상충한다. 따라서 D는 거짓을 말하지 않았다.

5) E가 거짓을 말한 경우

A는 월요일에 휴가를 가지 않은 것이다. 나머지 4명은 참을 말한 것이므로 화요일에는 C, 수요일에는 D, 금요일에는 E가 휴가를 간 것이고, 목요일에 휴가를 간 사람은 A이고, 월요일에 휴가를 간 사람은 B이어야 한다. 이때, 목요일에 휴가를 가지 않았다는 A의 발언과 상충한다. 따라서 E는 거짓을 말하지 않았다.

따라서 거짓을 말한 사람은 B이고 목요일에 휴가를 간 사람은 C이다.

02 정답 ⑤

청소 당번이 누구인지에 대해 A와 D의 발언이 서로 다르므로 두 사람은 발언 중 하나는 반드시 거짓이며, B와 C의 발언은 참이다. 만약 A가 거짓을 말하였고 D는 참을 말한 것이라면 청소 당번은 A이다. 반면 D가 거짓을 말하였고 A가 참을 말한 것이라면 청소 당번은 B이다. 따라서 선택지에서 정답이 될 수 있는 조합은 ⑤이다.

03 정답 ④

주어진 조건을 기호화하면 다음과 같다.

• 연구원 → ×실험 (대우: 실험 → ×연구원)
• 기차 → 연구원 (대우: ×연구원 → ×기차)
• 실험 → 과학자 (대우: ×과학자 → ×실험)
• 과학자 → ×버스 (대우: 버스 → ×과학자)

정리하면 [기차 → 연구원 → ×실험], [실험 → 과학자 → ×버스]이며, 그 대우인 [실험 → ×연구원 → ×기차], [버스 → ×과학자 → ×실험]도 참이다.

따라서 '기차를 타는 사람은 실험을 하지 않는다.'는 항상 참이다.

오답풀이

① 주어진 조건만으로는 연구원이 아닌 사람이 과학자인지 알 수 없다.

② 과학자는 버스를 타지 않는 것은 참이지만, 기차를 타는지는 주어진 조건만으로는 알 수 없다.

③ 실험을 하는 사람은 과학자이고, 과학자는 버스를 타지 않으므로 실험을 하는 사람은 버스를 타지 않는다.

⑤ 버스를 타는 사람은 과학자가 아니고, 과학자가 아닌 사람은 실험을 하지 않으므로 버스를 타는 사람은 실험을 하지 않는다.

04 정답 ④

주어진 [조건]에서 A~E의 다섯 명이 좋아하지 않는 숫자가 제시되어 있으므로 표를 만들어 확인하면 다음과 같다.

구분	1	2	3	4	5
A	×	×	×		
B	×	×			×
C	×		×	×	
D			×		×
E		×		×	

1) A가 4를 좋아하는 경우

구분	1	2	3	4	5
A	×	×	×	○	×
B	×	×	○	×	×
C	×		×	×	
D			×	×	×
E		×		×	

이때, C는 2 또는 5를 좋아하며, 가능한 경우는 다음과 같다.

구분	1	2	3	4	5
A	×	×	×	○	×
B	×	×	○	×	×
C	×	○	×	×	×
D	○	×	×	×	×
E	×	×	×	×	○

구분	1	2	3	4	5
A	×	×	×	○	×
B	×	×	○	×	×
C	×	×	×	×	○
D	×	○	×	×	×
E	○	×	×	×	×

2) A가 5를 좋아하는 경우

구분	1	2	3	4	5
A	×	×	×	×	○
B	×	×			×
C	×	○	×	×	
D		×	×		×
E		×		×	

이때, B는 3 또는 4를 좋아하게 되며, 가능한 경우는 다음과 같다.

구분	1	2	3	4	5
A	×	×	×	×	○
B	×	×	○	×	×
C	×	○	×	×	×
D	×	×	×	○	×
E	○	×	×	×	×

구분	1	2	3	4	5
A	×	×	×	×	○
B	×	×	×	○	×
C	×	○	×	×	×
D	○	×	×	×	×
E	×	×	○	×	×

따라서 1)의 첫 번째 경우와 2)의 두 번째 경우에 의해 D가 1을 좋아하는 경우의 수는 2가지이다.

오답풀이
① 가능한 경우의 수는 4가지이다.
② 경우 1)에서 A가 4를 좋아하면 B는 3을 좋아한다.
③ 경우 2)에서 A가 5를 좋아하면 C는 2를 좋아한다.
⑤ E가 5를 좋아하는 경우는 경우 1)의 첫 번째밖에 없다.

05 정답 ⑤

1) A가 거짓을 말한 경우
나머지 조건이 모두 참이므로 C는 보쌈정식을 먹었다. A는 된장찌개 또는 보쌈정식을 먹었는데, C가 이미 보쌈정식을 먹었으므로 A는 된장찌개를 먹었다. 이에 따라 D는 제육볶음을 먹었고, B는 갈비탕을 먹었다. 즉, A는 된장찌개, B는 갈비탕, C는 보쌈정식, D는 제육볶음을 먹었다.

2) B가 거짓을 말한 경우
나머지 조건이 모두 참이므로 C는 보쌈정식을 먹었다. B는 갈비탕 또는 제육볶음을 먹지 않으므로 된장찌개를 먹었다. 이에 따라 A는 갈비탕을 먹었고, D는 제육볶음을 먹었다. 즉, A는 갈비탕, B는 된장찌개, C는 보쌈정식, D는 제육볶음을 먹었다.

3) C가 거짓을 말한 경우
C는 보쌈정식을 먹지 않았고, 나머지 조건이 모두 참이므로 A, B, D 또한 보쌈정식을 먹지 않았다. 따라서 보쌈정식을 먹은 사람이 없으므로 모순이다.

4) D가 거짓을 말한 경우
나머지 조건은 참이므로 C는 보쌈정식을 먹었다. D는 갈비탕 또는 보쌈정식을 먹었는데, C가 보쌈정식을 먹었으므로 갈비탕을 먹었다. 이때, A, B 모두 갈비탕 또는 제육볶음을 먹어야 한다. 그런데 D가 갈비탕을 먹었으므로 모순이다. 따라서 가능한 경우는 다음과 같다.

A	B	C	D
된장찌개 또는 갈비탕	갈비탕 또는 된장찌개	보쌈정식	제육볶음

따라서 경우 1)~4)에서 D는 항상 제육볶음을 먹었음을 알 수 있다.

06 정답 ①

두 번째 조건과 세 번째 조건을 기호화하면 다음과 같다.
- ×기말 → ×성적
- ×성적 → ×장학금

정리하면 [×기말 → ×성적 → ×장학금]이고, 그 대우인 [장학금 → 성적 → 기말]도 성립한다. 한 학생이 성적이 낮았으므로 그 학생은 장학금 지급 대상에서 제외될 수 있다는 것은 항상 참이다.

오답풀이
②, ④ 한 학생이 성적이 낮았다는 것만 조건으로 주어졌을 뿐, 기말 시험 응시 여부는 알 수 없다.
③ 모든 학생은 1회 기말 시험에 응시해야 한다는 조건이 있을 뿐, 모든 학생이 장학금을 받을 수 있다고 할 수 없다.
⑤ 한 학생이 성적이 낮았으므로 그 학생은 장학금 지급 대상에서 제외될 수 있다.

07 정답 ⑤

각자 발언대로 순서를 추론해보면 A가 B보다 먼저 도착, B가 C보다 먼저 도착, C가 A와 E보다 먼저 도착, D가 E보다 먼저 도착, B보다 늦게 도착, E는 C보다 늦게 도착하는 것을 알 수 있다. C가 A와 E보다 먼저 도착했다는 것과 A는 B보다 먼저 도착, B는 C보다 먼저 도착했다는 것과 모순이 된다.
따라서 거짓말을 한 사람은 C이며, 이를 토대로 순서를 맞추면 A - B - D - C - E 또는 A - B - C - D - E이므로, 가장 늦게 도착한 사람은 E이다.

08 정답 ①

(A, B), (C, D, E)가 서로 같은 조가 되어야하며, (A, E)는 서로 다른 조에 배치되어야 한다.
따라서 [조건]을 만족하는 것은 A와 B가 같은 조, C와 D가 같은 조인 ①이다.

09 정답 ③

(B-C), (D-E)는 서로 같은 날에 휴가를 가야 하며 A는 B와 다른 날에 휴가를 가야한다. 따라서 A는 3일, B와 C는 1일, D와 E는 2일에 휴가를 갈 경우 모든 조건을 만족한다.

10 정답 ④

1301호를 가장 먼저 청소하고, 1308호를 가장 마지막에 청소한다고 하였다. 그리고 1306호는 앞에서 세 번째로 청소하고, 1302호는 끝에서 세 번째로 청소한다고 하였으므로 전체 순서를 다음과 같이 나타낼 수 있다.

1번째	2번째	3번째	4번째	5번째	6번째	7번째	8번째
1301호		1306호			1302호		1308호

1306호는 1307호보다 나중에 청소한다고 하였으므로 1307호는 두 번째로 청소한다. 그리고 1304호는 1303호보다 먼저 청소하고, 1305호보다 나중에 청소한다고 하였으므로 전체 순서를 다음과 같이 나타낼 수 있다.

1번째	2번째	3번째	4번째	5번째	6번째	7번째	8번째
1301호	1307호	1306호	1305호	1304호	1302호	1303호	1308호

따라서 K가 네 번째로 청소하는 방은 1305호이다.

11 정답 ③

B가 3행에 있는 칸을 선택하였는데, D가 B와 같은 열에 있는 칸을 선택하였으므로 B는 3행 2열에 있는 칸을 선택하였음을 알 수 있다. 그리고 E가 2열에 있는 칸을 선택하였다고 하였으므로 2열에 있는 칸을 선택한 사람은 B, D, E의 세 명이고, 다음과 같이 나타낼 수 있다.

	D, E	×
	E, D	×
×	B	

이때, A는 1행에 있는 칸을 선택하였다고 하였으므로 A는 1행 1열을 선택하였고, C가 n행 n열에 있는 칸을 선택하였다고 하였으므로 C는 3행 3열을 선택한 것이다. 따라서 다음과 같이 나타낼 수 있다.

A	D, E	×
	E, D	×
×	B	C

따라서 C가 선택한 칸의 위치는 3행 3열로 정확하게 알 수 있다.

오답풀이
① D와 E의 위치에 따라 가능한 경우의 수는 2가지이다.
② A는 1행 1열에 있는 칸을 선택하였다.
④ D가 선택한 칸의 위치는 1행 2열 또는 2행 2열이므로 정확하게 알 수 없다.
⑤ E가 2행(2열)에 있는 칸을 선택하였다면, D는 1행(2열)에 있는 칸을 선택하였다.

12 정답 ②

B를 제외한 모두가 두 가지를 한꺼번에 진술하고 있으므로 B가 진술한 것을 먼저 살펴보자. 제시된 진술이 모두 참이므로 B의 진술에 따라 D는 키오스크 기기를 사용하지 않았다. D가 키오스크 기기를 사용하지 않았으므로 D의 진술에 따라 E는 키오스크 기기를 사용하지 않았다. D가 키오스크 기기를 사용하지 않았으므로 C의 진술에 의해 C는 키오스크 기기를 사용하지 않았다. 이때, A의 진술에서 C가 키오스크 기기를 사용했다는 것이 거짓이므로 B는 키오스크 기기를 사용하였다는 것이 확인된다. 이때, B가 키오스크 기기를 사용하였으므로 E의 진술에 의해 A는 키오스크 기기를 사용하지 않았다는 것을 알 수 있다.

> **✐ 문제 해결 TIP**
>
> 'P 또는 Q'의 형식으로 되어 있는 문장에서 P와 Q 둘 다 참이어야 전체가 참인 것은 아니다. 둘 중 하나가 참이면 '또는'으로 이어진 문장 전체는 참이 된다.

13 정답 ②

전제1과 전제2를 벤다이어그램으로 나타내면 다음과 같다.

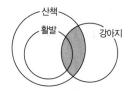

'산책'과 '강아지' 사이에는 반드시 색칠된 부분만큼의 공통영역이 존재한다. 따라서 이에 해당하는 ②가 정답이다.

[오답풀이]

① 산책을 좋아하지 않는 강아지도 존재할 수 있다.
③ 산책을 좋아하는 강아지는 존재한다.
④ 이 경우에는 모든 강아지가 산책을 좋아하므로 정답이 될 수 없다.

⑤ 이 경우에는 강아지가 아닌 것 중에는 산책을 좋아하는 것이 없으므로 정답이 될 수 없다.

문제 해결 TIP

전제1에서 some 개념이 사용되었으므로 삼단논법을 활용하여 문제를 해결할 수 없으며 벤다이어그램으로 접근해야한다. 전제1과 전제2 중에서 all 개념이 사용된 전제2부터 벤다이어그램으로 표시하면 다음과 같다.

전제1은 '강아지'와 '활발' 사이에 공통영역이 존재한다는 의미이므로, 공통영역이 존재한다는 조건만 유지된다면 '강아지'의 크기를 자유자재로 늘리거나 줄일 수 있다. 머릿속에서 '강아지'의 벤다이어그램을 자유롭게 늘리거나 줄이면서 ①~⑤에 대한 반례가 존재하는지를 확인하여 소거하면 실수를 줄이면서 확실하게 정답을 찾을 수 있다.

14 정답 ④

첫 번째 [조건]과 두 번째 [조건]을 정리하면 다음과 같다.

첫째 주	둘째 주	셋째 주	넷째 주	다섯째 주
사원, 대리	대리	사원	대리	

부장과 연이은 주에 참여하는 차장이 대리의 바로 앞 주에 참여할 수 있는 방법은 대리가 넷째 주, 차장이 셋째 주, 부장이 둘째 주에 참여하는 방법밖에 없으며, 이에 따라 첫째 주는 사원, 다섯째 주에는 남은 과장이 참여하는 것임을 알 수 있다.

따라서 봉사 활동 참여 순서는 사원 – 부장 – 차장 – 대리 – 과장이 된다.

15 정답 ③

원탁 테이블이므로 어느 한 곳을 기준으로 잡은 뒤, 주어진 [조건]에 따라 다음과 같이 그려볼 수 있다.

따라서 갑과 병은 서로 옆에 앉아 있을 수밖에 없게 되어, '갑의 한쪽 옆에는 병이 앉아 있다.'는 내용은 확실한 참이 된다.

오답풀이

① 병이 무의 옆자리에 앉아 있다면, 을과 병은 옆자리에 앉아 있지 않게 된다.
② 병의 맞은편에는 기가 앉아 있을 수도 있다.
④ 갑이 어느 자리냐에 따라 기, 무, 을, 정이 한 칸 건넌 자리에 앉아 있을 수 있다.
⑤ 무의 옆에는 '갑 또는 정', '병 또는 정'이 앉는다.

16 정답 ③

4층에는 회계팀만 있다. 홍보팀이 마케팅팀의 아래쪽에 위치하며 3층 복사기를 사용하고 있고, 총무팀은 홍보팀의 바로 아래층이므로 홍보팀과 총무팀은 각각 3층과 2층에 있게 된다. 또한, 마케팅팀과 기획팀은 같은 복사기를 사용하므로 5층에 위치하게 된다. 따라서 2층 총무팀, 3층 홍보팀, 4층 회계팀, 5층 마케팅팀과 기획팀이 위치하게 되며, 총무팀은 2층의 복사기를 사용하고 있다.

17 정답 ①

명제와 결론을 기호화하면 다음과 같다.
- ~장난감 → ~명랑
- ~친구 많음 → ~장난감
- (결론)~친구 많음 → ~형제 많음

삼단논법으로 '~친구 많음 → ~형제 많음'이라는 결론이 도출되기 위해서는 '~친구 많음 → ~장난감 → ~명랑 → ~형제 많음'의 논리가 성립해야 하며, 이것의 대우 명제인 '형제 많음 → 명랑 → 장난감 → 친구 많음'의 논리 역시 성립해야 한다. 따라서 '형제가 많으면 명랑하다.'의 명제를 추가해야 한다.

18 정답 ②

첫 번째~네 번째 [조건]을 바탕으로 각자의 출장 국가로 가능한 국가를 정리하면 다음과 같다.

갑	을	병	정
호주, 독일, 태국	호주, 일본, 태국	호주, 일본, 독일	일본, 독일, 태국

을과 병이 독일과 일본 중 한 곳에 가므로 을은 일본으로, 정은 태국으로 출장을 가게 되며 이에 따라 갑은 호주로, 병은 독일로 출장을 간다는 것을 알 수 있다.

19 정답 ②

첫 번째 [조건]에 의해 A가 좋아하는 과일은 복숭아 또는 참외이다. 그런데 네 번째 [조건]에서 D는 복숭아를 좋아한다고 하였으므로, A는 참외, D는 복숭아를 좋아하는 것을 알 수 있다. 남은 B, C, E가 좋아하는 과일은 다음과 같다.
- B – 배, 수박
- C – 사과, 수박
- E – 사과, 배

따라서 B가 수박을 좋아하면 C는 사과를 좋아하는 것이 되며, E는 배를 좋아하는 것이 된다.

20 정답 ③

4명의 말이 각각 거짓이라고 가정했을 때의 상황을 정리하면 다음과 같다.

구분	A	B	C	D
A가 거짓	2층	1층, 4층	4층	1층, 3층
B가 거짓	1층, 4층	3층	2층, 4층	1층
C가 거짓	1층, 3층, 4층	1층, 2층, 4층	1층, 3층	1층, 3층
D가 거짓	1층, 3층, 4층	1층, 2층, 4층	2층, 4층	2층, 4층

A가 거짓인 경우 A가 2층이므로 C는 4층, B는 1층, D는 3층이 되어 모든 층에 사는 사람을 알 수 있게 된다.
B가 거짓인 경우 B가 3층이므로 D는 1층, A는 4층, C는 2층이 되어 모든 층에 사는 사람을 알 수 있게 된다.
C가 거짓인 경우 1층과 3층은 C와 D가 살게 되므로 나머지 2층과 4층에 A와 B가 살게 되는데 A는 1, 3, 4층 중 한 층에 살아야 하므로, A가 4층, B가 2층이 되어 결국 A와 B의 층만 알 수 있게 된다.
D가 거짓인 경우 2층과 4층은 C와 D가 살게 되므로 나머지 1층과 3층에 A와 B가 살게 되는데 B는 1, 2, 4층 중 한 층에 살아야 하므로, B가 1층, A가 3층이 되어 결국 A와 B의 층만 알 수 있게 된다.

05 수열추리

01	02	03	04	05	06	07	08	09	10
②	①	③	②	④	②	①	②	⑤	③
11	12	13	14	15	16	17	18	19	20
②	⑤	③	①	④	②	④	②	④	②

01 정답 ②

부호를 생각하지 않으면 주어진 분수들을 다음과 같이 나타낼 수 있다.

$$\frac{3}{2}=\frac{2+1}{2\times1}=\frac{2}{2\times1}+\frac{1}{2\times1}=1+\frac{1}{2}$$

$$\frac{5}{6}=\frac{3+2}{3\times2}=\frac{3}{3\times2}+\frac{2}{3\times2}=\frac{1}{2}+\frac{1}{3}$$

$$\frac{7}{12}=\frac{4+3}{4\times3}=\frac{4}{4\times3}+\frac{3}{4\times3}=\frac{1}{3}+\frac{1}{4}$$

$$\frac{9}{20}=\frac{5+4}{5\times4}=\frac{5}{5\times4}+\frac{4}{5\times4}=\frac{1}{4}+\frac{1}{5}$$

$$\frac{11}{30}=\frac{6+5}{6\times5}=\frac{6}{6\times5}+\frac{5}{6\times5}=\frac{1}{5}+\frac{1}{6}$$

$$\frac{13}{42}=\frac{7+6}{7\times6}=\frac{7}{7\times6}+\frac{6}{7\times6}=\frac{1}{6}+\frac{1}{7}$$

따라서 주어진 분수를 모두 더하면 다음과 같다.

$$(1+\frac{1}{2})-(\frac{1}{2}+\frac{1}{3})+(\frac{1}{3}+\frac{1}{4})-(\frac{1}{4}+\frac{1}{5})+(\frac{1}{5}+\frac{1}{6})-(\frac{1}{6}+\frac{1}{7})=1-\frac{1}{7}=\frac{6}{7}$$

✒ 문제 해결 TIP

주어진 분수에서 분모는 연속된 두 자연수의 곱으로 이루어진 수이고, 분자는 연속된 두 자연수의 합으로 이루어진 수임을 확인하면 부분분수의 분해 방법을 통해 쉽게 분수를 분해하여 계산할 수 있다. 부분분수를 분해하는 기본적인 방법은 $\frac{A+B}{A\times B}=\frac{1}{A}+\frac{1}{B}$이다.

---

02 정답 ①

주어진 수열에서 자연수 부분을 따로 생각하면 다음과 같은 규칙이 있음을 알 수 있다.

그리고 소수 부분을 따로 생각하면 앞의 두 수를 더하여 다음의 수를 만드는 규칙이 있음을 알 수 있다.

$A=65.29$, $B=-127.47$이다.

따라서 $2A+B=2\times65.29+(-127.47)=3.11$이다.

03 정답 ③

$8=5\times2-2$

$14=8\times2-2$

$26 = 14 \times 2 - 2$
$50 = 26 \times 2 - 2$
$(\quad) = 50 \times 2 - 2$이다.
따라서 빈칸에 들어갈 수는 $50 \times 2 - 2 = 98$이다.

04 정답 ②

$\times 2$, $+2$, $+1$, …의 규칙을 보인다.
따라서 빈칸에 들어갈 수는 $34 + 2 = 36$이다.

05 정답 ④

$42 = 38 + 2^2$
$106 = 42 + 4^3$
$142 = 106 + 6^2$
$654 = 142 + 8^3$
$(\quad) = 654 + 10^2$
따라서 빈칸에 들어갈 수는 $654 + 10^2 = 754$이다.

06 정답 ②

3개씩 묶이는 군수열이다. 각각을 a, b, c라고 하면 $a^b = c$의 규칙을 지닌다.
따라서 $(\quad)^2 = 16$이므로 빈칸에 들어갈 수는 4이다.

07 정답 ①

주어진 수열에서 두 번째 항부터는 앞의 항을 다음 항으로 나눈 값의 나머지이다.
따라서 $191 \div 2 = 95 \cdots 1$이므로 빈칸에 들어갈 수는 1이다.

08 정답 ②

$+3$, $+5$, $+7$, $+9$, …의 규칙을 보인다.
따라서 빈칸에 들어갈 수는 $17 + 9 = 26$이다.

09 정답 ⑤

세 개항씩 묶을 수 있는 군수열이다. 첫 번째 항과 두 번째 항을 곱한 값이 세 번째 항이다.
$2 \times 2 = 4$, $2 \times 3 = 6$, $3 \times 4 = (\quad)$이므로 빈칸에 들어갈 수는 12가 된다.

10 정답 ③

주어진 수열에서 세 번째 항부터는 앞의 항을 모두 더한 값이다.
$3 + 8 = 11$, $3 + 8 + 11 = 22$, $3 + 8 + 11 + 22 = 44$, $3 + 8 + 11 + 22 + 44 = (\quad)$이므로 빈칸에 들어갈 숫자는 88이다.

11 정답 ②

주어진 수열은 자연수의 자리는 앞 항의 자연수에 2배를 한 뒤 1을 빼고, 소수점 아래 자리는 앞 항의 소수점 아래 자리에 0.08씩 더해지는 규칙을 갖고 있다.
따라서 여섯 번째 항의 자연수의 자리는 $17 \times 2 - 1 = 33$, 소수점 아래 자리는 $0.44 + 0.08 = 0.52$이고, 일곱 번째 항의 자연수의 자리는 $33 \times 2 - 1 = 65$, 소수점 아래 자리는 $0.52 + 0.08 = 0.6$이므로 일곱 번째 항의 값은 65.6이다.

12 정답 ⑤

$\dfrac{1}{3}, \dfrac{4}{3}, \dfrac{9}{3}, \dfrac{16}{3}, \dfrac{25}{3}, \dfrac{36}{3}, \cdots$ 이므로 $\dfrac{n^2}{3}$ 인 규칙을 갖는다.

따라서 빈칸에 들어갈 숫자는 $\dfrac{49}{3}=16\dfrac{1}{3}$ 이다.

13 정답 ③

$+1, -2, +3, -4, +5, \cdots$ 의 규칙을 지닌다.

$14+3=(\quad), (\quad)-4=13$ 이므로 빈칸에 들어갈 숫자는 17이 된다.

14 정답 ①

n^2-1 의 규칙을 지닌다.

$(\quad)=4^2-1$ 이므로 빈칸에 들어갈 숫자는 15가 된다.

15 정답 ④

앞의 항에 -2 와 $\times 2$ 를 번갈아가며 적용하는 수열이다.

따라서 빈칸에 들어갈 숫자는 $8-2=6$ 이다.

16 정답 ②

차례대로 앞의 두 수를 합한 값이 뒤에 오는 피보나치 수열이다.

따라서 빈칸에 들어갈 숫자는 $8+13=21$ 이다.

17 정답 ④

삼각형 내부의 네 곳에 쓰인 수를 a, b, c, d 라고 하면

$a-b+c=d$ 임을 확인할 수 있다.

$(-2)-(-5)+(-6)=-3, 5-(-3)+(-7)=1. (-2)-3+(-5)=-10, 9-6+(\quad)=10$

따라서 빈칸에 들어갈 숫자는 7이다.

18 정답 ②

원 안의 수는 시계 방향으로 12시 방향부터 세 개의 항을 더한 후 네 번째 항으로 나눈 값이다.

따라서 빈칸에 들어갈 숫자는 $(7+30+21)\div 2=29$ 이다.

19 정답 ④

도형 안에서 마주 보는 수의 곱은 32이다.

따라서 $\dfrac{1}{2}\times(\quad)=32$ 이므로 빈칸에 들어갈 숫자는 64이다.

20 정답 ②

도형 안에서 마주 보는 수의 차는 4이다.

따라서 $(\quad)-22=4$ 이므로 빈칸에 들어갈 숫자는 26이다.

MEMO

정답과 해설

2025 최신판

에듀윌 취업
SKCT SK그룹 종합역량검사
통합 기본서

고객의 꿈, 직원의 꿈, 지역사회의 꿈을 실현한다

에듀윌 도서몰
book.eduwill.net

• 부가학습자료 및 정오표: 에듀윌 도서몰 > 도서자료실
• 교재 문의: 에듀윌 도서몰 > 문의하기 > 교재(내용, 출간) / 주문 및 배송

꿈을 현실로 만드는
에듀윌

DREAM

공무원 교육
- 선호도 1위, 신뢰도 1위! 브랜드만족도 1위!
- 합격자 수 2,100% 폭등시킨 독한 커리큘럼

자격증 교육
- 9년간 아무도 깨지 못한 기록 합격자 수 1위
- 가장 많은 합격자를 배출한 최고의 합격 시스템

직영학원
- 검증된 합격 프로그램과 강의
- 1:1 밀착 관리 및 컨설팅
- 호텔 수준의 학습 환경

종합출판
- 온라인서점 베스트셀러 1위!
- 출제위원급 전문 교수진이 직접 집필한 합격 교재

어학 교육
- 토익 베스트셀러 1위
- 토익 동영상 강의 무료 제공

콘텐츠 제휴 · B2B 교육
- 고객 맞춤형 위탁 교육 서비스 제공
- 기업, 기관, 대학 등 각 단체에 최적화된 고객 맞춤형 교육 및 제휴 서비스

부동산 아카데미
- 부동산 실무 교육 1위!
- 상위 1% 고소득 창업/취업 비법
- 부동산 실전 재테크 성공 비법

학점은행제
- 99%의 과목이수율
- 16년 연속 교육부 평가 인정 기관 선정

대학 편입
- 편입 교육 1위!
- 최대 200% 환급 상품 서비스

국비무료 교육
- '5년우수훈련기관' 선정
- K-디지털, 산대특 등 특화 훈련과정
- 원격국비교육원 오픈

에듀윌 교육서비스 **공무원 교육** 9급공무원/소방공무원/계리직공무원 **자격증 교육** 공인중개사/주택관리사/손해평가사/감정평가사/노무사/전기기사/경비지도사/검정고시/소방설비기사/소방시설관리사/사회복지사1급/대기환경기사/수질환경기사/건축기사/토목기사/직업상담사/전기기능사/산업안전기사/건설안전기사/위험물산업기사/위험물기능사/유통관리사/물류관리사/행정사/한국사능력검정/한경TESAT/매경TEST/KBS한국어능력시험/실용글쓰기/IT자격증/국제무역사/무역영어 **어학 교육** 토익 교재/토익 동영상 강의 **세무/회계** 전산세무회계/ERP정보관리사/재경관리사 **대학 편입** 편입 영어·수학/연고대/의약대/경찰대/논술/면접 **직영학원** 공무원학원/소방학원/공인중개사 학원/주택관리사 학원/전기기사 학원/편입학원 **종합출판** 공무원·자격증 수험교재 및 단행본 **학점은행제** 교육부 평가인정기관 원격평생교육원(사회복지사2급/경영학/CPA) **콘텐츠 제휴·B2B 교육** 교육 콘텐츠 제휴/기업 맞춤 자격증 교육/대학취업역량 강화 교육 **부동산 아카데미** 부동산 창업CEO/부동산 경매 마스터/부동산 컨설팅 **주택취업센터** 실무 특강/실무 아카데미 **국비무료 교육(국비교육원)** 전기기능사/전기(산업)기사/소방설비(산업)기사/IT(빅데이터/자바프로그램/파이썬)/게임그래픽/3D프린터/실내건축디자인/웹퍼블리셔/그래픽디자인/영상편집(유튜브) 디자인/온라인 쇼핑몰광고 및 제작(쿠팡, 스마트스토어)/전산세무회계/컴퓨터활용능력/ITQ/GTQ/직업상담사

교육 문의 1600-6700 www.eduwill.net

•2022 소비자가 선택한 최고의 브랜드 공무원·자격증 교육 1위 (조선일보) •2023 대한민국 브랜드만족도 공무원·자격증·취업·학원·편입·부동산 실무 교육 1위 (한경비즈니스) •2017/2022 에듀윌 공무원 과정 최종 환급자 수 기준 •2023년 성인 자격증, 공무원 직영학원 기준 •YES24 공인중개사 부문, 2025 에듀윌 공인중개사 오시훈 합격서 부동산공법 (핵심이론+체계도) (2024년 12월 월별 베스트) 교보문고 취업/수험서 부문, 2020 에듀윌 농협은행 6급 NCS 직무능력평가+실전모의고사 4회 (2020년 1월 27일~2월 5일, 인터넷 주간 베스트) 그 외 다수 Yes24 컴퓨터활용능력 부문, 2024 컴퓨터활용능력 1급 필기 초단기끝장(2023년 10월 3~4주 주별 베스트) 그 외 다수 인터파크 자격서/수험서 부문, 에듀윌 한국사능력검정시험 2주끝장 심화 (1, 2, 3급) (2020년 6~8월 월간 베스트) 그 외 다수 •YES24 국어 외국어사전 영어 토익/TOEIC 기출문제/모의고사 분야 베스트셀러 1위 (에듀윌 토익 READING RC 4주끝장 리딩 종합서, 2022년 9월 4주 베스트) •에듀윌 토익 교재 입문-실전 인강 무료 제공 (2022년 최신 강좌 기준/109강) •2023년 중강반 중 모든 평가항목 정상 참여자 기준, 99% (평생교육원, 사회교육원 기준) •2008년~2023년까지 약 220만 누적수강학점으로 과목 운영 (평생교육원 기준) •에듀윌 국비교육원 구로센터 고용노동부 지정 '5년우수훈련기관' 선정 (2023~2027) •KRI 한국기록원 2016, 2017, 2019년 공인중개사 최다 합격자 배출 공식 인증 (2025년 현재까지 업계 최고 기록)